CW01376487

Pamiątkowe rupiecie

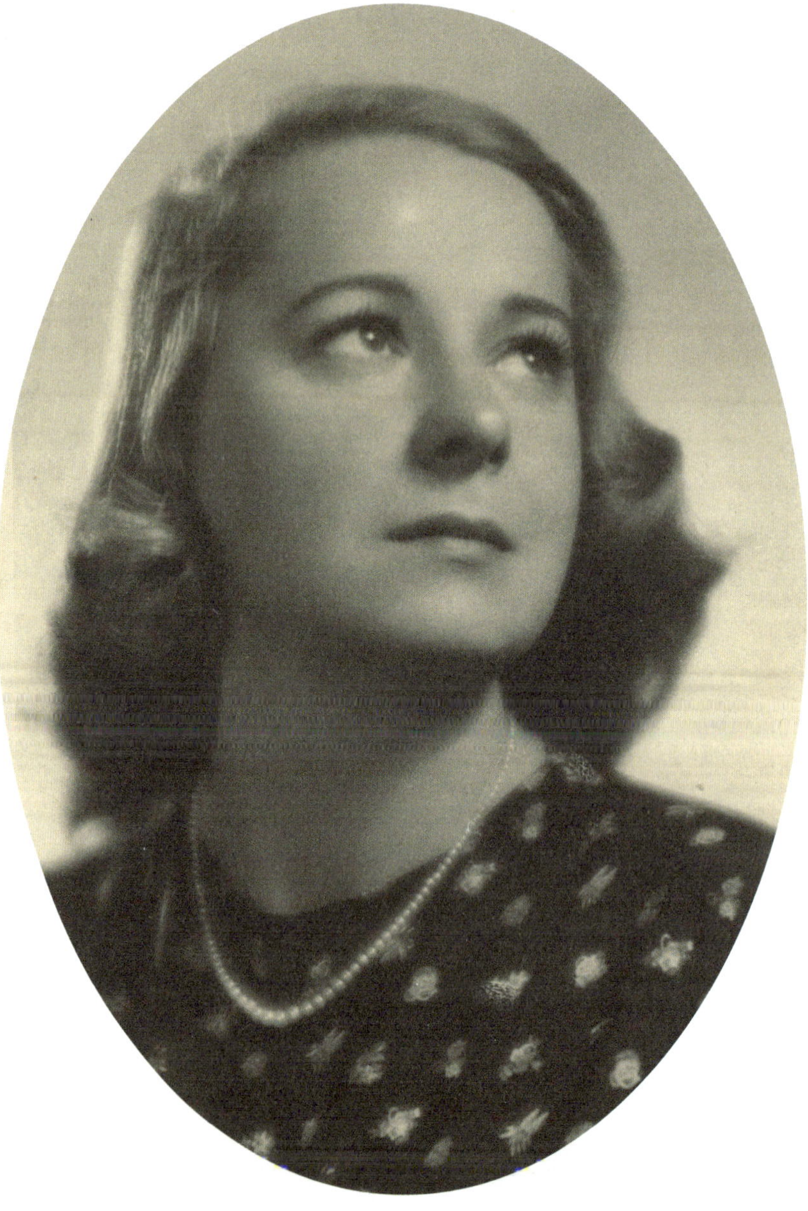

Anna Bikont   Joanna Szczęsna

Pamiątkowe rupiecie

Biografia
WISŁAWY SZYMBORSKIEJ

Wydawnictwo Znak
Kraków 2012

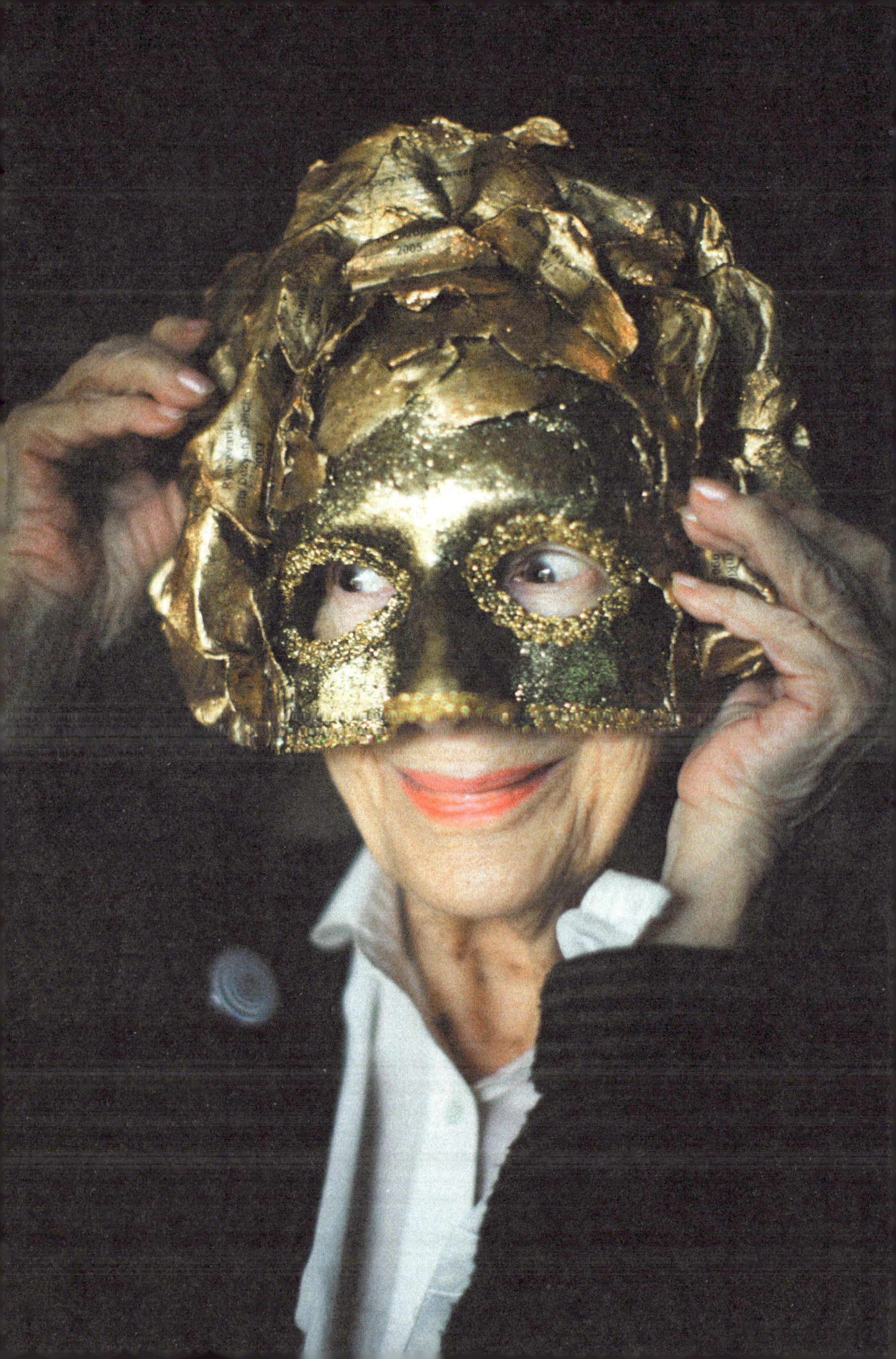

ROZDZIAŁ 1

Portret wewnętrzny, portret zewnętrzny

Wisława Szymborska nie lubiła wścibstwa, nawet zaświatowego. Nigdy nie chciała mieć „biografii zewnętrznej", zawsze uważała, że wszystko, co ma do powiedzenia o sobie, jest w jej wierszach. Kiedy po przyznaniu Nagrody Nobla oblegli ją dziennikarze, usłyszeli, że laureatka nie lubi odpowiadać na pytania dotyczące swojego życia i nie rozumie ludzi, którzy zwierzają się ze wszystkiego. Z jakimi zasobami wewnętrznymi oni zostają? Przy różnych okazjach powtarzała, że publiczne mówienie o sobie zubaża wewnętrznie.

„Zwierzanie się publiczne to jest jakieś gubienie swojej własnej duszy. Coś trzeba zachować dla siebie. Nie można tak wszystkiego rozsiewać"[1].

„Wbrew panującej teraz modzie nie sądzę, żeby wszystkie wspólnie przeżyte chwile nadawały się do wyprzedaży. Niektóre przecież tylko w połowie są moją własnością. Ponadto jestem wciąż przekonana, że moja pamięć o bliskich nie jest jeszcze zamknięta w ostatecznym kształcie. Często rozmawiam z nimi w myślach, a w tych rozmowach padają nowe pytania i nowe odpowiedzi"[2].

„Cóż poradzę, tylko tyle mogę o sobie, i to dosyć bezosobowo, ale proszę zrozumieć, cała reszta, małowiele, to sprawy prywatne, moje, twoje, jego… Takie teczki zastrzeżone. Czyli nic do opowiadania"[3].

„Na pewno wiem o sobie rzeczy niedobre, dużo mam do siebie pretensji. Wcale nie jestem zadowolona z siebie i mojego życia, przynajmniej z niektórych jego epizodów. Ale to bardzo osobiste, nie potrafię o tym mówić publicznie. To takie zubażające wewnętrznie. Próbuję – przynajmniej w części – pewne doświadczenia zmieścić w wierszu. Czasem się to nadaje, czasami nie. Ale mówić o nich wprost to nie moja rola"[4].

Mówiła nam: – Jestem bardzo staroświecką osobą, która ma hamulce i opory przed opowiadaniem o sobie. A może przeciwnie, może ja jestem awangardowa, może w następnej epoce minie moda na publiczne odsłanianie się?[5]

Poetka Urszula Kozioł opowiadała nam, że ich rozmowy często zaczynały się od zdania: „A teraz opowiem ci całe moje życie". To był taki ich prywatny żart, znak porozumiewawczy, że ich przyjaźń nie opiera się na wzajemnych zwierzeniach.

Zanim dostała Nagrodę Nobla, czyli przez pierwsze siedemdziesiąt trzy lata życia, udzieliła nie więcej niż dziesięciu wywiadów, i to w większości krótkich. Było w nich zresztą niewiele informacji, którymi mógłby pożywić się biograf: Szymborska nie podawała faktów, nie pamiętała dat. Nic dziwnego, że jej oficjalny życiorys w słownikach i leksykonach był bardziej niż skromny.

PAMIĄTKOWE RUPIECIE

Edward Balcerzan, poeta i profesor polonistyki, w początkach lat dziewięćdziesiątych zaczął zbierać materiały do książki o Szymborskiej i zwrócił się do niej z prośbą, by pomogła mu ustalić prostą faktografię. Zastrzegł przy tym, że nie szuka żadnych intymnych, osobistych informacji, ale danych typu: kiedy pierwszy raz wyjechała za granicę, kiedy zaczęła, a kiedy zerwała współpracę z jakimś pismem. Szymborska w miarę jego nalegań stawała się coraz bardziej nieprzychylna, wreszcie oświadczyła: „Skoro czytał pan moje wiersze, powinien pan wiedzieć, jaki mam stosunek do tego typu pytań"[6].

Balcerzan książki nie skończył, choć uściślenia potrzebne do kalendarium jej życia i twórczości w końcu od poetki wydobył. Szukał ich dla nas wśród swoich papierów – bezskutecznie. Zresztą w 1995 roku całkowicie przeszedł na stronę Szymborskiej i w mowie laudacyjnej z okazji przyznania jej doktoratu *honoris causa* na Uniwersytecie Adama Mickiewicza oświadczył, że każdy, kto przeczyta „Pisanie życiorysu", „nie zazna już spokoju w żadnym dziale kadr"[7].

Trzeba napisać podanie,
a do podania dołączyć życiorys.

Bez względu na długość życia
życiorys powinien być krótki.

Obowiązuje zwięzłość i selekcja faktów.
Zamiana krajobrazów na adresy
i chwiejnych wspomnień w nieruchome daty.

Z wszystkich miłości starczy ślubna,
a z dzieci tylko urodzone.

Ważniejsze kto cię zna, niż kogo znasz.
Podróże tylko jeśli zagraniczne.
Przynależność do czego, ale bez dlaczego.
Odznaczenia bez za co.

Pisz tak, jakbyś z sobą nigdy nie rozmawiał
i omijał z daleka.

Pomiń milczeniem psy, koty i ptaki,
pamiątkowe rupiecie, przyjaciół i sny.
(„Pisanie życiorysu", *Ludzie na moście*, 1986)

Gdy zabrałyśmy się do pisania tej książki – jej pierwsza wersja ukazała się w 1997 roku – nasze poszukiwania biograficznych detali zaczęłyśmy od przeczytania *Lektur nadobowiązkowych*, felietonów o książkach pisanych przez Szymborską mniej lub bardziej regularnie przez ponad trzydzieści lat, najpierw do „Życia Literackiego", później do „Pisma" i „Odry", wreszcie do „Gazety Wyborczej". Ich lektura przyniosła nadspodziewanie dużo informacji o autorce, jej gustach, poglądach, przyzwyczajeniach.

A więc Wisława Szymborska podziwia malarstwo Vermeera z Delft, nie cierpi gry w monopol, nie lubi hałasu, nie gardzi oglądaniem filmów grozy, ochoczo odwiedza muzea archeologiczne, nie wyobraża sobie, by ktoś mógł nie mieć w domowej bibliotece Dickensowskiego *Klubu Pickwicka*, wielbi Michela de Montaigne'a i z przyjemnością obcuje z dziennikiem Samuela Pepysa, nie przepada za Napoleonem, ceni pedanterię, nie uważa, że przysłowia są mądrością narodów, w czołówce wdzięku i nonszalancji umieszcza pajączka przędziorka, pisze w pozycji półleżącej, jest miłośniczką indeksów, przypisów, cytatów, odnośników, odsyłaczy, skorowidzów i bibliografii, chadza czasem do opery, ma ciepły stosunek do ptactwa, psów, kotów i w ogóle przyrody, upiera się, że jesteśmy jedynakami w kosmosie. Poza tym kochała się kiedyś w Bohunie i Sherlocku Holmesie, do jej ulubionych reżyserów należał Federico Fellini, była entuzjastką Elli Fitzgerald, o której kiedyś chciała nawet napisać wiersz, ale skończyło się na felietonie (w końcu zresztą powstał i wiersz, ale to już w XXI wieku). No i wielbi Jonathana Swifta, Marka Twaina oraz Tomasza Manna, jedynego pisarza, któremu wprost złożyła hołd w wierszu. Jego istnienie – wśród swoich młodzieńczych lektur na pierwszym miejscu wymieniała *Czarodziejską górę* – uznawała za swego rodzaju cud. Za który chwali jednak ewolucję.

> Dobrze, że choć dopuszcza do scen tak zbytkownych,
> jak dziobak mlekiem karmiący pisklęta.
> Mogłaby się sprzeciwić – i któż by z nas odkrył,
> Że jest obrabowany?
>
> A najlepsze to,
> że przeoczyła moment, kiedy pojawił się ssak
> z cudownie upierzoną watermaną ręką.
> („Tomasz Mann", *Sto pociech*, 1967)

Choć z *Lektur nadobowiązkowych* i wierszy dowiedziałyśmy się niemało, białe plamy w jej biografii zaczęły tak naprawdę znikać dopiero dzięki opowieściom znajomych i przyjaciół z różnych okresów jej życia (miałyśmy przyjemność poznać ponad sto takich osób). Wyłoniły się obrazy z przeszłości utrwalone na starych fotografiach. Szymborska objawiła się nam jako autorka limeryków i pracowicie wycinanych pocztówek kolaży, wysyłanych zamiast listów. Prężyli się na nich atleci, fruwały aniołki i duchy, tańczyły baletnice, przeciągały się koty, pochylała się ku ziemi krzywa wieża w Pizie, czasem pojawiał się jakiś motyw z jej poezji, jak choćby małpy czy cała seria neandertalczyków stawiających egzystencjalne pytania, czasem – jakaś czytelna dla adresata aluzja. Stanisław Barańczak, poeta, tłumacz, po opublikowaniu antologii z przeróbkami klasyków *Bóg, trąba i ojczyzna* dostał od poetki słonia z podpisem „Od razu widać, że Polak", Andrzej Koszyk, reżyser filmów dokumentalnych z Niemiec – kolaż z modlącym się duszkiem podpisany „Koszyk niepokoju".

Układana z okruchów, anegdotek, obrazków biografia stawała się coraz bogatsza, coraz więcej było faktów, wydarzeń, a nawet dat. Brakowało tylko głosu samej poetki, która co prawda na prośbę o spotkanie nie powiedziała „nie" – pewnie dlatego, że list protegujący nas napisał do niej Jacek Kuroń – ale też nie spieszyła się z wyznaczeniem terminu.

Dopiero gdy opublikowałyśmy w styczniu 1997 roku w „Gazecie Wyborczej" fragmenty przygotowywanego pierwszego wydania tej książki[8], z odtworzonym przez nas drzewem genealogicznym i nieznanymi jej zdjęciami rodziców, zadzwoniła.

– To straszne uczucie – usłyszałyśmy – czytać o sobie, ale skoro panie już się tyle napracowały, to dobrze, będziemy „uściślać". A *Lektury nadobowiązkowe* to panie wyssały do ostatniej kosteczki.

Kiedy już się z nami w początkach 1997 roku umówiła, wykazała dużo cierpliwości i wielkoduszności, by odpowiedzieć na różne szczegółowe pytania. Skorygowała kilka błędów, coś dodała, coś poprawiła, redagowała zresztą głównie pod kątem uważności, żeby nikogo nie urazić. Do tego, co napisałyśmy, miała jedną generalną uwagę.

– Uświadomiłam sobie, że ta cała moja historia pozbawiona jest dramatyzmu. Tak jakbym prowadziła życie motylka, jakby życie tylko głaskało mnie po głowie. To jest mój portret zewnętrzny. Ale skąd taki obraz? Czy ja naprawdę taka jestem? Życie miałam właściwie szczęśliwe, jednak było w nim wiele śmierci, wiele zwątpień. Ale oczywiście ja o sprawach osobistych mówić nie chcę, a też nie lubiłabym, żeby mówili inni. Co innego po mojej śmierci. Ja mam do ludzi inną twarz, dlatego pokazują mnie od strony anegdotycznej, jako osobę wesołą, która nic, tylko wymyśla gry i zabawy. To, że inni tak mnie widzą, to moja wina. Pracowałam długo na ten wizerunek. Bo jak mam ciężkie zapaści, ciężkie zmartwienia, to do ludzi nie wychodzę, żeby nie pokazywać ponurej twarzy.

„Można by przypuścić – mówiła – że cierpię na swoiste rozdwojenie jaźni. Inna jestem wobec miłych mi ludzi, a zupełnie inna, kiedy zostaję sama ze sobą. Ponura, obolała, z pretensjami do siebie. I z niewesołym przekonaniem, że poezja może potrafi czasem towarzyszyć ludzkim cierpieniom, ale zapobiec im nie potrafi"[9].

Wątek „trzymania fasonu" pojawia się również w wierszach.

Wiem, jak ułożyć rysy twarzy,
by smutku nikt nie zauważył.
(„Do zakochanej nieszczęśliwie", „Nowa Kultura", 20 czerwca 1954)

albo:

O nie! O nie! W godzinie złej
Nie trzeba spadać z miny swej!
(„Koloratura", *Sól*, 1962)

Profesor i redaktor Włodzimierz Maciąg, z którym przez ponad ćwierć wieku pracowała w redakcji „Życia Literackiego", opowiadał nam, że nigdy nie

PORTRET WEWNĘTRZNY, PORTRET ZEWNĘTRZNY

PAMIĄTKOWE RUPIECIE

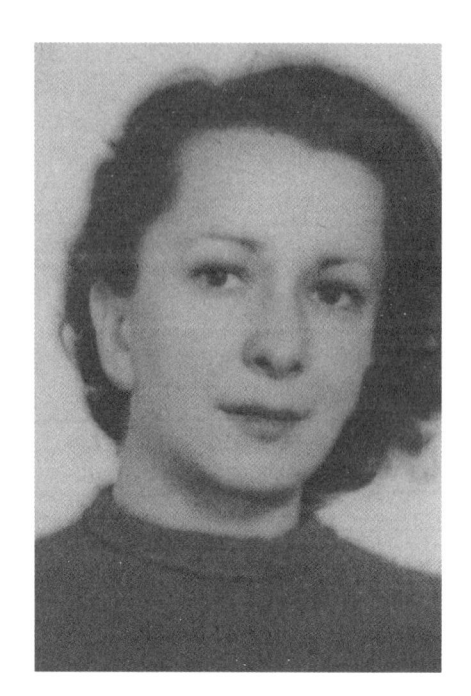

PORTRET WEWNĘTRZNY, PORTRET ZEWNĘTRZNY

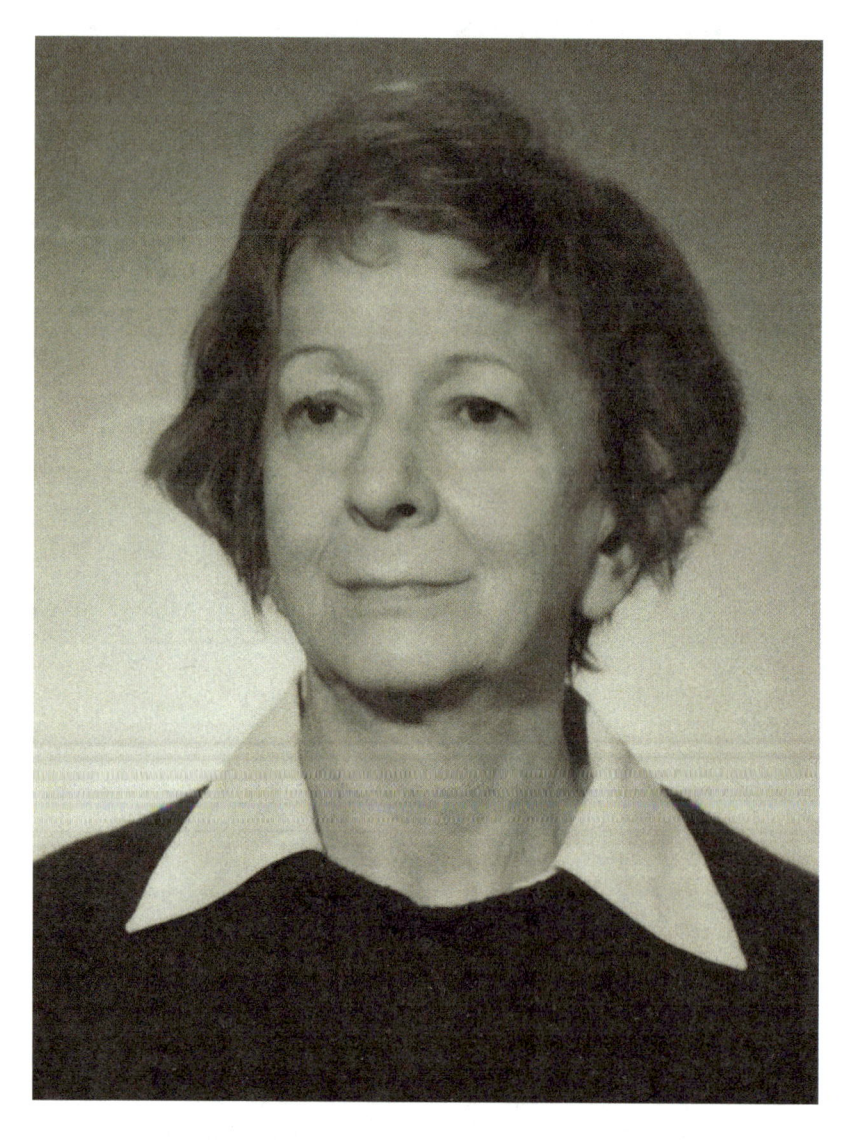

była wylewna, zawsze się kontrolowała, chowała za zasłonami dobrego wychowania: – Ona ma w sobie coś arystokratycznego. Uważa, że nie należy uzewnętrzniać emocji. To są geny plus wychowanie.

Zaprzyjaźniona z nią profesor polonistyki Teresa Walas też uważała, że potrzebę nieujawniania emocji musiała Szymborska wynieść z domu: – Gdybym miała Wisławę przypisać do jakiejś epoki, umieściłabym ją w XVIII wieku, w kulturze francuskiej, tylko bez jej zepsucia. Klasycystyczny duch w stylu Corneille'a. Żadnych bebechów, żadnych łez. Ona jest szalenie higieniczna. Wychowywał ją stary ojciec, który chciał mieć syna, i podejrzewam, że mógł ją traktować jak chłopaka: nie becz, nie maż się.

Podobnie widział ją Adam Zagajewski: „Czasem wydawało mi się, że na moment wyszła z któregoś z salonów osiemnastowiecznego Paryża. Jak wiadomo, w salonach tych prym wiodły kobiety. Wisława ceniła oświecenie i rozum; w naszej przenikniętej romantyczną gorączką kulturze reprezentowała inne wartości, inne temperatury. Była w niej elegancja, w jej gestach, ruchach, w jej słowach, w jej wierszach. Ceniła sobie formę, myślę, że nie znosiła chaosu. I jej doskonałe poczucie humoru także było poniekąd oświeceniowe"[10].

Poeta Artur Międzyrzecki powiedział nam: – Wisława jest osobą o naturalnej dyskrecji, której coś takiego jak postulat „wstydu uczuć", głoszony z takim zapałem przez naszych kolegów z awangardy, musiał się wydać żenująco prostacki. Wstyd uczuć? Przecież to sama poetycka kondycja Wisławy.

Ten wstyd uczuć jednak łączyła poetka z ich niebywałą intensywnością.

> Mój cień, jak błazen za królową.
> Kiedy królowa z krzesła wstanie,
> błazen nastroszy się na ścianie
> i stuknie w sufit głupią głową.
> (...)
> Ten prostak wziął na siebie gesty,
> patos i cały jego bezwstyd,
> to wszystko, na co nie mam sił
> – koronę, berło, płaszcz królewski.
>
> Będę, ach, lekka w ruchu ramion,
> ach, lekka w odwróceniu głowy,
> królu, przy naszym pożegnaniu,
> królu na stacji kolejowej.
>
> Królu, to błazen o tej porze,
> królu, położy się na torze.
> („Cień", *Sól*, 1962)

Z *Lektur nadobowiązkowych* wiemy, że Szymborska podziwiała Chopina, który „zwierzał się rzadko, bo jego dusza była bardzo dzielna", oraz Chaplina i jego wstrzemięźliwość w opisywaniu twórczych katuszy: „Artysta nie ma nigdy w swojej naturze nadmiaru niefrasobliwości. (...) Małomówność Chaplina na temat bólów porodowych imponuje mi bardzo"[11].

Wzorem dla niej była też pani Roland, ofiara rewolucji francuskiej; jej pamiętnik pisany w więzieniu, w oczekiwaniu na szafot, w którym spokojnie opisuje swoje dzieciństwo i młodość, „jest przecież obrazem codziennej zwycięskiej walki, jaką toczyć musiała autorka z własną słabością, udrękami więziennymi i lękiem śmiertelnym.

Nie to w nim najważniejsze, co wyraziły słowa, ale to, czego nie wyraziły. Czego autorka surowo sobie zabroniła, aby trzymać się prosto aż do końca"[12].

Z uznaniem pisała Szymborska o żonie Tomasza Manna Katii, która w swoich wspomnieniach okazała się lojalną wdową i bardzo się pilnowała, żeby nie wykroczyć poza wyznaczone przez męża granice szczerości. „Znała zapewne zwierzenia innych pań, Tołstojowej, Dostojewskiej, Conradowej, i powiedziała sobie krótko: co to, to nie"[13].

I przeciwnie, bez uznania wyrażała się o wspomnieniach Mii Farrow z jej pożycia z Woodym Allenem: „przyznaję, że spodziewałam się po niej lepszej klasy".

Czy zatem należy się dziwić, że kiedy poetka opowiadała w wierszu o swojej dziecinnej miłości, to miała poczucie, jakby zdradzała „tę małą dziewczynkę, którą była"?

> Opowiadam,
> jak kochała się w studencie,
> to znaczy chciała,
> żeby spojrzał na nią.
> (…)
> Najlepiej, gdybyś wróciła,
> skąd przyszłaś.
> Nic ci nie jestem winna,
> zwyczajna kobieta,
> która tylko wie,
> kiedy
> zdradzić cudzy sekret.
> („Śmiech", *Sto pociech*, 1967)

W czasie naszych rozmów okazało się, że jej „biografię zewnętrzną" znamy chyba lepiej niż ona sama. Jej pamięć wydobywała z przeszłości jakiś pojedynczy obraz, niewielki detal, drobny szczegół. Nie opowiedziała nam „całego swojego życia". Z „biografii wewnętrznej" pokazała tylko tyle, ile chciała. Czasem powtarzała: „moja pamięć szybko wyrzuca takie rzeczy" albo „o tym to już po mojej śmierci".

A w którymś momencie opowiedziała nam następującą historię:

– Zobaczyłam kiedyś w filmie Buñuela osobliwą scenę. Fernando Rey, ulubiony aktor Buñuela, zawsze z bródką, zawsze lekko lubieżny, idzie ulicą, a w załomie muru siedzi starucha z rozpuszczonymi siwymi włosami. W ręku trzyma tamborek, na który naciągnięta jest ociekająca pomyjami szmata. Chichocząc w bezzębnym uśmiechu, cudownym jedwabiem haftuje na tej szmacie lilie. Oto scena, która usprawiedliwia istnienie kina – powtarzałam przyjaciołom. A potem ten film pokazano w telewizji. Patrzę, idzie ulicą Rey, żadnej staruchy nie ma, jest kobieta, dosyć młoda, która rozciąga na ramach ślubne welony. Tak że przestrzegam: w najlepszej wierze mogę opowiadać rzeczy, których nie było.

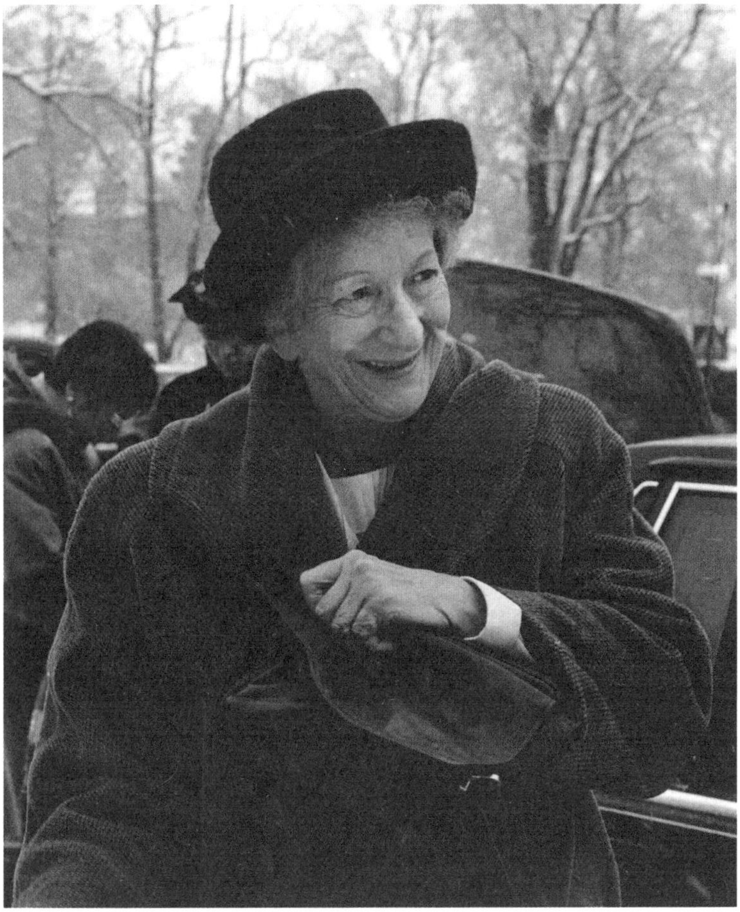

Mama pod skałą z napisami
Ojciec w czapce z daszkiem – na lewo (siedzi)

ROZDZIAŁ 2

O ojcu i matce oraz bliższych i dalszych przodkach

Zaczęło się to wszystko tak. Potężne wichury zwaliły tysiące świerków w rozciągających się aż po Bukowinę i Kuźnice zakopiańskich dobrach hrabiego Władysława Zamoyskiego. Jego rządca Wincenty Szymborski musiał się nieźle nagłowić, jak usunąć szkody i powalone drzewa przewieźć do tartaku. Trzeci już rok trwała wojna, nazwana potem pierwszą światową, i miał wielkie problemy z siłą roboczą. Żalił się w liście do generalnego plenipotenta hrabiego: „Wprawdzie mamy 60 jeńców (moskali), ale to bardzo kłopotliwy robotnik, zwłaszcza że strasznie dużo chcieliby jeść, a o artykuły żywności trudno, (...) a i z powodu niedostatecznego obucia nie chcą wychodzić na robotę", zaś „wobec niedostatecznej paszy" konie też „zupełnie się nie opłacają". I nieoczekiwanie puentował: „Z powodu tych wszystkich kłopotów straciłem głowę i... ożeniłem się"[1].

Jakieś osiemdziesiąt lat później Wisława Szymborska pisała:

Niewiele brakowało,
a moja matka mogłaby poślubić
pana Zbigniewa B. ze Zduńskiej Woli.
I gdyby mieli córkę – nie ja bym nią była.
(...)
Niewiele brakowało,
a mój ojciec mógłby w tym samym czasie poślubić
pannę Jadwigę R. z Zakopanego.
I gdyby mieli córkę – nie ja bym nią była.
(...)
Może by obie spotkały się nawet
w tej samej szkole i tej samej klasie.
Ale żadna z nich para,
żadne pokrewieństwo,
a na grupowym zdjęciu daleko od siebie.
(„Nieobecność", *Dwukropek*, 2005)

Kancelaria księcia Kazimierza Lubomirskiego schroniła się z powodu działań wojennych do leżących w pobliżu Zakopanego Kuźnic. I tam właśnie Anna Maria Rottermundówna, „dorodna panna", która pracowała w kancelarii, wpadła Wincentemu Szymborskiemu w oko.

PAMIĄTKOWE RUPIECIE

„Dziewczynie zdawało się, że po wojnie mężczyzn nie będzie, przeto postanowiła wyjść za mąż za starszego, byle tylko starą panną nie zostawać – tłumaczył dalej w liście decyzję Anny Marii sam Szymborski. – No i ponieważ co kobieta chce, to i Pan Bóg tego chce, więc 17 lutego [1917] ożeniłem się. Posagu naturalnie nie wziąłem"[2]. Pan młody miał lat czterdzieści siedem, panna młoda – dwadzieścia osiem. Nie wyglądało to na wielką miłość, ale przecież jak po latach napisze ich córka:

Wspaniałe dziatki rodzą się bez jej pomocy.
Przenigdy nie zdołałaby zaludnić ziemi,
zdarza się przecież rzadko.
(„Miłość szczęśliwa", *Wszelki wypadek*, 1972)

Ślub i wesele odbyły się na plebanii w Szaflarach, gdzie stryj panny młodej Maurycy Rottermund był proboszczem. Znali się z panem młodym ze wspólnej działalności partyjnej w Narodowej Demokracji.

Przyszłego ojca poetki przygnał do Zakopanego strach przed gruźlicą, na którą zmarła jego matka Stanisława (z domu Psarska). Osiedlił się tam na początku lat dziewięćdziesiątych XIX wieku i szybko zadomowił, szybko też zawarł znajomość z hrabią Władysławem Zamoyskim, właścicielem zakopiańskich włości, które ten kupił, by wyrwać je z „obcych rąk".

Gdy tereny zakopiańskie w 1888 roku nabył na licytacji wiceburmistrz Nowego Targu i właściciel tamtejszej papierni Jakub Goldfinger, polska opinia publiczna zaraz podniosła larum, że „Żyd będzie rąbać lasy", co doprowadzi do katastrofy, dziś byśmy powiedzieli: ekologicznej. Transakcję więc unieważniono i rok później Zakopane ponownie wystawiono na sprzedaż. Warszawskie „Słowo" opublikowało opis licytacji pióra K. Dobrzańskiego, pod którym to pseudonimem ukrywał się częsty w tamtych czasach gość Zakopanego Henryk Sienkiewicz[3].

Pełnomocnik hrabiego otrzymał dyspozycję, by cenę podbijać o jednego centa, więc i Goldfinger podnosił stawkę o centa. Odpadł przy kwocie 460 002 złote i 2 centy... Zakopane wraz z przyległościami – terenami dzisiejszego Tatrzańskiego Parku Narodowego – przeszło na własność hrabiego Zamoyskiego.

„Gdybym dziesięć lat temu nie przyszedł do Zakopanego – pisał w liście hrabia Zamoyski, wspominając tę licytację – siedziałby na najwyższych w Polsce górach niemiecki Żyd i stamtąd by na Polskę pluł. Może by Zakopane się stało małą Szczawnicą, galicyjską Jerozolimą. Zadłużyłem się po uszy, aby ten jedyny w kraju naszym zakątek z żydowskich szpon wydrzeć. Zapłaciłem tyle, że mnie najbliżsi wariatem ogłosili (...). Wszystko zastałem w żydowskich łapach, fabryki, lasy, urzęda w powiecie, handlu, propinacji (...). Żydzi powiatem trzęśli, a starosta starą Żydówkę w łapę całował"[4].

Stan jego nowo nabytych włości nie przedstawiał się najlepiej (Sienkiewicz: „Setki morgów zrębów leżą odłogiem, a na nich resztki zgniłych kloców"), a tu należało jeszcze sprostać patriotycznym oczekiwaniom. Potrzebny był sprawny i energiczny zarządzający. W 1904 roku hrabia powierzył tę funkcję Wincentemu Szymborskiemu. Dla trzydziestoczteroletniego biuralisty, który od 1892 roku pracował

Anna Maria Rottermund (1911 rok) i Wincenty Szymborski (około 1918 roku),
przyszli rodzice Wisławy.

w administracji jego dóbr, był to wielki awans. Odtąd niemal każda inwestycja w Zakopanem – kościół, szkoła, Muzeum Tatrzańskie, elektrownia, schronisko, wodociąg, kolej Chabówka – Zakopane – korzystać będzie ze szczodrej pomocy hrabiego i ciężkiej pracy jego rządcy.

Pierwszy zachowany list Szymborskiego do Zamoyskiego, datowany 28 marca 1901 roku, dotyczył zakupu szyn, śrub i gwoździ na budowę kolejki do projektowanej elektrowni, która z czasem zasilać miała Zakopane. Znalazłyśmy go na zamku w Kórniku obok setki innych, adresowanych do hrabiego Zamoyskiego albo jego plenipotenta, a zarazem dyrektora kórnickiej biblioteki, doktora Zygmunta Celichowskiego.

Szymborski skrupulatnie i drobiazgowo informował hrabiego o wszystkim, co się działo w jego dobrach. O zalesianiu ogołoconych przez poprzednich właścicieli z drzewostanu zboczy, o halnym, który zwalił piętnaście tysięcy świerków, o funkcjonowaniu papierni i tartaku, o kłopotach z robotnikami, o finansowaniu założonego przez matkę hrabiego generałową Zamoyską Zakładu Pracy Domowej Kobiet (jego przełożona Julia Zaleska zostanie chrzestną matką Wisławy).

PAMIĄTKOWE RUPIECIE

Wincenty Szymborski, zarządca Dóbr Zakopiańskich (drugi z lewej),
hrabia Zamoyski, właściciel Dóbr (pierwszy z prawej). Zakopane, lipiec 1924 roku.

Zza suchych, rzeczowych informacji przezierają idee, które kierują krokami Szymborskiego, wspólne dla niego i jego pracodawcy. Patriotyzm Polaków, którym bliska była Narodowa Demokracja, przesycony był antysemityzmem – tak było w przypadku i Zamoyskiego, i Szymborskiego.

Na zlecenie Zamoyskiego prowadził Szymborski budowę drogi bitej z Zakopanego do Morskiego Oka i Kościeliska, aby komunikacja ze Spiszu i Orawy szła przez Podhale. Chodziło o to, by „ludność polska z terenów węgierskich przez częstsze stosunki z ludnością polską szybciej uświadomiła sobie swoją polskość". Z kolei założenie wytwórni wody sodowej, uzyskanie propinacji, czyli zgody na wyszynk, zorganizowanie Spółki Handlowej, za której pośrednictwem przyznawano tanie kredyty polskim przemysłowcom, czy budowa Domu Handlowego Bazar Polski – wszystko to miało stworzyć konkurencję dla handlu prowadzonego przez Żydów. I stworzyło. W którymś momencie Szymborski pisał hrabiemu, że Żydzi zakopiańscy chodzili ze skargą na niego do cudotwórcy rabina w Bobowej, „prosząc o radę w wojnie z Zarządem Dóbr, który zmierza do ich zniszczenia".

Gdy sąsiadujące z posiadłością Zamoyskiego dobra jaworzyńskie kupił magnat węgierski Christian Hohenlohe Öhringen, zaognił się trwający od niemal stulecia spór między Cesarstwem Austriackim a Królestwem Węgier o to, do kogo ma należeć Morskie Oko. Szymborski zaangażował się w ten konflikt, w którym tak

O OJCU I MATCE ORAZ BLIŻSZYCH I DALSZYCH PRZODKACH

Droga do Morskiego Oka w czasie budowy,
którą nadzorował Wincenty Szymborski.

naprawdę szło o wytyczenie linii granicznej w Tatrach tak, by – w razie odzyskania niepodległości – to Polsce przypadło Morskie Oko.

Książę Hohenlohe kazał usunąć galicyjskie tablice graniczne, a leśniczówkę na spornym terenie obsadził węgierskimi żandarmami. Szymborski przez zaufanych dowiadywał się o każdym jego kroku i informował Zamoyskiego. W końcu posłom polskim w galicyjskim Sejmie krajowym udało się w 1902 roku zwołać sąd polubowny w Grazu ze Szwajcarami w roli arbitrów. Szymborski miał relację z pierwszej ręki od zaprzyjaźnionego Medarda Kozłowskiego, który pojechał tam jako obserwator. Trudno sobie wyobrazić, by Szymborski nie brał udziału w patriotycznych manifestacjach górali które towarzyszyły wizji lokalnej przeprowadzonej na polecenie sądu. Zapewne też, po wygranym procesie, intonował wraz z zakopiańczykami: „Jeszcze Polska nie zginęła, / Wiwat plemię lasze, / Słuszna sprawa górę wzięła, / Morskie Oko nasze".

Intensywnie uczestniczył w życiu Zakopanego. W 1909 roku podpisał deklarację powołania Tatrzańskiego Ochotniczego Pogotowia Ratunkowego. Rok później został członkiem Galicyjskiego Towarzystwa Leśnego. Włączył się też w budowę toru bobslejowego. I nie stronił od polityki, działaczem Narodowej Demokracji został jeszcze przed pierwszą wojną. Musiał znać Dmowskiego, który od kiedy osiedlił się w 1900 roku w Krakowie, przyjeżdżał na odczyty do Zakopanego.

Zdjęcie Wincentego Szymborskiego z partyjnymi kolegami: późniejszym wójtem Zakopanego i posłem na Sejm Medardem Kozłowskim oraz z Franciszkiem

PAMIĄTKOWE RUPIECIE

Wincenty Szymborski, w środku. Po lewej Medard Kozłowski, poseł na Sejm Galicyjski, po prawej Franciszek Kosiński, kupiec, prezes zakopiańskiej Spółki Handlowej. Zakopane, czerwiec 1911 roku.

Kosińskim, kupcem, prezesem zakopiańskiej Spółki Handlowej, jakie znalazłyśmy w Bibliotece Kórnickiej, pochodzi z czerwca 1911 roku. Szymborski ubrany w pumpy (ale w marynarce, kamizelce i pod krawatem) oraz sznurowane buty, dobre do górskiej wspinaczki, przysiadł na jakimś wzgórku, pozując do fotografii.

W latach 1892–1922, kiedy Wincenty Szymborski pracował dla hrabiego Zamoyskiego, przez Zakopane przewinęła się niemal cała artystyczno-naukowa Polska. Jednak w rodzinnych przekazach nie zachowało się, ani kogo znał, ani z kim się spotykał. Na pewno musiał się zetknąć z Janem Kasprowiczem, w czasie pierwszej wojny komisarzem chlebowym Zakopanego, czy Kazimierzem Przerwą-Tetmajerem, który prowadził propagandę na rzecz Legionów Piłsudskiego. W Zakopanem, gdzie tłoczyli się zaskoczeni tam przez wojnę Polacy ze wszystkich zaborów, zbiegały się wtedy nitki najrozmaitszych patriotyczno-wojskowych przedsięwzięć. Z zapałem kontynuowano zapoczątkowany w atmosferze względnej swobody politycznej lat dziewięćdziesiątych XIX wieku zwyczaj celebrowania najrozmaitszych narodowych rocznic: wybuchu powstań, uchwalenia Konstytucji majowej czy urodzin wieszczów. Hrabia popierał wszelkie niepodległościowe projekty, a za ich realizacją stał jego rządca. Zarządzanie majątkiem w czasie wojennych niedoborów i trudności z pozyskaniem siły roboczej wiązało się dla Szymborskiego z ogromnymi kłopotami. Musiał się też sporo nabiedzić, aby uchronić dobra hrabiego przed konfiskatą – przebywający w Paryżu Zamoyski był wszak obywatelem Francji, kraju w stanie wojny z Austro-Węgrami.

O zakopiańskiej działalności ojca Szymborska wiedziała niewiele. Paradoksalnie, więcej wiedziała o dziadku, Antonim Szymborskim, który zmarł ponad czterdzieści lat przed jej urodzeniem – w domu rodziców przechował się jego spisany na stare lata pamiętnik. Znalazła go w walizeczce na pawlaczu siostra poetki, gdy robiła porządki po śmierci matki.

Dziadek Antoni urodził się w 1831 roku, jako pogrobowiec – jego ojciec, też Antoni, poległ w bitwie pod Grochowem. Wychowała go matka, i to ona, chcąc seksualnie uświadomić syna, na szesnaste urodziny zabrała go do Warszawy i zaprowadziła do szpitala dla wenerycznie chorych.

– Choć obejrzał tam straszne widoki, jednak do kobiet się nie zraził – opowiadała nam Szymborska. – Dużo ich jest w jego pamiętniku. Pisał na przykład, jak jakąś dziewczynę podającą w knajpie „wziął szczyptą za policzek". No więc brał je „szczyptą za policzek". Lubił kobiety.

Miał siedemnaście lat, gdy przyszła Wiosna Ludów i uciekł z domu, by wziąć udział w Powstaniu Poznańskim. Szlify oficerskie zdobył w kampanii węgierskiej generała Bema[5]. Potem włóczył się po całej Europie – Niemcy, Włochy, Szwajcaria, Francja, Hiszpania – a nawet Ameryce, gdzie dotarł do ogarniętej gorączką złota Kalifornii. Po powrocie do Polski chciał się ustatkować (nabył nawet starostwo opoczyńskie), ale zaraz wybuchło Powstanie Styczniowe, więc rzucił wszystko, by stanąć na czele powstańczego oddziału.

W setną rocznicę wybuchu powstania obszerne fragmenty pamiętnika Antoniego Szymborskiego ukazały się w „Życiu Literackim". Musiał być niezłym gawędziarzem, bo jego opisy powstańczego losu są rzeczowe i pełne smakowitych detali. Ale pisał nie tylko o walkach i potyczkach, sporo miejsca poświęcił też „polskiej anarchii": „Potworzonych samowolnie komitetów za dużo, intryg czynnych dużo, wyzyskiwania łatwowiernych jeszcze więcej. Pieniądze narodowe szły najczęściej na pohulanki. Pobyt mój w Krakowie tak mnie przysposobił, że czułem, iż lepiej umrzeć, jak patrzeć na zbrodnię lub słuchać fałszu. Trzy razy wysyłano pieniądze na broń i trzy razy Prusacy zabierali skrzynie próżne. O czynach podobnych, walkach i kłótniach w komitetach ze zgrozą wspomnieć mi przychodzi i nie chcę tutaj brudzić opisami. Nieszczęśliwy naród polski, żyjąc już wiek w niewoli, nie mógł zdobyć wiedzy godności swojej. Anarchizm trwa ciągle"[6].

Poetka nie podała wtedy, że autorem pamiętnika jest jej własny dziadek (tekst opatrzyła tylko adnotacją, że pochodzi z archiwum prywatnego) i że to ona przygotowała go do druku.

– To prekursor Apollinaire'a – żartowała. – Pisał bez przecinków czy kropek. Przekręcał nazwiska. Wobec opisów krajobrazów i miast był bezradny jak dziecko. „Przyjechałem do Florencji, miasto duże, czyste", o innych miastach też miał tyle do powiedzenia, że duże i czyste.

Prawdopodobnie gdyby nie Nobel wnuczki, całość pamiętnika nigdy nie ujrzałaby światła dziennego. *Burzliwe fortuny obroty. Pamiętnik 1831–1881* ukazały się w 2000 roku, kiedy poetka uległa w końcu namowom redaktora naczelnego Znaku Jerzego Illga. Okazało się wtedy, że trochę jednak przesadzała, charakteryzując styl dziadka, bo Antoni Szymborski o jednym mieście pisał, że „duże i czyste", o innym, że „zielone i piękne", zaś o jeszcze innym, że „ładne, długie, a wąskie".

Po upadku powstania Antoni Szymborski ponad dwa lata przesiedział w X Pawilonie w Cytadeli. Odczytano mu już nawet wyrok śmierci przez powieszenie, po czym jakimś cudem wywinął się od szubienicy. Dochodził czterdziestki, kiedy poznał swą przyszłą żonę Stanisławę, sierotę po powstańcu styczniowym Erazmie Psarskim. Pobrali się w 1868 roku, dwa lata później urodził im się syn Wincenty. Małżeństwo się nie układało i któregoś dnia teściowa po prostu zajechała bryczką i zabrała córkę wraz z sześcioletnim wtedy Wicusiem do siebie, do wsi Czartki.

„Była znaną z energii, intryg i plotek – wspominał ją zięć. – Szczytem wielkości było jej zdaniem wszystko pokłócić. Tak i ja zostałem jej ofiarą. Nie dopuściła nigdy do zgody i przysięgła wobec nas, uklęknąwszy przed obrazami, że nas rozłączy, i tego dopełniła".

– Na fotografii dziadek Antoni to przystojny blondyn z pszennym wąsem, ale może mąż był z niego kiepski i dlatego bardzo gruba prababka zabrała do siebie córkę i wnuka? – Wisława Szymborska starała się zrozumieć rodzinny konflikt sprzed ponad stu lat.

Snuła domysły, że dziadek po latach włóczęgi i kawalerskiego życia zapewne źle znosił przymus codziennych obowiązków. Do tego nie miał zbyt silnie rozwiniętych uczuć rodzinnych, bo raz tylko wspomina o matce i siostrach, których po powrocie z zagranicy raczej nie szukał. No a poza tym – dalej puszczała Szymborska wodze wyobraźni – jako urodzony gawędziarz lubił mieć ciągle nowych słuchaczy i pewnie, „zamiast doglądać gospodarstwa, przesiadywał po okolicznych dworach".

Poetka chętnie poznałaby też racje drugiej strony, jednak dzienniczek babci Stanisławy, który leżał na pawlaczu w tej samej walizeczce co pamiętnik jej męża, obejmował wyłącznie lata panieńskie („Pisała go, mając lat szesnaście – i uczciwie mówiąc: ja w jej wieku tak jasno i bezpretensjonalnie pisać bym nie potrafiła"[7] – napomknęła o nim w *Lekturach nadobowiązkowych*). Nie wiemy, czy Stanisława prowadziła go też po zamążpójściu, w każdym razie zachowało się zaledwie kilkanaście kartek. „Ktoś resztę powyrywał. Kto – nie wiadomo. Mogę się tylko domyślać, że te wyrwane kartki dotyczyły narzeczeństwa i małżeństwa z moim dziadkiem"[8] – mówiła Szymborska po ukazaniu się jego pamiętnika.

Dziadków ze strony ojca nie miała szansy poznać; oboje zmarli grubo przed jej urodzeniem, jeszcze w XIX stuleciu. „Dziadek późno się ożenił i późno spłodził

O OJCU I MATCE ORAZ BLIŻSZYCH I DALSZYCH PRZODKACH

Antoni Szymborski, dziadek Wisławy. Koniec XIX wieku.

potomka. A mój z kolei ojciec ożenił się jeszcze później. Statystycznie rzecz biorąc, dwa pokolenia zostały tu przeskoczone. Prawdopodobnie obaj panowie lubili jak najdłużej wieść życie kawalerskie" – tłumaczyła w rozmowie Illgowi.

Inaczej było z Rottermundami. Do babci Karoliny (z domu Kubas) do Bochni jeździła przez całe dzieciństwo na wakacje, odwiedzała ją też jako osoba dorosła, bo babcia dożyła 1948 roku. Dziadka Jana, który pracował jako konduktor na kolei, nie wspominała, więc możliwe, że zmarł dużo wcześniej. Opowiadała natomiast o jego młodszym bracie Maurycym, proboszczu w Szaflarach, do którego też jeździła na wakacje. Dzieci z rodziny nazywały go „dziadzia". Zapamiętała, że lubił sobie z każdym uciąć pogawędkę i był uwielbiany przez parafian.

Maurycy skończył Akademię Teologiczną, a nawet studiował w Rzymie (z sześciorga rodzeństwa tylko on i najstarszy Julian, chemik, zdobyli wyższe wykształcenie). Z powodu jakiejś niesubordynacji nie zrobił jednak kariery kościelnej i w 1902 roku trafił na probostwo do Szaflar, gdzie pozostał aż do śmierci. Gospodarstwo prowadziła mu Józefina, najstarsza, niezamężna siostra. To na probostwie w Szaflarach odbywały się wszystkie rodzinne zjazdy, chrzty, śluby.

Dziadkowie Szymborskiej mieli oprócz Anny, matki Wisławy, zwanej w rodzinie Andzią, jeszcze czterech synów. – Chłopcy albo w dzieciństwie, albo we wczesnej młodości zmarli na gruźlicę, a moja mama przeżyła – mówiła nam poetka. – Babcia

Prababka Wisławy Natalia Psarska
ze swoim wnukiem, a ojcem Wisławy,
Wincentym Szymborskim. Koniec XIX wieku.

nigdy nie przebolała tych przedwcześnie zmarłych synów. Tylko jeden z nich, Tadeusz, dożył wieku, że zdążył spłodzić syna. To mój kuzyn Jaś, lekarz, spotykałam się z nim w dzieciństwie i młodości, na wakacjach u babci. Miał dwóch synów, Tadeusza i Jerzego, też lekarzy.

– Kiedy jest się dzieckiem, wszystko, co działo się wcześniej, wydaje się zamierzchłą przeszłością – opowiadała dalej. – Gdy rodzice żyją, nie jesteśmy jeszcze gotowi do zadawania pytań. A jak dojrzejemy i jesteśmy gotowi, ich już nie ma. Zostają po nich albumy ze zdjęciami, na których nie wiadomo, kto jest kto. Mama mi to co prawda mówiła, ale niewiele mnie to wtedy obchodziło. Zdjęcia w albumach powinny być podpisane. Ja rozpoznaję babki i dziadków, ale reszty krewnych już nie.

Może to z kontemplacji rodzinnego albumu narodził się wiersz:

Nikt w rodzinie nie umarł z miłości.
Co tam było to było, ale nic dla mitu.
Romeowie gruźlicy? Julie dyfterytu?

O OJCU I MATCE ORAZ BLIŻSZYCH I DALSZYCH PRZODKACH

Niektórzy wręcz dożyli zgrzybiałej starości.
Żadnej ofiary braku odpowiedzi
na list pokropiony łzami!
(…)
Żadnego zaduszenia się w stylowej szafie,
kiedy to raptem wraca mąż kochanki!
Nikomu te sznurówki, mantylki, falbanki
nie przeszkodziły wejść na fotografię.
I nigdy w duszy piekielnego Boscha!
I nigdy z pistoletem do ogrodu!
(...)
Nawet ta, z ekstatycznym kokiem
i oczami podkutymi jak po balu,
odpłynęła wielkim krwotokiem
nie do ciebie danserze i nie z żalu.
Może ktoś, dawniej, przed dagerotypem –
ale z tych, co w albumie, nikt, o ile wiem.
Rozśmieszały się smutki, leciał dzień za dniem,
a oni, pocieszeni, znikali na grypę.
(„Album", *Sto pociech*, 1967)

Spytana, czy „wielkim krwotokiem odpłynęła" babcia Szymborska, poetka odpowiedziała, że owszem, babcia umarła na gruźlicę, ale na fotografii w albumie wcale nie ma koka. Gdy natomiast wiersz ciotki przeczytał Tadeusz Rottermund, uznał, że to musi być o Rottermundach, bo to w ich rodzinie obfite żniwo zbierała gruźlica.

Karolina Rottermund, babcia Wisławy.
Lata trzydzieste XX wieku.

PAMIĄTKOWE RUPIECIE

Rodzina Rottermundów.

O OJCU I MATCE ORAZ BLIŻSZYCH I DALSZYCH PRZODKACH

Od lewej siedzą: dziadek Wisławy Szymborskiej Jan Rottermund i jego żona Karolina. Obok nich ich dwaj synowie, a u ich stóp siedzi ich córka, późniejsza matka poetki, zwana Andzią. Drugi od prawej siedzi ksiądz Maurycy Rottermund, stryjeczny dziadek Wisławy. Kraków, początek XX wieku.

PAMIĄTKOWE RUPIECIE

W mieszkaniu Szymborskiej na Chocimskiej, w korytarzu, nad pluszowymi małpkami, wisiała stara litografia – portret Edwarda Rottermunda. Sama Szymborska jednak o przodkach Rottermundach wiedziała niewiele. – Ktoś kiedyś zrobił mi odpis dokumentów jakiegoś Rottermunda, stolnika w Kleczy Górnej – mówiła nam. – Nawet nie wiem, czy to nazwisko krzyżackie czy holenderskie. Pierwszy raz zaglądali naszej rodzinie w papiery Niemcy w czasie okupacji. Drugi raz podejrzliwie przyglądano się panieńskiemu nazwisku mojej matki w 1968 roku. I trzeci raz, kiedy dostałam Nobla.

Najwięcej o historii rodziny po kądzieli opowiedział nam Andrzej Rottermund, wieloletni dyrektor Zamku Królewskiego w Warszawie. Gromadził dokumenty, znał genealogię rodu od XVI wieku, kiedy to cesarz Ferdynand I nadał mu herb szlachecki. Jego babka Janina Rottermund była kuzynką i przyjaciółką matki Szymborskiej. Zmarła wkrótce po ślubie, przy urodzeniu syna. Kiedy malca osierocił również ojciec, usynowili go stryjowie, stąd wrócił do panieńskiego nazwiska matki.

Andrzej Rottermund znał też dzieje drugiej gałęzi rodziny, wywodzącej się nie z Zawadki, ale z Kleczy. To z tej właśnie linii pochodził Edward Rottermund, belwederczyk, który w nocy z 29 na 30 listopada 1830 roku w grupie podchorążych ruszył na Belweder, by zabić księcia Konstantego. A także jego kuzyn, też powstaniec, który później wyemigrował do Belgii, gdzie tworzył armię nowo powstałego państwa.

Praprapradziadek Wisławy Szymborskiej Józef Rottermund był właścicielem majątku Zawadka koło Wadowic. Jego syn Antoni, czyli prapradziadek, oficer Księstwa Warszawskiego, figurował w księgach już jako obywatel Krakowa, a nie ziemianin. Jego z kolei syn Józef Antoni, czyli pradziadek Wisławy, był – tak jak jej pradziadek po mieczu – powstańcem listopadowym.

Kiedy przed laty wręczyłyśmy Wisławie Szymborskiej jej odtworzone przez nas drzewo genealogiczne, oglądała je z zainteresowaniem, a nawet pieczołowitością, której – znając jej poczję – wcale nie oczekiwałyśmy.

Jestem kim jestem.
Niepojęty przypadek
Jak każdy przypadek.

Inni przodkowie
mogli być przecież moimi,
a już z innego gniazda
wyfrunęłabym,
już spod innego pnia
wypełzła w łusce.
(...)
Mogłam być kimś
O wiele mniej osobnym.
Kimś z ławicy, mrowiska, brzęczącego roju,
szarpaną wiatrem cząstką krajobrazu.
(...)

Mogłam być sobą – ale bez zdziwienia,
a to by oznaczało,
że kimś całkiem innym.
(„W zatrzęsieniu", *Chwila*, 2002)

Tak naprawdę zawsze interesowali ją dużo dalsi przodkowie.

Nie wiem nawet dokładnie, gdzie zostawiłam pazury,
kto chodzi w moim futrze, kto mieszka w mojej skorupie.
Pomarło mi rodzeństwo, kiedy wypełzłam na ląd,
I tylko któraś kostka świętuje we mnie rocznicę.
Wyskakiwałam ze skóry, trwoniłam kręgi i nogi,
odchodziłam od zmysłów bardzo dużo razy.
Dawno przymknęłam na to wszystko trzecie oko,
machnęłam na to płetwą, wzruszyłam gałęziami.
(„Przemówienie w biurze znalezionych rzeczy", *Wszelki wypadek*, 1972)

Recenzując książkę *Wenus epoki lodowej* Rudolfa Drösslera, Szymborska pisała, że „wzmacnia ona niewiarę w istnienie bezdennych przepaści – między pokoleniami, epokami, kulturami, między intelektem człowieka dzisiejszego a intelektem istoty ludzkiej sprzed kilkunastu czy nawet kilkudziesięciu tysięcy lat". I wyznała, że choć „niektórzy widzą neandertalczyka w ślepej uliczce ewolucji", ona poczuwa się do pokrewieństwa i uważa go za swego prawowitego przodka[9].

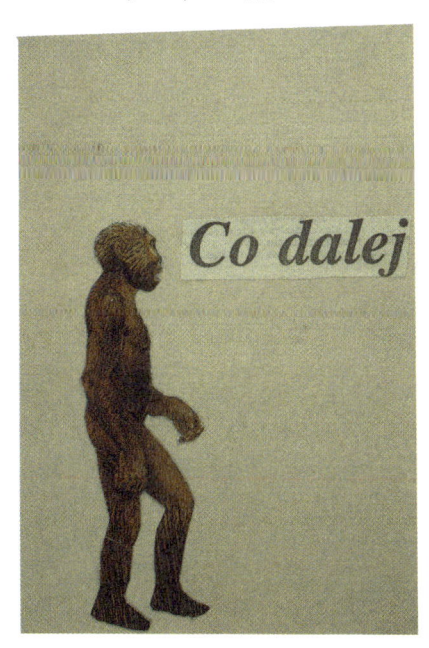

Kartka do Bogusławy Latawiec i Edwarda Balcerzana
z 23 listopada 1993 roku.

W.S. w najszczęśliwszym okresie życia. Obok

jej siostra, już nie taka naąśliwa, bo wkrótce pójdzie do szkoły.

Wisława (w wózku) z siostrą Nawoją. Kórnik, 1924 rok.
To zdjęcie z różnymi dedykacjami Szymborska dawała w prezencie zaprzyjaźnionym osobom.
Ten podpis na zdjęciu dla Joanny Szczęsnej.

ROZDZIAŁ 3

O trzech pokoleniach Szymborskich, miłości do Zakopanego i dziedziczeniu talentu

Na amatorskiej fotografii z 13 października 1918 roku przechowywanej w Muzeum Tatrzańskim rozróżnić można tylko górującą nad tłumem barczystą sylwetkę Stefana Żeromskiego. Stoi na podium i przemawia. Ale gdzieś blisko niego musiał zapewne stać Wincenty Szymborski, który wszedł z ramienia endecji do Rady Narodowej. W sali kina Sokół zgromadzenie obywatelskie – pięciuset uczestników – wybrało na przewodniczącego wiecu Żeromskiego, a jednym z wiceprzewodniczących został reprezentant endecji Wincenty Szymborski. Przyjęto wówczas rezolucję: „Uważamy się odtąd za obywateli wolnej, niepodległej i zjednoczonej Polski", i powołano lokalny rząd Rzeczypospolitej Zakopiańskiej, do którego wszedł Szymborski.

Rzeczpospolita Zakopiańska istniała trzydzieści trzy dni, do czasu proklamowania przez Polskę niepodległości. Żeromski tak później skwitował ten epizod ze swego życia: „Powierzono mi niemal dyktaturę w Zakopanem z przyległymi dolinami. Sprawowałem ten niezapomniany, śmieszny i wyniosły urząd przez jedenaście dni, gdy się mama Austria waliła w gruzy. Zaprzysiągłem uroczyście wojsko, policję, szpiclów, gminę, pocztę i telegraf na wierność nowemu państwu, a nawet prowadziłem wojnę o odzyskanie wsi Głodówka i Sucha Góra od inwazji czeskiej"[1].

Czy Szymborski z większym niż Żeromski namaszczeniem podchodził do sprawowanego przez siebie urzędu? Niestety jego listy do Zamoyskiego z lat wojny, słane do Paryża okrężną drogą *via* Szwajcaria, nie wróciły z hrabią w 1919 roku do Polski. Z pewnością jako działacz Stronnictwa Narodowo-Demokratycznego – został wkrótce przewodniczącym Zarządu Powiatowego w Nowym Targu – był dumny z silnych wpływów endecji w tym zaczątku Rzeczypospolitej.

– Ojciec był dzieckiem tej pierwszej endecji, będącej ugrupowaniem demokratycznym, i później, w latach trzydziestych, jak się zaczęły tendencje faszyzujące, jakieś ciągotki terrorystyczne wśród młodzieży, ojciec odsunął się od partii, już na zebrania nie chodził – mówiła Szymborska.

Hrabia, który przez lata współpracy z Szymborskim był z nim w jak najlepszych stosunkach, po powrocie do Polski otoczył się nowymi ludźmi i chętnie nadstawiał ucha rozmaitym podszeptom. Wieloletni rządca, człowiek zdecydowany, posiadający własne zdanie, za czym pryncypałowie zwykle nie przepadają, wypadł z łask. W ich korespondencji pojawiają się całkiem nowe tony. I tak w 1921 roku Szymborski pisał do hrabiego:

„Dla projektu JW. Pana sprzedania lokomobili i pozbawienia gminy światła nie mogę ryzykować swego imienia ani też swojego współudziału w tej sprawie, którą

Stefan Żeromski przyjmuje przysięgę polskich oficerów złożoną na wierność Polsce w dniu proklamowania Rzeczypospolitej Zakopiańskiej. 13 października 1918 roku.

raczy JW. Pan powierzyć innej osobie. Mógłbym oczywiście przytoczyć wiele argumentów przeciwko tym poglądom, szkoda na to jednak moich nerwów, przemęczonych długoletnią służbą u JW. Pana"[2].

Choć przez lata korespondowali wyłącznie w sprawach merytorycznych, teraz Szymborski czuł potrzebę odniesienia się do jakichś, gdzieś krążących, a jego zdaniem krzywdzących go opinii:

„Odrzucam pomówienie, że cały swój majątek zawdzięczam hojności i wspaniałomyślności JW. Pana. Istotnie korzystałem z kredytu 45 tys. koron na kupno »Maryi«, lecz jednocześnie korzystałem z kredytu od Sz.P. Tabcom, umyślnie bowiem nie chciałem zadłużać się na zbyt wielką kwotę u JW. Pana. Podczas wojny zaś korzystałem z protekcji starego Sieczki, który przyznał mi 200 tys. koron kredytu w Towarzystwie Zaliczkowym. Dzięki jakiej takiej spekulacji mam na starość dach nad głową i myślę, że do przytułku dla ubogich nie będę się udawał. Zdaje mi się, że jest jeszcze coś mojej osobistej zasługi, jeśli nie zmarnowałem tego fundusiku, który po rodzicach otrzymałem, i żyjąc oszczędnie, potrafiłem go powiększyć. Sprawa cała, jak zresztą każda plotka, niewarta niucha tabaki, jednak wspominam o niej tylko dlatego, aby Zakład uspokoić w zgoła niechrześcijańskiej zawiści i uchronić od grzechu zazdrości. Dziękuję serdecznie JW. Panu za okazywaną mi życzliwość (…). Sam znam swoje wady i wiem, że niejedną usterkę można mi wytknąć. Ogółem miałem jednak dotąd szczęśliwą rękę i mogę śmiało powiedzieć, że wydatnie przyczyniłem się do zwiększenia majątku JW. Pana. Nie wiem, czy byłem mądrym doradcą JW. Pana, ale mogę stwierdzić, że byłem zawsze uczciwym doradcą. Nieraz znosiłem JW. Pana gniewliwość, często niczym nie usprawiedliwioną. Nie byłem nigdy pochlebcą, który potakiwał JW. Panu, by zyskać jego zadowolenie. Miałem niejedną ciężką chwilę godzenia JW. Pana ze społeczeństwem i niejedną gorzką pigułkę połknąłem przy tej sposobności (…). Nie basowałem w oczy, jak to często ludzie z otoczenia JW. Pana robili. Wydaje mi się, że układam własny nekrolog! A może przedwcześnie?"[3].

Czy pisząc w wieku pięćdziesięciu jeden lat ten list, miał za sobą lekturę wspomnień swego ojca, który już na wstępie podkreślał, że pisze je z myślą o nim? Antoni Szymborski apelował tam do niespełna dziesięcioletniego wówczas syna, by pamiętał, że „bogactwo zawsze będzie panującym i zawsze światem rządzić będzie", a „ten, co doszedł do mienia, nie spojrzy na tego, co potrzebuje pomocy", i by inaczej niż on sam pokierował swoim życiem. „Idź w tym kierunku, abyś uniknął wstrętnej pozycji" – napominał, chcąc oszczędzić synowi przykrości, jakie stały się jego udziałem, kiedy to po utracie starostwa, a potem niepowodzeniu z dzierżawą, został stojącym o wiele niżej w hierarchii społecznej rządcą. Specjalnie „synowi ku nauce" opracował nawet „teorię rządcy" – „*individuum* pełnego blaszek, kółek, haczyków, sznurów, płacht i dziur":

„Rządca powinien stać w sieni lub przedpokoju, giąć się w pałąk, powinien patrzyć i widzieć humor pana, pani, córek, ciotek, rezydentek, garderobianych, pokojówek i kucharek, bo to wszystko ma prawo opiniować i grzeczności wymagać. Każde ma prawo zganić, coś powiedzieć i łatkę przypiąć". Rządca powinien „elegancko z szykiem się ukłonić, bokiem nie usieść, spuszczać oczy, uśmiechać się z dowcipów, przywtarzać nielogice – broń Boże o czym zapomnieć, widzieć wszystko, słyszeć wszystko, o wszystkim donieść, a w nagrodę dobrego sprawowania każą ze szczególnej łaski krzesełko postawić przy drzwiach, abyś usiadł, a jak spodziewanego i przypuszczalnego dochodu nie ma, rządca winien, trzeba pensję zmniejszyć. On się źle ukłonił, on stał prosto, on nie patrzał, on się źle odezwał, on tak już nie powiem: – A niech go tam, trzeba oddalić"[4].

W pełnym werwy i sarkastycznego humoru sposobie, w jaki dziadek Szymborskiej opisywał swoje „hańbiące upokorzenia" i „lekceważące traktowanie" własnej osoby, objawia się całkiem niezłe pióro.

Wincenty Szymborski z rad ojca nie skorzystał. Po ukończeniu gimnazjum w Kaliszu podjął co prawda studia rolnicze, ale po śmierci babki Natalii Psarskiej (z domu Białoskórskiej), która wychowywała go, gdy zmarła jej córka, musiał z nich zrezygnować i znaleźć źródło zarobku. Czy uważał swoją pozycję rządcy w dobrach Zamoyskiego za upokarzającą, tego nie wiemy. Szymborska mówiła nam jednak, że ojciec raczej nie czuł się skrzywdzony, a w ich domu był zawsze kult Zamoyskiego.

Jej rodzice po ślubie zamieszkali w małym domku w Kuźnicach. Tam w grudniu 1917 roku przyszła na świat ich starsza córka Maria Nawoja (koleżanki szkolne Wisławy pamiętały, jak żartowała, że jest „najwyżej urodzoną panną w Polsce").

PAMIĄTKOWE RUPIECIE

Dom w Kuźnicach koło Zakopanego, w którym w latach 1917–1923 mieszkali na piętrze Anna i Wincenty Szymborscy. Tu urodziła się ich córka Nawoja, tu poczęta została Wisława.

Wincenty Szymborski pisał 30 stycznia 1920 roku do Zygmunta Celichowskiego: „Dom swój w Zakopanem miałem już sprzedać, lecz wzięła mnie obawa, że może przejść w żydowskie ręce, więc zerwałem pertraktacje (...). Tutaj dzieją się okropne rzeczy, bo górale wysprzedają swoje grunta nie tylko swoim, ale i żydom"[5].

Gdzieś w połowie roku 1922 Wincenty Szymborski zaczął chorować, lekarze orzekli, że to serce („Miałem atak dusznicy sercowej", „Ataki jednak się nie powtarzają, tylko dokucza drętwienie rąk i nóg"), i uznali, że pobyt w górach mu nie służy („Dr M. powiada, że 50 proc. powodu choroby to pobyt w Zakopanem, które radzi bezwarunkowo opuścić"). Z kuracji w Iwoniczu pisał: „Najbardziej trudne i nieznośne jest powstrzymywanie się od palenia; wolno mi tylko 5 papierosów dziennie wypalić"[6].

Hrabia Zamoyski przeniósł w styczniu 1923 roku swego rządcę do Kórnika, by tam uporządkował sprawy finansowe jego kórnickich włości. Żona wraz z córeczką Nawoją aż do kwietnia pozostała w Kuźnicach. Była już wtedy w ciąży z Wisławą, i zapewne mąż nie chciał jej narażać na uciążliwości przeprowadzki w zimie.

– Przewędrowałam do Kórnika z Zakopanego w brzuchu mamy – mówiła Szymborska.

Tam też urodziła się 2 lipca 1923 roku. Dano jej imiona Maria Wisława Anna.

– Miałam dużo niań, bo dużo wrzeszczałam i żadna nie wytrzymywała – mówiła nam. – Urodziłam się nerwowa. Może to stąd, że kiedy matka była w ciąży, ojciec

Dom w Kórniku, w którym Wisława Szymborska się urodziła i mieszkała przez pierwsze dwa lata życia.

bardzo chorował? Może ja przejęłam jej niepokój o ukochaną osobę? Nie mogłam zasnąć, dopóki nie przyszedł ojciec.

W pół wieku od swego urodzenia Szymborska w czasie wizyty w Kórniku zwiedziła zamek i bibliotekę[7]. Muzeum jej się spodobało: – Taki groch z kapustą. Porcelana tam skromna, nie ma klejnotów. Zamoyscy skąpili nawet na portrety. To był rodzaj surowo pojętego patriotyzmu.

Jednak do zgromadzonej w kórnickim muzeum korespondencji ojca nie zajrzała. Nie przeczytała więc listu z lata 1923 roku, w którym ojciec, pisząc do dyrektora Zarządu Lasów w Poznańskiem, by uzgodnić kandydata na stanowisko leśniczego, przy okazji informował go: „Przybyła nam córa, bardzo dorodna panna", dodając, że liczy na syna dyrektora jako przyszłego zięcia[8].

Kopię tego listu wysłał później poetce Jerzy Noskowiak z Kórnickiego Towarzystwa Kulturalnego, dyrektor Domu Dziecka w Bninie. – Szymborska odpisała – mówił nam Noskowiak – że bardzo dziękuje za list swego ojca „z pewną nowiną, która straciła już nieco na świeżości".

Kiedy w 1992 roku, będąc w Poznaniu, odwiedziła też Kórnik, powiedziała potem: „To niezwykłe, stanąć tak nagle naprzeciwko domu, w którym przyszło się na świat. Mało kto z mojego pokolenia ma taki dom, otoczony drzewami, które rosły, gdy nas jeszcze nie było"[9].

Odbierając w 1995 roku doktorat *honoris causa* na Uniwersytecie Adama Mickiewicza, mówiła: „Urodziłam się na ziemi wielkopolskiej. I tutaj, na tej ziemi, odnajduję za każdym razem swoje pierwsze ujrzane w życiu krajobrazy. Tutaj było (i jeszcze jest, choć mniejsze) moje pierwsze jezioro, pierwszy las, pierwsza łąka i chmury. A to zalega w pamięci najgłębiej i chronione jest w niej jak wielka, uszczęśliwiająca tajemnica"[10].

Państwo Szymborscy z córeczkami zamieszkali naprzeciwko parku, w domu leżącym na granicy Kórnika i Bnina (stąd później obie miejscowości rościły sobie prawa do bycia miejscem urodzenia Szymborskiej). Kórnik raz tylko pojawi się w poezji Szymborskiej, zresztą tylko po szwedzku.

> Na urodziny dziecka
> świat nigdy nie jest gotowy.
> (...)
> Nie wiemy, którym ludziom zaufać w Niniwie,
> jakie będą warunki księcia kardynała,
> czyje nazwiska jeszcze są w szufladach Berii.
> (...)
> Nadchodzi pora rozpalenia ogni.
> Zawezwijmy depeszą babcię z Zabierzowa.
> Porozwiązujmy węzły na rzemieniach jurty.
> („Rozpoczęta opowieść", *Ludzie na moście*, 1986)

Jak przetłumaczyć „zawezwijmy depeszą babcię z Zabierzowa"? Leonard Neuger, profesor slawistyki z uniwersytetu w Sztokholmie, radził tłumaczowi Andersowi Bodegårdowi, żeby użyć nazwy jakiejś szwedzkiej miejscowości, bo przecież wezwanie babci ma oznaczać pewność, że połóg się uda, tymczasem po szwedzku ta trudna do wymówienia nazwa budziłaby raczej „grozę pronuncjacyjną". Lecz kiedy Bodegård napomknął o tym Szymborskiej, ta zaproponowała, by w takim razie babcia pochodziła z Kórnika[11].

Kazimierz Krawiarz, biochemik w Instytucie Dendrologii PAN w Kórniku, historyk amator zbierający materiały do biografii Wincentego Szymborskiego, mówił nam, że to Szymborski był pomysłodawcą Instytutu; przeczytał o istnieniu takiej placówki w Stanach Zjednoczonych i podsunął Zamoyskiemu ideę stworzenia zakładu badającego drzewa.

Jego zdaniem poetka odziedziczyła swój talent po ojcu. Gdy jej to powiedział, zaśmiała się tylko. – A mnie przecież chodziło o to – tłumaczył nam – że jej skrupulatność poetycka, precyzja słowa odpowiadają temu, w jaki sposób jej ojciec zarządzał majątkiem, pisał listy, a nie o to, że jej ojciec też pisał wiersze. Choć znam jeden jego panegiryk wydrukowany w piśmie „Mucha" po śmierci Zamoyskiego: „Aż wreszcie, nim okryły Cię pośmiertne cienie, / Darowałeś Ojczyźnie dóbr swoich przestrzenie, / Kórnik i Zakopane, / Dziś już leżysz w grobie, / Kraj, któryś miłował, czy pomni o Tobie?".

Nam, po lekturze pamiętnika Antoniego Szymborskiego, wydało się, że pewien literacki talent objawił się w rodzinie Szymborskich już pokolenie wcześniej. Weźmy choćby opis odpustu w klasztorze Kamedułów na Bielanach: „Rozmaitych karuzel, huśtawek kręcących, bujających i korbowych, licznych kuglarzy, akrobatów, wróżących szczęście, odgadujących przyszłość, aparata planetowe, muzyki wojskowe i prywatne, piszczałek, katarynek, klarnetów, armonik, grających na kobzach, na gitarach i trąbkach..."[12] – przecież tę metodę gęstego, intensywnego wyliczania odnajdziemy również i w poezji, i w prozie Szymborskiej.

W Kórniku Szymborscy nie zagrzali długo miejsca. Kiedy w 1924 roku hrabia Zamoyski zmarł i dobra zakopiańskie przeszły zgodnie z jego wolą na własność skarbu państwa, powstała Fundacja Kórnicka, gdzie dla Wincentego Szymborskiego nie było już miejsca. W wieku pięćdziesięciu sześciu lat przeszedł więc na emeryturę. Fundacja zagwarantowała, że do końca życia będzie mu wypłacać trzysta złotych miesięcznie, co było zupełnie przyzwoitą odprawą.

Kiedy mówiłyśmy Szymborskiej, że Fundacja Kórnicka nie wywiązywała się ze swoich zobowiązań wobec jej ojca, spóźniała z wypłatami, wreszcie zmniejszyła mu emeryturę o połowę, poetka odpowiedziała, że to nie były sprawy, o których rodzice rozmawialiby przy dzieciach. Może z dorosłymi tak, ale gdy zapraszano gości, dzieci zostawały z nianią, przywoływano je dopiero przy deserze.

Szymborski wyraził zgodę na obcięcie mu emerytury i od 1931 roku dostawał już tylko sto pięćdziesiąt złotych miesięcznie. Zmarł w Krakowie 9 września 1936 roku na atak serca, wkrótce po tym, jak Fundacja Kórnicka w ogóle przestała mu płacić

Państwo Szymborscy z córeczką Wisławą i jej nianią. Kórnik, zima 1923/1924 roku.
 – To jedna z szeregu moich niań – skomentowała nam to zdjęcie Szymborska.
 – Urodziłam się nerwowa i dużo w dzieciństwie płakałam, co nianie z trudem znosiły.

(wdowa wygrała od Fundacji Kórnickiej odszkodowanie w ciągnącym się kilka lat procesie). Wisława miała wtedy trzynaście lat.

Mimo że rodzice opuścili Zakopane przed jej urodzeniem, Szymborska miała wielki sentyment do Podhala. Jeździła do Zakopanego regularnie każdej jesieni od roku 1952, kiedy to została członkiem Związku Literatów Polskich. Zatrzymywała się w Domu Pracy Twórczej Astoria na Drodze do Białego. Tam zawiązało się wiele jej przyjaźni i znajomości.

Przy jednym stoliku w jadalni spotykały się co sezon dwie poetki, Wisława Szymborska i Maria Kalota-Szymańska, dziennikarz Michał Radgowski i inżynier Michał Rymsza, właściciel sklepu ze sprzętem radiofonicznym w Warszawie.

– Wszyscy czworo lubiliśmy październik w Zakopanem – wspominał Michał Rymsza. – Nie było już tłumów, a lato błąkało się jeszcze po górach.

Chadzali razem na spacery do Doliny Białego, Chochołowskiej, Kościeliskiej. Czasem Rymsza zabierał ich samochodem na wycieczki: do Zawoi, Szczawnicy, pod Babią Górę czy na Słowację.

– Ale Wisława lubiła też samotne spacery – mówiła Maria Kalota-Szymańska. – Jak chciała coś przemyśleć, wolała być sama.

Jeśli szła z Astorii w stronę Kuźnic, po pokonaniu kilkuset metrów mijała siedzibę Tatrzańskiego Parku Narodowego, czyli dawny dwór pryncypała jej ojca, hrabiego Władysława Zamoyskiego. Po przejściu kolejnych kilkuset metrów pod górę znajdowała się przed restauracją w Kuźnicach. Mieściła się ona w domku postawionym w miejscu, gdzie kiedyś mieszkali jej rodzice. Wiedziała, że tam urodziła się jej starsza siostra Nawoja, a ona sama została poczęta.

Jeśli szła w przeciwną stronę, po dojściu do Krupówek mijała murowany dom w stylu zakopiańskim, zbudowany na początku XX wieku przez Spółkę Handlową – prezesem był przyjaciel jej ojca Franciszek Kosiński – oraz przeznaczony na Bazar Polski dom handlowy z szeregiem nowoczesnych sklepów, od spożywczego przez magazyn mód po jubilera. Potem mieściło się tam Biuro Wystaw Artystycznych, gdzie wiele razy pokazywał swoje obrazy na szkle syn Franciszka Jan Kosiński[13]. Idąc dalej w dół Krupówkami, dochodziła do ulicy Kościeliskiej. Tam na rogu stał niegdyś stanowiący własność jej ojca drewniany pensjonat Maryja. Jednak który to dokładnie dom na Krupówkach należał do jej ojca, Szymborska nie wiedziała.

Franciszka Kosińskiego pamiętała z dzieciństwa. Jeździła do Zakopanego do jego willi Stefania na Chramcówkach.

„On jako ojciec chrzestny zapraszał mnie razem z siostrą na wakacje – opowiadała »Tygodnikowi Podhalańskiemu«. – Myśmy z siostrą spały w salonie. Na ścianach był Malczewski, Fałat, dużo Kossaków. W czasie pierwszej wojny Kosiński pomagał artystom, nic za to nie chciał, więc dostawał obrazy. Dzięki temu oni mieli co jeść, a on zgromadził wspaniałą kolekcję"[14].

Z Kosińskim utrzymywała kontakt aż do jego śmierci w roku 1950. Był zaprzyjaźniony z jej matką, odwiedzał je w Krakowie.

– On wiedział, że drukowałam w „Dzienniku Polskim" – opowiadała nam – i spytał, czy nie opublikowalibyśmy jego wspomnienia o Włodzimierzu Iljiczu.

Czemu nie? Ja wtedy kochałam Lenina, a Kosiński umiał pisać, pisał piękne listy. Za następną bytnością w Krakowie przyszedł do nas i przeczytał nam felieton o tym, jak Lenin wybierał w jego sklepie lampę. Dobre to było, więc powiedziałam, że na pewno wydrukują. A on na to: „Eee tam", i schował tekst do kieszeni. Potem więcej do tego nie wracał.

Szymborska nigdy z ojcem w Zakopanem nie była. Pamiętała za to jego opowieść o tym, jak codziennie latem pływał w Morskim Oku – był wyśmienitym pływakiem. Kiedyś chwycił go skurcz i z trudem dotarł do brzegu. Ale przecież, chcąc nie chcąc, cały czas chodziła śladami ojca, swego pierwszego mecenasa. To on w dzieciństwie płacił jej po dwadzieścia groszy za okolicznościowe wierszyki i wymagał, żeby były zabawne – żadnych zwierzeń, żadnych lamentów.

Wisława Szymborska z Marią Kalotą-Szymańską na schodach zakopiańskiej Astorii.

Nawoja i Wisława. Toruń, 4 września 1926 roku.

ROZDZIAŁ 4

O dzieciństwie, krasnoludkach i romansach grozy

chna, Ichnusia – tak przez całe dzieciństwo, szkołę powszechną i gimnazjum rodzina, koleżanki, nauczyciele mówili na Wisławę, która tak naprawdę na pierwsze imię miała Maria, stąd Marychna i Ichna. Kiedy Wincenty Szymborski przeszedł na emeryturę i rodzina przeniosła się do Torunia, miała niecałe trzy latka. Odtąd już ojciec zawsze miał dla niej czas. Czytał jej, chodził z nią na spacery, odpowiadał na jej pytania. Zapamiętała go pochylonego nad książką, studiującego encyklopedie, oglądającego atlasy – jego pasją była geografia. Znał na pamięć całego *Pana Tadeusza*. Ona sama już jako uczennica zaglądała czasem do jakiegoś encyklopedycznego hasła, a potem pytała o nie ojca. Nie zdarzyło się, żeby czegoś nie wiedział.

Korespondencja Wincentego Szymborskiego do Fundacji Kórnickiej nosiła adres zwrotny: Toruń, Mostowa 18[1]. Jednak kiedy po latach Wisława Szymborska wraz z mieszkającą w Toruniu Marią Kalotą-Szymańską chodziła ulicą Mostową, nie udało jej się odnaleźć domu, w którym spędziła część dzieciństwa. Powiedziała nam, że żadne okienko w pamięci jej się nie otworzyło. Pamiętała tylko kościół, do którego chodziła z rodzicami na mszę, i drewniane galeryjki na podwórku domu, gdzie mieszkała. Ale tych galeryjek na Mostowej już nie było.

Zanim rodzina opuściła Toruń, zrobiła sobie fotografię w jakimś parku. Na pierwszym planie Wincenty Szymborski, mężczyzna postawny, z siwymi sumiastymi wąsami. Wisława i Nawoja siedzą na olbrzymiej huśtawce w kształcie łodzi. Z drugiej strony huśtawki – Anna Maria Szymborska. Nieostre, prześwietlone zdjęcie nie nadawało się do reprodukowania.

W różnych źródłach jako data opuszczenia przez rodzinę Torunia powtarza się 1931, a nawet 1932 rok. Ale siostra poetki, która sprawdziła księgi meldunkowe, twierdziła, że przeprowadzka do Krakowa odbyła się już w roku 1929 (to samo wynika z toruńskich spisów wyborczych, w których państwo Szymborscy figurują od 1925 do 1929 roku).

W Krakowie zamieszkali w centrum miasta, przy nasypie kolejowym na ulicy Radziwiłłowskiej, w eleganckiej kamienicy z 1896 roku.

– Interesy ojca były takie, że coraz bardziej tracił – mówiła nam poetka. – Nie miał do tego głowy.

Największe ponoć straty poniósł na akcjach cukrowni w Toruniu. Kupił je w 1928 roku, a zaraz potem przyszedł kryzys i akcje nie były już nic warte[2].

– Kupował coś, a później sprzedawał ze stratą – opowiadała dalej Szymborska. – Tak za dwa domy w Toruniu kupił kamienicę na Radziwiłłowskiej.

Dla siebie Szymborscy przeznaczyli sześciopokojowe mieszkanie zajmujące całe pierwsze piętro. Duże wysokie pokoje, stiuki na suficie, stare meble, dywany, fortepian – typowe mieszkanie ludzi pochodzących ze sfer inteligencko-ziemiańskich. Nie było łazienki, ale w kuchni stała wanna. Dziewczynki zajmowały jeden pokój, ich niania mieszkała w służbówce, do której wchodziło się przez schody prowadzące z sieni.

Szymborska pytana o najwcześniejsze lata dzieciństwa mówiła nam: – To nieprawda, że dziecko ma największą wyobraźnię. Wyobraźnia rośnie razem z człowiekiem, dopiero pewne doświadczenia, ból, cierpienie otwierają ją na nowe wymiary. Dziecko nie myśli wcale, żeby coś zapamiętać, podziwiać, bo to za chwilę przeminie. Nie docenia tego cudu, że coś istnieje. Jako dziecko nie byłam tak zauroczona światem jak dziś.

A jednak napisała wiersz będący peanem na cześć dziecięcej wyobraźni i fascynacji światem.

To prawda, trudno świat przyłapać na inności.
(...)
Nawet w książce z bajkami otwartej znienacka
królewna zawsze zdąży usiąść na obrazku.

Czują we mnie przybysza – wzdycha Mistrz –
nie chcą obcego przyjąć do wspólnej zabawy.

Bo żeby wszystko, cokolwiek istnieje,
musiało istnieć tylko w jeden sposób,
w sytuacji okropnej, bo bez wyjścia z siebie,
bez pauzy i odmiany? W pokornym stąd – dotąd?
Mucha w pułapce muchy? Mysz w potrzasku myszy?
Pies nigdy nie spuszczany z utajonego łańcucha?
Ogień, który nie może zdobyć się na nic innego,
Jak sparzyć po raz drugi ufny palec Mistrza?
(...)
Nie – krzyczy Mistrz – i tupie tyloma nogami,
iloma rozporządza – w tak wielkiej rozpaczy,
że mało by tu było i sześciu nóg chrząszcza.
(„Wywiad z dzieckiem", *Wszelki wypadek*, 1972)

Również jej późne wiersze sięgały do emocji dzieciństwa.

Dobrze z dzieciństwa pamiętam ten lęk.
Omijałam kałuże,
zwłaszcza te świeże, po deszczu.
Któraś z nich przecież mogła nie mieć dna,
choć wyglądała jak inne.
(„Kałuża", *Chwila*, 2002)

– Od dawna miałam to zanotowane w notesie i myślałam, żeby o tym napisać – mówiła nam. – Zawsze omijałam kałuże, bałam się, że w którymś momencie wpadnę do jakiejś na wieki. To był prawdziwy lęk mego dzieciństwa[3].

Dzieciństwo – powtarzała – miała szczęśliwe, bo rodzice rozmawiali z nią i czytali jej bajki. Opisywała siebie jako małą terrorystkę zmuszającą wszystkich wokół do czytania[4]. Do lektur z dzieciństwa chętnie wracała w swoich felietonach. I tak dowiadujemy się z nich, że bajkę *O krasnoludkach i sierotce Marysi* uważała zawsze za „arcydzieło sentymentu i dowcipu", zachwycała się *Dziadkiem do orzechów* E.T.A. Hoffmana, podziwiała Andersena za jego *Baśnie*, w których miał odwagę traktować dzieci poważnie i dawać smutne zakończenia, a bajką o zaklętym księciu przejęła się tak bardzo, że któregoś dnia zabrała się z „bezskutecznym heroizmem" do całowania żab złapanych w ogródku.

Szczególnie intensywny stosunek miała zawsze do krasnoludków. „Dziećmi będąc, nie mieliśmy ani trochę serca dla wierszyków o bałwankach ze śniegu i straszkach na wróbelki – odpisywała autorowi wierszy dla dzieci, który przysłał je do »Życia Literackiego«. – Nie interesowało nas zupełnie, co też powiedziała pokrywka do garnuszka i co na to jej odpowiedział garnuszek. Bawiły nas natomiast przygody osobliwych ludzi (z krasnoludkami na czele), i to takie, żeby się można było albo naprawdę bać, albo naprawdę śmiać. Do tej pory upodobania nasze nie uległy zmianie"[5].

Faktycznie wracała do krasnoludków przy najróżniejszych okazjach. Kiedy z lektury książki *Olbrzymy i karły w świecie zwierząt* dowiedziała się o zależności między wymiarami ciała a jego funkcjami życiowymi (im mniejsze zwierzę, tym szybsza przemiana materii, szybszy oddech, tętno i większa żarłoczność), skomentowała to tak: „Ja do tej pory byłam przekonana, że fantastyczność Swiftowskich Liliputów polega po prostu na tym, że ich nie ma, a nie ma ich dlatego, bo ich nie ma. Teraz muszę pogodzić się z myślą, że nie ma ich dlatego, bo są absolutnie niemożliwe. To duża różnica, śmiertelny cios w samą ideę krasnoludków". Pocieszała się, że w tej sytuacji żarłoczny Podziomek z bajki Konopnickiej jest krasnoludkiem stosunkowo najbardziej prawdopodobnym[6].

Katarzyna Zimmerer, mieszkanka krakowskiego Salwatora, przez kilka lat redaktorka periodyku „Salwator i Świat", napisała felieton o perypetiach, jakie miała z krasnoludkami, gdy jej córka była dzieckiem". – Wysyłałam zawsze moje pisemko pani Wisławie – opowiadała nam – bo wiem, że je lubiła. „Oby wychodziło wiecznie" – napisała mi kiedyś. Może nie powinnam się chwalić, ale jak tu się nie chwalić czymś takim? Zawsze po skończeniu numeru byłam szczęśliwa, a tu dodatkowa radość – karteczka od pani Wisławy, że podoba jej się życzliwy stosunek „Salwatora" do krasnoludków, z którymi sama zresztą też miała kłopoty. Mieszkało ich u niej kilku, ale pożytku z nich żadnego. Jeśli dobrze pamiętam, jeden się rozpił, drugi zapisał do jakiejś narodowo-katolickiej partii, a pozostali, jeszcze nie całkiem zdemoralizowani, zamiast pomagać jej w pisaniu wierszy, pisali na własną rękę i publikowali pod własnym nazwiskiem.

Kiedy wyrosła z krasnoludków, czytała Juliusza Verne'a. Sięgała po niego zresztą z przyjemnością również jako osoba dorosła, bo „jego fantazje nie ulegają

Wisława i Nawoja z rodzicami. Toruń, 4 września 1926 roku.

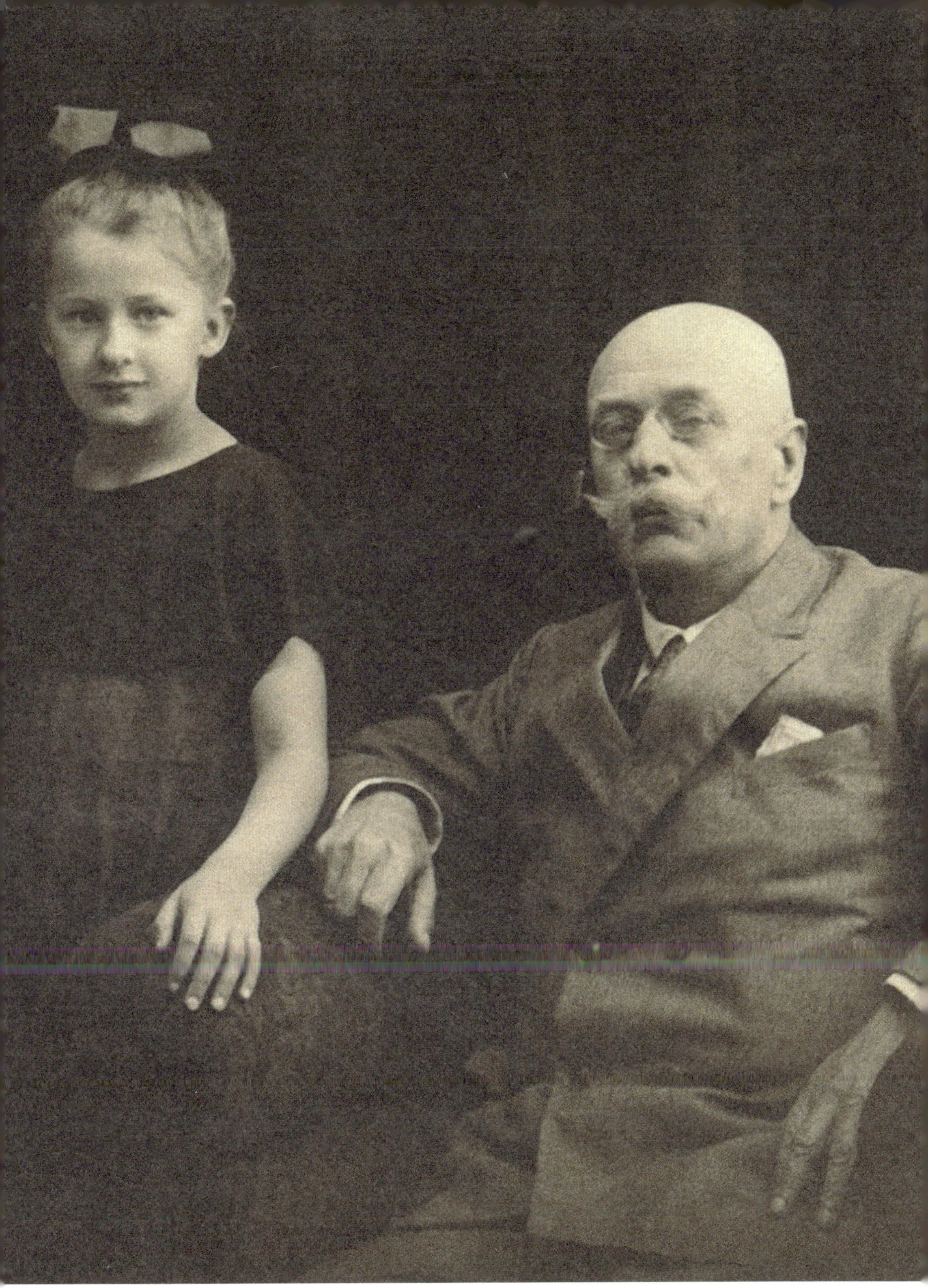

Wisława i Nawoja z mamą na Plantach. Kraków, około 1930 roku.

przedawnieniu": „Na rycinach, które w tak jedynie wyobrażalny sposób ilustrują powieści Verne'a, wszystko jest w prążki: ziemia w prążki, księżyc w prążki, morze w prążki, w prążki żagle na wzlatujących pod chmury okrętach, w prążki retorty, z których wydobywają się kłęby złowieszczego dymu, w prążki nauszniki odkrywcy wulkanu na biegunie północnym. Kiedy dowiedziałam się w szkole, że na biegunie nie ma żadnego wulkanu, przyjęłam tę informację z niesmakiem"[8].

Tej dziecięcej sympatii dla prążkowanych rysunków poświęciła nawet wers w wierszu „Możliwości": „Wolę stare ilustracje w prążki".

Od Szymborskiej dowiedziałyśmy się, że pierwszą klasę przerobiła z rodzicami w domu, tak że w 1930 poszła od razu do drugiej klasy w Szkole Powszechnej imienia Józefy Joteyko na ulicy Podwale.

Szkoła była elitarna i jako ćwiczeniówka dla żeńskiego seminarium nauczycielskiego cieszyła się znakomitą renomą. Chodziły do niej dziewczynki z dobrych domów. W klasie Wisławy była córka Władysława Beliny-Prażmowskiego, twórcy kawalerii legionowej, prezydenta Krakowa, i generała Smorawińskiego (zamordowanego później w Katyniu).

O DZIECIŃSTWIE, KRASNOLUDKACH I ROMANSACH GROZY

Z *Lektur nadobowiązkowych*, gdzie trafiały się też wspomnienia ze szkoły, dowiedziałyśmy się, że poetka nie lubiła geometrii (wymieniając imiona: Pitagoras, Tales, Euklides, Archimedes, Apoloniusz, pisała: „nie mam już do tych ludzi żalu, uraz szkolny jakoś mi przeszedł"), lubiła natomiast gromadzić bezużyteczną wiedzę, a czasem nie uważała na lekcji i zamiast o poczciwym, znanym wszystkim uczniom pierwotniaku pantofelku myślała o czym innym: „Uważałam go kiedyś za nudziarza, którego nie wiedzieć czemu muszę rysować w zeszycie. Sposób jego rozmnażania nie wydawał mi się jeszcze wstrząsający. Dzieli się, to się dzieli. Było dla mnie kwestią dużo ciekawszą i bardziej nieodgadnioną, czy wraz z przyjaciółką Małgosią S. uda mi się wkręcić na niedozwolony »dramat zmysłów i obowiązku«, który właśnie szedł w kinie Uciecha. Pantofelek dopiero po dłuższym czasie upomniał się o należne mu miejsce w mojej wyobraźni. Cóż za pomysły miała pierwotnie natura! Stwarzała coś, co żyje, ale ani porządnie się rodzi, ani obowiązkowo umiera"[9].

Kino Uciecha na ulicy Starowiślnej zlikwidowano dopiero w III RP. Małgosia S. zaś, przyjaciółka z ławki, to Małgorzata Stanisławska, po mężu Szerchowa, córka profesora Jana Stanisławskiego, autora *Wielkiego słownika polsko-angielskiego*, która podzielała miłość Ichny do kina. Pierwszy film, który wzbudził w nich euforię, to była komedia muzyczna *Kongres tańczy* z Lilian Harvey. Dziewczynki biegały na niedozwolone dla panienek w ich wieku filmy (na *Matę Hari* nie udało im się jednak dostać), oglądały *Maroko* i *Błękitnego anioła*, podziwiały Gretę Garbo i Marlenę Dietrich. Przebierały się w dorosłe ciuchy, by dostać się na seans. Ich idolami byli Errol Flynn, Gary Cooper, Tyrone Power. Wycinały ich zdjęcia z czasopisma „Kino".

Wisława z koleżankami chodziły po szkole bawić się na dziedziniec i do ogrodów Wawelu.

PAMIĄTKOWE RUPIECIE

Z przyjaciółkami bawiły się w atelier filmowe. Miały po dziesięć, dwanaście lat, ale wiedziały, że wypada mieć artystyczny pseudonim. Małgosia była Dianą Valjean, Wisława – Triną de Ponton. Jej pseudonim wziął się od lalki, którą dostała na Boże Narodzenie o godzinie trzy na piątą (tri na pątą) i której Nawoja, ucząca się francuskiego, dała takie właśnie z francuska brzmiące imię. Trina wychodzi za mąż za pana de Wallon, czyli Danusię, której zawsze przydzielały męskie role. Melodramaty, romanse, różne kombinacje trójkątów miłosnych – wszystkie historie rozgrywały się w wyższych sferach.

– Uwielbiałyśmy Wawel, który wtedy był dużo bardziej dostępny niż dziś – opowiadała Danuta Michałowska, późniejsza współtwórczyni i aktorka Teatru Rapsodycznego, profesor krakowskiej Szkoły Teatralnej. – Można było się bawić na dziedzińczyku Stefana Batorego, w ogrodzie, tam gdzie dziś są archeologiczne odkrywki. Zupełnie inne było otoczenie Wawelu: biegałyśmy pomiędzy przyklejonymi do murów małymi kamieniczkami żydowskimi, które potem rozebrano, wśród kwitnących wiosną fiołków, pierwiosnków, żółtych podbiałów.

Wisława (z lewej) z przyjaciółkami ze szkoły, Małgorzatą Stanisławską i Danutą Nowakowską. Linia A-B, między Sławkowską a Floriańską. Kraków, 1935 rok.

O DZIECIŃSTWIE, KRASNOLUDKACH I ROMANSACH GROZY

Trzydzieści lat później Szymborska, będąc w Danii z delegacją pisarzy, zwiedziła Elsynor i uznała, że nie wytrzymuje konkurencji z Wawelem. Opowiadała Aleksandrowi Ziemnemu, że gotowa do podziwu zawiodła się nieco na Elsynorze, który Szekspir prawem wyobraźni wypełnił dramatem Hamleta: „Położony nad wzburzoną cieśniną zamek królewski zbudowany został przez mistrzów renesansowych za jednym zamachem, planowo i metodycznie, tymczasem nasz mały Wawel tyle miał różnych zakosów poprzez wieki, narastając i kurcząc się na przemian, wypuszczając i tracąc boczne pędy jeszcze od czasów romańskich"[10].

Oprócz Wawelu scenerią ich zabaw były park Jordana, kopiec Kościuszki, Planty, Błonia. Kiedy pogoda nie dopisywała, filmowe sceny odgrywały w mieszkaniu Stanisławskich albo u Szymborskich. Dziewczynki przebierały się w kreacje z firanek, pod fortepianem było wejście do lochów.

„Chciałam być gwiazdą filmową – wyznała poetka w rozmowie po otrzymaniu Nobla. – Bawiłyśmy się z przyjaciółkami, że jesteśmy wampami. Potem przyszła wojna i nie było czasu na głupie marzenia"[11].

Coś z klimatu tych dziecięcych zabaw sprzed wojny znalazło się w jej wierszu.

Małe dziewczynki
chude i bez wiary,
że piegi znikną z policzków,
(...)
znad talerza,
znad książki,
sprzed lustra
porywane bywają do Troi.

W wielkich szatniach okamgnienia
Przeobrażają się w piękne Heleny.
(...)
Bruneci z filmów,
bracia koleżanek,
nauczyciele rysunków,
ach, polegną wszyscy.
(„Chwila w Troi", *Sól*, 1972)

Szkoła miała w Kasinie Wielkiej posiadłość, gdzie uczennice spędzały kilka tygodni w roku – dziś nazywano by to pewnie „zieloną szkołą".

– Pewnej niedzieli przyjechał w odwiedziny trzynastoletni brat jednej z koleżanek, w którym wszystkie się kochałyśmy – opowiadała Danuta Michałowska. – Spokojny, ładny, dobrze wychowany. Zmusiłyśmy go do zabawy w Indian, wzięłyśmy do niewoli, przywiązały do drzewa i zostawiły. Nocą rozmawiałyśmy o tym, która bardziej go kocha. Małgosia na dowód siły swojej miłości wbiła sobie nożyczki w kolano. Miałyśmy bardzo wybujałą wyobraźnię w kierunku przygód miłosnych. Jest taki wiersz Wisławy, że od razu przypomniałam sobie nas w wieku dziesięciu, dwunastu lat.

> Dziewczynka, którą byłam –
> znam ją, oczywiście.
> Mam kilka fotografii
> z jej krótkiego życia.
> Czuję wesołą litość
> dla paru wierszyków,
> Pamiętam kilka zdarzeń.
>
> Ale,
> żeby ten, co jest tu ze mną,
> roześmiał się i objął mnie,
> wspominam tylko jedną historyjkę:
> dziecinną miłość
> tej małej brzyduli.
>
> Opowiadam,
> jak kochała się w studencie,
> to znaczy chciała,
> żeby spojrzał na nią.
>
> Opowiadam,
> jak mu wybiegła naprzeciw
> z bandażem na zdrowej głowie,
> żeby chociaż, och, zapytał,
> co się stało.
> („Śmiech", *Sto pociech*, 1967)

W filmie szwedzkiego dokumentalisty Larsa Helandera Szymborska opowiadała o chłopcu, który się w niej kochał: „Miałam może dwanaście lat, ten chłopiec był może o rok czy o dwa lata starszy. Stale wystawał pod moimi oknami, śledził mnie wzrokiem i z daleka towarzyszył mi w drodze do szkoły. Czasem do mnie miał odwagę przystąpić, powiedzieć parę słów. Niestety była to miłość nieodwzajemniona i było mi bardzo przykro, że on ma taki kłopot. Starałam się go unikać, bo było mi go żal. Aż kiedyś dostałam od niego list i przestało mi go być żal. On tam napisał: »Kocham Cię nad życie. Dla Ciebie pokonałbym najwyższe góry, przepłynąłbym najgłębsze wody, walczyłbym z tygrysami. Przyjdę jutro pod Twoje okno, jeżeli się poprawi pogoda«".

Któregoś dnia Wisława udała się z klasą na wystawę o tematyce przeciwalkoholowej. Wydarzenie to utrwaliła w felietonie o książce Ireny Landau *Polak statystyczny*

O DZIECIŃSTWIE, KRASNOLUDKACH I ROMANSACH GROZY

Wisława z Nawoją i z rodzicami.

jako pierwsze zetknięcie ze statystyką. „Były tam jakieś wykresy i cyfry, których oczywiście nie pamiętam. Pamiętam za to świetnie bardzo kolorowy gipsowy model wątroby pijaka. Koło tej wątroby robiłyśmy dużo tłoku. Ale najbardziej zafascynowała nas tablica, na której co dwie minuty zapalało się czerwone światełko. Napis objaśniał, że właśnie co dwie minuty umiera na świecie człowiek z powodu alkoholu. Stałyśmy jak zamurowane. Jedna z nas, która już miała prawdziwy zegarek, sprawdzała w skupieniu regularność światełka. Najlepiej jednak umiała się znaleźć Zosia W. Przeżegnała się i zaczęła odmawiać »Wieczne odpoczywanie«"[12].

Koleżanki pamiętały, że wystawa była w bursie księdza Kuznowicza na ulicy Skarbowej, a Zosia W. to Zosia Wojciechowska, chuda, z długimi warkoczami, bardzo religijna, zresztą jak one wszystkie w tamtym czasie.

Zosia i wystawa zapadły Szymborskiej w pamięć na całe życie. Statystyka jednak – jak sama napisała – nigdy już nie dostarczyła jej wzruszeń tak bezpośrednich. Ale kiedyś zaprzyjaźniona osoba przyłapała ją w redakcji na lekturze *Rocznika statystycznego*. Szymborska była zdziwiona jej zdziwieniem. Powiedziała, że wszystko trzeba przeglądać.

Na stu ludzi

wiedzących wszystko lepiej
– pięćdziesięciu dwóch;

niepewnych każdego kroku
– prawie cała reszta;
(...)
niegroźnych pojedynczo,
dziczejących w tłumie
– ponad połowa na pewno;

okrutnych,
kiedy zmuszą ich okoliczności
– tego lepiej nie wiedzieć
nawet w przybliżeniu;
(...)
śmiertelnych
– stu na stu.
Liczba, która jak dotąd nie ulega zmianie.
(„Przyczynek do statystyki", *Chwila*, 2002)

Czego można się jeszcze dowiedzieć z *Lektur nadobowiązkowych* o Wisławie – już nie dziecku, a jeszcze nie pannie?

Książka Romana Brandstaettera *Ja jestem Żyd z „Wesela"* przywołała wspomnienia z dzieciństwa, kiedy to przez kilka tygodni w mieszkaniu na Radziwiłłowskiej pojawiała się codziennie Rachela z dramatu Wyspiańskiego, czyli Pepa Singer, córka karczmarza z Bronowic. Pepa pracowała jako pielęgniarka i Wisława zapamiętała ją, jak przychodziła „koścista, niewysoka, z binoklami na nosie, o surowo zaczesanych, szpakowatych włosach" robić chorej matce zastrzyki, a przy okazji gawędziła z rodzicami. Niespecjalnie lubiła te wizyty, Rachela bowiem pytała o szkołę i lekcje. „Byłam w wieku, kiedy takich pytań się nie znosi, toteż niejedną wizytę pani Racheli przeczekiwałam w miejscu zamykanym od wewnątrz na haczyk. Dziś przykro mi z tego powodu i odczuwam przemożną, choć grubo spóźnioną ochotę do odpowiedzi na wszystkie pytania zacnej pani Racheli. Nawet te najtrudniejsze – ile jest siedem razy osiem i w którym roku była bitwa pod Chocimiem"[13].

Wisława miała lat osiem lub dziewięć, kiedy w ręce wpadł jej romans grozy. Tytułu nie pamiętała, może dlatego że zaczytany przez kolejne pokolenia dojrzewających panienek egzemplarz nie miał ani okładki, ani strony tytułowej. Pamiętała za to uniesienie, z jakim pochłaniała książkę, i rozpacz, że rzecz cała zbliża się do końca.

O DZIECIŃSTWIE, KRASNOLUDKACH I ROMANSACH GROZY

Wisława w odświętnym mundurku. – Pamiętam z dzieciństwa, że nigdy nie nosiłam warkoczyków – mówiła nam. Kraków, 1935 rok.

Wtedy postanowiła napisać własną powieść. Przypomniała o tym, pisząc z sympatią o książce *Italczyk albo Konfesjonał Czarnych Pokutników* Ann Radcliffe: „Zabrałam się do tego energicznie, zaostrzyłam ołówek i otworzyłam czysty zeszycik. Nad imieniem bohaterki nie musiałam się zastanawiać, miałam je gotowe. Z jakiegoś czasopisma zapamiętałam obrazek podpisany »Idylla w ogrodzie«. Była tam para zakochanych na tle krzaka róż, ale ja zrozumiałam, że Idylla to imię dziewczyny. Pierwsze zdanie powieści brzmiało więc tak: »Piwnooka Idylla już od świtu wpatrywała się w chorząt, z którego wychodził listonosz z listem od narzeczonego«. Potem zaczynała się od razu żywa akcja. Ktoś zaszedł Idyllę od tyłu i czyjaś ohydna łapa położyła się ciężko na jej ramieniu. Tu niestety z niejasnych przyczyn tekst się urywał. No i już nigdy się nie dowiem, co miało być dalej"[14].

Jej szkolne przyjaciółki wspominały inne wspólne lektury: *Anię z Zielonego Wzgórza* Lucy Maud Montgomery i *Uskrzydloną przygodę* Ireny Szczepańskiej – opowieść, której akcja rozgrywała się na pensji dla panienek. Mówiły, że wszystkie

Wisława z koleżankami ze szkoły.

pisały wierszyki, ale tylko Wisława miała talent do rysunków: – Rysowała sceny z wymyślanych przez nas scenariuszy, a jej gwiazdy filmowe były bardzo uwodzicielskie.

Rodzice Wisławy często odprowadzali córkę do szkoły, towarzyszyli też klasie w wycieczkach. Kiedy Małgosia Stanisławska zobaczyła pierwszy raz ojca Ichny, starszego pana o lasce, przekonana była, że to jej dziadek.

– To były lata trzydzieste, epoka przejściowa, wybuch moderny – opowiadała Danuta Michałowska. – Moja babcia jeszcze nosiła żaboty i gorsety, ale wiele młodych kobiet, jak moja mama, już chodziło w sukienkach do kolan z paskiem na biodrach. Pani Szymborska była pomiędzy. Zawsze w staromodnym kapeluszu.

Jesienią 1935 roku Wisława poszła do Gimnazjum Sióstr Urszulanek na Starowiślnej. Podobnie jak w szkole powszechnej, i tu było też wiele dziewczynek z dobrych domów. Krysia Potocka zajeżdżała pod szkołę bryczką zaprzężoną w parę koni. Anna Ciećkiewiczówna, córka znanego internisty doktora Mariana Ciećkiewicza (praktykował jeszcze w latach osiemdziesiątych w wieku lat stu), przyjeżdżała samochodem Opel Olimpia, ale ojciec wysadzał ją na ulicy Kopernika i ostatni kawałek drogi pokonywała piechotą.

Czasy urszulanek dobrze pamiętały koleżanki Wisławy z klasy: Iza Wieluńska (później Michalska), Irena Dyńska (później Ptak), Anna Ciećkiewiczówna (później Godzicka). Ta ostatnia zapamiętała, że w pierwszej klasie pan Szymborski jeszcze

O DZIECIŃSTWIE, KRASNOLUDKACH I ROMANSACH GROZY

odprowadzał Wisławę do szkoły. Zakonnice mówiły o nim, że wygląda jak prawdziwy szlachcic.

Na co dzień mundurek w Gimnazjum Sióstr Urszulanek miał granatowy marynarski kołnierz z trzema białymi paskami, od święta – biały kołnierz z granatowymi paskami. Na rękawie niebieska tarcza. Spódnica – granatowa, plisowana. Beret – ze znaczkiem „U". Zimą obowiązywały granatowe płaszcze. Mundurek nosiło się również po szkole i zdejmowało dopiero w wakacje. To był w zamyśle demokratyczny obyczaj: wszystkie dziewczynki mają być jednakowo ubrane, żadna nie może wyróżniać się bogactwem. Ale materiały na mundurki bardzo się różniły.

– Najstraszniejsze były stroje gimnastyczne – opowiadała Wisława Szymborska. – Dwuczęściowe: tunika z gumką w pasie z rozporkami po bokach i popielate spodnie za kolana. Chodziło o to, żeby nie było widać kolan przy żadnym ćwiczeniu. Wszystkie cierpiałyśmy z powodu tych kostiumów.

Szkoła była jak na tamte czasy całkiem nowoczesna: szerokie korytarze, dobrze wyposażone pracownie, duża sala gimnastyczna, winda. A w ogrodzie – Grota Matki Bożej, posąg Chrystusa, drzewa owocowe, wielki krzew magnolii. Po wojnie szkołę urszulanek wyparła Akademia Muzyczna. Po 1989 roku Akademia przeniosła się do budynku dawnego Komitetu Wojewódzkiego PZPR i urszulanki wróciły na swoje miejsce. Magnolia wciąż kwitnie w ogrodzie.

Przed rozpoczęciem lekcji, jak w każdej szkole, dziewczynki odmawiały pacierz.

– Religia w szkole nie była bardzo uciążliwa – mówiła Szymborska. – Zanim zaczęły się wątpliwości, miałam też okres, kiedy byłam bardzo religijna. Dziś słyszy się, że to utrata wiary prowadziła prostą drogą do komunizmu. U mnie jedno z drugim nie miało nic wspólnego. Ale też mój kryzys religijny nie zrodził się z wiedzy, że ksiądz proboszcz sypia z gospodynią. Źródła moich zwątpień miały przesłanki racjonalne.

> Co takiego zrobił Izaak,
> proszę księdza katechety?
> Może piłką wybił szybę u sąsiada?
> Może rozdarł nowe spodnie,
> gdy przechodził przez sztachety?
> Kradł ołówki?
> Płoszył kury?
> Podpowiadał?
>
> Niech dorośli
> leżą sobie w głupim śnie,
> ja tej nocy
> muszę czuwać aż do rana.
> Ta noc milczy,
> ale milczy przeciw mnie

i jest czarna
jak gorliwość Abrahama.
(…)
Stare dzieje
Bóg, gdy zechce, wskrzesić może.
Więc naciągam koc na głowę
w mrozie strachu.
(„Noc", *Wołanie do Yeti*, 1957)

– Nie zgadzam się absolutnie z myślą Dostojewskiego, że jak Boga nie ma, to wszystko wolno – mówiła dalej Szymborska. – To myśl odrażająca. Jest przecież etyka świecka, która w bólach rodziła się przez długie wieki i która, oczywiście, wiele zawdzięcza dekalogowi. Wiara nie musi być ujęta w dogmat. Nikt nie jest całkiem niewierzący.

W gimnazjalnych czasach czytała Anatole'a France'a, za co – jak napisała po latach – spotkała się z nim w piekle.

Wołam do mistrza Anatola:
To Ty, to Twoja była księga!
Pozwól, że siądę u twych kolan.
W gorszych co prawda skwierczysz kręgach,
ale niech będzie wspólna dola!

I tu spojrzawszy sobie w oczy
gwałtownym wybuchamy śmiechem,
a śmiech szerokie koła toczy
i wór wieczności, wzdęty echem,
pęka.

Stało się to przed ósmą z rana,
gdy szła do szkoły w zamyśleniu,
plantami w klonach i kasztanach,
z niebieską tarczą na ramieniu
śmiertelna, niżej podpisana
(–)
(„Spotkanie", *Wołanie do Yeti*, 1957)

– Nigdy nam nie pokazano ani nie powiedziano, co jest na szkolnym indeksie – mówiły koleżanki Wisławy ze szkoły. – A jednak te zakazy obowiązywały.

– W czasach gimnazjalnych Anatole France należał do moich ulubionych pisarzy – wspominała Szymborska. – Książki brałam z wypożyczalni, nie ze szkolnej biblioteki. Byłam bardzo oczytana, choć tylko w prozie. Uważałam, że każdy pisarz, którego czytam, jest nieboszczykiem, i to takim, który nie żyje od dawna. W wieku czternastu lat miałam już przeczytanego całego Dostojewskiego, co prawda później trzeba było go przeczytać jeszcze raz.

„Wolę Dickensa od Dostojewskiego" – pisała w wierszu „Możliwości". Karola Dickensa, jak mówiła, czytała od zawsze. Zaczęła od *Klubu Pickwicka*, do którego ciągle wracała, czytała go, gdy grypa zatrzymywała ją w łóżku.

– W naszej szkole miłość do Boga, Rodziny i Ojczyzny była obowiązkowa – mówiła Anna Godzicka. – W 1939 roku rozpoczęłyśmy zbiórkę pieniędzy na samolot dla wojska.

„Nie idź jeden raz do kina, przyczynisz się do budowy samolotu", „Nie wstąp jeden raz do cukierni, zaoszczędzisz na samolot" – napisy tej treści wisiały w szkole. Ofiarność uczennic i ich rodziców przyniosła efekty: 18 czerwca 1939 roku na Błoniach odbyła się wielka uroczystość przekazania przez szkoły urszulanek na ręce marszałka Rydza-Śmigłego samolotu sanitarnego. Poświęcił go arcybiskup Adam Sapieha.

Urszulanki były szkołą drogą i ekskluzywną, miesięczne czesne wynosiło czterdzieści złotych (dla uboższych dziewczynek była jednak obniżka czesnego, bezpłatne wycieczki, a nawet pomoc finansowa). Ukończyła ją również Nawoja. Państwo Szymborscy przykładali wagę do starannego wykształcenia córek.

– Historii uczyła nas Maria Traczewska, późniejsza współtłumaczka *Józefa i jego braci* Tomasza Manna – wspominała Wisława Szymborska. – Nauczycielka od polskiego, zawsze uśmiechnięta siostra Teodozja, stawiała mi „bardzo dobry" z wypracowań, a z ortografii „niedostateczny".

Jej koleżanki z klasy też pamiętały siostrę Teodozję, miłośniczkę Krakowa i poezji młodopolskiej.

Narzekając na przedwojenną edukację, Szymborska pisała w „Życiu Literackim", że czytanie poezji skończyło się w jej klasie na Wyspiańskim, a nazwiska Tadeusza Peipera i Juliana Przybosia padły na lekcjach polskiego raz tylko, przy okazji wyrwanych z kontekstu fragmentów ich wierszy.

U urszulanek uczono dziewczynki historii sztuki i śpiewu z czytaniem nut. Były lekcje francuskiego i cztery godziny łaciny tygodniowo. Uczyły je siostra Konstantyna i Aleksandra Mianowska, która o „tej pani, co dostała Nobla", mówić z nami nie chciała, bo wciąż miała jej za złe wiersze z okresu stalinowskiego. Powtarzała tylko, że Szymborska niczym się nie wyróżniała.

Z tego, co Szymborska pisała w *Lekturach nadobowiązkowych* o literaturze klasycznej, wnioskować można, że łacina w gimnazjum musiała stać na dobrym poziomie. „Łacinniczką nie jestem – zadeklarowała, pisząc o książce *Łacina na co dzień* – ale już w tej chwili przychodzi mi na myśl pęczek popularnych sentencji, o których w słowniku zapomniano"[15].

Szkolna edukacja, szkolna wiedza, szkolna nuda na rozmaite sposoby przetwarzane były w jej wierszach. Profesor Edward Balcerzan pisał, że „szkoła świata" z wierszy Szymborskiej nierzadko bywa szkołą w dosłownym sensie tego słowa. Wkuwanie tabliczki mnożenia, ćwiczenie kaligrafii, banał z podręcznika czy wypracowania, język ćwiczeń lekcyjnych – wszystko to może stać się tworzywem wiersza.

Czasem zwykła rozmowa zaczyna w jej wierszu przypominać odpytywanie przy tablicy. Czasem lekcja gramatyki nakłada się na lekcję historii[16].

Kto co Król Aleksander *kim czym* mieczem
przecina *kogo co* gordyjski węzeł.
Nie przyszło to do głowy *komu czemu* nikomu
(...)
Dość. Spojrzał król spod pióropusza,
na konia wsiada, w drogę rusza.
A za nim w trąb trąbieniu, w bębnieniu bębenków
kto co armia złożona z *kogo czego* z węzełków
na kogo co na bój.
(„Lekcja", *Sól*, 1962)

Czasem w wierszu wracały uczniowskie senne koszmary.

Tak wygląda mój wielki maturalny sen:
siedzą w oknie dwie małpy przykute łańcuchem,
(...)
Zdaję z historii ludzi.
Jąkam się i brnę.
(„Dwie małpy Bruegla", *Wołanie do Yeti*, 1957)

Po lekcjach chodziły dziewczynki do cukierni Splendide na czekoladki. Wracając do domów, szły najpierw ulicą Potockiego (dziś Westerplatte) wzdłuż Plant, a potem Kopernika. Wisława skręcała pierwsza, w Radziwiłłowską, potem grono stopniowo się zmniejszało. Część dziewcząt zostawała na pensji.

– My, pensjonarki, nie widywałyśmy w ogóle chłopców, chyba że młodzi redaktorzy „Ilustrowanego Kuriera Codziennego", który mieścił się w domu naprzeciwko, wychodzili na dach i machali do nas – opowiadała Irena Dyńska-Ptak. – Nie przygotowywano nas do życia.

W czasach gdy Wisława chodziła do gimnazjum, sytuacja materialna rodziny nie była najlepsza. Poetka pamiętała, że były jakieś problemy finansowe, dochód z kamienicy był niewielki, a emerytura ojca ciągle się spóźniała.

– Nie były to czasy kórnickie – wspominała Szymborska – kiedy rodzice żyli na zupełnie innej stopie.

Śmierci ojca jednak – zmarł na atak serca we wrześniu 1936 roku – nie łączyła z kłopotami finansowymi i poczuciem zagrożenia bytu rodziny.

Gdy spytałyśmy, dlaczego w jej wspomnieniach z dzieciństwa ojciec jest dużo bardziej obecny niż matka, odpowiedziała: – To ojciec był od rozmowy, a z mamą się rosło, miało czystą szyję i zmieniało skarpetki. Mama nie była barwna. Była dzielna, szamotała się z życiem, które zwłaszcza podczas wojny stało się bardzo ciężkie. Miała nas, dwie panny, do których ciągle ktoś przychodził, wystawał pod

O DZIECIŃSTWIE, KRASNOLUDKACH I ROMANSACH GROZY

oknem. Była najeżona wobec naszych chłopców. Ale z wiekiem zrobiła się łagodna i wyrozumiała.

Reżyser Lars Helander mówił nam, że w niewykorzystanych materiałach do jego filmu dokumentalnego jest opowieść poetki o rodzicach. Mówi tam, że matkę kochała zwyczajnie, a ojca – miłością niemal histeryczną.

Pani Anna Szymborska umarła w roku 1960, po dwudziestu czterech latach wdowieństwa. Kilka lat po jej śmierci poetka napisała wiersz, który Julian Przyboś nazwał „arcydziełem relacji o snach"[17].

Pamięć nareszcie ma, czego szukała.
Znalazła mi się matka, ujrzał mi się ojciec.
(...)
Teraz dopiero mogę opowiedzieć,
w ilu snach się tułali, w ilu zbiegowiskach
spod kół ich wyciągałam,

Wisława z koleżankami chodziła po lekcjach
do cukierni Splendide na czekoladki.

w ilu agoniach przez ile mi lecieli rąk.
(…)
No i nareszcie.
Pewnej zwykłej nocy,
z pospolitego piątku na sobotę,
tacy mi nagle przyszli, jakich chciałam.
(…)
W głębi obrazu zgasły wszystkie możliwości,
przypadkom brakło koniecznego kształtu.
Tylko oni jaśnieli piękni, bo podobni.
Zdawali mi się długo, długo i szczęśliwie.
(„Pamięć nareszcie", *Sto pociech*, 1967)

Koleżanki szkolne Szymborskiej opowiadały, że po wojnie wszystkie je rozwiało w różne strony, spotykać się zaczęły dopiero dużo później, pod koniec lat sześćdziesiątych. Sabaty czarownic – jak nazywała je Szymborska – odbywały się co dwa miesiące u kolejnych „dziewcząt". Jedna przyjeżdżała z Wodzisławia Śląskiego, inna z Kluczborka. Nie pamiętały, kiedy do nich dołączyła Wisława. Na spotkaniach nie wolno było – pod groźbą kar pieniężnych – mówić o polityce i chorobach. Ale kiedyś jedna z góry wyłożyła pieniądze na stół i pofolgowała sobie, opowiadając o dolegliwościach całej swojej rodziny.

W archiwum krakowskich urszulanek zapisano pod numerem 262 szkolną kronikę. Zeszyt formatu A4, obłożony w papier pakowy, zawiera zdjęcia zbiorowe, szkolne rysunki Wisławy, wypracowania uczennic, w tym napisane zielonym atramentem wypracowanie z roku szkolnego 1938/1939. Zadany temat: „Szkic przemówienia na cześć czegokolwiek".

„Człowieku Idealny! – pisała Wisława, uczennica IV b. – Rozdziałek na głowie masz zawsze prawidłowo równy, wąsiki przyczesane, paznokcie wypolerowane. Zęby czyścisz pastą Kalodont, a na śniadanie pijesz łyżeczkę Ovomaltiny. Na loterii nie grywasz i nie popierasz niepewnych instytucji.

Cały dzień masz rozplanowany co do jednej sekundy, nie było chyba okoliczności, która wyprowadziłaby cię z równowagi, wszystko bowiem chodzi u ciebie jak w zegarku. (…) Dwa razy do roku odwiedzasz dentystę, lekarza corocznie, gimnastykujesz się przy komendzie radia. Jesteś niezmordowany w słuchaniu pogadanek gospodarczych z powodzeniem nadawanych przez wszystkie radiostacje polskie i nigdy jeszcze nie zdarzyło ci się usnąć przy słuchaniu koncertu Filharmonii Warszawskiej.

Człowieku Idealny! Niech ci ziemia lekką będzie".

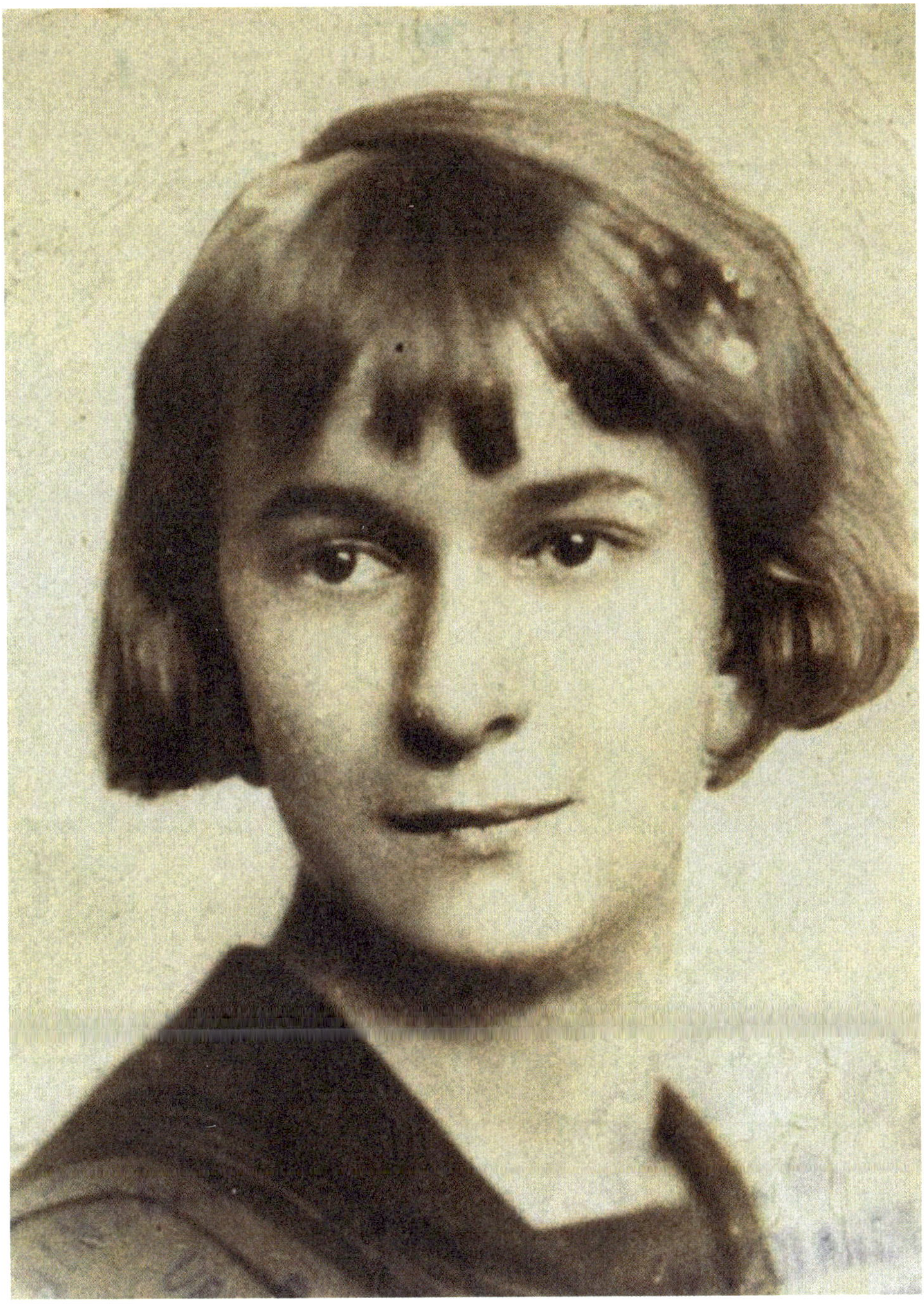

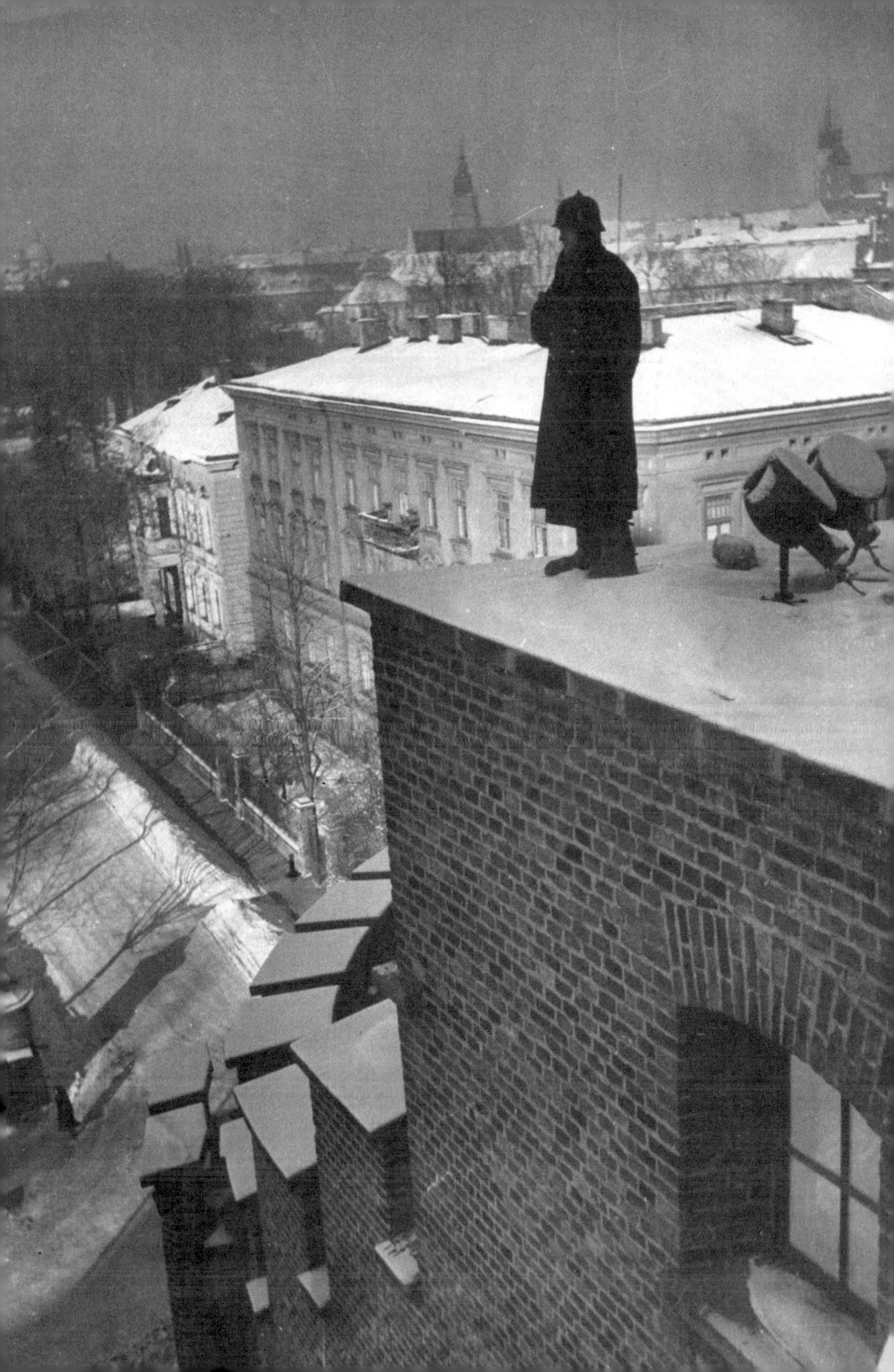

ROZDZIAŁ 5

O okupacyjnym Krakowie i pierwszych wierszach

Zaraz drugiego dnia wojny z okna mieszkania na Radziwiłłowskiej szesnastoletnia Wisława zobaczyła, jak ulicami ciągną chłopskie wozy, a na nich leżą ranni żołnierze w pokrwawionych bandażach. Wspominając ten obrazek, opowiadała, że miała wtedy dziwne wrażenie, jakby ktoś obcy w niej już wielokrotnie oglądał takie sceny.

„Nie umiem sobie tego wytłumaczyć racjonalnie, może umiałabym, ale to zatrącałoby o dziedzinę, którą się nie zajmuję. (...) Coś we mnie powiedziało: »Aha, znowu«" – mówiła do kamery Larsowi Helanderowi.

– Furka wyłożona słomą, krew przeciekająca przez bandaże, przecież takie obrazki można było oglądać w każdym z naszych narodowych powstań – opowiadała nam.

Na początku wojny ukrywał się u nich w domu Witold Celichowski, syn zaprzyjaźnionego z ojcem doktora Celichowskiego, plenipotenta hrabiego Zamoyskiego. Jako pierwszy w niepodległej Polsce wojewoda Poznania znalazł się na liście do aresztowania. Później, gdy część mieszkań w domu na Radziwiłłowskiej zajęli Niemcy, o ukrywaniu się tam nie było mowy.

Szkoła sióstr urszulanek przy ulicy Starowiślnej początkowo funkcjonowała w miarę normalnie, rozwiązano ją dopiero 20 listopada 1939 roku. – Nie lubiłam chodzić do szkoły, bo to oznaczało poddawanie się rygorom życia zbiorowego – mówiła nam Szymborska. – Ale tego dnia wracałam do domu i płakałam. Miałam poczucie, że coś się skończyło i już nigdy nie będzie tak, jak było.

Siostry urszulanki szybko zorganizowały tajne komplety. Wisława znalazła się w jednej grupie z koleżankami z klasy: Janką Krzyworzeką-Witkowską, Krystyną Górską-Wendorf i Renią Miętłą-Mikołajewicz. Lekcje najczęściej odbywały się u Reni, w domku na terenie posiadłości Potockich na Olszy, gdzie jej ojciec pracował jako rządca. Zajęcia były co drugi dzień, za każdym razem tylko jeden przedmiot, tak żeby przychodził tylko jeden nauczyciel. Na stole dla niepoznaki leżały karty. Lekcje francuskiego i łaciny prowadziły siostry, często na terenie klasztoru. Nauka obejmowała wszystkie przedmioty należące do programu, z wyjątkiem śpiewu, rysunków, robót ręcznych i gimnastyki. Wiosną 1941 roku Wisława wraz z koleżankami zdała maturę. Pisemną z polskiego, matematyki i francuskiego, ustną z polskiego, francuskiego, łaciny i historii.

Teresa Miętta-Mikołajewicz w czasie wojny prowadziła dziennik i zapisała w nim przygodę, jaka kiedyś zdarzyła się Wisławie w drodze z kompletów: „To było wczesną wiosną, a raczej na przedwiośniu – opisywała nam w liście. – W czasie roztopów dojście do nas było bardzo utrudnione. Tego popołudnia Ichna spieszyła się do domu i wyszła sama, nie czekając na resztę koleżanek. Z obu stron szosy były głębokie rowy wypełnione wodą, na wierzchu zamarzniętą. Stąpnęła i lód się pod nią załamał".

Koleżanki przechowały poemat „Topielec", w którym opisywała, jak tonie, jak na wodzie unosi się jej uczniowski beret, jak potem siostrzyczki i koleżanki idą na jej pogrzeb. Datowany Kraków-Olsza, 20 lutego 1942 roku.

> Ach któż wyśpiewa dosyć odżałuje
> Ten pośpiech zgubny, który śmierć szykuje.
> (...)
> Matka Józefa zaś prowadzi swoje,
> W skromnych mundurkach wychowanic roje,
>
> Gwar się nad nimi unosi wesoły,
> Bo pogrzeb rano, więc też nie ma szkoły.
> (...)
> Już nie ma Ichny, pozostał grobowiec,
> Żałuj jej śmierci, innym ją opowiedz.

Koleżanki przechowały też jej wiersz „Nihil novi sub sole".

> Wszystko nie nowe, wszystko już było.
> Słońce też wschodzi tak, jak wschodziło.
> (...)
> A wielka wojna też nie wyjątek,
> Kain na Ablu zrobił początek...
>
> I wszystkie ludy – dopóki żyją
> Biły się. Zresztą dotąd się biją.
> (...)
> Wciąż ktoś umierał, wciąż ktoś się rodził,
> Wciąż narzekając do szkoły chodził.
>
> Ciągle za błędne wypracowanie,
> W szkole, czy w domu dostawał lanie...

Treść nieporadna, a jednak robi wrażenie, że ten szkolny wierszyk to jakby wprawka do jednego z głównych wątków twórczości Szymborskiej, porównać go można do gamy, którą ćwiczy przyszły muzyk. Ponad pół wieku później poetka powróciła do słów Eklezjasty w przemówieniu noblowskim: „»Nic nowego pod słońcem« – powiedziałeś, Eklezjasto. Ale przecież Ty sam urodziłeś się nowy pod słońcem".

Opowiadała nam, że w czasie wojny status materialny ich rodziny bardzo się obniżył. Matka piekła zarobkowo ciasta i wyprzedawała z domu różne rzeczy, takie jak obrazy czy kilimy, a one obie z siostrą też starały się dorobić.

O OKUPACYJNYM KRAKOWIE I PIERWSZYCH WIERSZACH

Ponieważ wiadomo było, że Wisława ma dryg do rysunków[1], Jan Stanisławski, za pośrednictwem swojej córki Małgosi, poprosił ją, żeby zrobiła mu ilustracje do książki *First Steps in English*. Uczył angielskiego na kompletach, miał wielu uczniów, a jego podręcznik był tak zaczytany, że nie nadawał się do użytku. Przy pomocy zaprzyjaźnionych wydawców zrobił nowe podziemne wydanie. Używał go potem jeszcze dobrych kilka lat po wojnie. Nawoja z kolei wraz z mężem zarabiali, szyjąc buty, które sprzedawali wśród znajomych.

Koleżanki z tajnych kompletów. Druga z lewej Wisława. Mieszkanie Szymborskich na Radziwiłłowskiej. 1941 rok.

– Miały podeszwę elastyczną, przód i tył łączony za pomocą skórki – opowiadała nam Małgorzata Szerchowa (z domu Stanisławska), która chodziła w takich butach w czasie wojny. – Cholewki według kroju Nawoi robił szewc.

Szymborska, wspominając wojenny ślub swojej siostry, opowiedziała nam, jak to pan młody miał tylko jedną parę przyzwoitych butów, a i one wymagały podzelowania: – Kiedy ukląkł przed ołtarzem, zobaczyłam na zelówce wypisaną przez szewca białą kredą cenę.

Gdzieś w 1943 roku Wisława zaczęła pracować jako urzędniczka na kolei, by uniknąć wywózki na roboty.

„Latem 1943 roku na ulicę wychodziło się tylko z konieczności – wspominał Witold Zechenter dwadzieścia lat później na łamach »Życia Literackiego«. – Unikano kawiarni, ławek na Plantach, niepotrzebnego szwendania się. Skończył się mit spokojnego Krakowa. Był to chyba najgorszy rok, jeśli chodzi o nasilenie łapanek ulicznych, rewizji, obław"[2].

To jest oczywiście wspomnienie mieszkańca „aryjskiej strony" miasta, dla krakowskich Żydów bowiem miasto podczas okupacji ani przez moment nie było miejscem bezpiecznym i spokojnym. Latem 1943 roku większość z nich wymordowano albo wywieziono do obozów zagłady.

Spytałyśmy Szymborską, czy w czasie okupacji stykała się z Żydami.
– Pamiętam ich usuwających śnieg na ulicach, z tymi łatami na rękawach – mówiła. – I małżeństwo żydowskie z naszej kamienicy, które zaraz na początku wojny przyniosło kosztowności na przechowanie do mamy. Przez całą okupację mama denerwowała się, czy nas nie wysiedlą i co ona ma z tym wtedy zrobić. Oboje przeżyli, on zmarł niedługo po wojnie, ona, póki żyła, przychodziła na moje wieczory autorskie.

Może słyszała tam, jak Szymborska czyta ten wiersz:

W zaplombowanych wagonach
jadą krajem imiona,
a dokąd tak jechać będą,
a czy kiedy wysiędą,
nie pytajcie, nie powiem, nie wiem.

Imię Natan bije pięścią w ścianę,
imię Izaak śpiewa obłąkane,
imię Sara wody woła dla imienia
Aaron, które umiera z pragnienia.
(...)
Tak to, tak, stuka koło. Las bez polan.
Tak to, tak. Lasem jedzie transport wołań.
Tak to, tak. Obudzona w nocy słyszę
tak to, tak, łomotanie ciszy w ciszę.
("Jeszcze", *Wołanie do Yeti*, 1957)

Ale w jej pamięci o wojnie Żydów tak naprawdę nie ma. Pisał o tym Artur Sandauer: „We wstrząsającym wierszu o wywózce Żydów [Szymborska] opisuje nie wydarzenie samo, lecz swoją o nim niewiedzę, nocne refleksje współczesnej Polki usiłującej przypomnieć sobie cokolwiek o tym narodzie, o którym ocalały w jej pamięci tylko imiona"[3].

Tadeusz Kwiatkowski, twórca jednego z podziemnych teatrów w Krakowie, opisał nam, jak w 1942 albo 1943 roku wpadł do Witolda Kałki. Późniejszy dyrektor Filharmonii Narodowej (po wojnie zmienił nazwisko na Rowicki) siedział przy fortepianie, obok niego stała młoda, szczupła panna. „To była Wisia Szymborska. Witek, przedstawiając mi ją, rzucił, że pisze ładne piosenki. Rzuciłem okiem na teksty, które pozwoliła mi przejrzeć. Były frywolne, żartobliwe, pełne poetyckiej pikanterii. Ich klimat wciąż pamiętam, podobały mi się"[4].

W tym czasie próbowała też twórczości poważniejszej. Pisywała opowiadania o tematyce okupacyjnej (jedno z nich opublikowała po wojnie w studenckiej jednodniówce), które jednak potem sama zdyskwalifikowała, a gdy odnalazła je po latach w jakiejś tece przy okazji przeprowadzki, uznała, że słusznie – wydały jej się okropne. I poezje, które też nie przetrwały próby czasu. Niektóre z jej wierszy opublikowanych w prasie po wojnie noszą datę 1944, ale żadnego z nich nie umieściła w wydaniu książkowym.

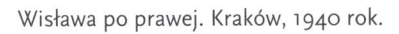

O OKUPACYJNYM KRAKOWIE I PIERWSZYCH WIERSZACH

Wisława (po lewej) z Renią Mięttą-Mikołajewicz.

Wisława po prawej. Kraków, 1940 rok.

PAMIĄTKOWE RUPIECIE

– Wojna wzmocniła kryzys religijny, jaki przechodziłam już wcześniej – mówiła nam. – Musiały przecież pojawić się pytania, jak Pan Bóg może na to wszystko, co się dzieje, pozwalać.

O wojennych przeżyciach Szymborska opowiadała rzadko. Urszula Kozioł zapamiętała jedną jej opowieść – o strachu. Był piękny wiosenny dzień, zbliżał się koniec wojny i w Krakowie nie było już Niemców. Wisława wybrała się z przyjaciółką piechotą do letniskowej miejscowości pod Krakowem. Tam oddaliły się od zabudowań, weszły do jakiegoś lasku i nagle znalazły się w środku obozowiska radzieckich żołnierzy. Cofnąć się już nie mogły, musiały przejść przez obóz z duszą na ramieniu. I przeszły – tak jakby były niewidzialne.

Gdzieś napomknęła Szymborska, że chłopak, w którym kochała się na początku wojny, zmarł w obozie w Prokocimiu, gdzieś indziej, że w Powstaniu Warszawskim zginął jej kuzyn Roman Plenkiewicz, syn ciotki Julii. Nam opowiadała o ukochanym, którego AK wysłało z misją do Wilna: – To był 1943, może 44 rok. A potem żaden list nie przychodził. Dowiadywałam się, szukałam, ale nie trafiłam nigdy na żaden ślad.

> Mój poległy, mój w proch obrócony, mój ziemia,
> przybrawszy postać, jaką ma na fotografii:
> z cieniem liścia na twarzy, z muszlą morską w ręce,
> wyrusza do mojego snu.
> (…)
> Zjawia się na wewnętrznej stronie moich powiek,
> na tym jednym jedynym dostępnym mu świecie.
> Bije mu serce przestrzelone.
> Zrywa się z włosów pierwszy wiatr.
> (…)
> Zbliżamy się do siebie. Nie wiem czy we łzach,
> i nie wiem, czy w uśmiechach. Jeszcze jeden krok
> i posłuchamy razem twojej muszli morskiej,
> jaki tam szum tysiącznych orkiestr,
> jaki tam nasz weselny marsz.
> („Sen", *Sól*, 1962)

W swoich wierszach ani tuż po wojnie, ani później Szymborska nie celebrowała etosu bohaterstwa. Nawet gdy wspominała o rodzinnej tradycji powstańczej, robiła to w nawiasie, jakby się chciała od niej dystansować:

> Nikt w rodzinie nie umarł z miłości.
> (…)
> (Konali z kulą w czaszce, ale z innego powodu
> i na polowych noszach).
> („Album", *Sto pociech*, 1967)

PAMIĄTKOWE RUPIECIE

Spytałyśmy Szymborską, jak to możliwe, że ona, która z racji daty urodzenia należała do pokolenia wojennego, osiągającego dojrzałość w czasie okupacji, tak rzadko sięgała do tego doświadczenia. Odpowiedziała, że trudno w poezji o sprawiedliwe proporcje i że większość jej wierszy z tamtego czasu wylądowała w koszu: – Nigdy nie dorównałabym tu Różewiczowi czy Herbertowi, w ich poezji myśl o poległych jest stale obecna. Czytając ich wiersze, zrozumiałam, że wyrazili swoje doświadczenia w sposób niezrównany i ja nie potrafiłabym nic do tego dodać.

W drugiej połowie stycznia 1945 roku Kraków wyzwoliły wojska marszałka Koniewa i w zgłodniałym kulturalnych wydarzeń mieście natychmiast zorganizowano poranek poetycki, na który oczywiście Szymborska też pobiegła.

Zbity tłum mieszkańców wypełniał nie ogrzewaną widownię Starego Teatru przy placu Szczepańskim. Zajęte były wszystkie krzesła, przejścia między krzesłami, publiczność tłoczyła się w *foyer* i na schodach. Ludzie nie zdejmowali płaszczy, futer, czapek, szalików, chuchali w zziębnięte dłonie. W powietrzu parowały oddechy. Najpierw Tadeusz Breza i Stanisław Dygat mówili o życiu literackim w Warszawie podczas okupacji. Potem czytali swoje wiersze Czesław Miłosz, Julian Przyboś, Stanisław Piętak, Adam Ważyk, Jerzy Zagórski, Witold Zechenter. Aktorzy recytowali wiersze nieobecnych w Krakowie Mieczysława Jastruna i Stanisława Jerzego Leca, a też Adama Włodka, który nie wyszedł na scenę, bo dostał ataku tremy. Każde wystąpienie kończyła burza oklasków, a na koniec widzowie wdarli się na scenę, by ściskać pisarzy i wręczać im kwiaty.

Szymborska przyglądała się temu nieśmiało z daleka. Kilka lat później wyszła za mąż za tego, który dostał ataku tremy. A w pół wieku potem zaprzyjaźniła się z Czesławem Miłoszem, którego recytacja zrobiła wtedy na niej największe wrażenie

Nad rzeką z koleżanką przytrzymującą ją za sukienkę.

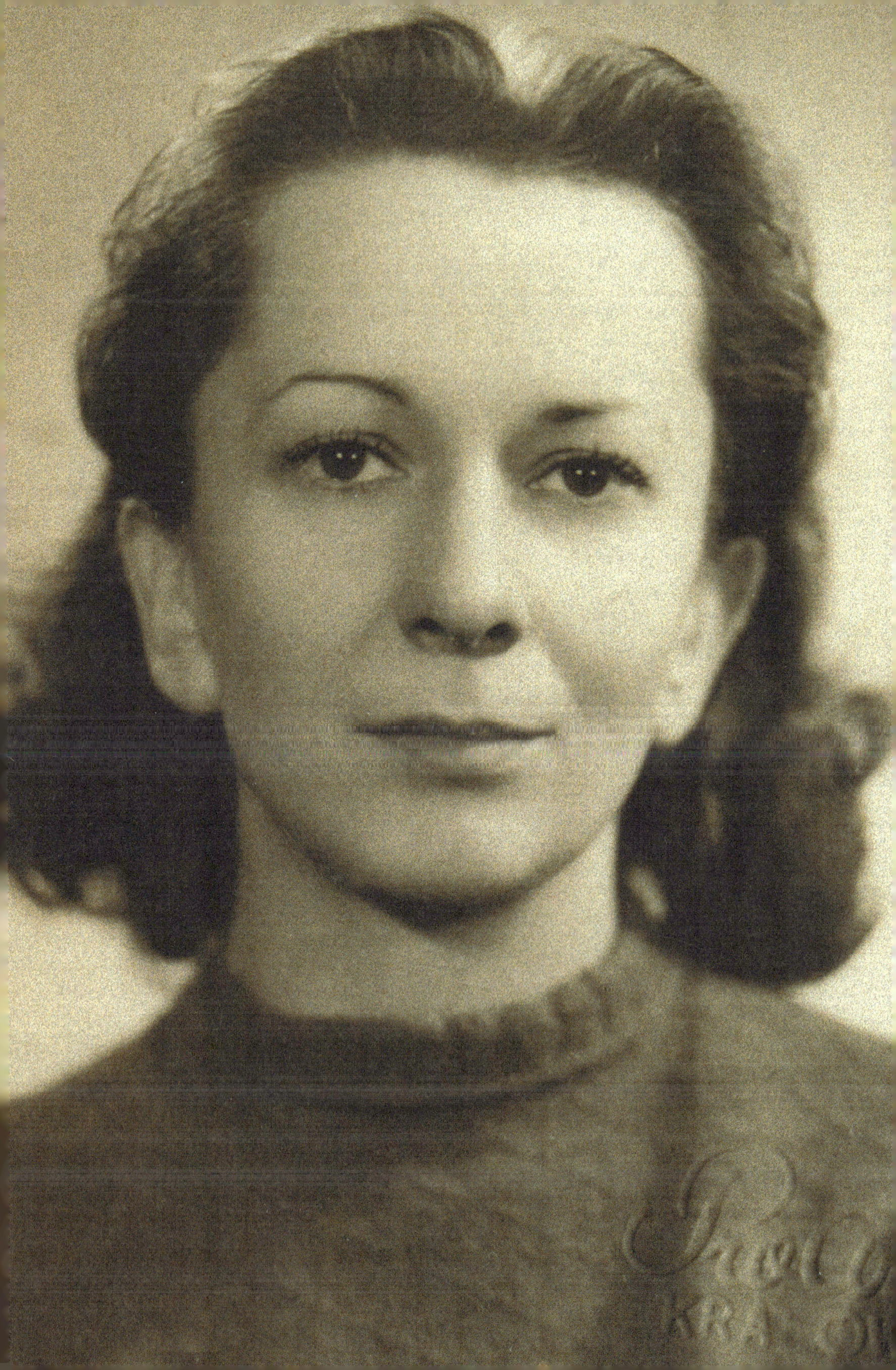

ROZDZIAŁ 6

O powojennym debiucie i wierszowanej publicystyce

W ślad za Armią Czerwoną pojawił się w Krakowie poeta Adam Ważyk w mundurze kapitana i ze stosownymi pełnomocnictwami rządu lubelskiego. Osobiście przejął z rąk stacjonujących w mieście sowieckich żołnierzy kamienicę na ulicy Krupniczej 22 i przeznaczył ją na potrzeby pisarzy, którzy z różnych stron kraju zaczęli ściągać do wyzwolonego i mało zniszczonego przez wojnę Krakowa. Zarządził też wydawanie dziennika. Wkrótce przy „Dzienniku Polskim" utworzono cotygodniowy dodatek „Walka", a jego redakcję powierzono młodemu, żarliwemu komuniście Adamowi Włodkowi[1]. I to tam właśnie, 14 marca 1945 roku, pojawiło się po raz pierwszy w druku nazwisko Wisławy Szymborskiej.

Włodek we wspomnieniowym tomie, którego tytuł – *Nasz łup wojenny* – zapożyczył zresztą z wiersza Szymborskiej, tak pisał o jej przyniesionych do redakcji juweniliach: „Wiersze nie wyróżniały się niczym nadzwyczajnym – co więcej: były po prostu słabe. Tak słabe, że nie widzieliśmy możliwości wykorzystania żadnego z nich. Nie byliśmy zarazem w stanie skontaktować się z autorką, ponieważ po tej jednej wizycie w redakcji »Dziennika« nie pojawiła się ponownie, a adresu też nie pozostawiła"[2].

Jednak jeden z redaktorów „Dziennika Polskiego", Witold Zechenter, najwidoczniej coś dostrzegł w wierszach „początkującej rymotwórczyni", bo uparł się, żeby wydrukować chociaż jeden. Na argument, że są „tasiemcowe", zaproponował, by coś wyciąć, coś skrócić, ale jakiś fragment dać. Tak też się stało: z liczącego bite dwie strony maszynopisu wykrojono połowę, a powstały po tym zabiegu krótszy wiersz zatytułowano „Szukam słowa".

Biorę słowa potoczne, ze słowników kradnę,
mierzę, ważę i badam –
Żadne
nie odpowiada.
(...)
Bezsilna nasza mowa,
Jej dźwięki – nagle ubogie.
(...)
Chcę niech jedno słowo
krwią będzie nasycone,
niechaj jak mury kaźni,

pomieści w sobie każdą
mogiłę zbiorową.
(„Szukam słowa", „Dziennik Polski", 14 marca 1945)

Po jego opublikowaniu autorka pojawiła się w redakcji. – Mam nadzieję, że honorarium za ten wasz wiersz wypłacicie jednak mnie? – spytała.
– W tamtych czasach Zechenter był jedynym człowiekiem, który nie działał na mnie onieśmielająco – mówiła nam. – Zanim pojawiłam się w redakcji „Dziennika Polskiego", nie znałam nikogo, kto mógłby mi powiedzieć, czy moje wiersze są coś warte.
Dziesięć lat później w jubileuszowym numerze „Dziennika Polskiego" wspominała, że wokół „Walki" zgrupowała się stawiająca pierwsze kroki w zawodzie pisarza młodzież Krakowa, że było to jej pierwsze środowisko literackie i że tam właśnie po raz pierwszy zaczęła myśleć poważnie o uprawianiu poezji: „Nie wiem, jak by się

Adam Włodek, późniejszy mąż Wisławy Szymborskiej.
Na odwrocie fotografii dedykacja: „Kochana Wisełko! –
tak oto już w 1940 przeczuwałem, że będziesz się pasjonować
małpiętami, Adam, 26 XI 69".

stało naprawdę – ale do dzisiaj jestem przekonana, że gdyby ta moja pierwsza próba skończyła się klęską, nie odważyłabym się już nigdy po raz drugi pokazać komukolwiek swoich wierszy"[3].

To samo, niemal tymi samymi słowami, powtórzyła czterdzieści lat później: „Gdyby odrzucono moje pierwsze wiersze, być może próbowałabym jeszcze prozy, ale gdyby mi tego pierwszego, słabiutkiego wiersza nie przyjęto, to prawdopodobnie zrezygnowałabym z poezji. Przynajmniej wtedy miałam takie uczucie. Że idę po raz pierwszy i – jeśli nie przyjmą – ostatni"[4].

W „Walce", której żywot zakończył się już w lipcu 1945 roku, opublikowała Szymborska jeszcze cztery wiersze, wszystkie o tematyce wojenno-okupacyjnej. Tylko jeden z nich uznała za wart tego, by przedrukować go w książce, i otworzyła nim wydany blisko dwadzieścia lat później w PIW-ie tom *Wierszy wybranych*.

> Świat umieliśmy kiedyś na wyrywki:
> – był tak mały, że się mieścił w uścisku dwu rąk,
> tak łatwy, że się dawał opisać uśmiechem,
> tak zwykły, jak w modlitwie echo starych prawd.
> (…)
> Nie witała nas historia zwycięską fanfarą;
> – sypnęła w oczy brudny piach.
> Przed nami były drogi dalekie i ślepe,
> zatrute studnie, gorzki chleb.
>
> Nasz łup wojenny to wiedza o świecie
> – jest tak wielki, że się mieści w uścisku dwu rąk
> tak trudny, że się daje opisać uśmiechem,
> tak dziwny, jak w modlitwie echo starych prawd.
> (***, „Dziennik Polski", 2 maja 1945)

Wtedy też Szymborska przygotowała rysunki do napisanej przez Adama Włodka książeczki dla dzieci *Mruczek w butach*.

Gdy „Walka" przestała wychodzić, młodzi poeci skupieni wokół Włodka zaczęli drukować w dwutygodniku „Świetlica Krakowska", wydawanym przez Ministerstwo Informacji i Propagandy. Tam Szymborska dostała pracę jako sekretarz redakcji i tam też publikowała wiersze oraz minirecenzje teatralne, w których pobrzmiewa już ton znany nam z jej przyszłych felietonów o książkach. I tak omawiając przedstawienie Moliera *Chory z urojenia*, pisała, że trudno znaleźć sztukę, w której Molier nie używałby sobie na współczesnej mu medycynie i lekarzach, a te jego kpiny odegrały ważną rolę społeczną: „Molier swoimi żartami z puszczania krwi większej ilości ludzi ocalił życie niż Jenner wynalazkiem szczepienia ospy"[5].

Zimą 1946 roku młodzi krakowianie pojechali do Warszawy na spotkanie młodych pisarzy i naukowców. Wkrótce w dwutygodniku „Pokolenie" ukazały się dwa wiersze Szymborskiej: „Miejsce na pomnik" i „Ulica Polna", jakby plon wyjazdu do wciąż leżącej w ruinach Warszawy. Zapamiętał ją z tego zjazdu Jacek Bocheński jako bardzo ładną dziewczynę: – My, młodzi poeci i pisarze z pokolenia powojennego, poznaliśmy się właśnie na tym zjeździe. Wtedy jeszcze nie wyróżnialiśmy się niczym. Byliśmy smarkaterią głupią i pochopną. Po prostu puste kartki do zapisania.

Szymborska zaraz po wojnie zaczęła studiować na Uniwersytecie Jagiellońskim, najpierw przez rok polonistykę, potem przez dwa lata socjologię[6]. – Studiów nie skończyłam – mówiła nam. – W 1947 roku socjologia zrobiła się śmiertelnie nudna, wszystko przecież miał wyjaśniać marksizm. Przerwałam naukę, bo już wtedy musiałam zarabiać na życie.

Kiedy w „Dzienniku Literackim" opublikowała wiersz „Niedziela w szkole" („Na szafie próżnował globus – / przedmiot jutrzejszych godzin – / i ptak, któremu trociny / zabrały serce spłoszone"), do redakcji napłynęło sporo listów od czytelników, którzy atakowali ją za to, że pisze niezrozumiale (co w tym akurat przypadku było uzasadnione). Atak był frontalny i ideologiczny: gdyby Szymborska (a też Przyboś, Jastrun czy Różewicz) pisała jak Majakowski, to „pastuch z Kazachstanu czy drwal z Komi" nie musieliby się głowić, o co jej chodzi, i mogliby „bogacić swój umysł i swoją świadomość klasową". Wywiązała się z tego dyskusja *Jakiej poezji dziś potrzeba*, którą tak podsumował Adam Włodek: „Literatura, jak trafnie sformułował to kiedyś Józef Stalin, ma być proletariacka w treści, narodowa w formie"[7].

Szymborska przyznała później, że rzeczywiście wiersz był „pretensjonalny, w sztuczny sposób skomplikowany, maniczny", i dodała, że po tej fali krytyki na prawie dwa lata zaprzestała pisania poezji[8].

Przygotowywała jednak w tym czasie do wydania swój debiutancki tomik. Zdaniem Włodka przewidziany był dla niego zgrzebny tytuł „Wiersze", krytyk Tadeusz Drewnowski uważał, że miał być zatytułowany „Szycie sztandaru". Tak też wynika z teczki przechowywanej w bibliotece Związku Literatów Polskich w Warszawie. Na rok 1950 – składała sprawozdanie w ankiecie Szymborska – ma ukończyć tomik wierszy lirycznych o tematyce wojennej i współczesnej „Szycie sztandaru"[9].

Tomik nigdy się nie ukazał, najwidoczniej wiersze, które miały się w nim znaleźć, nie spełniały socrealistycznych wymagań, jakie w 1949 roku na szczecińskim Zjeździe Literatów postawiono przed literaturą. Wkrótce zresztą Szymborska się do nich przystosowała. Zapisała się do partii, jeździła na spotkania z wyborcami opowiadać o programie Frontu Narodowego, występowała z wieczorami autorskimi w fabrykach.

Pytałyśmy ją, skąd u niej, panienki z dobrego domu, akces do nowej rzeczywistości.

– Jeszcze w czasie wojny trafiłam na lewicujące towarzystwo młodych ludzi – odpowiedziała. – Byli szczerze przekonani, że komunizm to dla Polski jedyne wyjście.

O POWOJENNYM DEBIUCIE I WIERSZOWANEJ PUBLICYSTYCE

Życie Literackie

Dzięki nim zaczęłam myśleć o sprawach społecznych. Wtedy mało się wiedziało, co zrobili bolszewicy. Głupio tak mówić, ale gdy się jest osobą niedoświadczoną politycznie, dużo zależy od tego, jakich ludzi spotka się na swojej drodze.

– Czy nie szkodziło Pani pochodzenie, to, że ojciec miał przed wojną kamienicę?

– Nigdy nie miałam z tego powodu kłopotów, choć nie ukrywałam, kim był mój ojciec. Może dlatego, że to był Kraków. Przyjmowaniem do partii zajmował się Adam Polewka, i on łapał, kogo się da. To on mnie skusił. Każdy ma takiego diabła, na jakiego sobie zasłużył.

W początkach 1951 roku powstało w Krakowie nowe pismo „Życie Literackie" (wcześniej rozwiązano „Odrodzenie"), które – zgodnie z wytycznymi Komitetu Centralnego PZPR – miało „włączyć literaturę do bitwy o plan 6-letni". Henryk Markiewicz, pierwszy redaktor naczelny „Życia Literackiego", którego szybko zastąpił Władysław Machejek, zapamiętał Szymborską jako początkującą współpracowniczkę. – Nie miałem z nią wiele do czynienia, bo wykonywała wtedy różne drobne zadania redakcyjne.

Już jednak w pierwszym numerze nowego pisma opublikowano jej wiersz:

Serca nie bijcie na trwogę.
Bijcie na gniew! Bijcie na gniew!
Serca nie bijcie na trwogę.
Bijcie na gniew sprawiedliwy.
Otwierają się bramy więzienia
i na wolność wychodzi morderca.
(„Pieśń o zbrodniarzu wojennym", *Dlatego żyjemy*, 1952)

Motyw miłującego pokój Związku Radzieckiego oraz zbrodniarzy i podżegaczy wojennych z kapitalistycznego świata powracał i w wierszach Szymborskiej z tamtego czasu, i w jej artykułach w „Życiu Literackim". Walka o pokój to był chwyt propagandowy, którego stosowanie wyjątkowo się komunistom opłaciło. Arthur Koestler, pisarz angielski, jeden z tych zarażonych komunizmem, który najwcześniej przejrzał na oczy, tak opisywał przełom lat czterdziestych i pięćdziesiątych: „To był czas światowego ruchu w obronie pokoju, któremu udało się – pod sztandarem Picassowskiego gołębia – przekonać miliony ludzi, że pokój na świecie może być zaprowadzony tylko za pomocą żelaznej kurtyny, pól minowych i drutów kolczastych"[10].

Jan Józef Szczepański, pisarz współpracujący z „Tygodnikiem Powszechnym", zapamiętał Szymborską z pochodu pierwszomajowego w 1951 roku, na którego czele szli budowniczowie Nowej Huty. – Przed trybuną honorową ustawioną przy Bibliotece Jagiellońskiej defilowali pisarze, wśród nich Wisława Szymborska. Młoda, ładna, promienna. Tam się poznaliśmy. Zapamiętałem, bo ten jeden jedyny raz w życiu brałem udział w pochodzie pierwszomajowym – nie potrafiłem się wykręcić.

Do lutowego numeru z 1952 roku redakcja „Życia Literackiego" zamówiła u poetów komentarze do przygotowywanego właśnie projektu nowej konstytucji. Wypowiedzieli się Julian Tuwim i inni poeci, wszyscy prozą. Jedynie Szymborska odrobiła swoją lekcję wierszem:

> Porównajcie, rozważcie sobie:
> moja młodość i wasza młodość –
> to jak po ciężkiej chorobie
> po raz pierwszy wejść do ogrodu.
> („Gdy nad kołyską Ludowej Konstytucji do wspomnień
> sięga stara robotnica", *Dlatego żyjemy*, 1952).

Jej książkowy debiut przypadł na pełnię stalinizmu. W wydanym w 1952 roku tomiku tytuły wierszy mówią same za siebie: „Żołnierz radziecki w dniach wyzwolenia do dzieci polskich mówił tak", „Młodzieży budującej Nową Hutę", „Lenin", „Robotnik nasz mówi o imperialistach", „Do matki amerykańskiej".

Poza jednym wierszem, znacznie okrojonym, do tomiku nie wszedł żaden z jej dawniejszych wierszy. Adam Włodek, który świetnie orientował się w juweniliach i ineditach Szymborskiej, i w ogóle w zawartości jej poetyckiej szuflady – nie tylko dlatego, że był jej mężem, ale przede wszystkim dlatego, że ufała ona jego poetyckiemu instynktowi i dawała mu wszystko do czytania – zauważył, że zdarzało się jej po latach używać wcześniejszych, wojennych i tużpowojennych wierszy jako tworzywa do wierszy nowych, doskonalszych[11]. Nawiasem mówiąc, był on dużo lepszego zdania niż sama autorka o jej „wcale dobrych" opowiadaniach z czasów wojny („proza sprawna pod względem ściśle warsztatowym, jak i udowodniona psychologicznie"[12]).

W książkowym debiucie, pisał poeta i krytyk literacki Jacek Łukasiewicz, „młodych poległych AK-owców zastąpili bohaterowie spod Stalingradu i wyzwoliciele Krakowa, a wojna w nim przywoływana to wojna w Korei"[13].

> Wykłuto chłopcu oczy. Wykłuto oczy.
> Bo te oczy były gniewne i skośne.
> – Niech mu będzie we dnie, jak w nocy –
> sam pułkownik śmiał się najgłośniej,
> sam oprawcy dolara w garść włożył,
> potem włosy odgarnął z czoła,
> żeby widzieć, jak chłopiec odchodził
> rozglądając się rękami dookoła.
> W maju, w roku czterdziestym piątym
> nazbyt wcześnie pożegnałam nienawiść

O POWOJENNYM DEBIUCIE I WIERSZOWANEJ PUBLICYSTYCE

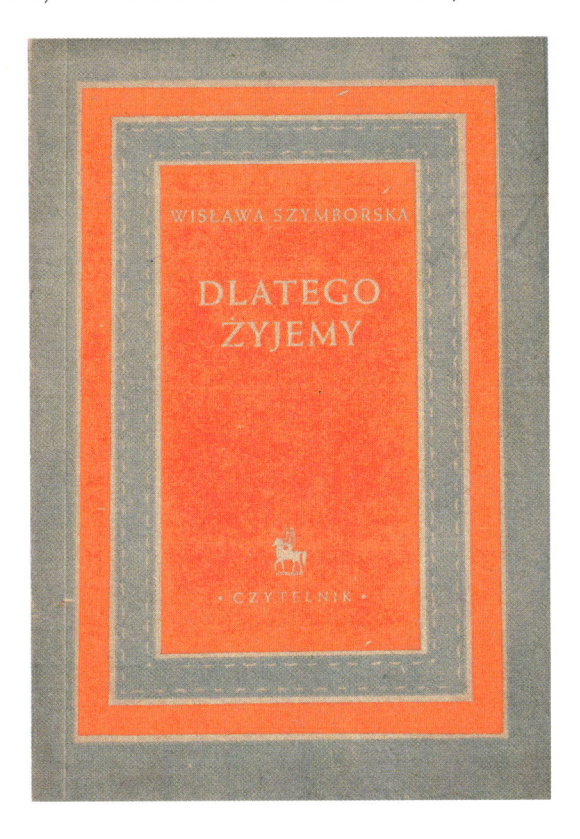

umieszczając ją pośród pamiątek
czasu gwałtu, grozy, niesławy.
Dzisiaj znowu się do niej sposobię.
Jest i będzie mi jej żar potrzebny.
A zawdzięczam ją również i tobie,
pułkowniku, wesołku haniebny.
(„Z Kuśi", *Dlatego żyjemy*, 1952)

Na podstawie tego tomiku przyjęto Szymborską do Związku Literatów Polskich.

Kiedy w styczniu 1953 roku Adam Włodek przeszedł do pracy w Wydawnictwie Literackim, Szymborska objęła po nim kierowanie działem poezji „Życia Literackiego". Na tym stanowisku zastała ją wiadomość o śmierci Stalina.

Musiała zamawiać wiersze do numeru specjalnego – od pierwszej do ostatniej strony tylko Stalin. W tym samym czasie „Tygodnik Powszechny" oparł się cenzurze, która żądała od wszystkich czasopism zamieszczania tekstu żałobnego podpisanego przez redakcję. W efekcie „Tygodnik" odebrano zespołowi i przekazano kolaborującemu z władzami PAX-owi[14].

Szymborska pożegnała Stalina wierszem. – Napisałam go ze szczerego serca, tego się nie da dziś zrozumieć – powiedziała nam.

> Jeszcze dzwonek, ostry dzwonek w uszach brzmi.
> Kto u progu? Z jaką wieścią, i tak wcześnie?
> Nie chcę wiedzieć. Może ciągle jestem we śnie.
> Nie podejdę, nie otworzę drzwi.
> (…)
> Póki nikt z was nie wypowie pierwszych słów,
> brak pewności jest nadzieją, towarzysze…
> Milczą. Wiedzą, że to czego nie chcę słyszeć,
> muszę czytać z pochylonych głów.
>
> Jaki rozkaz przekazuje nam,
> na sztandarze rewolucji profil czwarty?
> – Pod sztandarem rewolucji wzmocnić warty!
> Wzmocnić warty u wszystkich bram!
>
> Oto Partia – ludzkości wzrok.
> Oto Partia – siła ludów i sumienie.
> Nic nie pójdzie z Jego życia w zapomnienie.
> Jego Partia rozgarnia mrok.
> („Ten dzień", *Pytania zadawane sobie*, 1954)

W ramach redakcyjnych obowiązków pisywała też dla „Życia Literackiego" zaangażowane przeglądy prasy, zdarzyło jej się napisać reportaż i dwa wstępniaki – na 1 Maja i Nowy Rok.

Choć w wydanym w 1954 roku drugim tomiku, *Pytania zadawane sobie*, są tak programowo ideologiczne utwory jak „Wstępującemu do Partii", jednak kilka wierszy, szczególnie liryki miłosne, po dziś dzień wcale się nie zestarzało.

> Był klucz i nagle nie ma klucza.
> Jak dostaniemy się do domu?
> Może ktoś znajdzie klucz zgubiony,
> Obejrzy go – i cóż mu po nim?
> Idzie i w ręce go podrzuca
> Jak bryłkę żelaznego złomu
>
> Z miłością jaką mam dla ciebie
> Gdyby to samo się zdarzyło,
> Nie tylko nam: całemu światu
> Ubyłaby ta jedna miłość.
> („Klucz", *Pytania zadawane sobie*, 1954)

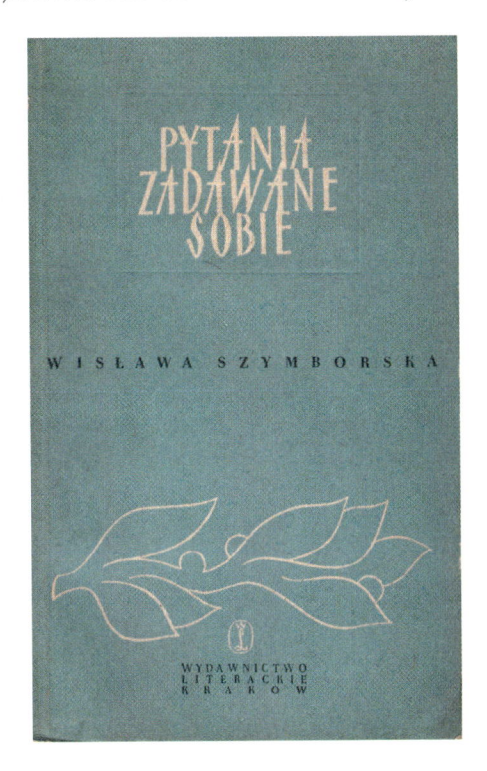

Sama autorka – surowa dla swej wczesnej i politycznie zaangażowanej poezji – kilka wierszy z tego tomu uznała po 1956 roku za godne wznowienia. Była wśród nich zamykająca tomik „Gawęda o miłości ziemi ojczystej", która stała się jednym z najczęściej pojawiających się w druku wierszy i trafiła do szkolnych podręczników[15]. Tomik otwierał wiersz niemal równie często przedrukowywany:

Świadomy drogi swej bardziej niż ptak odlotny
piszę do ciebie list, ojcze mój, kasztelanie.
(…)
Widzę rodzinny dwór
w klonowych wieńcach.
(…)
Wolności chcecie – tak,
ale dla siebie tylko.
W jej zatrzaśnięte drzwi
stukacie sygnetami,
A lud – niech czeka lud
w niewoli milcząc.
(„List Edwarda Dembowskiego do ojca", *Pytania zadawane sobie*, 1954)

PAMIĄTKOWE RUPIECIE

O POWOJENNYM DEBIUCIE I WIERSZOWANEJ PUBLICYSTYCE

Edward Dembowski – filozof, eseista, krytyk literacki, spiskowiec, działacz radykalnego ruchu niepodległościowego w zaborze austriackim, gdzie w 1846 roku próbował wzniecić powstanie – szedł na czele pochodu zrewoltowanych chłopów, kiedy trafiła go austriacka kula. Miał wtedy zaledwie dwadzieścia cztery lata. Nazywano go „czerwonym kasztelanicem", bo będąc przyszłym dziedzicem wielkich włości, chciał walczyć nie tylko o uwolnienie Polski spod władzy zaborców, ale i o uwłaszczenie chłopów. Czy pisząc ten wiersz, Szymborska myślała o tym, że i ona, stając się orędowniczką klasy robotniczej, porzuciła własną klasę społeczną, odcięła się od rodzinnej tradycji?

– Nie, zupełnie nie. Po przejściach własnych i historycznych uważałam, że ten wiersz jest demagogiczny i niemiły. A tu wiele lat później zjawił się u mnie Adam Michnik, zbierający podpisy pod listem przeciwko zmianom w konstytucji – tak miałam przyjemność go poznać – i mówił, że to jeden z jego ulubionych wierszy. Byłam zdumiona, że on go w ogóle pamięta.

Pytałyśmy ją o stosunek rodziny do jej politycznego zaangażowania.

– Mama była bardzo zdegustowana. Ale nie była geniuszem politycznym, nie umiała ze mną o tym rozmawiać. Instynktownie wiedziała, że komunizm jest niedobry. Jednak tolerowała to, co robiłam. Przypuszczam, że gdyby ojciec żył, nie mógłby tego zaakceptować. Ja wtedy uważałam, że komunizm to zbawienie dla Polski i ludzkości. I byłam pewna, że to ja mam rację. Niektórzy ludzie próbowali mnie przekonywać, ale ja sobie tłumaczyłam, że wszystko wiem lepiej.

Innym razem opowiedziała nam, w jakich okolicznościach posiane w niej zostały pierwsze ziarna wątpliwości: – Marian Promiński, starszy pan, uznany pisarz, który trochę mnie, wtedy młodą, początkującą poetkę, podrywał, któregoś razu zapytał: „A czy jest pani pewna, że jest po dobrej stronie?".

Marian Promiński przyjechał do Krakowa ze Lwowa, więc o Sowietach z pewnością dużo wiedział.

– To mógł być 1952 rok – mówiła nam Szymborska. – Nie zachwiał wtedy mojej wiary, przecież napisałam później wiersz o Stalinie, ale ją podkopał i sądzę, że od tego pytania zaczęło się moje odchodzenie. Wcześniej nikt mi nie powiedział, że może idę niewłaściwą drogą.

W 1954 roku przyznano Szymborskiej Nagrodę Literacką Miasta Krakowa. W 1955 roku była nominowana do Nagrody Państwowej, otrzymała wyróżnienie.

Czy wyróżniała się jakoś spośród młodych adeptów nowej wiary? Ludwik Flaszen, wtedy jeszcze jeden z wyznawców, choć już za chwilę miał ochłonąć, uważał, że tak. Pisał o tym językiem tamtego czasu w recenzji z *Dlatego żyjemy*: „Nie ma w nim obciążeń arealistycznych poetek burżuazyjnych i burżuazyjnego rozumienia świata ani oratorskiego rozchełstania pierwszych pionierów poezji socjalistycznej. Jest czysty, jasny, wyrównany. Jest dojrzały"[16].

Byli i tacy, co później też bronili artystycznych wartości tamtych wierszy. Na przykład Maciej Słomczyński.

– Wisława pod względem formalnym bardzo wystawała ponad tę okropną przeciętność. Nawet w Wolnej Europie w latach pięćdziesiątych jakiś krytyk powiedział, że w tym morzu plugastwa komunistycznej ideologii jest Szymborska, która ma wspaniałe metafory i asonanse. Nie stała się nigdy sztandarowym piewcą, bo była na to za dobra. Nie miała apanaży, nie zdobywała pierwszych nagród. Odcinała się od tła komunistycznego pod względem rzemiosła. Nawet kiedy plotła te bzdury o Stalinie, to było dobre.

– Wiersz o Stalinie wcale nie był taki zły – mówił o pokolenie młodszy krytyk literacki Tadeusz Nyczek. – Miał podobną konstrukcję jak niektóre późniejsze wiersze Szymborskiej: zwątpienie poprzez nieobecność.

Jan Błoński pisał, że „w latach poezji agitacyjnej wiersze jej miały pewną jędrność, skupienie, logikę. Na ówczesnym tle liryki Szymborskiej można było czytać bez szczególnej niechęci. Ale oczywiście próby lat nie wytrzymały"[17].

Znany z ostrego pióra Artur Sandauer (autor książki *Dla każdego coś przykrego*), który o twórczości Szymborskiej mówił, że jest doskonała, tu akurat nie był przekonany: „W istocie wiersze obu debiutanckich jej tomów nie wyróżniają się niczym na tle ówczesnej produkcji, ba, są o tyle od niej słabsze, o ile imitacja tubalnego głosu Majakowskich czy Broniewskich brzmi śmieszniej w wykonaniu kobiecym. Trudno o słowa bardziej fałszywe, jakie wypowiada w tytułowym wierszu zbioru sierżant Zajcew, dowódca plutonu ckm pod Stalingradem"[18]. I cytował:

Jest w sercu życia ostatek,
wystarczy jeszcze na słowo,
ciężko do ziemi ze sobą,
niewymówione zabierać,
chłopcy koniec już ze mną,
nie będę nudzić przemową,
proszę przyjmijcie do partii,
chcę komunistą umierać.
(„Dlatego żyjemy", *Dlatego żyjemy*, 1952)

Wówczas, tak jak i później, Szymborska pisała niewiele, więc też socrealistyczny dorobek ma niepokaźny: kilkanaście propagandowych tekstów, kilkanaście wierszy, jedna wypowiedź o własnej twórczości pod mocnym tytułem: „Pełne zrozumienie prawdy zawdzięczam Partii"[19].

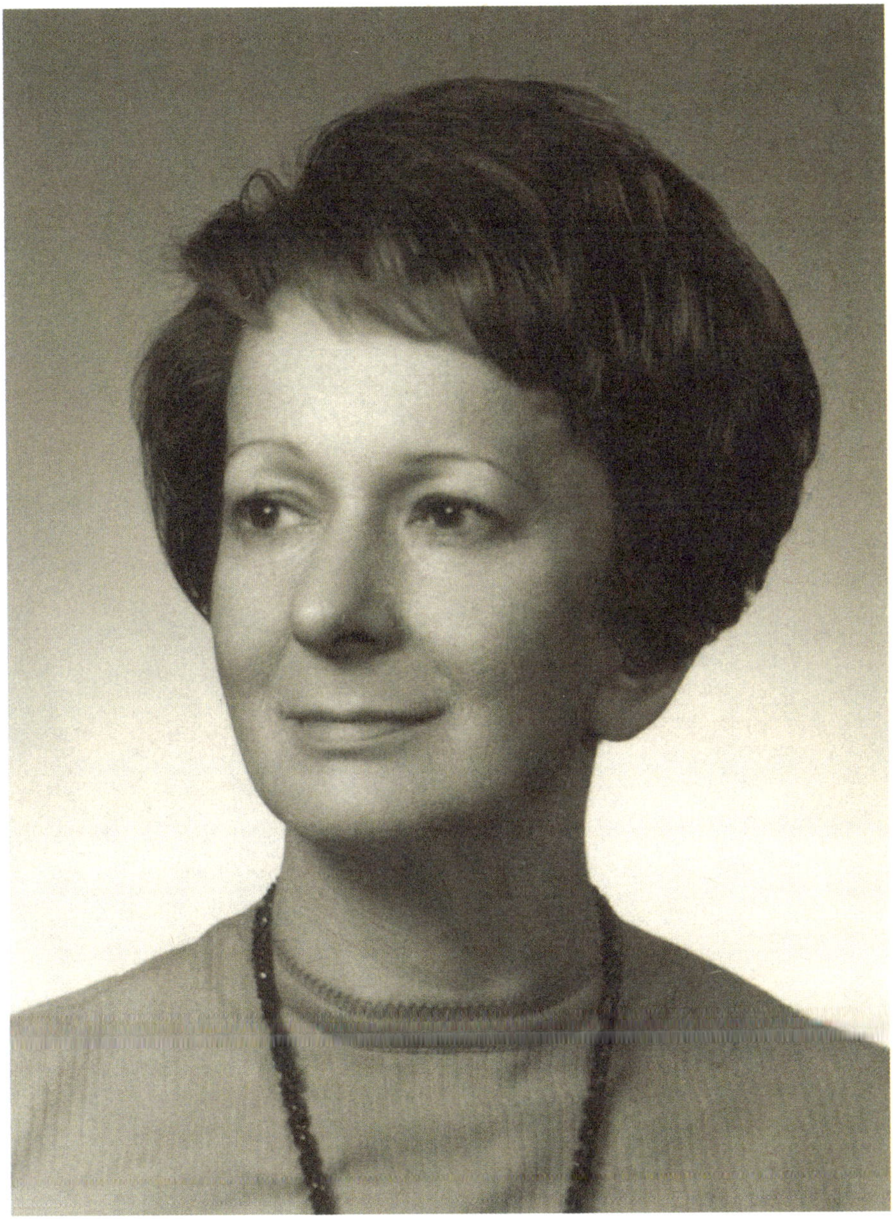

Po skromnym ślubie w urzędzie Wisława Szymborska i Adam Włodek odegrali go raz jeszcze w wersji *glamour* dla przyjaciół z Krupniczej.

ROZDZIAŁ 7

Małżeństwo w literackiej kamienicy na Krupniczej

Rodzinny dom przy ulicy Radziwiłłowskiej Wisława Szymborska opuściła w kwietniu 1948 roku. Po ślubie z Adamem Włodkiem wprowadziła się do pokoju swego męża na poddaszu drugiej oficyny na Krupniczej 22, w tak zwanych czworakach literackich.

Pan młody, choć tylko rok starszy od Szymborskiej, miał zupełnie inną niż ona pozycję. W czasie wojny związany z podziemiem komunistycznym, redaktor „Biblioteki Poetów", uczestnik konspiracyjnego życia literackiego był już znany w środowisku pisarskim.

– Ślub odbył się bez hałasu, zaprosiliśmy kolegów do kawiarni na kawę i lampkę wina, nie mieliśmy pieniędzy – opowiadała nam poetka. – Adam w swoim pokoiku miał pełno książek i składane polowe łóżko. Wieczorem, koło dwudziestej trzeciej, w dniu naszego ślubu, usłyszeliśmy pukanie. W progu stał Tadeusz Peiper w piżamie. Spytał Adama: „Panie kolego, przyjechał do mnie gość z Lublina, czy mógłby mi pan pożyczyć coś do spania?". „Pewnie, że tak" – odpowiedział Adam. W ten sposób staliśmy się chyba wyjątkową na świecie parą nowożeńców, od której w noc poślubną wyniesiono jedyne łóżko.

Na Krupniczej bywała Szymborska wcześniej nie tylko z wizytami u przyszłego męża, przychodziła także na copiątkowe spotkania twórców z Koła Młodych. Stamtąd zapamiętała ją Hanna Jedlicka, wówczas Piekarska, jako autorkę opowiadania *Le deszczu* i satyrycznej jednoaktówki, której akcja rozgrywała się w gronie emigrantów w Londynie (gdy żołnierz oświadczał się dziewicy polskiej, ta dostała czkawki).

Kiedy Szymborska wprowadzała się na Krupniczą, dom pod numerem 22, gdzie skoszarowano po wojnie kilkudziesięciu pisarzy, poetów, tłumaczy, był już legendą. To tam Jerzy Andrzejewski pisał *Popiół i diament* (publikowany na bieżąco w odcinkach w „Odrodzeniu" jako *Zaraz po wojnie*). Tam Konstanty Gałczyński pisał „Kolczyki Izoldy" i „Zaczarowaną dorożkę", Jerzy Szaniawski – *Dwa teatry*, Kazimierz Brandys – powieść o swym dzieciństwie *Drewniany koń*. Mieszkały tam też wdowy po znanych pisarzach, Jadwiga Unrug (żona Witkacego), Antonina Brzozowska (żona Stanisława Brzozowskiego). Dla jednych był to tylko przystanek przed powrotem do Warszawy, inni spędzili na Krupniczej wiele lat.

– Bardziej utalentowani albo przedsiębiorczy uciekali – opowiadała nam Joanna Ronikier. – Pamiętam, jak odwiedziłam moją przyjaciółkę z dzieciństwa Kirę Gałczyńską w Warszawie, to była przepaść między naszym slumsowym życiem a ich nowym warszawskim mieszkaniem.

Joanna Ronikier, wtedy mała dziewczynka, mieszkała na Krupniczej z mamą Hanną Mortkowicz-Olczakową i legendarną babcią Janiną Mortkowiczową, która przed wojną prowadziła z mężem wydawnictwo publikujące najlepszą polską literaturę. Po latach w „Tygodniku Powszechnym" Joanna opisywała czteropokojowe kołchozowe mieszkanie dzielone z obcymi lokatorami: „Tak wiele różnych osób przez przypadek zgromadzonych razem, skazanych na ciągłą drażniącą bliskość, mijających się bezustannie w ciasnym korytarzu. Każdy z własną, przeraźliwą historią okupacyjną. W strachu, czy starczy sił, by zacząć życie od początku. W rozpaczy, czy uda się temu życiu nadać sens. Wyczerpanie fizyczne i nerwowe, brak podstawowych elementów egzystencji, odzieży, butów, lekarstw, pieniędzy. Dość było powodów, by ta koegzystencja mogła zamienić się w piekło". Ale szczęśliwie nie zamieniała się. „A może tylko mnie tamte chude powojenne lata wydają się idyllą?"[1] – pisała. Najmniejszy pokoik z widokiem na śmietnik, z którego zawsze wysypywały się góry cuchnących śmieci, otrzymał – jak opisuje Joanna Ronikier – młodziutki Tadeusz Różewicz, który tak odtworzył swoje depresyjne nastroje z tamtego miejsca i z tamtego czasu: „Wszystko skończyło się raz na zawsze, cokolwiek będę robił, jestem martwy. Kto tu znów mówi o muzyce? Kto mówi o poezji? Kto mówi o pięknie? Kto tam gada o człowieku? Kto śmie mówić o człowieku? Jakie błazeństwo, jaka komedia. Umarli, jestem z wami. Jak dobrze"[2].

Szymborskiej w pamięci utkwiło przede wszystkim wściekłe zimno panujące na ich poddaszu. Z ulgą przenieśli się na pierwsze piętro, do mieszkania po Konstantym Ildefonsie Gałczyńskim. Nowe *locum* składało się z dwóch pokoi, mniejszy zdobiły wypisane na ścianie przez poprzedniego lokatora sentencje łacińskie oraz wielkie złote słońce z promieniami. Gdy odnawiali mieszkanie, zadbali, by malarz tego nie zamalował. Napisy i rysunki zlikwidował dopiero kolejny lokator.

Dom Literatów składał się z kamienicy frontowej i dwóch oficyn. Na parterze od frontu była stołówka, z której korzystali i mieszkańcy, i literaci z miasta. Przypominająca bawarską birsztubę sala z ciężkimi, zabejcowanymi na brązowo stołami i krzesłami służyła jednocześnie jako lokal Związku Literatów. Odbywały się tam zebrania, akademie, kabarety, wieczory autorskie i co sobota – całonocne potańcówki.

Joanna Ronikier: – Dom w czasie wojny został przejęty przez Niemców i przerobiony na mieszkania dla niskich rangą urzędników Gubernatorstwa, wtedy zlikwidowano kuchnie i większość łazienek. U nas kuchenka gazowa, na której gotowało się wodę, stała w wychodku. Wszyscy musieli jadać w stołówce. Przekleństwem mego dzieciństwa było, że nigdy po szkole nie zdążyłam nic opowiedzieć mamie i babce. Spotykałyśmy się na obiedzie, myślałam: „żeby tylko się nikt nie przysiadł", i zaraz się ktoś przysiadał. A to Gałczyński, a to wdowa po Witkacym, a to Alina Świderska, nadzwyczajna tłumaczka z włoskiego. Mama mówiła: „Posłuchaj, jakie to ciekawe, co opowiada pani Alina, chodziła na komplety tańca z Wyspiańskim i nie lubiła być z nim w parze, bo Staś jej deptał po palcach".

Autor wspomnień o Krupniczej Tadeusz Kwiatkowski opisywał, że na ścianach toalet obok stołówki kwitła twórczość poetycka, i odnotował kilka przykładów: „Tutaj każdy sobie siurka ze swojego Jalu Kurka", „Kiedy wychodek uległ awarii, spuść wodę z wierszy Artura Marii". Polewka, autor radiowych pogadanek do krakusów o ich kołtuństwie, drobnomieszczaństwie, reakcyjności, religianctwie i bigoterii, zarządził odmalowanie toalet, a następnie siadał w stołówce tak, by widzieć, kto wchodzi do ustępu. Mimo to nie udało mu się złapać na gorącym uczynku autora dystychu: „Hej, Polewko, nie bądź Sławoj, / przed wygódką nie wystawoj"[3] (po latach przyznał się do niego Ludwik Flaszen).

– Nie pamiętam, żeby Wisława pojawiała się na tańcach i zabawach. Ona do wychodzenia była raczej trudna. Zaprzyjaźniłam się z nią wtedy, i ta przyjaźń trwała latami – opowiadała nam Aniela Kott zwana przez rodzinę i przyjaciół Lalutką. – Pukałyśmy nawzajem do swoich drzwi. Było dużo dowcipów, przyjaźni i wieczne pożyczanie mąki oraz cukru. Jedni się bardziej lubili, inni mniej, ale wszyscy byli po imieniu. „Proszę pana" mówiło się jedynie do Jerzego Szaniawskiego i profesora Artura Górskiego. Nawet Stefan Kisielewski był na „ty" z Adamem Polewką, choć napadał na niego nie tylko w piśmie, ale i na klatce schodowej. Polewka miał partyjnego bzika, a że był w zarządzie Związku Literatów, zakazał w pewnym momencie Kisielewskiemu korzystania ze stołówki za karę, że ten mówił o Stalinie „idiota".

Polewka tuż po wojnie sprawował funkcję naczelnika wydziału propagandy w urzędzie wojewody, więc ktoś, kto był w redakcji „Tygodnika Powszechnego", stawał się jego ideologicznym wrogiem. Jednak gdy zwołano sąd koleżeński ZLP, na którym postulowano wyrzucenie Kisielewskiego ze związku, to właśnie on – jak zapamiętał to i zapisał Kisielewski – starał się go wybronić. Wytłumaczenie Kisiela, iż nie mógł uważać Stalina za głupiego, bo przecież to on wygrał wojnę, i mógł co najwyżej powiedzieć, że Stalin napisał coś głupiego – Polewka uznał za samokrytykę i zawnioskował o karę w zawieszeniu[4]. Tak też się stało. Swoją drogą, jak na stalinowskie czasy niezły *fair play*, nie wiadomo, czy do pomyślenia gdzieś poza Krakowem.

Błaga Dimitrowa, tłumaczka na bułgarski, która odwiedziła Szymborską na Krupniczej, zapamiętała ją jako „delikatną dziewczynę, łagodnie uchylającą się od rozmów na wszechobecne wówczas górnolotne tematy: nowe życie, nowa literatura, nowe budownictwo, w ogóle wszystko, co nowe". Szymborska nie uczestniczyła w ówczesnych sporach o Majakowskiego ani też, co wyróżniało ją spośród innych, nie opowiadała o swoich cierpieniach z okresu okupacji niemieckiej. „W wierszach płaciła daninę ówczesnej epoce – daninę naiwnej wiary, ogólnej tematyki, dydaktycznego tonu" – pisała dalej Dimitrowa. Jednak prywatnie była równie kameralna jak przez całe późniejsze życie, „całkiem jakby nie miała życiorysu, jakby wywodziła się z mgły unoszącej się nad rzeką, której imię nosi, i zmierzała ku jeszcze bardziej mglistym dalom przyszłości"[5].

– Mieliśmy awantażowny pokój z frontu, tyle że kuchnia była razem z łazienką, a ze stołówki dochodził zawsze zapach gotowanej kiszonej kapusty – opowiadali nam długoletni mieszkańcy domu na Krupniczej Teresa i Jerzy Korczakowie. – Przed 1 maja przychodził do nas Polewka, zwracał się *per* „wy", kazał wycinać papierowe gołąbki pokoju i wywieszał w oknach flagi.

Korczakom zapadł w pamięć Gałczyński wykrzykujący po pijanemu: „Nie będzie was, nie będzie mnie, zostaną tylko te zasrane spółdzielnie", i Stanisław Skoneczny,

PAMIĄTKOWE RUPIECIE

Wisława Szymborska na zdjęciu 1 i 2 z dłonią Adama Włodka, na zdjęciu 3 dusi Sławomira Mrożka; na zdjęciu 4 Włodek w przebraniu burżuja. W mieszkaniu Szymborskiej i Włodka na Krupniczej odbywały się konkursy, gry literackie i zabawy w żywe obrazy.

1.

2.

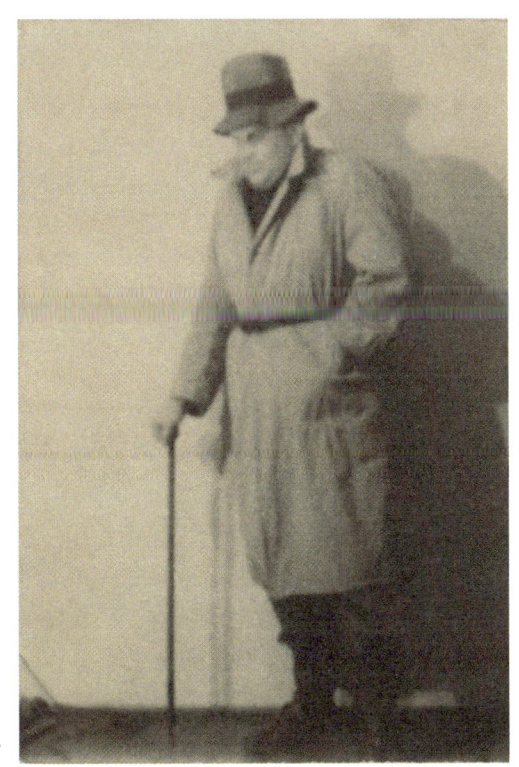

MAŁŻEŃSTWO W LITERACKIEJ KAMIENICY NA KRUPNICZEJ

3.

4.

pułkownik Armii Ludowej, który wpadał do sąsiadów, kładł na stole pistolet, a potem czytał im swój dwustustronicowy poemat „Pleban z Chodla".

„W którymś, określony dzień tygodnia prowadziliśmy tak zwany dom otwarty – wspominała Szymborska w wydanej w 2000 roku książce wspomnień poświęconych Włodkowi *Godzina dla Adama*. – Kto chciał, mógł wpaść. Odbywały się różne konkursy, gry literackie, głośne czytanie poezji. Jedną z osób, która często odwiedzała nasz dom, był Henryk Frist, starał się o jakąś pracę w dziennikarstwie, w końcu wyjechał szybko do Izraela. Ówczesne kwestionariusze dołączane do podania o pracę były bardzo szczegółowe i unosił się nad nimi duch klasowej czujności: co robił ojciec przed wojną, co robił ojciec podczas wojny, co robi ojciec teraz. Na pierwsze pytanie Henryk odpowiedział: prowadził wydawnictwo Salon Malarzy Polskich w Krakowie przy ul. Floriańskiej. Na drugie: znalazł się w Związku Radzieckim, gdzie zmarł. Na trzecie: w dalszym ciągu nie żyje. No i przepadły widoki na posadę"[6].

„Przychodziło się do Adama i Wisławy najpierw w piątki wieczorem – wspominał Andrzej Klominek. – Żadne tam cygańskie ekscesy, z reguły była tylko herbata. Mimo to goście siedzieli tak długo, że gospodarzom te wielogodzinne nocne okupacje mieszkania zaczęły ciążyć. Przenieśli żurfiksy na niedzielę w południe; prosili na dwunastą, wiadomo było, że o drugiej wychodzą na niedzielny obiad. (…) Całkiem specjalną atrakcją spotkań u Wisławy i Adama były parateatralne produkcje

Sławomir Mrożek i Leszek Herdegen na dachu domu przy Krupniczej.
Kraków, lata pięćdziesiąte.

MAŁŻEŃSTWO W LITERACKIEJ KAMIENICY NA KRUPNICZEJ

Z Lidią Zamkow (z lewej), na Krupniczej. 1951 rok.

Sławomira Mrożka i Leszka Herdegena. Najpierw licealistów, potem początkującego dziennikarza (Sławek) i studenta szkoły aktorskiej (Leszek). (...) Nie wiem, czy to był własny pomysł Adama, on w każdym razie kiedyś ogłosił, że skoro reakcja wypisuje w toaletach antypaństwowe i antysocjalistyczne wierszyki, to należałoby odpowiedzieć na to stosowną kontrpropagandą. Przez jakiś czas goście Wisławy i Adama bawili się jak dzieci układaniem klozetowych kontrwierszyków, parę antyimperialistycznych umiałbym jeszcze powtórzyć, ale do druku nadaje się tylko antyklerykalny: »odpędź kler od dwóch zer«"[7].

Wanda Klominkowa zapamiętała jednego z mieszkańców, któremu nie podobały się porządki na Krupniczej. Mówił: „Jak to tak, uśmiechać się do wszystkich? A gdzie walka klasowa?". Wpadała na Krupniczą do Włodków każdej niedzieli. Spędzali czas z Maciejem Słomczyńskim, jego ówczesną żoną Lidią Zamkow, Leszkiem Herdegenem i Sławomirem Mrożkiem na odgrywaniu najróżniejszych scenek. Pewnego razu Słomczyński podłączył się do głośnika (tak zwanej szczekaczki, grającej wówczas rolę radia) sąsiada, pisarza ludowego, i nadał informację, którą ten usłyszał, że przyznano mu nagrodę za twórczość literacką.

– Dwa lata mieszkaliśmy z Wisławą drzwi w drzwi – opowiadał nam Maciej Słomczyński. – Cichutka, choć raczej śmieszka. Zapamiętałem ją jako dziewczynę w szlafroku, która czytała francuską literaturę i była samowystarczalna intelektualnie. Nacisk na młodych był konsekwentny, na dole w lokalu związku odbywało się mnóstwo szkoleń ideologicznych. A my uprawialiśmy grę w obrazy.

PAMIĄTKOWE RUPIECIE

Z Jerzym Korczakiem. Zakopane, początek lat pięćdziesiątych.

Inny ówczesny mieszkaniec Krupniczej Eugeniusz Halpern zapamiętał, że Szymborska była przemiłą gospodynią i bawili się w jej mieszkaniu w scenki rodzajowe. – Mrożek miał wtedy przezwisko Schyłkowiec, był chudy jak tyczka i grał proletariusza, ja grałem kapitalistę w cylindrze.

To z tych zabaw pochodzą znajdujące się w zbiorach Szymborskiej zdjęcia jej męża: Włodek jako kobieta, w peruce, na szyi korale, na plecach dekolt. Włodek jako pastuch. Włodek jako burżuj – w meloniku, z dorysowanym wąsem.

– Nic wtedy nie wskazywało – mówił Korczak – że spośród mieszkańców Krupniczej właśnie Szymborska i Mrożek okażą się tacy wybitni. Mrożek, jeżeli się czymś wyróżniał, to pedantycznością, miał na przykład wypisane wszystkie knajpy, które dyżurowały w niedzielę. Wisława, jeśli się czymś wyróżniała, to urodą. Była śliczną dziewczyną, bez cienia pustoty damskiej. Wiedzieliśmy, że jest zdolna, ale tego błysku nie było jeszcze w niej widać.

Słomczyński, który miał w swoich papierach setki napisanych na przełomie lat czterdziestych i pięćdziesiątych limeryków, odgrzebał z pamięci początek jednego: „Pewnej poetki z miasta Kórnik / Idolem był przodownik górnik"... Ale dalej już nie pamiętał[8].

MAŁŻEŃSTWO W LITERACKIEJ KAMIENICY NA KRUPNICZEJ

Z Maciejem Słomczyńskim. Początek lat pięćdziesiątych.

„Zanotowane limeryki błąkały się w jakichś teczkach, parę razy chciałem je po prostu spalić na myśl o tym, co pomyślą dzieci i wnuki, grzebiąc w moich pośmiertnych papierach – pisał po latach. – Ale nie spaliłem. Za wiele w nich wspomnień. Zniknąłby ostatni ślad po tych kameralnych sympozjach przy ulicy Krupniczej, gdzie każdy mógł rzucić nazwę geograficzną, a ochotnik odpowiadał limerykiem w ciągu kilkunastu sekund. Wszyscy uczestnicy tych zebrań już nie żyją. Pozostało nas tylko dwoje, ja i pewna młodziutka, prześliczna dziewczyna, która z umiarem popijała wódkę i pękała ze śmiechu, słysząc teksty, od których zapłoniłby się każdy łotr recydywista"[9].

– Chociaż wcześniej o limerykach nie słyszała, Wisława szybko stała się moją najpojętniejszą uczennicą. Powtarzałem jej zawsze, że limeryk powinien, oprócz tego, że w pierwszym wersie ma nazwę miejscowości i układ rymów a-a-b-b-a, być też z lekka plugawy – dodał nam Słomczyński.

O Słomczyńskim Szymborska mówiła jako o swoim mistrzu, któremu wystarczały dwa okrążenia po pokoju i limeryk był gotów: „Płetwonurkowi z miasta Pekin / urodę życia odgryzł rekin. / I choć czytał Mao, / Lecz nie odrastao, / Więc pracował jako damski manekin"[10].

Najzdolniejsza uczennica wyprodukowała od tamtych czasów dziesiątki limeryków. Oto jeden z pierwszych, opublikowany w 1994 roku w „Dekadzie Literackiej".

Pewien działacz imieniem Mao
Narozrabiał w Chinach niemao.
Dobrze o nim pisao
Usłużne Żenminżipao,
Bo się bardzo faceta bao[11].

– Trudno dziś oddać ten klimat, ale my po wojnie byliśmy spragnieni międzyludzkich kontaktów, to była radość, że ocaleliśmy – mówił Tadeusz Kwiatkowski, w tamtych czasach sekretarz Związku Literatów. – Żyliśmy w akwarium. Nie zauważaliśmy, że tuż obok, na Montelupich, władza trzyma aresztowanych AK-owców. Początkowo drwiono z radzieckich przykładów, ale z biegiem czasu niezauważalnie, koledzy i ja, zaczęliśmy ulegać naciskowi wydawców i redaktorów. Na zjazd delegatów związku pisarzy przyjeżdżali pisarze radzieccy, którzy grzmieli z mównicy o estetyce marksistowskiej, a wieczorami na bankietach na Krupniczej dawali do zrozumienia, że pod tym warunkiem pozwolono im przyjechać.

Gdy rozmawiałyśmy z mieszkańcami Krupniczej o latach czterdziestych i pięćdziesiątych, nie pamiętali swego ówczesnego politycznego zaangażowania, z sentymentem natomiast przywoływali zupełnie inne, zabawowe wątki z ówczesnego życia i powtarzali często te same anegdoty. Na przykład jak kiedyś lokalni żartownisie wyciągnęli mieszkańców bladym świtem z łóżek i posłali na dworzec pod pretekstem, że trzeba powitać delegację zagranicznych pisarzy. Aktywistów partyjnych informowali, że przyjeżdżają twórcy radzieccy, resztę – że francuscy.

Ten rozdźwięk między zabawą, jaka toczyła się wewnątrz kamienicy, a rzeczywistością czasów tużpowojennych i później stalinowskich, którą próbowano unieważnić i oswoić śmiechem – stał się tematem eseju Marty Wyki *Dom literacki jako imago mundi. Wokół krakowskiego epizodu Czesława Miłosza*.

„Międzywojenna konwencja literackiego życia w grupie zabawowej, często absurdalnej, owe »gry i zabawy«, (…) ta środowiskowa »nie-powaga« bynajmniej nie unieważniła się zaraz po wojnie – pisała Wyka. – Życie towarzyskie Domu, wspominane po latach przez jego uczestników, dowodzi, jak silna była konwencja komiczna przeszłości i jak próbowano ją kontynuować, choć – wydawać się może – nie było się z czego śmiać. A jednak było… Kontynuuje się poetykę przedwojennego kabaretu, choć tamten humor i śmiech były już tylko reliktem epoki minionej"[12].

Tekst Wyki to pean na cześć inteligencji i przenikliwości Miłosza. Wyjeżdżając z Polski, porzucił też dom na Krupniczej (co prawda tylko symbolicznie, bo ten sam Ważyk, który zdobył dla literatów kamienicę na Krupniczej, załatwił mu samodzielne mieszkanie gdzie indziej) oraz jego gry i zabawy. Mierziły go. Nie chciał udawać. Wolał brać udział w tragedii niż tragifarsie. Napisany w Waszyngtonie poemat „Dziecię Europy" tak skomentował po latach: „Wiersz ten mniej więcej wyrażał uczucia grozy i wstrętu do wszystkiego, do całego świata, ze względu na ilość kłamstw, które się ukazały wtedy, w powojennym czasie".

Wyka w swojej interpretacji wprost odnosi ten wiersz do Krupniczej, oczywiście Krupniczej rozumianej jako *imago mundi*: „Wydaje się, że w kontekście historii opisywanego Domu mieści się [ten wiersz] nie najgorzej, choć jest gorzkim z nią pojedynkiem":

Po dniu kłamstwa gromadźmy się w dobranym kole,
Bijąc się w uda ze śmiechu, gdy wspomni kto nasze czyny.
(…)
My ostatni, którzy z cynizmu umiemy czerpać wesele.
Ostatni, których przebiegłość niedaleka jest od rozpaczy.

Już rodzi się pokolenie śmiertelnie poważne,
Biorące dosłownie, co myśmy przyjmowali śmiechem[13].

Miłosz napisał to w 1946 roku, kiedy wielu pisarzy chciało mieć nadzieję, chciało wierzyć, że polska wersja komunizmu będzie miała jakieś bardziej ludzkie i bardziej polskie oblicze. Od 1948 roku, kiedy to połączenie PPS-u z PPR-em w jedną Polską Zjednoczoną Partię Robotniczą praktycznie zlikwidowało resztki partyjnego pluralizmu, nic już takich złudzeń nie tłumaczyło. A na Krupniczej dalej się bawiono. Jeśli nawet się bano, to zagłuszano strach śmiechem.

Szymborska pisała o swoim ówczesnym mężu: „Był w tych pierwszych latach gorliwym komunistą, przekonanym, podobnie jak większość naszego literackiego pokolenia, że to ideologia posiadająca przepis na szczęście ludzkości. Wszyscy marnowaliśmy wyobraźnię (w najlepszych latach dla rozwoju pisarza) na produkowanie różnych agitek, choć nie mieliśmy wówczas uczucia, że coś w sobie niszczymy. Uważaliśmy, że robimy, co trzeba, a jednocześnie w rozmowach i opiniach o poezji Adam nigdy nie stosował ideologicznych kryteriów. Oczywiście wszyscy wielbiliśmy Majakowskiego, ale równocześnie Apollinaire'a"[14].

Andrzej Klominek tak wspominał zaangażowanie Adama Włodka: „Pamiętam jego reakcję na czyjś rozpaczliwy żal, że pewne piękne dzieło wyrafinowanego estetyzmu za naszego życia nigdy nie będzie przedrukowane. Trudno, odparł, w naszym wieku nie ma miejsca na nic, co rozkłada i osłabia, nie czas na to, kiedyś inni, co po nas przyjdą, będą mogli smakować czysty estetyzm, nam nie wolno"[15].

Wisława Szymborska i Adam Włodek wstąpili do partii razem, w kwietniu 1950 roku. „Oboje publikowali na łamach tych samych czasopism, niekiedy ich utwory zamieszczano na tej samej stronie" – pisała Anna Zarzycka w książce o wczesnej twórczości Szymborskiej, przytaczając ich wiersze z wspólnej wyprawy na budowę do Nowej Huty[16]. „Dla nas duma i radość, i zaszczyt, i siła / w tym, że z serca do serca Kraj Rad nam przysyła / plan, maszyny, surowiec. Że z Magnitogorska, / z Kuźniecka przeszczepiona – Nowa Huta stanie" – pisał Włodek, a żona mu wtórowała:

Klasa z pamięcią złą – umiera.
Wierniejszą pamięć wybieramy:
– sama jak książka się otwiera
w miejscach najczęściej czytywanych.

Dziś dla was, przy was, od was, młodzi
miasta zaczyna się życiorys.
(„Młodzieży budującej Nową Hutę", *Dlatego żyjemy*, 1952)

W dokumencie składanym w Związku Literatów Polskich Szymborska informowała, że opracowuje – razem z Maciejem Słomczyńskim i Adamem Włodkiem – książkę o Nowej Hucie i zbiór wierszy „o tematyce Planu Sześcioletniego"[17]. (Żadna z tych książek nie powstała). To było już po złowrogim zjeździe szczecińskim, który przekreślił wszystko, co było dotąd w literaturze słowem odrębnym. Teraz każdy musiał wykonać swoją literacką normę według socrealistycznej sztancy, a potem jeszcze godzinami wysiadywać na zebraniach, gdzie królowały samokrytyka i donos.

Świetlica na Krupniczej służyła już wtedy nie tylko wesołym potańcówkom, w apogeum stalinizmu zresztą nie zawsze i nie wszystkim było do śmiechu. Oto 8 lutego 1953 roku zebrani w stołówce na Krupniczej literaci podpisali rezolucję przeciwko duchownym skazanym w sfingowanym procesie Kurii krakowskiej na wysokie wyroki z karą śmierci włącznie. „Wyrażamy bezwzględne potępienie dla zdrajców Ojczyzny, którzy wykorzystując swe duchowne stanowiska i wpływ na część młodzieży skupionej w KSM, działali wrogo wobec narodu i państwa ludowego, uprawiali – za amerykańskie pieniądze – szpiegostwo i dywersję"[18].

Jan Błoński, wówczas dwudziestodwuletni współpracownik „Życia Literackiego" i „Przekroju", tak komentował po latach to, ze jego nazwisko znalazło się wśród sygnatariuszy: „Po odczytaniu tekstu rezolucji nie padło pytanie »kto za«. Pytano tylko »kto przeciw?«. Nikt nie miał odwagi się zgłosić. (...) Jeżeli pod tym oświadczeniem są pięćdziesiąt trzy osoby, to znaczy, że podpisali się wszyscy członkowie koła Związku Literatów w Krakowie. Nie jestem pewien, ale podpisy złożono chyba nawet za nieobecnych. Oczywiście, tak jak nikt wówczas nie odważył się zaprotestować przeciwko represjom, tak też nikt podpisany wbrew swojej woli nie ośmieliłby się zażądać usunięcia podpisu"[19].

Błoński był jedynym żyjącym sygnatariuszem, który zgodził się na rozmowę z dziennikarzem „Gazety Wyborczej" Wojciechem Czuchnowskim.

Pod rezolucją potępiającą duchownych znalazły się podpisy wszystkich bywalców spotkań u Włodków, łącznie z gospodarzami. Można by sądzić po tym, co wtedy pisali, że nie mieli takich problemów jak Błoński z podpisaniem listu. Sławomir Mrożek potępiał oskarżonych w „Dzienniku Polskim", Andrzej Klominek w „Przekroju" (*Obywatele Watykanu*), Maciej Słomczyński w „Życiu Literackim" (*Waszyngton – Watykan – Kuria*).

Oto próbka stylu Słomczyńskiego z tekstu, który zajmował czołówkę pisma literackiego: „Młodzież wychowywana przez księdza Lelito mordowała rannych, rabowała fabryki i wspólnie z nim przesyłała informacje szpiegowskie. Kardynał osobiście woził meldunki wywiadowcze do Rzymu i tam pobierał dolary"[20].

W hali widowiskowej przy krakowskich Zakładach Szadkowskiego Słomczyński słuchał ich zeznań i samooskarżeń, wymuszonych wielomiesięcznymi torturami w śledztwie.

Późniejszy tłumacz Szekspira i Joyce'a, a też autor bestsellerowych powieści kryminalnych pisanych pod pseudonimem Joe Alex, był wtedy tajnym współpracownikiem UB. Napisał o tym w roku 2007, już po jego śmierci, krakowski „Dziennik Polski"[21]. Stało się to też tematem biograficznego filmu *Maciej Słomczyński* z cyklu *Errata do biografii* wyświetlanego w telewizji w tym samym roku[22].

Maciej Słomczyński został pozyskany w grudniu 1952 roku jako kontakt poufny – czyli informator niższej kategorii. TW został 29 stycznia 1953 roku, czyli zaraz po procesie Kurii. Przyjął pseudonim „Włodek". O szczerości jego zamiarów miał świadczyć sposób relacjonowania przez niego procesu Kurii krakowskiej, o którym pisał do „Życia Literackiego" i „Litieraturnoj Gaziety" – składał sprawozdanie werbujący go podporucznik UB.

„Źródło podaje, że odnosi wrażenie, iż u Kisielewskiego w piwnicy jest jakaś schówka, powyższe opiera na tym, że posiada on bardzo dobrze zabezpieczone piwnice, po drugie, że przed kilkoma tygodniami słyszał, jak na dole w piwnicy były pewne szmery i trzaski, była to godzina 24–2 w nocy" (donos od „Włodka" z 15 lipca 1953).

W „Dzienniku Polskim" i w filmie zacytowano też inną osobę z Krupniczej, która złożyła z kolei doniesienie na Słomczyńskiego do Wojewódzkiego Urzędu Bezpieczeństwa Publicznego. Donos jawny, podpisany imieniem i nazwiskiem. Osiem stron maszynopisu, data: 8 stycznia 1953 roku, podpis: „Adam Włodek, literat, członek PZPR, Kraków Krupnicza 22".

„Oświadczenie, które niniejszym składam, wynika z poczucia czujności partyjnej i obywatelskiej. Podane fakty są przypuszczeniami – a nie twierdzeniami. Nie jest to oskarżenie, ale zwrócenie Waszej uwagi. Informacje te dotyczą osoby Macieja Słomczyńskiego. (...) Pochodzą one z obserwacji i rozmów przeprowadzonych z M. Słomczyńskim przeze mnie, żonę moją Wisławę Szymborską-Włodkową (również członka partii i literata) oraz Sławomira Mrożka (kandydata partii i literata). (...) Tow. Sławomir Mrożek nie jest poinformowany, iż oświadczenie to składam (...). Nasuwają mi się następujące dodatkowe przypuszczenia: a) że na Macieju Słomczyńskim ciążą jakieś poważniejsze przewinienia okupacyjne (...), b) że przyjechał do Polski z konkretnymi zadaniami, zarzucił jednak robotę podziemną – czy to ze strachu, czy też przekonany o słuszności naszych założeń ustrojowych. (...) c) że M. Słomczyński może być związany z wywiadem anglosaskim przez cały czas od swego powrotu do kraju. (...)

Od tygodnia dostrzega się wyraźne przygnębienie u Macieja Słomczyńskiego. Z dnia na dzień zanika jego dotychczasowa wesołość. Kojarzę sobie to z ujawnieniem sieci szpiegowskiej WiN-u. (...) Są to oczywiście moje bardzo subtelne odczucia, których ściślejszy sens i odcienie łatwiej będzie wyjaśnić Wam w bezpośredniej rozmowie"[23].

W tym samym liście Włodek wspomina swój wcześniejszy o miesiąc list do Urzędu Bezpieczeństwa, w którym podawał szczegóły dotyczące „incydentu z Kisielewskim", obrażającym towarzysza Stalina. Pisze, że co prawda to oni obydwaj ze Słomczyńskim postawili sprawę Kisielewskiego na forum publicznym, ale Słomczyński potem wcale go w tym nie wspierał (Tadeusz Kwiatkowski we wspomnieniach o Krupniczej pisał o dwóch młodych pisarzach W. i S., którzy poszli ze skargą na Kisielewskiego do Komitetu Wojewódzkiego PZPR, zatem to ich ukrył pod tymi inicjałami). Włodek podaje też, że na zebraniu podstawowej organizacji partyjnej zarzucał Słomczyńskiemu, że co innego napisał w oficjalnym życiorysie, a co innego opowiadał mu prywatnie.

„Był w poważnej obawie, aby nie aresztować go" – informował ubek prowadzący Słomczyńskiego.

„To wyjątkowy tekst nawet na tle tego, co drukował wtedy – mówiła w filmie Małgorzata Słomczyńska-Pierzchalska o reportażu swojego ojca z procesu Kurii krakowskiej. – Trudno znaleźć inne wytłumaczenie niż to, że to był szantaż, on czuł, że nie ma wyjścia".

Musiał się bać. Miał ku temu powody. Wszystko w jego życiorysie świadczyło przeciw niemu: pochodzenie (syn Angielki i Amerykanina, usynowił go ojczym Polak), karta okupacyjna w AK, uwięzienie na Pawiaku, skąd udało mu się jakoś wyjść i przedostać na Zachód, praca tłumacza w jednostce armii amerykańskiej, wreszcie powrót z zachodniej strefy z własnej nieprzymuszonej woli do Polski w 1946 roku[24]. Idealny bohater pokazowego procesu (w tym czasie w takich procesach zapadały wyroki śmierci).

W ZSRR z takim życiorysem w tym czasie miałby znikome, jeśli w ogóle, szanse na przeżycie.

Córka: „Myślę, że zrobił wszystko, żeby się z tej sytuacji wyplątać".

Z dokumentów SB: „Jesienią 1953 r. informator za żoną przeniósł się do Gdańska, zatem kontakt został zerwany. Wnoszę o wyeliminowanie informatora »Włodek« z czynnej sieci wywiadowczej".

W 1957 roku Słomczyński napisał szkic powieści rozliczeniowej *Cassiopeia* – została opublikowana dopiero po jego śmierci. Jest 1956 rok, sowieckie czołgi podchodzą pod Warszawę, młody literat prowadzi wyimaginowany dialog ze swoim oficerem prowadzącym: „W ciągu ostatnich lat pogardzałem sobą bez przerwy. Mogłem przekonać nawet własną żonę, że nie – nawet siebie. Ale tam, na samym dnie, ta mała rzecz, ten ognik, ten opiłek pod powieką duszy"[25].

Gdy SB ponowiła próby pozyskania go w latach siedemdziesiątych, stanowczo odmówił, w związku z czym stał się przedmiotem inwigilacji, z podsłuchem telefonicznym włącznie.

Adam Włodek już niebawem przestał być wierzącym stalinistą. W 1957 roku wystąpił z partii. Był przez kilkanaście lat opiekunem Koła Młodych przy krakowskim oddziale ZLP, a gdy po oddaniu legitymacji nie mógł piastować oficjalnych funkcji, dalej zajmował się młodymi pisarzami, nie szczędząc im czasu i uwagi. Jego dom był zawsze dla nich otwarty i wielu zachowało go we wdzięcznej pamięci.

MAŁŻEŃSTWO W LITERACKIEJ KAMIENICY NA KRUPNICZEJ

Szymborska rozeszła się z Adamem Włodkiem w 1954 roku. Karl Dedecius, jej niemiecki tłumacz, opisywał, jak poznał ją w połowie lat pięćdziesiątych: „Ciągle jeszcze cierpiała wskutek nieudanego związku z miejscowym literatem i ideologiem, wśród rozdroży i bezdroży tego młodzieńczego uczucia z pierwszych lat powojennych. Zdradzają to wiersze »Zakochani«, »Nic dwa razy się nie zdarza«, »Buffo«"[26]:

Najpierw minie nasza miłość,
potem sto i dwieście lat,
potem znów będziemy razem:

komediantka i komediant,
ulubieńcy publiczności,
odegrają nas w teatrze.

Mała farsa z kupletami,
trochę tańca, dużo śmiechu,
trafny rys obyczajowy
i oklaski.
(„Buffo", *Wołanie do Yeti*, 1957)

„Odważyłem się kiedyś zapytać Wisławę Szymborską, co kobiety widzą w Adamie, nie był wszak adonisem, brak wzrostu nadrabiał tuszą, ani samochodu, ani pieniędzy (...), nic, na co mogłyby kobiety lecieć" – pisał Jacek Baluch. Odpowiedziała mu: „Adam był niezwykle naturalny w sposobie bycia, niczego nie udawał i również kobieta nie musiała przy nim niczego grać. I to dawało poczucie spokoju i bezpieczeństwa"[27].

Szymborska pisała: „Byliśmy małżeństwem niespełna sześć lat, od 1948 do 1954 roku, rozstaliśmy się w zgodzie, bez wzajemnych pretensji, ale to mało powiedziane. Rozstaliśmy się w przyjaźni"[28].

Poetka nie udzielała się przesadnie w życiu zbiorowym kamienicy na Krupniczej, jednak czasami bywała na imprezach w stołówce. Pamiętała że była na przyjęciu z okazji odejścia na emeryturę pani Loli (– Przemówiła tam tak ładnie, że sama bym tak nie potrafiła – powiedziała nam).

Pani Lola, czyli Karolina Surówka, pełniła na Krupniczej funkcje gońca, woźnej oraz dozorczyni, paliła literatom w piecach i przynosiła wódkę z meliny. Bronisław Maj, który mieszkał w latach osiemdziesiątych na Krupniczej i znał panią Lolę, dzięki czemu mógł dubbingować jej głos w filmie dokumentalnym Henryka Urbanka o Domu Literatów, odgrywa czasem monologi pani Loli („Jak współżyłam z literaturą i sztuką"). Wcielając się w jej postać w jubileuszowym kabarecie *Pisarze do piórka* wystawionym na czterdziestolecie Wydawnictwa Znak, uczynił z szatniarki postać kultową, symbol tego miejsca i tamtych czasów (– Nigdy nie posunęła swego wścibstwa tak daleko, by czytać książki znajomych pisarzy – mówił nam).

103

– Brzydka jak noc, a miała powodzenie – opowiadała Szymborska. – Z poczuciem humoru. Dawniej na schodkach pod jej mieszkaniem przesiadywali adoratorzy. Jak dochodziły dźwięki gitary, było wiadomo, że któryś z nich wrócił z więzienia albo dostał przepustkę.

Po rozwodzie Szymborska dalej mieszkała w kamienicy na Krupniczej, a Włodek dostał dwa pokoje z kuchnią w Nowej Hucie. Wkrótce przeniósł się do kawalerki na Grzegórzkach, dwadzieścia metrów kwadratowych, bo nie był w stanie znieść, że jego znajomy gnieździł się tam z żoną, córeczką i teściową, więc zamienił się z nim mieszkaniami[29]. Na Daszyńskiego 7 mieszkał Włodek do końca życia.

– Pamiętam, jak Maryna, żona Jerzego Zagórskiego, zapytała mnie kiedyś: „Wisiu, gdzie ty jadasz?". Odpowiedziałam, że w stołówce na Krupniczej, bo wygodnie, tylko schodzę na dół i już mam obiad. A Maryna: „Czy dalej tam gotują bigos na skarpetkach?".

Sama Szymborska miejsca, gdzie mieszkała ponad piętnaście lat, nigdzie nie wspominała. Jedynie w *Poczcie literackiej*, anonimowej rubryce, w której komentowała nadesłane do „Życia Literackiego" rękopisy aspirujących do roli pisarza, Krupnicza pojawiła się *incognito* jako kamienica od lat pogrążona w remoncie generalnym. „Przez dom przewijają się dziesiątki robotników budowlanych. Pukają do drzwi, a na pytanie »kto tam?« – nie odpowiadają »murarz« czy »zdun«, ale »ja do rur«, »ja w sprawie sufitu«, »ja od pieca«. Szkoda, bo zawód murarza ma czcigodną tradycję, a zawodu »od sufitu« nie ma i nie będzie"[30].

To od Szymborskiej dowiedziałyśmy się, że stołówkę na Krupniczej świetnie sportretował Adam Zagajewski w swoich miniaturach wspomnieniowych.

– Te zapachy, pogaduszki, potrawy, marchewka, nieśmiertelny kotlet mielony z buraczkami, ciepławy kompot ze śliwek. On to czytał na swoim wieczorze autorskim. Zwróciłam mu później uwagę, że jednej rzeczy nie zauważył: w szklance była zawsze jedna śliwka, ale dwie pestki. Skąd ta druga? Oto pytanie.

W *Nowym Małym Laroussie* Zagajewski wspominał – oprócz buraczków i mielonego – rozwodnioną grzybową, cienki rosół, smutne leniwe i niewyrośnięte schabowe. Domy Literatów – pisał – „był to wynalazek radziecki: skoszarowanie pisarzy w jednym miejscu ułatwiało kontrolowanie ich umysłów, piór, portfeli. Każdy, kto czytał o Bułhakowie, Mandelsztamie czy Pasternaku, pamięta z pewnością opowieści o literackich kamienicach i mieszkaniach, o domach, w których więcej można było naliczyć maszyn do pisania niż kuchenek gazowych"[31].

– Krupnicza to nie było to miejsce, w którym się długo wytrzymuje – opowiadała Szymborska. – Były wspólne toalety na korytarzach, do których każdy miał klucz. Moje ostatnie mieszkanie było tak zagrzybione, że nabawiłam się ciężkiej alergii. Ilekroć przychodziłam tam później kogoś odwiedzać, czułam ten skisły zapach wilgoci. Przerażające miejsce.

Zajrzałyśmy tam zimą 1996 roku. Z obskurnej kamienicy odpadały tynki. Na klatce schodowej czuć było stęchliznę. Część mieszkań pozbawiona była wody. Z okien już dawno zeszła farba. Balkony od podwórka łączyły schodki przeciwpożarowe, tak zwany ślimak. Tylko po tych pordzewiałych oblodzonych schodkach

MAŁŻEŃSTWO W LITERACKIEJ KAMIENICY NA KRUPNICZEJ

można się było dostać do zagraconej klitki na pierwszym piętrze, zajmowanej przez dziewięćdziesięcioletnią wówczas panią Lolę, która mieszkała tu nieprzerwanie od 1945 roku. Znała wszystkich, którzy przewinęli się przez Krupniczą. Ale pani Lola już nic nie pamiętała.

– Wokół Krupniczej narosła legenda, ale całe to miejsce było ponure jak jasny grom – opowiadał nam Aleksander Ziemny. – Królowała złośliwa plotka. Trwały w nieskończoność nieciekawe zebrania. Obok literatów, przystosowanych do nowych czasów, mieszkały tam samotne panie tłumaczki, które przychodziły do stołówki w koronkowych żabotach, nie znosiły kartofli z kotła i powoływały się na kucharkę z dworu. Kiedyś jeden starszy pan arystokratycznego pochodzenia podszedł do stolika i uprzejmie zapytał Gałczyńskiego: „A jaka dziś, szanowny panie, zupka?". Konstanty Ildefons odpowiedział: „Chujowa". I taka była cała ta Krupnicza.

Legendarna szatniarka w Domu Literatów na Krupniczej, pani Lola.

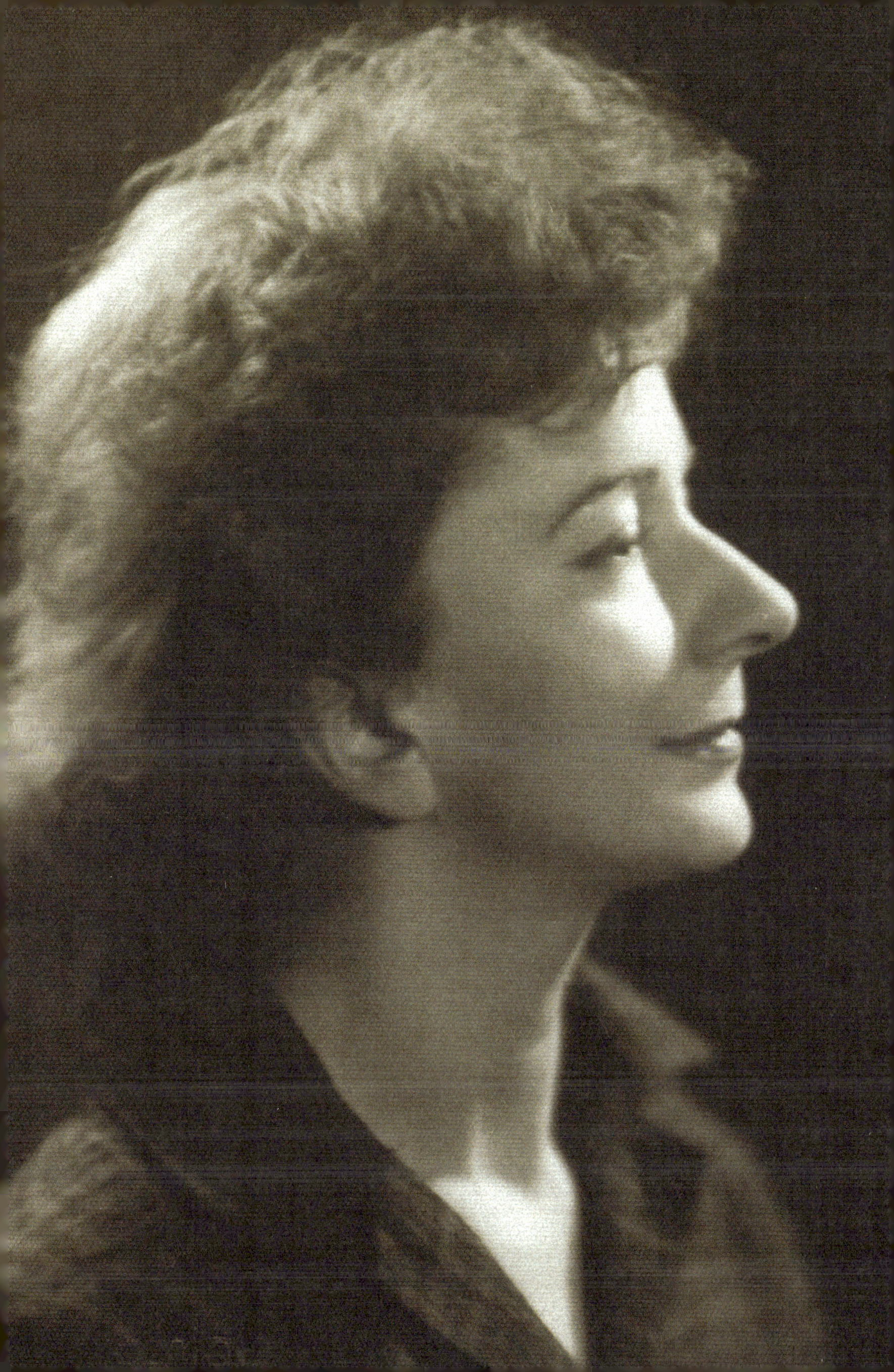

ROZDZIAŁ 8

Odwilż, czyli „czas własną głowę w ręce brać"

W jednym z filmów Charliego Chaplina jest scena pakowania się. Charlie siada na walizce, skacze po niej, a kiedy wreszcie udaje mu się ją domknąć, na zewnątrz wystają jakieś strzępki bielizny, szelki, przytrzaśnięty kołnierzyk. Charlie chwyta więc nożyczki i obcina wszystko, co sterczy dookoła. Wisława Szymborska zapamiętała tę scenę i przypomniała ją w przemówieniu, jakie wygłosiła w sierpniu 1991 roku w kościele Świętego Pawła we Frankfurcie nad Menem, odbierając Nagrodę Goethego. „Tak bywa z rzeczywistością, którą chcemy koniecznie zmieścić w walizce ideologii".

„Rzeczywistość objawia się czasem od strony tak chaotycznej i zastraszająco niepojętej – mówiła – że chciałoby się wykryć w niej jakiś trwalszy porządek, dokonać w niej podziału na to, co ważne i nieważne, przestarzałe i nowe, przeszkadzające i pomocne. Jest to pokusa groźna, bo często wówczas między świat i postęp wciska się jakaś teoria, jakaś ideologia, obiecująca wszystko posegregować i objaśnić. Są u nas pisarze, którzy oparli się tej pokusie i woleli zawierzyć własnemu instynktowi i sumieniu niż wszelkim pośrednikom. Ja tej pokusie niestety uległam, o czym świadczą dwa pierwsze zbiorki wierszy"[1].

W ten sposób po raz pierwszy zabrała głos publicznie w sprawie swego zaangażowania w komunizm. Może uznała, że tak prestiżowa nagroda czyni z niej, czy tego chce czy nie chce, osobę publiczną i do czegoś zobowiązuje?

Także w 1991 roku wyznała w rozmowie z Wojciechem Ligęzą: „Ba, gdyby nie ten smutek, to poczucie winy, to może nawet nie żałowałabym doświadczeń tamtych lat. Bez nich nigdy bym tak naprawdę nie wiedziała, co to takiego wiara w jakąś jedyną słuszność. I jak łatwo jest wtedy nie wiedzieć tego, czego wiedzieć się nie chce. I do jakich akrobacji umysłowych można się posunąć przy konfrontacji z cudzymi racjami"[2].

I, wciąż w tym samym 1991 roku, w rozmowie z Adamem Michajłowem: „Należałam do pokolenia, które wierzyło. Ja wierzyłam. A kiedy przestałam wierzyć – przestałam pisać takie wiersze. (…) Po wojnie wydało nam się, że to, co się dzieje, jest lepsze. Naprawdę nie wszystko wiedzieliśmy. Byliśmy w pewnym sensie bardzo głupi i naiwni, ale też gardziliśmy na przykład rzeczami materialnymi, nie chodziło nam o urządzanie się, o posady. To zabrzmi śmiesznie, ale ja z pogardą patrzyłam na moje koleżanki strojące się w balowe suknie – jak można! Tu się walczy o lepszy świat, jak można myśleć o jakiejś balowej sukience? Cechowała nas wielka ofiarność, marzyliśmy o rzeczach wielkich, chociaż wszystko to było podszyte tym, czego nie

107

chciało się wiedzieć (…). Wypełniałam swoje »wierszowane zadania« z przekonaniem, że robię dobrze. Jest to najgorsze doświadczenie w moim życiu"[3].

Jeszcze w maju 1955 roku Szymborska napisała dla „Życia Literackiego" rytualny wstępniak, w którym wyrażała wdzięczność dla Armii Czerwonej i marszałka Koniewa za wyzwolenie Krakowa[4]. Niespełna rok później (dwa miesiące przed wypadkami czerwcowymi w Poznaniu) ukazał się w „Przeglądzie Kulturalnym" jej rozliczeniowy wiersz:

> Czas własną głowę w ręce brać
> mówiąc jej: Biedny Joriku, gdzież twoja niewiedza,
> gdzież twoja ślepa ufność, gdzież twoja niewinność
> twoje jakośtobędzie, równowaga ducha
> pomiędzy nie sprawdzoną a sprawdzoną prawdą?
>
> Wierzyłam, że zdradzili, że niewarci imion,
> skoro chwast się natrząsa z ich nieznanych mogił
> i kruki przedrzeźniają i śnieżyce szydzą
> a to byli, Joriku, fałszywi świadkowie.
>
> Umarłych wieczność dotąd trwa,
> dokąd pamięcią się im płaci.
> Chwiejna waluta. Nie ma dnia
> by ktoś wieczności swej nie tracił.
>
> Dziś o wieczności więcej wiem:
> można ją dawać i odbierać.
> Kogo nazwano zdrajcą – ten
> razem z imieniem ma umierać.
> (…)
> Idą do nas. I ostrzy jak diament
> – po witrynach wyślnionych od frontu,
> po okienkach przytulnych mieszkanek,
> po różowych okularach, po szklanych
> mózgach, sercach, cichutko tną.
> („Rehabilitacja", *Wołanie do Yeti*, 1957)

Bohaterka tego wiersza jest dla siebie absolutnie bezlitosna, nie szuka usprawiedliwień we własnej wierze ani w niewiedzy, uznaje swoją bezsilność i niemożność zadośćuczynienia wyrządzonym krzywdom w sposób, od którego idzie mróz po krzyżu. Pisze o ranach w świadomości i pamięci, których nic nie zaleczy (nazywa siebie „Syzyfem przypisanym do piekła poezji").

„Rehabilitacja" to bodaj najbardziej tragiczny wiersz w całym dorobku Szymborskiej, ostrości jego przesłania nie łagodzi bowiem żaden poetycki koncept, żart

ODWILŻ, CZYLI „CZAS WŁASNĄ GŁOWĘ W RĘCE BRAĆ"

czy ironia, które zresztą pojawiają się już w tym tomiku jako swoisty odtąd znak firmowy poetki.

> Obmyślam świat, wydanie drugie,
> wydanie drugie, poprawione
> (...)
> Czas (rozdział drugi)
> ma prawo do wtrącania się
> we wszystko czy to złe czy dobre.
> Jednakże – ten co kruszy góry,
> oceany przesuwa i który
> obecny jest przy gwiazd krążeniu,
> nie będzie mieć najmniejszej władzy
> nad kochankami, bo zbyt nadzy,
> bo zbyt objęci, z nastroszoną
> duszą jak wróblem na ramieniu
>
> Starość to tylko morał
> przy życiu zbrodniarza.
> Ach, więc wszyscy są młodzi!
> Cierpienie (rozdział trzeci)
> ciała nie znieważa.
> Śmierć,
> kiedy śpisz, przychodzi.
> (...)
> Świat tylko taki. Tylko tak
> żyć. I umierać tylko tyle.
> A wszystko inne – jest jak Bach
> chwilowo grany
> na pile.
> („Obmyślam świat", *Wołanie do Yeti*, 1957)

Tych poetyckich rozrachunków powstało kilka zaledwie (publikowała je z jakichś względów w warszawskim „Przeglądzie Kulturalnym", nie w macierzystym „Życiu Literackim"), ale każdy z nich miał swój ciężar gatunkowy: i „Pogrzeb" inspirowany ekshumacją i ponownym pochowaniem prochów Laszla Rajka, komunisty skazanego na śmierć w pokazowym procesie w 1949 roku (cenzura wykreśliła z tytułu nazwisko, ale dla ówczesnego czytelnika kontekst był oczywisty), i wiersz zatytułowany „Przyjaciołom", którzy podobnie jak sama poetka przeszli przyspieszony kurs dojrzewania, ale „w drodze z fałszu do prawdy, przestali być młodzi", i wiersz „Dwie małpy Bruegla" z wielokrotnie przywoływanym kultowym początkiem „Tak wygląda mój wielki maturalny sen", i wreszcie nieopatrzony tytułem skoczny wierszyk stylizowany na prościutką z pozoru rymowankę, a tak naprawdę opisujący poważne zderzenie z historią, przed którą nie ma ucieczki innej niż w śmierć:

Historia nierychliwa
na trąbkach mi przygrywa.
Miasto, w którym mieszkałam,
Jerycho się nazywa.

Osuwają się ze mnie,
tra ta ta, mur za murem.
Stoję naga zupełnie
pod powietrza mundurem.

Grajcie trąbki, a składnie,
grajcie z całą kapelą.
Już tylko skóra spadnie
I kości mnie wybielą.
(***, *Wołanie do Yeti*, 1957)

Tomik Szymborskiej zaraz po wydaniu stał się – jak pisał krytyk literacki Stanisław Balbus – „jednym z najważniejszych czynników zmartwychwstania polskiej poezji po Październiku"[5].

Jesienią tego samego roku, kiedy ukazało się *Wołanie do Yeti*, poetka wraz z kolegami pisarzami – Sławomirem Mrożkiem i Tadeuszem Nowakiem – wyjechała na stypendium do Paryża.

Któregoś dnia, to już był styczeń 1958 roku, wraz z Janem Józefem Szczepańskim wsiedli do podmiejskiego pociągu na dworcu Saint-Lazare. Po dwudziestu pięciu minutach byli w Maisons-Laffitte. Czekał ich jeszcze dwudziestominutowy spacer ulicą generała Leclerca, która przechodzi w Avenue de Poissy. Tam pod numerem 91 stał piękny, obrośnięty dzikim winem dom w ogrodzie. W progu przywitał ich Jerzy Giedroyc. Tę drogę do paryskiej „Kultury" odbyło przed nimi nie więcej niż kilkadziesiąt osób z Polski, ale po nich przyszły setki.

– Baliśmy się oczywiście tej wizyty – opowiadał nam Jan Józef Szczepański – ale ciekawość była silniejsza. Ja jako bezpartyjny najmniej ryzykowałem, Mrożek i Nowak byli wtedy politycznie naznaczeni, Szymborska też należała jeszcze do partii. Myślę, że rozczarowaliśmy Giedroycia. On zadawał bardzo konkretne pytania: co, kto, gdzie powiedział, co się dzieje we władzy. Nikt z nas nie potrafił na nie odpowiedzieć[6].

Jerzy Giedroyc, żeby była u niego przyszła noblistka, nie pamiętał. „W 1957 roku – pisał do nas – była u mnie ulewa pisarzy z kraju"[7].

– Giedroyc może nie pamiętać – mówiła Szymborska – ale ja świetnie zapamiętałam tę wizytę. Był zainteresowany wyłącznie polityką. Żałuję, że nie było tam Józefa Czapskiego. Już potem nigdy nie miałam okazji go poznać.

ODWILŻ, CZYLI „CZAS WŁASNĄ GŁOWĘ W RĘCE BRAĆ"

Z kuzynką Zbigniewa Herberta Danutą Herbert-Ulam (po lewej).
Paryż, styczeń 1958 roku.

PAMIĄTKOWE RUPIECIE

Ze Stanisławem Lemem. Druga połowa lat pięćdziesiątych.

Jesienią 1957 roku, kiedy likwidowano „Po prostu", pismo, które przygotowało grunt pod polski Październik, Adam Włodek wystąpił z partii. Szymborska nie poszła w jego ślady, ale – jak nam mówiła – od 1956 roku nie napisała żadnego wiersza, którego musiałaby się wstydzić, którego nie mogłaby później opublikować.

– Wtedy było takie myślenie, że trzeba być w środku i starać się naprawiać. Ja byłam gotowa wcześniej spaść z tego drzewa, ale czekało się. Cieszę się jednak, że moja matka doczekała czasów po Październiku, kiedy zaczęłam myśleć inaczej.

Gdy po Październiku nastąpiły czasy – według określenia Szymborskiej – „dla dusz kameralnych życzliwsze", jej wiersze zaczęły bardziej przystawać do jej natury. W następnym po *Wołaniu do Yeti* tomiku nie ma już żadnych rozliczeń, nie ma polityki. Jest tylko ona, pojedyncza, odrębna, prywatna.

> W rzece Heraklita
> ja ryba pojedyncza, ja ryba odrębna
> (choćby od ryby drzewa i ryby kamienia)
> pisuję w poszczególnych chwilach małe ryby
> w łusce srebrnej tak krótko,
> że może to ciemność w zakłopotaniu mruga?
> („W rzece Heraklita", *Sól*, 1962)

Zaprzyjaźnionemu krytykowi Ryszardowi Matuszewskiemu przesłała ten tomik z dedykacją: "Proszę przyjąć te wiersze, które wypełniają dotkliwą lukę między Szekspirem a Hermenegildą Kociubińską".

Nigdy nie zależało jej na nagrodach. – Cieszyłam się zwłaszcza, że nie ma mnie wśród tych, którzy dostają nagrody państwowe – powiedziała nam. – Wiem, że byłam kilka razy brana pod uwagę, ale zawsze znajdowali się jacyś decydenci, którzy byli przeciw. Nie znam ich nazwisk, ale do dziś jestem im wdzięczna.

W 1964 roku, w samym środku rządów Gomułki, trzydziestu czterech pisarzy i uczonych wystosowało protest przeciwko ograniczaniu ilości papieru na druk książek oraz zaostrzaniu cenzury. Kiedy treść listu podało Radio Wolna Europa – władze rozpętały histeryczną kampanię propagandową i zorganizowały akcję zbierania kontrpodpisów.

"My, niżej podpisani pisarze, wyrażamy stanowczy protest przeciwko uprawianej na łamach prasy zachodniej oraz na falach dywersyjnej rozgłośni »Wolnej Europy« zorganizowanej kampanii oczerniającej Polskę Ludową" – pisali członkowie Związku Literatów Polskich. Akcja nabrała takiego rozpędu, że pod kontrlistem było wkrótce sześćset podpisów – sześćdziesiąt procent składu ZLP. Ich listę drukowała w odcinkach prasa codzienna. Obok nazwisk towarzyszy oddelegowanych na front literatury figurowały tam również dobre nazwiska, takie jak Julian Przyboś, Tadeusz Różewicz, Jarosław Marek Rymkiewicz. I Wisława Szymborska[8].

Wersje kontrlistu zmieniały się już w trakcie jego podpisywania i często nie fatygowano się, by zawiadomić podpisujących, że tekst zmieniono, więc zdarzało się, że ktoś złożył podpis pod wersją pierwszą, a znajdował go pod ostateczną. Oddział ZLP w Krakowie wprowadził własną poprawkę do pierwszego zdania kontrlistu, ale i tak nazwiska krakowskich pisarzy drukowano pod tekstem "ogólnokrajowym".

"Ze zdumieniem – pisała do władz ZLP Wisława Szymborska – zobaczyłam swoje nazwisko pod tekstem oświadczenia, pod którym podpisu nie składałam. Podpisałam inną wersję. Jeżeli okazała się ona z jakichkolwiek powodów niewłaściwa, należało chociaż spróbować przekonać mnie o tym, a nie stawiać wobec faktu dokonanego"[9].

Po raz ostatni stanęła wtedy po tej samej stronie co władza.

Dwa lata później, w 1966 roku, Leszek Kołakowski, od 1956 roku rewizjonista, symbol odwagi i postawy krytycznej, wygłosił na Uniwersytecie Warszawskim referat w rocznicę Października, przypominając jego postulaty: przywrócenie suwerenności kraju, zniesienie absurdów w ekonomii, zapewnienie swobody krytyki i zakładania zrzeszeń, wprowadzenie zasady odpowiedzialności władzy przed społeczeństwem, zniesienie niszczycielskich treści doktrynerskich w twórczości kulturalnej.

Pierwszy raz to, o czym mówiło się niemal od razu po opadnięciu październikowej euforii – ale tylko w gronie przyjaciół – powiedziano publicznie. Władze zareagowały wyrzuceniem Kołakowskiego z PZPR.

W akcie solidarności Szymborska zwróciła legitymację partyjną. – Wyrzucałam sobie potem, że tak późno – mówiła nam – i jednocześnie gratulowałam, że jednak zdążyłam w porę i nie musiałam, nawet jako bierny członek partii, przeżywać wydarzeń 1968 roku.

Wcześniej, w geście solidarności z Kołakowskim, powiększyli szeregi bezpartyjnych między innymi Jacek Bocheński, Marian i Kazimierz Brandysowie, Tadeusz Konwicki, Igor Newerly, Julian Stryjkowski, Wiktor Woroszylski, razem dwunastu pisarzy. Szymborska była jedyną osobą spoza Warszawy, która dołączyła do tego grona.

Dwa dalekopisy w jej sprawie zostały wysłane z Komitetu Wojewódzkiego w Krakowie do towarzysza Kraśki z KC. „Wymaga również odnotowania fakt wystąpienia z Partii w organizacji krakowskiej Literatów znanej poetki Wisławy Szymborskiej – czytamy w dokumentach Wydziału Kultury KC PZPR. – Decyzję swoją motywuje ona zbyt surowym jej zdaniem potraktowaniem przez kierownictwo partii niektórych pisarzy warszawskich. Organizacja partyjna przy Krakowskim Oddziale ZLP na specjalnie zwołanym w tej sprawie zebraniu ustosunkowała się do kroku Szymborskiej negatywnie"[10].

Kołakowski pamiętał kolegów i przyjaciół, którzy z jego powodu rozstali się wówczas z partią, ale o Szymborskiej dowiedział się od nas.

– Chyba nie miałem świadomości, że i ona opuściła szeregi partii, i to, poniekąd, za moją przyczyną.

W PRL wystąpienie z partii było przez władze traktowane jako jednoznaczne wypowiedzenie się przeciw systemowi i chociaż mogło się zdarzyć, że wśród kilku milionów członków partii ten i ów żałował swojej decyzji wstąpienia do PZPR, rzadko ktoś się decydował na gest tak radykalny jak oddanie legitymacji partyjnej.

Ewa Lipska i Adam Włodek. Lata sześćdziesiąte.

ODWILŻ, CZYLI „CZAS WŁASNĄ GŁOWĘ W RĘCE BRAĆ"

Wisława Szymborska: – Kiedy wystąpiłam z PZPR, jeden towarzysz partyjny zapytał: „Jak ty sobie dasz radę? Będziesz zupełnie samotna". Tymczasem jeśli o samotności mowa, to właśnie wcześniej ją odczuwałam. Po prostu byłam skazana na pewien rodzaj ludzi, z którymi zresztą rozmawiało się coraz mniej szczerze.

Była pewna, że wyrzucą ją z pracy, ale uspokoiła się, gdy obliczyła sobie, że jeśli będzie jadła tylko kaszę i popijała kwaśnym mlekiem, to starczy jej oszczędności na dwa, a może nawet trzy lata.

Wtedy właśnie, w połowie lat sześćdziesiątych, zaprzyjaźniła się z młodszą o ponad dwadzieścia lat Ewą Lipską, która była wtedy związana z Adamem Włodkiem.

– Obserwowałam ich piękną przyjaźń – opowiadała Lipska. – Nie było dnia, żeby nie rozmawiali ze sobą. Kto pierwszy usłyszał coś w radio, zaraz dzwonił, żeby się podzielić informacją, wtedy nie było tak, że wszyscy wszystko wiedzą z Internetu. Lubili się zresztą droczyć, nie mówili od razu, kazali zgadywać, co się wydarzyło. Adam to bardzo ważna postać w życiu Wisławy i moim. Miał genialną intuicję, wyjątkowy zmysł do oceniania wierszy.

O tym jego darze mówili wszyscy, którzy znali go jako opiekuna Koła Młodych przy ZLP. „Adam umiał tworzyć wokół poezji i poetów niezwykły klimat, coś w rodzaju swoistego uniwersytetu poetyckiego – wspominał go Leszek A. Moczulski. – Miał ogromny talent, przedziwną empatię, wręcz mądrość przewidywania, w jakich rejonach, pokładach, złożach wiersza każdego z nas, piszących, szukać tych najważniejszych słów kluczy czy kiełków, z których mogłyby wyrosnąć interesujące, ciekawe utwory"[11].

– Ja nigdy nikomu nie pokazywałam swoich wierszy, nie radziłam się nikogo – powiedziała nam Szymborska. – Z jednym wyjątkiem: Adama Włodka. On był zawsze ich pierwszym uważnym czytelnikiem.

– Moim wspaniałym starszym kolegom zdarzało się wpadać w poślizgi – mówiła Ewa Lipska. – Opowiadali mi później, na czym polegało to uwiedzenie. To oni mnie wychowali i dzięki ich okaleczeniom jestem taka, jaka jestem. To wielkie szczęście być artystą w epoce, w której historia nie ma okazji cię sprawdzić. Moje pokolenie zrobiło interes na ich doświadczeniu.

– Jeśli chce się wierzyć, to się wierzy i odpycha argumenty przeciw – tłumaczyła nam Szymborska mechanizm swojej ideologicznej ślepoty. – Nie żałuję jednak tego doświadczenia, choć może trwało za długo. Ale dzięki temu dziś rozumiem pewne stany uczuciowe, wiem, co to znaczy wierzyć w coś tak mocno, że się jest ślepym na argumenty i fakty.

Opowiadając pod koniec lat dziewięćdziesiątych o swoim odchodzeniu od ideologii, powtórzyła to raz jeszcze, nawet mocniej: „Nie uważam tych lat za całkiem stracone. W rezultacie na zawsze uodporniły mnie one na wszelkie doktryny zwalniające ludzi z obowiązku samodzielnego myślenia. Wiem, jak to jest: dostrzegać tylko to, co chciałoby się dostrzec, słyszeć tylko to, co chciałoby się usłyszeć, i skutecznie tłumić wszystkie wątpliwości"[12].

Ta przemiana – człowieka pewnego swych racji w człowieka wątpiącego – poświadczona została wierszem:

Wolę siebie lubiącą ludzi
niż siebie kochającą ludzkość.
(...)
Wolę moralistów,
Którzy nie obiecują mi nic.
(...)
Wolę mieć zastrzeżenia.
Wolę piekło chaosu od piekła porządku.
(„Możliwości", *Ludzie na moście*, 1986)

Mówiąc o tej przemianie, przywołała aforyzm genialnego rosyjskiego humorysty Arkadiusza Awerczenki: „ludzie głupieją hurtem, a mądrzeją detalicznie", i dodała, że proces głupienia przebiegał błyskawicznie, a dochodzenie do rozumu – było długie i bolesne.

Opisywała to tak: „Zaczęło się chyba od argumentów. Były nam one natarczywie podsuwane przy każdej sprawie wątpliwej i moralnie niejasnej. Wiedzieliśmy, kto rozpętał wojnę w Korei, dlaczego Polska z obrzydzeniem odrzuciła plan Marshalla itd., itd. Doskonale wiedzieliśmy, dlaczego wojska radzieckie nie mogły przyjść z pomocą Powstaniu Warszawskiemu, chociaż bardzo tego chciały, dlaczego różni podziwiani dotąd działacze z wtorku na środę okazywali się wrogami ludu. Niepokoiło jednak, że tych spraw wymagających zawiłego tłumaczenia zamiast ubywać, ciągle przybywało. Co jak co, ale nie byliśmy cynikami i marzyły nam się takie wydarzenia, których sens tłumaczyłby się sam przez się, bez dialektycznej akrobacji. Zaczęło nas to dręczyć, potem męczyć, potem mierzić. Pamiętam, że propagandowy komentarz do tak zwanych wypadków poznańskich przyjęliśmy już z gniewem. W tym też mniej więcej czasie zaczęliśmy sprawdzać wiarygodność argumentów stosowanych do wcześniejszych wydarzeń, zaczęliśmy myśleć"[13].

Był to bodaj jeden jedyny raz, kiedy Szymborska pisała o sobie w liczbie mnogiej. „My" to ona i Adam Włodek – pisała to wszystko we wspomnieniu o nim, ale „my" oznaczało też młodych pisarzy i poetów z jej pokolenia, którzy uwierzyli.

Adam Zagajewski pisał: „Ważniejsze jest to, jak się wychodzi z takiego zaułka, a nie jak się do niego trafia. Każdy z nas, zwłaszcza we wczesnej młodości, może popełnić błąd. A Wisława Szymborska wyszła ze swojego błędu wspaniale. W całej jej późniejszej twórczości znajdujemy niegasnące nigdy echo tamtego błędu. Była osobą i pisarką spragnioną prawdy, uczciwości intelektualnej, i to, że zawiodła za młodu, stało się dla niej nie tylko nauczką, jak mówimy w nadmiernym zdrobnieniu, ale też wielką nauką. Zbudowała swoją dojrzałą twórczość na przemyśleniu tamtych lat, tamtych wierszy, których nigdy nie chciała wznowić. I to z całą pewnością jest dla nas o wiele ciekawsze i bardziej pouczające niż »Wisława Szymborska we wczesnych latach pięćdziesiątych«"[14].

Kartka do Anny i Stanisława Barańczaków.

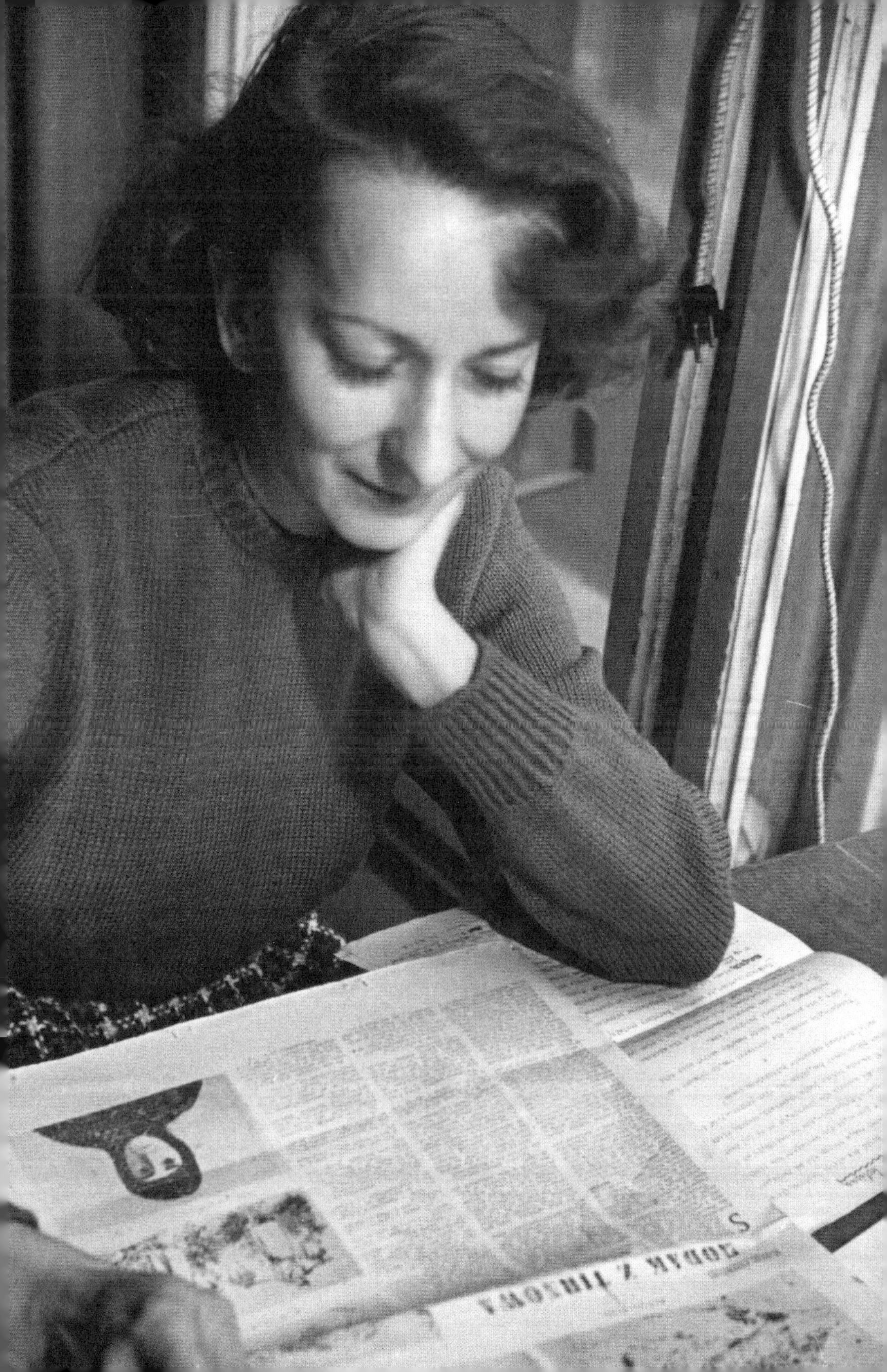

ROZDZIAŁ 9

Piętnaście lat w „Życiu Literackim"

Zimą 1955 roku ukazała się w „Życiu Literackim" kolumna sensacyjnych spóźnionych poetyckich debiutów: wiersze Mirona Białoszewskiego, Stanisława Czycza, Bohdana Drozdowskiego, Jerzego Harasymowicza i Zbigniewa Herberta, z komentarzami znanych poetów i krytyków literackich. Było to jedno z ważniejszych wydarzeń polskiej odwilży. Szefową działu poezji była wtedy już od blisko trzech lat Wisława Szymborska, która jednak skromnie w rozmowie z nami pomniejszała swoją rolę: – To Artur Sandauer przyszedł z tym pomysłem do redakcji, ja tylko byłam „za".

Do redakcji przychodziło się codziennie i siedziało tam między jedenastą a czternastą trzydzieści. Koledzy redakcyjni opowiadali, że Wisława była małomówna i rzadko zabierała głos na kolegiach. Jako szef działu dbała, by drukować dobre nazwiska. Na zorganizowanej po Noblu wystawie na Uniwersytecie Jagiellońskim znalazły się jej listy z prośbami o wiersze do Konstantego Ildefonsa Gałczyńskiego i Juliana Przybosia. Zwracała się też do Jastruna, Iwaszkiewicza, Różewicza, Zagórskiego, prosiła o tłumaczenia Błoka, Chlebnikowa, Pasternaka. Ale miała również, jak nam mówiła, serce do debiutantów:

– Zwłaszcza takich, którzy nie byli zanadto pewni siebie i przynajmniej starali się zrozumieć, o co mi chodzi. Nie mówię, żeby zaraz się stosowali do moich uwag. Pamiętam, jak pierwszy raz pojawił się w redakcji Ireneusz Iredyński. Stanął w rozkroku, z rękami w kieszeniach, popatrzył na mnie i widać było, że myśli: „I co ty mi, idiotko, powiesz?". No więc większość pewnie myślała jak on. Tylko że wiersze, które on wtedy przyniósł, miały w sobie już pewną świetność. Potem spotykaliśmy się nieraz i już zawsze zachowywał się przyjaźnie.

Dział poezji był przez debiutantów odwiedzany tłumnie. Niektórzy z nich zapamiętali pierwszą wizytę w redakcji i onieśmielenie, w jakie wprawiała ich Szymborska. Adam Zagajewski opowiadał nam: – Jako młody, drżący poeta przyniosłem jej wiersze, wzięła jeden. Była sympatycznie ironiczna. Leszek Moczulski sam nie odważył się zanieść jej swoich wierszy, ale jego kolega Wincenty Faber wziął wiersze swoje i kolegów z Międzyuczelnianego Klubu Literackiego i poszedł z nimi do „Życia Literackiego". Szymborska dała im całą kolumnę na wspólny debiut.

Kiedyś zadzwonił do niej profesor Julian Aleksandrowicz i powiedział, że ma u siebie w szpitalu ciężko chorą na serce młodą poetkę, która pisze dobre wiersze. – W ten sposób poznałam Halinkę Poświatowską, to było zjawisko, jedna z najpiękniejszych twarzy, jakie kiedykolwiek widziałam – mówiła nam Szymborska. – Bardzo rwała się do życia, chciała tańczyć, bawić się, a nic jej nie było wolno.

PAMIĄTKOWE RUPIECIE

Nawet miłość była niebezpieczna. W 1965 roku widziałam się z nią w Paryżu, Halina chodziła nocami po mieście. Pamiętam, odprowadzała mnie do autobusu, dała mi fiołki i jeszcze długo stała na przystanku, coraz bardziej malejąc.

Kiedy wkrótce potem, w wieku zaledwie trzydziestu dwóch lat, Halina Poświatowska zmarła, Szymborska zadedykowała jej wiersz. Jest to jedyna dedykacja, na jaką natrafiłyśmy w jej tomikach. Dedykacja napisana zresztą nietypowo, na końcu, nie na początku wiersza.

> W niebezpieczeństwie strzykwa dzieli się na dwoje:
> jedną siebie oddaje na pożarcie światu,
> drugą sobą ucieka.
> (...)
> W połowie ciała strzykwy roztwiera się przepaść
> o dwóch natychmiast obcych sobie brzegach.
>
> Na jednym brzegu śmierć, na drugim życie.
> Tu rozpacz, tam otucha.
> (...)
> Potrafimy się dzielić, och prawda, my także.
> Ale tylko na ciało i urwany szept.
> Na ciało i poezję.
> (...)
> *Pamięci Haliny Poświatowskiej*
> („Autotomia", *Wszelki wypadek*, 1972)

Innym razem do redakcji wpadła młoda osoba, zostawiła tłumaczenie wierszy Mariny Cwietajewej, nie przedstawiła się, dygnęła i uciekła. Szymborskiej przekłady się spodobały, ale nie mogła ich drukować, nie znając nazwiska autorki. Poprosiła więc Stefana Otwinowskiego, kolegę z redakcji, który był zarazem opiekunem Koła Młodych ZLP, żeby na zebraniu Koła spytał w jej imieniu, czy nie ma wśród obecnych autorki przekładów.

– Byłam właśnie na tym spotkaniu – opowiadała nam Joanna Salamon, z zawodu lekarka, która przełożyła wiersze Cwietajewej. – Zgłosiłam się zaraz do Szymborskiej. Spytała, czy sama także piszę wiersze. Powiedziałam, że tylko dla siebie. Obiecała pomóc, gdybym chciała wydać tomik. W tamtych czasach spotkać kogoś takiego, kto liczył się z własnym zdaniem, a nie z tym, jakie kto ma koneksje, to była rzadkość. Dzięki niej moje przekłady weszły do wyboru poezji Cwietajewej w serii celofanowej PIW.

Do redakcji przyszedł kiedyś Stanisław Balbus, który tam publikował, i natknął się na taką oto scenę. Na podłodze w sekretariacie leżał potężny mężczyzna – był to redaktor Józef Maśliński, zresztą kolega Czesława Miłosza z Wilna – a po jego piersi deptała pantofelkiem Szymborska. „Pani redaktor – krzyczał Maśliński – już nigdy więcej nie będę przynosił wierszy". Cały ten cyrk miał odstraszyć jakiegoś wyjątkowo natrętnego autora.

PIĘTNAŚCIE LAT W „ŻYCIU LITERACKIM"

– Siedziała za tym samym biurkiem od 1958 roku, kiedy to redakcja „Życia Literackiego" przeniosła się na Wiślną. Pamiętam ją zawsze z papierosem, jak przebiera w stosach wierszy – mówił nam Włodzimierz Maciąg. – Wyglądała na trochę zagubioną wśród listów, maszynopisów, papierów.

Jej kolega redakcyjny Zygmunt Greń opowiadał nam, że kiedyś Jarosław Iwaszkiewicz przysłał w rękopisie wiersz pod tytułem „Płowienie koni". Szymborska zastanawiała się, czy nie chodzi jednak o „pławienie". Automatycznych połączeń telefonicznych wtedy nie było, rozmowę trzeba było zamawiać, czekać, wysłała więc depeszę do Stawiska i przyszła odpowiedź: „Czarownice i poetki się pławi, konie się płowi". Wiersz ukazał się pod tytułem: „Płowienie koni". Kiedy powiedziałyśmy Szymborskiej, że w tomach poezji Iwaszkiewicza figuruje on jednak pod tytułem „Pławienie koni", złapała się za głowę.

– A to dopiero. Co ja narobiłam? Nie poznałam się na żarcie.

I dodała, że Julian Przyboś też zawsze przysyłał wiersze w rękopisie, bo gardził maszyną do pisania, więc w następnym numerze trzeba było zamieszczać sprostowanie, jeśli coś źle odczytała.

Świadomość, że to w jej rękach spoczywają decyzje, które wiersze drukować zaraz, które mogą czekać, a które wyrzucić do kosza, musiała jej nieco ciążyć. Kiedy w 1963 roku Przyboś zaproponował, aby została reprezentantką środowiska krakowskiego w Klubie Poetów, odmówiła. Tłumaczyła, że po pierwsze, nie nadaje się, by „być na czele", a po drugie, już i tak z racji funkcji w „Życiu Literackim" jest dla kolegów poetów „aparatem ucisku", więc nie chciałaby zostać monopolistką i zabierać głosu również na przykład w sprawie wieczorów autorskich[1].

W styczniu 1961 roku redakcję odwiedziła – z okazji dziesiątej rocznicy powstania – ekipa Polskiej Kroniki Filmowej. Jej widzowie mogli obejrzeć poetkę za biurkiem pełnym papierów i usłyszeć z offu głos lektora: „Dział poezji w »Życiu Literackim« prowadzi Wisława Szymborska. Wierszy drukuje się tu dużo, ale poetów – jak się okazuje – jest w Polsce na kilogramy papieru. Tygodnik szczyci się tym, że nic nie wyrzuca do kosza. Załatwia to inaczej". W tym momencie cięcie i widzimy biurko krytyka literackiego Włodzimierza Maciąga, który zgarnia naręcze maszynopisów ze swego biurka i wrzuca je do kominka.

Żarty żartami, ale korespondencji do „Życia Literackiego" przychodziło tyle, że pod koniec 1960 roku redakcja zdecydowała się wprowadzić nową rubrykę pod nazwą *Poczta literacka*, żeby odpowiadać autorom, którzy przysyłali utwory z nadzieją na druk na łamach pisma. Rubryka była prowadzona anonimowo i nie od razu zorientowałyśmy się, że na listy odpowiadała Szymborska. A było tak.

Czytając w starych rocznikach felietony Szymborskiej z cyklu *Lektury nadobowiązkowe* (nie wszystkie ukazały się w wydaniach książkowych), dość przypadkowo wciągnęłyśmy się w lekturę rubryki z ostatniej strony – *Poczty literackiej*. W udzielanych tam młodym adeptom pióra inteligentnych, dowcipnych, ironicznych odpowiedziach odnalazłyśmy ton znajomy z *Lektur nadobowiązkowych*. Na przykład taki fragment: „Rozmarzyły nas te zgrabne, pełne dworskiej afektacji wierszyki. Gdybyśmy mieli zamek z przyległościami, piastowałaby Pani urząd nadwornej poetessy,

W redakcji „Życia Literackiego". Kadr z Polskiej Kroniki Filmowej
z okazji dziesiątej rocznicy pisma. Styczeń 1961 roku.

opiewała przykrość płatka róży, na którym siedzi muszka nie proszona, i chwaliła nas za to, że subtelnymi palcami spędzamy brzydulę z czarownego kwiecia. Oczywiście poeta, który by nam wypominał otrucie bigosem 12 stryjów, siedziałby w lochu jako beztalencie. A najdziwniejsze, że wierszyk o róży mógłby być arcydziełem, a wiersz o stryjach – kiepski. Tak, tak, muzy są amoralne i kapryśne".

Im bardziej pogrążałyśmy się w lekturze, tym więcej znajdowałyśmy dowodów, że autorką musiała być Szymborska. To samo poczucie humoru, styl, porównania, przykłady. Odwołania do tych samych pisarzy – Manna, Montaigne'a (spytana, jak się prawidłowo wymawia jego nazwisko, odpowiadała: „Mąteń, z akcentem na ostatniej zgłosce i przyklęknięciem na jedno kolano"), Pepysa, Twaina. Te same niepokoje (dlaczego próbuje się wyrugować z języka poczciwego „listonosza" i zastąpić go „doręczycielem"). Czasem nawet podobne sformułowania. „Marzymy, ale jak niedbale, niedokładnie"[2] – zaczynała Szymborska felieton o życiu codziennym w osiemnastowiecznej Warszawie. „Poeta powinien marzyć dokładnie" – instruował redaktor *Poczty*. Kalendarz wymaga starannej korekty, albowiem „najdrobniejsza pomyłka mogłaby wzburzyć umysły. Strach wyobrazić sobie dwie środy w jednym tygodniu"[3] – pisała poetka w *Lekturach nadobowiązkowych*. Kalendarz bez starannej korekty, w którym „znalazłyby się dwie soboty w jednym tygodniu, górowałby siłą liryczną nad nadesłanym wierszem" – tłumaczył redaktor *Poczty literackiej*. „Zaiste w tych warunkach nie warto umierać" – wyznawała poetka w *Lekturach nadobowiązkowych*. „Takie obyczaje odstraszają nawet od umierania" – oświadczał redaktor *Poczty*. Co prawda w pierwszym wypadku chodziło o używanie skrótu „zm. w zm.", co oznacza „zmarł w zeszłym miesiącu", a w drugim – o obyczaj czytania przemówień nad grobem z kartki, ale wniosek był ten sam: nie ma się co spieszyć z umieraniem.

Jednak pewność zdobyłyśmy dopiero po przeczytaniu takiej odpowiedzi: „W świecie Pańskiej poezji rosną wyłącznie róże, a na nieokreślonych gałęziach siedzą słowiki. Są jeszcze pszczoły, co prawda przez er zet. Żurawia nie liczymy, bo studzienny. W sumie – świat ubogi i mało urozmaicony. Daremnie by tu szukać tak wdzięcznych roślinek, jak wyczyniec łąkowy, języcznik zwyczajny, obrazek plamisty, kichawiec i szczwół. Nie ma prześlicznych ptaków jak dla przykładu warzęcha różowa, wdówka rajska, biegus zmienny, pieprzojad i gągoł. A gdzie nieprzeliczone owady z pryszczarkiem heskim na czele?". I nie chodzi tu wcale o chwyt polegający na wyliczaniu, który po wielekroć stosowała Szymborska również w swoich felietonach i wierszach. Nie chodzi nawet o to samo widzenie świata i natury. Chodzi o gągoła. Tego gągoła znałyśmy już z *Lektur nadobowiązkowych*, z felietonu o książce *Ptaki Polski*, w którym Szymborska ubolewała, że jakoś nie chcą go umieszczać w swych dziełach poeci. I to był dowód ostateczny. Czyż możliwe, żeby w jednej redakcji gągoł – mimo że jest kaczuszką wyjątkowo urodziwą – miał aż dwóch protektorów?

A kiedy już byłyśmy całkiem przekonane, że anonimowy redaktor *Poczty literackiej* to Szymborska, znalazłyśmy w numerze z 1964 roku zdanie: „Ja sam próbuję już 48 lat", od którego zachwiała się nasza pewność, bo wiek się nie zgadzał. Powiedzmy, że można dla kamuflażu zmienić płeć, ale postarzeć się o kilka lat? Na szczęście profesor Edward Balcerzan wrócił akurat z uroczystości noblowskich w Sztokholmie, gdzie był gościem laureatki, i uspokoił nas, że to akurat była właśnie jedna z tych rzeczy, które przed laty „uściślił". Laureatka redagowała *Pocztę* na przemian z Włodzimierzem Maciągiem. Żeby się odróżniać, Maciąg używał pierwszej osoby liczby pojedynczej, a ona – *pluralis maiestatis*.

– Chodziło o to – wyjaśniła nam później Szymborska – że byłam jedyną kobietą w redakcji. Gdybym używała liczby pojedynczej – „przeczytałam", „zauważyłam" – zaraz zostałabym rozpoznana.

– Najpierw przebieraliśmy, co dla niej, co dla mnie – opowiadał Włodzimierz Maciąg – potem braliśmy jak leci. Prowadziłem tę rubrykę do połowy lat siedemdziesiątych. Wisława rzuciła ją wcześniej. Zabawa z robieniem *Poczty* trwała może rok, potem przyszła rutyna.

Ale w odpowiedziach Szymborskiej rutyny jakoś wcale nie było widać.

„Przykro nam ciągle odpowiadać: niedojrzałe, banalne, bezkształtne. No, ale ostatecznie nie jest to rubryka dla laureatów Nagrody Nobla, tylko dla takich, którzy dopiero za jakiś czas pojadą sobie do Sztokholmu".

„Dziękujemy za wiersze wraz z fotografią. Ma Pan b. ładnie zawiązany krawat".

„Adresat liryków: »Zimny chłodem nienawistnych marzeń rzuconych na kryteria jego małej duszy«, chyba rzeczywiście nie był wart, żeby Pani chwyciła za pióro".

„»Choćby pioruny waliły nie wrócę do Ciebie mój miły«. Słusznie, fluktuacje przyrody nie powinny mieć wpływu na nasze postępowanie".

„»Kobieta życie kawalera zamienia w ciągłe cierpienia«. Słychać w tej skromnej fraszce lament doświadczenia".

„Jeśli żona powiada »zaprzestań już to pisarstwo«, to ze stylistycznego punktu widzenia z pewnością racji nie ma. Ale *meritum* jej wypowiedzi jest chyba słuszne".

„Najwięcej pomysłowości zdradza Pan w wymyślaniu nazwisk bohaterom. Ale to o wiele za mało, jak na udane opowiadanie s.f. Na razie mógłby Pan napisać bardzo ciekawą książkę telefoniczną".

„Sporządził Pan długą listę pisarzy, na których redaktorzy i wydawcy najpierw się nie poznali, a potem żałowali i wstydzili się bardzo. Aluzję pojęliśmy w lot. Felietony przeczytaliśmy ze stosowną dla naszej omylności pokorą. Są nieaktualne, ale to nic. Zostaną na pewno zamieszczone w »Pismach zebranych«, o ile napisze Pan ponadto coś w rodzaju *Lalki* i *Faraona*".

„Merytoryczna ocena eseju Pani jest na razie niemożliwa. Musielibyśmy mieć rzetelniejsze doświadczenie w sprawach nadprzyrodzonych. A my tymczasem stawiamy zaledwie pierwsze kroki. Poza komunię dusz (i to bardzo dorywczo doznawaną) nie wyszliśmy".

„Uchowaj nas, Materio, od takiej poezji. I po coś ruszał kamarynę – jak powiedzieliby przodkowie. Kto ciekaw, co to znaczy, niech zajrzy do Lindego. Ale lubieżników uprzedzamy, że to całkiem przyzwoite".

„Z pow. ogr. pap. nie moż. szczeg. wytł. dlacz. nie sk.".

„Mam westchnienie być poetą" – napisał ktoś. „Mam jęk być redaktorem" – odpisywała

Z lektury Poczty wynika, że poważną jej klientelą byli licealiści buntujący się przeciwko szkole, lekcjom, lekturom, ortografii.

„Do czego potrzebny jest Kochanowski współczesnemu poecie?" „Do czytania" – odpowiadała.

„A jednak, młodzieńcze, dawną poezję znać trzeba, już choćby dla uniknięcia zbytecznego trudu. Może się przecież zdarzyć, że napiszesz *Króla Ducha*, i potem będzie ci przykro, że już wcześniej zrobił to kto inny".

„Wiersz na razie nieaktualny. Jeszcze ciągle piszemy: strzelec, mrówka, wziąłem. Jeśli w ortografii zajdą jakieś korzystne dla Pana zmiany, nie omieszkamy zawiadomić osobnym listem".

„Ładna historia, zaczynamy się śnić szkolnej dziatwie, i to jak – w postaci Meduzy, która samym spojrzeniem uśmierca. Na co nam przyszło, nam, którzy do tej pory żywiliśmy jeszcze nikłą nadzieję, że pojawiamy się czasem komuś w snach dozwolonych od co najmniej szesnastu lat".

„Zanim przystąpię do pisania, chciałbym poznać całą literaturę" – wyznawał jakiś młodzian. „Głuchy jęk wyrwał się z naszej zahartowanej piersi" – odpowiedziała mu. Hart ducha potrzebny był Szymborskiej zwłaszcza wiosną, kiedy to „okrutne dziewczęta opuszczają jednych poetów dla drugich, czego skutkiem jest zdwojony napływ wierszy" pełnych „determinacji, goryczy, pochopnych

PIĘTNAŚCIE LAT W „ŻYCIU LITERACKIM"

W otoczeniu kolegów redakcyjnych z „Życia Literackiego". Od lewej: Stefan Otwinowski, Leszek Herdegen, Kazimierz Barnaś, Zygmunt Greń, Władysław Błachut. Kadr z Polskiej Kroniki Filmowej z okazji dziesiątej rocznicy pisma. Styczeń 1961 roku.

przyrzeczeń, wyrzutów sumienia i miłej zachęty". „Wszystko to ludzkie i w jakiś sposób ujmujące – puentowała – ale czy trzeba się dziwić, że każda kolejna wiosna budzi w naszych redaktorskich duszach uczucie trudnej do określenia trwogi?" Faktycznie, trudno się dziwić, czytając cytowane przez poetkę próbki („mówiłaś mi komplementy, choć miałem duże mankamenty", „a kiedy już będę twym, ty się popluszcz w oku mym").

Na wzmożony napływ wierszy uskarżała się Szymborska również po śmierci kolejnych wybitnych osobistości. „Takie tempo wzrusza. Z drugiej strony budzi nieufność. Pośpiech oprócz niesłychanie rzadkich przypadków rodzi półfabrykaty. Chwytem z lubością stosowanym jest zwracanie się do nieboszczyka po imieniu. Jakby śmierć była rodzajem bruderszaftu".

Choć wypowiedzi Szymborskiej o poetach i poezji dałoby się zliczyć bodaj na palcach jednej ręki, zarazem jednak w latach 1960–1968 jako anonimowy redaktor *Poczty* zapisała wiele stron zabawnymi rozważaniami o poezji, dowcipnymi uwagami o warsztacie poetyckim, błyskotliwymi poradami dla początkujących poetów.

„W wierszu o czekaniu na telefon powinien się pojawić: Kato Starszy, bułka z masłem i chrabąszcze. Poezja zaczyna się poza oczywistością".

„Martwi nas, że wolny biały wiersz traktuje Pan jako wyzwolenie z wszelkich rygorów. (…) Poezja jest, była i będzie zabawą, a zabawy bez reguł nie ma. Wiedzą o tym dzieci, czemuż dorośli zapominają?"

„Nie dostrzega Pan – zwracała uwagę innemu początkującemu poecie – pułapki, jaką gotuje nieregularny, biały wiersz. Ma on przecież swoje ukryte, a konieczne rygory, wymaga muzykalniejszego ucha niż przy stosowaniu regularnej rytmiki, nie znosi ani jednego zbytecznego słowa, żadnej mielizny zawoalować nie umie. To, co w wierszu rymowanym ujdzie czasem uwadze, co można czasem darować dla ogólnego wrażenia, jakie sprawia pięknie owinięta w rymy całość, tu od razu rzuca się w oczy, jest bezbronne i niczym nie usprawiedliwione. Dlatego wcale nie jest łatwiej pisać wierszem wolnym, wiedzą o tym poeci. Ale żeby wiedzieć, trzeba umieć pisać i tak, i tak".

Już w szkole nie lubiła modernistycznej maniery, toteż regularnie tępiła młodopolskie zapędy przyszłych poetów: „Każdy rzeczownik okłada Pani dwoma, a nawet trzema przymiotnikami, wierząc, jak wierzono w Młodej Polsce, że przymiotnik jest główną częścią poetyckiej mocy, że to on stwarza aurę dla poezji właściwą. Żadna inna epoka tak przymiotników nie honorowała, instynktownie rozumiejąc, że rzeczy, które mają być określane trafnie, muszą być określane oszczędnie – inaczej najpiękniej zaplanowany wiersz pójdzie na dno, jak okręt przepełniony wodą. Pierwsze próby poetyckie zwykle powstają pod czyimś wpływem. Wybrała Pani wzorzec najgorszy".

Czasami pozwalała sobie na drobne złośliwości („Sądził Pan, że lamus i Camus rymują się znakomicie, tymczasem powstał wiersz biały"), innym razem pisała jak najbardziej serio („Źle wyobrażasz sobie poetę, jak świat światem nie było takiego, który by na palcach liczył zgłoski, poeta rodzi się z uchem") albo przypominała o rzeczach zasadniczych („Słowo »dlaczego« jest najważniejszym słowem w ziemskim języku, a prawdopodobnie też w językach innych galaktyk, poeta musi je znać i musi się nim sprawnie posługiwać").

Przypominała też, że nie należy pozwalać sobie na nadmierne uleganie emocjom i że z najszlachetniejszych uczuć mogą powstać liche wiersze. „Ładne to by było i sprawiedliwe, gdyby sama siła uczuć decydowała o wartości artystycznej wiersza. Z pewnością by się okazało, że Petrarka to zero w porównaniu na przykład z młodzieńcem o nazwisku – dajmy na to – Bombini, ponieważ Bombini naprawdę oszalał z miłości, a tymczasem Petrarka zdołał utrzymać się w stanie nerwów sprzyjającym wymyślaniu pięknych przenośni". Radziła bacznie przypatrywać się wyrazom i używać wielkich słów „z aptekarskim wyrachowaniem": „W każdym wierszu chodzi o wrażenie – pisała – że te właśnie, a nie inne słowa od wieków czekały, żeby się ze sobą spotkać i zrosnąć w całość jedyną, już nie do rozerwania". „To są przecież te same słowa – tłumaczyła – które tkwią martwe w słownikach albo żyją naszym życiem w mowie potocznej. Jakże to się dzieje, że w poezji błyszczą odświętnie, jakby były całkiem nowe i dopiero co wynalezione przez poetę?"

Wytykała braki w wykształceniu: „Pisze Pan: »Przypomniał jej w gniewie starą sapiącą lokomotywę«. Tymczasem lokomotyw jeszcze wtedy nie było. Również cytowany w tekście sonet, pochodzący rzekomo z XVII wieku, wydaje się zbyt kiepsko rymowany jak na ówczesne gusty. Redaktorów jeszcze wówczas nie było, ale wymagania były".

Jacek Baluch, slawista, posłał kiedyś Szymborskiej dla zabawy wiersz, który był podróbką Tadeusza Różewicza.

– Pisałem wtedy pracę naukową o wersyfikacji w jego wierszach i problemach w przekładaniu go na język czeski – mówi. – Byłem ciekaw jej reakcji. Dostałem odpowiedź: "Naśladuje Pan bardzo zręcznie Różewicza".

Oceniała również prozę. I tak pisała do 3333 z Kielc: "Bohaterem nowelki jest pisarz polski, znakomity i wspaniały. Co za popularność, jakież bogactwo, jakaż płodność! Dziecię szczęścia, wybraniec losu, od świtu do nocy na rękach noszony, a od nocy do świtu spijający miód z kielicha świata. Nawet jeśli taki teczkę zgubi (z genialnym rękopisem), to prawie zaraz odnajduje ją wraz z ręką cud-dziewczęcia. Kochany fantasto, napisz raczej, co słychać w Kielcach. Czy wszyscy zdrowi?".

Na prośby o zdjęcie i autograf odpowiadała odmownie ("Analiza grafologiczna wykazałaby, że jesteśmy ludzie poczciwi, pełni współczucia dla wszystkich, którzy piszą, wszystko jedno, czy źle, czy dobrze"). Redaktor *Poczty* miał dla autorów, którzy słali fraszki, aforyzmy, dramaty, opowiadania, powieści, sonety, poematy – pozostać anonimem. Bo zdarzały się groźby, pytania "dlaczego nie skorzystacie" i "jakimi to kryteriami kieruje się redaktor", tłumaczenia, że narzeczonej, żonie, koledze się podobało. Szymborska odpowiadała serdecznie, ale i surowo. Wyjaśniała, że powinnością rodziny jest chwalić i zachęcać ("zwłaszcza kuzynkom ma się wszystko podobać"). Przypominała, że "więcej arcydzieł powstało dzięki przyjaciołom sceptycznym niż entuzjastycznym", a "dziewczyna, która potrafi wypalić prosto w oczy, że wybranek układa częstochowskie rymy, jest prawdziwym skarbem".

Kiedyś na kolumnie debiutów zamieściła Szymborska wiersz "Krowa", co wywołało lawinę protestów. Odpisała w *Poczcie literackiej*, że wiersz ten najwidoczniej "naruszył u czytelników hierarchię estetyczną wzruszeń. Wedle tej hierarchii stosowny jest w poezji słowik, stosowny motylek, stosowna biała dziewa nad jeziorem, krowa natomiast, choć jest dziełem tej samej natury i jej arcydziełem wytrzymującym niejedną konkurencję, widzie tylko w PGR-owskiej księgowości pod hasłem pogłowie. Cóż za regres smaku w stosunku do starych Greków, którzy swojej Herze pochlebiali przydomkiem »wolooka«".

Może wtedy właśnie zaczął chodzić jej po głowie pomysł, by oddać krowie sprawiedliwość wierszem? W każdym razie wiersz taki kilkanaście lat później powstał:

Cud pospolity:
to, że dzieje się wiele cudów pospolitych.
(...)
Cud pierwszy lepszy:
krowy są krowami.
("Jarmark cudów", *Ludzie na moście*, 1986)

Kandydaci na literatów bywali często uparci i zdeterminowani.

Szymborska: – Chwilami bardzo mi ciążyła ta ilość czytania. Poza tym poezja to dziedzina, która przyciąga ludzi zwichrowanych. Wariat nie napisze krytyki literackiej, więc Maciąga nie nachodzili zapoznani krytycy. Pamiętam jednego młodego, zdolnego poetę. Miał udany debiut i potem uważał, że powinnam drukować go co tydzień. Niestety, był schizofrenikiem. Listy pisał krwią, magazynował butelki z benzyną pod moimi drzwiami. Wylądował w końcu w szpitalu u profesora Antoniego Kępińskiego, którego dzięki temu poznałam. Zgłosiłam się kiedyś do niego po radę, jak się zachowywać w stosunku do jego pacjenta. Kiedy profesor usłyszał moje nazwisko, powiedział: „A, Szymborska, Szymborska, tu cała jedna sala rozbrzmiewa pani nazwiskiem". Radził zmienić mieszkanie na jakiś czas, co zrobiłam. Później dostałam wezwanie na milicję. Nie było napisane, o co chodzi, wiadomo, wtedy władza lubiła wywoływać w człowieku niepokój. Okazało się, że poeta popełnił samobójstwo, znaleziono jego ciało w Lasku Wolskim.

Przyjaciele odwiedzający Szymborską w redakcji zapamiętali, że do biurowej szafy przyczepiała pineskami co bardziej efektowne płody domorosłych poetów. Niestety nikt nie zachował w pamięci żadnego z nich. Ale my mamy swoich faworytów:

„Rosjanin ciężko pracuje, / ale gorącą herbatę z samowara pije. / Hiszpan się boi, / ale na rogatym byku jedzie. / Grek w cichobiegach chodzi. / Dla Francuza do gorącej kawy / ciastko zjeść nie zaszkodzi. / Niemiec ze swego ciężkiego cylindra / na głowie jest zadowolony. / Czech się uśmiecha / i cieszy z tego, bo jest wyzwolony. / Polska się na to godzi". (Komentarz Szymborskiej: „No i jak tu się mamy nudzić na redaktorskim krzesełku"). „Bo nie potrafisz mnie pokochać / Musnąć po włosach, pocałować / Ty umiesz tylko demonstrować / Swoją zażyłość psztyczkiem w nochal / Bo Twoja miłość jest chropawa / A czasem drętwa, wręcz kolczasta / I nieraz dręczy mnie obawa / Czy to jest tylko zwierzchnia warstwa". (Komentarz Szymborskiej: „Oj, dziewczęta, dziewczęta, miejcież wy sumienie, a jeśli już musicie dręczyć poetów, dręczcie ich jak Maryla, jak Laura. Bez psztyczka w nochal").

„Już się podobno propozycje czyni / by ludziom serce przeszczepić ze świni / ale krytycy, co to zawsze krzyczą / w takich przeszczepach złe zalety widzą". (Komentarz Szymborskiej: „Cytujemy, żeby się przekonać, czy żywy organizm Poezji nie odrzuci tego utworu"). Długo jeszcze po odejściu ze stanowiska szefa działu poezji i porzuceniu *Poczty literackiej* Szymborska skarżyła się, że wciąż śnią jej się po nocach poeci i ich rękopisy. „Siedziałam 15 lat na stołku poetyckim w »Życiu Literackim« i mam dosyć" – pisała na kartce do Jerzego Zagórskiego z 25 października 1971. – Teraz śnią mi się nie tylko niemieckie łapanki, ale i poeci z walizkami sonetów"[4].

Trzydzieści lat później Teresa Walas przerzuciła stare roczniki „Życia Literackiego", wyłuskała z nich odpowiedzi Szymborskiej i ułożyła je w smakowitą książkę *Poczta literacka, czyli jak zostać (lub nie zostać) pisarzem*. Książka okazała się – co było do przewidzenia – zachwycająca i tylko jeden Jerzy Pilch dolał łyżkę dziegciu do beczki pochwał i ujął się (skądinąd bardzo w duchu Szymborskiej) za „bytem pominiętym", czyli Włodzimierzem Maciągiem, którego teksty zostały „skrzętnie eksterminowane":

„Ja oczywiście wiem, że literaturą rządzi bezwzględna, darwinowska walka talentów, wiem, że mocniejsze talenty zwyciężają, i wiem, że jest to dobre – pisał. – Ale tu jest przypadek specjalny i niech mi nikt nie mówi, że nie ma żadnego problemu albo że ja z felietonowej przekory fałszywy problem stawiam. Jak powstała książka Wisławy Szymborskiej pt. *Poczta literacka*? Powstała ona oczywiście w ten sposób, że autorka (sama o tym nie wiedząc) książkę tę po prostu napisała. (…) Ale książka ta powstała też w ten sposób, że współuczestnik jej niegdysiejszego duchowo-redakcyjnego zaplecza został tu chirurgicznie oddzielony, odseparowany i w majestacie wielkiej literatury i w świetle fajerwerków przedniej zabawy literackiej – tak jest – zgładzony"[5].

Rubrykę „poczta literacka" wskrzeszono na jeden wieczór (promocyjny), na którym Szymborska na spółkę z Henrykiem Markiewiczem, Sławomirem Mrożkiem, Ludwikiem Jerzym Kernem i Martą Wyką znów oceniała nadesłane rękopisy.

Utwór niejakiego Homera jurorzy odesłali z powodu braku adresu zwrotnego, a też oryginalności (nazbyt wyraźna inspiracja filmami amerykańskimi w rodzaju *Gladiatora*). Autorowi *Hamleta* podziękował Sławomir Mrożek: „Nie umiemy po angielsku. Niech Pan coś napisze po polsku". *Faraon* nie znalazł akceptacji w oczach Ludwika Jerzego Kerna: „Ładne, ale za dużo o kapłanach, a za mało o krokodylach. Też drapieżniki. Ani mró mró o mrówkach. Mrówki faraona… sami wiemy, jaka to czysto egipska plaga. Brak też informacji turystycznej". Nadesłana *Trylogia* wzbudziła niejasne podejrzenia Mrożka: „To Pan jest Sienkiewicz? Prosimy o fotokopię dowodu osobistego".

Sama red. Szymborska odpowiedziała dwóm dramaturgom, filozofowi i pisarzowi.

„Ant. Cz., Moskwa. Każdy sadownik Panu powie, że stare sady trzeba po pewnym czasie wycinać, a na ich miejsce albo sadzić nowe drzewka, albo w inny sposób wykorzystać teren. Nurza nas Pan w wątpliwych sentymentach".

„*Czekając na G.* – podpis nieczytelny. Oj, niedobrze. Spróbujmy wyobrazić sobie widza, który, nazajutrz po obejrzeniu Pańskiego przedstawienia, zjawia się w pracy, a jego szef ni z tego, ni z owego prosi go, żeby mu opowiedział oglądaną wczoraj sztukę. Facet znajdzie się w niemałym kłopocie – wszelako nie z własnej winy. Należy pisać tak, ażeby potem było co streszczać".

„Plat., Ateny. Nieszczególnego dyskutanta wybrał Pan sobie do swoich dialogów. Nigdzie nie pracuje, nie wiadomo, z czego żyje, łazi tylko po mieście i zagaduje ludzi. Pyta Pan, czy pisać dalej. No cóż, skoro tyle już Pan napisał, to niechby był z tego jakiś pożytek. W tym celu musi Pan jednak całą historię sensownie zakończyć. Nie jesteśmy zwolennikami rozwiązań radykalnych, ale wpadło nam na myśl pewne rozwiązanie. Pański protegowany powinien znaleźć się w miejscu odosobnionym, z surowym wyrokiem za mącenie w głowach poważnym obywatelom, a co jeszcze gorsze – młodzieży".

„Tomasz M., czasowo Kalifornia. Opisywanie muzyki słowami nie mogło dać dobrego rezultatu. Nudę wykładów usiłuje Pan urozmaicić fabułą, ale mój Boże, jakaż ta fabuła – z uwagi na nieleczony syfilis głównej postaci – nieprzyjemna! Szkoda, że przed napisaniem tej powieści nie zasięgnął Pan naszej rady. Bylibyśmy odradzili"[6].

Szymborska pracowała na etacie w „Życiu Literackim" przez piętnaście lat. Wydała w tym czasie trzy tomiki poezji: *Wołanie do Yeti*, *Sól* i *Sto pociech*. W swoim piśmie publikowała jednak nie więcej niż trzy–cztery wiersze rocznie. Zygmunt Greń pamiętał, że – kiedy udało się z niej coś wydusić – za każdym razem prosiła: „Tylko nie dawajcie na pierwszą stronę". Jednak jej wiersze czasem pojawiały się na otwarcie numeru.

Kierowanie działem poezji, odpowiadanie na listy – do tego wszystkiego, czym zajmowała się w redakcji, polityka właściwie nie miała dostępu. Choć samo „Życie Literackie" spłacało władzy należne jej daniny. Najczęściej piórem redaktora naczelnego Władysława Machejka, rekordzisty w tej branży: przeżył zmiany wszystkich ekip rządzących, dosłużył się funkcji zastępcy członka KC PZPR i dotrwał na swoim stanowisku aż do likwidacji pisma w roku 1990. Ci, co u niego pracowali i publikowali, widzieli jakieś jego zalety jako szefa, a też redaktora naczelnego. Przypominali, że „Życie Literackie" miewało lepsze okresy, że zdarzało mu się publikować teksty odważne i wyprzedzające swój czas (jak esej Ludwika Flaszena z krytyką socrealizmu drukowany w 1952 roku), a także sporo świetnej krytyki literackiej.

„Chłop komunista spod Miechowa", „ambitny, sprytny, obcesowy i rubaszny, nie brakło mu poczucia humoru" – pisali o nim współpracownicy, zresztą nie bez pewnej sympatii. Z zewnątrz jednak jego zalety były jakoś mniej widoczne. Pamięta mu się, że był zawsze dyspozycyjny, zawsze na straży aktualnej linii partii, bez względu na to, czy trzeba było napisać komentarz do procesu biskupów, z przytupem dołączyć do antysemickiej nagonki czy zaatakować „ekstremistów" z NSZZ Solidarność. Jedno mu trzeba oddać: potrafił na pełnym sloganów i banałów języku, w którym zwyczajowo partia atakowała swych przeciwników, odcisnąć własne, niepowtarzalne piętno. Stanisław Barańczak językowym dziwolągom Machejka poświęcił felieton w swoich *Książkach najgorszych*. „Typowe dla machejkizmu są większe całości zdaniowe, w których chłopsko-partyzancka pieprzność i dosadność zderza się z partyjno-urzędniczym brakiem logiki i pustym frazesem. Produktem końcowym jest bełkot". I cytował: „To nie mnie rozognia lubość, gdy w jednej formule naród mieści wszystko i jeszcze przelewa się od uzurpacji". Czy też: „stosunek np. kierownika zakładu do kobiecych przypadłości »jego« pracownic jest stwierdzeniem większych braków godzących w ducha socjalizmu w ogóle, a w społeczny charakter uchwał VI zjazdu partii w szczegółach"[7].

– Szymborska umiała sobie stworzyć u tego okropnego Machejka prawdziwą wyspę – mówił nam Jacek Bocheński. – I zachowywała się tam niczym udzielna księżna u chłopka: jak smród, to omijamy.

– Ja nie znosiłem Machejka, a Wisława też nie była w nim rozmiłowana – mówił nam Stanisław Lem, który miał do Szymborskiej sympatię jeszcze z czasów, kiedy jako przymierający głodem student medycyny ani marzył, że będzie wziętym pisarzem, a ona poleciła go do satyrycznego śląskiego pisma „Kocynder", gdzie dorabiał. – Na Wiślnej były dwie redakcje dwu bardzo różnych pism. Ja wolałem „Tygodnik Powszechny".

Po raz pierwszy wiersz do „Tygodnika Powszechnego" Szymborska zaniosła w stanie wojennym.

Kadr z Polskiej Kroniki Filmowej z okazji piętnastej rocznicy pisma. Styczeń 1966 roku. Jedyna kobieta na planie to Wisława Szymborska.

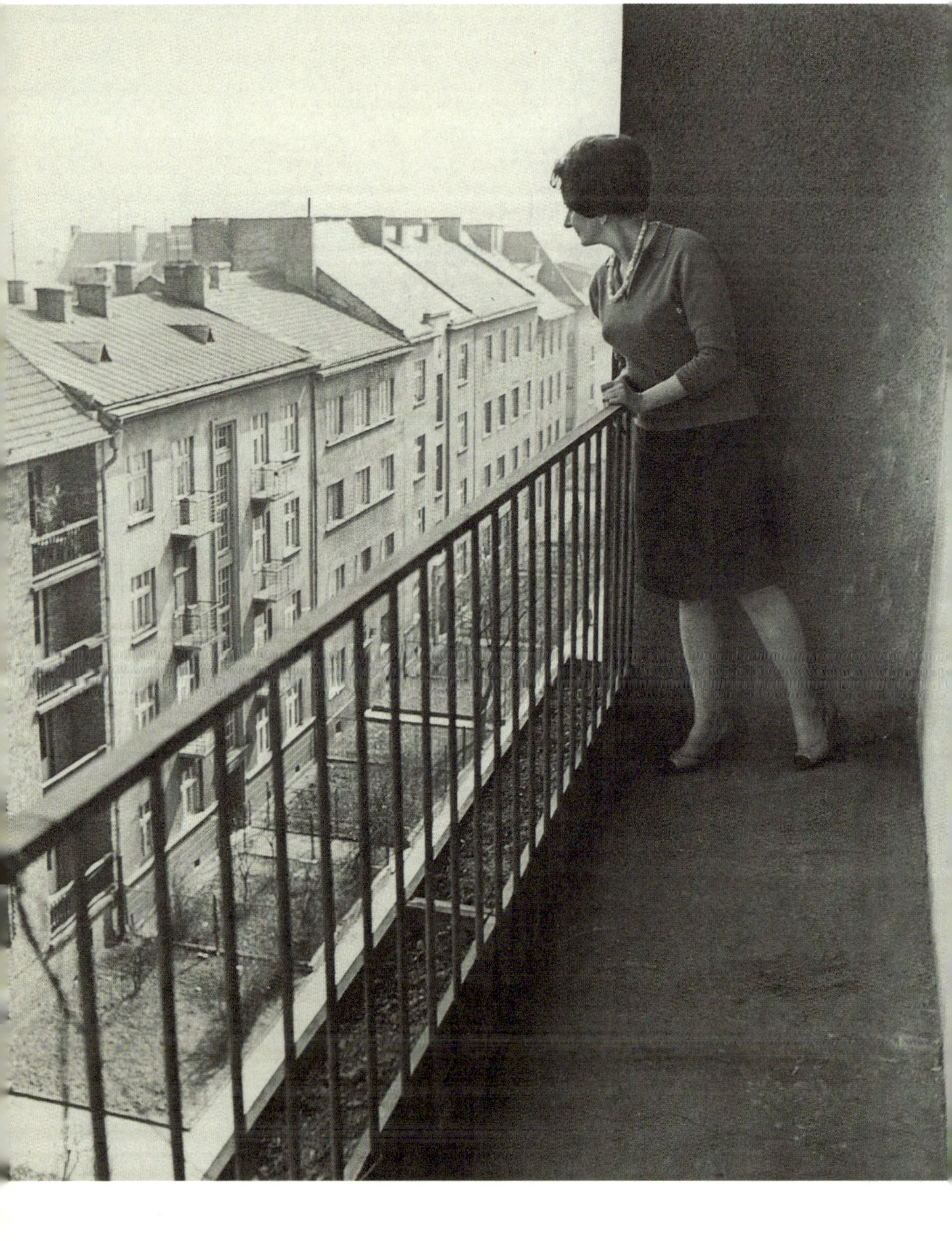

ROZDZIAŁ 10

W szufladzie, w PRL-u, na kuli ziemskiej

Jesienią 1963 roku Wisława Szymborska opuściła literacki kołchoz na Krupniczej i przeniosła się do sześciopiętrowego bloku na rogu ulic 18 Stycznia (dziś Królewskiej) i Nowowiejskiej. Jej nowe mieszkanie na przedostatnim piętrze, z wiecznie hałasującą windą za ścianą, składało się z pokoju z wnęką kuchenną. Było tak małe, że żadna dostępna na rynku meblościanka by się tam nie zmieściła, artysta Stefan Papp zrobił więc meble na zamówienie. Na ławie i krzesłach nie dało się usiedzieć dłużej niż pół godziny, nie zachęcały więc do zasiadywania się.

Ewa Lipska, która często bywała u Szymborskiej, wspominała panią Marysię, która przychodziła tam sprzątać: – Ona kiwała głową, że „Ichniusia nic nie robi, bo tylko pisze", i układała książki na półkach, od najmniejszych do największych.

– To była moja ukochana niania z dzieciństwa – mówiła nam Szymborska. – Przychodziła sprzątać i krzyczała, jak coś było porozrzucane. Jej wszystko było wolno, widać każdy potrzebuje, żeby ktoś na niego krzyczał z sercem.

Chwaląc w felietonie Aleksandrę Olędzką-Frybesową, autorkę książki *Z Paryża – w przeszłość*, za rzadką umiejętność opisywania dawnej architektury, poetka zauważyła: „Spodziewam się jednak, że i udane okazy architektury współczesnej wymagałyby nie byle jakich zdolności opisowych. Z wyjątkiem naszego budownictwa mieszkaniowego, które pozwala się już dzisiaj określić jednym słowem. Mieszkamy po prostu w szufladach"[1].

I tak też mówiła o swoim mieszkaniu: „szuflada", a nazwa ta przyjęła się tak powszechnie, że kiedyś, po latach, przyjaciele będą opowiadać: „Kiedy Wisława mieszkała w szufladzie"... Tymczasem poetka była jednak z nowego mieszkania dość zadowolona, zwłaszcza z nieznanych na Krupniczej luksusów: centralnego ogrzewania i wanny.

W roku przeprowadzki Wisława Szymborska skończyła czterdzieści lat i powiedziała Aleksandrowi Ziemnemu, że dla poety jest to najlepszy wiek. „Już człowiek sporo poznał, a jeszcze zdolny jest do żywych i silnych uczuć. Zdaje sobie sprawę ze złożoności rzeczy, a jeszcze trochę czasu dzieli go od rezygnacji. Jest w nim gorycz i różne cierpkie a dopingujące przyprawy, które nie wykluczają poczucia urody życia. Taka chwiejna, niezła przecież równowaga"[2].

Wiele lat później, na zaduszkowym spotkaniu po śmierci Zbigniewa Herberta zorganizowanym w Krakowie przez Wydawnictwo a5 opowiadała, jak odwiedził ją w „szufladzie" Herbert akurat w dniu, kiedy zainstalowano jej wreszcie telefon. Oświadczył, że należy go zainaugurować, i zaczął obdzwaniać wszystkich krakowskich znajomych. Zmieniał głos i przedstawiał się jako Frąckowiak, autor dwóch tysięcy sonetów, które gotów jest przeczytać od razu przez telefon albo przynieść je do przeczytania. W Krakowie wiadomości rozchodzą się szybko, więc gdy zadzwonił do Jana Błońskiego, zdążył tylko powiedzieć: „Nazywam się Frąckowiak. Moje nazwisko pewnie nic panu nie mówi"..., bo Błoński mu przerwał: „Mówi, mówi", i rzucił słuchawką.

Przyjaciele pamiętali, że już w tamtych czasach w mieszkaniu Szymborskiej pojawiły się pluszowe małpy.

– Kiedyś w Sztokholmie zobaczyłam kartkę z dwiema małpami, jedna łapie się za głowę, a druga wącha kwiatek. Od razu pomyślałam, żeby wysłać ją do Wisławy – opowiadała Wanda Klominkowa. – To był zawsze odruch jej przyjaciół, bo z Wisławą rozmawia się za pomocą kartek.

Zapytałyśmy Szymborską, skąd bierze się ta jej sympatia do małp, ale odpowiedziała tylko: – Trudno komentować, one mnie fascynują.

Tę fascynację widać i w jej wierszach, przez które często przemykają małpy, a czasem nawet stają się ich bohaterkami, jak w wierszach „Dwie małpy Bruegla", „Tarsjusz" czy „Małpa".

> Wcześniej niż ludzie wygnana z raju,
> bo oczy miała tak zaraźliwe,
> że rozglądając się po ogródku
> nawet anioły grążyła w smutku
> nieprzewidzianym.
> (...)
> W bajkach osamotniona i niepewna
> wypełnia wnętrza luster grymasami,
> kpi z siebie, czyli daje dobry przykład
> nam, o których wie wszystko jak uboga krewna,
> chociaż się sobie nie kłaniamy.
> („Małpa", *Sól*, 1962)

W jej wierszach próżno szukać odniesień do czasów zwanych „małą stabilizacją". Weźmy choćby z tego samego tomiku wiersz „Woda". Przecież mógłby on równie dobrze powstać w innym miejscu i w innych czasach. Do jego napisania potrzebny był tylko globus albo mapa, którą bez trudu da się rozłożyć na podłodze, nawet w najmniejszym mieszkaniu.

> Kropla deszczu mi spadła na rękę,
> utoczona z Gangesu i Nilu,
> (...)
> Na moim wskazującym palcu
> Morze Kaspijskie jest morzem otwartym,

W SZUFLADZIE, W PRL-u, NA KULI ZIEMSKIEJ

a Pacyfik potulnie wpływa do Rudawy
tej samej, co fruwała chmurką nad Paryżem

w roku siedemset sześćdziesiątym czwartym
siódmego maja o trzeciej nad ranem.
(…)
Jakie to lekkie w kropli deszczu.
Jak delikatnie dotyka mnie świat.
(„Woda", *Sól*, 1962)

W swoim mieszkaniu zwanym szufladą, na ulicy 18 Stycznia.
Kraków, kwiecień 1966 roku.

Wisława Szymborska:

– Zawsze patrzyłam na całą kulę ziemską, miałam poczucie, że jeszcze straszniejsze rzeczy dzieją się w innych miejscach świata. Po ciężkim kryzysie lat pięćdziesiątych zrozumiałam, że polityka nie jest moim żywiołem. Znałam ludzi, bardzo skądinąd mądrych i przyzwoitych, których całe życie intelektualne wypełnione było medytacjami nad tym, co wczoraj powiedział Gomułka, a co jutro powie Gierek. Jedno jedyne, niepowtarzalne ludzkie życie zamknięte w tak żałośnie ciasnych horyzontach. Toteż starałam się pisać wiersze, które usiłowały ten horyzont przekroczyć. Nie brakuje w nich doświadczeń polskich. Gdybym była poetką na przykład holenderską, z pewnością wiele z nich by nie powstało. Ale niektóre pewnie jednak by powstały, niezależnie od tego, gdzie bym żyła, czy tutaj, czy tam. Bo i na tym mi trochę zależy.

Poetka nigdy nie czuła się specjalnie mieszkanką PRL-u, toteż peerelowska rzeczywistość niezwykle rzadko gościła na kartach jej prozy, to jest w odcinkach *Lektur nadobowiązkowych* czy w odpowiedziach *Poczty literackiej*. Gdyby pewnego dnia zniknęło z powierzchni ziemi wszystko, co napisano w latach sześćdziesiątych

i siedemdziesiątych, a zostały tylko jej *Lektury* i *Poczta*, dowiedzielibyśmy się, że PRL to był taki kraj, w którym:
- stało się ze spuszczoną głową w kolejkach;
- papier maszynowy był trudny do zdobycia;
- nosiło się płaszcze ortalionowe;
- z socrealistycznej architektury zadowolone były wyłącznie wróble, pustułki i gołębie domowe;
- nowe mieszkania miały wzdęte podłogi;
- tapetowanie mieszkania ze względu na niedostatek fachowców i braki w zaopatrzeniu musiało trwać miesiącami;
- poradnik zatytułowany *Wypadki w domu* mógł się kończyć instrukcją, jak postępować w przypadku ataku atomowego;
- hydraulik nadciągał melancholijnie w dwa tygodnie po umówionym terminie;
- restaurator, autor tak zwanych receptur ani żaden specjalista od zbiorowego żywienia nie zaglądał nigdy do książki kucharskiej;
- o bakłażanach, brokułach, endywii, głąbikach, kabaczkach, karczochach, skorzonerze, salsefii i innych tego typu „awangardowych formalizmach" nikt nie słyszał;
- w restauracjach nie dawało się odczytać jadłospisu, bo występował w dziesiątej nieczytelnej kopii na przebitce (oryginał wysyłano do księgowości).

Niby niewiele, a przecież zupełnie dość, żeby wyrobić sobie jakie takie pojęcie o tamtych czasach. Mimo że *Lektury nadobowiązkowe* pisane były z zamysłem, żeby właśnie od peerelowskiej codzienności uciec. Zapytana kiedyś, czy pisała swoje felietony, aby odpocząć od poezji, Szymborska odpowiedziała: „Nie. Jeśli były odpoczynkiem, to na pewno nie od poezji, ale od życia na co dzień. Już zaczynamy zapominać, ile energii zjadało nam to bezustanne poszukiwanie czegoś potrzebnego, załatwianie byle drobnostki, to wystawanie w kolejkach"[3].

Jeden z przyjaciół zapamiętał, jak kiedyś Szymborskiej zepsuła się kuchenka gazowa i przyszedł specjalista, który orzekł, że naprawa potrwa dwa tygodnie. Na odchodnym spytał, czy ten Szymborski, piłkarz Wisły Kraków, to jej krewny. Kiedy ochoczo przyznała się do nieistniejącego pokrewieństwa, naprawił kuchenkę od ręki.

Jacek Bocheński, który od lat sześćdziesiątych odwiedzał Szymborską w Zakopanem i chodził z nią razem na spacery oraz na rydze do Poraja, zapamiętał, jakie to robiło na nim wrażenie, że tak niewiele różniła się od swoich wierszy.

– To rzadki wypadek. Zazwyczaj poeci inaczej istnieją w swoich wierszach, a inaczej w rzeczywistości. Była dziwnym tworem, z jednej strony towarzyska, z drugiej – zamknięta, nielubiąca opuszczać swoich gniazd.

Wczesne lata sześćdziesiąte to czasy świetnego repertuaru filmowego, okazja do nadrobienia strat z jałowych pod tym względem lat pięćdziesiątych. Włodzimierz Maciąg wspominał, że w redakcji „Życia Literackiego" niemal codziennie komentowało się filmy, pamiętał, jak Szymborska zachwycała się *Bulwarem Zachodzącego Słońca*. Barbara Czałczyńska opowiadała, jak co tydzień chodziły na zamknięte pokazy do Klubu Dobrego Filmu.

PAMIĄTKOWE RUPIECIE

Kraków, sierpień 1970 roku.

W SZUFLADZIE, W PRL-u, NA KULI ZIEMSKIEJ

Szymborska nigdy nie napisała żadnej recenzji filmowej, jednak w *Lekturach* kino było stale obecne i wielokrotnie przy różnych okazjach przywoływane, począwszy od jej pierwszych młodzieńczych zachwyceń. I tak spodobał jej się oglądany przed wojną film muzyczny o Franzu Schubercie. Dopiero czterdzieści lat później, po przeczytaniu jego biografii, uświadomiła sobie, że nakręcono „ckliwą brednię według schematu »miłość artysty«, wychodząc z założenia, że jedyną fotogeniczną stroną wielkiej sztuki jest jej podłoże matrymonialne"[4].

Wertując *Kroniki* Długosza, zachwycała się Szymborska, jak bardzo niektóre epizody są filmowe. Czytając książkę Roberta Gervasa o Cagliostrze, snuła marzenia, jak szalony film mógłby zrobić na jej podstawie Fellini. Tytułów wymieniała co prawda niewiele, ale za to same świetne. *Dzień, w którym wypłynęła ryba* Cacoyannisa, o „pasterzu jakby żywcem z teokrytowej tradycji przeniesionym w nasz atomowy wiek". *Ptaki* Hitchcocka, po których obejrzeniu zapragnęła kupić sobie papużkę, ani przez chwilę nie uległa bowiem wrażeniu, że może jej grozić jakieś niebezpieczeństwo ze strony ptaka. *Jeszcze wyżej* z Haroldem Lloydem, któremu to filmowi przyznała prywatną nagrodę „Małpy uczepionej na wysokościach". Pisała o Chaplinie, Kurosawie, Orsonie Wellesie, o filmie grozy, filmie przygodowym, „płaszcza i szpady", historycznym. Tego ostatniego gatunku nie ceniła specjalnie, a zarzucała mu między innymi brak realizmu i mijanie się z prawdą życiową.

„Nigdy bohatera szczerbatego, nigdy ospowatej heroiny, nigdy wielkiego artysty z zezem. We wnętrzach, gdzie przebywają, nigdy nie ma much, a meble pochodzą zawsze z określonej akcją epoki, jak gdyby w dawnych czasach szafy po dziadach i pradziadach wyrzucano przez okno"[5] – narzekała w *Lekturach nadobowiązkowych*.

Ten sam chwyt z wyliczeniem „bytów pominiętych" zastosowała i w wierszu:

Kto zasię smutny, strudzony,
z dziurą na łokciu i z zezem,
tego najwyraźniej brak.
(…)
Szubieniczki nawet tyciej
dla najsokolszego oka
i nic nie rzuca cienia wątpliwości.
(„Miniatura średniowieczna", *Wielka liczba*, 1976)

W wywiadzie, jakiego udzieliła w latach siedemdziesiątych, mówiła, że często chodzi do kina, ale unika tak zwanych dramatów psychologicznych, bo w tej dziedzinie film ma niezbyt wiele do powiedzenia, a na dodatek wszystko to już wcześniej i lepiej powiedziała literatura[6]. Z kolei porównując w *Lekturach* kino i teatr, pierwszeństwo przyznawała temu pierwszemu. „Dla filmu okazało się fraszką to – pisała – z czym teatr nigdy nie mógł sobie poradzić, a więc duchy, sobowtóry, raptowne transformacje, fruwanie i znikanie ludzi oraz przedmiotów"[7]. „Wolę kino" – zaczynała cytowany tu już kilkakrotnie wiersz „Możliwości".

– Kocham kino – mówiła nam – i wiele mu wybaczam. Teatru nie kocham, więc nie jestem taka wybaczająca. Bo to sprawa miłości, czy i ile się wybacza. Zresztą więcej oczekuję od filmu, teatr nie nadąża za życiem.

Przyznawała jednak, że ceni w teatrze wszystko, czego kino nie potrafi: „Tylko w teatrze zdarza się czasem coś, co z braku bardziej rzeczowych określeń muszę nazwać cudem – pisała w felietonie wokół książki Tadeusza Nyczka *Alfabet teatru*. – Pamiętam *Pastorałkę* Schillera wystawioną niedługo po wojnie. Z boku sceny stanął w pewnej chwili pastuszek i zaczął grać na skrzypeczkach. Nic ponadto nie robił, żadnych min, żadnych dodatkowych gestów. Stał i grał z lekko przechyloną głową. A jednak – mimo że na środku sceny rozgrywało się ruchliwe i barwne widowisko – cała sala patrzyła tylko na niego. Z programu dowiedziałam się potem, że był to jakiś nieznany mi dotychczas aktor Tadeusz Łomnicki"[8].

Zaprzyjaźniony z poetką Jan Paweł Gawlik, który po odejściu z „Życia Literackiego" był przez kilkanaście lat dyrektorem Starego Teatru w Krakowie, nie był nawet pewien, czy udało mu się ściągnąć ją na *Dziady* i *Wyzwolenie*. Jego zdaniem Szymborska po prostu nie lubiła teatru, wyjątek robiła dla teatru amatorskiego, a to dlatego że lubiła kicz.

Wanda Klominkowa opowiadała nam, że chadzały razem do amatorskiego Teatru Kolejarza, który miał w repertuarze głównie komedie muzyczne i wodewile. Czego poetka szukała w teatrze mieszczącym się w obskurnym budynku przy ulicy Bocheńskiej?

– Nudzi mnie teatr tradycyjny, w którym wszystko jest po bożemu i zgodnie z epoką – tłumaczyła nam. – Ale jeszcze bardziej nudzi mnie, kiedy osiemnastowieczni bohaterowie huśtają się pod sufitem albo wykrzykują swoje kwestie z podłogi. Tak więc tego, co się uważa za awangardę, też nie mogę znieść. Sztuki teatralne lubię jednak czytać, a czytając, sama je reżyseruję.

To, co najbardziej lubiła w teatralnym spektaklu, opisała w wierszu:

zmartwychwstawanie z pobojowisk sceny,
poprawianie peruk, szatek,
wyrywanie noża z piersi,
zdejmowanie pętli z szyi,
ustawianie się w rzędzie pomiędzy żywymi
twarzą do publiczności.
(„Wrażenia z teatru", *Wszelki wypadek*, 1972)

„Mam szczególną słabość do teatralnej amatorszczyzny. Chodzę na wszelkiego rodzaju przedstawienia amatorskie, eksperymentalne, a nawet przedstawienia szkolne, słowem widowiska dające mi pewność, że powstają bezpośrednio z chęci grania, nie zaś z faktu, że istnieje budynek teatralny – pisała w 1957 roku, w jednej z nielicznych swoich recenzji teatralnych przy okazji spektaklu *Czekając na Godota* w Teatrze 38. – Szanuję zespoły zapaleńców zawiązujące się często z myślą o jednym tylko spektaklu. Lubię krzywo przyklejone peruki i zbyt jaskrawo zrobione rumieńce"[9].

Może rzadko chodziła do teatru, bo wystarczało jej, że na co dzień bierze udział w spektaklu pod tytułem życie?

Nie znam roli, którą gram.
Wiem tylko, że jest moja, niewymienna.

O czym jest sztuka,
zgadywać muszę wprost na scenie.

Kiepsko przygotowana do zaszczytu życia,
narzucone mi tempo akcji znoszę z trudem.
Improwizuję, choć brzydzę się improwizacją.
(...)
Stoję wśród dekoracji i widzę, jak są solidne.
Uderza mnie precyzja wszelkich rekwizytów.
Aparatura obrotowa działa od długiej już chwili.
Pozapalane zostały najdalsze nawet mgławice.
Och, nie mam wątpliwości, że to premiera.
I cokolwiek uczynię,
zamieni się na zawsze w to, co uczyniłam.
(„Życie na poczekaniu", *Wielka liczba*, 1976).

W przemówieniu noblowskim mówiła: „cokolwiek byśmy pomyśleli o tym bezmiernym teatrze, na który mamy wprawdzie bilet wstępu, ale ważność tego biletu jest śmiesznie krótka, ograniczona dwiema stanowczymi datami; cokolwiek jeszcze pomyślelibyśmy o tym świecie – jest on zadziwiający".

Gdy oddała w 1966 roku legitymację partyjną, dowiedziała się od Władysława Machejka, że nie może być dłużej kierownikiem działu. Wtedy straciła biurko i przestała przychodzić do redakcji. Jeszcze tylko do połowy 1968 roku odpisywała na listy z *Poczty literackiej*.

Wisława Szymborska: – Skończyło się szczęśliwie. Nie siedziałam dłużej za biurkiem, nie musiałam czytać kilogramów przeważnie niedobrych tekstów. Pisałam z wolnej stopy.

Wkrótce po odejściu z redakcji zaczęła mieć problemy z płucami i w połowie 1968 roku wyjechała na kilka miesięcy do sanatorium. Tam zastała ją wiadomość o interwencji polskiej armii w Czechosłowacji. Stamtąd pisała do Jerzego Zagórskiego, pocieszając go po aresztowaniu w czasie wydarzeń marcowych jego syna Włodzimierza.

„Życie Literackie" uprawiało wtedy otwarty, wulgarny antysemityzm. Na pewno czuła ulgę, że do redakcji wpadała tylko po to, żeby zanieść kolejny felieton z cyklu *Lektur nadobowiązkowych*. Po odejściu z „Życia Literackiego" nigdy już nie była na żadnym etacie.

Z ulicy 18 Stycznia, gdzie mieszkała, na Wiślną, gdzie mieściła się redakcja „Życia Literackiego", można było dojść w dwadzieścia minut. Tę trasę pokonywała tyle razy, że uwieczniła ją w „wypracowaniu na temat morza". A było tak, że poproszono ją o tekst do antologii *Morze u poetów*. Napisała, że co prawda żyje w głębi lądu, ale w miejscu, gdzie było kiedyś dno morskie, a z okien jej pokoju widać Wawel zbudowany na wapiennym wzgórzu, czyli na skale ze skorupek otwornic. Po tym wstępie popłynęła dalej: „Idąc w stronę Rynku ulicą 18 Stycznia i Karmelicką, unoszę się, gdy tylko zechce moja wyobraźnia, nad bezbrzeżną powierzchnią wód. Albo, dla urozmaicenia trasy, przeskakuję myślą wiele milionów lat i oto podziwiam widoki ustępującego morza. Widzę płytką zatokę poprzecinaną mierzejami. W miejscu ruchliwego skrzyżowania, między Karmelicką i Szewską, spostrzegam dziwną istotę pełznącą po mokrym piasku. Mimo że czerwone światła wstrzymują ruch pieszy, stworzenie owo, ni to ryba, ni to płaz, pakuje się z całym spokojem pod koła rozpędzonej ciężarówki, po chwili wyłazi nietknięte i w najlepszym humorze zdąża w kierunku wody. Jakie to szczęście, myślę, że scena ta rozgrywa się poza zasadą sztuk klasycznych! Błogosławiona niezgodność czasu z miejscem uchroniła jednego z naszych przodków przed wypadkiem drogowym…"[10].

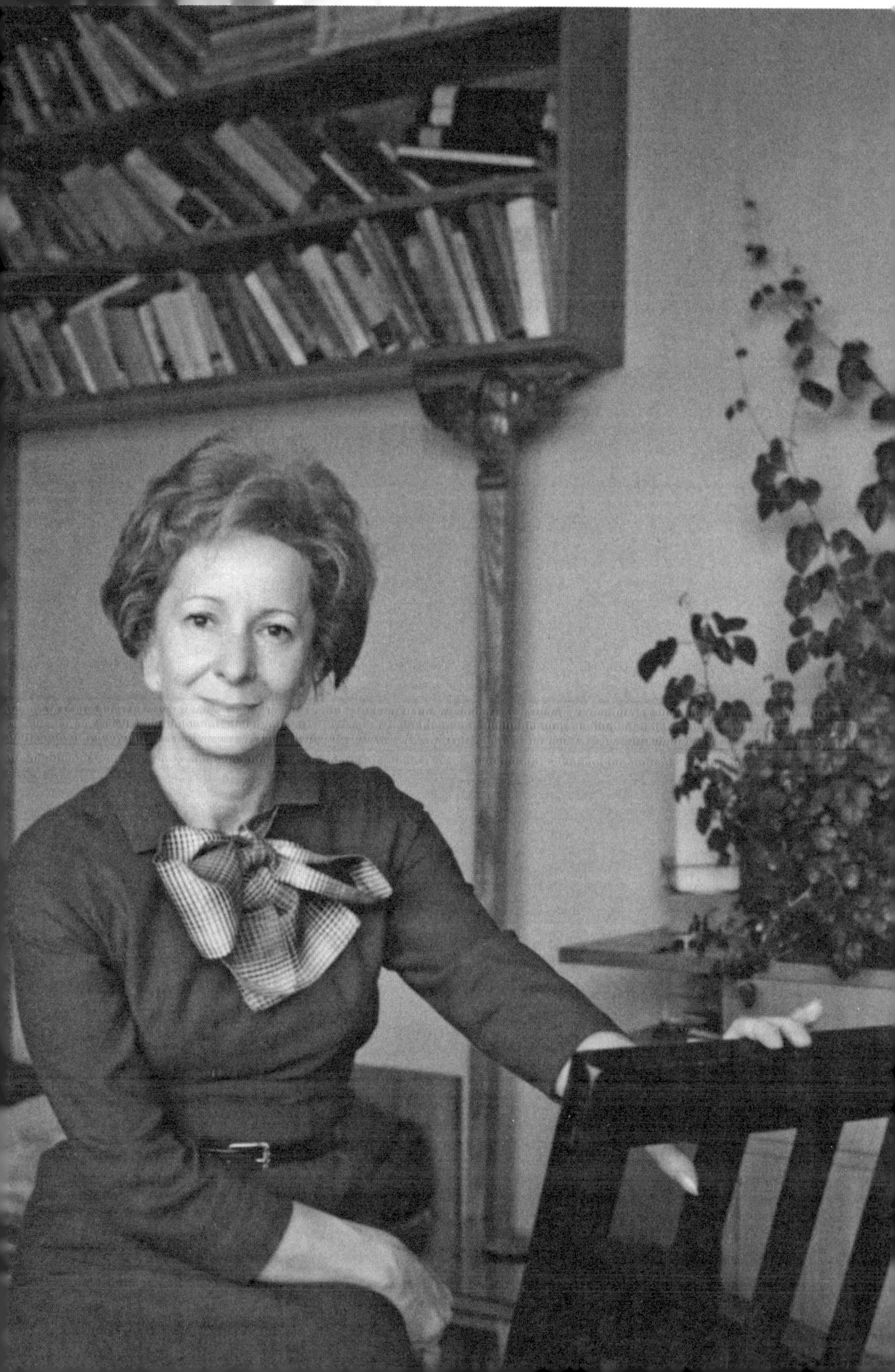

ROZDZIAŁ 11

Lektury nadobowiązkowe, czyli dać nurka w mezozoik

*L*ektury nadobowiązkowe zaczęła Szymborska pisać z przypadku, ale kontynuowała już z wyboru. Władysław Machejek po tym, jak wystąpiła z partii, nie chciał się jej całkiem pozbywać z „Życia Literackiego", więc złożył propozycję, żeby pisała jakieś felietony i recenzje. Można powiedzieć, że – do spółki z Leszkiem Kołakowskim, dla którego z partii wystąpiła – stał się ojcem chrzestnym jej *Lektur*. Pierwszy felieton z cyklu ukazał się 11 czerwca 1967 roku.

– Namówiona, żeby spłacać swój ryczałt po odejściu z etatu recenzjami – opowiadał Tadeusz Nyczek – zaczęła czytać tak zwane książki „z dolnej półki". W czasach PRL-u wydawnictwa rozsyłały po redakcjach stosy książek. Te ważniejsze dawano recenzentom, a reszta zalegała szafy w charakterze makulatury. Szymborska odkryła urok tego typu produkcji literackiej. W swoich felietonach, podobnie jak w wierszach, stanęła po stronie rzeczy straconych i pomijanych.

Nyczek nie wierzył, żeby Szymborska chodziła po księgarniach w poszukiwaniu książek do *Lektur*. W każdym razie nigdy jej nie spotkał myszkującej po księgarni. – Jeśli wszystko jest ważne, to po co miałaby szukać? Wystarczy czekać, aż samo wpadnie w ręce – mówił.

Tymczasem Włodzimierz Maciąg opowiadał nam, że zdarzało mu się towarzyszyć Szymborskiej w wyprawach do księgarń i brać udział w wybieraniu książek. Z upływem czasu bowiem coraz rzadziej korzystała z tego, co przychodziło do redakcji „Życia Literackiego".

Ewa Lipska z kolei twierdziła, że tematy *Lektur* wcale nie były dziełem przypadku. Często książki przynosili jej przyjaciele, gdy znaleźli coś ciekawego, zabawnego czy dziwnego. Jeśli ją to zainteresowało, brała. Lipska zapamiętała, że kiedyś jej mąż przyniósł Wisławie katalog z wystawy kynologicznej w parku Jordana i Szymborska napisała z tego recenzję.

„Nigdy nie przypominam sobie, żebym odrzucała jakieś książki gorsze na rzecz lepszych, co zresztą widać do tej pory. Piszę *Lektury nadobowiązkowe*, bo uważam, że nawet najgorsza książka może coś dać do myślenia w taki czy inny sposób: może dlatego, że jest zła, ale może dlatego, że coś tam w niej jest, tylko się nie udało – mówiła Teresie Walas. – W moim życiu był zawsze straszny bałagan czytelniczy"[1].

Walas jednak uważała, że w *Lekturach* nie ma nic przypadkowego. „Na pozór Szymborska przyjmuje na siebie rolę czytelniczki wszystkożernej – pisała w »Dekadzie Literackiej« – która z czystej poczciwości, by nie rzec z miłosierdzia, przekartkuje książki zalegające na półce »książki nadesłane«, z góry skazane na brak zainteresowania innych czytelników. (...) Nie dajmy się wszakże zwieść tym pozorom. Szymborska jest wytrawną łowczynią czytelniczych przygód, a w rzekomej przypadkowości materiału ukryty został mechanizm bezwzględnej selekcji"[2].

– Pisałam o książkach – mówiła nam Szymborska – które się rozchodziły, które ludzie kupowali, tylko oficjalna krytyka ich nie zauważała. Siłą faktu to były książki innego rodzaju, poza politycznymi trendami. Ludzie tego potrzebowali, mieli dość politycznych aluzji. Ja apelowałam do tych komórek w mózgu czytelnika, które nie poddały się inwazji PRL-u. Dziś też ludzie często wolą przeczytać o zarazach w średniowiecznej Europie niż o aktualnej polityce.

„Dzieła oczywiście traktowane są instrumentalnie, podobnie jak występujące w nich osoby, zdarzenia i przedmioty – pisała dalej o *Lekturach* Teresa Walas. – Szymborska wyskrobuje z nich zręcznie jeden detalik, zmienia wewnętrzne proporcje, tu miniaturyzuje, tam wyolbrzymia, chwyta jedną rzuconą nieopatrznie przez autora myśl, rozwija poboczny wątek, implantuje w bezbronne ciało książki własne skojarzenia i odbiwszy się od tak przygotowanej trampoliny, szybuje w retoryczną przestrzeń"[3].

Szymborska potwierdziła, że spośród przysyłanych do redakcji „Życia Literackiego" książek jej dostawały się te, których wcześniej nie rozebrali koledzy. Mogła też sobie kupić pięć pozycji miesięcznie na rachunek.

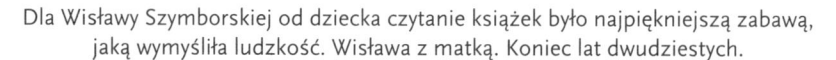

Dla Wisławy Szymborskiej od dziecka czytanie książek było najpiękniejszą zabawą, jaką wymyśliła ludzkość. Wisława z matką. Koniec lat dwudziestych.

LEKTURY NADOBOWIĄZKOWE, CZYLI DAĆ NURKA W MEZOZOIK

Mimo że formuła *Lektur* była całkowicie apolityczna, nie obyło się bez cenzorskich ingerencji.

– Konfiskowano czasem rzeczy zdumiewające. Kiedyś na przykład napisałam o zapałkach, że jeśli co trzecia się nie zapala, to znaczy, że co trzeci las wycinany jest niepotrzebnie. To oni wycięli mi ten las. Czasem chodziło o jakiś drobiazg, jakieś nazwisko.

We *Wstępie* do jednego z tomów *Lektur* Szymborska napisała, że uważa czytanie książek za najpiękniejszą zabawę, jaką wymyśliła ludzkość. „*Homo ludens* tańczy, śpiewa, przybiera pozy, stroi się, ucztuje i odprawia wyszukane ceremonie. Nie lekceważę doniosłości tych zabaw (…). Są to jednak działania kolektywne, nad którymi unosi się mniej lub więcej wyczuwalny zapaszek zbiorowej musztry. *Homo ludens* z książką jest wolny. (…) Wolno mu zachichotać w miejscu do tego nie przewidzianym albo nagle zatrzymać się przy słowach, które zapamięta na całe życie. Wolno mu wreszcie – czego żadna inna zabawa ofiarować mu nie może – posłuchać, o czym rozprawia Montaigne, albo dać chwilowego nurka w mezozoik"[4].

Pewnego lata czytała akurat książkę Adama Kerstena *Warszawa kazimierzowska 1648–1668*, a że był straszliwy upał, cały czas zastanawiała się, czy ludziom tamtej epoki nie było za gorąco w „tych swoich misiurkach, blachach, kontuszach, deliach, dolmanach, czamarach, żupanach, katankach, wysokich butach, rękawicach, czapach i czepcach, bindach ze szmejcem i kapeluszach z faworami". Gdy pisała, dalej był upał, więc felieton skończyła pełnym współczucia zdaniem: „Ci ludzie bardzo jeszcze mocno wierzyli w piekło, tak że nawet ich szybująca ku przyszłości myśl niewiele mogła zaznać ochłody…"[5].

W *Poczcie literackiej* pocieszała zatroskaną matkę, by nie martwiła się, że jej jedenastoletni syn czytuje zbyt poważne książki, na przykład Szekspira. „Czy to dobrze? Pewnie, że dobrze. Owszem, z góry już wiadomo, że taki chłopiec na boksera nie wyrośnie i nie objedzie całego świata ze swoim lewym prostym. Ale co mu tam. On już podróżuje"[6].

Sama zawsze pochłaniała literaturę bezinteresownie, z czystej ciekawości. „Interesują mnie książki przyrodnicze, historyczne, antropologiczne. Czytam leksykony, poradniki, monografie – mówiła. – Z uczuciem rozpaczy omijam jednak książki z dziedziny fizyki, ponieważ zupełnie nie czuję się na siłach zrozumieć z nich coś więcej prócz wstępu. Czasem biorę książkę o motylach czy ważkach, innym razem broszurę o odnawianiu mieszkania, a jeszcze kiedy indziej sięgam po podręcznik szkolny"[7].

Gdy jednak po latach trafiła na eseje o fizyce Feynmana *Wykłady z fizyki*, powiedziała Stanisławowi Balbusowi, że to jeden z najbardziej zachwycających utworów, jakie czytała.

Mniej miała zrozumienia dla „prozy o zabarwieniu realistyczno-dydaktycznym". Recenzując książkę *Idee i bohaterowie*, napisała, że łatwiej napisać *Ulissesa* niż książkę dla młodzieży, bo przy tym ostatnim „wpada się w gąszcz pozaartystycznych obowiązków" i snują się „gromkie hip, hip, hurra starszych panów od harcerstwa oraz wszelkich zorganizowanych zbiorowości"[8]. Jeden z czytelników poczuł się urażony i napisał do „Życia Literackiego". Szymborska w odpowiedzi tłumaczyła, że w formie żartobliwej napisała, jak trudno pisać dla młodzieży, i że w jej przekonaniu „żartować to naprawdę nie znaczy »poniewierać« i »odsądzać od czci i wiary«"[9].

Jerzy Pilch chwalił się nam, że Szymborska na jakimś przyjęciu wygłosiła olśniewającą analizę pierwszego zdania z jego książki *Inne rozkosze*. – Najpierw natrząsała się z pierwszego zdania *Popiołów*. „Co to za zdanie, wydziwiała, jakie ogary, czyje ogary, jaki las? To nie jest żadna informacja. Tam powinno być ogary hrabiego, dnia tego i tego…", a potem powiedziała: „Twoja powieść zaczyna się od prawdziwego zdania, jest w nim dwanaście informacji i do tego jaka tonacja" – wspominał Pilch. – To był mój Nobel. Ach, gdyby ona to powtórzyła w druku… ale ona nie pisała o kolegach.

Ani o polityce. „Bystry Pilch zauważył, że stroniłam w tych felietonach od wszelkiej polityki"[10] – opowiadała w wywiadzie o *Lekturach* pisanych w czasie PRL-u. Obiecywała (i dotrzymała słowa), że jeśli wróci do *Lektur*, ich formuła będzie taka sama.

Dostawała dużo książek pisanych przez znajomych, ale – jak mówiła – z tego najmniej korzystała, bo o znajomych najtrudniej się pisze. I rzeczywiście, w pięciu tomach *Lektur nadobowiązkowych* znalazłyśmy zaledwie kilka książek autorstwa osób dobrze Szymborskiej znanych[11]. Nawiasem mówiąc, my po znajomości doczekałyśmy się wzmianki w felietonie o *Mitologii Aborygenów*. Szymborska snuła tam rozważania, jak by to było, gdyby australijskich Aborygenów odkryto dopiero w dzisiejszych czasach: „Samolotami zlatywałyby się chmary dziennikarzy i reportażystów, ale na miejscu dowiadywaliby się, że nic z tego. Będzie wydawana tylko jedna przepustka rocznie, a pierwszą dostał właśnie Ryszard Kapuściński. (Co do pań Szczęsnej i Bikont, to nie wiem, jakimi sposobami, ale byłyby na miejscu już wcześniej, żeby sprawdzić u źródła, czy tubylcy nie układają przypadkiem limeryków…)"[12].

Niechęć do roztrząsania prywatnych spraw innych ludzi, także i Wielkich Zmarłych, czyli do – jak to nazywała – „zaświatowego wścibstwa", nie przeszkadzała jej czytać ich listów czy dzienników. Oczywiście są dzienniki pisane od razu z myślą o publikacji, i te nie sprawiają autorom „pozagrobowego kłopotu".

„Gorzej z dziennikami na użytek własny, pisanymi bez literackiej kosmetyki i autocenzury, dla uporządkowania sobie minionego dnia, odreagowania rozmaitych stresów i trzymanymi w ukryciu nawet przed najbliższymi – pisała w felietonie o *Dziennikach* Tomasza Manna. – My, czytelnicy, mamy teraz jego wyznania do wglądu, z czym łączy się pewna wielka, ale dwuznaczna przyjemność podpatrywania i podsłuchiwania cudzych sekretów"[13].

Przy innej okazji wyznała, że złośliwe niedyskrecje bywają rozkoszne w czytaniu. Czasami miewała mieszane uczucia: czytała z ciekawością i niechęcią do własnej ciekawości. Po przeczytaniu książki Barbary Wachowicz o pięciu Mariach w życiu Henryka Sienkiewicza napisała: „A kto szczególnie wrażliwy, ten zazna jeszcze litości nad zmarłymi (czytać: bezbronnymi) bohaterami tej monografii, których sekrety osobiste stają się pastwą bezceremonialnej penetracji. Litość ta jednak nie przeszkodzi mu w doczytaniu książki do końca. Co to, to nie – przeczyta ją jednym tchem, całkiem tak samo jak inni, mniej subtelni"[14].

Zapytana na jednym z wieczorów, dlaczego zamiast pisać o literaturze pięknej zajmuje się omawianiem książek popularnonaukowych i przeróżnych poradników, odpowiedziała: „Publikacje tego typu nie kończą się nigdy ani dobrze, ani źle, i to jest to, co najbardziej mi się w nich podoba". Kiedy indziej napisała, że przeraża ją perspektywa czytania wyłącznie beletrystyki. Po dawce monologu wewnętrznego lubi dla odmiany dowiedzieć się, jak kichają słonie albo ile stonoga naprawdę ma nóg. Lubi, żeby książki były na tyle ciekawe, żeby oderwać myśli od codziennych zmartwień, ale i na tyle nasenne, żeby w stosownej chwili wypadły z ręki.

Pilch uważał, że ów osobliwy rozrzut upodobań Szymborskiej był związany z niepewnością co do sensu czytania literatury pięknej, w przeciwieństwie do głębokiego przekonania co do sensu lektury świata. Co więcej, ta jej postawa dała się zaobserwować zarówno w felietonach, jak i w wierszach[15].

W tekście zainspirowanym książką *Dziwy świata roślin* pisała: „Brewerie Fizjologii. Rośliny hulaszcze, rośliny napastliwe, rośliny warowne i rośliny nieobliczalne. Zahamowane i niepohamowane w rozwoju. Mięsożerne oraz nie mniej drapieżne wegetarianki. Androny wyplatane przez naturę. Banialuki bulwiaste. Kwieciste brednie. Kolczaste trusie i bezbronne osiłki. Dziwy nad podziw, dziwadła dziwolężne, dziwotwory, dziwopłoty urodziwe"[16]. Jerzy Kwiatkowski, krytyk literacki, analizując *Lektury*, uznał, że Szymborskiej zdarzało się czasem na ołtarzu felietonu poświęcić wiersz, i rzeczywiście ten tekst sprawia wrażenie notatek poetyckich do cyklu wierszy o roślinach, a przecież taki cykl nigdy nie powstał[17].

Są takie fragmenty felietonów i wierszy, które można by śmiało zamienić miejscami – pisał Tadeusz Nyczek. I na dowód przytaczał fragment *Lektur*: „Lubię ptaki (…) za pierzaste żaboty, pióropusze, grzebyki, kryzy, falbany, kubraki, pantalony, wachlarze i wypustki", oraz fragment wiersza:

Zdejmujesz, zdejmujemy, zdejmujecie
płaszcze, żakiety, marynarki, bluzki
z wełny, bawełny, elanobawełny
spódnice, spodnie, skarpetki, bieliznę,
(…)
czas już wiązać, zapinać drżącymi jeszcze rękami
sznurowadła, zatrzaski, suwaki, klamerki,
paski, guziki, krawaty, kołnierze
(„Odzież", *Ludzie na moście*, 1986)

O pokrewieństwie *Lektur* i wierszy świadczą również powtarzające się i w prozie, i w poezji wątki.

„Atlantyda wszystko jedno, czy była, czy nie, bardzo nam się opłaca. Jest potrzebna jako ćwiczenie wyobraźni. Nie warto przecież żyć, marnując całą fantazję na tematy praktyczne" – pisała, omawiając książkę o zaginionej wyspie[18]. Ona sama już wcześniej, w wierszu „Atlantyda", ćwiczyła na niej wyobraźnię.

Istnieli albo nie istnieli.
Na wyspie albo nie na wyspie.
Ocean albo nie ocean

połknął ich albo nie.
(...)
Na tej plus minus Atlantydzie.
(„Atlantyda", *Wołanie do Yeti*, 1957)

Czasem echo przeczytanej książki odzywa się po latach w wierszu. Omawiając zbiór wypowiedzi Stanisławy Wysockiej na temat teatru (data wydania 1973), Szymborska zwracała uwagę, że ta wielka aktorka tragiczna, specjalistka od wielkiego repertuaru, chciała, by teatr był wytchnieniem i odpoczynkiem dla publiczności. „Dusza odpoczywa nie tylko w śmiechu, ale i w czystym smutku" – pisała Wysocka. „Bardzo mnie to zdanie zastanowiło – komentowała Szymborska. – Strona trzydziesta pierwsza, dziesiąty wiersz od góry"[19]. I oto mijają lata (jakieś dwadzieścia pięć z okładem) i ukazuje się – jako pierwszy po Noblu – wiersz:

Duszę się miewa.
Nikt nie ma jej bez przerwy
i na zawsze.
(...)
Czasem tylko w zachwytach
i lękach dzieciństwa
zagnieżdża się na dłużej.

Czasem tylko w zdziwieniu,
że jesteśmy starzy
(...)
Na tysiąc naszych rozmów
uczestniczy w jednej
a i to niekoniecznie,
bo woli milczenie.
(...)
Radość i smutek
to nie są dla niej dwa różne uczucia.
Tylko w ich połączeniu
jest przy nas obecna.
(„Trochę o duszy", *Chwila*, 2002)

„Przeczytałam u jednego krytyka, że to wiersz o obecnym kryzysie duchowym człowieka – komentowała do nas Szymborska jakąś recenzję. – Ale to nie tak. Dusza czy też to coś, co nazywamy duszą, zawsze bywała tylko od czasu do czasu. Jak kogoś coś boli, to nie ma duszy, dusza ucieka, jest sama bolesna tkanka, która wyje z bólu. Chciałam napisać, że dusza jest bardzo kapryśna i szuka sobie odpowiednich chwil do pokazania, że istnieje. Ten moment, kiedy człowiek jest otwarty na jakieś rzeczy wznioślejsze niż codzienność, to jest dla mnie dusza"[20].

Wertując teksty Szymborskiej, co rusz napotykałyśmy jak najbardziej serio potraktowaną kwestię humoru: „Humor to młodszy braciszek powagi", „humor to organiczny związek smutku i śmieszności", „sztuka rozśmieszania to piekielnie poważna umiejętność".

„Tomasz Mann – pisała – z uporem określał siebie jako humorystę, podobnie jak Czechow powtarzający stale, że sztuki, które pisze, są komediami. Mało kto się zastanawia, dlaczego tak przy tym obstawali. Humor? Co to takiego jest? W powszechnym, a bałamutnym rozumieniu jest to albo produkowanie dowcipów, albo jakaś cielęca wesołość. Tymczasem tak naprawdę humor to wielki smutek, który potrafi dostrzec rzeczy śmieszne"[21].

Ona sama humorem posługiwała się i w poezji, i w prozie, i w życiu. Jak opowiadał Bronisław Maj, wszyscy czytujemy program telewizyjny, ale tylko Szymborska zauważyła zapowiedź: „Jak Pan Bóg stworzył świat – film dokumentalny".

Stwierdzając, że „humor jest najdelikatniejszą emanacją obyczaju epoki, a tym samym najmniej trwałą", Szymborska ubolewała, że „upływ wieków stwarza dla humoru wyjątkowo złe warunki akustyczne". Czytała *Żołnierza samochwała* Plauta, nie żeby się śmiać, ale żeby wiedzieć, z czego się śmiano dwa tysiące lat temu. „Komizm to duch niestały, wędrowny – pisała. – Doprawdy bardzo rzadko zastać go można w tym samym miejscu, w jakim kilka wieków temu artysta go zaplanował"[22]. Podczas lektury książki o komizmie w polskiej sztuce gotyckiej najpierw ogarniała ją melancholia, że coś, co niegdyś po prostu śmieszyło ludzi, dziś nie może się obejść bez objaśnień, a i tak nie śmieszy, zaraz zaś potem entuzjazm, bo wcale tak naprawdę nie chciała, aby śmieszyło ją to, co ludzi w średniowieczu, kiedy to śmiano się z kalek, idiotów *etc.*[23]. W innym miejscu jednak, biorąc w obronę niewyrafinowany komizm Benny'ego Hilla, stwierdzała: „Gdyby jakimś dziwnym trafem ludzkość wypracowała tylko jeden rodzaj humoru, a byłby to humor wyszukany, subtelny, cienki, co najmniej osiemdziesiąt procent ludzi na tej ziemi przeszłoby przez życie, nie roześmiawszy się nigdy"[24].

Ją samą najbardziej zachwycały „księgi nonsensu" i „kraina niedorzeczności", gdzie sprawują rządy pisarze angielscy, choć nie oni ją wymyślili, bo istniała od zawsze. „Zasługi Anglików są jednak znaczne. Oni to doprowadzili krainę do rozkwitu, zagospodarowali ją z rozkoszną pedanterią i podwoili liczbę jej mieszkańców. Jedyny znany mi przykład kolonializmu pozytywnego!"[25].

Lektury nadobowiązkowe nie pozostawiają wątpliwości, że autorkę dałoby się bez wielkiego naciągania zaliczyć do feministek, choć też miała do nich dystans właściwy dla wielu osób jej pokolenia. – Wiem, że to potrzebny nurt – mówiła nam – ale wolałabym żadnym nurtem nie płynąć. Ja współczuję i mężczyznom, oni też mają swoje stresy, lęki i przymusy, a w domu czasem jadowite żony.

„Lata terroru wprowadziły chwilowe równouprawnienie kobiet, ale wyłącznie na szafocie – pisała w felietonie o pamiętnikach Germaine de Staël. – Później znów po staremu męskim przewagom wtórowała słabość niewieścia. Mężczyzna miał poglądy – kobieta nadal tylko widzimisię, odpowiednikiem jego silnej woli był jej babski upór, jego przezorności – jej wyrachowanie, a w sytuacjach, w których mężczyznę

PAMIĄTKOWE RUPIECIE

Z szympansicą Cziki w zoo w Krakowie. Lata sześćdziesiąte. – Dyrektor zoo wypożyczył mi ją do zdjęć – opowiadała nam Szymborska. – Prowadziłam ją za rękę, ona tego nie lubiła, denerwowała się, a silna była w ramionach i brzuch miała twardy jako orzech kokosowy.

LEKTURY NADOBOWIĄZKOWE, CZYLI DAĆ NURKA W MEZOZOIK

Kiedy się ją usadziło na ławce, próbowałam ją objąć, a ona mnie wtedy ugryzła w rękę. Krzyknęłam, spojrzała na mnie i mówi, no może nie mówi, ale sięgnęła łapą, zerwała liście i zatkała mi nimi usta. Czy chciała, żebym nie krzyczała? Czy chciała mnie przeprosić?

zwano zdolnym taktykiem, kobieta pozostawała intrygantką. Coś z tego rozdwojenia pojęć pokutuje jeszcze po dziś dzień, co stwierdzam nie jako wojująca feministka (uchowajcie mnie bogowie od takiego losu), ale gwoli humoru i sprawiedliwości"[26].

Przelatując – śladem swych lektur – przez państwa i epoki, Szymborska dyskretnie i z poczuciem humoru jednak zawsze i wszędzie brała w obronę kobiety, współczuła kobietom, podziwiała kobiety, przedstawiała ich punkt widzenia. To samo zrozumienie i współodczuwanie znajdujemy w wierszu:

> Obejrzałam się podobno z ciekawości.
> Ale prócz ciekawości mogłam mieć inne powody.
> Obejrzałam się z żalu za miską ze srebra.
> Przez nieuwagę – wiążąc rzemyk u sandała.
> Aby nie patrzeć dłużej w sprawiedliwy kark
> męża mojego, Lota.
> Z nagłej pewności, że gdybym umarła,
> nawet by nie przystanął.
> („Żona Lota", *Wielka liczba*, 1976)

Jej tłumaczka Biserka Rajčić opowiadała, że w wychodzącym w Belgradzie feministycznym piśmie „ProFemina", które reprezentuje bardzo dobry poziom literacki, Szymborska jest postacią kultową. Ukazał się tam jej wiersz:

> Naiwna, ale najlepiej doradzi.
> Słaba, ale udźwignie.
> Nie ma głowy na karku, to będzie ją miała.
> Czyta Jaspersa i pisma kobiece.
> Nie wie po co ta śrubka i zbuduje most.
> Młoda, jak zwykle młoda, ciągle jeszcze młoda.

Kartka do Ireny Szymańskiej i Ryszarda Matuszewskiego
z 15 sierpnia 1978 roku.

LEKTURY NADOBOWIĄZKOWE, CZYLI DAĆ NURKA W MEZOZOIK

Kartka do Małgorzaty Musierowicz z 15 kwietnia 1996 roku.

Trzyma w rękach wróbelka ze złamanym skrzydłem,
własne pieniądze na podróż daleką i długą,
tasak do mięsa, kompres i kieliszek czystej.
(„Portret kobiecy", *Wielka liczba*, 1976)

Szymborska nie przepuszczała żadnej okazji, by wypomnieć hańbiący ludzkość fakt, że kobiety przez wieki nie decydowały o sobie, będąc pozbawionymi prawa do wyboru partnera. Wiele razy wracała do tematu polowań na czarownice. Jej czujnemu oku nic nie umknęło.

Weźmy choćby taki felieton na marginesie książki o Casanovie, gdzie polecała uwadze czytelnika zaskakującą okoliczność: żadna z kochanek tego światowego czempiona uwodzicieli nigdy nie próbowała go zatrzymać ani odzyskać.

„Co drugi obywatel Kowalski, żaden przecież Casanova, dowiaduje się na własnej skórze, jak ciernista bywa droga kochasia, co odchodzi w siną dal. Najsłynniejszy uwodziciel świata pakował manatki bez specjalnych utrudnień, niektóre panie nawet mu w tym pomagały. (...) Rozczarowane? Zniechęcone? Znudzone? Tymi oto pytaniami włączam się aktywnie w obchody Międzynarodowego Roku Kobiet"[27].

Pisząc o zbiorze esejów amerykańskich feministek *Nikt się nie rodzi kobietą*, Szymborska zauważyła, że walka z głęboko zakorzenionymi stereotypami na temat biologii i psychiki żeńskiej musi wywoływać zacietrzewienie. „W jakichś momentach tych wywodów chciałoby się rzec stop i poczekać na nikły bodaj gest rycerskości w kierunku mężczyzn. Bo im także nie jest lekko i też może chcieliby się z czegoś wyzwolić". Przy okazji przestrzegała, by nie traktować tej skądinąd interesującej książki jako „podręcznika do walki z własnym domowym mężem" i nie sprowadzać problemu równouprawnienia do kwestii, kto komu ma podać herbatę[28].

Włodzimierz Maciąg opowiadał, że kiedyś Szymborska ujęła go pod ramię i zaraz potem powiedziała: „Wy, mężczyźni, od razu prężycie muskuły".

– Ona lubi złapać męskość na śmieszności – komentował. – Napisała przecież nawet o tym wiersz.

> Od szczęk do pięty wszedł napięty.
> Oliwne na nim firmamenty.
> Ten tylko może być wybrany,
> kto jest jak strucla zasupłany.
> („Konkurs piękności męskiej", *Sól*, 1962)

Szymborska opowiedziała nam, jak to pewnego razu w Zakopanem zobaczyła afisz z zapowiedzią ogólnopolskich eliminacji w podnoszeniu ciężarów i próbowała namówić kolegów literatów przebywających w Astorii, żeby któryś z nich się tam z nią wybrał.

– Akurat tak się trafiło, że wszyscy byli duchami wzniosłymi i tylko Alicja Sternowa, wdowa po Anatolu Sternie, zapaliła się, żeby ze mną pójść. No to poszłyśmy. Widziałam, jak ciężarowcy podchodzili do sztangi trzy razy i cofali się. Widziałam olbrzyma, któremu się nie udało i zanosił się od płaczu w objęciach trenera. Rok treningu, wyrzeczenia, dieta, a potem o wszystkim decydują ułamki sekund. I pomyślałam: „Boże święty, może trzeba było napisać jakiś inny wiersz o tych biednych siłaczach, taki z łezką w oku". Tak, tak, niektóre wiersze dziś bym napisała inaczej.

W każdym razie w *Lekturach* nie szydziła z umięśnionych mężczyzn. „Wbrew pozorom nie jestem zresztą wrogiem kulturystów – pisała. – Nie mam nic przeciw mięśniom gładkim i prążkowanym. Na pewno surowszy ode mnie jest Bruno Miecugow, gdy twierdzi, że kulturyści są właśnie tym brakującym ogniwem, za którym antropolodzy uganiają się niepotrzebnie z łopatami po różnych rozpadlinach"[29].

Wiele serca, miejsca i uwagi poświęciła w *Lekturach* zwierzętom, zwłaszcza psom oraz ptakom. Opublikowała tam też list do delfinów (nazwała go donosem na ludzkość), w którym ostrzegała je przed eksperymentami, do jakich używają ich wojskowi. Rzecznikiem zwierząt bywała też w *Poczcie literackiej*: „Od mówiących ludzkim głosem zwierząt wymaga się w literaturze za wiele. Muszą mówić nie tylko z sensem, ale w dodatku same ważne rzeczy. Muszą biedactwa być dowcipne, logiczne, przenikliwe, słowem wymaga się od nich więcej niż jakże często od postaci ludzkiego rodzaju, którym pozwala się bredzić i bełkotać na trudnym do zdobycia papierze maszynowym"[30]. W innym miejscu mówiła, że może dobrze, iż zwierzęta nie mają świadomości, bo „byłoby jeszcze więcej zrozpaczonych istot na świecie".

Kiedy po stanie wojennym zerwała współpracę z „Życiem Literackim", miała dwuletnią przerwę w *Lekturach*. Pisała je potem krótko dla „Pisma" i sporadycznie dla „Odry". Najdłuższa, kilkuletnia przerwa trwała do 1993 roku, kiedy to Tadeusz Nyczek wymyślił, żeby wznowiła felietony na łamach „Gazety Wyborczej". Poetka dała się uprosić i listownie ustalała szczegóły z ówczesnym szefem działu kultury Antonim Pawlakiem. Pytała na przykład, jak ma się rozliczyć z kupowanych książek, skoro czasy się zmieniły i na straganach ulicznych z książkami żadnych rachunków już nie wystawiają.

Gdy Michał Cichy, kolejny szef działu kultury „Gazety Wyborczej", podzielił na akapity pierwszy nadesłany przez nią tekst, zwróciła mu uwagę, że jej felietony zawsze miały tylko jeden akapit, i poprosiła, żeby się tego trzymać. Niestety, w starej makiecie „Gazety" felietony publikowano kursywą i tekst zblokowany w jeden akapit był trudno czytelny. Dlatego graficy wprowadzili dla *Lektur* specjalną czcionkę. W późniejszej makiecie ten problem zniknął, za to pojawiły się nadtytuły. Kiedy Cichy opatrzył nadtytułem pierwszy felieton, dostał od Szymborskiej list, że choć „Gazeta" robi to świetnie, ona wolałaby wymyślić go sama.

„*Lektury nadobowiązkowe* dlatego mają tylko jeden akapit – wyjaśniała poetka – by wywołać poczucie, że pisane są jednym tchem. Z założenia to ma być krótkie, zwięzłe, muszę się zmieścić w stroniczce maszynopisu. Chcę osiągnąć spójność, wrażenie, że to jedna myśl. Czasami co prawda mi się to nie udaje i wtedy tam, gdzie pasowałby akapit, daję wielokropek".

Omawiając przez trzydzieści lat książki, o poezji pisywała w *Lekturach* bardzo rzadko, a jak już, to z reguły tylko po to, aby zakomunikować: „Pisanie o poezji nie jest moją namiętnością", albo: „Jest dla mnie coś irytującego w łatwości, z jaką poeci pisują o poezji". Chwaląc majstersztyk Wiktora Woroszylskiego – antologię *Album poezji miłosnej* – pytała: „Jeżeli miłość bezustannie stwarza nowych poetów, to czemuż z kolei wiersze miłosne nie miałyby stwarzać nowych czytelników poezji?".

Tylko nieliczne spośród kilkuset książek, które uczciła felietonem, to tomiki wierszy (Laforgue, Halas, Eliot, Horacy, Safona), antologie poetyckie (poezja bułgarska, nowogrecka, stara poezja ormiańska, wiersze o morzu), eseje o poezji (Paul Valéry, Miodrag Pavlović).

Do wydań książkowych sama dokonywała wyboru felietonów.

Spytana, czy *Lektury nadobowiązkowe* wznawiane w 1993 roku dla „Gazety Wyborczej" oparte będą na tej samej co dawniej apolitycznej, antywampirycznej formule, odpowiedziała. „Tak. Bo w tym akurat zakresie nic się nie zmieniło. Polityka nadal jest wampirem, który chciałby z nas wyssać wszystkie soki. Naturalnie trzeba mieć jakieś ideały, jakieś uczciwie przemyślane przekonania, i trzeba bodaj usiłować żyć w zgodzie z nimi. Ale na świat trzeba patrzeć z wielu różnych stron i również książki czytać na wiele różnych sposobów"[31].

ГОСТИНИЦА ПЕКИН

КАФЕ
на 13 этаже
открыто

ROZDZIAŁ 12

Poetka w podróży, czyli w mieście Samokov tylko deszcz

Z Bułgarii, do której pojechała w 1954 roku w swoją pierwszą zagraniczną podróż, w ramach wymiany kulturalnej, Szymborska zapamiętała Samokov z drewnianym budownictwem starego miasta, z ganeczkami, okapami i deszczem oraz Burgas, gdzie bardzo marzła.

– To była zima – wspominała – a Bułgarzy uchwalili, że są krajem południowym, więc nie było żadnego ogrzewania, z kranu leciała zimna woda, na dodatek w pokoju hotelowym lampa zaczęła latać, a w recepcji powiedzieli: "To nic takiego, troszkę nas pohuśtało".

Jej opiekunem i przewodnikiem była Błaga Dimitrowa, którą Szymborska poznała wcześniej na Krupniczej. Ta poetka, tłumaczka i eseistka należała w latach siedemdziesiątych do współtwórców opozycji demokratycznej, a w wolnej Bułgarii została wiceprezydentem. Swoje podróżowanie z Szymborską opisała już po Nagrodzie Nobla: „Zgodnie z ówczesnym zwyczajem odwiedzający nasz kraj goście zagraniczni musieli jak najwięcej zobaczyć bez opuszczania najmniejszych szczegółów. Wisława z rozbrajającą szczerością przeciwstawiła się temu, wywracając do góry nogami cały scenariusz. Najczęściej podróżowałyśmy samochodem, nocą, pokonując wąskie, wyboiste szosy. Pamiętam, jak zanosiła się śmiechem, utyskując na owe nocne przygody: »Kto mnie okłamał, że Bułgaria jest małym krajem? Jedziemy i jedziemy, a końca nie widać!«. I ciągle pytała: »Jeszcze nie przyjechaliśmy? A może w tych ciemnościach minęliśmy granicę i teraz nas niesie Bóg wie dokąd?«. Po całonocnym trzęsieniu się w samochodzie zatrzymywałyśmy się w jakimś prowincjonalnym, sennym hoteliku".

„Dwutygodniowy pobyt w Bułgarii, program przewidywał wizytę w jednym muzeum za drugim – pisała dalej. – Tymczasem w odróżnieniu od innych potulnych cudzoziemców Wisława oświadczyła prosto z mostu gorliwej przewodniczce z Muzeum Archeologicznego w Płowdiwie: »Niech się pani nie fatyguje!«. I wybiegła na dwór, wzięła głęboki wdech i wykrzyknęła: »Dość muzeów! W głowie mi się kręci od tych staroci!«"[1].

Nam Dimitrowa opowiadała, że widziała, jak śmiertelnie zmęczona zwiedzaniem była Szymborska, jednak program to program i nie było takiego muzeum w Bułgarii, do którego by nie pojechały. – Dlatego gdy po latach tłumaczyłam jej wiersz „Muzeum", od razu pomyślałam o naszym wspólnym zwiedzaniu.

Są talerze, ale nie ma apetytu.
Są obrączki, ale nie ma wzajemności
od co najmniej trzystu lat.

◀ Ze Stanisławem Grochowiakiem pod hotelem Pekin. W głębi Władysław Broniewski. Moskwa, 1960 rok.

PAMIĄTKOWE RUPIECIE

Jest wachlarz – gdzie rumieńce?
Są miecze – gdzie gniew?
I lutnia ani brzęknie o szarej godzinie.

Z braku wieczności zgromadzono
dziesięć tysięcy starych rzeczy.
(…)
Korona przeczekała głowę.
Przegrała dłoń do rękawicy.
Zwyciężył prawy but nad nogą.

Co do mnie, żyję, proszę wierzyć.
Mój wyścig z suknią nadal trwa.
A jaki ona upór ma!
A jakby ona chciała przeżyć!
(„Muzeum", *Sól*, 1962)

Pojechały razem do matki Nikoły Wapcarowa, bułgarskiego poety komunisty rozstrzelanego przez hitlerowców. Jan Paweł Gawlik, przyjaciel Szymborskiej, z którym pracowała razem w redakcji „Życia Literackiego", zapamiętał, jak opowiadała

Od prawej: Błaga Dimitrowa, tłumaczka, matka Nikoły Wapcarowa, Wisława Szymborska. Bansko, Bułgaria, wiosna 1954 roku.

mu z przejęciem o tej prostej, wiejskiej kobiecie w jej własnym domu pokazywanej jak muzealny eksponat, o zderzeniu oficjalności z prawdziwą tragedią. Po latach wizyta ta zaowocowała wierszem:

> Tak, bardzo go kochała. Tak, zawsze był taki.
> Tak, stała wtedy pod murem więzienia.
> Tak, słyszała tę salwę.
> (…)
> Tak, trochę jest zmęczona. Tak, to przejdzie.
> Wstać. Podziękować. Pożegnać się. Wyjść
> mijając w sieni kolejnych turystów.
> („Pietà", *Sto pociech*, 1967)

Rok później Szymborska pojechała na spotkanie pisarzy na Słowację, ale na prawdziwy Zachód, do Francji, wybrała się, dopiero kiedy odwilż uchyliła żelazną kurtynę. To wtedy odwiedziła Jerzego Giedroycia w Maisons-Laffitte.

Mieszkała wraz z kolegami ze Związku Literatów Polskich na Wyspie Świętego Ludwika w lichutkim Hôtel d'Alsace. Nie mieli żadnego programu. Rozchodzili się każdy w swoją stronę. Z ulic Paryża, w którym bywała i później, do wiersza trafiły chimery z Notre Dame.

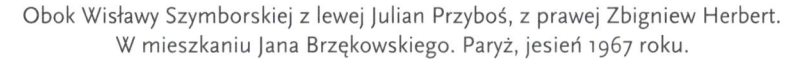

Obok Wisławy Szymborskiej z lewej Julian Przyboś, z prawej Zbigniew Herbert. W mieszkaniu Jana Brzękowskiego. Paryż, jesień 1967 roku.

PAMIĄTKOWE RUPIECIE

W Paryżu, w dzień poranny aż do zmierzchu,
w Paryżu jak
w Paryżu, który
(o święta naiwności opisu, wspomóż mnie!)
(...)
zasnął w sarkofagowej pozie
kloszard, mnich świecki, wyrzeczeniec.
(...)
Odkamieniają się szare chimery
(fruwale, niżły, małpierze i ćmięta,
grzaby, znienacki, głowy samonogie,
wieloractwo, gotyckie *allegro vivace*)

i przyglądają mu się z ciekawością,
jakiej nie mają dla żadnego z nas.
("Kloszard", *Sól*, 1962)

Jan Józef Szczepański zapamiętał, że Wisława Szymborska z zapałem biegała po magazynach i sklepach. Później w *Lekturach nadobowiązkowych* opisała sklepy jubilerskie przy placu Vendôme. Ona sama opowiadała, że razem ze Sławomirem Mrożkiem nadrabiali zaległości i chodzili codziennie do kina, a szczególnie dobrze bawili się na filmach rysunkowych. Musiała też jednak odwiedzać muzea, galerie i wystawy. Wkrótce po powrocie do Polski zamieściła w tygodniku "Nowa Kultura" cytowany wyżej wiersz "Muzeum".

Do ZSRR po raz pierwszy Szymborska pojechała w roku 1960, z delegacją pisarzy polskich, w towarzystwie Władysława Broniewskiego, Ziemowita Fedeckiego, Stanisława Grochowiaka. Nie było jej więc na pierwszym odwilżowym wyjeździe w 1957 roku, kiedy to polscy pisarze trafili na wieczór do Mai Koniewej, tłumaczki i redaktorki, córki marszałka Koniewa. Czytali tam swoje wiersze młodzi poeci rosyjscy, między innymi Jewgienij Jewtuszenko, po czym jeden z zaproszonych, Jerzy Putrament, po powrocie do Polski złożył o tym donos w ambasadzie radzieckiej i sprawa oparła się o KC KPZR. Wiktor Borisow, wtedy kierownik działu krajów socjalistycznych przy Związku Pisarzy Radzieckich, zapamiętał, że wizyta pisarzy w 1960 roku też była nerwowa. A to za sprawą Władysława Broniewskiego, który co rusz wyrywał się z harmonogramu, znikał, recytował na ulicach swoje wiersze. Na nim musiał skupić całą swoją czujność, więc żadnego epizodu z Szymborską nie zapamiętał.

Odwiedzili Moskwę, Leningrad i Tbilisi. Po Suchumi oprowadzał ich autor poematu "Grenada" – Michaił Swietłow. Udali się wszyscy do słynnego w świecie ogrodu zoologicznego z człekokształtnymi.

– Mówiono mi, że można tam zobaczyć małpy hasające na swobodzie – opowiadała nam Szymborska. – Na miejscu okazało się, że wszystkie siedzą w klatkach. Już mnie to wtedy nie zdziwiło.

POETKA W PODRÓŻY, CZYLI W MIEŚCIE SAMOKOV TYLKO DESZCZ

W Leningradzie największe wrażenie zrobił na Szymborskiej szloch Broniewskiego w twierdzy Pietropawłowskiej na widok cel, w których więziono Polaków, od Kościuszki poczynając.

– Rozpłakał się jak bóbr, szlochał i szlochał – mówiła nam poetka[2]. – Należał do tych mężczyzn, ja ich specjalnie nie cenię, którzy dużo płaczą. Ja płaczę w kinie albo czytając książki, ale nigdy w momentach dramatycznych, tylko w radosnych. U mnie płacz gwarantowany wywołuje na przykład scena pojednania w *Józefie i jego braciach* Tomasza Manna.

Pół wieku po pierwszym pobycie w Rosji powiedziała, że rozpłakała się w Ermitażu przy *Powrocie syna marnotrawnego* Rembrandta. „Sama nie wiem dlaczego, ja nigdy nie byłam córką marnotrawną, coś w tym było cudownego"[3].

Pytałyśmy Szymborską, czy odwiedziła w Leningradzie Pałac Zimowy i widziała obraz, który opisała wcześniej w wierszu:

Gdy się wdarli na te schody marmurowe,
kołowały światła złoceń jak w lichtarzach,
dygotały ściany płowe, stropy płowe
i warczało kroków echo w korytarzach.
Stary świecie, oto przyszła noc zapłaty.
Gdzie się kryjesz przed wyklętym, który powstał?

Pierwszy Kuźma pchnął ramieniem drzwi komnaty,
a w komnacie –
ludzie, konie, pełno wojska,
pułki, pułki w zwartym szyku oficery,
w nieruchomym pogotowiu grzbiety koni,
a na torsach oficerów lśnią ordery,
jeszcze jaśniej od orderów – srebro broni.
Ten na przedzie, na którego patrzą rzędy,
białą ręką ściągnął cugle, otwarł usta
– tylko czekać znaku szablą i komendy.

Ojcze Kuźmo, to jest przecież sala pusta,
tutaj żywej duszy nie ma. Tylko lustra
odbijają malowidło z tamtej ściany.
A tyś myślał w pierwszej chwili: runą w grozie,
zatratują rewolucję kopytami...
Nie zwyczajnyś takich dziwów pałacowych.
(„Malowidło w Pałacu Zimowym", *Pytania zadawane sobie*, 1954)

Nie, nie była tam. Nie przyszło jej do głowy, by sprawdzać, jak wygląda sceneria jej dawnego wiersza. Wiersz opatrzony był mottem „Na tle autentycznego zdarzenia", ale nie pamiętała, gdzie o tym wówczas przeczytała.

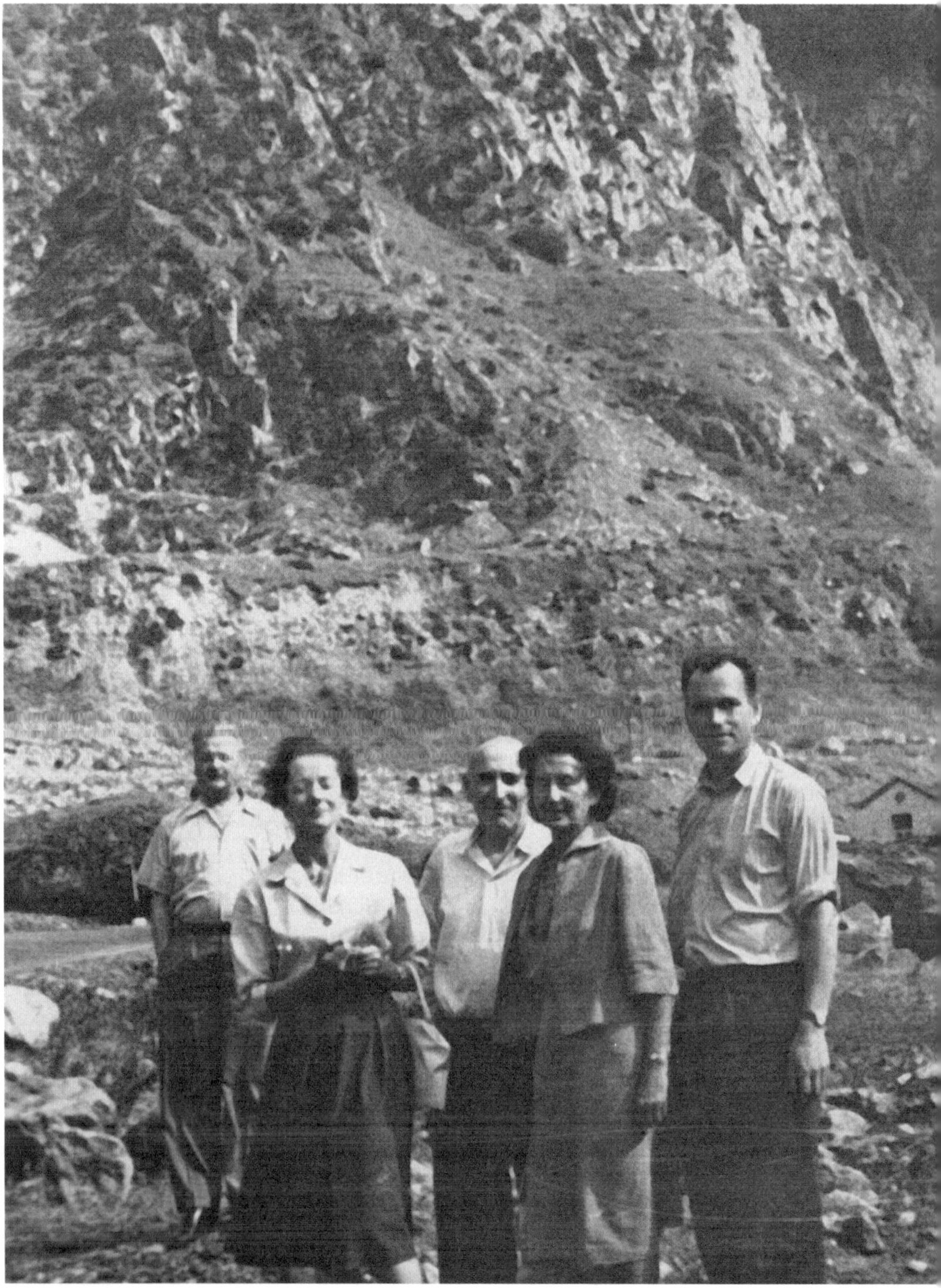

Na pierwszym planie od lewej Wisława Szymborska i Wanda Broniewska, z tyłu od lewej: Władysław Broniewski, poeta gruziński i Wiktor Borisow. Gruzja, 1960 rok.

PAMIĄTKOWE RUPIECIE

Od lewej: Wanda Broniewska, Artur Międzyrzecki, Wisława Szymborska, Wiktor Borisow i Stanisław Grochowiak. Na kremlowskim dziedzińcu, Moskwa, 1960 rok.

Pytałyśmy różnych historyków i historyków sztuki, jaki obraz mógł tak przestraszyć biednego Kuźmę. Historyk Hieronim Grala odpisał nam: „Pałac Zimowy, który obecnie zintegrowany jest jako galeria z Ermitażem, aż roi się od wielkich płócien, z których połowa może pasować do tego obrazka. Inna sprawa, że kiedy tłuszcza wdarła się na główną klatkę schodową, musiała znaleźć się bezpośrednio u drzwi Galerii Wojny 1812 roku, czyli przed tak zwaną Salą Sławy. Składa się na nią ponad sto portretów generalskich, dwa ogromne portrety ojców tryumfu Barclaya i Kutuzowa, podobizna samego »cara-batiuszki« oraz jakoweś batalistyczne kłębowisko rąk i nóg. Te trzy ściany batalistyki, szlifów, wstęg i orderów mogły wzbudzić u ojca Kuźmy opisane przez poetkę uczucia"[4].

Do Związku Radzieckiego pojechała Szymborska jeszcze dwa razy. W 1967 roku z Jerzym Zagórskim i Julianem Przybosiem była znów w Gruzji, w Tbilisi, z okazji uroczystości na cześć Szoty Rustawelego. Ten ostatni wyjazd zaistniał w jednym z jej felietonów opisem starego gruzińskiego naszyjnika ze złotych żabek, wykopanego z grobowca sprzed trzech tysięcy lat[5].

POETKA W PODRÓŻY, CZYLI W MIEŚCIE SAMOKOV TYLKO DESZCZ

Opowiadała nam o swojej podróży do Jugosławii w 1963 roku z kolegami pisarzami Lesławem Bartelskim i Tymoteuszem Karpowiczem. Zabrano ich na wycieczkę do Dalmacji. Jechali autokarem wzdłuż Adriatyku. Po jednej stronie szosy – morze, białe skały, mewy, po drugiej – ruiny starych zameczków. A z tylnego siedzenia dobiegały Szymborską rozmowy współtowarzyszy podróży: „Już z Hożej nie można było wyjść"; „A ja wtedy puściłem serię"; „I kanałami do Śródmieścia"... Wspominała jeszcze Skopie, które odwiedziła tuż po trzęsieniu ziemi, zaskoczył ją tam widok muzułmańskiego motelu, przed którym zamiast miejsc parkingowych były boksy dla wielbłądów.

Małe miasteczko Collioure nad Morzem Śródziemnym, przez które przemknęła w 1967 roku, zapadło jej w pamięć, bo tam umarł Antonio Machado. „Są poeci źródła – pisała o nim w »Życiu Literackim«. – Bez źródeł nie byłoby rzek, ale tylko rzeki przepływają granice obszarów językowych. Machado wydaje mi się skarbem lokalnym, wielkością nieprzenośną, sekretem hiszpańskiego krajobrazu"[6].

Na Biennale Poezji w 1970 roku do Knokke koło Ostendy pojechała Szymborska z Urszulą Kozioł.

– Wisława miała wielkopański nawyk zostawiania wysokich napiwków pokojówkom, a miałyśmy trzy grosze na krzyż, tyle co na znaczki – opowiadała Urszula Kozioł. – Odbywały się tam różne imprezy towarzyszące, był balet Béjarta, tańczył Jean Marais, opasły, efebowaty. Wisławę bardzo to rozbawiło. Kiedy recytowano *Cyda*, my przypomniałyśmy sobie młodopolski przekład Wyspiańskiego i zaczęłyśmy

Z Urszulą Kozioł. Brugia, 1970 rok.

konać ze śmiechu. A potem urwałyśmy się z tej konferencji i spacerowałyśmy po Brugii, oglądając gotycką architekturę i obrazy starych mistrzów.

– W końcu obrzydło mi jeżdżenie na zjazdy poetów – powiedziała nam Szymborska. – Jeden poeta, bardzo dobrze, dwóch dobrze, ale stu poetów to śmieszne. Już od dawna odmawiam udziału w takich imprezach.

Urszula Kozioł, którą spytałyśmy o podróżne obyczaje Szymborskiej, przysłała nam wierszyk: „Kiedyś Wisłę, jak ma to w zwyczaju, / do niebiańskich powołał Bóg gajów, / Ach, nie, nie – na to ona – / jestem bardzo zmęczona, / tylko w domu się czuję jak w raju".

Poetka jeździła czasem za granicę na wieczory autorskie, na przykład do Pragi i Gandawy w 1992 roku, Sztokholmu i Londynu w roku 1993.

– Wisława najbardziej lubiła zwiedzać, chodząc po ulicach, bo wtedy przypatrywała się życiu – mówiła Marta Wyka, krytyk literacki, która podczas Dni Literatury Polskiej we Flandrii w 1992 roku wygłaszała odczyt o poezji Szymborskiej. – Jej styl podróżowania to przebrać się w hotelu w szlafroczek, wyciągnąć chleb, coś do chleba i zrobić sobie śniadanie czy kolację. Nie wiem, jak ona się czuła jako gość honorowy w tym Sztokholmie.

Marta Wyka opowiadała też, jak wtedy w Gandawie przygotowano Szymborskiej podium, na tym podium stoliczek, a na stoliczku świecę. Rzecz cała odbywała się na

Z Martą Wyką. Gandawa, 1992 rok.

ubogim uniwersytecie państwowym, toteż stoliczek był zwykły, malutki, okrągły. Dla przyozdobienia nogi obciągnięto złotym papierem. Poetka usiadła, spojrzała w dół i zaczęła się śmiać, bo zobaczyła stoliczek ze swojego wiersza[7]:

I czy nie lepiej boso,
niż w tych butach z Chełmka
tupiąc, skrzypiąc
w niezdarnym zastępstwie anioła –

Gdyby chociaż ta suknia dłuższa, powłóczystsza,
a wiersze nie z torebki, ale wprost z rękawa,
(…)
A tam na podium czyha już stoliczek
spirytystyczny jakiś, na złoconych nóżkach,
a na stoliczku kopci się lichtarzyk –

Z czego wniosek,
że będę musiała przy świecach
czytać to, co pisałam przy zwykłej żarówce
stuk stuk stuk na maszynie –
("Trema", *Ludzie na moście*, 1986)

Pisarka Hanna Krall, która też była wtedy w Gandawie: – Wisława siedziała jakby skrępowana, jakby nie wiedziała, co robić z rękami, z nogami. Miała na sobie kostium jakby z MHD, jakby jeszcze z PRL-u. Zaczęła czytać swój wiersz i cały ten PRL się ulotnił.

Niechęć do wieczorów autorskich przy świecach odnajdujemy jeszcze w *Poczcie literackiej*: „Zaproszeni jako wyrocznia w sporze, czy klub podczas wieczoru autorskiego ma być oświetlony żarówkami czy świeczką, oświadczamy, że wolimy żarówki. Oblicze autora podświetlone świeczką od dołu staje się natychmiast obliczem wroga klasowego z filmów rumuńskich"[8].

Stałym rekwizytem zagranicznych wojaży Szymborskiej (i to nie tylko w głębokim PRL-u, kiedy trzeba było oszczędzać dewizy, ale i po Noblu, kiedy zatrzymywała się zazwyczaj w dobrych hotelach) był ohydny chiński termos, do którego wieczorem prosiła o wrzątek, by rano móc sobie zalać torebkę z herbatą. Michał Rusinek zapamiętał, z jakim obrzydzeniem kelner w luksusowym Grand Hotelu, gdzie zakwaterowano noblistów, wziął go do ręki, by napełnić wrzątkiem. Szymborska przywiązywała się do przedmiotów domowego użytku i nie lubiła ich – zwłaszcza po latach wiernej służby – wyrzucać na śmietnik. Ponad dziesięć lat zajęło Rusinkowi wygryzienie tego termosu z jej życia.

„Wisława Szymborska bywała kilka razy w Republice Federalnej na moje zaproszenie. À propos – żeby nie było niedomówień albo nawet fałszywych domysłów: zawsze z Kornelem Filipowiczem – pisał do nas Karl Dedecius, jej tłumacz na niemiecki. – O ile pamiętam, asystowałem pani Wisławie (z Kornelem!) do Hanoweru, do Nadrenii. Zwiedzaliśmy? Może muzea, może kawiarnie, może knajpy? Kto wie. Ale tylko w celach oświatowych. Ażeby zbadać, gdzie lepsza kawa, gdzie lepsze piwo"[9].

To, co pozostawało jej w pamięci z podróży, to zwykle jakiś szczegół, detal, epizod, który porusza wyobraźnię – dokładnie tak, jak to opisała w wierszu:

Z miasta Samokov tylko deszcz
i nic prócz deszczu.

Paryż od Luwru do paznokcia
bielmem zachodzi.

Z bulwaru Saint-Martin zostały schodki
i wiodą do zaniku.

Nic więcej niż półtora mostu
w Leningradzie mostowym.

Biedna Uppsala
z odrobiną wielkiej katedry.

Nieszczęsny tancerz sofijski,
ciało bez twarzy
(...)
Powitanie z pożegnaniem
w jednym spojrzeniu.
("Elegia podróżna", *Sól*, 1962)

Z Wiednia Ewa Lipska zapamiętała zachwyt Szymborskiej nad szaloną architekturą Hundertwassera.

W Uppsali tak ją zainteresowało osiemnastowieczne prosektorium, że westchnęła: „Aż żal wychodzić".

Teresa Walas musiała z Szymborską odwiedzić toalety królewskie (sanitariaty) w londyńskim pałacu Buckingham.

W Londynie Szymborska jednak przede wszystkim popędziła obejrzeć dom Sherlocka Holmesa na Baker Street (wszak kochała się w nim jako panienka, o czym pisała na marginesie książki *Stulecie detektywów*: „Sherlock, niezłomny kawaler, serce wolne. Niewinności mojej nie niepokoił jeszcze fakt, że Sherlock mieszka od lat z dr. Watsonem"[10]).

Z jazdy przez Czechy (w drodze do i z Wenecji) zachowała sobie – jak zapamiętał współtowarzysz podróży Jerzy Illg – *kupon na pokutu*, czyli mandat, jaki im wlepiono za przekroczenie szybkości.

POETKA W PODRÓŻY, CZYLI W MIEŚCIE SAMOKOV TYLKO DESZCZ

Z Ewą Lipską. Perchtodsdorf, Wiedeń, 7 maja 1995 roku.

Z Teresą Walas. Niemcy, kwiecień 1997 roku.

PAMIĄTKOWE RUPIECIE

Katarzyna Kolenda-Zaleska, która kręcąc o Szymborskiej film, towarzyszyła jej z kamerą w kilku zagranicznych wyprawach, wspominała, że poetka w Katanii wolała pójść na targ rybny, niż zwiedzać zabytki, w muzeum w Amsterdamie po obejrzeniu dwóch sal z obrazami Vermeera miała dosyć („Chlupie mi w głowie" – oświadczyła), po czym kazała się sfotografować pod szyldem sklepu Baba, w Bolonii zaś ucieszyła się na widok sklepu o nazwie Pupa Straci.

Jej przyjaciele mówili nam, że Szymborska nigdy nie podróżowała sama. Musiała być w towarzystwie. Taką miała właściwość psychiczną.

– Służyłam jej jako osłona językowa i oswajałam stronę praktyczną – mówiła Teresa Walas. – Wybredna, nieco kapryśna, w zwiedzaniu przypominała motylka: tam przysiądzie, tu przysiądzie. Żadnej mrówczej systematyczności. Zwiedzała trochę tak, jak wybierała lektury. Interesowały ją kurioza i pojedyncze perły, jej własne osobiste olśnienia sztuką.

Szymborska do podróży odnosiła się bez entuzjazmu, bo – jak mówiła – była typowym Rakiem. „Może uda nam się kiedyś rozpoznać gen odpowiedzialny u niektórych ludzi za ich niemożność usiedzenia w jednym miejscu – pisała w *Lekturach nadobowiązkowych* na marginesie książki *Wśród kanibali. Wyprawy kobiet niezwykłych*. – U mężczyzn niemożność ta odzywa się częściej, u kobiet rzadziej, ale jednak też się odzywa. Jeśli chodzi o mnie, ten gen noszę w sobie głęboko uśpiony, bo wielkich wypraw odbywać nie lubię"[11].

Jeden jedyny raz sama zgłosiła chęć wyjazdu i nie spotkała się z żadnym odzewem. W 1971 roku felieton o *Królowej Bonie* zakończyła tak: „Związek Literatów Polskich powinien wysłać delegata do Bari z wiązanką kwiatów na grób tej wybitnej władczyni. Czas ją przeprosić za powieść Kraszewskiego *Dwie królowe*, w której występuje jako heroina z magla. Gdyby nie było chętnych, ja bym mogła pojechać"[12].

Zapytana przed jednym z wyjazdów, czy ma już wszystkie rzeczy niezbędne w podróży, odpowiedziała: „W podróży niezbędny jest tylko bilet powrotny".

Problemem było też dla niej zawsze wypełnianie kwestionariuszy; w PRL-u każdorazowo składało się podanie o paszport, który zaraz po powrocie się zwracało, a w kwestionariuszu trzeba było wymienić wszystkie poprzednie wyjazdy, a też niewyjazdy, czyli odmowy wydania paszportu. – Wpisywałam fikcyjne dane, bo nie byłam w stanie odtworzyć, gdzie byłam i kiedy – mówiła nam. W *Lekturach nadobowiązkowych* wyznała, że do wyjazdów zniechęcały ją też formalności paszportowe. Może dlatego tych, którzy nic sobie z nich nie robią, uczciła wierszem? (Dwie dekady później przeczytała go na koniec wykładu noblowskiego, który uznała za zbyt krótki).

O, jakże są nieszczelne granice ludzkich państw!
Ile to chmur nad nimi bezkarnie przepływa,
ile piasków pustynnych przesypuje się z kraju do kraju,
ile górskich kamyków stacza się w cudze włości
w wyzywających podskokach!

POETKA W PODRÓŻY, CZYLI W MIEŚCIE SAMOKOV TYLKO DESZCZ

Czy muszę tu wymieniać ptaka za ptakiem jak leci,
albo jak właśnie przysiada na opuszczonym szlabanie?
Niechby to nawet był wróbel – a już ma ogon ościenny,
choć dzióbek jeszcze tutejszy. W dodatku ależ się wierci!
(…)
I jeszcze to naganne rozpościeranie się mgły!
I pylenie się stepu na całej przestrzeni,
jak gdyby nie był wcale wpół przecięty!

I rozleganie się głosów na usłużnych falach powietrza:
przywoływawczych pisków i znaczących bulgotów.

Tylko co ludzkie potrafi być prawdziwie obce.
Reszta to lasy mieszane, krecia robota i wiatr.
("Psalm", *Wielka liczba*, 1976)

O problemie przekraczania granic napisała raz jeszcze, recenzując *Bajkę ludową w dawnej Polsce*: „Nie kraje mi się serce, kiedy bajka o arcypolskich realiach okazuje się importem z wojen krzyżowych, a król przekwalifikowanym sułtanem. No cóż, wędrujcie sobie, bajki, przekraczajcie wszystkie granice"[13].

W latach osiemdziesiątych Szymborska za granicę nie podróżowała, a nawet nie składała wniosku o paszport, bo wiadomo było, że go raczej nie dostanie. (Gdy po podpisaniu w 1975 roku listu protestacyjnego w sprawie planowanych zmian w konstytucji stała się obiektem zainteresowania SB, służby postanowiły uniemożliwić jej wyjazd na stypendium pisarskie do Iowa City. Jeździło tam wielu polskich pisarzy, fundatorzy programu zachęcali ją do złożenia wniosku. Nie udało się jednak SB jej dokuczyć, bo – jak stwierdzał smętnie meldunek operacyjny z 20 maja 1976 roku – „dotychczas nie stwierdzono, by figurantka złożyła swój akces na ten wyjazd").

Sama nam opowiadała, że kiedyś zadzwonił do niej jakiś ubek z wieścią, że rozpatrzyli jej wniosek pozytywnie, paszport na nią czeka, i chciał, żeby się z nim umówiła na kawę. – Odpowiedziałam „Ach, wie pan, coś mi wypadło w Krakowie, tak że sprawa jest nieaktualna". I nie wzięłam paszportu. Nie dlatego, że jestem święta, mnie po prostu na wyjazdach nie zależało.

Kiedy więc wraz z odzyskaniem niepodległości otworzyły się granice, wcale nie rzuciła się do wyjazdów. Zwykle trzeba ją było długo namawiać. Tak jak na przykład na wyjazd do Pragi, gdzie ambasadorem został Jacek Baluch, a sekretarzem ambasady był poeta Zbigniew Machej.

Był maj 1992 roku, a Polski Ośrodek Kultury w Pradze wciąż nie miał zatwierdzonego budżetu. Nie było więc pieniędzy na bilet lotniczy i udano się w podróż samochodem. Najpierw profesor Włodzimierz Maciąg z Uniwersytetu Jagiellońskiego podwiózł poetkę i Macheja do Cieszyna. Tam odebrał ich samochód konsulatu w Ostrawie, gdzie podróżni przenocowali i skąd rano ruszyli do Pragi.

Przez całą drogę pilnie obserwowali drogowskazy oraz nazwy mijanych miejscowości i płodzili limeryki jeden za drugim.

Wszystkie mężatki w Kromeryżu
miewają często bóle w krzyżu.
Dlatego na wypadek wszelki
noszą ze sobą trzy uszczelki:
z tektury, z gumy i ze spiżu.
(Wisława Szymborska, Zbigniew Machej)

Przejeżdżając przez Morawy, minęli Sławków, ale do rymu bardziej pasowała im poprzednia nazwa – Austerlitz.

Pewien historyk z Austerlitz
nie wiedział o cesarzach nic.
I dzięki błogiej tej niewiedzy
stokrotki zrywał sobie z miedzy,
a czasem trafiał mu się rydz.
(Wisława Szymborska, Zbigniew Machej)

W Krakowie ta podróż, w czasie której Szymborska z Machejem spłodzili kilkadziesiąt limeryków, przeszła do legendy. Wiemy dzięki niej, że niektóre z nich nie wyszły nigdy poza pierwsze dwa wersy („Pewien lekarz w Pardubicach / znał się dobrze na dziewicach")

Układaniem limeryków lubiła sobie Szymborska urozmaicać czas w podróży. To „niesforne ziółko z ogrodu literatury angielskiej" – jak przedstawiała ten gatunek w wydanych w 2003 roku przez Wydawnictwo a5 *Rymowankach dla dużych dzieci* – uprawia się głównie w podróży właśnie, a bodźcem do powstania wierszyków winny być mijane po drodze miejscowości (wiadomo, pierwszy wers musi kończyć się nazwą geograficzną, do której szuka się rymu) – w grę wchodzą zatem podróże samochodem i pociągiem (najlepiej „po bocznych, wyboistych drogach" lub „jakąś poczciwą ciuchcią, która zatrzymuje się na każdej stacji"). Odpadają natomiast nocne pociągi ekspresowe, żegluga dalekomorska, autostrady, no i oczywiście samoloty.

Jak na noblistkę i liczbę zaproszeń, jakie otrzymywała, jeździła niewiele, raz, góra dwa razy do roku.

„Gdy dostaje interesujące zaproszenie z jakiegoś kraju, ale nie chce jechać – opowiadał Rusinek – to przeprasza mnie i mówi: »Ja wiem, że pan by chętnie pojechał, ale ja nie dam rady«"[14].

Nawet w roku ponoblowskim, który w życiu każdego laureata jest zazwyczaj gęsty od spotkań, wywiadów i wyjazdów, Szymborska zaledwie dwa razy była za granicą – raz, żeby odebrać Nobla, i drugi raz we Frankfurcie nad Menem na zaproszenie swego wydawcy oraz tłumacza Karla Dedeciusa. Obiecała im to jeszcze przed werdyktem sztokholmskiego jury i – *Nobel oblige* – nie chciała odwoływać.

Opowiadała: "Podczas targów książki ulokowano nas w hotelu bardzo daleko za miastem. Postanowiłam to upamiętnić. Stał tam na półpiętrze olbrzymi globus; sfabrykowałam maleńką wysepkę, przykleiłam na najbardziej pustym miejscu Oceanu Spokojnego i dołączyłam nazwę hotelu. Miałam jeszcze zamiar zadzwonić do Władysława Bartoszewskiego, który wówczas był ministrem spraw zagranicznych, i poinformować go, że wyłoniła się nowa wyspa, z którą być może warto nawiązać stosunki dyplomatyczne. Pewnie by go to rozbawiło. Jak ktoś by nocował w hotelu Weitz pod Frankfurtem, może sprawdzić, czy moja wyspa jeszcze istnieje"[15].

Wobec wydawców, a jeszcze bardziej wobec tłumaczy odczuwała wdzięczność. Jerzy Illg: – Jak jechała do Włoch czy do Szwecji, to wyłącznie dla Bodegårda czy Marchesaniego, mając poczucie, że jest im to w jakimś sensie winna, bo się dla niej napracowali.

Niespodziewanie wiosną 2000 roku dołączyła do Joanny i Jerzego Illgów oraz Maryny Makuch, gdy usłyszała, że wybierają się samochodem do Wenecji. "Wisława wchodziła do muzeum, studiowała dwa–trzy obrazy i proponowała: »Może byśmy poszli na kawę? Bo czuję, że zaczyna mi w głowie chlupać« – pisał Illg. – Wychodziliśmy, wynosząc pod powieką te dwa czy trzy obrazy. Zapewne sami nie zdecydowalibyśmy się zwiedzić muzeum historii Wenecji. Wisława, wiedziona intuicją i ciekawością szczegółu, tam skierowała pierwsze swoje kroki. W jednej z sal zaraz na parterze oszalała z zachwytu: wypatrzyła w oszklonej gablocie otwarty brewiarz jakiegoś kardynała. Po lewej stronie był normalny modlitewnik, po prawej w kartkach wycięto głęboki, podłużny otwór na mały, srebrny pistolecik. W takim detalu zawierała się dla niej najgłębsza prawda o historii i życiu codziennym Serenissimy"[16].

"Ogrody watykańskie – wrażenie niesamowite – mailował z Rzymu Michał Rusinek. – Na pani Wisławie jednak większe wrażenie zrobili panowie przebrani w tuniki i zbroje, którzy – zmęczywszy się pozowaniem do zdjęć pod Colosseum – przyszli na obiad do tej samej knajpki co my. Jeden przedstawił się jako Juliusz Cezar i powiedział do Szymborskiej »Ave«. Na co ona – a było to kilka godzin przed jej wieczorem autorskim w teatrze – szybciutko odpowiedziała: »Ave Caesar, morituri te salutant...«. *Wieczór miły, tłum duży*" (12 listopada 2003).

Z podróży Szymborskiej na Sycylię wiosną 2008 roku Katarzyna Kolenda-Zaleska kręciła reportaż dla TVN. Szymborska odmówiła przeczytania wiersza na stopniach starożytnego teatru w Taorminie ("Nie, tu jest zbyt pięknie. Wyjdzie z tego banał"), ale zgodziła się na wyjazd do Corleone. Od lat lubiła sobie robić zdjęcia pod tablicami z nazwą miejscowości, najlepiej rozpoznawalną, charakterystyczną (dlatego zawsze gotowa była zboczyć z drogi, by sfotografować się, dajmy na to, w Pcimiu, Hultajce, Piekle, Niebie, Zimnej Wodzie czy wręcz specjalnie pojechać do Sodomy albo Neandertalu). Nie potrzebowała niczego zwiedzać, wystarczało zdjęcie do kolekcji. Jechali kilkadziesiąt kilometrów po wąskiej, pełnej serpentyn drodze. Szymborska stanęła pod tabliczką, ukłoniła się do kamery i przeczytała napisany specjalnie na tę okazję limeryk:

PAMIĄTKOWE RUPIECIE

Z Joanną i Jerzym Illgami. Wenecja, wiosna 2000 roku.

Z Michałem Rusinkiem i Krystyną Krauze w Muzeum Kampa. Praga, maj 2000 roku.

POETKA W PODRÓŻY, CZYLI W MIEŚCIE SAMOKOV TYLKO DESZCZ

Z Michałem Rusinkiem i Katarzyną Kolendą-Zaleską. Irlandia, lipiec 2008 roku.

Z Katarzyną Kolendą-Zaleską. Tyłem Jarosław Mikołajewski. Sycylia, kwiecień 2008 roku.

W miejscowości Corleone
można dostać cios w przeponę.
Skłonność do tych czynów dziatki
wysysają z mlekiem matki,
czyli mają to wpojone.

Katarzyna Kolenda nabrała apetytu na więcej i udało jej się skusić poetkę na wyprawę do Irlandii, do miasta Limerick („Do Limerick? O tak, ten pomysł zyskuje uznanie, bo nie ociera się o banał z katalogów turystycznych"). Przy okazji odwiedzili Moher, gdzie Szymborska oczywiście sfotografowała się pod tablicą i pozwoliła sfilmować proces rodzenia się limeryku („Pewien kanonik w Moherze / rzekł: „Kasiu, ja w Boga nie wierzę"). Wybrali się też do Amsterdamu, gdzie poetka mogła obejrzeć swego ukochanego Vermeera.

Dopóki ta kobieta z Rijksmuseum
w namalowanej ciszy i skupieniu
mleko z dzbanka do miski
dzień po dniu przelewa,
nie zasługuje Świat
na koniec świata.
(„Vermeer", *Tutaj*, 2009)

Z tych podróży powstał film dokumentalny *Chwilami życie bywa znośne*. Ale wyjazdu do Nowego Jorku, gdzie przynętą było spotkanie z Woodym Allenem i Jane Goodall (która była gotowa przyjechać z Anglii na to spotkanie), odmówiła.

Nie po raz pierwszy zresztą. Pytana przez nas jeszcze w 2002 roku o ulubionych bohaterów odpowiedziała, że miała szczęście i zaszczyt znać kilku znakomitych, pięknie myślących ludzi, takich jak Jerzy Turowicz, Jan Józef Szczepański, Jan Józef Lipski, Czesław Miłosz, Jacek Kuroń, Jerzy Giedroyc. I dodała: – Ludzie, których bym jeszcze chciała poznać i zająć im trochę czasu, a nie tak, że tylko „dzień dobry" i „do widzenia", to Václav Havel, Woody Allen i Jane Goodall.

Z Havlem spotkała się, gdy w 2007 roku przyjechał do Krakowa na zorganizowaną przez Wydawnictwo Znak pod hasłem „Havel na Wawel" promocję jego książki *Tylko krótko, proszę*. Na jego widok westchnęła: „Że też pan nie ma brata bliźniaka".

Lawrence Weschler, pisarz, którego prawdziwą namiętnością jest organizowanie debat o literaturze i sztuce, pragnął zaprosić Szymborską do Nowego Jorku na wieczór autorski. Gdy dowiedział się od nas o jej marzeniu, namówił – co zresztą przyszło mu bez trudu – Woody'ego Allena i Jane Goodall na wspólny występ z Szymborską. Ale ona i tak odmówiła. Katarzyna Kolenda-Zaleska jednak nie chciała zrezygnować ze spotkania Szymborskiej z ulubionymi bohaterami i pojechała z Rusinkiem do Ameryki, by sfilmować tam Goodall i Allena. W filmie widzimy Szymborską, jak ogląda nagranie.

POETKA W PODRÓŻY, CZYLI W MIEŚCIE SAMOKOV TYLKO DESZCZ

„Jestem pewien, że byłaby zawiedziona spotkaniem ze mną, bo jestem interesujący tylko na dystans – mówił tam Allen. – Czytam w kółko wszystko, co napisała. Jestem uważany za dowcipnego człowieka, ale jej dowcip góruje nad moim. Ona ma wielki wpływ na poziom mojej radości życia. (…) Pasuje dokładnie do mojej definicji artysty głębokiego i przenikliwego, ale pamiętającego równocześnie o tym, że jego zadaniem jest zabawianie czytelnika. Ona właśnie to robi. Czuję się zaszczycony, że wie o moim istnieniu".

We wszystkich prawie ponoblowskich podróżach Szymborskiej towarzyszył Michał Rusinek, który poza wszystkim innym ma ten walor, że potrafi układać limeryki i znajdować rymy do najdziwniejszych nawet nazw miejscowości.

Oto przykładowy wspólny urobek Szymborska & Rusinek z wyprawy na Sycylię.

> Jest po drodze wieś Trabia,
> gdzie turystów się zabija
> i porcjuje ich na ćwierci,
> po czym ludność drwiąc z tych śmierci,
> pyta: „Czyja nózia, czyja?".

> Kiedy w mieście Agrigento
> panowało *quattrocento*
> lud pojęcia nie miał o tem,
> że z łopotem i łoskotem
> nadchodziło *cinquecento*.

W sumie Szymborska była we Włoszech aż sześć razy. Po raz ostatni – wiosną 2009 roku – w Bolonii i Udine.

Pietro Marchesani, profesor literatury polskiej w Genui, opowiadał „Gazecie Wyborczej": „Pamiętam jej ostatni wieczór poetycki w Bolonii. Nigdy w życiu czegoś takiego nie widziałem. Blisko tysiąc pięćset osób, w pierwszym rzędzie siedział Umberto Eco, który z nią ciągle żartował. Niezwykła atmosfera skupienia, prawie każdy miał książkę w rękach. Coś jak obrzęd religijny. Ona nie ma czytelników we Włoszech. Ona ma fanów, wielbicieli. Wśród poetów zagranicznych i włoskich jest tą, która sprzedaje najwięcej tomów. Jej wiersze są cytowane w przemówieniach politycznych. Pierwsze dwie strony ostatniej książki Antonia Tabucchiego, która rozeszła się w nakładzie rzędu czterystu tysięcy, to komentarz do jednego z utworów Szymborskiej. Wersy jej wierszy nierzadko stają się tytułami książek innych autorów"[17].

Wkrótce po powrocie Szymborska zapowiedziała Rusinkowi, żeby już więcej nie przyjmował żadnych zaproszeń do zagranicznych podróży.

Rusinek: – Powiedziała, że już nie chce nigdzie latać samolotem, że to ją męczy. A przecież nie była kapryśna ani wymagająca. Przeciwnie: była dzieckiem PRL-u nawykłym do niewygód. Pamiętam naszą podróż w 2004 roku do i z Izraela. To są loty o jakichś barbarzyńskich nocnych godzinach, sam byłem wściekły i rozbity, a ona troszkę przespała się przed lotem, w samolocie drzemała zwinięta w kłębuszek na siedzeniu i na nic się nie skarżyła. Myślę, że może nawet bardziej niż lot męczyły ją te wszystkie rytuały, odprawy, przechodzenia przez bramki i to, że trzeba było jeszcze czekać. Bez papierosa. Nie chciała jednak starać się o status VIP-a, żeby przyspieszyć procedury. Raz tylko leciała jako VIP, gdy wracała ze Sztokholmu z Noblem do Polski.

Po Bolonii pojechali jeszcze na targi książki do Pragi, ale samochodem, a samochód jej nie męczył.

Zwiedzili w podziemiach wieży na wzgórzu Petřín, praskiej kopii wieży Eiffla, muzeum poświęcone wynalazkom Járy Cimrmana, żyjącego na przełomie XIX i XX wieku wielkiego czeskiego poety, dramaturga, kompozytora, filozofa, matematyka, sportowca, wynalazcy między innymi rymu idealnego (w którym rymuje się to samo słowo z tym samym słowem). Mogli tam oglądać na przykład rower strażacki, czyli pojazd mający w obu kołach w środku wąż do gaszenia pożarów, czy wtyczkę do prądu wyprodukowaną specjalnie na użytek samobójców, w której środek wkłada się rękę. (Járę Cimrmana, postać wymyśloną w latach sześćdziesiątych, Czesi traktują bardzo serio, urządzają wystawy, sympozja, wystawiają jego sztuki[18]).

– To było jakby stworzone specjalnie dla niej – mówił Rusinek.

W ostatnich dwóch latach życia Szymborska podejmowała już tylko swoje coroczne małe podróże na południe: latem do Lubomierza, jesienią do Zakopanego.

Kto wie, czy nie najbardziej na świecie lubiła podróżowanie palcem po mapie? W każdym razie takiej podróży poświęciła jeden z ostatnich wierszy.

Płaska jak stół,
na którym położona.
Nic się pod nią nie rusza
i miejsca nie zmienia.
Nad nią – mój ludzki oddech
nie tworzy wirów powietrza
i nic nie mąci jej czystych kolorów.

Nawet morza są zawsze przyjaźnie błękitne
przy rozdzieranych brzegach.

Wszystko tu małe, dostępne i bliskie.
Mogę końcem paznokcia przyciskać wulkany,
bieguny głaskać bez grubych rękawic,
(…)
Granice krajów są ledwo widoczne.
jakby wahały się – czy być czy nie być.

POETKA W PODRÓŻY, CZYLI W MIEŚCIE SAMOKOV TYLKO DESZCZ

Lubię mapy, bo kłamią,
Bo nie dają dostępu napastliwej prawdzie.
Bo wielkodusznie z poczciwym humorem
rozpościerają mi na stole świat
nie z tego świata.
(„Mapa", *Wystarczy*, 2012)

Sycylia, kwiecień 2008 roku.

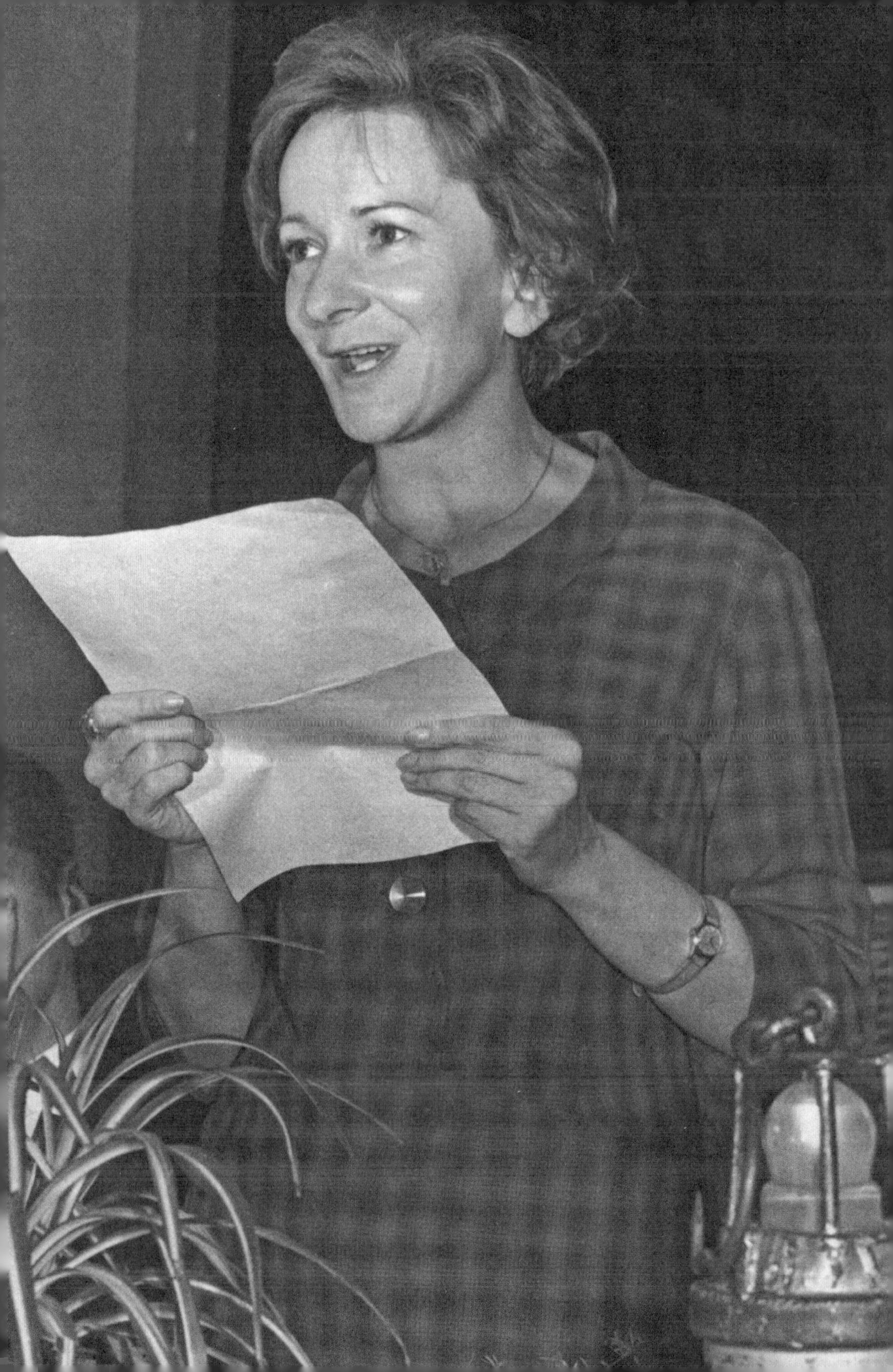

ROZDZIAŁ 13

Wyjście z katedry, czyli jak wspinać się do początku wiersza

Swoje poetyckie *credo* nieoczekiwanie umieściła Wisława Szymborska w felietonie na temat książki *Historia Bliskiego Wschodu w starożytności*, gdzie pisała, że istotą poety jest wiara w „tajemnicze moce drzemiące w każdej rzeczy" oraz przekonanie, że „przy pomocy umiejętnie dobranych słów zdoła te moce poruszyć": „Poeta może mieć nawet siedem ukończonych fakultetów – w momencie, gdy zasiada do pisania wiersza, mundurek racjonalizmu zaczyna pić go pod pachami. Wierci się i sapie, rozpina guzik za guzikiem, aż wreszcie całkiem wyskakuje z ubranka, objawiając się wszem i wobec jako goły dzikus z kółkiem w nosie. Tak, tak, dzikus, no bo jakże nazwać człowieka, który gada wierszem do umarłych i nie narodzonych, do drzew, do ptaków, a nawet do lampy i nogi stołowej (...)? Poeta myśli obrazami. Czytając, że na przykład czyjeś zamierzenia gospodarcze »kolidowały z interesami sąsiadów«, widzi od razu odcięte głowy zsypywane do wiklinowych koszy. (...) Poeta nie nadąża, poeta wlecze się w ogonie. Na jego obronę można rzec tylko tyle, że przecież ktoś w ogonie wlec się musi. Już choćby dlatego, żeby zbierać rzeczy podeptane i pogubione w tryumfalnym pochodzie prawd obiektywnych"[1].

Powtarzała, że nie ma żadnego poetyckiego programu. Ma tylko motto, z ukochanego Montaigne'a, który swego czasu zawołał: „Patrzcie, ile ten kij ma końców!". To motto jest dla niej „nieosiągnionym wzorem sztuki pisarskiej" i „bezustanną zachętą do przekraczania myślą oczywistości"[2].

We wstępie do jednego z tomików tłumaczyła, że mówiąc o swoich wierszach, czułaby się „jak owad, który z niepojętych przyczyn sam zapędza się do gablotki i nabija na szpilkę"[3]. Ani czytelnikom na wieczorach autorskich, ani dziennikarzom z zasady nie odpowiadała na pytania dotyczące poetyckiej kuchni, w wywiadach stosowała uniki albo udzielała odpowiedzi doskonale wymijających. Jej przyjaciele niemal zgodnym chórem powtarzali nam, że o pisaniu wierszy nie da się z nią rozmawiać. Zapytać o jakiś jej utwór, czy choćby pochwalić jakiś wiersz, wydawało im się w ogóle nie do pomyślenia.

„Nie jestem stworzona do wywiadów i nie udzielam ich – mówiła Elżbiecie Sawickiej po ukazaniu się tomiku *Dwukropek* w 2005 roku. – Uważam, że poeta nie jest powołany do wypowiadania się na temat swojej twórczości, trzeba milczeć. Ale skoro już mam coś powiedzieć, to chciałabym się powołać, oczywiście *toute proportion gardée*, na Goethego, jest taka jego myśl, która pochodzi chyba z rozmów z Eckermannem i brzmi mniej więcej tak: poeta wie, co chciał napisać, ale nie wie, co napisał – wydaje mi się to i mądre, i dowcipne, istotnie tak jest, człowiek naprawdę nie wie, co napisał, a jedynie to, co chciał napisać. Jest jeszcze jedna sentencja Goethego, warta przytoczenia, »Artysto, twórz, nie gadaj«, no właśnie, tylko tyle powiem"[4].

Wiersze, pisanie wierszy to była dla niej sfera milczenia. Bała się, że jeśli zacznie coś opowiadać, to potem już nie napisze wiersza. A kiedy już go napisała, tym bardziej nie chciała na jego temat rozmawiać.

W wierszach zdarzało jej się jednak rozmyślać o poezji.

tylko co to takiego poezja.
Niejedna chwiejna odpowiedź
na to pytanie już padła.
A ja nie wiem i nie wiem i trzymam się tego
jak zbawiennej poręczy.
(„Niektórzy lubią poezję", *Koniec i początek*, 1993)

Czasem komuś udawało się namówić ją na rozmowę czy uzyskać od niej jakieś wyznanie. Błaga Dimitrowa, tłumaczka jej wierszy na bułgarski, usłyszała kiedyś od niej opowieść, jak to „na początku lat czterdziestych pisała »dla siebie« krótkie nowelki, które stawały się coraz krótsze, by wreszcie sprowadzić się do kilkunastu linijek. W ten sposób powstał jej pierwszy wiersz. I jeśli przyjrzymy się uważniej, dostrzeżemy, że każdy lub prawie każdy jej utwór zawiera elementy »wydarzenia«, »realnego faktu«, »krótkiej relacji«"[5].

W tę opowieść, że tak naprawdę pisze prozą, Szymborska chyba sama uwierzyła, bo powtórzyła ją po latach w wywiadzie: „Ja w dalszym ciągu czuję się osobą, która pisze prozą. Wydaje mi się, że ci krytycy, którzy uważają, że ja piszę czasem takie miniaturowe nowelki, że to są właściwie takie malutkie historie z jakąś akcją – to chyba mają rację. Czyli prozy, którą kiedyś tak zaczynałam, właściwie nie zarzuciłam. Zaczęłam pisać troszkę inaczej"[6].

Nieoczekiwanie udało się też wyciągnąć ją na rozmowę o poezji uczniom Szkoły Podstawowej numer 12 w Krakowie, którzy mieli omawiać na lekcji jej wiersz „Minuta ciszy po Ludwice Wawrzyńskiej". Kilka dziewczynek poszło do niej ze szpulowym magnetofonem i odtworzyło później w klasie nagranie. Na pytanie, dlaczego we współczesnych wierszach nie ma rymów, Szymborska tłumaczyła tam, że w każdym języku istnieje określona liczba rymów, które z czasem po prostu się wyczerpują i w pewnym momencie następuje nasycenie, bo ileż razy można rymować „serce – kobierce"? Opowiedział nam tę historię jeden z uczniów, przyszły pisarz Jerzy Pilch. Zapamiętał ją, bo przeżył wówczas prawdziwy szok: wcześniej nie miał pojęcia, że można zarazem pisać wiersze i myśleć o tym, jak pisze się wiersze.

„Próby rozmów z nią o jej wierszach są bezsensowne. Zaczyna zaraz mówić o ciasteczkach, jakie dostała od siostry, albo o tym, co śmiesznego przytrafiło się jej w sklepie"[7] – mówiła Elżbieta Zechenter, która Szymborską znała, poprzez swego ojca Witolda, od dziecka. W 1957 roku przyniosła do niej do „Życia Literackiego"

WYJŚCIE Z KATEDRY, CZYLI JAK WSPINAĆ SIĘ DO POCZĄTKU WIERSZA

Wieczór autorski w Liceum Ogólnokształcącym w Kórniku. 12 czerwca 1969 roku.

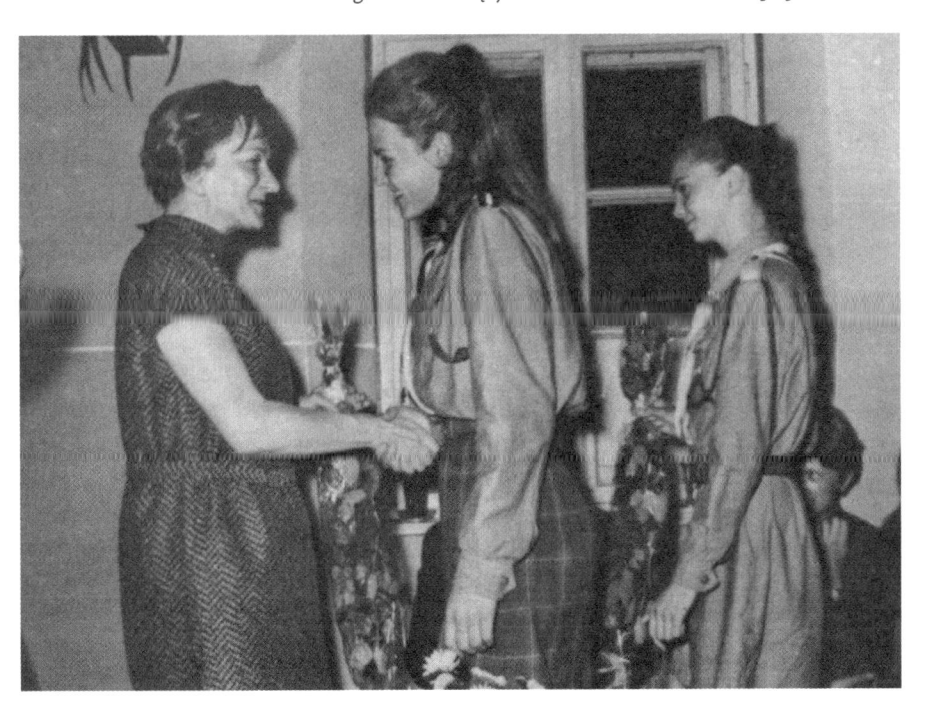

dwa swoje wiersze. Miała dwadzieścia dwa lata, dokładnie tyle, ile miała Szymborska, kiedy przyniosła swoje debiutanckie wiersze do jej ojca, do „Dziennika Polskiego". – Wróciła właśnie z Paryża, miała czapkę jakby z czarnych piór. Zapamiętałam jej uwagę, że wiersz powinien być oparty na jakimś pomyśle. Skróciła jeden z wierszy, który był o tym, że pożyczam od życia radość, miłość i że się nie wypłacę, pójdę za długi do więzienia, które nazywa się starością, że już nie potrzeba dalej, że będę miała zmarszczki i tak dalej. A ponad trzydzieści lat później mogłam cieszyć się wierszem Wisławy „Nic darowane".

> Nic darowane, wszystko pożyczone.
> Tonę w długach po uszy.
> Będę zmuszona sobą
> zapłacić za siebie,
> za życie oddać życie.
> (…)
> Nie mogę sobie przypomnieć
> Gdzie, kiedy i po co
> Pozwoliłam otworzyć sobie
> Ten rachunek.
>
> Protest przeciwko niemu
> Nazywamy duszą.
> I to jest to jedyne,
> Czego nie ma w spisie.
> („Nic darowane", *Koniec i początek*, 1993)

– Rozmawiałyśmy o wszystkim, ale nie o wierszach – opowiadała nam Ewa Lipska. – Wynika to zapewne z zażenowania faktem, że w ogóle zajmujemy się układaniem wierszy. My, młode duchem, ale według lat dystyngowane damy, wciąż piszemy jak jakieś licealistki. To przecież niepoważne. I śmieszne.

Sama Szymborska najwyraźniej podzielała to zdanie, ale deklarowała:

> Wolę śmieszność pisania wierszy
> od śmieszności ich niepisania.
> („Możliwości", *Ludzie na moście*, 1986)

Niewykluczone, że śmieszyło ją też samo „bycie poetą". Tak o pracy poety mówiła w wykładzie noblowskim: „Człowiek siedzi przy stole albo leży na kanapie, wpatruje się nieruchomym wzrokiem w ścianę albo w sufit, od czasu do czasu napisze siedem wersów, z czego jeden po kwadransie skreśli, i znów upływa godzina, w której nic się nie dzieje".

– Wisława, wielka racjonalistka, z dużą nieufnością odnosiła się do wszelkich irracjonalizmów – mówiła nam Urszula Kozioł. – Jeśli chodziło o wiersze, obstawała jednak przy tajemnicy. Uważała, że tworzenie to sekret, zagadka. Dlatego programowo unikała zarówno wypowiedzi teoretycznych, jak i mówienia o swojej twórczości.

Ale Maria Kalota-Szymańska napisała nam: „Wisława rozmawia na temat wierszy rzadko, z dystansem, ale jednak. Być może przyjaciele nie chcą o tym mówić, by nie naruszać strefy jej prywatności"[8].

Tak czy inaczej, to wielka rzadkość, żeby Szymborska wyjawiała dziennikarzowi okoliczności narodzin jakiegoś utworu.

„Czytałam akurat jakiś tomik wierszy, gdzie wskutek błędu korektorskiego spójnik został umieszczony dwukrotnie, raz na końcu, drugi raz na początku następnego wiersza – powiedziała w 1973 roku Krystynie Nastulance w długiej, poważnej rozmowie dla »Polityki«, w której nie uchylała się od pytań dotyczących jej poetyckiego warsztatu. – Zauważyłam, że to powtórzenie daje efekt jak gdyby huśtania. I wtedy przyszło mi na myśl, żeby napisać wiersz o wysiłku i zarazem lekkości ewolucji akrobatycznych i że właśnie owo balansowanie spójników będzie niejako odpowiednikiem huśtania się na trapezie"[9].

Z trapezu na
na trapez, w ciszy po
po nagle zmilkłym werblu, przez
przez zaskoczone powietrze, szybszy niż
niż ciężar ciała, które znów
znów nie zdążyło spaść.
(„Akrobata", *Sto pociech*, 1967)

Omawiając ten wiersz w „Poezji", Urszula Kozioł pisała: „To właśnie było pierwsze, co uderzyło mnie w wierszu Szymborskiej: konstrukcja ruchu zbudowana przez podwojenie: na… na, po… po, przez… przez. Niewidzialna pauza, która między wersem a wersem napełnia utwór powietrzem i roztrąca je wahadłowym ruchem, z wymachem rozkołysującym przestrzeń wysoko, coraz wyżej, aż do zatarcia konturów bohatera wiersza"[10]. A poetce – nie znały się wtedy jeszcze osobiście – wyznała w liście: „Pani wiersze wciąż jeszcze wahają się we mnie".

„Poezja Szymborskiej zawiera dokładnie to, czego tradycyjnie brak liryce polskiej – pisał Jan Gondowicz po tomiku *Wszelki wypadek* – dystansu w sprawach wielkich, konkretu w sprawach małych, widzenia spraw nowych i myślenia przy sprawach wszelkich"[11].

Szymborska, która nie komentowała recenzji i rozpraw na temat swojej poezji ani nie odnosiła się do żadnych czytelniczych reakcji, czasem mówiła coś, z czego wynikało, że była ich świadoma. Jak w wywiadzie udzielonym „Gazecie Wyborczej" na początku lat dziewięćdziesiątych: „Jeśli ja uchodzę za osobę, która żyje taką małą obserwacją, detalem, to nie będę protestowała, bo tak to jest. Kiedyś, dawno temu miałam to szczęście, że Julian Przyboś jakoś lubił moje wiersze. I otóż Przyboś zauważył, że ja jestem krótkowidzem, czyli że dobrze widzę rzeczy małe dopiero z bliska. Natomiast dużych panoram nie widzę tak dokładnie, może jest w tym jakaś prawda"[12].

Stanisław Balbus, autor książki *Świat ze wszystkich stron świata. O Wisławie Szymborskiej* (podarował ją poetce z dedykacją: „Wisławie, bez której ta książka nigdy by nie powstała"), mówił o relacji, jaka jego, krytyka, łączy z Szymborską, poetką: – Ona nigdy nie prostuje moich błędów, a ja nigdy o nic jej nie pytam. No, może dwa razy się ośmieliłem. Raz spytałem, skąd wzięła nazwę „Tarsjusz", czy to grecki filozof, czy może dyplomata. Wisława roześmiała się i mówi: „Stasiu, otwórz *Wielką encyklopedię* pod literą »t«. Znajdziesz tam też jego fotografię". Ona to zwierzątko wynalazła w encyklopedii, zachwyciła się nim i napisała wiersz. Wisława encyklopedie, zielniki, słowniki, herbarze czyta do poduszki.

> Ja tarsjusz syn tarsjusza
> wnuk tarsjusza i prawnuk,
> zwierzątko małe, złożone z dwóch źrenic
> i tylko bardzo już koniecznej reszty;
> cudownie ocalony od dalszej przeróbki,
> bo przysmak ze mnie żaden,
> na kołnierz są więksi,
> (...)
> jesteśmy – wielki panie – twoim snem,
> co uniewinnia cię na krótką chwilę.
> („Tarsjusz", *Sto pociech*, 1967)

Balbus próbował też dopytać się, dlaczego wiersz „Sen nocy letniej" zaczyna się w tomiku *Wołanie do Yeti* słowami: „Już las w Wogezach świeci", a w późniejszych wydaniach „Już las w Ardenach świeci", ale Szymborska powiedziała tylko, że o drzewach w Wogezach, które zaczęły wysyłać promieniowanie, przeczytała w gazecie.

Kiedyś oglądała rzeźbę przedstawiającą Atlasa. Pomyślała, jak odpowiedzialną gra rolę: chwila słabości i ziemia runie. Napisała o tym wiersz, schowała go do szuflady i długo tam leżał. Aż tu na jakimś wieczorze autorskim usłyszała wiersz o Atlasie pióra innego poety i nigdy już do swojego nie wróciła.

– To dowód na to – mówiła – że z drukiem spieszyć się nie warto.

Szukałyśmy tego wiersza o Atlasie u różnych poetów, aż przeczytałyśmy w „Rzeczypospolitej" serię poetyckich próz Zbigniewa Herberta. Była wśród nich i ta o Atlasie, przez ludzkość niedocenianym, jego rola bowiem „wyczerpuje się w dźwiganiu", a jest to „czynność mało patetyczna, a w dodatku dość pospolita"[13].

O współczesnej poezji polskiej, a już zwłaszcza o kolegach poetach, nie wypowiadała się nigdy. W dyskusjach o poezji nie brała udziału. Choć kiedyś zabrała głos w debacie, jaką zorganizowało w połowie lat sześćdziesiątych „Życie Literackie" na temat miejsca utworów Broniewskiego, Gałczyńskiego i Tuwima w polskiej literaturze i historii. Jeden z jej uczestników dowodził, że uczeń musi mieć jakieś pojęcie o życiu poety i epoce, w której wiersz powstał, bo inaczej nie zrozumie, dlaczego

WYJŚCIE Z KATEDRY, CZYLI JAK WSPINAĆ SIĘ DO POCZĄTKU WIERSZA

w odstępie dziesięciu zaledwie lat jeden poeta pisze „Rżnij karabinem w bruk ulicy!", a drugi woła „Bagnet na broń!". Ona jednak upierała się przy swoim przekonaniu, że poezję należy analizować wyłącznie od strony filozoficznej, językowej, a fakty z życiorysu poety nic do tego nie mają[14].

Powtarzała to wielokrotnie, między innymi komentując w *Lekturach nadobowiązkowych* wspomnienia o Józefie Czechowiczu: „Przy czytaniu dręczyła mnie myśl, że każda poezja, również i kiepska, ma bogate okoliczności towarzyszące. Że grafoman jest także człowiekiem szalenie skomplikowanym i też by było co powspominać. Tymczasem to, że jednemu pisarzowi słowa łączą się w związki żywe i trwałe, a drugiemu nie, rozstrzyga się i tak w sferze dla nikogo niedostępnej"[15].

Nie lubiła pytań o mistrzów, ale czasami – przeważnie właśnie w *Lekturach* – wymieniała ulubionych autorów, ulubione tytuły. Wiemy, że podziwiała Rilkego i Kawafisa, Leśmiana i Czechowicza („najwrażliwsze ucho w poezji polskiej po Słowackim"), że wiersz Mickiewicza „Gdy tu mój trup" uważała za arcydzieło absolutne, zaś za arcydziełka mniejsze, jednak arcydzieła – „Balladę o zejściu do sklepu" Mirona Białoszewskiego i „Stare kobiety" Františka Halasa.

„Nie mam daru pisania o poezji. Czasami tylko rozmawiam o niej w małym gronie, jeżeli czyjś wiersz albo zbiorek poezji z jakichś powodów wyda mi się ważny. Jednak i wówczas zaczynam i kończę na dwóch zdaniach: Jak to, nie czytaliście tego jeszcze? No to przeczytajcie koniecznie, bo warto"[16] – pisała w słowie wstępnym do dokonanego przez siebie wyboru wierszy Artura Międzyrzeckiego.

Wiersze pisała ręcznie na karteluszkach, bo – jak mówiła – zapewnia jej to kontakt między zawartością głowy a ręką. Kiedyś używała pióra (później pióro zastąpił długopis).

> Jest w kropli atramentu spory zapas
> myśliwych z przymrużonym okiem,
> gotowych zbiec po stromym piórze w dół,
> otoczyć sarnę, złożyć się do strzału.
> (...)
> Na zawsze, jeśli każę, nic się tu nie stanie.
> Bez mojej woli nawet liść nie spadnie,
> ani źdźbło się nie ugnie pod kropką kopytka.
>
> Jest więc taki świat,
> nad którym los sprawuję niezależny?
> Czas, który wiążę łańcuchami znaków?
> Istnienie na mój rozkaz nieustanne?
>
> Radość pisania.
> Możność utrwalania.
> Zemsta ręki śmiertelnej.
> („Radość pisania", *Sto pociech*, 1967)

Mówiła Nastulance: „Tworzenie polega na tym, że się wyszarpuje jakąś cząstkę rzeczywistości. (...) Czasem wydaje mi się po prostu, że owa »radość pisania« polega na znalezieniu, a nawet samym poszukiwaniu tego słowa, które jest mi właśnie potrzebne, a którego niekiedy w ogóle nie ma i trzeba je stworzyć, lub na poszukiwaniu jakiejś figury stylistycznej. (...) Pomysły przychodzą czasem »z powietrza«, czasem punktem wyjścia jest jakieś zderzenie dwóch słów. Odkrywam na przykład, że te dwa słowa w bezpośrednim sąsiedztwie wzmacniają się nawzajem. (...)

W wierszu dążę do tego efektu, jaki w malarstwie nazywamy światłocieniem. Chciałabym, żeby w wierszu mieściły się obok siebie – a nawet zrosły ze sobą – rzeczy wzniosłe i trywialne, smutne i komiczne (...).

Poszczególna rzecz rzucona na stertę innych niewiele znaczy, ujrzana oddzielnie wygląda zupełnie inaczej. Nagle okazuje się, że natura tej jednej nawet rzeczy jest dziwnie skomplikowana. Poezja musi przekroczyć oczywistość, musi dawać jej inny wymiar"[17].

Na zajęciach, jakie w latach dziewięćdziesiątych poprowadziła w tak zwanej szkole pisarzy, czyli na podyplomowym studium Uniwersytetu Jagiellońskiego, kładła do głowy młodym twórcom, że najważniejszą czynnością poety jest skreślanie, a najpotrzebniejszym meblem w ich mieszkaniu – kosz na śmieci. „Drukuję niewiele, bo piszę nocą, a we dnie mam paskudny zwyczaj czytania tego, co napisałam, i stwierdzam, że nie wszystko wytrzymuje próbę jednego bodaj obrotu kuli ziemskiej"[18] – mówiła w jednym z wczesnych wywiadów. Po raz kolejny powtórzyła to dziennikarzom po otrzymaniu wiadomości o Nagrodzie Nobla: „Wiersz napisany wieczór i przeczytany następnego rana nie zawsze wytrzymuje zmianę pory dnia.

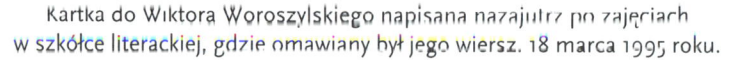

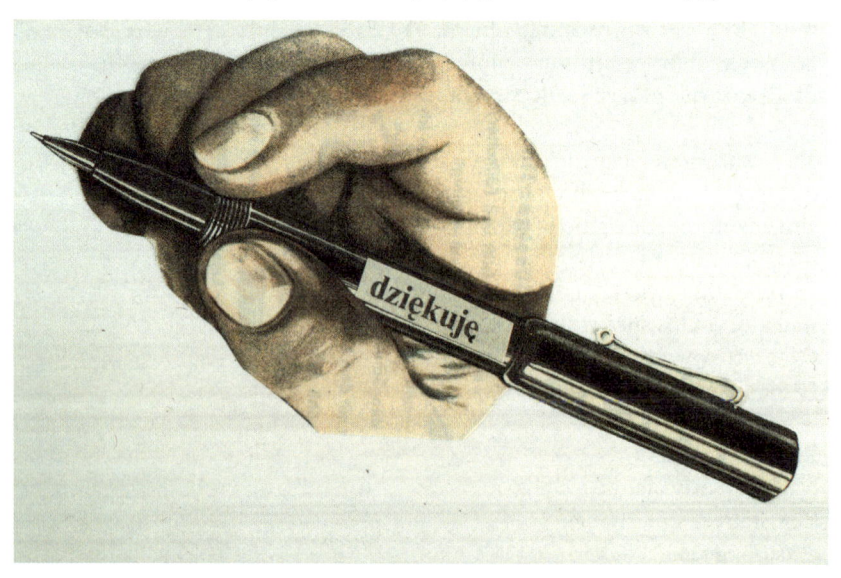

Kartka do Wiktora Woroszylskiego napisana nazajutrz po zajęciach w szkółce literackiej, gdzie omawiany był jego wiersz. 18 marca 1995 roku.

WYJŚCIE Z KATEDRY, CZYLI JAK WSPINAĆ SIĘ DO POCZĄTKU WIERSZA

Wiersz napisany wiosną niekoniecznie wytrzymuje próbę jesieni. Dosyć długo trzymam wiersz, by mu się przypatrzeć i naprawdę o wiele więcej piszę, niż to się komuś wydaje. Tylko że od tego jest kosz"[19].

Z młodymi ludźmi aspirującymi do zawodu pisarza miała rozmawiać o poezji[20]. Wybrała do omawiania dwa wiersze – „Wreszcie coś wesołego" Wiktora Woroszylskiego i „Maniery" Elizabeth Bishop.

„Napisałbyś stary coś wesołego / (…) powtarzam sobie z wyrzutem / Przecież / wiesz już i to / że nawet w przemijaniu jest słodycz / w bezpowrotności sens / w tym że wszystko ma swój koniec pociecha" – przeczytał wiersz Woroszylskiego prowadzący zajęcia Bronisław Maj.

„Jak to dobrze, że piszesz takie świetne wiersze! Dziękuję ci za wszystkie, ale w tym momencie specjalnie za »Wreszcie coś wesołego« – napisała do autora jeszcze przed zajęciami. – Trafił u mnie w jakąś oddźwiękującą strunę"[21].

„Sama chciałam napisać taki wiersz – mówiła studentom – ale już to zrobił Woroszylski. Człowieka zawsze coś boli, denerwuje, uwiera, i często w tym zamęcie psychicznym zapomina, że życie jest piękne. A on umiał o tym napisać, choć już był ciężko chory. Człowiek przecież nie składa się z samej rozpaczy".

Kartka do Wiktora Woroszylskiego z 11 marca 1995 roku.

Potem przeczytała „Maniery" Elizabeth Bishop: „Siedliśmy razem na kozioł / i dziadek biorąc w garść wodze / rzekł: »Tylko pamiętaj: wypada / pozdrawiać spotkanych po drodze«".

„Miałem wrażenie, że Elizabeth Bishop to jedna z jej ulubionych poetek – pisał do nas uczestniczący w tych zajęciach Grzegorz Nurek, wówczas redaktor dwumiesięcznika literackiego »Studium«. – Szymborska mówiła o zwykłej uprzejmości, zwyczaju pozdrawiania się w górach, szacunku wobec zwierząt, na przykład o »kocurach«, czyli otworach dla kotów we wrotach i furtkach wiejskich gospodarstw. Mówiła, jak ważną rzeczą jest pisanie wierszy wesołych, na przekór okropnościom świata i wbrew własnym słabościom"[22].

Nie lubiła rozmów o swojej poezji, ale z zaprzyjaźnionymi redaktorami i wydawcami chętnie rozmawiała o okładce, korekcie, formacie i wszelkich wydawniczych detalach. Ryszard Matuszewski, ongiś szef działu poezji wydawnictwa Czytelnik, pamiętał, że Szymborska omawiała każdy szczegół.

„Myślisz pewnie ze zgrozą, że dosyłam do tomiku jeszcze jakiś nowy wierszyk – pisała do niego na odwrocie zrobionej przez siebie karteczki z wyklejanką – ale nie. Napisałam od ostatniego czasu tylko jeden utworek, ale wyskoczył mi do niego taki tytuł, który może będzie pasować jako tytuł całego, nowego zbiorku, jako wytyczna (bo ja też mam swoje własne wytyczne). Chyba nic już do *Wszelkiego wypadku* nie doszło. Natomiast po głębokim namyśle przepisałam jeden wiersz na szeroko, bo jednak ma w ten sposób swobodny oddech i jest odrobinę lepszy. Poprawiłam też dwa słowa w nim. Naturalnie martwię się, że linijki będą wskutek tego zawieszane, co jest okropnie niemiłe w czytaniu. Błagam więc o jakąś drobną czcionkę albo jakiś szerszy format, żeby tych zawieszeń było stosunkowo mało"[23].

Po przejrzeniu tomiku *Wszelki wypadek* stało się dla nas jasne, który wiersz poetka przepisała „na szeroko":

Przepraszam przypadek, że nazywam go koniecznością.
Przepraszam konieczność, jeśli jednak się mylę.
Niech się nie gniewa szczęście, że biorę je jak swoje.
Niech mi zapomną umarli, że ledwie tlą się w pamięci.
Przepraszam czas za mnogość przeoczonego świata na sekundę.
Przepraszam dawną miłość, że nową uważam za pierwszą.
Wybaczcie mi, dalekie wojny, że noszę kwiaty do domu.
Wybaczcie, otwarte rany, że kłuję się w palec.
Przepraszam wołających z otchłani za płytę z menuetem.
Przepraszam ludzi na dworcach za sen o piątej rano.
Daruj, szczuta nadziejo, że cieszę się czasem.
(„Pod jedną gwiazdką", *Wszelki wypadek*, 1972)

Wiersz, który już był gotowy, a jednak poetka nie zdecydowała się go przesłać wydawcy, bo miała wobec niego inne plany, faktycznie stał się wierszem tytułowym i otwierał tomik następny.

WYJŚCIE Z KATEDRY, CZYLI JAK WSPINAĆ SIĘ DO POCZĄTKU WIERSZA

Cztery miliardy ludzi na tej ziemi,
a moja wyobraźnia jest jak była.
Źle sobie radzi z wielkimi liczbami.
Ciągle ją jeszcze wzrusza poszczególność.
(…)
Sny moje – nawet one nie są, jak należałoby, ludne.
Więcej w nich samotności niż tłumów i wrzawy.
Wpadnie czasem na chwilę ktoś dawno umarły.
Klamką porusza pojedyncza ręka.
(„Wielka liczba", *Wielka liczba*, 1976)

Spytana, na czym polega to, że przychodzi taka chwila i poeta mówi sobie „skończyłem tomik", odpowiedziała: – Macie do czynienia z osobą bardzo niesystematyczną. Żadnymi uchwytnymi regułami w układaniu zbiorku się nie kieruję. Czasem mam ochotę coś jeszcze dodać, a czasem coś wyrzucić. Ale zawsze nachodzi mnie ta chęć w ostatniej chwili, kiedy książka jest już w druku.

Kończąc kolejny tomik, pisała do Ryszarda Matuszewskiego: „Cieszę się, że moje rodzinne strony [Poznańskie] przypadły wam do gustu. Żyją tam ludzie bez polotu, ale mają jeszcze czyste uszy, a na starość sadzą drzewa, z góry wiedząc, że to już bez nich wyrośnie... Mało kto tam pisze wiersze – sadzenie drzew wydaje się – i słusznie – przedsięwzięciem z lepszymi na przyszłość gwarancjami. Co do mnie piszę niestety, ale na szczęście niedużo. Tomik jeszcze nie gotów, chciałabym jeszcze przełożyć podpisanie umowy na początek przyszłego roku. Jestem przesądna i wolę mieć do umowy więcej niż całość napisaną. Tytuł prawdopodobnie brzmi *Wielka liczba* (bo już małych liczb nie ma na świecie)"[24].

To ona sama wymyślała tytuły tomików. *Tutaj*, ostatni zbiorek, jaki wydała przed śmiercią, miał początkowo – tak nam przynajmniej mówiła, nie jest jasne, czy do końca serio – nosić tytuł „Szczegóły": – Nagle jednak wyobraziłam sobie, że jakaś pani X pyta pana Y: „Czy miałeś już w rękach szczegóły Szymborskiej?". W języku mówionym cudzysłowu przecież nie ma. Zrezygnowałam. Mam natomiast niezły tytuł do tomiku następnego, o ile oczywiście zdążę jeszcze to i owo napisać. *Wystarczy*.

I tak faktycznie został zatytułowany ostatni, wydany już pośmiertnie tomik. Niewykluczone, że w przekładzie na hiszpański tytuł się nie obroni, bo tłumaczowi nie bardzo przypadło do gustu kategoryczne *Basta*. Nie będzie w tym zresztą niczego niezwykłego – tomiki wierszy Szymborskiej w przekładach często miały inne tytuły niż w oryginale.

Kiedy dała do „Twórczości" wiersz „Liczba Pi", prosiła szefa działu poezji Ziemowita Fedeckiego, by koniecznie przesłał jej korektę, ze względu „na pewne zawiłości z kursywą"[25].

– Spośród kontaktów z najrozmaitszymi autorami – wspominał Fedecki – nasza znajomość z Szymborską wyróżniała się banalnością. Nigdy nic się nie działo. Ona rzadko przysyłała wiersze, nam się one podobały, nie było żadnej dyskusji redakcyjnej, żadnego zawirowania, drukowaliśmy je natychmiast i prosiliśmy o jeszcze, na co ona nie reagowała.

Mimo wysiłków życzliwych poetce redaktorów piętno peerelowskiej bylejakości chyba jednak musiało odcisnąć się i na tomikach jej wierszy, skoro przy okazji omawiania *Sztuki typograficznej Młodej Polski* pisała z zazdrością i pełna rezygnacji, że kiedyś książka była nie tylko porządnie zrobiona, ale i piękna: „Jako autorka nie wymagam już właściwie niczego. Ani głosu w sprawie projektu okładki, ani prawa wpływu na wybór formatu. A zwłaszcza ten format to dla poezji nie jest sprawa błaha. (...) Poeta, nie przypadkiem piszący jakiś utwór długimi wersami, chcąc uniknąć zawieszeń, musi kawałkować wers na dwa albo trzy krótkie. Niby nic takiego. Wierszówka nawet podwaja się lub potraja. Tylko że po tym zabiegu wers przestaje oddychać głęboko i naturalnie, a zaczyna dyszeć. Zmienia to wewnętrzne napięcie w wierszu i poniekąd jego sens"[26].

Po 1989 roku związała się Szymborska z małym Wydawnictwem a5, które z uporem i wbrew prawom rynku wydaje poezję. Tam wyszedł w 1993 roku jej tomik *Koniec i początek*, wybór wierszy *Widok z ziarnkiem piasku*, wreszcie, już po Noblu, obszerniejsze, kilka razy uzupełniane i wznawiane *Wiersze wybrane*. Krystyna i Ryszard Kryniccy – twórcy wydawnictwa, a też jego redaktorzy, korektorzy i gońcy – każdą wydawniczą decyzję podejmowali wspólnie z poetką.

– Wisława przysyłała książkę, która była skończoną całością – opowiadali. – My pytaliśmy, jaki lubiłaby krój czcionki, czy tytuły mają być tekstem czy wersalikami. Zdawaliśmy się na nią również w sprawie formatu czy okładki. Nawet oklejki woziliśmy jej do Krakowa, żeby mogła wybrać kolor.

Regularnie odmawiała zgody na tematyczne wybory swoich wierszy. Wyjątek uczyniła w 1976 roku dla zwierząt. I tak jedenaście wierszy, w których występują. niedźwiedzie, „które przytupują do taktu", dziobak „mlekiem karmiący pisklęta", małpa „skoczna, chwytna i baczna", martwy żuk, „który trzy pary nóżek złożył na brzuchu starannie", a też tarsjusz, goryl, mątwa, ośmiornica, modliszka, koliber, żubr, zebra, stonoga – znalazły się w tomiku *Tarsjusz* (osiemset sześćdziesiąt numerowanych egzemplarzy).

Zwłaszcza wzbraniała się przed antologią wierszy miłosnych. Kiedyś Edward Balcerzan przysłał jej pracę swojej studentki. Odpowiedziała mu: „Trochę mnie ta praca młodej i pełnej dobrej woli studentki rozczuliła i rozbawiła. Zakłada ona, że przez wszystkie lata pisałam o jakiejś jednej miłości, a przecież było ich więcej... Nic dziwnego więc, że trochę się to wszystko nie klei i nie układa w całość. (...) Kiedyś pewne wydawnictwo zaproponowało mi wyborek (mały) samych wierszy miłosnych. Odmówiłam, bo takie pakowanie do jednego worka różnych ludzi i spraw z nimi związanych wydało mi [się] nie *fair* wobec nich i wobec samej siebie"[27].

Ale wydawcy nie zrezygnowali. Pierwszy wyłom uczynili w 2002 roku Włosi, trzy lata później – Niemcy. To ośmieliło Ryszarda Krynickiego, by zaproponować Szymborskiej wydanie antologii po polsku. Udało mu się ją namówić, wybrać i ułożyć – recenzował *Miłość szczęśliwą i inne wiersze* Jerzy Pilch – „książkę esencjonalną, pełną najwyższego wewnętrznego napięcia, z wiersza na wiersz, ze strony na stronę ciemniejącą": „Ta kolekcja wierszy miłosnych jest w istocie kolekcją wierszy metafizycznych, więcej nawet: tło miłosne, też – tło miłości cielesnej – bo i takie – mocne w ich powściągliwości i na odwrót – są tu utwory – metafizyczność uwyraźnia"[28].

Niektóre z tych czterdziestu jeden wierszy należały do elementarza sentymentalnego ludzi dojrzewających w latach sześćdziesiątych i siedemdziesiątych.

> Oto my, nadzy kochankowie,
> piękni dla siebie – a to dosyć –
> odziani tylko w listki powiek
> leżymy wśród głębokiej nocy.
> Ale już wiedzą o nas, wiedzą
> te cztery kąty, ten piec piąty,
> domyślne cienie w kątach siedzą
> i stół w milczeniu trwa znaczącym.
> (…)
> A ptaki? Złudzeń nie miej wcale:
> wczoraj widziałam, jak na niebie
> pisały jawnie i zuchwale
> to imię, którym wołam ciebie.
> („Jawność", *Wołanie do Yeti*, 1957)

Szymborska, jeśli już się na coś godziła, nie zatrzymywała się w pół kroku. 14 lutego 2008 roku, w dniu walentynek, wystąpiła na promocji *Miłości szczęśliwej* i przeczytała tam jeden z ostatnich wierszy miłosnych – „Portret z pamięci".

I w ślad za zgodą na antologię wierszy miłosnych wyraziła zgodę na antologię wierszy o naturze i przyrodzie – *Milczenie roślin* (Joanna Gromek-Illg powiedziała nam, że był to rodzaj prezentu dla niej, bo Szymborska lubiła jej fotografie natury i pozwoliła jej dobrać do nich wiersze).

Nigdy nie zależało jej na wielkich nakładach. Kiedy w latach siedemdziesiątych dwa wydawnictwa – Młodzieżowa Agencja Wydawnicza i Ludowa Spółdzielnia Wydawnicza – chciały opublikować wybór jej wierszy, zgodziła się tylko na jeden. Krynniccy opowiadali, że nie chciała promocji wydanego u nich *Końca i początku*, więc nie naciskali. Gdy dziesięciotysięczny nakład rozszedł się w dwa tygodnie, dodrukowali trzy tysiące, ale na więcej Szymborska przez dłuższy czas nie wyrażała zgody, tłumacząc im, że „rynek już jest nasycony".

– Ja ją rozumiem – mówił nam Ryszard Krynicki. – Nie zgadzam się z Josifem Brodskim, że poezja powinna leżeć w supermarkecie. Myślę, że czytelnik powinien włożyć trochę wysiłku, żeby do niej dotrzeć, nie ma powodu, żeby mu się narzucać.

– Macie do czynienia z osobą pozbawioną ambicji zawodowych – oświadczyła nam Szymborska. – Zawsze chciałam pisać w miarę dobre wiersze i kończyć pisanie, kiedy już nie potrafię nic poprawić. Ale nigdy snu z powiek nie spędzały mi niepokoje, że ktoś jest lepszy ode mnie.

PAMIĄTKOWE RUPIECIE

– W każdym poecie jest oczywiście niepokój o własną twórczość – mówiła. – Szczególny strach towarzyszył w tej sprawie Broniewskiemu. Ja go poznałam już w ostatnich latach jego życia. Był wtedy ogarnięty chorobliwym niepokojem: dzwonił w środku nocy, budził człowieka, czytał mu swoje wiersze i czekał na pochwały, na okrzyki entuzjazmu.

Broniewski przyjechał kiedyś do Krakowa i zaprosił ją na swój wieczór w Akademii Górniczo-Hutniczej. Jechali taksówką, on recytował wiersze, a taksówkarz bezbłędnie odgadywał autorów. Broniewski podnosił poprzeczkę, deklamował coraz mniej znane fragmenty, a taksówkarz nie pomylił się ani razu: to Mickiewicz, to Norwid, to Słowacki, to Krasiński. W końcu Broniewski powiedział swój nowy wiersz, na co taksówkarz skrzywił się: „Poznaję, to Broniewski, ale jego nie cenię".

– W tym momencie przeszedł mi mróz po krzyżu – wspominała Szymborska.

W czasach PRL-u nie bawił jej „sukces wynikający z chytrze przemyconej w wierszu aluzji". Na jakimś wieczorze autorskim ktoś spytał ją, co miała na myśli, kiedy pisała wiersz o rozmowie z kamieniem.

Pukam do drzwi kamienia.
– To ja, wpuść mnie.
Przychodzę z ciekawości czystej.
Życie jest dla niej jedyną okazją.
Zamierzam przejść się po twoim pałacu,
A potem jeszcze zwiedzić liść i kroplę wody.
Niewiele czasu na to wszystko mam.
Moja śmiertelność powinna cię wzruszyć
(...)
– Nie mam drzwi – mówi kamień.
(„Rozmowa z kamieniem", *Sól*, 1962)

Pytający pewnie był rozczarowany, kiedy odpowiedziała: „Kamień"[29].

Dla kogo pisała? Kto, jej zdaniem, sięgał po jej wiersze? Czy miała jakiś obraz swojego czytelnika?

„Nie najlepiej mu się w życiu wiedzie – mówiła. – Nie bardzo wierzę, żeby mnie czytano w takich jakichś willach, gdzie są baseny, wodotryski, wszystkie takie urządzenia. Absolutnie go tam nie widzę. Widzę mojego czytelnika, który, jeżeli kupuje książkę, to patrzy, ile mu zostanie pieniędzy w portmonetce"[30].

Wiadomo, że wiersze dojrzewały w niej długo i długo je pisała, a potem jeszcze długo „leżakowały", wystawione na próbę czasu. Nie było jednak takiego roku w jej życiu, żeby nie napisała przynajmniej jednego wiersza. Tymczasem po Nagrodzie Nobla nie opublikowała, co znaczy, że nie ukończyła, żadnego wiersza aż do jesieni 1999 roku, kiedy to w „Odrze" ukazały się „Bal" i „Trochę o duszy".

– Czy można powiedzieć, że te trzy lata, od Nagrody Nobla do jesieni 1999 roku, były dla poezji stracone?

WYJŚCIE Z KATEDRY, CZYLI JAK WSPINAĆ SIĘ DO POCZĄTKU WIERSZA

– Mam bardzo gruby notes – odpowiedziała nam – i w tym notesie ponotowane różne słowa, myśli, tematy, z których kiedyś może powstaną wiersze. No więc choć ich nie pisałam, cały czas coś notowałam i notes się zapełniał.

– Wiersz tak właśnie powstaje? Od jednego słowa, zdania, które staje się jego początkiem?

„Nie wiem, czy to można nazwać początkiem. Ja często zaczynam od końca. I powiem, że potem trudno jest wspinać się do początku wiersza. Niektóre wiersze powstają długo, czasem do nich wracam, czasem poprawiam. Niedawno zniszczyłam wiersz i zostawiłam sobie z niego w notesie jedno tylko zdanie"[31].

Julian Tuwim, który też zapisywał swoje pomysły na wiersze, mówił o nich „rodniki". Pierwsze zapiski w notesie Szymborskiej (starym i mocno sfatygowanym) pochodzą – zdaniem jej sekretarza Michała Rusinka – z połowy lat sześćdziesiątych (można to poznać po jej piśmie, jeszcze okrąglutkim, które z czasem straciło swoje kulistości; pisała takim maczkiem, że trudno było ją odcyfrować), a pierwsza zanotowana w nim fraza brzmi „niektórzy lubią poezję". Wiersz o tym tytule pojawił się w tomie *Koniec i początek*, a to oznacza, że tytułowe zdanie leżakowało jakieś pół wieku.

Przez wiele lat tkwiło w notesie słowo „kałuża", bo poetka chciała napisać o jednym z lęków, jakie prześladowały ją w dzieciństwie.

Stąpnę i nagle zapadnę się cała,
zacznę wzlatywać w dół
i jeszcze głębiej w dół,
w kierunku chmur odbitych
a może i dalej.

Potem kałuża wyschnie,
zamknie się nade mną,
a ja na zawsze zatrzaśnięta – gdzie –
z niedoniesionym na powierzchnię krzykiem.
(„Kałuża", *Chwila*, 2002)

Równie długo przeleżał się w notesie opis pewnego spotkania.

– Kiedyś, sporo lat temu, miałam smutną okazję obserwowania osoby w szoku po utracie kogoś bliskiego w katastrofie samolotowej. Dopiero teraz opisałam tę sytuację, zmieniając trochę realia – mówiła nam po ukazaniu się tomiku *Tutaj*.

Zaraz nastawię czajnik na herbatę.
Umyję głowę, a potem, co potem,
spróbuję obudzić się z tego wszystkiego.
Dobrze, że przyszłaś, bo tam było zimno,
a on tylko w takim gumowym śpiworze,

on, to znaczy ten tamten nieszczęśliwy człowiek.
Zaraz nastawię czwartek, umyję herbatę
(„Identyfikacja", *Tutaj*, 2009)

Słowa, frazy, pomysły wykorzystane w wierszu po prostu przekreślała. Podpytywałyśmy Michała Rusinka, czy obcując niemal na co dzień z Szymborską, był w stanie podpatrzyć, jak i kiedy powstaje wiersz.

– Nie musiałem wcale podpatrywać, pani Wisława sama się do tego przyznawała, mówiła na przykład, że jest zajęta, bo pisze, czasem nawet mówiła o czym. Czasem jednak dowiadywałem się, że jakiś wiersz wylądował w koszu. Odgrażałem się wtedy, że podpiszę układ z Miejskim Przedsiębiorstwem Oczyszczania, a ona odpowiadała, że drze kartki bardzo starannie.

Spytałyśmy Rusinka również o notesik. O jego istnieniu dowiedział się kiedyś przypadkiem, gdy Szymborska, wyjeżdżając, zostawiła go na biurku w miejscu, gdzie zwykle leżały liściki do niego z listą spraw do załatwienia. – Szybko się zorientowałem, że musiała go zapomnieć. Ale to nie było tak, że ona go jakoś specjalnie chowała. Mnie się wydaje, że dużo bardziej zależało jej na tym, żeby nikt nie miał cienia szansy obejrzeć pierwszych wersji czy jakichś wariantów wierszy.

– Do twoich rąk wiersz trafiał już całkiem gotowy?

– Teoretycznie tak. Dostawałem przepisany na maszynie (najpierw był to Łucznik, potem enerdowska Erika) na cieniutkim, pożółkłym papierze przebitkowym z jakichś starych zapasów. Przychodziłem do niej potem z wydrukiem komputerowym i ona czasem jeszcze robiła na nim poprawki długopisem, a czasem to nawet zaklejała te poprawki. Trochę dlatego, żeby się łatwiej przepisywało, a trochę dlatego, żeby zasłonić poprzednią wersję. Czasem ostateczne przepisywanie odbywało się u niej, gdy przychodziłem do niej z moim laptopem (miała opanowane klawisze *page down* i *page up*).

– Jest „rodnik" w notesie i potem gotowy wiersz. Nic pośredniego. Czy tak?

– Dokładnie. Nie ma nic pośrodku, bo te rzeczy „spomiędzy" wyrzucała do kosza. Czasem jakiś wiersz wydrukowany w prasie zmieniała do wydania książkowego. Ale to były zwykle zmiany kosmetyczne.

Wedle Rusinka Szymborskiej bardzo zależało na tym, żeby nie krążyły żadne wersje ani warianty jej wierszy. – Takich rękopisów różniących się od oryginału jest na świecie może trzy, nie więcej. Ja mam jeden, znalazłem go za szafą, wyprowadzając Szymborską z Chocimskiej. To jest inna niż opublikowana wersja wiersza „Hania". Trzymam i nie zniszczę. Ale nie pokażę nikomu, bo wiem, że ona by tego bardzo nie lubiła.

– Kiedyś – opowiadał Rusinek – podyktowała mi wiersz przez telefon. Była akurat w Lubomierzu, a chciała dołożyć go do tomiku *Chwila*. Ale to rzadkość. Przez telefon dyktowała mi *Lektury nadobowiązkowe* albo czytała czasem limeryki, żeby zobaczyć, czy mnie śmieszą. Z Lubomierza zwykle przywoziła jakieś wiersze. Ale to nie było tak, że ona od razu mi je dawała, musiały się odleżeć. Żartowała, że ma trzy wiersze: jeden skończony, jeden nieskończony i jeszcze jeden skończony, ale nie

WYJŚCIE Z KATEDRY, CZYLI JAK WSPINAĆ SIĘ DO POCZĄTKU WIERSZA

Z Barbarą Rusinek trzymającą na ręku córkę Natalię, która jeszcze rok i ściągnie obrus, co zostanie uwiecznione w wierszu.

zaczęty. Albo: miałam trzy wiersze, ale jeden wylądował w koszu. Tak było z wierszem „Kamyk w bucie", który miał już nawet tytuł, co się rzadko zdarzało, bo tytuły zazwyczaj dawała na samym końcu.

Rusinek opowiedział nam też, jak około połowy 2000 roku Szymborska zadzwoniła do niego akurat, kiedy dawał śniadanie swej rocznej córeczce. Rozmawiając, kątem oka dostrzegł, że Natalia ściąga na ziemię obrus ze swoją kaszką i jego kawą. Jęknął do słuchawki, ale zamiast pocieszenia usłyszał: „Wie pan co, to jest temat na wiersz". Wiersz ukazał się jakiś rok później w „Zeszytach Literackich"[32].

Ale już obrus
– jeżeli dobrze chwycony za brzegi –
objawia chęć do jazdy.

A na obrusie szklanki, talerzyki,
dzbanuszek z mlekiem, łyżeczki, miseczka
aż trzęsą się z ochoty.

Bardzo ciekawe,
jaki ruch wybiorą,
kiedy się już zachwieją na krawędzi:
wędrówkę po suficie?

lot dokoła lampy?
skok na parapet okna, a stamtąd na drzewo?

Pan Newton nie ma jeszcze nic do tego.
Niech sobie patrzy z nieba i wymachuje rękami.
(„Mała dziewczynka ściąga obrus", *Chwila*, 2002)

Szymborska przyświadczyła, że wiersz ten powstał w związku z pojawieniem się na świecie Natalii Rusinek, którą nazwała Pucą, ale dodała, że od razu przypomniała sobie też inne dzieci ściągające obrusy, bo już miała wcześniej w pamięci takie przypadki.

– Na niektóre wiersze składa się ileś tam doświadczeń, innym do powstania wystarczy jedno wrażenie – mówiła o opublikowanym w grudniu 2001 roku w „Arkuszu" wierszu o 11 września 2001 roku. – W tym przypadku było to faktycznie zdjęcie w jakimś czasopiśmie, na którym zobaczyłam zatrzymane w locie figurki ludzkie.

Skoczyli z płonących pięter w dół –
jeden, dwóch, jeszcze kilku
wyżej, niżej.

Fotografia powstrzymała ich przy życiu,
A teraz przechowuje
nad ziemią ku ziemi.
(„Fotografia z 11 września", *Chwila*, 2002)

Kiedyś zaproponowano jej wieczór autorski w zakładzie dla ociemniałych. Odmówiła, ale zaczęła o tym myśleć i powstał wiersz.

Poeta czyta wiersze niewidomym.
Nie przewidział, że to takie trudne.
(…)
Czuje, że każde zdanie
wystawione jest tutaj na próbę ciemności.
Będzie musiało radzić sobie samo,
Bez świateł i kolorów.
(…)
Ale wielka jest uprzejmość niewidomych,
wielka wyrozumiałość i wspaniałomyślność.
Słuchają, uśmiechają się i klaszczą.

Któryś z nich nawet podchodzi
z książką otwartą na opak
prosząc o niewidzialny dla siebie autograf.
(„Uprzejmość niewidomych", *Dwukropek*, 2005)

WYJŚCIE Z KATEDRY, CZYLI JAK WSPINAĆ SIĘ DO POCZĄTKU WIERSZA

Jednak przeważnie i okoliczności, i data narodzin wiersza są nieuchwytne. Na pytanie, dlaczego właściwie nie datuje swoich wierszy, odpowiedziała: „Mnie zawsze trochę śmieszy, gdy czytam wiersz, a pod nim na przykład »Łódź, dnia tego a tego«. Ja bym chciała, żeby wiersz i bez daty dawał sobie radę. Zresztą sama nie potrafiłabym swoich wierszy ułożyć po kolei. Tomik buduję według jakiegoś treściowego czy myślowego ciągu i nie zawsze są to wiersze z tego samego okresu"[33].

Chwaląc w *Lekturach nadobowiązkowych Piosenki* prawie wszystkie Jeremiego Przybory, miała jedno zastrzeżenie: że nie są opatrzone datą. W sprawie datowania swoich wierszy była jednak odmiennego zdania: „Proszę zauważyć, że w moich wierszach nie tylko brakuje dat, ale też, poza jedną jedyną dla Haliny Poświatowskiej, nie ma dedykacji, choć są wiersze, które może i proszą się o dedykację. A to dlatego, że chciałabym, aby każdy mój wiersz był przyjęty przez czytelnika jako napisany dla niego. Bo wiersz należy do ciebie, który to czytasz, i tobie go właśnie dedykuję. Tak więc myślę, że już tego nie zmienię, nie będę moich wierszy datować i umiejscawiać czy jakąś pineską przyszpilać do jakiegoś konkretnego krajobrazu"[34].

> Idę stokiem pagórka zazielenionego.
> Trawa, kwiatuszki w trawie
> Jak na obrazku dla dzieci.
> (...)
> Jakby tutaj nie było żadnych kambrów, sylurów
> skał warczących na siebie,
> wypiętrzonych otchłani,
> żadnych nocy w płomieniach,
> i dni w kłębach ciemności.
> (...)
> Jest dziewiąta trzydzieści czasu lokalnego.
> (...)
> Jak okiem sięgnąć, panuje tu chwila.
> Jedna z tych ziemskich chwil
> proszonych, żeby trwały.
> („Chwila", *Chwila*, 2002)

Niechętnie przyznała, że wiersz ten został napisany w Lubomierzu, i zaraz zapytała: – Co z tego miałoby dla czytelnika wynikać? Przecież ten wiersz był pisany nie tylko z myślą o tych, co mieszkają czy bywają w Lubomierzu, i znajomość tamtejszego pejzażu nie jest niezbędna. Chciałabym, żeby każdy, kto kiedykolwiek patrzył na łagodne, zazielenione wzgórza, wziął go do siebie.

Jarosław Mikołajewski, poeta, szef Instytutu Polskiego w Rzymie, opisał, jak towarzyszył Wisławie Szymborskiej i Michałowi Rusinkowi w podróży po Włoszech w 2007 roku. Zwiedzali razem Toskanię, pojechali do Sieny. Tam wizyta w Pinacotece i Palazzo Pubblico pozwoliła mu poznać „słynną poetykę zwiedzania" w wykonaniu Szymborskiej: „obejrzeć jeden czy dwa szczegóły na jednym czy dwu obrazach, i tyle". Poszli też do katedry, gdzie „Szymborska złapała się za głowę, rozejrzała dookoła, rozkołysała i powiedziała: »Przecież to wszystko nie zasługuje na koniec świata«"[35].

Dwa lata później odnalazł to zdanie w tomiku *Tutaj* jako ostatni wers wiersza o kobiecie nalewającej na obrazie Vermeera mleko z dzbanka do miski.

Jaką drogą wspinała się Szymborska od ostatniego wersu „nie zasługuje Świat / na koniec świata" do początku wiersza: „Dopóki ta kobieta z Rijksmuseum / w namalowanej ciszy i skupieniu / mleko z dzbanka do miski / dzień po dniu przelewa" – pozostanie jej tajemnicą.

Na promocji ostatniego wydanego za życia tomiku *Tutaj*. Opera Krakowska, 27 stycznia 2009 roku

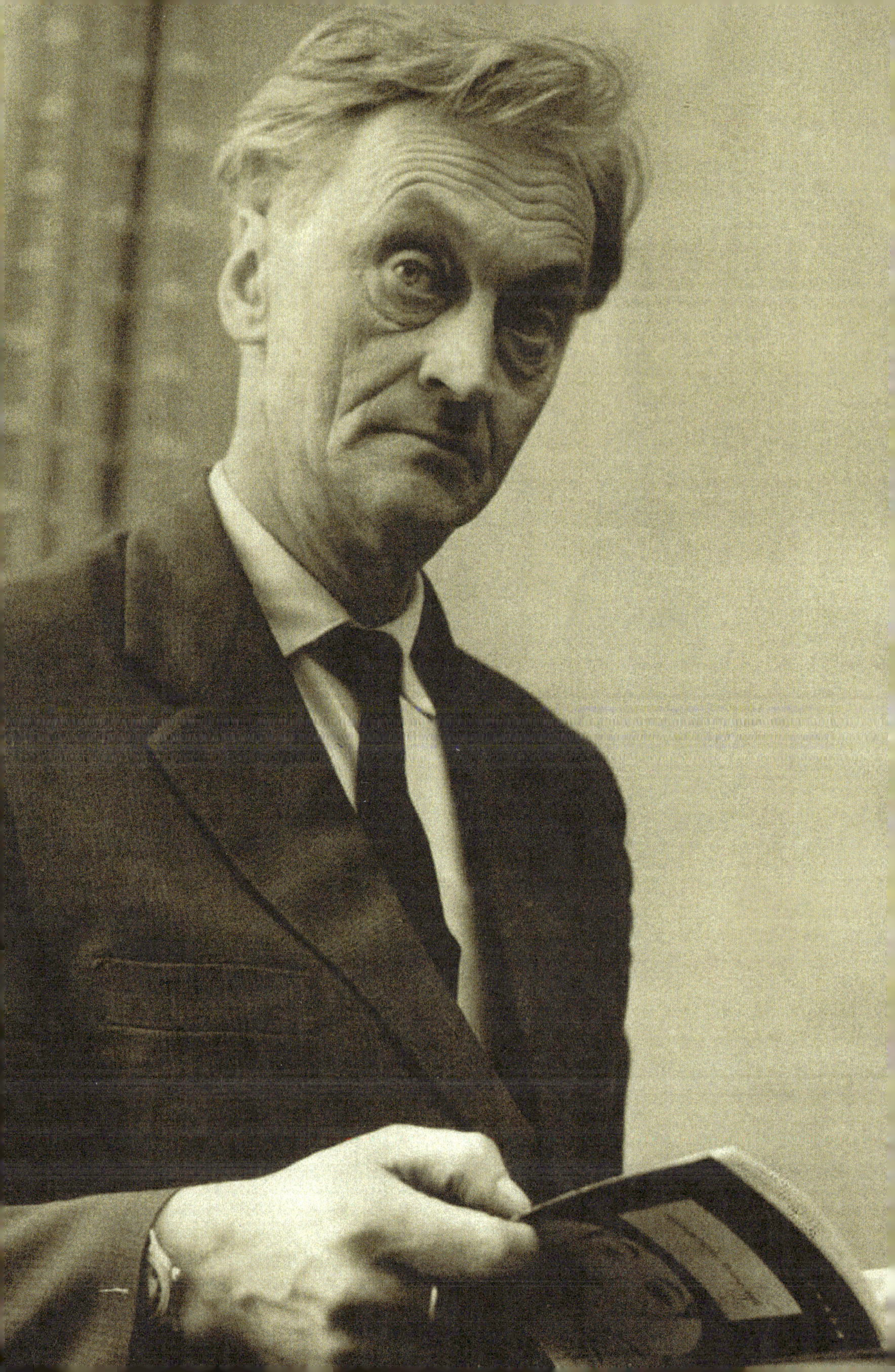

ROZDZIAŁ 14

Z Kornelem Filipowiczem na rybach, grzybach i w życiu

Wisława Szymborska zdjęcia trzymała w szarych kopertach poupychanych po szufladach. Fotografie z dzieciństwa przemieszane tam były ze zdjęciami przyjaciół i ukochanych, a czasem spod zdjęć rodzinnych wyłaniała się fotografia Piłsudskiego czy Lecha Wałęsy. Dat i podpisów zwykle brakowało, ale czasem się pojawiały, na przykład podpis na odwrocie zdjęcia krajobrazu nad rzeką: „Na księżycu, 2–15 lipca 1975".

W albumach, do których przez całe życie wklejał fotografie Kornel Filipowicz, Szymborska pojawiła się w roku 1969. Jego syn Aleksander pokazał nam tych albumów kilkanaście. W każdym starannie wklejone, podpisane i opatrzone datą zdjęcia ze spływów, majówek, weekendów, biwaków, wypraw na ryby i grzyby. Mnóstwo „martwych natur": ryby pojedyncze i mnogie, szczupaki i węgorze ułożone od najmniejszych do największych, a dla porównania rozmiarów, a to pudełko papierosów Sport, a to scyzoryk, a to tabliczka czekolady Wedla.

Jeszcze zanim zajrzałyśmy do szuflad Szymborskiej i albumów Filipowicza, Bronisław Maj opowiedział nam z pamięci jedno ich wspólne zdjęcie: oboje siedzą przed namiotem, on na ziemi, ona na składanym krzesełku, on – traper, w rozpiętej flanelowej koszuli i słomkowym kapeluszu, mógłby go zagrać Gregory Peck; ona jakby trochę z innej bajki – w zwężanych spodniach typu sycylijki, sięgających do połowy łydek, sandałkach na obcasie, na głowie zgodnie z ówczesną modą ma tapir, a dla ochrony tej koafiury – związaną pod brodą chusteczkę.

Opis zdjęcia był tak akuratny, że wyłowiłyśmy je natychmiast ze stosiku, jaki poetka wysypała nam z szuflady na stół. W albumie Filipowicza podpisano je: „wakacje, 1971". Ale to, o czym opowiadał Maj, jeszcze bardziej widoczne było na zdjęciu, które w albumie Filipowicza figurowało pod datą o dwa lata wcześniejszą: poetka w białej eleganckiej wizytowej sukience spiętej pod szyją broszką siedzi w kajaku i raczej trzyma wiosła, niż wiosłuje.

Z czasem jednak, co uwieczniły fotografie z lat późniejszych, Szymborska przekonała się do stroju kempingowego.

– Ojciec jeszcze w latach sześćdziesiątych organizował wielkie spływy kajakowe, na które zabierał przyjaciół: Tadeusza Kantora, Tadeusza i Stanisława Różewiczów, Artura Sandauera, Jonasza Sterna oraz zaprzyjaźnionych członków rozległego klanu Jaremów, rodziny mojej matki, która zmarła w roku 1958, gdy byłem dzieckiem – opowiadał nam Aleksander Filipowicz. – Później już nie miał sił na ich organizowanie, ale jeździł z Wisławą nad jeziora, gdzie wypożyczało się kajaki.

PAMIĄTKOWE RUPIECIE

– Po raz pierwszy zobaczyłam Kornela gdzieś w 1946 albo 1947 roku – opowiadała nam Szymborska. – Nie pamiętam, gdzie to było, ale pamiętam wrażenie, jakie na mnie zrobił. Siwiejący blondyn, opalony, kolorowy, w niebieskich wypłowiałych spodniach, wtedy jeszcze nie było mody na dżinsy, i bluzie w takim cudownym żółtym, rozbielonym kolorze. Pomyślałam: „Boże, jaki piękny mężczyzna". Ale to nie miało wtedy żadnych konsekwencji. Przez całe lata patrzyliśmy na siebie z daleka.

W 1968 roku Szymborska przeczytała zbiorek opowiadań Filipowicza *Dziewczyna z lalką czyli o potrzebie smutku i samotności* i pomyślała: „To zupełnie jak ja. Ja też potrzebuję smutku i samotności"[1].

Bardzo by ich zdziwiło,
że od dłuższego już czasu
bawił się nimi przypadek.

Jeszcze nie całkiem gotów
zamienić się dla nich w los,
zbliżał ich i oddalał,
(...)
Były klamki i dzwonki,
na których zawczasu
dotyk kładł się na dotyk.
Walizki obok siebie w przechowalni.
Był może pewnej nocy jednakowy sen,
natychmiast po zbudzeniu zamazany.
(„Miłość od pierwszego wejrzenia", *Koniec i początek*, 1993)

W czasie okupacji Filipowicz pracował jako pomocnik księgarza w znanym krakowskim antykwariacie na Łobzowskiej, gdzie spod lady można było dostać konspiracyjną bibułę, a także umieszczone przez Niemców na indeksie książki przedwojenne. Związany był z konspiracyjną grupą lewicowej inteligencji, która organizowała podziemne życie literackie, i tam właśnie zetknął się z Adamem Włodkiem, późniejszym mężem Szymborskiej. Kiedy wiosną 1944 roku Filipowicza aresztowało Gestapo, Włodek postanowił wydać jego tomik wierszy *Mijani* w prowadzonej przez siebie Bibliotece Poetyckiej Krakowa. Wcześniej autor podarował mu ten tomik przepisany na maszynie w dziesięciu egzemplarzach z okładką i rysunkami Marii Jaremy[2].

Choć przed wojną Filipowicz opublikował opowiadanie i kilka artykułów oraz wierszy (redagował też pismo „Nowy Wyraz"), za prawdziwy debiut uważa się wydany w 1947 roku tom opowiadań *Krajobraz niewzruszony*.

Jego życiorys okupacyjny – kampania wrześniowa, niewola, ucieczka z obozu jenieckiego, udział w konspiracji, uwięzienie na Montelupich, pobyt w obozach w Gross-Rosen i Oranienburgu – mógłby stać się kanwą opowiadań sensacyjnych, patetycznych, martyrologicznych, patriotycznych. Ale to nie była jego poetyka. Pod tym względem wiele łączyło go z Szymborską. Esej o debiutanckim tomie jego opowiadań Kazimierz Wyka zatytułował: *Chłodny umysł i nieskore odruchy geologa…*[3].

Ożeniony z Marią Jaremą, malarką awangardową, cenił sobie Filipowicz nowatorskie poszukiwania w sztuce, w literaturze jednak był zwolennikiem form konwencjonalnych. W recenzjach kolejnych tomów jego opowiadań powtarzały się określenia: prostota, zwięzłość, dyskrecja, precyzja, prostolinijność, skromność, ascetyzm, powściągliwość, dyscyplina, wyciszenie, dystans, codzienność, staroświeckość.

W powojennej literaturze polskiej nie było drugiego pisarza, który by z taką konsekwencją i tak po mistrzowsku uprawiał małą prozę. Należący do jego wielbicieli Jerzy Pilch mówił nam, że do niektórych opowiadań Filipowicza wraca i po kilka razy do roku: – To proza, która się nie starzeje. Jedyny polski pisarz, który pisać uczył się u Czechowa: prosty człowiek, prosta historia, problemy z życia… to są rzeczy wiecznotrwałe. Podjąłbym się wybrać z jego twórczości dwutomowy zbiór opowiadań, w którym byłyby same arcydzieła.

Jako przykład takiego arcydzieła podał opowiadanie *Mój ojciec milczy* – o meczu drużyny Makabi z Piastem.

– Dlaczego piłka nożna to taka popularna gra? Bo ordynarnie prosta: kopie się piłkę, a bramkarz albo ją złapie, albo puści – mówił Pilch, znany jako wielbiciel futbolu. – Zanim przeczytałem to opowiadanie, byłem pewien, że wokół meczu piłki nożnej żadnej wielkiej literatury się nie ukręci. Otóż nie miałem racji.

Cienką kreską narysowana opowieść, w której mały chłopiec obserwuje druzgocącą przegraną swego klubu i przyłącza się w patriotycznym uniesieniu do ataku rozwścieczonych kibiców na żydowskich graczy, ale nie zyskuje tym aprobaty ojca, faktycznie chwyta za gardło.

Karl Dedecius, tłumacz zaprzyjaźniony z Filipowiczem od początku lat sześćdziesiątych, wspominał, jak bardzo się ucieszył, gdy kiedyś zobaczył go u boku Szymborskiej: „Wcześniej oboje sprawiali na mnie wrażenie melancholijnych samotników. Teraz pasowali do siebie jak męski i żeński rodzaj liścia miłorzębu. Stanowili organiczny związek, jedność i całość"[4].

Zauważyła to też Urszula Kozioł, która Filipowicza poznała w 1972 roku na zjeździe Związku Literatów Polskich w Łodzi: „Był właśnie zakochany jak sztubak, cały promieniał od środka tym uczuciem i kiedy tak jakoś zawadiacko i zaczepnie zagadnął mnie, co sądzę o W., pomyślałam, że ma w sobie coś z błędnego rycerza dawnych epok, który rad by wyzwać na pojedynek każdego, kto nie podzielałby podziwu dla damy jego serca"[5].

Nicość przenicowała się także i dla mnie.
Naprawdę wywróciła się na drugą stronę.
Gdzież ja to się znalazłam –
od stóp do głów wśród planet,
nawet nie pamiętając, jak mi było nie być,

O mój tutaj spotkany, tutaj pokochany,
już tylko się domyślam z ręką na twoim ramieniu,
ile po tamtej stronie pustki na nas przypada,
ile tam ciszy na jednego tu świerszcza,
ile tam braku łąki na jeden tu listeczek szczawiu,
a słońce po ciemnościach jak odszkodowanie
w kropli rosy – za jakie głębokie tam susze!
(…)
A mnie tak się złożyło, że jestem przy tobie.
I doprawdy nie widzę w tym nic
zwyczajnego.
(***, *Wszelki wypadek*, 1972)

– Myślę, że dopóki byłam w partii, nic między nami nie było możliwe – mówiła nam Szymborska. – Co prawda jego żona też należała do PZPR, ale malowała abstrakcyjnie, więc była źle widziana, a po rewelacjach Chruszczowa na XX zjeździe KPZR podarła publicznie legitymację partyjną.

Szymborska, przypomnijmy, wystąpiła z partii w roku 1966, rok później wyszedł jej tomik *Sól*. Większość wierszy do tomiku następnego powstała już po tym, jak pojawił się w jej życiu wysoki blondyn, który tymczasem zdążył posiwieć. Filipowicz, przedwojenny PPS-owiec, nigdy do partii nie należał.

Ewa Lipska, która jako osiemnastolatka zaczęła ciężko chorować, a Szymborska wysyłała do niej do kolejnych szpitali i sanatoriów karteczki, żeby podtrzymywać ją na duchu i wspierać, mówiła nam: – Oni się już wcześniej znali i widywali z Kornelem przy różnych okazjach w Związku Literatów, a potem nagle błysnęło i przeleciała między nimi iskra. Musiałabym zajrzeć do listów Wisławy, zobaczyć, kiedy zaczęli się podpisywać razem, żeby wam powiedzieć, kiedy to się stało.

Miłość szczęśliwa. Czy to jest normalne,
czy to poważne, czy to pożyteczne –
co świat ma z dwojga ludzi,
którzy nie widzą świata?

Wywyższeni ku sobie bez żadnej zasługi,
pierwsi lepsi z miliona, ale przekonani,
że tak stać się musiało – w nagrodę za co? za nic;
(…)
Spójrzcie na tych szczęśliwych:
gdyby się chociaż maskowali trochę,
udawali zgnębienie krzepiąc tym przyjaciół!
Słuchajcie, jak się śmieją – obraźliwie.
Jakim językiem mówią – zrozumiałym na pozór.
A te ich ceremonie, ceregiele,

wymyślne obowiązki względem siebie –
wygląda to na zmowę za plecami ludzkości!
(...)
Miłość szczęśliwa. Czy to jest konieczne?
Takt i rozsądek każą milczeć o niej
jak o skandalu z wysokich sfer Życia.
(„Miłość szczęśliwa", *Wszelki wypadek*, 1972)

Wiosną 1972 roku Lipska zrobiła Szymborskiej i Filipowiczowi całą serię zdjęć: siedzą sobie na kamiennej ławeczce na Kazimierzu, kompletnie zapuszczonej wówczas, dawnej żydowskiej dzielnicy Krakowa. Za plecami mają odrapany mur, liszajowate, łuszczące się tynki. Palą papierosy i przypatrują się, jak Stanisław Różewicz kręci film *Szklana kula* według opowiadania Filipowicza *Święty*. Nawet na tym zdjęciu, na którym odwrócili się do siebie plecami, widać, że są razem. Szczegóły i okoliczności utrwalonej na kliszy sytuacji opisał nam reżyser, do którego wysłaliśmy odbitki.

„Samo opowiadanie było niewielkie, ale »gęste« – odpisał Stanisław Różewicz. – Historia kilkorga młodych ludzi po maturze wędrujących za włóczęgą, którego nazwali »Świętym«. Grał go Franciszek Pieczka. Tego dnia kręciłem scenę błądzącego za »Świętym« Krzysztofa. Kornela film zawsze interesował, łącznie z techniczną stroną. Poprzedniego dnia spytał, czy może przyprowadzić na plan swoją znajomą. Przyszedł z Wisławą, którą znałem wówczas tylko z jej wierszy. Przyglądali się naszej pracy dwie–trzy godziny. Myślę, że Wisława była wtedy na planie pierwszy raz w życiu. Patrzę na te nie znane mi do tej pory zdjęcia. Są jak jeszcze jedno nieoczekiwane po latach milczące spotkanie"[6].

Pani w kaloszach, z wiklinowym koszykiem na grzyby, którą gdzieś w połowie lat siedemdziesiątych zobaczyła w salonie dziadka, wydała się Tamarze Fizek (po mężu Borkowicz), wtedy uczennicy piątej klasy, znajoma. Pobiegła do pokoju sprawdzić zdjęcie w stojącym na półce tomiku wierszy. Tak, to ta sama pani, której wiersz właśnie przygotowywała na akademię. Zeszła na dół i zaczęła recytować: „Bez tej miłości można żyć / Mieć serce puste jak orzeszek". Poetka poprosiła o książkę i w *Poezjach wybranych*, wydanych przez Ludową Spółdzielnię Wydawniczą, skreśliła „puste" i wstawiła „suche". To był korektorski błąd. Od tego czasu Tamara wielokrotnie recytowała „Gawędę o miłości ziemi ojczystej" już zawsze prawidłowo.

Dziadek Tamary, Lech Siuda z Buku pod Poznaniem, lekarz, posiadacz wspaniałej kolekcji sztuki współczesnej, odwiedził kiedyś Filipowicza w Krakowie, bo zachwycił się obrazami Jaremianki i chciał dołączyć je do swoich zbiorów. Tak zaczęła się ich znajomość.

– Przez kilkanaście kolejnych lat szykowałem pani Wisławie i Kornelowi urlop w leśniczówkach, w Olejnicy lub Papierni albo w domkach dla letników – wspominał w 1997 roku wtedy już dziewięćdziesięcioletni Siuda. – Oni latem pakowali manatki i wsiadali w pociąg do Poznania. Córka przywoziła ich do mnie, skąd ruszaliśmy dalej, w okolice Wolsztyna i Leszna. Zawsze starałem się znaleźć im takie miejsce, żeby dla Kornela była obfitość ryb, łowił sandacze, liny, płocie, a najwięcej szczupaków, dla pani Wisławy zaś – grzybów i jagód. Żeby było pięknie i niedrogo, bo pani Wisława nie była bogata.

Wakacje – zawsze w Wielkopolsce. Biwaki – w Nowosądeckiem: nad Dunajcem, Rabą, Skawą, żeby Filipowicz mógł łowić ryby. To tam, nim jeszcze narodziła się ta międzynarodowa akcja, Szymborska zajęła się „sprzątaniem świata", o czym nadmieniła w *Lekturach nadobowiązkowych*: „Kiedy przyjeżdżam na biwak, pierwszą moją czynnością jest sprzątanie zielonej okolicy w promieniu plus minus dwustu metrów. Zbieram zadziwiające ilości wszelkiego śmiecia i gromadzę w specjalnie wykopanym dołku. Przez kilka dni natura odwdzięcza mi się przyjemnym wyglądem"[7].

Tadeusz Nyczek, krytyk literacki, nie mówił co prawda wprost o wpływie, jaki na poezję Szymborskiej wywarło obcowanie z Kornelem Filipowiczem, ale da się to z jego wypowiedzi wyczytać: – W wierszach Szymborskiej datowanych gdzieś od lat siedemdziesiątych, to jest począwszy od tomików *Wszelki wypadek* i *Wielka liczba*, widać, jak ważnym elementem jej światopoglądu staje się poczucie nieskończoności świata i to przekonanie, że wszystko jest ważne. Zarówno natura, jak i kultura, bo wszystko, z wyłączeniem łajdactw i zbrodni, składa się na jego wspaniałość. To była filozofia bliska Filipowiczowi, w jego prozie też widać, że każde życie jest ważne, bo należy do pejzażu świata. Kornel Filipowicz jako rybak, pisarz i filozof wędkarstwa

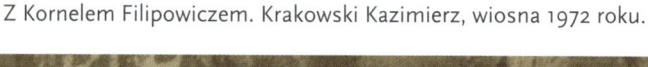

Z Kornelem Filipowiczem. Krakowski Kazimierz, wiosna 1972 roku.

był zdania, że płotka ma taką samą rację bytu jak pożerający ją szczupak. Ale w stosunkach międzyludzkich nie przepadał za szczupakami, wolał płotki. Wisława tak samo.

Miłosny podziw dla natury faktycznie wtargnął w którymś momencie do wierszy Szymborskiej:

> Tyle naraz świata ze wszystkich stron świata:
> moreny, mureny i morza i zorze,
> i ogień i ogon i orzeł i orzech –
> jak ja to ustawię, gdzie ja to położę?
> Te chaszcze i paszcze i leszcze i deszcze,
> bodziszki, modliszki – gdzie ja to pomieszczę?
> Motyle, goryle, beryle i trele –
> dziękuję, to chyba o wiele za wiele.
> Do dzbanka jakiego ten łopian i łopot
> i łubin i popłoch i przepych i kłopot?
> Gdzie zabrać kolibra, gdzie ukryć to srebro,
> co zrobić na serio z tym żubrem i zebrą?
> Już taki dwutlenek rzecz ważna i droga,
> a tu ośmiornica i jeszcze stonoga!
> Domyślam się ceny, choć cena z gwiazd zdarta –
> dziękuję, doprawdy nie czuję się warta.
> („Urodziny", *Wszelki wypadek*, 1972).

– Ja ciągle krążę koło tego świata, który jest nie tylko nasz, ale jeszcze wielu innych form życia, i próbuję zrozumieć, jak one nas odbierają. A rośliny, no cóż, dla nich nie istniejemy. One istnieją same dla siebie – komentowała do nas swój wiersz napisany w latach dziewięćdziesiątych.

> Jednostronna znajomość między mną a wami
> rozwija się nie najgorzej.
> (...)
> Macie u mnie imiona:
> klon, łopian, przylaszczka,
> wrzos, jałowiec, jemioła, niezapominajka,
> A ja u was żadnego.
> (...)
> Nie brakłoby tematów, bo łączy nas wiele.
> (...)
> Objaśnię, jak potrafię, tylko zapytajcie:
> co to takiego oglądać oczami,
> po co serce mi bije
> i czemu moje ciało nie zakorzenione.

Ale jak odpowiadać na niestawiane pytania,
jeśli w dodatku jest się kimś
tak bardzo dla was nikim.

(„Milczenie roślin", *Chwila*, 2002)

Ona sama przyznała się, że w młodości nużyły ją opisy przyrody w książkach, więc je opuszczała i odmieniło jej się dopiero, kiedy zaczęła czytywać opowiadania Filipowicza. Wtedy zrozumiała, że opis nie musi być jedynie dodatkiem do fabuły, że może być – jak u niego – „samą fabułą, samym dzianiem się". I dodała, że jego proza to wielka sztuka[8].

Tadeusz Chrzanowski, profesor historii sztuki, opowiadał nam, jak zdumiał się pewnego dnia, gdy udając się bladym świtem na dworzec, minął na ulicy Szymborską z wędką. Także Włodzimierz Maciąg mówił nam, że nigdy by nie podejrzewał, iż jego redakcyjna koleżanka, która nie ma w sobie nic ze sportowego ducha, nie jeździ na nartach ani na łyżwach, nie gra w tenisa, nagle bez słowa skargi zacznie znosić niedogodności i zimno na kempingach. (W Krakowie wywoływało też zdumienie, że Szymborska pozwalała wozić się na motorze Janowi Pawłowi Gawlikowi, który miał opinię szalonego motocyklisty).

Filipowicz nigdy nie miał samochodu, bo nie chciał. Szymborska, co mniej dziwi, też nie chciała być kierowcą. Zapraszali jednak często na swoje wyprawy przyjaciół z prawem jazdy i środkiem lokomocji. Jan Paweł Gawlik, wówczas dyrektor Starego Teatru w Krakowie, namówił ich kiedyś do obejrzenia *Wyzwolenia* Wyspiańskiego, które przeniósł do Teatru Telewizji. Wkrótce potem otrzymał od nich list, że spektakl ich nie usatysfakcjonował, więc:

„1. W formie odszkodowania za poniesione straty moralne poszkodowani uchwalili w głosowaniu tajnym i jawnej dyskusji skazać Dyrektora J.P. Gawlika na grzywnę w postaci dwóch całodniowych wyjazdów na ryby wraz z poszkodowanymi w okresie od 1 maja do 15 października 1980 roku.

2. Dyr. J.P. Gawlik winien w tym celu dostarczyć własnego samochodu w stanie zadowalającym i kierować pojazdem tam i z powrotem".

W zakończeniu dodali, że karny wyjazd „nie wyklucza innych wyjazdów, które Dyrektor J.P. Gawlik zechciałby odbyć w towarzystwie poszkodowanych z własnej już ochoty i dla obopólnej przyjemności"[9].

– Wyjeżdżaliśmy zwykle z Krakowa około siódmej rano – wspominała inna towarzyszka ich wypraw wędkarskich Ewa Lipska. – Z przodu mój mąż Władzio, który prowadził, i Kornel, a ja z Wisławą z tyłu, z dżdżownicami. W Brzesku kupowaliśmy piwo. Jak zajeżdżaliśmy na brzeg, Kornel, w kapeluszu z wpiętymi złotymi rybkami, w milczeniu rozkładał wszystkie swoje zabawki: haczyki, spławiki. My obie brałyśmy zawsze ze sobą „Sterny", „Spiegle" i wyszukiwałyśmy artykuły sensacyjne, skandale, zbrodnie. Wisława przygotowywała jedzenie, zbierała grzyby, wiązanki kwiatów albo stała z podbierakiem. Mówiliśmy o niej Pani Podbierakowa. Tak też zdarzało jej się podpisywać kartki z wakacji, Kornel natomiast podpisywał się jako doc. dr hab. (ewentualnie ksiądz) Eustachy Rybeńko, ichtiolog (dekadę później tym pseudonimem będzie podpisywał swoje utwory w prasie podziemnej).

– Kiedy ryba była według przepisów za mała – opowiadała Lipska – Kornel zdejmował ją z haczyka i wypuszczał z powrotem do wody ze słowami: „Amnestionuję cię", te większe zaś z humanitarnym wdziękiem walił po główce, po czym sam je przysposabiał do smażenia, czyścił i skrobał. W ten sposób tradycyjnie spędzaliśmy, między innymi, każde wybory.

– Kornel łowił ryby, a Wisława siedziała na brzegu z patelnią. On uważał, że nie ma co brać jedzenia, bo przecież będą ryby – opowiadał Jan Pieszczachowicz, który też wyjeżdżał z Filipowiczem i Szymborską. – Jak trafiały się takie poniżej dwudziestu centymetrów, wrzucał je z powrotem do wody, był rybakiem honorowym. Kiedy już wszystkie wyrzucił, niewymiarowe zdarzały mu się najczęściej, Wisława otwierała konserwę ze słowami: „Kornelu, jak zwykle możemy liczyć na Centralę Rybną".

– Kornel robił wrażenie mocnego mężczyzny – mówiła dalej Lipska – a mój mąż był melancholijny, miękki i patrzył na niego z podziwem. Jako astrologiczna Ryba Władzio odnosił się z rezerwą do łowienia, ale tak polubił nasze wyjazdy, że dał się Kornelowi namówić na zdawanie egzaminu na członka Związku Wędkarskiego. Kornel uczył go rozpoznawać gatunki ryb i któregoś dnia przepytywał go przed egzaminem, a Wisława wzięła puszkę sardynek i mówi: „No, Władziu, zgadnij, co to jest za rybka?". Kiedy Władek w końcu zdał, Kornel był szczęśliwy: teraz mógł, pozostając w zgodzie z przepisami Związku Wędkarskiego, tkwić na brzegu nie z dwiema, ale z czterema wędkami.

– Ułaskawiałam ryby, zdejmowałam je z haczyka – mówiła nam Szymborska. – Ale i tak czasem łapał je szczupak, bo poczuł świeżą krew.

Po pierwszym wydaniu tej książki Zbigniew Mentzel, pisarz, ongiś namiętny wędkarz, zwrócił nam uwagę, że zamiast dowcipkować, powinnyśmy były zauważyć, że dla poetki wędkowanie z Filipowiczem musiało być doświadczeniem głębszym, niż nam się wydaje. „Zapatrzone w puszkę rybnej konserwy Anna Bikont i Joanna Szczęsna – pisał – najwyraźniej przeoczyły, że w jednym z piękniejszych wierszy Szymborskiej »W rzece Heraklita« ryba staje się metaforą wszystkiego – metaforą jedyną. To wiersz o przemijaniu i, jak zwykle u niej, pod pozorną oschłością wyczuwa się pulsowanie gorącego źródła"[10].

> W rzece Heraklita
> ryba kocha rybę,
> twoje oczy – powiada – lśnią jak ryby w niebie,
> chcę płynąć razem z tobą do wspólnego morza,
> o najpiękniejsza z ławicy.
> („W rzece Heraklita", *Sól*, 1962)

I jeszcze dodał: „Z Kornelem Filipowiczem rozmawiałem raz tylko i rozmowa ta – o łowieniu brzany gruntówką z ciężkim ołowiem dennym – była pasjonująca".

W nowosądeckim (ale też wielkopolskim) krajobrazie rozgrywała się – jeśli tak można powiedzieć – akcja wielu wierszy Szymborskiej.

Doszło do tego, że siedzę pod drzewem,
na brzegu rzeki,
w słoneczny poranek.
Jest to zdarzenie błahe
i do historii nie wejdzie.
To nie bitwy i pakty,
których motywy się bada,
ani godne pamięci zabójstwa tyranów.
(...)
To drzewo to topola zakorzeniona od lat.
Rzeka to Raba nie od dziś płynąca.
Ścieżka nie od przedwczoraj
wydeptana w krzakach.
Wiatr, żeby rozwiać chmury,
musiał je wcześniej tu przywiać.
(...)
Na taki widok zawsze opuszcza mnie pewność,
że to co ważne
ważniejsze jest od nieważnego.
(„Może być bez tytułu", *Koniec i początek*, 1993)

Karl Dedecius, który korespondował z Filipowiczem przez całe lata, przytoczył we wspomnieniu o nim kilka jego listów. W jednym z nich, tłumacząc się z opieszałości w odpowiedzi, Filipowicz pisał, że jest uwiązany w domu przy chorej i zniedołężniałej matce: „Wisława bardzo mi pomaga, robi zakupy, stoi w kolejkach (coraz dłuższych), ale nie wolno mi jej eksploatować, bo ma swoje, ważniejsze obowiązki: pisanie"[11].

– Życie Wisełki było zawsze kameralne – opowiadała nam Ewa Lipska. – Żyła tak, żeby mieć czas na pisanie wierszy. Póki żyła Nawoja, dla niej ważne było, że ma pojechać do siostry na obiad, zabrać słoiki. Zresztą od Nawoi nigdy się nie wychodziło z pustymi rękami. Często podwoziliśmy Wisławę samochodem, i trasa na Radziwiłłowską podzwania mi wciąż dźwiękiem słoików. Nawoja to był wspaniały i niedościgły wzór dawnej gospodyni: śledziki i marynowane grzybki, flaczki. Ona otwierała wspomnienia z dzieciństwa o przepastnych spiżarniach.

A kiedy siostra zaprasza na obiad,
to wiem, że nie w zamiarze czytania mi wierszy.
Jej zupy są wyborne bez premedytacji,
a kawa nie rozlewa się na rękopisy
(...)

Z KORNELEM FILIPOWICZEM NA RYBACH, GRZYBACH I W ŻYCIU

1971 rok.

Moja siostra uprawia niezłą prozę mówioną,
a całe jej pisarstwo to widokówki z urlopu
(„Pochwała siostry", *Wielka liczba*, 1976)

    To siostra Wisławy Szymborskiej organizowała zawsze wszystkie święta. Zgodnie z tradycją w Krakowie robiło się na wigilię barszcz, ale u Nawoi była zawsze fantastyczna – jak mówili zapraszani tam goście – grzybowa. Na Wielkanoc organizowała zawsze konkurs, kto zrobi najpiękniejszą pisankę.
    Elżbieta i Jan Pindlowie, sąsiedzi Nawoi z Radziwiłłowskiej z późniejszego czasu, opowiadali nam o tradycji czwartkowych obiadów wydawanych przez Nawoję dla Wisławy i jej najbliższych przyjaciół: – Wisława zabierała potem jedzenie na cały tydzień. Ona ogromnie sobie ceniła, że jej siostra tak wspaniale gotuje. Lubiła zupę kminkową, pejzankę, rosołek, żurek, sznycel, ziemniaki krojone w kostkę, parzybrodę, czyli małe główki kapusty, jak pomarańcze w ósemkach, do tego wcześniej zapeklowana baranina, skwarki, przyprawy, ziele angielskie, liście bobkowe. Po śmierci Nawoi próbowaliśmy tę parzybrodę robić, ale nie uzyskaliśmy tego smaku, choć ona zostawiła zeszyt z przepisami. Był tam przepis na gołąbki, kapustę do nich parzyło się wcześniej, mięso brało się niegotowane, przekładało kapustą w środku i tak się dusiło. Nawoja podawała to tradycyjnie na Wszystkich Świętych. W Wielki Piątek natomiast serwowała śledzie zapiekane, które smażyło się w bułce tartej z cebulą. U Nawoi stół był zawsze starannie nakryty, po pańsku.

PAMIĄTKOWE RUPIECIE

Kornel Filipowicz i Wisława Szymborska (z prawej) nad Dunajcem. 10 lipca 1975 roku.

– Deszcz nagle zaczął lać – opowiadała nam Wisława Szymborska. – To była improwizacja w przyrodzie.

Z KORNELEM FILIPOWICZEM NA RYBACH, GRZYBACH I W ŻYCIU

Tadeusz Nowak, obok jego żona Zofia i Wisława Szymborska. Motkowice, 1974 rok.

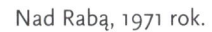

Nad Rabą, 1971 rok.

– Święta u Nawoi to była uroczystość rodzinna – mówiła Lipska. – Wisława przychodziła najpierw z Adamem Włodkiem, potem z Janem Pawłem Gawlikiem, potem z Kornelem. Ja przychodziłam najpierw z Adamem, a potem z moim mężem Władziem.

Gdzieś w początkach lat siedemdziesiątych na marginesie lektury książki *Naprawy i przeróbki w moim mieszkaniu* Szymborska pisała: „Nie lubię słowa majsterkowicz, ale ludzi, których ono określa, owszem, bardzo. (…) Po każdy kawałek blachy i śrubkę spostrzeżoną na ulicy opłaca im się schylić, bo jak nie dziś, to za dziesięć lat na pewno się przyda. Kiedy inni wchodzą do sklepów z żelastwem przyciśnięci ostateczną koniecznością, oni wkraczają tam dla wytchnienia, grzebią przez godzinę w dłutkach i pomrukują. (…) Doroślenie majsterkowicza polega głównie na tym, że zawartość jego kieszeni przenosi się do szuflad. Kiedy majsterkowicz wprowadzi się do nowego mieszkania ze wzdętą podłogą i całą serią podobnych zagadnień, ma już za sobą długoletnią praktykę. Pean, który tu na jego cześć wygłaszam, ma luźny związek z książką *Naprawy i przeróbki*. Majsterkowicz z bożej łaski nigdy takich książek nie kupuje, bo nie są mu potrzebne. Ten geniusz zawsze już gdzieś widział, jak się odbywa na przykład mocowanie łap przeciwwyważeniowych"[12].

Czytając ten fragment, trudno oprzeć się wrażeniu, że poetka musiała znać opisywanego osobnika z autopsji. Wszelkie co do tego wątpliwości rozwiewa lektura wiersza opublikowanego w „Dekadzie Literackiej" i opatrzonego przypisem: „Wierszyk napisany na imieniny, gdzieś w latach siedemdziesiątych. Szanowny Solenizant nie wzdragał się go przyjąć"[13].

Nigdy nie dedykowała swoich wierszy (nie tylko miłosnych), choć niektóre – jak nam mówiła – może i prosiły się o dedykację. Co roku jednak 16 września układała wiersz okolicznościowy w dzień „pewnego solenizanta".

Należy do tych mężczyzn, co wszystko chcą robić sami.
Trzeba go kochać łącznie z półkami i szufladami.
Z tym, co na szafkach, w szafkach i co spod szafek wystaje.
Nie ma rzeczy, co nigdy na nic się nie przydaje.
(…)
trzy piórka kurki wodnej znad jeziora Mamry,
kilka korków szampana uwięzłych w cemencie,
dwa szkiełka osmalone przy eksperymencie,
stos deszczułek i sztabek, kartoników i płytek,
z których był albo będzie przypuszczalny pożytek,
(…)
A gdyby – zapytałam – wyrzucić stąd to czy owo?
Mężczyzna, którego kocham, spojrzał na mnie surowo.
(„Męskie gospodarstwo", *Miłość szczęśliwa i inne wiersze*, 2007)

Z kolei przy okazji lektury książki znanego krakowskiego krawca *ABC męskiej elegancji* Szymborska z podejrzaną czułością pisała o „panach abnegatach" (których autor „omija z daleka, jako przypadek beznadziejny"): „Patronem tego towarzystwa mógłby być Einstein w swoim porozciąganym swetrze. Pasowałby tam Woody Allen, który w swoich filmach paraduje zawsze na mocno wymiętoszonym luzie. A nasz Kuroń? Nie tak dawno temu zmuszony był kilka razy pojawić się publicznie w marynarce. Starał się nadrabiać miną, ale jego oczy błagały o litość. Wyznam, że zawsze miałam dziwną skłonność do tego rodzaju osobników. Kiedy pewnego razu powiedziałam ukochanemu mężczyźnie, że buty, które nosi, nadają się już tylko do wyrzucenia, zerwał ze mną kontakt wzrokowy, otworzył okno i z melancholią zaczął spoglądać w dal"[14].

Przyjaciele i znajomi, z którymi rozmawiałyśmy, podkreślali, że to Filipowicz – w odróżnieniu od Szymborskiej – był z temperamentu społecznikiem i działaczem. Ona jednak też, kto wie, pewnie pod jego wpływem, udzielała się społecznie. Przez całe lata siedemdziesiąte działała w Komisji Kwalifikacyjnej Związku Literatów Polskich i regularnie przyjeżdżała do Warszawy na zebrania Zarządu Głównego.

– W zarządzie dominowali partyjniacy: Andrzej Wasilewski, Jerzy Putrament, Kazimierz Koźniewski, Jan Koprowski, Jan Maria Gisges – opowiadała Urszula Kozioł – ale obok nich byli też Anna Kamieńska, Andrzej Kijowski, Jan Józef Szczepański. Wtedy wydawało się nam, że obecność uczciwych ludzi może coś zmienić.

Urszula Kozioł opisywała, jak spotykały się z Szymborską w przeddzień zebrań w hoteliku w siedzibie ZLP na Krakowskim Przedmieściu: „Dzieląc pokój, gawędziłyśmy o tym i owym, kręcąc przy tym papiloty, niemiłosiernie kopcąc i przeskakując z tematu na temat"[15].

Wisława Szymborska: – Na wyborach zawsze miałam szansę na sporą liczbę różnych głosów, bo nigdy nie wadziłam kolegom, i w związku z tym ciągle wystawiano mnie, żebym blokowała miejsce komuś, kogo koledzy nie chcieli. Na przykład mówili tak: „Jak nie wejdziesz ty, to wejdzie on". Tyle że wywalczyłam sobie, żeby uczestniczyć tylko w pracach Komisji Kwalifikacyjnej; czytać i oceniać, to było najbliższe moim umiejętnościom. W innych sprawach patrzyłam, co robią inni, dzięki czemu wiedziałam, na co i na kogo głosować, i głosowałam przyzwoicie.

Jesienią 1975 roku i Szymborska, i Filipowicz podpisali memoriał do Sejmu, tak zwany List pięćdziesięciu dziewięciu – protestujący przeciwko projektowi wpisania do konstytucji kierowniczej roli PZPR i sojuszu ze Związkiem Radzieckim.

Adam Zagajewski: – Do Krakowa przyjechała zbierać podpisy Halina Mikołajska. Umówiłem ją z Wisławą, która zaproponowała, że zrobi kolację, bo bardzo lubi Mikołajską jako aktorkę. Był Kornel i Stanisław Lem. Lem odmówił podpisu, mówiąc całkiem serio, że gdyby to był list z żądaniem rozwiązania ZSRR, toby podpisał.

Złożenie podpisów pod tym listem sprawiało, że sygnatariusze natychmiast stali się obiektem zainteresowania MSW.

Szymborska już wcześniej miała prowadzony przez SB „kwestionariusz ewidencyjny". Władzy nie spodobało się, że na zjeździe ZLP namawiała kolegów do skreślania co poniektórych partyjnych pisarzy. Ustalono wtedy „wykaz kontaktów osoby rozpracowywanej: 1. Filipowicz Kornel (stały), 2. Szczepański J.J. (towarzyski)". Po podpisaniu Listu pięćdziesięciu dziewięciu sprawa została „przekwalifikowana na sprawę operacyjnego rozpracowania", której nadano kryptonim „Liryka"[16].

„Fakt złożenia podpisu pod wspomnianą wyżej petycją – raportował o Szymborskiej pułkownik MSW – ujawnił jej rzeczywistą postawę ideową i działalność kontestatorską. Społecznie niebezpieczna i szkodliwa aktywizacja SZYMBORSKIEJ, wyrażająca się czynnym współdziałaniem z opozycyjną grupą krakowskich »kontestatorów« wymaga podjęcia szeroko zakrojonych działań w ramach sprawy operacyjnego rozpracowania".

Cel: „neutralizowanie wrogiej dla ustroju socjalistycznego działalności figurantki, wyizolowanie jej ze środowiska, wytworzenie wokół niej atmosfery potępienia".

Środki: przede wszystkim należało wprowadzić zapis na jej nazwisko, tak by nie ukazywały się w prasie ani jej wiersze, ani pochlebne recenzje z jej twórczości i by nie mogła wyjeżdżać na wieczory autorskie. A też:

„Zastrzec wszelkie wyjazdy figuranta do krajów kapitalistycznych. Dotyczy to zarówno wyjazdów prywatnych jak i służbowych".

„Dokonać w Delegaturze GUKPPiW analizy dotychczasowych publikacji figurantki a następnie opracować odpowiedni dokument zawierający m.in. uwagi na temat ich ewentualnej szkodliwości".

Każdy punkt tej groźnie brzmiącej batalii miał wyznaczony termin realizacji, wymieniano siedmiu TW – tajnych współpracowników – „na kontakcie Wydz. IV" i sześć osób o statusie KO, kontaktów obywatelskich, które miały zostać do tego wykorzystane. I tak zadaniem KO o pseudonimie „Jacek" miało być „dokonanie oceny dotychczasowej twórczości figurantki i reprezentowanej postawy w literaturze i poezji".

W kręgu zainteresowania SB znalazły się również „powiązania z Kornelem Filipowiczem i pozostałymi sygnatariuszami »petycji 59«".

Dokument sprawia wrażenie, jakby Szymborską (i każdego) można było łatwo opleść siecią esbeckich kontaktów. Tylko jeden punkt świadczy o tym, że tak naprawdę SB nie miała nikogo w bliskim otoczeniu poetki. Esbecy stawiali sobie bowiem za zadanie „pozyskać spośród kontaktów figurantki jedną osobę w charakterze TW, w celu zapewnienia sobie bieżącej informacji o jej działalności i utrzymywanych kontaktach".

Z teczki personalnej figurantki Szymborskiej można się też dowiedzieć, że SB zablokowała złożony do druku tom wierszy, audycję w krakowskim radiu i spotkanie autorskie w Gdańsku. Zapewne, wraz z rozszerzaniem się zakresu działań Komitetu Obrony Robotników, SB miała większe problemy, stąd w 1977 roku po analizie jej teczki stwierdzono: „figurantka w odniesieniu do założeń ustrojowych naszego państwa reprezentuje postawę bierną", i zakończono operacyjne rozpracowywanie.

Czy Szymborska zdawała sobie z tego wszystkiego sprawę, nie jest jasne. Zapewne skromność nie pozwalała jej na przesadną podejrzliwość. Mówiła nam jednak, że dostrzegała na kopertach ślady, iż korespondencja do niej jest kontrolowana.

Publicznie odzywała się nieczęsto, za to konsekwentnie, w istotnych momentach i ważnych sprawach. Jej przyjaciele twierdzili, że były to po prostu gesty

Z KORNELEM FILIPOWICZEM NA RYBACH, GRZYBACH I W ŻYCIU

przyzwoitego człowieka, polityka nie miała już wtedy nad nią żadnej władzy. Ale pewnie był to też wpływ Filipowicza.

Kornel Filipowicz pozostawał w tym czasie obiektem zainteresowania SB[17]. Trzydzieści lat wcześniej, w 1946 roku, został wpisany na listę TW. Przeglądałyśmy z różnych okazji tysiące stron dokumentów zgromadzonych w IPN i pierwszy raz miałyśmy do czynienia z tak ewidentną mistyfikacją. Mogłaby posłużyć Filipowiczowi, z jego nostalgiczną, filozoficzną i jednocześnie pełną ciepła zadumą, jako temat jakiegoś opowiadania.

Oto bohater: młody chłopak ze wsi, który skończył kilka klas, teraz pracuje w mieście, w UB, i jest częścią wielkiej machiny dziejowej mającej zaprowadzić nowy, lepszy świat. Trzeba tylko znaleźć wrogów, którzy ten proces utrudniają. W marcu 1946 roku w czasie referendum „3 × tak" poznaje w komisji wyborczej Kornela Filipowicza i wpatruje się w niego z nadzieją, że on mu pomoże tę walkę prowadzić. „Proszę o zatwierdzenie kandydata na werbunek ob. Filipowicza Kornela w charakterze informatora (...). Werbował go będę na zaciąg patriotycznych". I dalej (zachowana pisownia oryginału): „Po przeprowadzonej rozmowie z Ob. Filipowiczem Kornelem wywnioskowałem, że jest podatnym materiałem do werbowania na informatora i właśnie zaproponowałem wyżej wymienionemu współpracę na kturą się zgodził natychmiast, naczas Wyborów i wypełnił wszystkie formalności wiążące o współpracy i przyrzekł, że będzie szczerze współpracował z Woj. Urz. Bezp. Publ. Ref. Mł. V. Sek. IV. Wydz. Ekom. Galos Stanisław". Nasz bohater ma już w ręku podpis (wszyscy członkowie komisji musieli zapewne złożyć jakieś oświadczenia). Prawda, może pochwalił się przełożonym trochę na wyrost, ale kto wie, a nuż werbunek się uda? Na szczęście wszystko wskazuje na to, że – choćby nawet i chciał – nie potrafiłby niczego napisać w imieniu swego „informatora". Przychodzi jednak czas, że trzeba złożyć raport, i tu biedaczysko nie umie niczego wymyślić, więc bezradnie zdaje sprawę ze swojej klęski: „Informator ob. Filipowicz Kornel nie nadaje się do dalszej pracy ponieważ jest nerwowo chorowity i jak również żadnych materiałów nie dał, a zobowiązanie podpisał tylko na czas wyborów".

Filipowicz też oczywiście udzielał się w Związku Literatów Polskich, był wiceprzewodniczącym Krakowskiego Oddziału. Przewodniczącym mógł być tylko partyjny, został nim Jan Pieszczachowicz, który tak po latach wspominał współpracę z Kornelem: „Osobiście wiele mu zawdzięczam, także jako prezes krakowskiego oddziału Związku Literatów Polskich od 1976 roku, gdy przyszło mi stawić czoło głębokim podziałom w środowisku pisarskim. Kornel, już wówczas mój zastępca, doradzał mi we właściwy sobie sposób. Kiedy coś, co zamierzałem zrobić, wydawało mu się niesłuszne, kręcił głową, patrzył na mnie przenikliwie bladoniebieskimi oczami i mówił: »Bój się Boga, Jasiu«"[18].

„Filipowicz należał do tych pisarzy, których twórczość i życie składają się w jedną całość, a styl, sposób bycia i moralność wyrastają z wspólnego pnia – pisała Teresa Walas. – Szlachetność była cechą jego rysów, prozy i zachowań. Przenikliwość umysłu i realistyczne spojrzenie byłego biologa łączył z niezawodnym instynktem moralnym. Był pięknym mężczyzną, człowiekiem powściągliwym, zawsze ujętym w formę, cienkim, skłonnym do dowcipu. Na tle pozbawionego właściwości świata PRL-u rysował się jak szeryf z klasycznego westernu: męski, odważny, prawy, obdarzony na dodatek artystycznym talentem i zmysłem zabawy. Wzbudzał szacunek, zaufanie i podziw; służył pomocą, ale i onieśmielał, trzymał na dystans"[19].

„Czy ktokolwiek mógł nie polubić Kornela z tym jego zmysłem przyjaźni, koleżeństwa, z jego prawością, rzetelnością, ale też z niesamowitym poczuciem humoru?"[20] – wspominała go Urszula Kozioł.

W imieniu środowiska krakowskich pisarzy zabiegał przez wiele lat o powołanie w Krakowie miesięcznika literackiego. Jego przemówienie na XX Zjeździe ZLP, w którym mówił o tych swoich staraniach, wydrukował wydany w drugim obiegu „Zapis": „Łza mi się w oku kręci, kiedy wspominam, jak w 1936 roku – a więc w koszmarnych czasach sanacji – legalizacja pisma literacko-artystycznego, bynajmniej nie prorządowego, pisma, którego miałem młodzieńczy zaszczyt być współredaktorem, trwała aż trzy dni tylko dlatego, że jakoś tak wypadło, że nasze starania o pozwolenie przegrodziła tak zwana angielska sobota i niedziela. Pozwolenie dostaliśmy więc nie w sobotę, jak tego oczekiwaliśmy, ale dopiero w poniedziałek"[21].

Podpisy Szymborskiej i Filipowicza znów pojawiły się razem w 1978 roku pod deklaracją założycielską Towarzystwa Kursów Naukowych. Nazwiska intelektualistów i twórców – z Krakowa oprócz nich członkami TKN zostali Antoni Gołubiew, Hanna Malewska, Jan Józef Szczepański, Jacek Woźniakowski, Adam Zagajewski – chronić miały organizatorów i słuchaczy niezależnych wykładów Uniwersytetu Latającego przed policyjnymi szykanami. Woźniakowski pamiętał, że Szymborska i Filipowicz przychodzili do jego domu na spotkania, na których ustalano plan zajęć.

Akces do TKN-u, instytucji związanej z Komitetem Obrony Robotników, oznaczał jawne opowiedzenie się nie tylko przeciw władzy, ale też za – jak mówiła propaganda – „antysocjalistyczną ekstremą". Chętnych do złożenia podpisu nie było wtedy wcale wielu. Pytałyśmy Szymborską, czy musiała przełamywać strach.

– Jakoś zupełnie się nie bałam – mówiła. – Kto wie, może dlatego, że ja, akceptując kiedyś komunizm, nie zaznałam strachu w epoce stalinowskiej. Choć w ogóle strach nie jest mi obcy i żadną pokazową odwagą nigdy się nie wykazywałam.

Kornel Filipowicz zaangażował się w tym czasie również w pracę działającego tajnie Polskiego Porozumienia Niepodległościowego, organizacji intelektualistów, którzy opracowywali raporty z najrozmaitszych dziedzin, by przygotowywać społeczeństwo do myślenia w kategoriach państwa i w perspektywie odzyskania niepodległości. W styczniu 1981 roku wszedł do czteroosobowego gremium kierującego pracami PPN. Skład organizacji – a i to nie w całości – ujawniono dopiero w wolnej Polsce.

To połączenie działalności w oficjalnych instytucjach i aktywności opozycyjnej było charakterystyczne dla epoki późnego Gierka. Niewiele jednak z tego przenosiło się do literatury. Chociaż akurat Filipowicz utrwalił pewien epizod z tamtego czasu: „A Gierka to widziałem nawet z bardzo bliska / Podał mi rękę jesteśmy przecież obaj / Z tego samego rocznika". Spotkanie to nastąpiło w 1979 roku, kiedy to pierwszy sekretarz PZPR Edward Gierek zaszczycił uroczystości otwarcia nowego lokalu Krakowskiego Oddziału Związku Literatów na Kanoniczej (cytowany tu fragment pochodzi z tomiku wierszy *Powiedz to słowo*, którego pierwsze wydanie ukazało się w 1984 roku, w podziemiu na sitodruku).

Kiedy spytałyśmy Szymborską, czy ona też widziała się wtedy z Gierkiem, odpowiedziała, że ją to jakoś szczęśliwie ominęło, ale pamiętała opowieść Kornela o tym podawaniu ręki i o tym, jak nagle poczuł się chwycony w kleszcze, bo błyskawicznie obstawili go z dwóch stron goryle.

Czytając opowiadania Filipowicza i felietony Szymborskiej, można było czasami natrafić na ślad ich wspólnych lektur. I tak w jednym z opowiadań Filipowicza *Stałość uczuć* i w felietonie Szymborskiej opisującym poznaną przez nią w dzieciństwie papugę Zuzię, która bardzo się bała wydzwaniającego godziny zegara, znajdziemy ten sam cytat z Rilkego: „To, z czym walczymy, jest tak małe, / jak wielkie to, co walczy z nami".

Szymborska opowiadała nam, jak kiedyś dzięki Filipowiczowi zrozumiała różnicę między pamięcią poety a pamięcią prozaika.

– Po jakiejś wspólnej wizycie zaczęliśmy porównywać z Kornelem, co które z nas zapamiętało. Ja pamiętałam głównie gospodynię, na której skupiła się moja uwaga. A Kornel miał przed oczami wydeptanego persa na podłodze i miejsce, gdzie stała stara komódka, wiedział, co wisiało na ścianie i co było widać za oknem. Dziś proza często ogranicza się do monologu wewnętrznego, który nie zobowiązuje do opisu świata. To nie dla mnie. Ja cenię sobie taką prozę, która pokazuje kawałek świata, prozę, która widzi, słyszy, wącha, dotyka.

Wedle relacji Jana Pieszczachowicza Szymborska po otrzymaniu Nobla powiedziała mu: „Szkoda, że Kornel nie może tego zobaczyć. Dla mnie byłoby to coś więcej niż oficjalne splendory. To on powinien dostać jako prozaik wielką nagrodę".

Musiała to jednak powiedzieć nie tylko Pieszczachowiczowi, Jerzy Pilch mówił nam bowiem, że dochodziło to do niego z różnych stron: – Zakochana kobieta gotowa byłaby ukochanemu nawet Nobla oddać![22]. Nie było mnie przy tym, więc nie wiem, w jakiej tonacji powiedziała to Wisława. Ale nie sądzę, żeby żartobliwej, raczej podejrzewam, że wcisnęła pedał patosu. W końcu dlaczego nie. Uważała go, i słusznie, za wielkiego pisarza. Mógłbym wymienić co najmniej kilku noblistów, którzy do niego nie dorastają.

1985 rok.

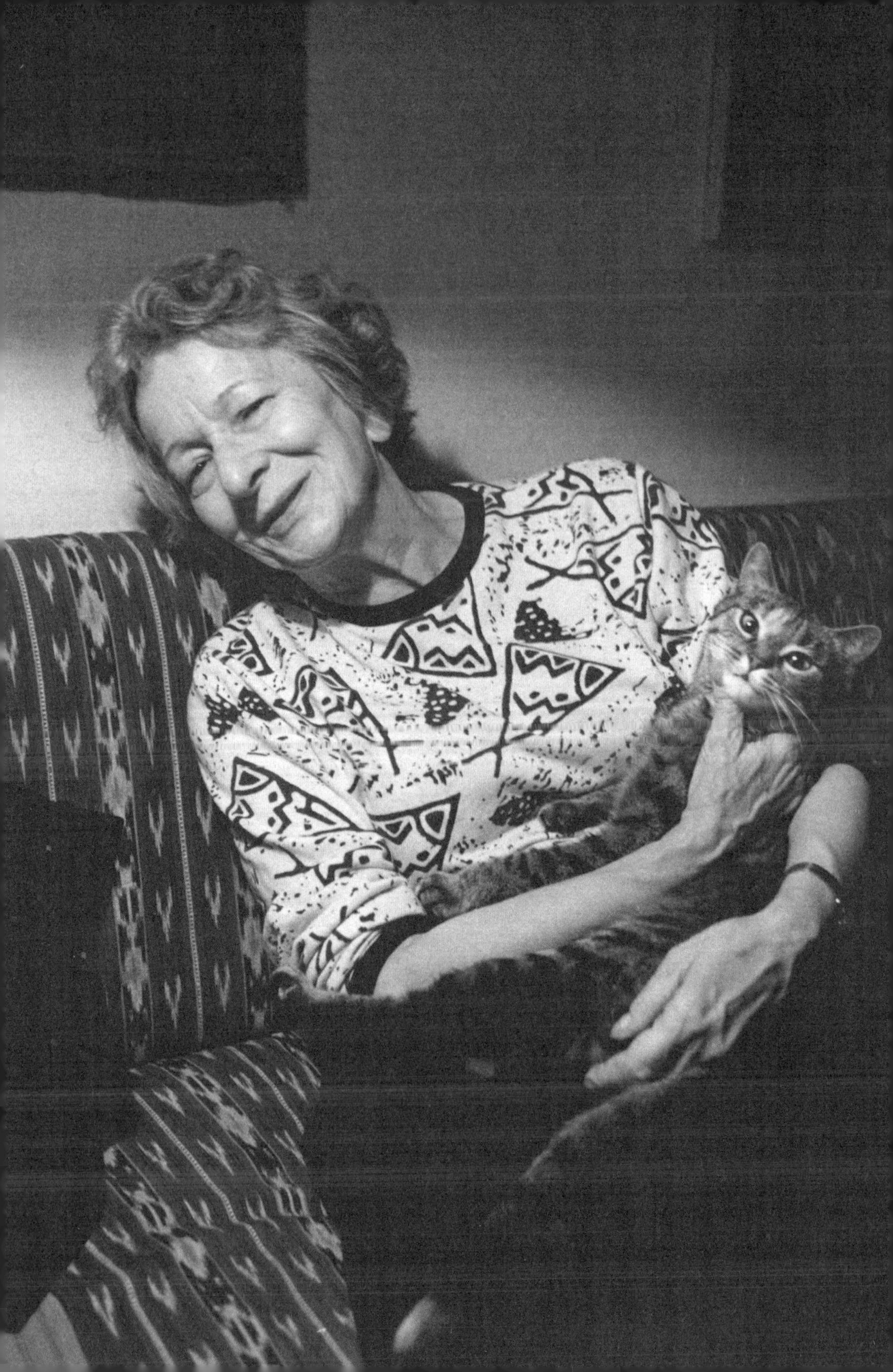

ROZDZIAŁ 15

Pamiątkowe rupiecie, przyjaciele i sny

Ten rozdział to ukłon w stronę tego, co Wisława Szymborska uważała za ważniejsze i więcej mówiące o niej niż złożony z dat i faktów życiorys, w którym pomija się milczeniem „psy, koty i ptaki, / pamiątkowe rupiecie, przyjaciół i sny".

Psów, kotów ani ptaków (poza papugą Zuzią w dzieciństwie) poetka nigdy nie miała. Czuła do nich jednak udokumentowaną sympatię.

„Lubię ptaki za ich latanie i nielatanie. Za nurkowanie w wodach i chmurach. Za kostki wypełnione powietrzem. Za nieprzemakalny puch pod piórami. Za utracone szpony na końcach skrzydeł, a zachowane przy stopach, z wyjątkiem stóp wioślarskich, też godnych życzliwości. Lubię ptaki za ich nogi patykowate albo krzywe, pokryte łuską czasem purpurową, czasem żółtą, a czasem modrą. Za ich stąpanie z wykwintną powagą albo i kuśtykanie, jak gdyby ziemia wiecznie się pod nimi kołysała. Za ich oczka wytrzeszczone, widzące nas całkowicie po swojemu. Za dzioby iglaste, nożyczkowate, zakrzywione, spłaszczone, długie albo krótkie. Za pierzaste żaboty, pióropusze, grzebyki, kryzy, falbany, kubraki, pantalony, wachlarze i wypustki. (…) lubię ptaki również i za to, że od stuleci fruwają sobie w poezji polskiej"[1] – pisała przy okazji omawiania albumu *Ptaki Polski*.

„Całe życie próbują nas zrozumieć, dostosować się do narzuconych im norm zachowania, wyłowić z naszych słów i gestów sens, który ich dotyczy. Jest to wysiłek ogromny, napięcie bezustanne. Każde nasze wyjście z domu pies przypłaca rozpaczą, jakbyśmy odchodzili na zawsze. Każdy nasz powrót to dla psa radość granicząca z szokiem – jakbyśmy cudem ocaleli. Rozczulają nas te pożegnania i powitania, a powinny również przerażać"[2] – pisała z kolei w felietonie poświęconym książce *Gdy ouoharuje pier*

Poza tym dziwiła się, recenzując książkę *Zwierzęta symboliczne i mityczne*, dlaczego mówimy „łże jak pies", skoro pies kłamać nie potrafi, przeciwnie, „mówi prawdę i tylko prawdę na wszystkie dostępne mu sposoby – głosem, spojrzeniem, sierścią, łapami, a na dodatek wyspecjalizowanym u niego organem szczerości, czyli ogonem".

I jeszcze w wierszu empatycznie współodczuwała z wilczurem należącym do tyrana.

Jest los i los. Mój raptem się odmienił.
Nastała któraś wiosna,
a jego przy mnie nie było.

(...)
Ktoś zerwał mi obrożę nabijaną srebrem.
Ktoś kopnął moją miskę od kilku dni pustą.
A potem ktoś ostatni, zanim ruszył w drogę,
wychylił się z szoferki
i strzelił do mnie dwa razy.

Nawet nie umiał trafić, gdzie należy,
bo umierałem jeszcze długo i boleśnie
w brzęku rozzuchwalonych much.
Ja, pies mojego pana.
(„Monolog psa zaplątanego w dzieje", *Dwukropek*, 2006)

Joanna Szczęsna: – Odwiedziłam kiedyś Szymborską z moją jamniczką i poszłyśmy na obiad. Ofelia w restauracji zazwyczaj chowa się pod stołem, udając, że jej mniej lub bardziej, w zależności od stopnia życzliwości personelu – nie ma. Tym razem jednak od razu wskoczyła na krzesełko, uważając najwidoczniej, że towarzystwo tej pani zapewnia jej swego rodzaju immunitet. Ciekawe zresztą, że wyczuwając czytelną zapewne dla psich zmysłów aurę pewnego majestatu, jaka roztacza się wokół laureatów Nagrody Nobla, Ofelia nie czuła onieśmielenia i pozwalała sobie delikatnie wąchać przynoszone potrawy, ma się rozumieć, nie zbliżając do nich nosa.

Ale najintensywniej w życiu Szymborskiej zaistniały koty, a to dzięki Kornelowi Filipowiczowi, namiętnemu kociarzowi, u którego na biurku zawsze wśród papierów wylegiwał się jakiś kot, a właściwie kotka. Zachowały się zdjęcia Szymborskiej z kolejnymi kotami w objęciach. Tymi należącymi do Filipowicza – Kizią i Mizią – oraz do jego syna Aleksandra, który przysłał nam specjalną rozpiskę, żebyśmy się mogły zorientować, z kim poetka została sfotografowana: kot bury pręgowany z obróżką – Szarusia; kot bury, pręgowany bez obróżki – Wołkogonow; kot łaciaty – Cacuszek (Ciacio).

W jednym ze swoich najbardziej dramatycznych wierszy – „Kot w pustym mieszkaniu" – poetka własną rozpacz po stracie najbliższego człowieka zamknęła w bezbłędnie podpatrzonych zachowaniach osieroconego kota.

Do wszystkich szaf się zajrzało.
Przez półki przebiegło.
Wcisnęło się pod dywan i sprawdziło.
Nawet złamało zakaz
i rozrzuciło papiery.
Co więcej jest do zrobienia.
Spać i czekać.

Niech no on tylko wróci,
niech no się pokaże.

Już on się dowie,
że tak z kotem nie można.
Będzie się szło w jego stronę
jakby się wcale nie chciało,
pomalutku,
na bardzo obrażonych łapach.
I żadnych skoków pisków na początek.
(„Kot w pustym mieszkaniu", *Koniec i początek*, 1993)

Aktorka Anna Polony, która wiele razy recytowała wiersze Szymborskiej w radiu, na wieczorach poetyckich i różnych literackich imprezach, powiedziała nam: – Akurat umarła moja mama, kiedy ten wiersz ukazał się drukiem. Musiało minąć trochę czasu, nim byłam w stanie przeczytać go publicznie. To bolesny wiersz, bo ten kot to każdy z nas po śmierci kogoś bliskiego.

Spytana kiedyś przez Tadeusza Nyczka, czy może jest ktoś, z kim chciałaby się zamienić na życie, Szymborska odpowiedziała: „Jasne. Chciałabym być kotem pod opieką Krysi Krynickiej"[3]. W Krakowie każdy wie, że kotom Krystyny i Ryszarda Krynickich świetnie się wiedzie, a są przy tym tak miłe, że pozwalają im u siebie mieszkać.

Dziennikarzowi z „El País", który chciał się dowiedzieć, co sądzi w sprawie istnienia duszy zwierząt, przypomniała Szymborska scenę z powieści Anatole'a France'a. Pewien duchowny miał tam problem, jak na takie pytanie odpowiedzieć swojej parafiance, zamożnej markizie z pieskiem. Jeśli odpowie „tak", sprzeniewierzy się doktrynie, jeśli „nie" – może stracić dotację na kościół. Wybrnął w ten sposób, że powiedział: „Tak, markizo, zwierzęta mają duszę, aczkolwiek nieco mniejszą"[4].

Choć Szymborska nie odczuwała potrzeby posiadania zwierząt, jednak z uwagą im się przyglądała i już w pierwszym tomiku poświęciła im wiersz (nawiasem mówiąc, jeden z dwu z jej debiutanckiego tomu, które później przedrukowywała).

Przytupują do taktu niedźwiedzie,
skacze lew przez płonące obręcze,
małpa w żółtej tunice na rowerze jedzie,
trzaska bat i muzyczka brzęczy,
trzaska bat i kołysze oczy zwierząt,
słoń obnosi karafkę na głowie,
tańczą psy i ostrożnie kroki mierzą.

Wstydzę się bardzo, ja – człowiek.
(„Zwierzęta cyrkowe", *Dlatego żyjemy*, 1952)

Poetka zawsze miała sentyment do „pamiątkowych rupieci", kiczowatych bibelotów, kuriozalnych gadżetów przywożonych z zagranicznych podróży albo wyszukiwanych specjalnie na targach staroci.

„Wspaniałe były zwłaszcza targi w Cieszynie, dokąd jeździłam w towarzystwie pewnego przemiłego zbieracza. Ponieważ była między nami żywa rywalizacja, woleliśmy nie spuszczać się z oczu"[5] – opisywała w „Przekroju", jak w dorosłym już życiu odkryła urok antykwariatów i pchlich targów. Chociaż jej związek z Kornelem Filipowiczem nie był – zwłaszcza w Krakowie – dla nikogo tajemnicą, ona sama nigdy nawet nie napomykała o tym publicznie. Ceniła sobie dyskrecję. Nazwisko „przemiłego zbieracza" ujawnił jednak od razu w 1974 roku „Informator Cieszyńskiego Klubu Hobbystów", gdzie ukazała się notka, że 24 marca Wisława Szymborska w towarzystwie pisarza Kornela Filipowicza przyjechała na targi, oboje zapisali się do Klubu i opłacili z góry składki[6].

Poetka opowiadała nam, że zapamiętała z tamtych wypraw przede wszystkim piękne stare protestanckie modlitewniki i obite pluszem albumy ze starymi pocztówkami. Nie wszystkie kartki były atrakcyjne, ale zawsze można było znaleźć kilka na tyle świetnych, że warto było dla nich kupić cały album.

Nie odwiedziła co prawda Muzeum Guzików w Łowiczu, ale pomysłem się zachwyciła. Wysłała założycielowi muzeum – który zaczynał od kolekcji kilkuset przedwojennych guzików ze sklepu babci i dokupywał eksponaty, jak na przykład guzik Rydza-Śmigłego, autora słów „Nie oddamy ani guzika"[7] – dwa swoje guziki odprute od nienoszonej już sukni i napisała felieton o wydanej przez muzeum książeczce o guzikach w literaturze. Szymborska postulowała napisanie następnej książki, o historii guzików: „A lniane białe sukienki dawnych Egipcjanek? Były tak obcisłe, że przez głowę wkładane być nie mogły. Musiały mieć gdzieś z tyłu dyskretne rozcięcia, w jakiś tam sposób potem zapinane. W tym miejscu ci, co lubią pukać się w czoło, zechcą mi zadać pytanie, czy już doprawdy nie mam większych zmartwień jak kłopoty krawców znad Nilu. Naturalnie, że mam większe zmartwienia, ale to jeszcze nie powód, żeby nie mieć mniejszych". I rozmarzyła się: „Na widok szyldu »Muzeum Guzików« przejezdny gość, po chwili osłupienia, zastanowi się, wejdzie, obejrzy. I może nawet pomyśli, że w miejscowości, gdzie się urodził – on albo jego przodkowie – też by się chyba przydało jakieś miłe muzeum. Może starych pocztówek? Dawnych modlitewników? Zabawek? Kart do gry? Szachów?"[8].

Zbierała akurat stare pocztówki, bo – jak mówiła – to jedyne zbieractwo, jakie można uprawiać w ciasnym mieszkaniu. „Moja kolekcja duża nie jest, ale chyba zbieraczką nazwać się mogę" – pisała dalej, dowodząc, że spełnia kryteria definicji zbieracza, bo zawsze coś kolekcjonowała („zbieracz, pokąd sięga pamięcią, zawsze coś zbierał") i to nie co popadnie, ale wedle przemyślanego kryterium (w jej przypadku tym głównym kryterium był kicz)[9].

Kiedyś przyjaciele podkradli Filipowiczowi trochę kartek i włożyli je między pocztówki Szymborskiej, a potem zaaranżowali wspólne oglądanie jej zbiorów.

– Z powagą wysłuchiwaliśmy – opowiadała nam Barbara Czałczyńska – jak zaniepokojony Kornel mówi: „Ciekawe, ciekawe, Wisława, masz takie same pocztówki jak ja"…

Krystyna Moczulska, która współorganizowała pod koniec lat osiemdziesiątych głośną wystawę Marka Rostworowskiego „Żydzi – Polscy", opowiadała nam, że Szymborska i Filipowicz wypożyczyli jej kilkadziesiąt pocztówek z judaikami.

PAMIĄTKOWE RUPIECIE, PRZYJACIELE I SNY

Całą kolekcję Wisławy zapoczątkowała kartka znaleziona w korespondencji rodziców. Wśród widokówek z Torunia i uzdrowiska Truskawiec wypatrzyła malowniczy kolaż: aeroplan bez pilota, trzy dziwożony na skrzydłach i różowo-niebieskie obłoki. Wkrótce jej zbiór się powiększył. „Każda z [pocztówek] była kiczem, ale kiczem z jakimś wybrykiem wyobraźni. Coś z czymś musiało się zderzać: naiwność z pretensjonalnością, rzewność z idiotyzmem. Prawdopodobnie takie właśnie pocztówki dostawała Stefcia Rudecka od koleżanek z pensji"[10].

Małgorzata Baranowska, autorka książki *Tak lekko było nic o tym nie wiedzieć... Szymborska i świat*, swoją znajomość z poetką nazwała „pocztową", bo widziały się zaledwie kilka razy, a korespondowały ze sobą ponad trzydzieści lat. Sama miała wielki zbiór starych pocztówek, więc gdy spotkała Szymborską w 1975 roku na Zjeździe Literatów w Poznaniu, zagadnęła ją na ten temat.

– Stała w holu sali obrad z Kornelem Filipowiczem i to on z większą ochotą opowiadał o swojej kolekcji – zapamiętała Baranowska. – Zbierał pocztówki z czasów pierwszej wojny światowej, a także kartki z zeppelinami, a ona kicz jeszcze sprzed pierwszej wojny. No więc on mówił, że ma pocztówkę z wymarszem Pierwszej Kadrowej z Oleandrów, a co ona miała powiedzieć? Że ma chrabąszcza, który niesie torebkę cukierków?

Baranowska z uwagą przypatrywała się, czy i jaki wpływ kolekcja poetki miała na jej wiersze.

Śni się żółwiowi listek sałaty,
a koło listka – sam Cesarz, znienacka,
zaistniał żywy jak przed stu iks laty.
Żółw nawet nie wie, jaka to sensacja.

Cesarz zaistniał co prawda nie cały,
w czarnych trzewikach przegląda się słońce,
wyżej dwie łydki, zgrabne dość, w pończochach białych.
Żółw nawet nie wie, że to wstrząsające.
(...)
Trudno osobie poznać po fragmentach
po stopie prawej albo stopie lewej.
Żółw niezbyt wiele z dzieciństwa pamięta
i kogo wyśnił – nie wie.
(„Sen starego żółwia", *Wielka liczba*, 1986)

„Osobiście nie mogę wątpić w prawdziwość tej sceny – pisała w eseju *Fragment cesarza od pięt po kolana*. – Ja ją po prostu znam. Co nie znaczy, że poetka musiała ją widzieć".

I tu opisała serię dwunastu pocztówek z Napoleonem, która – gdy się ją odpowiednio ułoży – przedstawia wizerunek cesarza całkiem sporych rozmiarów. Ale jeśli popatrzy się na dolne pocztówki – widać sen starego żółwia: stopę lewą, stopę prawą,

Obiad się udał!

Z kolekcji Wisławy Szymborskiej.

białe pończochy, czarne trzewiki. „Może kolekcja poetki zawiera te pocztówki? Tyle że w świecie jej wyobraźni byłby to fakt bez znaczenia. Ona zawsze wydobywa pewien fragment jak w fotograficznym zbliżeniu, jakby żywiła podejrzenie, iż całość jest z natury swej niepoznawalna"[11].

Oglądając w mieszkaniu Szymborskiej różne kurioza, zwróciłyśmy uwagę na stojące na półce z książkami wyglądające dość zwyczajnie gliniane naczyńko, które nie mieściło się w kategorii „pamiątkowych rupieci".

– To najstarszy wytwór rąk ludzkich, jaki posiadam – skomentowała poetka. – Pochodzi mniej więcej z czasów Platona, czyli u nas była to epoka kultury łużyckiej, i pewnie służył jako urna na prochy po zmarłym. Starsze są tylko moje kamienie, które mają po kilka milionów lat.

Sama Szymborska pisała o tym w *Lekturach nadobowiązkowych*: „Zawsze fascynował mnie przypadek i jego nieobliczalne poczynania. Tysiące tysięcy pokoleń, istne Himalaje kości – wszystko to przepadło bez żadnego śladu – i oto nagle, kiedyś, gdzieś istota jakaś stąpnęła w grząski muł, muł skamieniał, zachowując odcisk stopy, i dla tej stopy zwoływane będą kongresy"[12].

Urszula Kozioł opowiadała, że kiedy w stanie wojennym odwiedzała Szymborską i Filipowicza w Bożkowie, dokąd jeździli na wakacje, poznała tam zaprzyjaźnionego z Wisławą archeologa, który pracował przy miejscowych wykopaliskach.

PAMIĄTKOWE RUPIECIE, PRZYJACIELE I SNY

– Wisława zawsze lubiła wykopaliska, kamienie – mówiła Kozioł. – Uważała, że w tym odciska się cywilizacja. Zresztą cała jej poezja jest tym wypełniona.

Przywoływana tu opowieść Szymborskiej dla „Przekroju" o targu staroci w Cieszynie była jednocześnie wystąpieniem w obronie kiczu. Pisała tam, że „można mieć dobry i zły gust równocześnie. Rzecz tylko w tym, żeby wiedzieć, który w jakiej sytuacji uruchomić"[13].

Baranowska uważała wręcz, że stosunek Szymborskiej do kiczu odcisnął się również na jej poezji.

Żadnego zaduszenia się w stylowej szafie,
kiedy to raptem wraca mąż kochanki!
(„Album", *Sto pociech*, 1967)

„Z kiczem jak z tygrysem – pisała Szymborska w *Lekturach*. – Póki żyw, przepędza się go bezlitośnie. Kiedy już martwy, jego wyprawiona skóra staje się ozdobą salonu, wszyscy cmokają, jaki wspaniały tygrys, i głaszczą go po głowie. Na tej zasadzie wydano niedawno *Trędowatą*, która natychmiast została rozkupiona przez miłośników Joyce'a. Kicz im gorszy, tym lepszy, to znaczy zabawniejszy".

Przy okazji wspominała zapamiętaną z dzieciństwa książkę o mężu, który pochował żonę, a ta wydostała się z trumny i wróciła do domu, gdzie odbywała się stypa. Na tym opowieść się urywała. „Co było dalej, tego nigdy się nie dowiedziałam. Oprócz nie zaspokojonej ciekawości pozostał mi na zawsze gust do tego rodzaju lektur. Podbudowany później przekonaniem, że między arcydziełem a kiczem istnieje mocny związek, dla obu stron zresztą życiodajny. Epoka, w której zlikwidowano by kicz, byłaby epoką bez szansy na arcydzieła"[14].

Pod wpływem tego samego najpewniej wspomnienia ciepło odpowiadała w *Poczcie literackiej*: „Kochany Czesiu, strasznie byliśmy ciekawi, kto zabił, i aż do końca trzymałeś nas w napięciu. No i raptem sam nieboszczyk wstaje z trumny i wskazuje mordercę. To rozumiemy, to jest zaskoczenie. Cokolwiek nam przyślesz, będziemy czytali z żywą przyjemnością"[15]. Szymborska należała do osób, które nie odmawiały *Trędowatej* pewnego wdzięku. Właśnie dzięki tej książce poznała w latach siedemdziesiątych Teresę Walas. Zainteresowała ją osoba, która napisała uczony wstęp do romansu Stefci i ordynata, tekst, jak mówiła, „finezyjny, delikatny i dowcipny, bez taniego naśmiewania się".

W mieszkaniu Szymborskiej w najróżniejszych miejscach znaleźć można było różne dziwne przedmioty. Kiedyś zademonstrowała nam włochate prosię-pozytywkę z korbką w postaci świńskiego ogonka, damską nogę z marcepanu, składaną popielniczkę w kształcie orła, wyjątkowej szpetoty poduszkę, jaką w Hiszpanii daje się nowożeńcom, i drewniany wachlarz z ręcznie malowanymi portretami generałów armii cesarza Franciszka Józefa. Innym razem miałyśmy okazję obejrzeć długopis w kształcie kości dłoni albo deskę klozetową z przezroczystego pleksi, w której był zatopiony drut kolczasty.

– Najczęściej są to rzeczy przypadkowe, które dostałam w prezencie, ja nic „porządnego" nigdy nie dostaję, bo tylko ktoś, kto mnie nie zna, może mi podarować jakiś elegancki prezent – mówiła nam. – Ale wachlarz kupiłam w krakowskiej Desie, tyle że za psi grosz. Wyobrażam sobie ten bal i tę panienkę, która się nim wachlowała. To oczywiście nie mogło być w Wiedniu, raczej w jakimś małym garnizonowym miasteczku w Galicji. Kiedyś pojawiłam się z tym wachlarzem na zebraniu w Związku Literatów.

My same dołożyłyśmy do jej zbiorów: zapalniczkę w kształcie biustu z podwójnym płomieniem, przyrządzik do biczowania (kupiony nie w sex shopie, tylko w przyklasztornym sklepiku w Asyżu) oraz gumową, nadmuchiwaną wersję postaci – słusznej wielkości – ze słynnego obrazu Muncha *Krzyk* (kupioną w Muzeum Sztuki Współczesnej w Nowym Jorku).

Naturalna kolej rzeczy była taka, że Szymborska, nacieszywszy się jakimś sprezentowanym kuriozum, przeznaczała je później jako fant na loteryjkę. Tę staroświecką zabawę kultywowała przez lata i zapraszani przez nią goście przyzwyczaili się do tego, że zawsze po kolacji odbywa się losowanie.

Michał Rusinek zauważył, że znajdujące się w mieszkaniu Szymborskiej bibeloty należą do trzech kategorii. Najwyższa to umieszczone na regale z książkami, skąd mogą spaść do kategorii drugiej, to jest do przechowywanych w jakimś kącie szafy czy szuflady; trzecia natomiast to fanty przeznaczone na loteryjkę, by pozbyć się ich w ten sposób z domu, co nie znaczy wcale, że są jakoś gorsze od kategorii pierwszej i drugiej. Prawdę mówiąc, trudno tu zresztą o jakieś obiektywne kryteria.

– Ostatni prezent, jaki dałam Wisławie – mówiła nam Ewa Lipska – to były maleńkie popiersia Goethego i Schillera jako pieprzniczka i solniczka. Była tak zachwycona, że postanowiła nie puścić tego na loteryjkę, tylko używać zgodnie z przeznaczeniem przy przyjmowaniu gości.

Szymborska opowiedziała nam, skąd wzięła się idea loteryjek. Otóż, wyjeżdżając za granicę, nigdy nie miała za dużo pieniędzy, a każdemu z przyjaciół chciała coś przywieźć w prezencie. Więc kupowała na przykład butelkę dobrego wina, a poza tym same drobiazgi, im dziwniejsze, tym lepsze, i los decydował, co komu przypadnie.

Bronisław Maj utrzymywał, że to on zawsze wygrywał najlepsze fanty. Wymienił kubek z lwicami, porażająco brzydki, w którym do dziś pije herbatę, i plastikową piłkę wylosowaną w roku 1995, na której zgromadził trzy autografy: noblisty Czesława Miłosza i dwojga przyszłych noblistów – Seamusa Heaneya i Wisławy Szymborskiej.

– Bardzo, bardzo chciałam zrobić po Noblu Wisławie jakiś wystrzałowy prezent – opowiadała nam Małgorzata Musierowicz. – Nagle, co za szczęście, wchodzę do sklepu z albumami i znajduję prawdziwy rarytas: katalog domu sprzedaży wysyłkowej w Bostonie z roku 1891. No, mówię sobie, to ją na pewno uszczęśliwię. Siadam i piszę list: „Droga Wisławo, wiem, że teraz każdy ma dla Ciebie mnóstwo rad, co zrobić z milionem dolarów. Moja propozycja jest taka: przepuść wszystko na ciuchy. Załączam stosowny katalog. Polecam Twojej uwadze zwłaszcza duży wybór szelek i kołnierzyków celuloidowych".

Lipska opowiadała, że gdy pierwszy raz jechała w latach siedemdziesiątych za granicę, Kornel Filipowicz obarczył ją misją znalezienia specjalnego sklepu i kupienia tam sztucznych gówienek. Trochę wstydziła się pytać, gdzie je można dostać, na szczęście Julian Rogoziński znalazł taki sklep za poprzedniego pobytu. Pojechali na dalekie peryferie Paryża, gdzie było tego towaru do wyboru, do koloru. Kupiła trzy sztuki. Nie wie, komu Wisława z Kornelem je podłożyli. Nie nacieszyli się nimi długo, bo szybko je ukradziono. Dłużej funkcjonował sztuczny szczur, którego uszyto na zamówienie w zakładach futrzarskich, gdzie Nawoja była główną księgową. Podkładali go różnym osobom w wannie, a wyglądał jak żywy.

– Patrzyłam na to pokolenie z zachwytem – mówiła dalej Lipska. – Oni byli jak u Johana Huizingi: *homo ludens*. Potrafili zajmować się z zapałem wysyłaniem zabawnego telegramu czy pisaniem śmiesznego tekstu. Kiedyś na kolacji u Wisławy grzybki marynowane zjeżdżały gościom z obciągniętej celofanem łyżeczki. Pamiętam, jak około roku 1970 napisaliśmy do Wisławy list na firmowym papierze Wydawnictwa Literackiego, że powstaje antologia wierszy o Leninie i prosimy, aby wyraziła zgodę na niewielką modyfikację w wierszu „Z nie odbytej wyprawy w Himalaje": na zamianę słowa „Szekspir" na słowo „Lenin", by „spotęgować zakres oddziaływania społecznego". W nowej wersji wiersz miał brzmieć: „Yeti, Lenina mamy / Yeti, na skrzypcach gramy". Albo jak Kornel pojechał na świniobicie w Cieszyńskie i wrócił, szalenie dumny, z szynkami, kiełbasami, kaszankami. Zaprosił gości, a my umówiliśmy się, że nie będziemy go chwalić. Ja, Wisława, Barbara Czałczyńska powtarzałyśmy od niechcenia: „No, jadało się lepsze". A Kornel smutniał.

– Kornel i Wisława cały czas uprawiali lingwistyczne zabawy – ciągnęła Lipska. – Wódka w butelce z lat pięćdziesiątych nazywała się „enkawódeczka". Na butelkach wypisywali „Otwiniak", albo „Cherry Brandys". Jak jeździli na ryby, układali limeryki do nazw wszystkich miejscowości spotykanych po drodze. Mieli swoje słowa hasła: „Dżemajel" – czas na popołudniową drzemkę, „Mobutu" – iść do szewca, „Bangladesz" – nagła zmiana pogody.

Jedna z często praktykowanych przez nich zabaw polegała na tym, że ktoś pisał jakąś krótką historyjkę, całkowicie pozbawioną przymiotników, po czym reszta uczestników, nie znając oczywiście tekstu, musiała te brakujące przymiotniki uzupełnić, nie wiedząc, do czego się odnoszą. Efekt komiczny murowany. Zabawę tę, znaną pod nazwą „zielony trup", Szymborska serwowała czasem gościom zamiast loteryjki.

Teresa Walas z kolei opowiadała nam, jak Filipowicz z Szymborską umilali sobie czas podróży pociągiem: – Zakładali się o to, co zobaczą najpierw przez okno: krowę czy konia. Próbowałyśmy to powtórzyć, jadąc do Wiednia, gdzie Wisława odbierała Nagrodę Herdera. Na całej trasie nie zobaczyłyśmy żadnego zwierzaka.

Oboje, i Szymborska, i Filipowicz, lubili oglądać teleturnieje i seriale telewizyjne (szczególną sympatią Szymborskiej cieszył się *Columbo*, bo tam były „takie cudowne rodzinne morderstwa"). Wszyscy w Krakowie wiedzieli, że nie można się z nimi umawiać w czasie, kiedy idzie serial *Niewolnica Isaura* (kiedy się skończył, powtarzali, że „życie straciło sens"). Jerzy Korczak, znajomy Szymborskiej z czasu Krupniczej, wspominał, że jego żona czasami chyłkiem w domu, z wielkim poczuciem winy, oglądała *Dynastię*, dopóki nie spotkali w Zakopanem w Astorii Szymborskiej, która serial ten oglądała bez cienia wstydu. W operach mydlanych lubiła odnajdywać wątki z greckiej mitologii.

– Scenarzyści przeczesują grecką mitologię w poszukiwaniu tematów do wykorzystania; Antygona, Edyp, rozdzielone rodzeństwo, wątki kazirodcze, wszystko to można odnaleźć w *Dynastii* – mówiła nam. – To drugie, tajemne życie greckiej mitologii jest naprawdę śmieszne.

Wielką pasją Szymborskiej było własnoręczne robienie pocztówek kolaży. Kiedy za sprawą Nagrody Nobla stała się sławna, przyjaciele pokazywali je w telewizji, publikowali w prasie, eksponowali na miniwystawach. W Belgradzie zaprezentowano sfotografowane i powiększone kolaże adresowane do Petara Vujičicia i Biserki Rajčić, tłumaczy Szymborskiej na serbsko-chorwacki.

Choć była poetką więcej niż skromną, w tym wypadku lubiła się pochwalić.

– Kiedy wyklejam pocztówki, czuję się „artystką" – tłumaczyła nam. – To wcale nie jest takie łatwe. Kiedyś Adam Ważyk przysłał mi w odpowiedzi własną wyklejankę, ale się marszczyła, wybrzuszała i odklejała.

Bogusława Latawiec zapamiętała, że Szymborska używała najlepszego kleju, jaki był dostępny w krajach RWPG: radzieckiego w tubce. Niestety nie można było robić zapasów, bo wysychał.

– Jej kolaże są jak wiersze, jak małe poemaciki – mówiła nam wieloletnia redaktorka PIW-u i Czytelnika Irena Szymańska. – Kiedy chciała do kogoś z przyjaciół wysłać kartkę, szukała w swoim skarbczyku staroci, z czego by tu zrobić kolaż. Żeby mieć z czego wycinać, zbierała stare roczniki czasopism, findesieclowe żurnale, katalogi mód. To ujmujące, że nie żal jej niszczyć na te kartki swojej kolekcji.

Mąż Szymańskiej Ryszard Matuszewski wydał całą książeczkę – *Wisławy Szymborskiej dary przyjaźni i dowcipu* – złożoną z pisanych do nich karteczek kolaży.

Szymborska opowiadała, że rzeczywiście, tnąc niektóre stare pisma, ma wyrzuty sumienia, czy nie niszczy przypadkiem jedynego egzemplarza, jaki przetrwał. Sporo napisów wycinała z tytułów w „Gazecie Wyborczej". Przygotowywała wyklejanki co kilka miesięcy, taśmowo, po kilkadziesiąt („nie muszę opisywać, jak wtedy wygląda moje mieszkanie"), a potem wysyłała je, dobierając do określonego człowieka i jego poczucia humoru.

– Te karteczki są efektem lenistwa i cenzury. Od czasu mojego wystąpienia z partii prawie każdy list, który dostawałam, był dziwnie wilgotny w miejscu zaklejenia. Wyklejanki zaczęłam wysyłać w drugiej połowie lat sześćdziesiątych. To był czas, kiedy korespondencja między ludźmi zaczęła zamierać, bo przesyłki przychodziły otwierane, więc pisało się tak, by treści było jak najmniej, zwłaszcza informacji, które mogłyby trafić do kartotek, a adresat miał się cieszyć z samego faktu dostania listu.

Przyjaciele Szymborskiej wciągnęli się i w to jej hobby i, poza najróżniejszymi dziwnościami, bibelotami, pocztówkami, dostawała też ze świata materiały do kolaży. Kiedy Wanda Klominkowa zaczęła jej przywozić ze Szwecji stosowne kartoniki, Szymborska nie musiała już wycinać ich żyletką z arkuszy kartonu.

Ziemowit Fedecki pamiętał, że przywiózł kiedyś z Pragi perfumowane karteczki na miłosne bileciki sprzed pierwszej wojny, strzyżone w koronki i pakowane w małe kopertki. – Po sześćdziesięciu latach zachowały swój zapach! Co prawda perfumy były kiepskie, bo to był typ liścików, które strażak wysyłał do służącej – opowiadał.

Pewnego razu Fedecki dostał od znajomego poety kupioną w antykwariacie we Wrocławiu pocztówkę przedstawiającą pokój Hitlera w Berchtesgaden, w Orlim Gnieździe: makatki na ścianie, klatka z kanarkiem, krzesło wyścielane poduszeczką, wnętrze jak przystało na porządnego niemieckiego drobnomieszczanina. Podarował tę pocztówkę Szymborskiej, sobie od serca odrywając. Przysłała mu kolażyk z podziękowaniem. I dodała: „Zawsze mi żal biednych, bezwolnych krzeseł, które muszą służyć każdemu tyłkowi, jaki na nie siądzie"[16].

Czytając wiersz „Pierwsza fotografia Hitlera", można łatwo wyobrazić sobie pocztówkę z portretem aniołkowatego bobasa ze smoczkiem i grzechotką.

A któż to jest ten dzidziuś w kaftaniku?
Toż to mały Adolfek, syn państwa Hitlerów!
Może wyrośnie na doktora praw?
Albo będzie tenorem w operze wiedeńskiej?
Czyja to rączka, czyja, uszko, oczko, nosek?
Czyj brzuszek pełen mleka, nie wiadomo jeszcze:

PAMIĄTKOWE RUPIECIE

Kartka do
Bogusławy Latawiec
i Edwarda Balcerzana.

Kartka do Ryszarda
Matuszewskiego
z 20 grudnia 1993 roku.

PAMIĄTKOWE RUPIECIE, PRZYJACIELE I SNY

Kartki do Ewy Lipskiej, u góry z 23 czerwca 1992 roku, u dołu z 28 maja 1994 roku.

drukarza, konsyliarza, kupca, księdza?
Dokąd te śmieszne nóżki zawędrują, dokąd?
(„Pierwsza fotografia Hitlera", *Ludzie na moście*, 1986)

Ale nie, Szymborska mówiła nam, że zdjęcie małego Hitlera zobaczyła w wydanym przed wojną niemieckim albumie fotograficznym, gdzie uwiecznione zostały kolejne etapy życia Führera.

Poeta Jerzy Ficowski opowiadał, że sam jest człowiekiem, który często wchodzi w posiadanie różnych osobliwości, w tym starych pocztówek. Te służyły mu do utrzymywania kontaktów z Szymborską. Kiedyś wysłał jej „Pozdrowienia z Kołomyi". – To była surrealistyczna kartka z widokiem Kołomyi z lotu ptaka – mówił – domki jak prostokąty, a nad miastem leci zeppelin, z którego zwisa człowiek podczepiony na kotwicy.

Poetka zaprzestała robienia kolaży tylko na chwilę, w oszołomieniu ponoblowskim, z braku czasu, ale szybko wznowiła produkcję.

Andrzej Wajda opowiadał nam, jak zachwycił się jej posłowiem do *Dziejów Tristana i Izoldy* wydanych w Wydawnictwie Literackim. (Szymborska pisała, że Tristan i Izolda są w miłości równi sobie, żadne nie ma przewagi nad drugim, oboje pragną siebie z tą samą mocą, tak jakby wypili czarodziejski napój „równo wyliczonymi łykami", a późniejsze arcydzieła literatury zajmują się „miłością chwiejną, przemijającą, nierówno podzieloną albo wręcz bezwzajemną"). Po przeczytaniu tego Wajda napisał do Szymborskiej, że myśli o filmie – epopei na kształt *Przeminęło z wiatrem*, zaczynającej się w 1939, a kończącej w 1945 roku – i brakuje mu tylko historii miłosnej, na którą ten materiał byłby nanizany. Może właśnie Tristan i Izolda by się do tego nadawali?

– Poprosiłem ją o radę, bo sama doświadczyła, jak pewna epoka odpłynęła, i zna literaturę tak, jak ją znają poeci, z tą wyobraźnią, która może ożywić wszystko jeszcze raz. Dostałem odpowiedź, jakby na blankiecie starej firmy kanalizacyjnej – opowiadał nam Andrzej Wajda, który chyba nie do końca poddał się urokowi wyklejanych przez poetkę kolaży. – Były tam jakieś rury, a na odwrocie opowieść, skąd ten blankiet. No i że jak się spotkamy, to porozmawiamy.

Również Jerzy Pilch nie entuzjazmował się niepoważną stroną twórczości noblistki: – Proszę, nie róbcie z niej zasłużonej wycinankarki i limerykistki. Lubiła kiczowate przedmioty, więc wszyscy jej znosili jakieś paskudztwa. A może ona miała już tego dość? Lubiła wycinać, to wszyscy przysyłali jej stare żurnale. A może też miała ich dosyć? Ja nie jestem pewien, czy ona była zadowolona z tej całej makulatury dostarczanej przez życzliwych. To był sposób na rozwodnienie jej wierszy, które są trudne.

Sama Szymborska jednak zawsze z wdzięcznym sercem przyjmowała w prezencie materiały do kolaży, których musiała zrobić kilkadziesiąt na każdy Nowy Rok. Najpopularniejszy ich wzór zawierał długą i ekscentryczną listę osób (choć nie tylko osób, bo mogły się tam też znaleźć zwierzęta), które dołączają się do jej życzeń.

PAMIĄTKOWE RUPIECIE, PRZYJACIELE I SNY

Kartka do Ewy Lipskiej z 28 maja 1995 roku.

Taki właśnie kolaż, tyle że w formacie wielokrotnie większym niż pocztówka, wręczył Woody'emu Allenowi w imieniu Szymborskiej Michał Rusinek w filmie Katarzyny Kolendy-Zaleskiej. Obdarowany odpowiedział, że to dla niego cenniejsze trofeum niż figurka Oscara.

Rok 2012 był pierwszym od blisko pół wieku, kiedy przyjaciele Szymborskiej nie dostali od niej wyklejanek z noworocznymi życzeniami.

PAMIĄTKOWE RUPIECIE

Szymborska jak już się zaprzyjaźniała, to na zawsze. Pieczołowicie kultywowała stare znajomości i przyjaźnie. Zwłaszcza po Noblu pilnowała, by nikt z dawnych przyjaciół nie poczuł się zaniedbany.

Czym dla niej jest przyjaźń, przeczytałyśmy najpierw w *Lekturach*. Pisząc o książce Wawrzyńca Żuławskiego *Sygnały ze skalnych ścian*, wyznawała, że nie dziwi się tym, którzy lubią górską wspinaczkę i zwisanie nad przepaścią. Dlaczego? „My, żeby poznać dobrze drugiego człowieka, mamy dwa sposoby, oba niezbyt zdrowe: zjeść z nim beczkę soli albo popracować w jednej instytucji. Tymczasem taternicy skrzykują się na Zamarłą Turnię i już po kilku godzinach uwiązania na wspólnej linie wiedzą o sobie wszystko"[17].

Barbara Czałczyńska opowiadała o jej niezwykłej lojalności: „Przeważnie ludzie akceptują drugiego ze względu na coś, co im odpowiada, a potem zrywają znajomość, jakby odwracali kartkę i z drugiej strony już niczego dla siebie nie znajdywali. Wisława zaprzyjaźnia się raz i na zawsze. Jest to przyjaźń, powiedziałabym, rozumna"[18].

– Poznałam Wisławę w 1947 roku – mówiła nam Czałczyńska. – Serdecznie się polubiłyśmy, ale wkrótce kontakt się urwał, bo ja bałam się tego towarzystwa z Krupniczej. Po 1956 roku spotkałam ją na ulicy. I choć miałyśmy różne doświadczenia: ja więcej wiedziałam, jacyś krewni siedzieli w kryminale, ojciec był w Anglii, a ona wierzyła, i fakt, że Stalin okazał się bandytą, był dla niej szokiem, jak się zobaczyłyśmy, od razu rozmawiałyśmy tak, jakby to był dalszy ciąg rozmowy przerwanej przed laty.

Z lojalności w przyjaźni, jak tylko otrzeźwiała po swoim stalinowskim zapatrzeniu, napisała w czasie październikowej odwilży tekst w obronie zlikwidowanego w 1953 roku Teatru Rapsodycznego, w którym grała jej szkolna przyjaciółka Danuta Michałowska[19]. Z tej samej lojalności, gdy w 1980 roku Jana Pawła Gawlika, wówczas dyrektora Starego Teatru, Solidarność wyrzuciła z pracy, Szymborska, jak sam Gawlik nam opowiadał, napisała w jego obronie list do „Polityki".

„Przede wszystkim cenię przyjaźń – mówiła Szymborska. – To jedno z najpotężniejszych i najpiękniejszych uczuć. Oczywiście, ktoś powie: dobrze, poetko, a miłość? Tak, ale przyjaźń ma pewne dodatkowe cechy. Jest może nie tak podatna na zmiany czasowe. Urok miłości polega też trochę na jakimś stałym zagrożeniu. Natomiast przyjaźń daje chyba większe poczucie bezpieczeństwa"[20].

Kolejnym, obok przyjaciół, wątkiem, który – zdaniem Szymborskiej – powinien obowiązkowo pojawić się w prawdziwej biografii, są sny.

– Pamiętam dobre, wesołe sny – opowiadała nam. – Czasami budzę się ze śmiechem.

„Dbaj o pozytywne sny" – pisała Ewie Lipskiej w jednej z przysłanych jej karteczek, które Lipska nazywała „instrukcjami obsługi życia". Dodała tam jeszcze kilka prostych rad: „Uważaj, z kim rozmawiasz, uważaj, o czym myślisz, ubieraj się skromnie, hoduj tylko psy policyjne, miej na uwadze pożytek powszechny"[21].

– Mam też sny przepiękne i dramatyczne, których nie opowiem – mówiła dalej Szymborska. – Mam też dużo snów mówionych, z których potem pamiętam poszczególne zdania. Podobno to nie jest takie częste. Czasem się budzę i pamiętam

NAJLEPSZE MYŚLI NA NOWY ROK ŚLĄ ZIEMKOWI DROGIEMU:

[kolaż z wyciętych słów: Pani R. z Czeskiego Cieszyna, Lady, Samuraj, HAMLET!, MŁODZIEŻ, Marx, MONIKA W, PORTIER, krokodyl, SKAZANIEC № 437., DEMARCZYK, FUJARA BASOWA, ULANICKI i SOKOŁOWSKI, BRIGITTE, oraz Vinlava]

15.12.86

zdanie, którym we śnie byłam olśniona, a ono jest dość głupie. Przypominam sobie taki jeden sen: otoczona mgiełką scenka, siedzą dwie babcie na ławeczce i jedna drugiej mówi: „Niech pani sobie wyobrazi, że po trzystu latach zgodnego pożycia opuścił ją dla jakiejś siedemdziesięciolatki". Zresztą to, co myślę o snach, napisałam w felietonie o Jungu.

Tam zaś czytamy, że podstawowy jej zdaniem problem z interpretowaniem snów polega na kłopotach z przekładem. Jeśli nawet najlepsi tłumacze miewają takie kłopoty z tłumaczeniem tekstu z jednego języka na drugi, cóż dopiero mówić o przekładaniu snu na język jawy: „Wyobraźmy sobie, że trzech panów, na przykład Chińczyk, Arab i Papuas, ma pewnej nocy identyczny sen – pisała. – Ich relacje po przebudzeniu byłyby z pewnością trzema bardzo odmiennymi relacjami"[22].

Ona sama pisała od pierwszego po ostatni tomik wiersze o snach, nie próbując zresztą ich interpretować.

We śnie
maluję jak Vermeer van Delft.

Rozmawiam biegle po grecku
i nie tylko z żywymi.

PAMIĄTKOWE RUPIECIE

Kartka do Ireny Szymańskiej i Ryszarda Matuszewskiego z 14 grudnia 1987 roku.

Prowadzę samochód,
który jest mi posłuszny.

Jestem zdolna,
piszę wielkie poematy.
(…)
Nie narzekam:
udało mi się odkryć Atlantydę.

Cieszy mnie, że przed śmiercią
zawsze potrafię się zbudzić.

Natychmiast po wybuchu wojny
odwracam się na lepszy bok.
(„Pochwała snów", *Wszelki wypadek*, 1972)

O tym, że dla twórczości Vermeera żywi nabożny podziw, mówiła wiele razy. Dała temu wyraz, choćby omawiając książkę o nim z załączonymi reprodukcjami. „Opisywać słowami obrazy Vermeera to trud marny" – zaczęła, a mimo to pokusiła się o opis

Pani przy szpinecie, a to dlatego, by bronić obrazu przed krytyką, jakoby był dowodem na "uwiąd natchnienia" i biła z niego "sztywność, chłód oraz oschła kalkulacja": "Patrzę i nic mi się nie zgadza. Widzę cud codziennego światła kładącego się na różnych rodzajach materii: na skórze ludzkiej i jedwabiu szaty, na obiciu krzesła i bielonej ścianie – cud, który Vermeer powtarza stale, ale ciągle w nowych wariantach i świeżym olśnieniu. (…) Kobieta kładzie ręce na szpinecie, jakby nam chciała przegrać jeden pasaż, dla żartu, dla przypomnienia. Głowę odwraca ku nam ze ślicznym półuśmiechem na niezbyt urodziwej twarzy. Jest w tym uśmiechu zamyślenie i szczypta macierzyńskiej pobłażliwości. I tak już trzysta latek patrzy na nas, krytyków nie wyłączając"[23].

Znając uczucia swojej szefowej do dzieła Vermeera, Michał Rusinek sprowadził z Holandii katalog jego wystawy i opatrzył go dedykacją: "Na jednym z płócien Vermeera / Gdy dokładnie poszpera / Inskrypcję znajdzie gdzieś z prawa: / »We śnie piszę jak Wisława«".

My natomiast wysłałyśmy Szymborskiej esej Lawrence'a Weschlera z "New Yorkera", w którym ten dowodził, że bohaterka jednego z jej wierszy to nikt inny jak Koronczarka z obrazu Vermeera.

> Może jesteśmy pokolenia próbne?
> Przesypywani z naczynia w naczynie,
> potrząsani w retortach,
> obserwowani czymś więcej niż okiem,
> każdy z osobna
> brany na koniec w szczypczyki?
> (…)
> Może przeciwnie:
> gustują tam wyłącznie w epizodach?
> Oto mała dziewczynka na wielkim ekranie
> przyszywa sobie guzik do rękawa.
> Czujniki pogwizdują,
> personel się zbiega.
> Ach cóż to za istotka
> z bijącym w środku serduszkiem!
> Jaka wdzięczna powaga
> w przewlekaniu nitki!
> Ktoś woła w uniesieniu:
> Zawiadomić szefa,
> niech przyjdzie i sam popatrzy!
> ("Może to wszystko", *Koniec i początek*, 1993)

Szymborska, choć esej jej się spodobał, zaprzeczyła jednak, by bohaterka jej wiersza wzięła się z zapatrzenia na obraz Vermeera.

Jednak myśl o pokrewieństwie poezji Szymborskiej i malarstwa Vermeera kusiła kolejnych krytyków. Andrzej Osęka uznał jeden z jej wierszy za wypełniony duchem

Vermeerowskim, a to ze względu na podobieństwo w „układaniu się światła na powierzchni przedmiotów", a także dostrzeganie „misterium w najpospolitszych czynnościach"[24]. Jak choćby porannym przebudzeniu:

> Śpię jeszcze,
> a tymczasem następują fakty.
> Bieleje okno,
> szarzeją ciemności,
> wydobywa się pokój z niejasnej przestrzeni,
> szukają w nim oparcia chwiejne, blade smugi.
>
> Kolejno, bez pośpiechu,
> bo to ceremonia,
> dnieją płaszczyzny sufitu i ścian,
> oddzielają się kształty,
> (...)
> Świtają odległości między przedmiotami,
> ćwierkają pierwsze błyski
> na szklance, na klamce.
> Już się nie tylko zdaje, ale całkiem jest
> to, co zostało wczoraj przesunięte,
> co spadło na podłogę,
> co mieści się w ramach.
> Jeszcze tylko szczegóły
> nie weszły w pole widzenia.
> („Wczesna godzina", *Chwila*, 2002)

Sny w wierszach Szymborskiej bywają pogodną apologią śnienia, ale bywa, że zastępuje je mroczna jawa, z której nie sposób się obudzić.

> Jawa nie pierzcha
> jak pierzchają sny.
> (...)
> W snach żyje jeszcze
> nasz niedawno zmarły,
> cieszy się nawet zdrowiem
> i odzyskaną młodością.
> Jawa kładzie przed nami
> jego martwe ciało.
> Jawa nie cofa się ani o krok.
> („Jawa", *Koniec i początek*, 1993)

Nie było właściwie tomiku Szymborskiej, w którym zabrakłoby, choćby jednego, wiersza o snach, czasem są to poetyckie rozprawki z teorii śnienia, innym razem są to sny konkretne. Trudno orzec, jaki jest ich ontologiczny status: Przyśniły się naprawdę? Są tylko poetycką figurą?

> Śni mi się, że się budzę,
> bo słyszę telefon.
>
> Śni mi się pewność,
> że dzwoni do mnie umarły.
>
> Śni mi się, że wyciągam rękę
> po słuchawkę.
>
> Tylko że ta słuchawka
> nie taka jak była,
> stała się ciężka,
> jakby do czegoś przywarła,
> w coś wrosła,
> coś oplotła kamieniami.
> Musiałabym ją wyrwać
> razem z całą Ziemią.
> („Słuchawka", *Chwila*, 2002)

– W tym wierszu nie ma nic wymyślonego – powiedziała nam. – To był prawdziwy, autentyczny sen. I naprawdę wiedziałam, kto dzwoni.

Sny nie opuściły również wierszy Szymborskiej w dwu ostatnich wydanych za jej życia tomikach.

> Wyobraź sobie, co mi się przyśniło.
> Z pozoru wszystko zupełnie jak u nas.
> (...)
> Jednak ich mowa inna niż na Ziemi.
>
> W zdaniach panuje tryb bezwarunkowy.
> Nazwy do rzeczy przylegają ściśle.
> Nic dodać, ująć, zmienić i przemieścić.
> (...)
> Świat przedstawia się jasno
> nawet w głębokiej ciemności.
> („Okropny sen poety", *Dwukropek*, 2005)

A my – czego nie mogą cyrkowi sztukmistrze,
magowie, cudotwórcy i hipnotyzerzy –
nieupierzeni potrafimy fruwać,
w czarnych tunelach świecimy sobie oczami,
rozmawiamy ze swadą w nieznanym języku
i to nie z byle kim, bo z umarłymi.
(„Sny", *Tutaj*, 2007)

Tak, we śnie można jawę wziąć w nawias, a więc sny potrafią być błogosławieństwem. Czy w którymś z nich udało się porozmawiać ze zmarłym, z tego poetka nam się nie zwierzyła. Na konferencji o twórczości Filipowicza mówiła, że w jego opowiadaniach „z biegiem czasu coraz więcej miejsca zajmuje sen. Bo sny uważał Kornel za drugie życie, które nosimy w sobie. Wcześniej była tylko jawa"[25].

Od lewej: Ewa Lipska, Wisława Szymborska, Kornel Filipowicz, Adam Włodek.
– W latach siedemdziesiątych utworzyliśmy grupę BIPROSTAL – opowiadała nam Barbara Czałczyńska. – Mogli do niej należeć ci, którzy mieszkali w pobliżu wieżowca BIPROSTAL-u. Adam Włodek tylko po znajomości pozuje do zdjęcia, bo mieszkał gdzie indziej. Potem jedni się wyprowadzili, drudzy wyjechali, a żadnych śladów pisanych po grupie nie zostało. – W pewnym momencie zainteresowała się nami SB – dopowiedziała nam Szymborska.

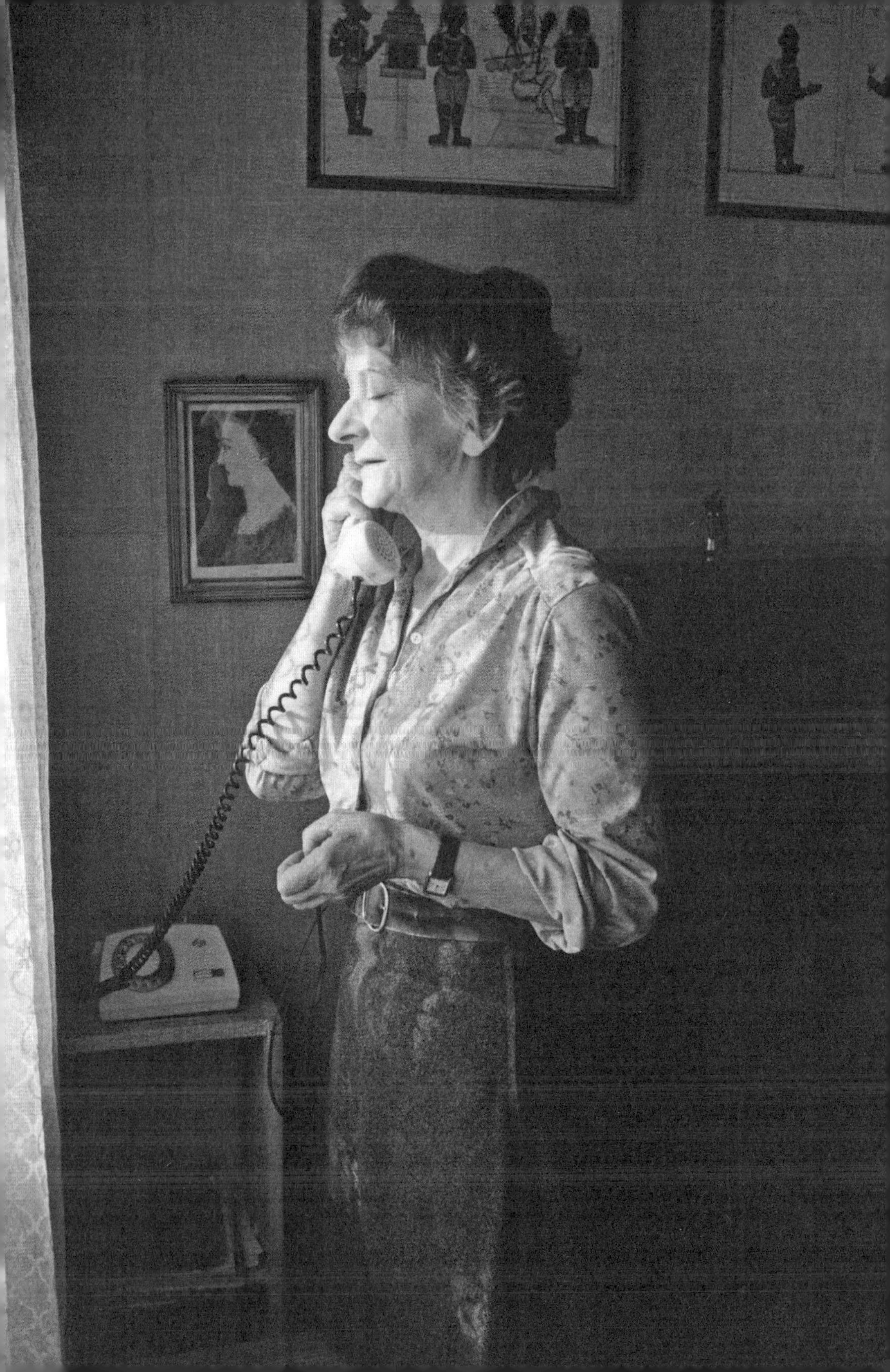

ROZDZIAŁ 16
Lata osiemdziesiąte i dyskretna pochwała konspiracji

Wisława Szymborska nie zapisała się do Solidarności. Dlaczego nie chciała być razem z dziesięcioma milionami rodaków?
– Nie mam uczuć zbiorowych – tłumaczyła nam. – Nikt nigdy nie widział mnie w żadnym zbiorowisku. Może lekcja, którą kiedyś otrzymałam, spowodowała, że później nie potrafiłam już nigdzie przynależeć? Mogę tylko sympatyzować. Przynależność to dla pisarza utrudnienie, pisarz powinien mieć własne przekonania i żyć według tych przekonań.

– Ja boję się tłumu i myślę, że z Wisławą było podobnie – mówiła Ewa Lipska. – Ktoś, kto już kiedyś zaangażował się i poniósł klęskę, staje się uczulony, ma w sobie ostrożność, boi się płynąć z falą. Przy całym poparciu dla Solidarności Wisława stała trochę z boku.

Jej nazwisko w czasach legalnej Solidarności wciąż figurowało w stopce „Życia Literackiego", ale jej związki z tygodnikiem stawały się coraz słabsze (w 1981 roku *Lektury nadobowiązkowe* ukazały się tam zaledwie cztery razy).

Krakowscy pisarze od lat zabiegali o własne pismo literackie, dopiero jednak liberalizacja – wywalczona przez sierpniowe strajki i powstanie niezależnych związków zawodowych – umożliwiła im jego powołanie. Z powstałym wówczas miesięcznikiem zatytułowanym „Pismo" połączyły poetkę szczególnie żywe więzi. Nie bez znaczenia było zapewne to, że funkcję zastępcy redaktora naczelnego pełnił tam Kornel Filipowicz, a w zespole znaleźli się zaprzyjaźnieni z nią Ewa Lipska, Marta Wyka, Jerzy Kwiatkowski i Tadeusz Nyczek.

Szymborska nie tylko przeniosła się do „Pisma" z publikacją wierszy, ale także zgodziła się prowadzić na ostatniej stronie własną rubrykę. Jej tytuł – *Z tekstów odrzuconych* – zapowiadał, że zajmować się będzie sprawami niekoniecznie aktualnymi czy najważniejszymi. Każdy felieton opatrzony był odredakcyjną notą (niewykluczone, że pisała ją sama) z wyjaśnieniem, czemuż to tekst ląduje w tak mało prestiżowym miejscu.

Pierwszy numer, z maja 1981 roku, poświęcony został w dużej części Czesławowi Miłoszowi, który po latach nieobecności mógł wreszcie – dzięki Nagrodzie Nobla i Solidarności – wrócić na łamy polskich pism.

W swojej rubryce Szymborska zamieściła własną wersję wstępniaka („uznaliśmy, że jak na moment tak uroczysty, tekstowi brak należytej powagi" – głosiła odredakcyjna nota tłumacząca, czemu zesłano go na koniec numeru).

„Drodzy czytelnicy, oto pierwszy numer pisma pod tytułem »Pismo«. Trzeba od razu powiedzieć, że tytuł jest kiepski – pisała. – Ale pierwszy numer ma jedną szczęśliwą właściwość: jako pierwszy nie może być gorszy od numerów poprzednich".

"Pismo", które wreszcie powstało ("po trzydziestu latach oczekiwań i dziewięciu latach uporczywych starań"), i to nie "w wyniku likwidacji jakiegoś periodyku ani w wyniku połączenia dwóch poczytnych pism w jedno nowe, czyli skutkiem likwidacji podwójnej" – odnosiła się Szymborska do częstej w PRL-u praktyki – było pismem całkowicie nowym, bo "jego kołyska nie została przerobiona z niczyjej trumienki"[1]. To ostatnie zdanie – mówił nam redaktor naczelny Jan Pieszczachowicz – stało się zawołaniem zespołu.

W kolejnym numerze poetka opublikowała felieton, który znalazł się w jej rubryce, bo – jak głosiła odredakcyjna nota – "tchnie pesymizmem, jak na gust redakcji przesadnym":

"O Gallu Anonimie prawie nic nie wiadomo, ale to pewne, że w kolejkach nie stał. Nie stał również w kolejkach Kadłubek, Długosz, Rej i Kochanowski. Także Modrzewski Frycz i Szarzyński Sęp, Klonowic i Szymonowic, Kromer i Skarga. Nie ma powodów do przypuszczeń, że stali w kolejkach Morsztynowie, Kochowski, Twardowski, Potocki. Pasek miał pamięć tak dobrą, że jeśli o kolejkach nie wspomina, to znaczy, że nie miał okazji w nich stać"[2].

Ta ciągnąca się długo jeszcze litania nazwisk to jedyny utrwalony na piśmie komentarz Szymborskiej do czasów wielkiej narodowej euforii. Jeśli nie liczyć prywatnej dedykacji dla Ireny Szymańskiej i Ryszarda Matuszewskiego na wydanym wtedy tomie *Lektur nadobowiązkowych*: "Tę mizerną książeczkę przesyłam wam, choć naturalnie wiem, że bardziej by się wam przydały: żarówki, zapałki, szynka, ciepła bielizna, maggi, cytryna, żółty ser".

Szymborska martwiła się jakością "literatury okresu kolejkowego", bowiem "rozmyślanie na stojąco należy do wyjątków", a zresztą "stanie staniu nierówne". "Można się głęboko zamyślić, stojąc w oknie, można pod drzewem w ogrodzie czy w lesie, można nad wodą wielką i czystą, ale w ogonku to na pewno nie. W ogonku obowiązuje przytomność umysłu służąca celom doraźnym oraz spostrzegawczość charakterystyczna dla pierwotnych plemion łowiecko-zbierackich. Myśli muszą się koncentrować wokół problemów ściśle określonych: czy wystarczy towaru, czy ta pani stała czy też nie stała przed nami, czy zdążymy jeszcze stanąć w kolejce pocztowej i kolejce aptecznej. Co gorsza, po powrocie do domu czas przestany w kolejkach okazuje się nie do odrobienia. Przynosimy ze sobą jakieś żałosne przygruntowe emocje, jakieś smutne tryumfy, że oto udało nam się wystać trochę czegoś"[3].

Kolejki tymczasem rosły, a konflikt między władzą a Solidarnością zaostrzał się. Redaktor naczelny "Życia Literackiego" Władysław Machejek na początku grudnia 1981 roku potępił "kontrrewolucję kroczącą, zaaplikowaną przez KOR ustami Jacka Kuronia", i "faszyzującą reakcję" w łonie Solidarności. W następnym numerze, datowanym 13 grudnia, ukazał się list jedenastu pracowników i współpracowników odcinających się od naczelnego, który "swoim pisaniem prowokuje bratobójczą nienawiść wewnątrz społeczeństwa". Ale tylko dwa nazwiska z tych jedenastu zniknęły ze stopki: Wisławy Szymborskiej i Jerzego Surdykowskiego. Tak w przeddzień stanu

LATA OSIEMDZIESIĄTE I DYSKRETNA POCHWAŁA KONSPIRACJI

Od lewej: Jerzy Kwiatkowski (zastępca redaktora naczelnego „Pisma"), Jan Józef Szczepański (sympatyk), Wisława Szymborska, Kornel Filipowicz (zastępca redaktora naczelnego), Jan Pieszczachowicz (redaktor naczelny), Marta Wyka, Tadeusz Nyczek (sekretarz redakcji), Bronisław Kurdziel (grafik) i Julian Kornhauser. W innej wersji tego zdjęcia zebrani stoją tyłem z rękami uniesionymi do góry. Kraków, luty 1982 roku.

wojennego definitywnie skończyła się jej trzydziestoletnia współpraca z „Życiem Literackim".

13 grudnia 1981 roku rano ulica wyglądała osobliwie, na chodnikach zbierały się grupki ludzi, ale Wisława Szymborska niczego nie zauważyła, nie zatrzymywała się, szła szybko, bo była niespokojna – Przyjedź milusi. – mówiła nam to niepokój o ukochaną osobę. – Od lat dzwonili do siebie z Kornelem Filipowiczem każdego ranka, na dzień dobry, a tego dnia telefon milczał. Z ulicy 18 Stycznia (obecnie: Królewskiej) na ulicę Dzierżyńskiego (dziś Juliusza Lea), gdzie w wielkim, zagraconym mieszkaniu, z wylegującą się na biurku wśród papierów kotką Kizią, mieszkał Filipowicz, było jakieś sto metrów. „Ty też masz zepsuty telefon?" – spytała. „Chyba tak" – odpowiedział. Za chwilę włączyli radio i usłyszeli: „Rada Państwa (...) wprowadziła dziś o północy stan wojenny na obszarze całego kraju"...

Na pamiątkowym zdjęciu z lutego 1982 roku zespół „Pisma" stanął pod murem z rękami podniesionymi do góry. Dopiero półtora roku później „Pismo" odwieszono. Szymborska weszła w skład kolegium, a jej nazwisko znalazło się w stopce. Tu też przeniosła swoje *Lektury nadobowiązkowe*.

PAMIĄTKOWE RUPIECIE

Kartka do Ireny Szymańskiej i Ryszarda Matuszewskiego.

Radość nie trwała długo, po kilku numerach władze zażądały od Jana Pieszczachowicza usunięcia kilku członków redakcji, a gdy odmówił – odwołano go. Wtedy zespół zrezygnował z pracy, „Pismo" przejął nowy naczelny i szybko ukatrupił tę kołyskę, tym razem przerobioną z trumienki.

W stanie wojennym Szymborska przestała publikować w oficjalnej prasie. W bibliografii zawartości czasopism za rok 1982 figuruje wyłącznie jako tłumaczka Théodore'a Agrippy d'Aubigné, poety francuskiego baroku.

– Przyjechał do mnie do Krakowa zaprzyjaźniony ze mną Jerzy Lisowski – opowiadała nam poetka – namawiać, żebym coś dała do „Twórczości". W pierwszej chwili powiedziałam „nie", a potem pomyślałam, że mogę dać fragmenty poematu Agrippy d'Aubigné „Tragiki", w tym o nocy świętego Bartłomieja. Oczywiście nocy 13 grudnia 1981 roku nie można porównywać z tamtą rzezią, ale jednak i tu, i tam mamy kompletne zaskoczenie, nagły skok na śpiących, niczego niespodziewających się ludzi. Spytałam, czy może zagwarantować, że nie wytną mi tego fragmentu.

Lisowski mówił nam, że cenzura nie miała żadnych uwag. I tak w środku stanu wojennego numer „Twórczości" otwierał się słowami:

Nagle a niespodzianie, pośród nocnej ciszy,
Gdy miasto uznojone snem głębokim dyszy
– Jakby się piekło pod nim rozpukło na dwoje
I wyzionęło z ogniem potępieńce swoje!
(...)
Wojna bez przeciwnika; żadnej na nim zbroi,
Nago jeno lub w giezle wobec mieczów stoi.
Nie żelaza dobywa, lecz słabego głosu,
i jeszcze pierś nastawia do celnego ciosu.

„Co do własnych moich wierszyków, to na razie nic obiecać nie mogę (choć bardzo bym chciała) – pisała do Ziemowita Fedeckiego, redaktora »Twórczości«, prosząc go o przesłanie egzemplarza »Twórczości« z »Agrypą«, bo w Krakowie nie sposób było go dostać – ale cóż, wciąż się jeszcze przeprowadzam i urządzam, różni stolarze, monterzy, elektrycy wysysają ze mnie wszystkie soki twórcze"[4].

W 1983 roku inny fragment „Tragik" wysłała Szymborska do Urszuli Kozioł, do „Odry". W 1969 roku zwiedzały obie maleńkie muzeum w Brugii. „Zaintrygował nas jeden obraz – opowiadała Kozioł. – Z pewnej odległości wyglądał jak wersja Rembrandta Lekcji anatomii doktora Tulpa. Z bliska okazało się, że to obraz Gerarda Dawida, flamandzkiego malarza z przełomu XV i XVI wieku, i nie żadna lekcja anatomii. Na obrazie człowiek przytwierdzony do blatu był żywcem obdzierany ze skóry, w przytomności miejscowych bonzów, purpuratów, dostojników, same togi i birety. Patrzyli z wyniosłością i upodobaniem, jakim mękom poddawany jest innowierca, heretyk. Przypomniałam sobie, że Wisława publikowała swoje przekłady Agrippy d'Aubigné, który sam pochodził z rodziny hugenockiej i był pełnym żaru demaskatorem zła tamtego czasu". Urszula Kozioł poprosiła wtedy Szymborską, by przesłała jej do „Odry" nowe tłumaczenia Agrippy d'Aubigné, a ta nie odmówiła. Tyle że zrobiła to czternaście lat później[5].

Urszula Kozioł wspominała sympatyczny zwyczaj z tamtych czasów: nie korzystało się z hoteli, ale z gościnności kolegów pisarzy. Będąc w Krakowie, zatrzymywała się u Szymborskiej na Chocimskiej.

Szymborska przeniosła się tam jesienią 1982 roku. Budownictwo gierkowskie, seryjne mieszkanko w bloku, czwarte piętro bez windy, dwa pokoje z kuchnią. W większym pokoju – tapczan, telewizor, stół ze szklanym blatem, meblościanka, ta sama ława i te same niezachęcające do dłuższych posiedzeń krzesła spod ręki artysty Stefana Pappa. Do mieszkania Filipowicza było równie blisko jak z 18 Stycznia.

– W stanie wojennym byłem bardzo przybity i tylko dzięki pani Wisławie i Kornelowi nie załamałem się – opowiadał Lech Siuda, ich wakacyjny przyjaciel spod Poznania. – Jeździłem do nich do Krakowa z córką Marią. Ich poczucie humoru było tak pokrzepiające, że człowiek na pewien czas przestawał się martwić tym kolejnym rozbiorem Polski.

W 1983 roku rozwiązano ZLP i powołano na jego miejsce organizację związkową pisarzy o tej samej nazwie. W wyniku tego przewrotnego manewru opozycyjni pisarze znaleźli się poza nawiasem zinstytucjonalizowanego życia literackiego, bo do nowego związku oczywiście zapisywać się nie chcieli.

Nowo-stary ZLP od razu po rozwiązaniu poprzedniego związku przejął Dom Pracy Twórczej w Zakopanem, więc aż do roku 1989 Szymborska i Filipowicz – jak całe opozycyjne środowisko pisarskie – bojkotowali Astorię. Gdy jeździli do Zakopanego, zatrzymywali się w Halamie, pensjonacie ZAIKS-u.

Filipowicz był zapalonym brydżystą, zawsze grał na pieniądze.

– Ja też grywałam w karty i żeby były prawdziwe emocje, nigdy się nie godziłam grać na ziarnka fasoli czy zapałki – opowiadała nam Szymborska. – Ale brydża nie opanowałam, człowiek jest tam za bardzo zdany na drugą osobę.

Jednak w Halamie grywali przede wszystkim w wyrafinowaną odmianę remibrydża, czyli tak zwanego ogona. Partyjkę zaczynali, gdy zaczynał się *Dziennik telewizyjny*. Przenosili się wtedy do innej sali. Ten starannie przestrzegany rytuał zapamiętał Wacław Twardzik z krakowskiej Pracowni Języka Staropolskiego PAN, któremu Szymborska zaproponowała jednego wieczoru, by się przyłączył. I przeniósł tę tradycję do Instytutu Filologii Polskiej, gdzie co poniektórzy pracownicy grywali potem w ogona po całych nocach.

Tadeusz Chrzanowski uważał, że to Filipowicz, który lubił czasem zagrać w „karcioszki", wylansował „ową najgłupszą skądinąd grę na świecie zwaną ogonem". Ewa Lipska pamiętała, że sylwestry spędzali, grając w ogona, i że z reguły wygrywał Filipowicz. Raz, kiedy grali u Lipskiej w domu, w środku partii ogona zadzwonił telefon. Odebrała Szymborska: „Państwa nie ma w domu. Zostaliśmy sami ze stangretem".

A oto przepis na ogona.

Ogon jest to gra karciana dla trzech–siedmiu osób, z licznej rodziny „remi", do której używa się dwóch talii kart z dżokerami. Celem gry jest zgromadzenie jak największej liczby punktów.

Każdy otrzymuje po trzynaście kart, resztę układa się w zakrytym talonie na stole. Jeżeli przekładający karty gracz po prawej ręce rozdającego znajdzie pod uniesionym dłonią talonem kart dżokera, może go sobie zatrzymać, dostanie wtedy od rozdającego o jedną kartę mniej.

LATA OSIEMDZIESIĄTE I DYSKRETNA POCHWAŁA KONSPIRACJI

Bronisław Maj i Wisława Szymborska, z tyłu Marian Stala. Spotkanie „NaGłosu".

Karty zbiera się w jednokolorowe sekwensy, ale co najmniej czterokartowe, które wykłada się (nieobowiązkowo) przed sobą na stole. Asy można układać wyłącznie za królem, nigdy jako „jedynkę" (reguła wprowadzona przez Wisławę Szymborską), ale można je też składać razem z innymi asami. Poza asami nie zbiera się układów kart o tej samej wartości. Dżoker zastępuje dowolną kartę.

Rozpoczyna gracz po lewej ręce rozdającego. Po kolei każdy z grających dobiera jedną kartę z talonu, po czym jedną kartę odkłada. Wyrzucane karty kładzie się jedna na drugiej, ale tak, by było widać wszystkie poprzednio odłożone – w ten sposób tworzy się tytułowy „ogon". Zamiast z talonu można brać karty z ogona, i wtedy dowolną ich liczbę, z tym że zawsze po kolei od końca, i trzeba wtedy obowiązkowo wyłożyć jakiś sekwens z przynajmniej jedną kartą z ogona.

Liczy się punkty za każdą wyłożoną w sekwensach kartę, według oczek, z tym że wszystkie „obrazki" warte są dziesięć punktów. Kareta asów ma sto punktów. Za wyłożonego dżokera nie ma premii.

Można też dokładać karty do wyłożonych na stole sekwensów przeciwników (ale tylko jeżeli już wcześniej wyłożyło się coś samemu), licząc sobie odpowiednio punkty za każdą kartę. Wolno też wymieniać leżące na stole dżokery na odpowiadające im karty – takiego dżokera dołącza się do innych kart na ręce.

Gra się, dopóki ktoś z grających nie pozbędzie się wszystkich kart. Reszta graczy liczy oczka pozostałe na ręku i każdy odejmuje je od swej dotychczasowej punktacji.

Rozdania ponawia się do chwili, kiedy ktoś osiągnie pięćset punktów.

– Wszystkie nasze zabawy, gry towarzyskie, limeryki – mówiła Ewa Lipska – to była forma samoobrony przed tym, co nas otaczało, przed absurdem życia codziennego, przed cenzurą, przed nudą i podłością *Dziennika telewizyjnego*. My wcale nie byłyśmy znowu takie głupie śmieszki.

Raz w tygodniu, bodaj w środy, ci, którzy nie wstąpili do nowej organizacji pisarskiej, przychodzili tłumnie okupować lokal nowego ZLP na Kanoniczej. Jerzy Surdykowski wspominał, że siadywali sobie przy stolikach, żeby pokazać, że są, i trochę tamtych podenerwować. Kontynuowali przy tym działalność organizacyjną, która przybierała formy towarzysko-socjalne. Jednym z filarów tej *quasi*-podziemnej aktywności był w Krakowie Kornel Filipowicz (a poprzez niego również Szymborska). Angażował się w rozliczne formy konspiracji: komisje stypendialne, rozdzielanie pieniędzy, które przychodziły z Pen Clubu czy od Jerzego Giedroycia z paryskiej „Kultury". Współpracował przy wydawaniu „Miesięcznika Małopolskiego". Próbował uruchomić podziemny „Arkusz Poetycki".

„Kornel stał się – wspominał Włodzimierz Maciąg – jakimś naturalnym biegiem rzeczy, kimś skupiającym wokół siebie prawie wszystkich zbuntowanych i teraz już jawnie wrogich porządkowi komunistów. To wyłonienie się Kornela jako niekwestionowanego autorytetu było dość zagadkowym procesem w środowisku notorycznych egotystów. (…) Kornel przyjął te nieformalne godności z właściwym sobie dystansem do rzeczy. Żadnych w nim nie było skłonności przywódczych i pewnie dlatego zaufaliśmy mu jak pewnie nikomu w tych czasach. Połowa lub więcej tych naszych działań konspiracyjnych toczyła się w mieszkaniu Kornela. (…) Kornel tak sądzi, Kornel tak proponuje – to rozstrzygało o wielu decyzjach. Doprawdy, żyję już wiele lat i nigdy nie zetknąłem się z kimś, kto zdobyłby sobie tak wielki szacunek, a w końcu – trzeba to sobie powiedzieć – miłość swego koleżeńskiego otoczenia, bez widomych po temu zabiegów"[6].

– Zastanawialiśmy się, co by tu można zdziałać na powierzchni – opowiadał Bronisław Maj. – Nasi starsi koledzy: Wisława, Kornel, Jerzy Kwiatkowski, Włodzimierz Maciąg, zaproponowali coś, co się robiło za okupacji niemieckiej – żywe pismo. Tak powstał mówiony „NaGłos". To wtedy potworzyły się nasze międzypokoleniowe przyjaźnie. Filipowicz był naszym Corleone. Jak ktoś z młodych miał wątpliwości albo się czegoś bał, to przychodził właśnie do niego. On wtedy, z obawy przed podsłuchem, przykrywał poduszką telefon i wysłuchiwał nas.

Pierwszy numer mówionego „NaGłosu", 14 grudnia 1983 roku, w siedzibie krakowskiego Klubu Inteligencji Katolickiej otwierała Szymborska dyskretną pochwałą konspiracji.

Nie ma rozpusty gorszej niż myślenie.
Pleni się ta swawola jak wiatropylny chwast
na grządce wytyczonej pod stokrotki.
(…)
Zgroza, w jakich pozycjach,
z jak wyuzdaną prostotą

LATA OSIEMDZIESIĄTE I DYSKRETNA POCHWAŁA KONSPIRACJI

umysłowi udaje się zapłodnić umysł!
Nie zna takich pozycji nawet Kamasutra.

W czasie tych schadzek parzy się ledwie herbata.
Ludzie siedzą na krzesłach, poruszają ustami.
(…)
Czasem tylko ktoś wstanie,
zbliży się do okna
i przez szparę w firankach
podgląda ulicę.
(„Głos w sprawie pornografii", *Ludzie na moście*, 1986)

W sumie mówionych „NaGłosów" odbyło się dwadzieścia pięć. Ich organizatorzy twierdzili, że Szymborska, jeśli tylko była w Krakowie, przychodziła zawsze. Czasem czytała jakiś wiersz, ale najczęściej siedziała cichutko na sali. Zwykle spotkania odbywały się w sali portretowej KIK-u na ulicy Siennej, jeden z „NaGłosów" – z udziałem Adama Michnika, który wyszedł był właśnie z więzienia – zgromadził taki tłum, że przeniesiono spotkanie do kapitularza pobliskiego klasztoru Ojców Dominikanów.

– Klub Inteligencji Katolickiej, „Tygodnik Powszechny" to było dla Szymborskiej nowe, dotychczas obce jej środowisko – opowiadał Marian Stala, krytyk literacki, sam związany z „Tygodnikiem". – Mało tego, w tamtych czasach można ją było spotkać nawet na imprezach organizowanych w kościołach. I tak na przykład czytała swoje wiersze u Karmelitów na Piasku.

– W stanie wojennym – mówił nam Jerzy Turowicz – „Tygodnik" stał się czymś w rodzaju organu opozycji demokratycznej i wiele osób odległych od katolicyzmu tam pisało. Szymborskiej nigdy bym zresztą nie nazwał ateistką, może agnostyczką, to prędzej.

Pierwszy wiersz napisany w czasie po wprowadzeniu stanu wojennego opublikowała Szymborska w 1983 roku właśnie w „Tygodniku Powszechnym":

Miał być lepszy od zeszłych nasz XX wiek.
Już tego dowieść nie zdąży,
lata ma policzone
krok chwiejny,
oddech krótki.
(…)
W poważaniu być miała
bezbronność bezbronnych,
ufność i tym podobne.

Kto chciał cieszyć się światem,
ten staje przed zadaniem
nie do wykonania.
(„Schyłek wieku", *Ludzie na moście*, 1986)

PAMIĄTKOWE RUPIECIE

Kartka do Bogusławy Latawiec i Edwarda Balcerzana
z 17 grudnia 1994 roku.

– Nie, nie przywiązuję wagi do tego, że zbliża się rok 2000 – mówiła nam Szymborska w roku 1997. – Tak naprawdę te wieki zupełnie inaczej otwierają się i zamykają. Wiek XIX skończył się dopiero z wybuchem pierwszej wojny. Niektórzy uważają, że wiek XX skończył się wraz z upadkiem komunizmu, choć mnie się wydaje, że to wszystko, co dzieje się teraz, należy jeszcze do czasów komunizmu, i że tak to będzie trwać jeszcze ładnych parunaście lat następnego stulecia. Za najważniejsze w tym wieku uważam lądowanie na Księżycu. Teraz słyszę, że klonowanie, ale tego jeszcze nie zdążyłam przemyśleć.

– Człowiek trochę się kręcił – opowiadała o czasach podziemnej Solidarności. – Tu jakiś podpis, tam jakieś pieniądze, to była stała nerwówka. Ze mnie była żadna działaczka, ale na pewno opowiedziałam się wyraźnie, po której jestem stronie.

LATA OSIEMDZIESIĄTE I DYSKRETNA POCHWAŁA KONSPIRACJI

Córka Jerzego Turowicza Magdalena Smoczyńska mówiła nam, że przemyciła kiedyś wiersz Szymborskiej do Paryża. Zaraz po przyjeździe zadzwoniła do Jerzego Giedroycia, a on już wiedział i czekał. Umówił się z nią nie w Maisons-Laffitte, ale w samym Paryżu, w drukarni, tak że chyba natychmiast włożył wiersz do numeru.

Wiersz podpisany był pseudonimem Stańczykówna, Szymborska dała go też do podziemnej krakowskiej „Arki".

Jeśli powiesz Tak
wydawca nie odważy się
powiedzieć Nie
Jeśli powiesz Nie
czyżbyś nie słyszał
że są trudności z papierem
drukarnią kolportażem
przędzą i paliwem
siłą roboczą i produkcją mięsną
żarówkami Reaganem paszą i klimatem
(„Dialektyka i Sztuka", „Kultura" 1985, nr 5)

Nie zdecydowała się umieścić tego wiersza w żadnym z późniejszych zbiorów. Wydał jej się zbyt upolityczniony.

– To była danina złożona ludziom, czasom, sytuacji – mówiła nam.

Faktycznie w jej poezji niewiele znaleźć można odniesień do rzeczywistości stanu wojennego.

Jeszcze zwierzał się w listach,
bez myśli, że po drodze zostaną otwarte.

Prowadził jeszcze dziennik dokładny i szczery,
bez lęku, że go straci podczas rewizji.
(„Dom wielkiego człowieka", *Ludzie na moście*, 1986)

Za ten tomik – *Ludzie na moście* – przyznano jej nagrodę Ministerstwa Kultury, ale odmówiła przyjęcia. „Doroczna nagroda »Odry« stanowi dla mnie wystarczającą satysfakcję"[7] – uzasadniała swą decyzję w „Tygodniku Powszechnym". Przyjęła jednak wraz z gronem innych pisarzy i wrocławskim twórcą Pomarańczowej Alternatywy Waldemarem „Majorem" Fydrychem Nagrodę Kulturalną podziemnej Solidarności.

Urszula Kozioł opowiadała nam, że gdy miało się odbyć jakieś sekretne spotkanie literatów w klasztorze Benedyktynów w Tyńcu, Szymborska oponowała: „Nie, nie, do Tyńca nie pojadę, tam mają dziwny stosunek do kobiet". Tadeusz Chrzanowski zapamiętał natomiast, że „Wisława zgłosiła obiekcję, czy może w takim konwentyklu wziąć udział, ponieważ jest niewierząca".

PAMIĄTKOWE RUPIECIE

Przy swoich biurkach, każde w swoim mieszkaniu. 1984 rok.

LATA OSIEMDZIESIĄTE I DYSKRETNA POCHWAŁA KONSPIRACJI

PAMIĄTKOWE RUPIECIE

– Nie pojechałam tam wtedy, bo miałam grypę – oświadczyła nam Szymborska. – Zostałam w domu i denerwowałam się, czy wszyscy szczęśliwie wrócą. W Tyńcu byłam raz tylko, na pogrzebie Hanny Malewskiej.

Szymborska, która nigdy nie paliła się do udziału w publicznych imprezach i działaniach, bardzo ceniła sobie wierność i oddanie w przyjaźni. To ona zaopiekowała się swoim byłym mężem Adamem Włodkiem, gdy ten zachorował. Odwiedzała go w szpitalu, a gdy wrócił do domu, przynosiła mu zakupy i zupki. Był przez cały czas ich małżeństwa i później wieloletniej przyjaźni pierwszym czytelnikiem jej wierszy, żadnego nie oddała do druku, nim on go wpierw nie przeczytał i nie zaaprobował.

Kiedyś dostała od niego w prezencie starannie zszyty maszynopis zawierający wszystkie napisane przez nią w latach 1944–1948 wiersze, te publikowane wcześniej w czasopismach, ale również inedita, które były brane pod uwagę przy kilkakrotnym przekomponowywaniu nigdy niewydanego tomiku „Szycie sztandaru". Każdy wiersz opatrzony został skrupulatną notą edytorską (pierwodruk, przedruki, zmiany tytułu, wersje *etc.*). Pod spisem treści informacja: „Przepisane jako cymelia w dwu egzemplarzach, przeznaczonych dla Autorki i Edytora). Rzecz dla badaczy wczesnej twórczości Szymborskiej – bezcenna.

Kiedy Włodek zmarł 19 stycznia 1986 roku, Szymborska zaprosiła żałobników na stypę do siebie. Zaproponowała, żeby każdy opowiedział, kiedy i w jakich okolicznościach poznał Adama. I odtąd już przez następne ćwierć wieku w każdą rocznicę śmierci Włodka przyjaciele spotykali się u niej, żeby go powspominać.

Szymborska zinwentaryzowała jego księgozbiór i przekazała go Bibliotece Jagiellońskiej. To z jej inicjatywy ukazał się wspominany już tu tom *Godzina dla Adama*. Choć rozwiodła się z nim ponad pół wieku przed śmiercią, nie zrezygnowała nigdy z drugiego członu nazwiska i pochowana została jako Wisława Szymborska-Włodek (nawiasem mówiąc, już po Noblu nazwiska Włodek używała dla kamuflażu, występując jako Wisława Włodek na przykład przy oddawaniu rzeczy do pralni czy zamawianiu pizzy).

Adam Włodek był niezłym tłumaczem, a przyjaciele upierają się, że także dobrym, a na pewno niedocenionym poetą. Szymborska osobiście wybierała jego wiersze do książki *Godzina dla Adama* i wspominała go tam czule jako człowieka, w którego gościnnym domu nie zamykały się drzwi i który zawsze myślał bardziej o innych niż o sobie. „Ale co się działo, kiedy za gośćmi zamykały się drzwi i gospodarz zostawał sam, ze swoimi myślami? Wiem, że nie były to myśli wesołe, znałam go przecież dobrze. Otóż życie mija, mija coraz prędzej, a on wciąż jeszcze nie napisał tych swoich najlepszych wierszy. Ciągle ma je przed sobą, jak światła na uciekającym horyzoncie, ale który pisarz wolny jest od tej udręki, uczucia, że nie zdąży powiedzieć tego, co wydaje mu się najważniejsze i najlepsze. Pewnie tak być musi póki życia, bo potem okazuje się, że najlepsze wiersze mamy już za sobą"[8].

Również Kornel Filipowicz należał do tych twórców, którzy odznaczają się cechową solidarnością i serio troszczą o młodych aspirujących do zawodu.

LATA OSIEMDZIESIĄTE I DYSKRETNA POCHWAŁA KONSPIRACJI

W Krakowie, gdzie spędził większość życia, był postacią znaną i podziwianą, autorytetem dla młodszych pisarzy.

„Był moim opiekunem, przyjacielem i mistrzem – wspominał go młodszy o dwa pokolenia Jerzy Pilch – jedynym pisarzem, któremu, młodziutki trzydziestolatek, przynosiłem do oceny pierwociny literackie. »Coś tam przyniósł?« – pytał, zapalając papierosa. »Opowiadanie«. »Wieleż ma stron?«, »Dwanaście«. Kornel się rozmarzał, jego jasne oczy stawały się jeszcze jaśniejsze; zaciągał się głęboko i mówił: »Piękny rozmiar«. (...) Wysoki, szczupły, siwy, rasowy prozaik taki być powinien. Kornel zza okularów słał światu mądre, wyrozumiałe, a niekiedy też pełne jadowitej ironii spojrzenia"[9].

W styczniu 1989 roku, tuż przed rozmowami Okrągłego Stołu, opozycyjni pisarze powołali do życia alternatywną w stosunku do reżymowego ZLP organizację pisarską. Filipowicz i Szymborska należeli do członków założycieli Stowarzyszenia Pisarzy Polskich. Nim organizacja została oficjalnie zarejestrowana, ceremonia przyjmowania nowych członków w Krakowie odbywała się – jak mówili nam Teresa Walas i Bronisław Maj – w mieszkaniu Wisławy Szymborskiej.

– Jak wyglądało przyjmowanie? Jak każde bankiecisko – opowiadał nam Maj – bez zadęcia, przy wódce „kornelówce", w jakimś momencie Jan Józef Szczepański ze swoją góralską twarzą starego Indianina oświadczał: „Jesteście członkami związku".

Gdy Filipowicza wybrano na przewodniczącego oddziału krakowskiego SPP, rzucił się z Tadeuszem Chrzanowskim do meblowania siedziby stowarzyszenia na Kanoniczej. Jeździł po targach staroci i komisach meblowych, żeby kupować sprzęty spatynowane wiekiem, a i niedrogie.

Jerzy Pilch zapamiętał, że w roku 1989 w mieszkaniu Filipowicza, a właściwie w jego gabinecie, gdzie przyjmował gości, pojawił się mały czarno-biały telewizorek, na który ten przez cały czas zerkał: „Pilności, z jaką Kornel śledził wtedy wszystko, co działo się w Polsce, dorównywała, jak się zdaje, tylko jego nieufność. Butelka koniaku, którą otrzymał w prezencie w latach sześćdziesiątych i która, jak obwieścił, miał otworzyć po odzyskaniu przez ojczyznę niepodległości, dalej nietknięta tkwiła w jakimś zakamarku"[10].

– Kornel zawsze czuł się socjalistą, oczywiście w dawnym tego słowa znaczeniu, więc nigdy nie był w partii – mówiła nam Szymborska. – Kiedy już bardzo zapadł na zdrowiu i jego dni były policzone, przyjechał do niego Jan Józef Lipski i wręczył mu legitymację PPS z niskim, jednocyfrowym numerem. To była jego ostatnia radość.

Ewa Lipska mówiła nam, że Kornel Filipowicz wraz z Wisławą Szymborską przyszli do niej na sylwestra 1989 roku, grali w scrabble:

– Kornel był jak zwykle, na nic się jeszcze nie skarżył. To było galopujące choróbsko, 28 lutego 1990 roku już nie żył.

Po jego śmierci Szymborska nigdy więcej nie zagrała w ogona. Napisała wiersz „Kot w pustym mieszkaniu", którego nigdy nie czytała na wieczorach autorskich. Napisała też kilka wierszy pożegnań. Jak to u niej – dyskretnych, powściągliwych i podszytych rozpaczą.

Przyjmuję do wiadomości,
że – tak jakbyś żył jeszcze –
brzeg pewnego jeziora
pozostał piękny jak był.

Nie mam urazy
do widoku o widok
na olśnioną słońcem zatokę.

Potrafię sobie nawet wyobrazić,
że jacyś nie my
siedzą w tej chwili
na obalonym pniu brzozy.
(...)
Na jedno się nie godzę.
Na swój powrót tam.
Przywilej obecności –
rezygnuję z niego.

Na tyle Cię przeżyłam
i tylko na tyle,
żeby myśleć z daleka.
(„Pożegnanie widoku", *Koniec i początek*, 1993)

Kiedy zaczął się z tych smutnych, elegijnych wierszy składać tomik, wyznała Bogusławie Latawiec, że jest za smutny, że tak wyszło, ale nie lubi ponuractwa, więc pracuje – dla równowagi – nad wierszami optymistycznymi[11]. Chyba nie do końca jej się to udało, choć widać, że się starała.

Nie bez powabów jest ten straszny świat,
nie bez poranków,
dla których warto się zbudzić.
(„Rzeczywistość wymaga", *Koniec i początek*, 1993)

„Cudowny człowiek, świetny pisarz – mówiła o nim poetka przed laty w dokumencie dla niemieckiej telewizji. – Byliśmy ze sobą dwadzieścia trzy lata. Nie mieszkaliśmy razem, nie przeszkadzaliśmy sobie. To byłoby śmieszne: jedno pisze na maszynie, drugie pisze na maszynie... Byliśmy końmi, które cwałują obok siebie. Czasem nie widzieliśmy się przez trzy dni"[12].

Pod oknami Szymborskiej na Chocimskiej rosło kiedyś rozłożyste drzewo, wiąz. Zdaniem Urszuli Kozioł ta żywa zielona kurtyna, sięgająca balkonu na czwartym piętrze i odgradzająca poetkę od świata szczelną gęstwiną, była jednym z powodów, dla których zdecydowała się na to właśnie mieszkanie.

LATA OSIEMDZIESIĄTE I DYSKRETNA POCHWAŁA KONSPIRACJI

– To był chyba rok 1991 – opowiadała. – Przywiozłam z Wrocławia z działki roślinkę, żeby zasadzić ją na grobie Kornela. Pojechałyśmy razem z Wisławą na cmentarz, a kiedy wróciłyśmy, okazało się, że wiąz pod oknem ścięto i balkon jest nagi. Pewnie drzewo komuś przeszkadzało, pewnie wcześniej były jakieś pisma urzędowe, ale to nie dotarło do jej świadomości. I nagle została zmuszona do tego, żeby stanąć twarzą w twarz z tą całą szpetotą, bylejakością, z tym wszystkim, co było za jej oknem. Gdy Wisława zobaczyła, że w miejscu drzewa został tylko żałosny kikut, rozpłakała się. Ja myślę, że są rzeczy, których nie robi się poetom. To tak, jakby Kochanowskiemu ściąć lipę.

Kornel Filipowicz w swoim mieszkaniu. 1984 rok.

Z Karlem Dedeciusem.

ROZDZIAŁ 17

O tłumaczach i tłumaczeniach, czyli co wiersz, to problem

Już po ukazaniu się tomiku *Wołanie do Yeti* Karl Dedecius, Niemiec urodzony w Łodzi, gdzie przed wojną ukończył gimnazjum, zwrócił uwagę na wiersze Szymborskiej i próbował skontaktować się z nią telefonicznie, by uzyskać zgodę na tłumaczenie. „Była chłodna i ufności nabierała bardzo powoli"[1] – wspominał.

Zaczął przekładać jej wiersze na początku lat sześćdziesiątych. To dzięki Dedeciusowi, który zresztą stał się jednym z najwybitniejszych tłumaczy literatury polskiej na niemiecki, wiersze Szymborskiej ukazywały się w niemieckiej prasie, a nawet weszły do niemieckich podręczników szkolnych.

„Opublikowałem po niemiecku sto sześćdziesiąt sześć jej wierszy, a napisała ich ponad dwieście – relacjonował nam Dedecius w liście stan do czasu otrzymania przez poetkę Nobla. – Każdy wiersz jest problemem, i każdy innym. Ale mnie trudności raczej przyciągają, niż odpychają. Nierzadko zdarza się, że w nowym języku wiersz wymagałby komentarzy, a że ja komentarzy do wierszy nie lubię, po heretycku przekładam »ciężkie norwidy« na »ciężkie Büchnery«"[2].

> Nie być bokserem, być poetą,
> mieć wyrok skazujący na ciężkie norwidy,
> z braku muskulatury demonstrować światu
> przyszłą lekturę szkolną – w najszczęśliwszym razie –
> o Muzo. O Pegazie,
> aniele koński.
> („Wieczór autorski", *Sól*, 1962)

To, że Szymborska została laureatką dwóch arcyważnych nagród literackich – austriackiej i niemieckiej – to niezaprzeczalna zasługa Dedeciusa, który przyswoił jej twórczość językowi niemieckiemu.

Zygmunt Freud, Hermann Hesse, Karl Jaspers, Tomasz Mann, Albert Schweitzer – wszyscy oni byli laureatami Nagrody Goethego. „Kiedy zobaczyłam listę nagrodzonych wcześniej – mówiła poetka na uroczystościach we Frankfurcie w 1991 roku – poczułam się zakłopotana. Pozostaje mi tylko liczyć na wyrozumiałość i poczucie humoru tych wielkich duchów"[3].

Karl Dedecius w swojej laudacji mówił tam: „Nie znajdujemy u Szymborskiej wzburzonych, nieustannie szumiących odmętów, nie nęcą podejrzane głębie, nie kołyszemy się niepewnie. Jej wyspa z oddali wydaje się zagadkowa, poznana bliżej przynosi radość i szczęście. Ta wyspa – bogata w faunę i florę, wolna jest od zanieczyszczeń tak w sferze materialnej, jak i w sferze języka czy atmosfery. Duchowy biotop przychylny naszemu zdrowiu. Szymborska ukazuje nam przejrzyste zwierciadło, i nie jest to tak dziś modne zwierciadło krzywe"[4].

Dalej opowiadał, że jej wiersz „Głosy" opublikowało pismo poświęcone nauczaniu języków starożytnych:

> Ledwie ruszysz nogą, zaraz jak spod ziemi
> Aborginowie, Marku Emiliuszu.
> (...)
> Do uprzykrzenia pełno tych małych narodów,
> do przesytu i mdłości, Kwintusie Decjuszu.
> (...)
> Tarkwiniowie stąd zowąd, Etruskowie zewsząd.
> Wolsyńczycy ponadto. Na domiar Wejenci.
> Ponad sens Aulerkowie. Item Sappianaci
> ponad ludzką cierpliwość, Sekstusie Oppiuszu.
> („Głosy", *Wszelki wypadek*, 1972)

Z kolei – opowiadał dalej Dedecius – wiersz „Konszachty z umarłymi" ukazał się w piśmie gerontologicznym i przyszło potem do redakcji wiele listów z podziękowaniem od lekarzy i szpitali.

> W jakich okolicznościach śnią ci się umarli?
> Czy często myślisz o nich przed zaśnięciem?
> (...)
> Na co się powołują?
> Na dawną znajomość? Pokrewieństwo? Ojczyznę?
> Czy mówią, skąd przychodzą?
> I kto za nimi stoi?
> I komu oprócz ciebie śnią się jeszcze?
> („Konszachty z umarłymi", *Ludzie na moście*, 1986)

To ciekawe, że wiersze Szymborskiej często znajdywały profesjonalny odzew u przedstawicieli nauk przyrodniczych czy ścisłych.

„Magazyn Miłośników Matematyki" zajął się wierszem Szymborskiej „Liczba Pi". Napisał do czytelników: „Jest to sformułowana w poetycki sposób głęboka hipoteza matematyczna. Czy wiesz jaka?". Nagrodą miał być tomik Szymborskiej z autografem.

> Podziwu godna liczba Pi
> *trzy koma jeden cztery jeden.*
> Wszystkie jej dalsze cyfry też są początkowe,

pięć dziewięć dwa, ponieważ nigdy się nie kończy.
(...)
Najdłuższy ziemski wąż po kilkunastu metrach się urywa.
Podobnie, choć trochę później, czynią węże bajeczne.
Korowód cyfr składających się na liczbę Pi
nie zatrzymuje się na brzegu kartki,
potrafi ciągnąć się po stole, przez powietrze,
przez mur, liść, gniazdo ptasie, chmury, prosto w niebo
(„Liczba Pi", *Wielka liczba*, 1976)

Liczbę Pi, wyrażającą stosunek długości obwodu koła do długości jego średnicy, znamy od początku XVII wieku, kiedy obliczono ją z dokładnością do trzydziestu pięciu miejsc po przecinku. Ale czy istnieje jakaś prawidłowość w pojawianiu się liczb, czy wszystkie pojawiają się tak samo często, czy każda pojawia się nieskończenie wiele razy? Wielu problemów dotyczących liczby Pi do dziś nie rozstrzygnięto. „Magazyn Miłośników Matematyki" uznał, że wiersz Szymborskiej jest głosem w sprawie, ponieważ zawarta jest w nim hipoteza, że w rozwinięciu dziesiętnym liczby Pi pojawiają się wszystkie liczby naturalne, i sformułował szereg zadań dla czytelników z tej hipotezy wynikających (jeżeli nazwiemy liczbą Szymborskiej na przykład liczbę 0,123456789101112131415..., to czy suma cyfr każdej liczby Szymborskiej danego stopnia jest taka sama?)[5].

Z kolei profesor Karol Sabath z Instytutu Paleobiologii PAN użył jednego z jej wierszy w teście egzaminacyjnym. Na zajęciach z paleoantropologii poprosił studentów, by przeczytali fragment jej wiersza „Przemówienie w biurze znalezionych rzeczy" i uzupełnili „luki w pamięci podmiotu lirycznego".

„Wypisałem Pani – pisał później do Szymborskiej – co bardziej absurdalne lub błędne wypowiedzi". Oto przykłady:

„Zapadła mi się w morze wyspa jedna, druga..."
Jaki proces sprawił, że zapadły się w morze wyspy i pomosty lądowe, którymi *Homo* skolonizował świat? – Dryf genetyczny.

„Nie wiem nawet dokładnie, gdzie zostawiłam pazury"
Gdzie i kiedy zostawiliśmy pazury? – Gady oddały pazury na rzecz ssaków.

„kto chodzi w moim futrze, kto mieszka w mojej skorupie"
Kto chodzi w naszym futrze? – *Homo erectus*.

„Pomarło mi rodzeństwo, kiedy wypełzłam na ląd"
Jakie wymarłe rodzeństwo wypełzłych na ląd kręgowców mogła mieć na myśli Autorka? – Dinozaury.

„i tylko któraś kostka świętuje we mnie rocznicę"
Która kostka słuchowa może świętować rocznicę wypełznięcia na ląd i którą rocznicę (z dokładnością do 50 mln lat)? – Błona bębenkowa, piątą rocznicę[6].

Błaga Dimitrowa, która wiosną 1996 roku właśnie skończyła tłumaczenie tomiku Szymborskiej *Koniec i początek*, mówiła nam, że zdążyła wydać tom wierszy *Obmislam sveta* w 1989 roku, tuż przedtem, nim pochłonęło ją pełnienie obowiązków wiceprezydenta. Największych kłopotów przy tłumaczeniu przysparzały jej proste, urywane zdania, rozbite na krótkie wersy.

– Trudno je dobrze przetłumaczyć, nie wydłużając. Na szczęście bułgarski jest bogatym językiem, a ja jestem ambitna, więc nie zrezygnowałam z żadnego wiersza.

Czeska poetka Vlasta Dvořáčková przetłumaczyła tomik *Sól*, a potem przyjechała do Polski i poznała Szymborską. Gdy nastał 1968 rok, Dvořáčková, jak wielu twórców, którzy nie pogodzili się ze zdławieniem Praskiej Wiosny, znalazła się na częściowym indeksie: ukazywały się jej tłumaczenia, ale nie publikowano jej wierszy. Wyszły jednak w Polsce, w tłumaczeniu i dzięki staraniom Adama Włodka, którego poznała przez Szymborską.

Z Vlastą Dvořáčkovą.

– Najtrudniejsze przy tłumaczeniu Szymborskiej – opowiadała Dvořáčková – to zachowanie rytmu oraz intonacji jej wiersza. Jak się tego nie pilnuje, istnieje niebezpieczeństwo, że wyjdzie nie wiersz, tylko coś bliższego prozy. No i są takie poszczególne wersy, które wymagają wiele, wiele pracy. Na przykład z wierszem „Kloszard" bardzo się namęczyłam, tworząc czeskie odpowiedniki określeń Wisławy na chimery, na te wszystkie fruwale, niżły, małpierze, ćmięta.

W Jugosławii tłumaczył Szymborską Petar Vujičić, później dołączyła do niego Biserka Rajčić. Wydawcą Szymborskiej było słynne niezależne radio belgradzkie B92.

O TŁUMACZACH I TŁUMACZENIACH, CZYLI CO WIERSZ, TO PROBLEM

Wiersze miały się ukazać jeszcze przed Noblem, ale to był gorący czas dla radia. Reżim Miloševicia próbował zamknąć radiostację, co spowodowało opóźnienie.

– W każdym narodowym skarbcu poezji czegoś brak – mówił nam Asar Eppel, pisarz i tłumacz Szymborskiej na rosyjski. – Mamy odpowiedników Staffa, Tuwima, Broniewskiego, a także Norwida, Leśmiana, Gałczyńskiego. Białoszewskiego i Szymborskiej nie mamy. Zacząłem ją tłumaczyć, żeby to zrekompensować. Z drukiem było gorzej. Była wtedy taka kategoria „nasi przyjaciele", czyli wasi rodacy, którzy chodzili na przyjęcia do ambasady radzieckiej w Warszawie i mówili, kogo drukować. Szymborskiej na tych listach nie było. Kiedy ją poznałem, zauroczyła mnie. U nas jest taka tradycja, że poetka ma być wyklęta, nieszczęśliwa z nadmiaru duchowości i z powodu kochanków, którzy nie dorastają do jej talentu, a tymczasem ona, taka wielka poetka i taki normalny człowiek.

– Zdarta skóra z moich wierszy – mówiła Szymborska o przekładach Eppela. – W Rosji tradycja białego wiersza jest wątła, a mimo to nie musiałam mu mówić, że rządzą nim pewne reguły, ciche i tajemne, których należy przestrzegać.

– Szymborska jest poetką szczęśliwej myśli, szczęśliwego pomysłu – mówił dalej Eppel. – „Obmyśla świat, wydanie drugie". Pisząc wiersz, zaczyna od gotowej metafory, to jest od tego miejsca, które dla wielu poetów jest punktem dojścia. Może Dedecius jako Niemiec wszystko przeliczy, na przykład ile jest o i ą, i innych krągłości w jakiejś zwrotce, ja nie analizuję, tylko wsłuchuję się w przyjemność dźwięku. Żeby przełożyć jej wiersz, należy najpierw go zrozumieć, a potem wystarczy znaleźć coś pięknego, ale nie zanadto, żeby brzmiało zwyczajnie.

Przed Eppelem tłumaczyła Szymborską na rosyjski Anna Achmatowa. Utrzymująca się z przekładów poetka dostała na początku lat sześćdziesiątych do tłumaczenia trzy wiersze: „Obóz głodowy pod Jasłem", „Balladę" i „Przy winie". Ukazały się w 1964 roku w majowym numerze pisma „Polsza". Achmatowa podpisała przekłady swoim nazwiskiem, ale przetłumaczyła tylko wiersz ostatni. Faktyczny tłumacz dwu pozostałych, Anatolij Najman, napisał do nas: „Jedynym sposobem zarabiania dla mnie, wówczas młodego poety, były przekłady. Jednak zdobycie ich właśnie dlatego, że byłem młody i miałem – jak to oficjalnie wówczas nazywano – antyspołeczne poglądy, było niezmiernie trudne"[7]. W ten sposób wielka rosyjska poetka dzieliła się swoją biedą z młodymi leningradzkimi poetami (był wśród nich również późniejszy noblista Josif Brodski).

Eppel pamiętał, jak Brodski wielokrotnie powtarzał, że jego zdaniem Szymborska powinna dostać Nagrodę Nobla. To on miał poprowadzić wieczór jej poezji w Nowym Jorku, ale śmierć pokrzyżowała mu te plany.

O tym, jak został tłumaczem wierszy Szymborskiej na francuski, opowiadał nam Piotr Kamiński, muzykolog. Otóż jego przyjaciel był nieszczęśliwie zakochany i on przetłumaczył mu wiersz, żeby go pocieszyć.

Wiele zawdzięczam
tym, których nie kocham.
(…)

Pokój mi z nimi
i wolność mi z nimi,
a tego miłość ani dać nie może,
ani brać nie potrafi.
(„Podziękowanie", *Wielka liczba*, 1978)

Ponieważ wiersz przyjacielowi się spodobał, a też go pocieszył, Kamiński zaczął tłumaczyć następne, *con amore*, bo jego przekłady wydano dopiero po Noblu.

Obaj tłumacze Szymborskiej na hebrajski, Rafi Weichert (wyszły przed Noblem dwa tomiki w jego przekładzie, pierwszy wydał własnym sumptem, bo nie udało mu się dostać żadnej dotacji) i Dawid Weinfeld, mówili nam, że jej poezja świetnie „siedzi" w hebrajskim. Krytyka literacka pisała, że „to, co stanowi esencję wierszy Szymborskiej: optymizm budowany na przekór zwątpieniu – jest szczególnie potrzebne w Izraelu".

– Jak już się chwyci jej intonację, jej ciepłą ironię, to potem już muzyka jej wierszy daje się dobrze odtworzyć – mówił urodzony w Izraelu Rafi Weichert, którego rodzice przyjechali tam z Polski w 1956 roku. – Nasza inteligencja czyta Szymborską. Ona weszła do krwiobiegu Izraela. To ujmujące dla nas, Żydów, że w przemówieniu noblowskim odwołała się do Biblii, do Eklezjasty. Wiersz „Terrorysta, on patrzy" trafił do skryptów uniwersyteckich.

Trzynasta siedemnaście i czterdzieści sekund.
Dziewczyna, ona idzie z zieloną wstążką we włosach.
Tylko że ten autobus nagle ją zasłania.

Trzynasta osiemnaście.
Już nie ma dziewczyny.
Czy była taka głupia i weszła, czy nie,
to się zobaczy, jak będą wynosić.
(„Terrorysta, on patrzy", *Wielka liczba*, 1976)

Zaproszona na izraelskie obchody siedemsetlecia gminy żydowskiej w Krakowie Szymborska przyjechała tam w grudniu 2004 roku. Na spotkaniu z czytelnikami w Beit Ariel – bibliotece w Tel Awiwie – czytała swoje wiersze, a Rafi Weichert ich hebrajskie tłumaczenia. Weichert wyznał tam, że zrobił aż dwadzieścia osiem wersji przekładu wiersza „Jeszcze", nim uznał, że jest w porządku[8].

Janina Katz, tłumaczka na duński, która w 1969 roku wyemigrowała z Polski, znała Szymborską jeszcze z Krakowa. Pierwszy tomik w jej tłumaczeniu wyszedł w 1982 roku pod tytułem *Żona Lota i inne kobiety* („Odczuwałam potem lekki niesmak, że dałam taki handlowy tytuł" – mówiła), drugi, *Kot w pustym mieszkaniu* („Pani Wisława zgodziła się na ten tytuł"), wyszedł przez przypadek w dniu, w którym ogłoszono, że Szymborska dostała Nobla.

– Największe problemy miałam z tłumaczeniem wiersza „Jeszcze" – mówiła nam. – Mam żal do siebie i do duńskiego, że nie potrafiliśmy temu wyzwaniu

O TŁUMACZACH I TŁUMACZENIACH, CZYLI CO WIERSZ, TO PROBLEM

sprostać. Zależało mi, żeby ten wiersz o Holokauście istniał po duńsku. Nie udało mi się.

– Im doskonalszy wiersz, tym trudniej znaleźć te kuchenne drzwi, przez które można się do niego dostać. Jej wiersze są zamknięte jak kamień. One po prostu nie potrzebują melodii – tłumaczył nam piosenkarz Grzegorz Turnau, dlaczego poezja Szymborskiej jest tak rzadko śpiewana. On sam ma w repertuarze „Atlantydę", piosenkę do słów Wisławy Szymborskiej, która pozwoliła mu na wykorzystanie swojego wiersza, bo – jak mówił – przyjaźniła się z jego dziadkiem, ojcem i ciotkami, które odwiedzała w Lubomierzu.

Możliwe, że jego wyjaśnienie odnosić się może również do przekładu na obcy język. Gdyby jej wiersze były tak proste, jak wydają się na pierwszy rzut oka, prawdopodobnie tłumacze nie mieliby z nimi tylu problemów.

Opowiadając o swoich kłopotach z tłumaczeniem Szymborskiej, niejeden autor przekładów przywoływał wiersz „Koloratura".

> Człowieka przez wysokie C
> kocha i zawsze kochać chce,
> dla niego w gardle ma lusterka,
> trzykrotnie słówek ćwiartki ćwierka
> i drobiąc grzanki do śmietanki
> karmi baranki z filiżanki
> filutka z filigranu.
> („Koloratura", *Sól*, 1962)

Na poświęconej Szymborskiej Sesji Tłumaczy Literatury Nadbałtyckiej w Gdańsku w listopadzie 1996 roku słuchałyśmy, jak Leonid Cywian, który też przekładał Szymborską na rosyjski, mówił: – W „Koloraturze" człowiek przez wysokie C, to jest wysokie C muzyczne, a też nawiązanie do Gorkiego, *Czełowiek z bolszoj bukwy*, człowiek pisany dużą literą. Tłumaczenie jest sztuką utrat i zamian, tu musiałem iść na utratę.

O tym wierszu pisał do nas Stanisław Barańczak: „Najwięcej kłopotu, a zarazem oczywiście najwięcej uciechy, sprawiły mojej amerykańskiej współtłumaczce Clare Cavanagh i mnie te wiersze, które czynią odkrywczy użytek ze słowotwórstwa, frazeologii albo fonetyki. Przykładem olśniewającego wykorzystania fonetyki jest »Koloratura«, wiersz skądinąd głęboki, refleksja nad istotą sztuki, nad stosunkiem piękna do konwencji itd. A jednocześnie jest to i wiersz dowcip, i wiersz fajerwerk. On brzmi tak, jakby był napisany po włosku, czy nawet, jakby był przetłumaczony z włoskiego na polski dla potrzeb opery. W przypadku »Koloratury« poetka doprowadziła swoich tłumaczy, zanim wreszcie byliśmy w stanie uznać swój przekład za w miarę gotowy, do kilkunastu naprawdę poważnych migren"[9].

Przy okazji Barańczak przypomniał, że Szymborska w młodości pracowała w wydawnictwie muzycznym, gdzie do jej obowiązków należało doprowadzanie do stanu czytelności i elementarnej sprawności poetyckiej starych polskich przekładów libretw

PAMIĄTKOWE RUPIECIE

Stanisław Barańczak.

operowych. Opowiadała mu, że trafiały się jej takie na przykład kwiatki: "Stoją latarnie długim rzędem / I świecą się pod każdym względem".

– Ja tę cudowną grafomanię przerabiałam na zwyczajny język – opowiadała nam o swojej pracy w latach pięćdziesiątych w Polskim Wydawnictwie Muzycznym, gdzie opracowała do druku między innymi romanse Michała Kleofasa Ogińskiego z nutami na fortepian[10]. – Aż zrozumiałam, że to nie o to chodzi, i rzuciłam tę pracę. W którymś momencie powiedziałam sobie: "Nie, ja tych pereł przekłuwać nie będę".

Anders Bodegård, tłumacz na szwedzki, mówił nam, jak wielkie wrażenie zrobiły na nim przeczytane w *Lekturach nadobowiązkowych* uwagi Szymborskiej o nowym przekładzie Horacego pióra Adama Ważyka:

„Ten Horacy dlatego wydaje się nam współczesny, ponieważ tłumacz uszanował jego starożytność (...). Nie kazał mu rymować »dal – żal«, bo Horacy rymów nie znał. Nie spętał wierszy kropkami i przecinkami, zachował ten dwukierunkowy ruch od słowa do słowa, jaki panuje w wierszu bez interpunkcji – ponieważ interpunkcji Horacy nie stosował również, (...) nie wpadł w rytm swoistej katarynki: strofy przekładu czytane na głos są przyjemnością dla ucha. Szatańsko posplatana składnia Horacego także nie da się bez gwałtu naśladować w polskiej frazie – tłumacz jednak szczęśliwie tę komplikację składniową zasygnalizował, akurat tyle, ile trzeba, żeby szyk polski mienił się innością, nie stając się łamigłówką"[11].

O TŁUMACZACH I TŁUMACZENIACH, CZYLI CO WIERSZ, TO PROBLEM

– Gdy czytając to, uprzytomniłem sobie, jaką ona ma świadomość zagadnień translatorskich – mówił nam Bodegård – zacząłem żałować, że nie dyskutowałem z nią więcej o swoich problemach z przekładami jej wierszy.

Sama Szymborska od początku lat sześćdziesiątych trochę tłumaczyła, głównie z francuskiego: poetów baroku, a też Baudelaire'a, Musseta. Współpracowała z Jerzym Lisowskim, tłumaczem, który przygotowywał wtedy *Antologię poezji francuskiej*.

– Proponowałem jej wiersze i nie pamiętam, żeby czegoś odmówiła – mówił Jerzy Lisowski. – Wybierałem wiersze trudne, ponieważ Wisława jest wybitną tłumaczką.

Szymborska przekładała wiersze Icyka Mangera, poety, który tuż przed wojną wyemigrował z Polski. *Antologia poezji żydowskiej* z jej tłumaczeniami była już w drukarni, kiedy na fali antysemityzmu roku 1968 nakazano zniszczyć jej skład. Jednak – jak okazało się za czasów Solidarności – jeden z pracowników schował tak zwany skład drukarski, czyli wiersze odlane na linotypie, w piwnicy i w ten sposób z poślizgiem kilkunastu lat książka ukazała się w roku 1983.

– Żaden z licznych tłumaczy, bodaj poza mną i Arnoldem Słuckim – mówił Robert Stiller – nie znał jidysz; posługiwali się tak zwaną rybką. Ale mimo to w tłumaczeniach Szymborskiej znać jej poetycką klasę.

Poezja Mangera w jej tłumaczeniu ma zwiewność i wdzięk: „Już dziewczęta dzbanuszkami / W okno mi pukają / Śmiechem jak bzu gałązkami / Powietrze trącają" (z „Anakreonta pieśni wiosennej")[12].

Anders Bodegård poznał Szymborską w roku 1983. Był wtedy lektorem języka szwedzkiego na Uniwersytecie Jagiellońskim i śpiewał w chórze akademickim Organum. Przywiózł ze Sztokholmu dla podziemnej Solidarności przesyłkę, której adresatem był Kornel Filipowicz, co zapoczątkowało ich przyjaźń. Wkrótce potem zaczął tłumaczyć wiersze Szymborskiej. Jak wielu cudzoziemców Bodegård dał się porwać romantyzmowi solidarnościowej rewolucji. Ponieważ chciał wyjaśnić swoim rodakom fenomen tego zjawiska, wziął się do tłumaczenia na szwedzki *Etyki solidarności* księdza Józefa Tischnera. Po powrocie do Szwecji został jednym z założycieli szwedzkiego pisma o polskiej literaturze i polityce „Hotel pod Orłem". Tam wydrukował swoje pierwsze przekłady poezji Wisławy Szymborskiej.

– Szczególnie bliski jest mi wiersz „Utopia", tak też zatytułowałem jeden ze szwedzkich tomików Szymborskiej – mówił nam. – Tak jak ona kiedyś uwierzyłem w utopię, tyle że w innym miejscu, w innym czasie. To była Francja, maj 1968 roku, wróciłem do Szwecji jako goszysta. Ten wiersz, pejzaż z frazesów politycznych, daje z jednej strony karykaturę utopii, ale też pokazuje, jak autentyczna jest to pokusa.

Wyspa, na której wszystko się wyjaśnia.
Tu można stanąć na gruncie dowodów
Nie ma dróg innych oprócz drogi dojścia.
Krzaki aż uginają się od odpowiedzi
(…)

Im dalej w las, tym szerzej się otwiera
Dolina Oczywistości.

Jeśli jakieś zwątpienie, to wiatr je rozwiewa.

(„Utopia", *Wielka liczba*, 1976)

„Anders skarżył się kiedyś w gronie polskich przyjaciół na »niedomogi szwedzkiego języka«, jako że »po szwedzku w Utopii nie można się utopić«, co – jak pamiętamy – jest głównym konceptem wiersza Szymborskiej"[13] – pisał Stanisław Balbus.

Sam Bodegård wspominał: „Miałem czytać »Utopię«, wiersz przeciw utopii i utopijnie piękny wiersz. Zapytałem ją: »Jak chcesz, żebym to czytał?«. – »Wiesz, Andrzejku, moje wiersze to jest naturalne oddychanie«. To zdanie pomagało mi przez cały czas w tłumaczeniu jej wierszy"[14].

– Śmierć, nienawiść, jawa – opowiadał nam dalej Bodegård – u was te potworne słowa są kobietami: ona – śmierć, ona – nienawiść, ona – jawa. Szwedzki język nie ma w ogóle płci, a Szwedzi mają raczej skojarzenia z kulturą germańską, gdzie śmierć jest rodzaju męskiego. Dlatego w wierszu „Śmierć bez przesady" nadałem śmierci płeć, ale męską. Tak samo z nienawiści, w wierszu o takim właśnie tytule, zrobiłem mężczyznę, bo słowo to brzmi po szwedzku twardo. Ciągle potykam się o słowa, które po polsku mają zupełnie inną siłę niż po szwedzku. Słowo „ocalenie" to wielki temat literatury polskiej, tej mocy po szwedzku słowu temu nadać nie sposób. Gdy zabrałem się do tłumaczenia jednego z jej nowych wierszy, „W zatrzęsieniu", Wisława przysłała mi kartkę, w której przeprasza za tytuł. Rzeczywiście, to był twardy orzech do zgryzienia. Ten tytuł oznacza przecież zarówno zachwianie równowagi, jak i miarę ilości. W końcu jakoś wybrnąłem.

Kiedy nie umiał przełożyć tytułu, rezygnował z tłumaczenia. Dlatego nie zabrał się ani do „Stu pociech", ani do „Wielkiej liczby", mimo że Szymborska wybrała te wiersze na tytuły tomików. W tym ostatnim należałoby użyć słowa „*tal*" – liczba. Po szwedzku to jest homonim, który oznacza też mowę, i czytelnik pomyślałby raczej, że chodzi o tę ostatnią. Poddał się również przy tłumaczeniu „Koloratury".

– Wisława przyjechała do Szwecji w towarzystwie Teresy Walas wiosną 1993 roku, w porze między kwitnieniem czeremchy a kwitnieniem bzu – opowiadał Bodegård. – Mieszkały w Domu Pisarza z pięknym zadrzewionym podwórkiem, gdzie unosił się zapach i czeremchy, i bzu, bo w tamtym roku zakwitły jednocześnie. W Królewskim Teatrze Dramatycznym po raz pierwszy usłyszałem ją czytającą wiersze. Czytała jak wielka aktorka. To był bodaj najpiękniejszy moment w moim życiu. Na widowni przez godzinę nikt nawet nie chrząknął. Ale magnetofon się nie włączył i nic się nie nagrało. Może lepiej tak, bardziej po jej myśli.

Z tego wieczoru korespondent „Gazety Wyborczej" w Sztokholmie zanotował wypowiedź Bodegårda:

„Gdybym miał powiedzieć coś zwięzłego o wierszach Wisławy Szymborskiej, wybrałbym trzy słowa na »i«: iluzja, idiom, ironia. Jak udowodnił Czesław Miłosz, jest ona iluzjonistką: w każdym jej wierszu pojawia się nieoczekiwany, wyciągnięty

O TŁUMACZACH I TŁUMACZENIACH, CZYLI CO WIERSZ, TO PROBLEM

Anders Bodegård na uroczystościach noblowskich. Sztokholm, grudzień 1996 roku.

z kapelusza królik. Z iluzjami jest tak, że Szymborska bierze je za ogon, podnosi, obraca w dłoniach, potrząsa – delikatnie, delikatnie – a potem odkłada na miejsce, na zawsze odmienione"[15].

„Bodegård – mówiła poetka na pierwszej konferencji prasowej po werdykcie Akademii – jest znakomitym tłumaczem i pewnie dzięki niemu tu dziś w ogóle rozmawiamy. Inaczej kończyłabym w spokoju swój wierszyk". Powtórzyła to w Sztokholmie, że gdyby Bodegård był mniej utalentowany, prawdopodobnie nigdy nie dostałaby nagrody.

Ale Anders Bodegård mówił skromnie, że członkowie Akademii Szwedzkiej czytali wiersze Szymborskiej przede wszystkim po niemiecku w tłumaczeniach Dedeciusa i po angielsku w przekładach Barańczaka.

Faktem jest, że Stanisław Barańczak wraz ze współtłumaczką Clare Cavanagh przełożyli na angielski dwa ostatnie, przednoblowskie tomiki, *Ludzie na moście* oraz *Koniec i początek*. „W trakcie lektury trzeba przypominać sobie nieustannie, że wiersze tej poetki wbrew pozorom nie zostały napisane po angielsku"[16] – komplementowano w Stanach tłumaczy.

Barańczak w eseju *Amerykanizacja Wisławy, albo o tym, jak wraz z pewną młodą Kalifornijką tłumaczyłem „Głos w sprawie pornografii"* dał detaliczną, krok po kroku, relację z problemów, kłopotów i trudności, na jakie natknął się, próbując przełożyć ten wiersz nie tylko na inny język, ale i na inną kulturę, umieścić go w innym obyczajowym kontekście. O ból głowy przyprawiał ich z jednej strony nadmiar (szczególnie w porównaniu z polszczyzną) słownictwa związanego z seksualnością, z drugiej – całkiem odmienny od polskiego kontekst polityczny, w którym niewyobrażalne było, że myślenie mogłoby być nielegalne, z trzeciej wreszcie – wyjątkowo dużo, nawet jak na Szymborską, słownych igraszek i zabaw opartych na dwuznaczności słów.

There's nothing more debauched than thinking.
This sort of wantonness runs wild like a wind-born weed
on a plot laid out for daisies.

Nothing's sacred for those who think.
Calling things brazenly by name,
risqué analyses, salacious syntheses,
frenzied, rakish chases after the bare facts,
the filthy fingering of touchy subjects,
discussion in heat – it's music to their ears.
(...)
During these trysts of theirs, the only thing that's steamy is the tea.
People sit on their chairs and move their lips.
(...)
Only now and then does somebody get up,
go to the window,

*and through a crack in the curtains
take a peep out at the street.*

Nie ma rozpusty gorszej niż myślenie.
Pleni się ta swawola jak wiatropylny chwast
na grządce wytyczonej pod stokrotki.

Dla takich, którzy myślą, święte nie jest nic.
Zuchwałe nazywanie rzeczy po imieniu,
rozwiązłe analizy, wszeteczne syntezy,
pogoń za nagim faktem dzika i hulaszcza,
lubieżne obmacywanie drażliwych tematów,
tarło poglądów – w to im właśnie graj.
(…)
W czasie tych schadzek parzy się ledwie herbata.
Ludzie siedzą na krzesłach, poruszają ustami.
(…)
Czasem tylko ktoś wstanie,
zbliży się do okna
i przez szparę w firankach
podgląda ulicę.
(„Głos w sprawie pornografii", *Ludzie na moście*, 1986)

Barańczak opisywał, jak szczęśliwie się złożyło, że „zaskakujące »podgląda ulicę« ma efekt równie dwuznaczny w formie »*take(s) a peep out at the street*«". I żalił się, że długo nie mieli pojęcia, co „począć ze wspaniałą linijką: »W czasie tych schadzek parzy się ledwie herbata«". Szukali dwuznacznego zwrotu, który by miał po angielsku coś wspólnego i z herbatą, i z seksem, aż uprzytomnili sobie, że przymiotnik *steamy* (od *steam* – para wodna) nabrał w potocznej angielszczyźnie dodatkowego znaczenia, coś blisko seksualnego rozbuchania, stąd określenie *steamy movie* – film, w którym są „momenty". Ten trop okazał się dobry i tak powstało: *During these trysts of tholrs, tho only thing that's steamy is the tea.*

„Jeżeli choć w jednej z wielu płaszczyzn jej wiersza, od najdrobniejszych molekuł stylu językowego aż po całość sytuacji lirycznej czy anegdotycznej, zachwiana zostanie idealna równowaga banalności i odkrywczości, codzienności i niezwykłości, potoczności i poetyckości, tego, co się mówi i jak się mówi – pokazywał skalę trudności Barańczak – skutkiem może być popsucie całego utworu". Ale też poetycko puentował wykonane zadanie: „Wielki wiersz można by przyrównać do czegoś w rodzaju dżungli, wabiącej tłumacza w swoje głębie z siłą, której niepodobna się oprzeć. I ta pociągająca siła powoduje, że tłumacz przedziera się mozolnie, jak przez zwalone pnie, przez różnice kultur, tradycji, doświadczeń społecznych i języków, aby u końca drogi czasem stwierdzić, że zgubił się kompletnie, a czasem – że ekspedycja miała jednak jakiś sens"[17].

PAMIĄTKOWE RUPIECIE

Po ukazaniu się we Włoszech obszernego wyboru wierszy Szymborskiej Pietro Marchesani mówił w wywiadzie dla „Gazety Wyborczej": „To była dość ciężka praca. Na przykład taki wiersz »Urodziny«. Tłumaczyłem go prawie pięć miesięcy. Pamiętam, jak w wydawnictwie narzekali: »Brakuje jednego wiersza! Wszystko inne gotowe, wszystko leży!«. Podobnie było z »Moralitetem leśnym«. Sama pani Wisława dwa razy mnie ostrzegała: »Uważaj, bo to jest wiersz nieprzetłumaczalny«. Szymborska lubi mieć kontakt ze swoimi tłumaczami, uzgadniać z nimi zawartość tomików, ich tytuły. Są języki, angielski, niemiecki, szwedzki, w których słyszy, czy przekład jest dobry. Ale teraz zaczęli ją tłumaczyć na koreański i japoński, i tu już jest całkiem bezbronna"[18].

To fakt, że nawet nie znając włoskiego, słyszymy, jak wdzięcznie brzmią te ciągi słów przeglądających się w swoim dźwiękowym podobieństwie.

Tanto mondo d'un tratto da tutto il mondo:
morene, murene e marosi e mimose,
(...)
Lapilli, mirtilli, berilli e zampilli –
grazie, ma ce n'è fin sopra i capelli.

Tyle naraz świata ze wszystkich stron świata:
moreny, mureny i morza, i zorze,
(...)
motyle, goryle, beryle i trele –
dziękuję, to chyba o wiele za wiele.
(„Urodziny", *Wszelki wypadek*, 1972)

Ten wybór – wydany w 2008 roku – zawiera dwieście dwadzieścia trzy wiersze z jedenastu tomików. Marchesani, który zmarł krótko przed Szymborską, zdążył jeszcze przetłumaczyć wiersze z tomiku ostatniego, *Tutaj*.

Wiersze Szymborskiej weszły we Włoszech w krwiobieg żywego języka. To samo przydarzyło się jej poezji w Holandii. Jej utwory cytowane były w artykułach prasowych, odnaleźć je można w przemówieniach polityków, a nawet w nekrologach. Znajomy Holender widział na płocie jakiejś farmy mlecznej transparent: „Krowy to cud prawdziwy", i podpis: W. Szymborska. To musi być zasługa tłumacza, choć zaprzyjaźniony z nami holenderski dziennikarz Sasza Malko tłumaczył nam, że w Szymborskiej jest „coś holenderskiego": – Jak holenderscy malarze lubi się przyglądać małym rzeczom z różnych stron i w różnym oświetleniu. W Hiszpanii jej poezje trafiały na listy bestsellerów, a w 2009 roku premier Kraju Basków na zaprzysiężeniu urzędu, wyrecytował wiersz Szymborskiej (w tłumaczeniu Jerzego Wojciecha Sławomirskiego i Any Marii Moix).

Ningún día se repite,
ni dos noches son iguales,

O TŁUMACZACH I TŁUMACZENIACH, CZYLI CO WIERSZ, TO PROBLEM

ni dos besos parecidos
ni dos citas similares.

Żaden dzień się nie powtórzy,
nie ma dwóch podobnych nocy,
dwóch tych samych pocałunków
dwóch jednakich spojrzeń w oczy.
(„Nic dwa razy", *Wołanie do Yeti*, 1957)

Kartka do Anny i Stanisława Barańczaków z 3 sierpnia 1993 roku.

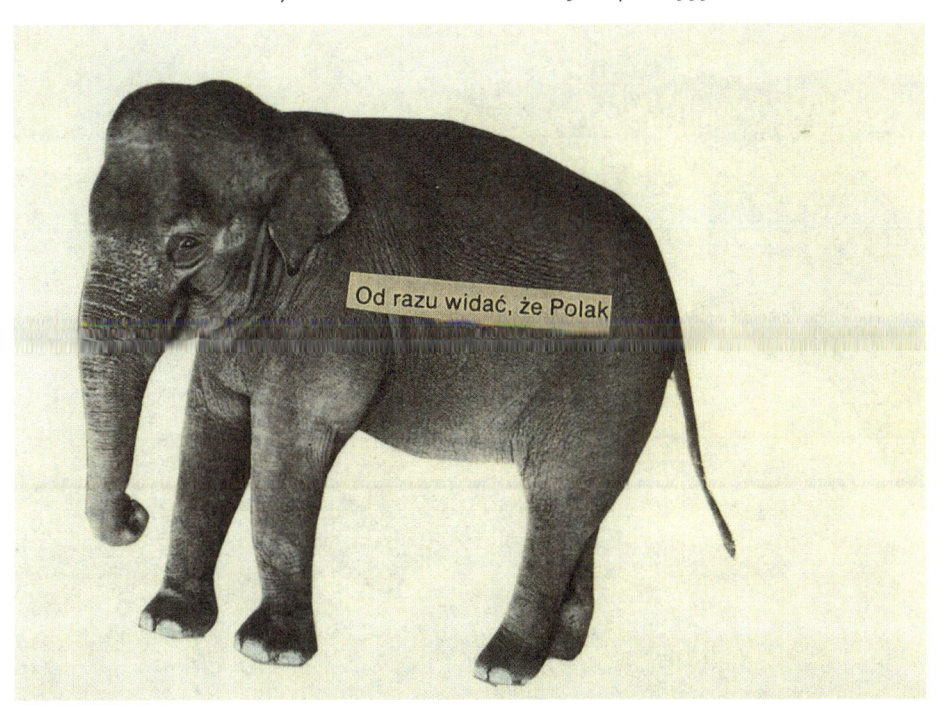

Od razu widać, że Polak

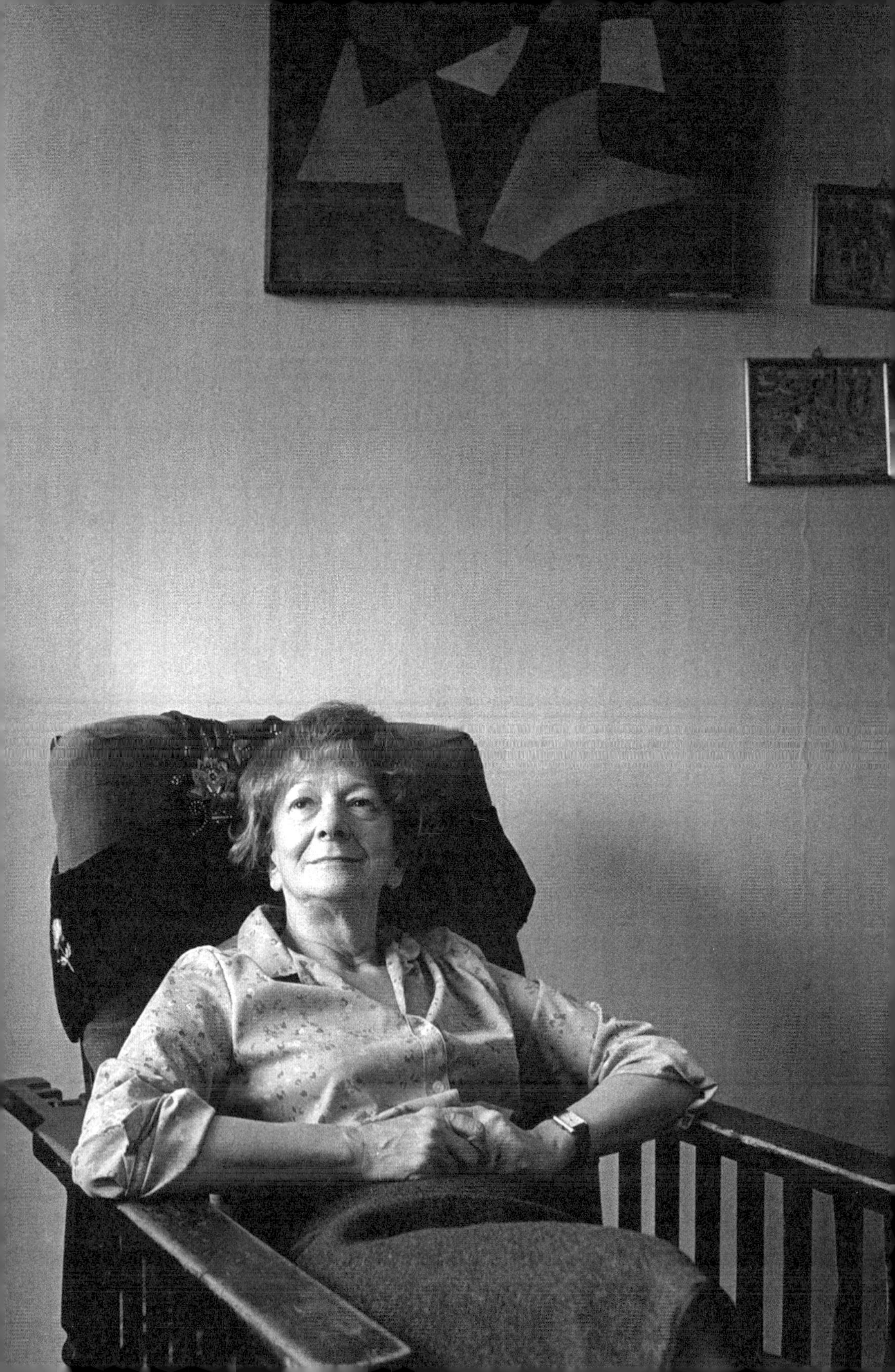

ROZDZIAŁ 18

Ostatnie chwile przed Noblem

W latach dziewięćdziesiątych sypnął się na Szymborską deszcz nagród i zaszczytów: imienia Zygmunta Kallenbacha, Goethego, Herdera, doktorat *honoris causa*, no i na kilka dni przed Noblem – Nagroda Polskiego Pen Clubu za całokształt twórczości.

Przed wyjazdem do Frankfurtu po odbiór Nagrody Goethego Szymborska skarżyła się, że żyje w okropnym stresie: „żądają ode mnie wygłoszenia dwudziestominutowego przemówienia, czego nigdy nie robiłam, wystąpienia w telewizji, czego do tej pory unikałam, wywiadów, których z zasady nie udzielam". Cytowała powiedzonko Adolfa Rudnickiego: „Każdemu to, na czym mu mniej zależy"[1].

To właśnie tam, we Frankfurcie, próbowała odnieść swoje zaangażowanie w komunizm do siebie dzisiejszej. „Kiedy jeszcze wydawało mi się, że wiem i rozumiem wszystko – mówiła – byłam w gruncie rzeczy bardziej bezbronna i wewnętrznie chwiejna niż dzisiaj, kiedy to, co wiem na pewno, mogę policzyć na palcach jednej ręki". Mówiła, że pisarz „powinien sam na sam mocować się ze światem. Nie znaczy to, żeby nie miał ideałów – ale będzie lepiej dla jego twórczości, jeśli te ideały nie ułożą mu się nigdy w zwarty, nieprzepuszczalny system". Przypominała zarazem, że „dramat ludzkiego życia nie rozgrywa się nigdy w ponadczasowej pustce, ale na scenie jako tako umeblowanej i że nie bez znaczenia są tutaj rekwizyty"[2].

Od październikowej odwilży poezja Szymborskiej nigdy już nie była zaangażowana w żadne polityczne wydarzenia. Chociaż miała świadomość miejsca i czasu, w jakim żyła.

> Jesteśmy dzieci epoki,
> Epoka jest polityczna.
>
> Wszystkie twoje, nasze, wasze
> Dzienne sprawy, nocne sprawy
> To są sprawy polityczne.
> (...)
> Być albo nie być, oto jest pytanie.
> Jakie pytanie, odpowiedz kochanie.
> Pytanie polityczne.
> („Dzieci epoki", *Ludzie na moście*, 1986)

PAMIĄTKOWE RUPIECIE

Wydawało się, że z końcem epoki może się to zmienić. Ale to były tylko złudzenia. Oto jeden z jej wierszy nagle ściągnięty został na ziemię doraźnych politycznych rozgrywek.

Spójrzcie, jaka wciąż sprawna,
jak dobrze się trzyma
w naszym stuleciu nienawiść.
Jak lekko bierze wysokie przeszkody.
Jakie to łatwe dla niej – skoczyć, dopaść.
(...)
Religia nie religia –
byle przyklęknąć na starcie.
Ojczyzna nie ojczyzna –
byle się zerwać do biegu.
Niezła i sprawiedliwość na początek.
Potem już pędzi sama.
Nienawiść. Nienawiść.
Twarz jej wykrzywia grymas
ekstazy miłosnej.

Ach, te inne uczucia –
cherlawe i ślamazarne.
Od kiedy to bohaterstwo
może liczyć na tłumy?
Współczucie czy kiedykolwiek
Pierwsze dobiło do mety?
Zwątpienie ilu chętnych porywa za sobą?
Porywa tylko ona, która swoje wie.
(...)
Nie okłamujmy się: potrafi tworzyć piękno.
Wspaniałe są jej łuny czarną nocą.
Świetne kłęby wybuchów o różanym świcie.
(„Nienawiść", *Koniec i początek*, 1993)

„Nienawiść" ukazała się 5 czerwca 1992 roku na pierwszej stronie „Gazety Wyborczej" obok komentarza redaktora naczelnego Adama Michnika: „Czasem język polityki okazuje się nazbyt suchy i płaski. Wtedy przemawia literatura. Wisława Szymborska, Wielka Dama polskiej literatury, przysłała nam swój nowy wiersz. Niechaj jego przesłanie będzie i naszym głosem w sporze z nikczemnością i nienawiścią".

To był dzień po upadku rządu Jana Olszewskiego i Michnik komentował listę domniemanych agentów Służby Bezpieczeństwa, sporządzoną przez ministra spraw wewnętrznych Antoniego Macierewicza.

Wisława Szymborska powiedziała nam pięć lat później: – Miałam na myśli łatwość, z jaką ludzkość daje się ponosić nienawiści, teraz i zawsze, tu i wszędzie. Ten wiersz wysłałam jakieś dziesięć dni wcześniej i już zdążyłam pomyśleć, że „Gazeta Wyborcza" go jednak nie chce, co zrozumiałe, bo nie ma w zwyczaju publikowania wierszy.

Włodzimierz Maciąg, który znał się z Szymborską od lat pięćdziesiątych, powiedział nam: – Ona była zawsze prostolinijna, i w swoim komunistycznym zaangażowaniu, i później, kiedy od niego odeszła.

– Wróciłem właśnie z Urugwaju – opowiadał nam Michnik – i znalazłem w skrzynce list od pani Wisławy wraz z niepublikowanym wierszem. Chciała, aby był szerzej znany. Tego samego dnia do późnej nocy oglądałem w telewizji przerażające widowisko wokół listy Macierewicza. Czytałem ten wiersz i przez myśl mi nie przeszło, że mogłoby być coś nieodpowiedniego w jego opublikowaniu.

Wkrótce na łamach paryskiej „Kultury" zareagował krytyk literacki Andrzej Biernacki. Zarzucił Szymborskiej, że sama kiedyś ziała nienawiścią, i to do amerykańskiego pułkownika walczącego w Korei zamiast do pułkownika Różańskiego z Ministerstwa Bezpieczeństwa Publicznego. A „Gazecie" – że opublikowanie „Nienawiści" pod emblematem Orła Białego i fotografią premiera Jana Olszewskiego to „postępek nacechowany niegodziwością".

– Oczywiście, że wiersz Szymborskiej nie był pisany z myślą o Janie Olszewskim – mówił dalej Michnik. – Choć musiał zrodzić się z ówczesnego klimatu politycznego, którego zwieńczeniem była afera z teczkami i agentami.

Do tematu nienawiści wróciła poetka raz jeszcze w *Lekturach nadobowiązkowych*, gdzie tak pisała o człowieku ogarniętym tym uczuciem: „Średnio groźny, jeżeli występuje w pojedynkę, co jednak nigdy nie trwa długo, ponieważ jest zaraźliwy. (...) Wyzuty z dowcipu – a jak już zażartuje, to uchowaj Boże. (...) Wątpliwości własnych nie ma, a cudzych sobie nie życzy. Specjalizuje się oddzielnie, a chętniej łącznie w nacjonalizmie, antysemityzmie, fundamentalizmie, walce klas albo pokoleń oraz różnych prywatnych fobiach, którym musi dać publiczny wyraz. W czaszce ma mózg, ale to mu nie przeszkadza"[3].

Choć nieoczekiwanie znalazła się Szymborska w samym środku politycznej zawieruchy, jak to ona: niczego na bieżąco ani nie komentowała, ani nie tłumaczyła. Zawsze zresztą uważała, że tłumaczenia i tak na nic się nie zdadzą. Przed laty, na marginesie pamiętników Beniowskiego, pisała: „Kłamstwo nie ma wcale krótkich nóg. Jest chyże jak gazela. To właśnie prawda wlecze się za nim na żółwich nóżkach, wraz ze swoimi dokumentami, sprostowaniami, uściśleniami"[4].

W wolnej Polsce pozostała tą samą osobą, unikającą mediów i publicznych wystąpień.

Bogusława Latawiec opisywała, jak trudno było Szymborską namówić na wieczór autorski w Poznaniu: „Negocjacje trwały od dawna. Zmieniali się negocjatorzy. Zimą mówiła, że przyjedzie wiosną, bo cieplej, a droga daleka. W kwietniu pisała: wpadnę do was jesienią, bo teraz mam u siebie stolarza, a poza tym muszę na gwałt pracować, mój czas ucieka. Działo się więc tak jak w jej wierszu: »Nieprzyjazd mój do miasta N. / odbył się punktualnie«"[5].

W końcu jednak 10 września 1992 roku przyjechała na Czwartek Literacki w pałacu Działyńskich. Po spotkaniu tłumaczyła Bogusławie Latawiec i jej mężowi Edwardowi Balcerzanowi, że nie lubi wieczorów autorskich nie dlatego, żeby lekceważyła publiczność, ale dlatego, że nie akceptuje na nich samej siebie.

Nam opowiedziała później, że na tego rodzaju spotkaniach wpada nieuchronnie w jakieś kabotyństwo: – Bardzo siebie takiej nie lubię. Zresztą trudno wtedy być naturalnym, zawsze gra się jakąś rolę. To ochrona, żeby nie odsłonić się za bardzo.

„Umówić się z poetką na wywiad nie jest łatwo – skarżył się w 1993 roku dziennikarz lokalnego dodatku »Gazety Wyborczej« w Krakowie. – Należy nastawić się na półroczne oczekiwanie i tylko od czasu do czasu przypominać dyskretnym telefonem, że jest się owym natrętem, który... Poetka narzuca temat, rozpoczyna rozmowę i usiłuje dopasować twoje pytania do przygotowanych wcześniej odpowiedzi".

„W naszej epoce – mówiła mu Szymborska – mówi się o wiele za dużo, pobudzają do tego środki masowego przekazu, radio, telewizja, mikrofony, magnetofony, myśli i wynalazki, których wcześniej nie było. Do niedawna ziemia płynęła sobie w kosmosie względnie cicho. Teraz gdyby usłyszeć cały ten zgiełk na falach eteru, tę kosmiczną, gigantyczną wrzawę, (...) istnieją jednak zajęcia, które wymagają przede wszystkim skupienia i ciszy. I tu zaczyna się nieporozumienie, są na przykład pisarze, którzy udzielają wywiadów przed napisaniem książki, podczas pisania tej książki i po jej napisaniu. Jeśli mówią rzeczy ważne, to świetnie, ale mikrofon przyłożony znienacka do ust bardzo rzadko wydobywa z nich coś mądrego".

„Opędzam się [od dziennikarzy] – mówiła dalej – ponieważ proponują przeważnie rozmowy, które mnie programowo nie interesują; pytania o kolegów, poezję i o to, co mam właśnie na warsztacie, zbywam milczeniem. Kiedy umarł Fellini, nikomu nie przyszło do głowy, że może mam coś o nim do powiedzenia, choć był on dla mnie kimś niesłychanie ważnym. Poetkę pyta się o poezję, a o Felliniego pyta się filmowców, dlaczego nie odwrotnie?".

„Dlaczego więc zgodziła się Pani ze mną porozmawiać?" – dopytywał zniecierpliwiony dziennikarz.

„Ponieważ odpowiadam na pytania, na które mam ochotę odpowiedzieć. Jeśli nasza rozmowa ukaże się w druku, to skopiuję ją sobie i na ewentualne propozycje następnych będę wręczać ten właśnie wywiad, dziękuję, że mi to pan umożliwił"[6].

Choć nie przepadała za pełnieniem społecznych funkcji, zgodziła się wejść do sądu koleżeńskiego krakowskiego oddziału Stowarzyszenia Pisarzy Polskich. Pewnie przekonano ją, że nie będzie musiała się za dużo udzielać. I faktycznie, do sądu za jej kadencji nie wpłynęły żadne sprawy.

– To było jej środowisko – mówił Tadeusz Nyczek. – Ona nigdy nie była w środowisku Piwnicy pod Baranami czy „Tygodnika Powszechnego". Może ujmowało ją, że tu nie ma żadnej opcji? Kiedy oddział krakowski Stowarzyszenia miał kłopoty finansowe, ona wspierała go pieniędzmi z nagród. Takie podejście, wyczulenie na sprawy bytowe środowiska, przejęła zapewne od Kornela, społecznika w najlepszym sensie tego słowa.

Tak samo bliski był jej mówiony „NaGłos". Dlatego nie odmówiła wyjazdu do Poznania, by w pałacu Działyńskich uczestniczyć 27 października 1994 roku w wieczorze „NaGłosu" dedykowanym Stanisławowi Barańczakowi, który przyjechał z wizytą zza oceanu do rodzinnego miasta. Poza tradycyjnym czytaniem wierszy odbył się tam słynny pojedynek na limeryki. Rozpoczęła go Szymborska: „Był pewien facet w Manitobie / Pod każdym względem taki sobie". Ale przyznała się, że nie wie, co ma być dalej. Barańczak wymyślił zakończenie od ręki, a Krynicki zapisał je na skrawku gazety: „I nawet gdyby liczyć głowy / Był zupełnie typowy / Albowiem miał je obie".

Barańczak „rzucił z głuchym łomotem pod stopy Wisławy Szymborskiej snop limeryków" z Poznania i okolic: „Najsłynniejsza z cór miasteczka Bnina / Tak skarciła Borysa Jelcyna, / Gdy ją błagał: »Bądź carycą Moskwy«! – / Jelcyn, wznieście lepiej w Moskwie kiosk wy, / Gdzie lud mógłby zjeść kawior lub blina!".

– Wciągnięcie Szymborskiej w krąg limerykistów – mówił nam Jacek Baluch – miało tę zaletę, że tradycyjny limeryk powinien być nieco świński, a przy niej ową plugawość wypadało zastąpić literackim wyrafinowaniem, stylistyczną wymyślnością.

Jej samej zawsze przychodziło to bez trudu:

Raz Mozarta bawiącego w Pradze
obsypały z komina sadze
Fakt, że potem, w ciągu pół godziny,
wymorusał aż cztery hrabiny,
jakoś uszedł biografów uwadze.

Pewien Chińczyk nieboszczyk w Kantonie
ukazywał się nocą żonie.
A że obok małżonki
spał tylko marynarz z dżonki,
noc mijała im w niedużym gronie.

Po spotkaniu w poznańskim pałacu siostra Barańczaka Małgorzata Musierowicz wydała wytworne przyjęcie na trzydzieści osób. Kiedy zjedli, Szymborska wzięła kapelusz, wrzuciła do niego karteczki z numerkami i wszyscy zaczęli ciągnąć losy. Fant był tylko jeden – plastikowa figurka osiołka z disneyowskiego *Aladyna*, która chyba nieprzypadkowo wygrała gospodyni.

Ta „loteryjka wyjazdowa" akurat nie była typowa, zwykle fantów było tyle, ilu gości, i nikt nie zostawał bez jakiegoś prezentu.

Małgorzata Musierowicz nie mogła odżałować, że nie ma z tego zdjęć: – Czaiłam się, bo wiedziałam, że Wisława nie przepada za fotografowaniem, a kiedy moment wydawał mi się rokujący, wyjęłam aparat. Jednak ona wtedy powiedziała: „Nie, nie, fotografowie kradną twarz. Rozumiem te szczepy afrykańskie, które są temu niechętne".

Jej filipikę przeciwko fotografii, która „skazała na śmierć malarstwo portretowe i rozpanoszyła się w naszych czasach jako monopolista od uwieczniania twarzy", znałyśmy z *Lektur*. Szymborska opisywała tam, że w dawnych czasach człowiek pozował do portretu, ubrawszy się wcześniej elegancko, czym przejawiał szacunek i dla własnej osoby, i dla potomności. Tymczasem dziś fotografowie sądzą, że „uchwycenie podobieństwa to kwestia ułamka sekundy, wystarczy zaczaić się na ofiarę znienacka, najlepiej bez jej wiedzy i zgody. (...) Są głęboko przekonani, że prawdziwej Saskii nie znamy, ponieważ jedynym dokumentem jej istnienia byłaby dopiero buzia wykrzywiona w błysku flesza"[7].

Opowiadający nam o tym przyjęciu goście podziwiali nie tylko pyszne dania, ale i oryginalnie nakryty stół (przy każdym nakryciu różowa wizytówka z nazwiskiem i liść wawrzynu, który w zupie zwą bobkowym, na skroni poety zaś laurem, bo było tam wielu poetów: Stanisław Barańczak, Edward Balcerzan, Julian Kornhauser, Ryszard Krynicki, Bogusława Latawiec, Bronisław Maj, Piotr Sommer,

„Pieczeń cielęca z ziemniakami. Tarta morelowa. Karczochy po hiszpańsku.
Zupa z sago. Marchewka duszona w maśle. Matelotte z węgorza".
Kartka do Małgorzaty Musierowicz wysłana kilka dni po przygotowanym
przez nią wystawnym obiedzie, na którym była Wisława Szymborska.
30 października 1994 roku.

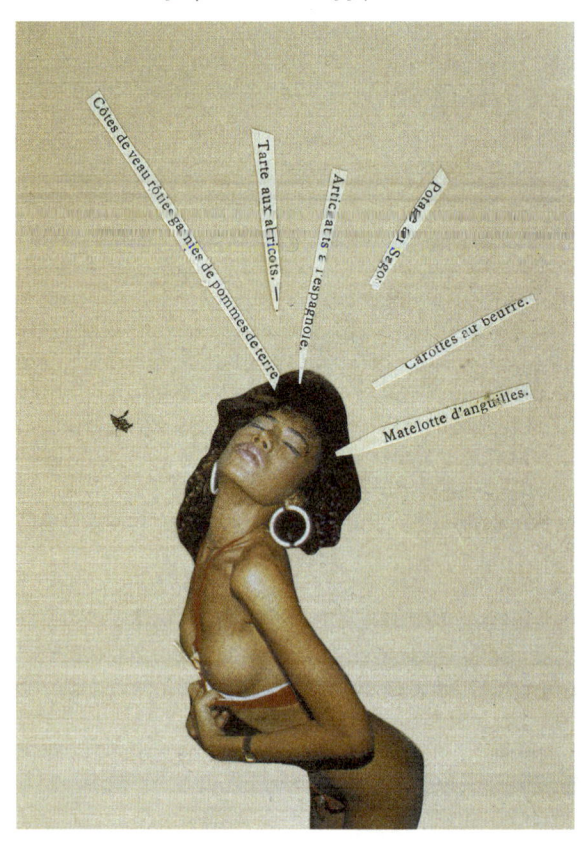

Wisława Szymborska), zrobiła też na nich wrażenie pracochłonność własnoręcznie wykonanych przez gospodynię potraw (na przykład upieczonych przez nią bułeczek drożdżowych z kminkiem, czarnuszką, gorczycą, tymiankiem, cebulą, czosnkiem), zwłaszcza że wszystko trzeba było mnożyć przez trzydzieści.

Elżbieta i Jan Pindlowie twierdzą, że sama Szymborska też potrafiła całkiem dobrze gotować, zwłaszcza chwalili jej żurek z fasolą jasiek ugotowaną oddzielnie i oczywiście z jajkiem oraz wiejską kiełbasą, a także pesto do spaghetti. – Lubiła eksperymentować w kuchni – oświadczył Jan Pindel, a co miał na myśli, okazało się, gdy zaczął wymieniać: – Przygotowywała do kupnych pierogów własny sosik pomidorowy, kupowane w sklepie Jubilat flaczki po królewsku wydawała na stół dopiero po dwugodzinnym dogotowywaniu i doprawieniu, wymyśliła, żeby do kaszy gryczanej dodawać mrożony gulasz.

Choć doceniała wspaniałą, tradycyjną kuchnię Nawoi, poetka nie gardziła półproduktami. Chyba po prostu szkoda jej było czasu na gotowanie. Do legendy przeszła kolacja u niej, na której Barbara Czałczyńska krzyknęła: „O Boże, obsypałam się zupą". Był to taki czas, kiedy Szymborska nałogowo odżywiała się austriackimi zupkami w proszku (najlepsza była ponoć szparagowa), a gdy przychodzili goście, stawiała na stole wrzątek oraz tackę z różnymi zupkami. Każdy nasypywał sobie, co chciał, i sam zalewał gotującą się wodą. Popijało się „kornelówkę", cytrynową nalewkę pomysłu Filipowicza, którą Szymborska nauczyła się sama robić. Przy kawie i deserze z reguły odbywała się loteryjka.

Jerzy Pilch wspominał, jak w latach osiemdziesiątych zaczął bywać na loteryjkach u Szymborskiej: „Stawiała na stole garść ekscentrycznych przedmiotów, mówiąc nawiasem, nie rozumiałem, jak można w ogóle zagracać nimi mieszkanie, po czym każdy z gości losował i to, co mu przypadło, taszczył do domu. Raz wylosowałem kolorowy makaron. Zapadł mi w pamięć, bo czasy były siermiężne i taki makaron robił wrażenie. Nie zjadłem go, rzecz jasna, powoli tracił swój blask, i dziś nie mam pojęcia, co się z nim stało"[8].

Po epoce zupek przyszła epoka zamawiania pizzy, a potem jeszcze epoka skrzydełek z Kentucky Fried Chicken, których jednak chyba nie serwowała gościom (Michał Rusinek opowiadał ze zgrozą, że „Szefowa te skrzydełka zamrażała na zapas" i że zagustował w nich również jego synek, który pytał czasem, czy nie mogliby iść „na skrzydełka pani Wisławy").

Urszula Kozioł wspominała pewną kolację u Szymborskiej, kiedy to goście dostali ręcznie wypisane menu z bardzo wykwintnymi potrawami, wszystkie poprzekreślane, a zostało tylko coś bardzo zwyczajnego, prząsnego.

– Jej wiersze odsłaniają ją z całkiem innej strony – mówił nam Marian Stala. – Jeżeli ktoś myśli, że ją poznał, bo jest z nią w towarzyskim kontakcie, ulega złudzeniu. Jestem co prawda zapraszany na loteryjki, ale nigdy bym nie śmiał powiedzieć o sobie, że jestem jej przyjacielem. Szymborska buduje przestrzeń, która z jednej strony zachęca, ale z drugiej – uświadamia odległość. Teraz panuje czas kolacyjek, loteryjek, a tonacja jej wierszy, zwłaszcza w ostatnich latach, stała się zdecydowanie ciemna.

Kartka do Ewy Lipskiej z 12 września 1994 roku.

W filmie Larsa Helandera opowiadała, że kiedy była dzieckiem, smutek o wiele szybciej mijał, znacznie mocniej cieszyła się, niż martwiła. Potem przyszedł taki okres w życiu, kiedy te emocje się zrównoważyły. „Dziś – mówiła – z większą siłą martwię się, niż cieszę, to jest na pewno, ale jeszcze się cieszę".

„Mam takie chwile bardzo, bardzo wielkiej rozpaczy z powodu tego, co się dzieje ze światem – mówiła Annie Rudnickiej i Tadeuszowi Nyczkowi. – O tym staczaniu się świata pisze Lem w felietonach w »Tygodniku Powszechnym«. Przyznam się szczerze, że czasami świadomie staram się ich nie czytać, bo wiem, że jak przeczytam, to się z nimi zgodzę. I za chwilę będę chora"[9].

Opowiadała o swoich obawach, że wiek XXI będzie wiekiem wielkich fundamentalizmów, wielkich porachunków, wielkich wojen. Tak naprawdę nie dało się uciec przed złymi wiadomościami. Wystarczyło włączyć telewizor.

> Po każdej wojnie
> ktoś musi posprzątać.
> Jaki taki porządek
> sam się przecież nie zrobi.
> (...)
> Fotogeniczne to nie jest
> i wymaga lat.
> Wszystkie kamery wyjechały już
> na inną wojnę.
> („Koniec i początek", *Koniec i początek*, 1993)

W wierszu „Niebo" poetka pisała: „Moje znaki szczególne / to zachwyt i rozpacz". W 1995 roku Szymborska została członkiem Polskiej Akademii Umiejętności w Krakowie. Zaproszono ją co prawda do Akademii już w roku poprzednim, gdy powołano nowy wydział twórczości artystycznej, jednak na walnym zgromadzeniu jeden z profesorów tuż przed głosowaniem przypomniał jej twórczość z okresu stalinowskiego. Mówił, że „aby zostać członkiem Akademii, należy reprezentować wyższy poziom moralny", i poetka przepadła w głosowaniu. Gdy jednak jej kandydatura została powtórnie zgłoszona, przeszła znaczną większością głosów.

Do Poznania przyjechała Szymborska raz jeszcze, w maju 1995 roku odebrać doktorat *honoris causa* Uniwersytetu imienia Adama Mickiewicza. Uniwersytet chciał przyznać jej to wyróżnienie rok wcześniej, na siedemdziesięciolecie Wydziału Polonistyki, ale poetka wykręcała się. „Na razie czuję się stanowczo za bardzo przesłodzona, przechwalona, przeceniona, a to jest uczucie, które mi strasznie przeszkadza". Proponowała Edwardowi Balcerzanowi, że skoro już chcą ją uhonorować, wystarczy spotkanie i rozmowa. Prosiła: „Edward, nie rób mi tego, ja w mojej biografii tego nie przewiduję". W końcu powiedziała: „Nie. Jestem zmęczona własnym siedemdziesięcioleciem".

Zdaniem Balcerzana poetka miała nadzieję, że szacowna profesura poczuje się urażona i sprawa pójdzie w zapomnienie. Ale Rada Wydziału ochoczo przystała na propozycję, żeby przełożyć całą uroczystość na następny rok.

Odziana w togę akademika Szymborska mówiła: „Czy poeci w ogólności, a ja w szczególności, nadajemy się do tak zobowiązujących wyróżnień? Prawie każda poezja, a moja na pewno, czerpie siły ze źródeł niezbyt krystalicznych, z pomyłek życiowych, wątpliwości, głupstw najprzeróżniejszych, z wiedzy gromadzonej chaotycznie i niedającej się uporządkować"[10].

Profesor Wacław Twardzik wysłał jej wtedy prorocze gratulacje: „Wedle stawu grobla / Czas teraz na Nobla / By Cię nim uczczono / Życzy Twardzik z żoną"[11].

PAMIĄTKOWE RUPIECIE

Uroczystość nadania Wisławie Szymborskiej doktoratu *honoris causa*.
Poznań, maj 1995 roku.

Chyba faktycznie coś wisiało w powietrzu, bo o Noblu dla Szymborskiej mówił również Artur Międzyrzecki, wręczając Jej trzy dni przed ogłoszeniem nominacji Nagrodę Pen Clubu. Inna rzecz, że gdyby go nie dostała, wszyscy zapomnieliby o tych znakach i przeczuciach.

Od ponad pół wieku październik spędzała Szymborska zawsze w Zakopanem. Może to, że o największym zaszczycie, jaki może spotkać pisarza za życia, dowiedziała się, będąc akurat niedaleko miejsca, gdzie została poczęta, jest jedną z tych „sztuczek, jakie pokazuje przypadek"?

Przestrzeń w palcach przypadku
rozwija się i zwija,
rozszerza i kurczy.
Dopiero co jak obrus,
a już jak chusteczka.
(...)
Przypadek zagląda nam głęboko w oczy.
(...)
Chce nam się wołać,
jaki świat jest mały,

jak łatwo go pochwycić
w otwarte ramiona.
I jeszcze chwilę wypełnia nas radość
rozjaśniająca i złudna.
(„Seans", *Koniec i początek*, 1993)

Przypadek, ta pomniejsza forma cudu, często gościł w jej wierszach. Pisała o nim również prozą.

Oto wzięła na przykład do ręki trzy tomy wznowionych w 1985 roku *Prób*, przeraziła się, że mogłoby ich nie być, i napisała pean na cześć przypadku, który sprawił, że Michel Montaigne dożył do stosownego wieku, by napisać swoje arcydzieło: „Mało brakowało, aby dziecię płci męskiej, ochrzczone imieniem Michel umarło wkrótce po urodzeniu, śmiertelność noworodków była wówczas zjawiskiem tak pospolitym, że nawet nie dociekano jego przyczyn, (...) mogły go dopaść śmiertelne choroby, których wyliczanie zajęłoby mi kilka stron maszynopisu. A nieszczęśliwe wypadki? Mógł mały Montaigne spaść z drzewa, z konia, ze schodów, oparzyć się wrzątkiem, zadławić się ością albo utonąć podczas kąpieli w rzece. (...) Ale na dorosłego czyhały jeszcze dodatkowe pułapki, jak na przykład pojedynek, jakaś przypadkowa bijatyka w oberży, jakiś nocleg w zajeździe, w którym przez nieuwagę ktoś zaprószył ogień". I jeszcze przypomniała, że był to czas wojen religijnych, a Montaigne brał nawet udział w kilku wyprawach zbrojnych przeciw hugenotom i mógł łacno zginąć.

Te wszystkie niebezpieczeństwa grożące ukochanemu pisarzowi widziała tak wyraźnie, jakby oglądała je na ekranie:

„Mamy schyłek jesiennego dnia, słońce już zaszło. Leśnym traktem wracają do domu dwaj jeźdźcy, podróżny i jego pacholik. Nie widać ich dobrze, jest mgła i nastaje szybki zmierzch. Raptem z zarośli pada kilka strzałów, słychać czyjś krzyk, rżenie wystraszonych koni, trzask gałęzi i tupot uciekających w głąb lasu sprawców. Podróżny na wspiętym koniu rozkrzyżowuje ramiona i wali się bezwładnie głową w dół. No cóż, głupia pomyłka; tą drogą, o tej akurat porze miał przejeżdżać ktoś inny, wcale nie ów poczciwy Michał Montaigne, którym potrząsa teraz przerażony pacholik i próbuje nadaremnie przywrócić go do życia. Tablu miał lat trzydzieści kilka i zaczynał właśnie obmyślać swoje wielkie pisanie"[12]. I wtedy, jak zauważyła Szymborska, jakieś inne dzieło zajęłoby jego miejsce i nikomu nie przyszłoby nawet do głowy, że wygrało walkowerem.

Każdy, kto sięgnie po *Lektury nadobowiązkowe*, znajdzie tam te małe fabułki, minipowelki, historyjki, które mogły, choć nie musiały się zdarzyć, czyjś alternatywny życiorys, jakiś po swojemu opowiedziany kawałek z przeszłości albo rzut oka w przyszłość.

Katarzyna Kolenda-Zaleska opisała, jak kręciła swój film o Szymborskiej w Amsterdamie. Płynęły statkiem wycieczkowym. Kiedy przewodnik powiedział, że mijają dzielnicę patrycjuszy, gdzie każdy dom był własnością jednej rodziny, a służba mieszkała pod schodami, Szymborska od razu zaczęła snuć opowieść o kupcu korzennym (a może bławatnym), który miał bystrego sługę i dwie córki, jedną młodą i piękną, drugą starszą i garbatą. Sługa oświadcza się o rękę pięknej, a dostaje garbuskę. „Zanim nasz stateczek dopłynie do portu – wspominała Kolenda-Zaleska opowieść Szymborskiej – sługa przehula majątek kupca, będzie pracował u Barucha Spinozy, walczył w obronie miasta, w końcu pokocha garbuskę. Wysiadamy i wzrokiem szukamy bohaterów opowieści, zdziwieni tak szybkim powrotem w XXI wiek"[13].

Może faktycznie, gdyby w stosownym czasie zniechęcono ją do poezji, Szymborska zajęłaby się prozą, fikcją, fabułą? I ktoś inny, walkowerem, dostałby tego Nobla.

Jestem kim jestem.
Niepojęty przypadek
Jak każdy przypadek.
(…)
Los okazał się dla mnie
jak dotąd łaskawy.

Mogła mi nie być dana
pamięć dobrych chwil.

Mogła mi być odjęta
skłonność do porównań.

Mogłam być sobą – ale bez zdziwienia,
a to by oznaczało,
że kimś całkiem innym.
(„W zatrzęsieniu", *Chwila*, 2002)

Po otrzymaniu wiadomości o przyznaniu Nagrody Nobla. Pierwsza od lewej Teresa Walas.
Dom Pracy Twórczej Astoria, Zakopane, 3 października 1996 roku.

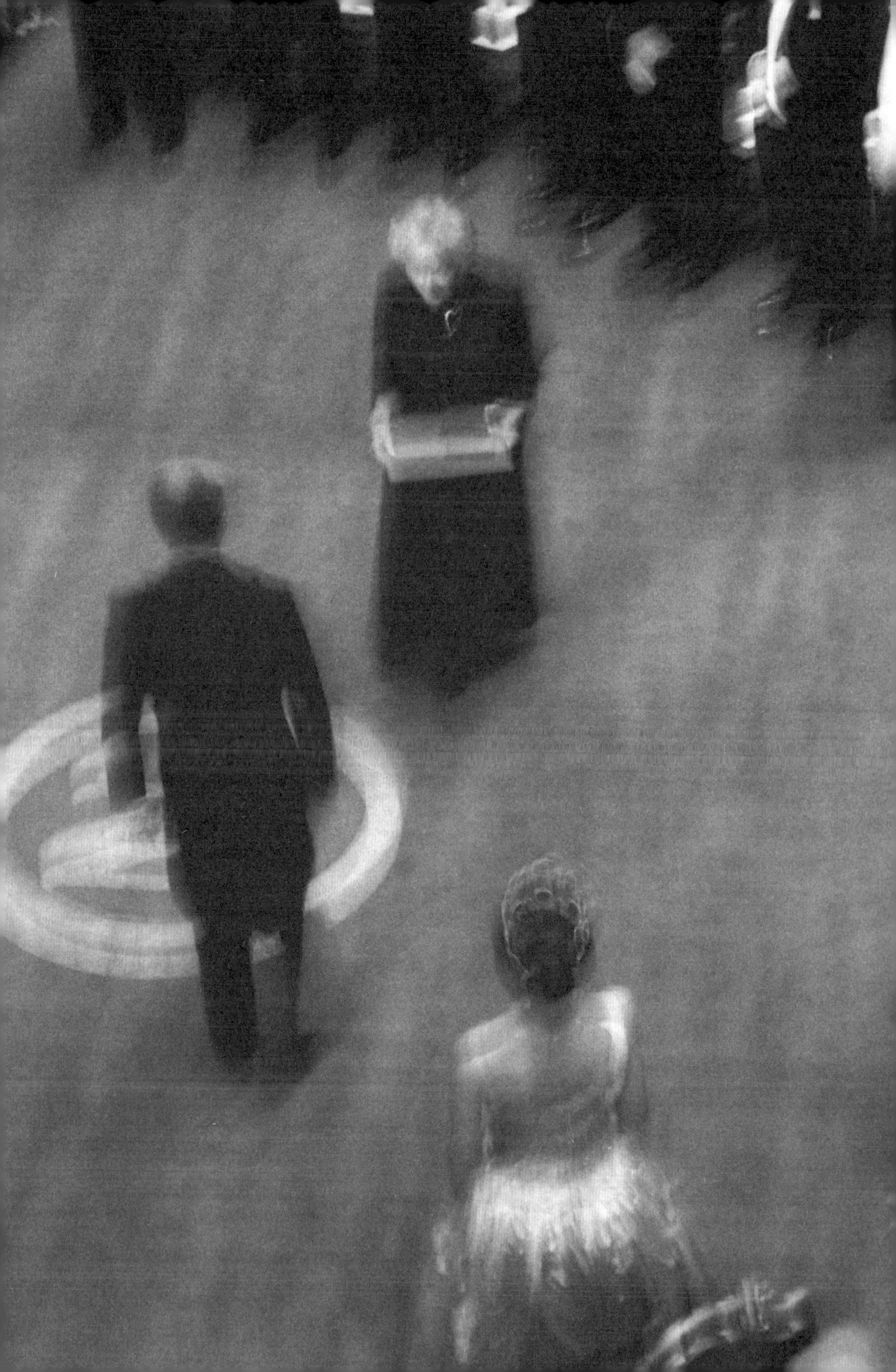

ROZDZIAŁ 19

W Sztokholmie na papierosie z królem

3 października 1996 roku Wisława Szymborska w swoim pokoju w Domu Pracy Twórczej Astoria w Zakopanem pisała akurat wiersz, kiedy wywołano ją do telefonu. Dzwonił pracownik Akademii Szwedzkiej, aby zawiadomić oficjalnie, że dostała Nagrodę Nobla. Odpowiedziała, że nie wie, co robić w tej strasznej sytuacji – „nawet w Tatry uciec nie mogę, bo jest zimno i pada deszcz"[1]. W drzwiach zaraz stanęły dwie przebywające akurat w Zakopanem dziennikarki z Bratysławy z ogromnym bukietem czerwonych róż.

Szymborska chciała najpierw podzielić się nowiną z siostrą.

– Wisława zadzwoniła do nas, żeby nagle nie zdenerwować siostry – opowiadała nam Elżbieta Pindel, zaprzyjaźniona sąsiadka Nawoi. – „Elżuniu, dostałam Nobla, czy Nawojka śpi? To nie budź jej, zadzwonię potem". A potem to już dopiero późnym wieczorem udało jej się zadzwonić.

Do porzuconego w tym momencie wiersza poetka wróciła dopiero trzy lata później.

Zaraz w pierwszej rozmowie z dziennikarzami, którzy natychmiast zbiegli się do Astorii, mówiła, że czuje się jednocześnie oszołomiona, zdumiona, uradowana, zachwycona i przerażona.

„Ogarnia mnie przerażenie, czy sprostam temu ceremoniałowi, całe moje usposobienie jest inne, przeciwne tego rodzaju kontaktom, a przecież nie zawsze będzie mi się udawało odmówić. Wolałabym mieć sobowtóra. Sobowtór byłby młodszy ode mnie o jakieś dwadzieścia lat, pozowałby do zdjęć, potem wyglądałby korzystniej niż ja. Sobowtór by jeździł, sobowtór by udzielał wywiadów, a ja bym sobie pisała.

Z Nagrodą Nobla wiążą się bardzo duże pieniądze, ponad jeden milion dolarów, czy czasem nie pomyślała pani, że mając tyle pieniędzy, już nie będzie pani musiała pisać?

– Żadne pieniądze nie zastąpią magicznej siły, udręki i rozkoszy pisania – odpowiedziała, śmiejąc się, Szymborska"[2].

Pokoik kierowniczki Astorii zmieniono na studio radiowe i tam świeżo upieczona noblistka odpowiadała radiosłuchaczom:

– Ci, co mnie znają, wiedzą, że teraz mówię prawdę; nie spodziewałam się Nobla.

– Pani Czesławo, czy ta wielka nagroda coś zmieni? – pytał zdenerwowany dziennikarz.

– Wisławo, Wisławo – poprawiała Szymborska. – Muszę się dopiero oswoić z tą myślą. Na razie miałam tylko sekundę czasu na zażycie relanium i popicie wodą[3].

PAMIĄTKOWE RUPIECIE

Na zwołanej naprędce w holu konferencji prasowej mówiła:
"Mam nadzieję, że nie przewróci mi się w głowie".
"Z natury jestem sceptykiem. Zwłaszcza wobec siebie. Staram się nie myśleć dużo o sobie, i nie jest to krygowanie i wdzięczenie się do czytelnika – naprawdę nie jestem w centrum swoich własnych zainteresowań. Świat jest tak ciekawy, ludzie są ciekawi, więc nie warto zajmować się sobą".

Próbowała zjeść obiad, zeszła do jadalni, nalała sobie zupy koperkowej, ale znowu zadzwonił telefon. To Czesław Miłosz, który złożył gratulacje, po czym oświadczył, że współczuje jej, bo sam zna to brzemię, jakie teraz będzie musiała dźwigać.

Aż do końca pobytu w Astorii poetka, stale wywoływana do telefonu, nigdy już nie zdołała zjeść ciepłej zupy.

W saloniku w Astorii pisarze i poeci oglądali telewizję, na półokrągłej werandzie popijali kawę i herbatę, w jadalni siedzieli czwórkami przy stolikach. Telefon był jeden tylko, w recepcji, i najwięcej osób dzwoniło w porze posiłków, wiadomo, wtedy właśnie można było wszystkich zastać. Ile razy w ciągu tych lat, kiedy jeździła do Astorii, Szymborska schodziła na obiad, siadała przy stole, słyszała, jak wywołują kogoś do telefonu? Czy te nazwiska nie układały się jej w swoistą literacką listę obecności? A też – co charakterystyczne dla jej sposobu myślenia – w listę nieobecności? Tak czy inaczej, gdyby nie jeździła do Astorii, gdzie obecność pisarzy czy poetów nikogo nie dziwiła, prawdopodobnie nie powstałby ten wiersz o Krzysztofie Kamilu Baczyńskim.

> Do pensjonatu w górach jeździłby,
> na obiad do jadalni schodziłby,
> na cztery świerki z gałęzi na gałąź,
> nie otrząsając z nich świeżego śniegu,
> zza stolika pod oknem patrzyłby.
> (...)
> O chrząstce ucha, ledwie draśniętej pociskiem
> – gdy głowa uchyliła się w ostatniej chwili –
> "cholerne miałem szczęście", mawiałby.
> (...)
> Czasami ktoś od progu wołałby:
> "panie Baczyński, telefon do pana" –
> i nic dziwnego w tym nie byłoby,
> że to on, i że wstaje, obciągając sweter
> i bez pośpiechu rusza w stronę drzwi.
>
> Rozmów na widok ten nie przerywano by,
> w pół gestu i w pół tchu nie zastygano by,
> bo zwykłe to zdarzenie – a szkoda, a szkoda –
> jako zwykłe zdarzenie traktowano by.
> ("W biały dzień", *Ludzie na moście*, 1986)

W SZTOKHOLMIE NA PAPIEROSIE Z KRÓLEM

Andrzej Klominek we wspomnieniu o Adamie Włodku odsłonił maleńki okruch rzeczywistości, który z czasem trafił do tego wiersza: otóż to Włodek „miał na policzku ledwie widoczną kreskę, w miejscu, gdzie otarła się niemiecka kula, zanim gładko przebiła małżowinę ucha, pozostawiając małą, zarośniętą bliznę"[4].

„Ja i moi koledzy wszędzie całkiem normalnie wsiąkamy w tło – osobiście bardzo mi to odpowiada, ładna historia, gdyby zaczęły jeździć za nami reflektory... No, nie zanosi się na to, chwała Bogu. Poławiacze gwiazd, ci z kamerami i lampami błyskowymi, mają ważniejsze sprawy i ważniejszych ludzi na głowie. (...) Myślę, że poezja przestała mieć cokolwiek wspólnego z tak zwanymi ludźmi ekstra, którzy manifestują siebie na rynku, bodaj ryneczku, budzą podziw, zbierają oklaski"[5] – mówiła Szymborska Aleksandrowi Ziemnemu, ani przypuszczając, jak bardzo się myli.

Jej nazwisko w gronie kandydatów do Nobla pojawiało się już przez kilka wcześniejszych lat, jednak kiedy w 1995 roku nagrodę dostał irlandzki poeta Seamus Heaney, poetka odetchnęła z ulgą.

– Była zadowolona, że ją to ominęło – mówił nam Jan Józef Szczepański. – A poza tym poczuła się bezpiecznie. Kto mógł się spodziewać, że rok po roku dadzą Nobla poecie z Europy?

„W gronie faworytów w tym roku wymienia Szymborską szwedzka agencja prasowa – pisał na dzień przed ogłoszeniem werdyktu korespondent »Gazety Wyborczej« w Sztokholmie Piotr Cegielski. – Szanse jej zmniejsza fakt, iż w ubiegłym roku zdobył ją Heaney, poprawia zaś to, iż dwa lata z rzędu zwyciężali mężczyźni"[6].

Wydawało się jednak mało prawdopodobne, by w dwóch kolejnych latach nagrodę otrzymali – jak to określił Stanisław Barańczak – „przedstawiciele dwóch narodów katolickich, pokrzywdzonych przez historię i spożywających duże ilości kartofli (oraz ich przetworów)"[7].

Już nazajutrz Szymborska była tak umęczona ciągłą obecnością mediów, że wysłała 5 października oświadczenie do Polskiej Agencji Prasowej: „Jak wszyscy moi znakomici poprzednicy, również i ja nie mam wprawy w odbieraniu Nagrody Nobla, dlatego też do radości spowodowanej tak wysokim wyróżnieniem dołącza się i zakłopotanie. (...) Wiem, że co najmniej jeszcze dwóch arcyświetnych polskich poetów na tę nagrodę zasługiwało. Wolę więc myśleć o wyróżnieniu mojej twórczości jako uznaniu dla całej współczesnej poezji polskiej, która, jak się okazuje, ma coś ważnego do powiedzenia całemu światu. Zdecydowałam się na to publiczne oświadczenie z bardzo prozaicznych powodów. Od chwili ogłoszenia decyzji akademii królewskiej w Sztokholmie udzielałam już setek odpowiedzi, oświadczeń, dłuższych i krótszych wywiadów, a ponieważ moje struny głosowe nie zostały przez naturę zaprogramowane do tego rodzaju pracy, piszę to w nadziei, że chociaż przez pewien czas dane będzie im wypocząć. Byłabym bardzo zobowiązana środkom masowego przekazu, aby to moje pisemne oświadczenie na razie im wystarczyło. Z góry dziękuję".

Nawet w takim prozaicznym oświadczeniu pobrzmiewa zresztą coś z jej poezji, wystarczy porównać „zrodziliśmy się bez wprawy" i „nie mam wprawy w odbieraniu Nagrody Nobla".

PAMIĄTKOWE RUPIECIE

Spotkanie w Starym Teatrze w Krakowie. 18 listopada 1996 roku.

W SZTOKHOLMIE NA PAPIEROSIE Z KRÓLEM

Dwa dni później, 7 października, Szymborska wysłała z Zakopanego list do Jacka Kuronia: „Kochany Panie Jacku. Przepraszam za tak poufały nagłówek, ale w ten sposób zawsze o Panu myślę. Bardzo liczę na Pana pomoc w jednej sprawie. Jak wiadomo, z Nagrodą Nobla łączą się duże pieniądze, rzecz jasna, pragnęłabym się nimi jakoś mądrze podzielić. Połowę, albo trochę mniej, mam zamiar zatrzymać do własnej dyspozycji, zapisem testamentowym, aby je przekazano na cel taki to a taki, nie wiem jeszcze jaki dokładnie, ale drugą połową chciałabym się podzielić już niebawem. (...) Kto, jak nie Pan, wie najlepiej, komu najbardziej pieniędzy potrzeba, które placówki zużyją je z pożytkiem. Nie chciałabym, aby te darowizny zużyte były na nowe dywany, święte figury albo niekończące się drinki".

Zaczęły się związane z Nagrodą Nobla obowiązki: poetka musiała ułożyć przemówienie i listę gości, których mogła zaprosić na uroczystości do Sztokholmu. Bogusława Latawiec, poetka, redaktor naczelna miesięcznika literackiego „Arkusz", pisała: „Szymborska wybierała z kręgu przyjaciół krytyków, poetów i toczyło się to znojne odliczanie do dziesięciu, bo tylu gości mogła przywieźć ze sobą Noblistka. Cały ten proces przypominał mi zabawę w »różę«: »chodzi Róża od podwórza, w czerwonej czapeczce, komu Róża się ukłoni w czerwonej czapeczce«"[8].

By chronić swoją prywatność, Szymborska pospiesznie zatrudniła sekretarza, Michała Rusinka, który szczęśliwie okazał się nie tylko dobrze wychowany, ale i stanowczy. Postanowiła też, że skoro już musi trochę się udzielać, będzie pokazywać się od innej, mniej poważnej i mniej osobistej strony. Miała przecież świadomość, że w Krakowie, mieście dumnym z jej nagrody i wprost stworzonym do życia towarzyskiego, nie da się całkiem uniknąć publicznych wystąpień. Zapewne dlatego przyjęła propozycję znanego z zabawowych pomysłów na życie wokółliterackie Jerzego Illga, redaktora naczelnego Wydawnictwa Znak, i 18 listopada wystąpiła w Starym Teatrze w Krakowie przed kilkusetosobową publicznością (ci, co się nie dostali, mogli oglądać występ w holu na telebimach)[9]. Przeczytała sześć swoich wierszy. Potem jeszcze całkiem poważnie odpowiedziała na parę pytań Teresy Walas (dowiedzieliśmy się, że nigdy nie marzyła się jej sława, więc nie da się przerobić z osoby na osobistość) i wyraźnie pokazała, jaką część siebie jest gotowa wystawić na widok publiczny.

Potem zaczęła się zabawa. Prowadzący imprezę Jerzy Illg przeczytał zadedykowany jej limeryk: „Pewna poetka uczczona Noblem / Drzwi do mieszkania zawarła skoblem / I zamiast lecieć do Sztokholmu, / Na cyplu skryła się Bornholmu, / Szepcząc: »To nie mój problem«".

Na scenę wychodzili kolejno przyjaciele Wisławy Szymborskiej i czytali zamówione specjalnie na tę okoliczność przez Illga limeryki.

Bronisław Maj: „Słynna globtroterka imieniem Wisełka / Całe życie śniła o wyprawie do Ełka. / Wreszcie – pakuje kufry, w drzwiach domyka skobla. / Wtem patrzeć – sprytni Szwedzi jej przyznali Nobla. / Więc do Sztokholmu musi. A Ełk? Cały Ełk łka".

Jacek Woźniakowski: „Była w Krakowie pewna piękna Safo, / Co nie lubiła dawać autografo, / Lecz gdy szczęśliwym trafo / Zrozumiała swe gafo, / Pozwoliła się nawet fotografo".

Sama Szymborska też przeczytała parę limeryków swego autorstwa, w tym jeden napisany specjalnie dla Illga.

Pan Illg Jerzy, redaktor Znaku
W czasie pracy wieszał się na haku
A za biurkiem sadzał pusty zmięty trencz
Żeby autor przerażony wołał wręcz:
– Z manuskryptem za rok wrócę mizeraku.

W ten oto sposób kameralna zabawa literacka, jaką od lat poetka uprawiała w gronie przyjaciół, po raz pierwszy objawiła się w świetle jupiterów, co miało w niedalekiej przyszłości dla słabo w Polsce reprezentowanego nurtu poezji niepoważnej i purnonsensowej poważne konsekwencje.

Tymczasem Nobel sprowokował część prawicy do wypominania Szymborskiej po raz kolejny kilku wierszy napisanych w okresie stalinowskim. „Tygodnik Solidarność" umieścił tekst *Nagroda daje do myślenia*, w którym Krzysztof Dybciak z Katolickiego Uniwersytetu Lubelskiego stwierdzał, że Szymborska, jako autorka wierszy o Stalinie i PZPR, wzorem etycznym być nie może, a jeżeli już o samą jej poezję idzie, to „nie zainicjowała w naszym piśmiennictwie nowych nurtów czy tendencji estetycznych, nie wywołała żadnych dyskusji intelektualnych".

Jacek Trznadel, krytyk literacki, napisał, że jeśli Nobel przyznany został za tak słabe wiersze, to musiało za tym stać „określone lobby", w którym biorą udział „wpływowe kręgi". „Co zrobić ze stalinowskimi wierszami Szymborskiej z pierwszego zbioru poezji? – pytał z troską. – A pochwała nienawiści w krytyce amerykańskich imperialistów (wiersz »Z Korei«) z obrazem amerykańskiego pułkownika, »wesołka haniebnego, płacącego oprawcy za wykłucie oczu koreańskiemu chłopcu«. Z tego »wesołka haniebnego«, pamiętam, śmiano się już po opublikowaniu tego wiersza". (Ciekawe, że autor *Hańby domowej*, który apelował, by przeszłości nie zamazywać, jakoś nie pospieszył się, by przypomnieć, że w 1953 i 1954 roku napisał dwie entuzjastyczne recenzje z socrealistycznych tomików Szymborskiej, a już szczególnie poruszony był owym wierszem, w którym poetka okazywała niechęć do pułkownika armii amerykańskiej w Korei[10]).

Tytuły tekstów ponoblowskich w pismach z Polską w nazwie – „Nasza Polska", „Myśl Polska" – już odsłaniały ich treść: *Radość jakby mniejsza, Gdyby Herbert był kobietą..., Nobel z kontekstu, Wzór moralny?, Druga twarz laureatki, Czy Noble to buble* itp., itd.

Najróżniejsi publicyści prawicowi zgodnie przyjmowali ten sam tok rozumowania. Jeśli polska poetka dostała Nobla, to znaczy, że ten Nobel należał się Polsce. A skoro się należał, to trzeba się zastanowić, komu powinien był zostać przyznany. A właściwie to nie ma się co zastanawiać, bo sprawa jest jasna: „to nagroda przeciw Zbigniewowi Herbertowi" – zawyrokowano.

I tak tłumaczono czytelnikom, że rządząca rozdawnictwem nagród światowa lewica intelektualna nie była w stanie się przemóc, by dać nagrodę komuś, kto nie splamił się niczym w czasach stalinizmu, i to zadecydowało o nagrodzeniu akurat Szymborskiej. Ujawniano, że „najlepszą rekomendacją dla szwedzkich akademików" był fakt zamieszczania przez nią comiesięcznych felietonów w „Gazecie Wyborczej", a też wierszy w „Tygodniku Powszechnym", „Odrze", „NaGłosie" i innych „mało patriotycznych" mediach.

Z kolei autorzy kuriozalnej książki *Dwa oblicza Szymborskiej*, gdzie przekręcono ogólnie dostępne fakty z biografii noblistki, pisali, że jej wiersze budzą podejrzenia, iż poetka „nie za bardzo lubi Pana Boga", a jak już odwołuje się w swoich wierszach do Pisma Świętego, to do Starego Testamentu.

Powróciła też sprawa „Nienawiści". Postawiono tezę, jakoby naczelny „Gazety Wyborczej" zamówił u Szymborskiej wiersz przeciwko lustracji.

– Ten atak jest ukrytym komplementem. Ktoś wyobraził sobie, że jestem taka zdolna, by napisać wiersz w ciągu paru godzin, a wiersz był dość długi – dziwiła się poetka, która w tym samym czasie wraz z kilkudziesięcioma intelektualistami wystosowała list do polityków: „Dla powszechnego dobra apelujemy o przyzwoitość w czynach i słowach. Idea służby publicznej nie może zostać zniszczona"[11].

Jako stały *leitmotiv* rozmów, które prowadziłyśmy jesienią 1996 roku ze znajomymi i przyjaciółmi Szymborskiej, pojawiało się współczucie dla udręczonej przez nagłą sławę, zainteresowanie mediów i ataki prawicy noblistki. „Biedna Wisława", użalali się nad nią na wszelkie możliwe sposoby, za Bronisławem Majem określając przyznanie jej Nobla jako „tragedię sztokholmską". Tylko profesor Tadeusz Chrzanowski oświadczył surowo: „Jak się pisze tak dobre wiersze, trzeba liczyć się z Nagrodą Nobla, a z tym już związane są różne powinności".

„Pan Heaney napisał do mnie, jak wygląda życie po Noblu. Zaczynają nachodzić cię przyjaciele, których z trudem sobie przypominasz, odwiedzają cię krewni, o których nigdy wcześniej nie słyszałeś, a niektórzy ludzie niespodziewanie okażą się twoimi wrogami. Jest wiele zawracania głowy z wyjazdami, wykładami itd. Podsumował: »Biedna, biedna Wisławo« – opowiadała Andrew Nagorskiemu z amerykańskiego »Newsweeka«. – Wygłoszenie wykładu to dla mnie tak wyczerpujące zadanie, że wolałabym go uniknąć. Może w całym swoim życiu trzy razy coś wygłaszałam i za każdym razem to była tortura"[12].

„W Krakowie – opowiadała Bogusławie Latawiec – nikomu już drzwi nie otwieram, mówię tylko przez domofon: siostry nie ma w domu. Na podłodze leżą stosy listów z prośbami o pieniądze. A ja ich przecież jeszcze nie mam"[13].

Przed odlotem do Sztokholmu na lotnisku w Warszawie jeden z dziennikarzy zapytał, jak to jest przynależeć do panteonu największych światowej literatury.

„To wszystko czas pokaże. Za sto lat porozmawiamy" – umówiła się z nim.

Szymborska była już w Sztokholmie, kiedy prasa poinformowała, że występuje tam w strojach uszytych przez Dom Mody Telimena. W jej walizce znalazły się cztery kostiumy, w tym szary, w pepitkę i o barwie burgunda, dwie suknie wieczorowe i dwa płaszcze. Nagrodę odbierała w długiej sukni koloru tabakowego brązu z francuskiego atłasu z dodatkiem lycry, a na balu u króla wystąpiła w sukni w kolorze kobaltowego błękitu wykończonej koronką w kolorze starego srebra[14]. Reszta ekipy – poetka jechała

W SZTOKHOLMIE NA PAPIEROSIE Z KRÓLEM

Kartka do Michała Rusinka z grudnia 1996 roku.

do Sztokholmu w asyście sekretarza i dziesiątki przyjaciół – o swoje stroje musiała zatroszczyć się sama. Profesor Tadeusz Chrzanowski opowiadał nam, że wypożyczył z Teatru Słowackiego frak, który grał tam w *Eugeniuszu Onieginie*. Musiał go pospiesznie przerobić, a też wpiął sobie order i tłumaczył, że zakrywa on ślad po kuli.

W samolocie okazało się, że w wydawanym przez linie lotnicze SAS biuletynie pysznią się kolorowe zdjęcia małp, do których poetka zawsze czuła sympatię. Powyrywali je więc dla niej, żeby miała materiał do swych kolaży (rzeczywiście, po powrocie ze Szwecji, Rusinek dostał od swej szefowej karteczkę kolażową z podpisem „12 małp już w Krakowie"). Noblistkę zaproszono do kabiny pilota, gdzie udała się z Teresą Walas. Po drodze zastanawiały się, czy nie sterroryzować załogi i nie skierować samolotu na południe, by przeczekać uroczystości noblowskie gdzieś na Riwierze.

Szymborska zapytana jeszcze w Warszawie, co ją najbardziej przeraża, odpowiedziała, że dziennikarze. Na lotnisku w Sztokholmie oczekiwał ją tłum dziennikarzy i fotoreporterów. No i zaczęło się.

„Co Pani sądzi o poezji Papieża?"

„Ojciec Święty jest nieomylny tylko w sprawach wiary".

Ale starała się też odpowiadać niezdawkowo.

„Ja nie unikam ludzi, bardzo lubię spotykać się z nimi, ale gdzieś do dwunastu osób. Powyżej tej liczby robi się dla mnie tłum. Od dwóch miesięcy otaczają mnie ludzie, ludzie, ludzie. I to jest dla mnie może cięższe niż dla kogoś, kto lubi dużo zamieszania koło własnej osoby, ja nie bardzo to lubię".

„Czy to prawda, że napisała Pani najkrótszy wykład w historii Nobla?"

„Bardzo jestem tym zmartwiona. Ja w ogóle mam skłonność do aforyzmu i skrótowości, to już jest chyba nieuleczalna sprawa, nie umiem pisać przemówień, nie mam do tego talentu, zupełnie. To było tak, pisałam na takich malutkich karteczkach, pisałam, tu coś skreślałam, tak że nie miałam w ogóle pojęcia, ile mi tego wyszło. Potem przez kilka dni bałam się to przepisywać na maszynie, bo ja piszę ręcznie, a nie od razu na komputerze. Po przepisaniu wyszło sześć i pół strony, ani linijki więcej. Jeśli organizatorzy mi pozwolą, przeczytam dodatkowo trzy wiersze korespondujące z tym, co powiem"[15].

„Ewa Lipska zapomniała spakować swoją długą spódnicę, Edward zgubił ozdobny guzik, profesor Chrzanowski posiał swój Order Orła Białego, którym ozdobił frak, Ryszardowi Krynickiemu na przyjęciu w Pen Clubie zamieniono czarny płaszcz na podniszczoną kurtkę, Sommerowi odpadła muszka na dziesięć minut przed wyjazdem do filharmonii, Szymborska w ostatniej chwili zapałała niechęcią do strojnej sukni, w której miała odebrać Nobla, i błyskawicznie przebrała się w tabaczkowobrązową, która zresztą zdobyła w konkursie na kreacje pań drugie miejsce, po sukni królowej Szwecji"[16] – wyliczała Bogusława Latawiec tak zwane tragedie mniejsze z ich wspólnej wyprawy do Sztokholmu.

Oficjalny program liczył dwadzieścia dwa punkty, czyli taką ilość zajęć, jaką w czasie zwykłym rozłożyłaby pewnie na kilka miesięcy, a może i lat życia.

6 grudnia. Prywatne spotkanie z innymi laureatami i ich rodzinami w sztokholmskim Grand Hotelu, który ich gościł.

7 grudnia. Wykład w Akademii Szwedzkiej, czyli najważniejszy punkt programu poza samą uroczystością wręczania Nobla w filharmonii. Kolacja wydana przez członków Akademii na cześć laureatki.

„Podobno w przemówieniu pierwsze zdanie jest zawsze najtrudniejsze. A więc mam je już poza sobą – zaczęła. – Wysoko sobie cenię dwa małe słowa »nie wiem«. Małe, ale mocno uskrzydlone. Rozszerzające nam życie na obszary, które mieszczą się w nas samych, i obszary, w których zawieszona jest nasza nikła Ziemia. Gdyby Izaak Newton nie powiedział sobie »nie wiem«, jabłka w ogródku mogłyby spadać na jego oczach jak grad, a on w najlepszym razie schylałby się po nie i zjadał z apetytem. Gdyby moja rodaczka Maria Skłodowska-Curie nie powiedziała sobie »nie wiem«, zostałaby pewnie nauczycielką chemii na pensji dla panienek z dobrych domów i na tej – skądinąd zacnej – pracy upłynęłoby jej życie. (…)

Wyobrażam sobie na przykład w swojej zuchwałości, że mam okazję porozmawiania z Eklezjastą, autorem jakże przejmującego lamentu nad marnością wszelkich ludzkich poczynań. Pokłoniłabym mu się bardzo nisko, bo to przecież jeden z najważniejszych – przynajmniej dla mnie – poetów. Ale potem pochwyciłabym go za rękę. »Nic nowego pod słońcem« – powiedziałeś, Eklezjasto. Ale przecież Ty sam urodziłeś się nowy pod słońcem. A poemat, którego jesteś twórcą, też jest nowy pod słońcem, bo przed Tobą nie napisał go nikt. I nowi pod słońcem są wszyscy Twoi czytelnicy (…). I ponadto chciałabym Cię spytać, Eklezjasto, co nowego pod słońcem

W SZTOKHOLMIE NA PAPIEROSIE Z KRÓLEM

W czasie wygłaszania mowy noblowskiej. Sztokholm, 7 grudnia 1996 roku.

zamierzasz teraz napisać. (...) Nie powiesz chyba: »Napisałem wszystko, nie mam nic do dodania«. Tego nie może powiedzieć żaden na świecie poeta (...).

Cokolwiek jeszcze pomyślelibyśmy o tym świecie, jest on zadziwiający. Ale w określeniu »zadziwiający« kryje się pewna logiczna pułapka. Zadziwia przecież to, co odbiega od jakiejś znanej i powszechnie uznawanej normy, od jakiejś oczywistości, do której jesteśmy przyzwyczajeni. Otóż takiego oczywistego świata nie ma wcale. Nasze zdziwienie jest samoistne i nie wynika z żadnych z czymkolwiek porównań".

Niepewności i zdziwieniu poświęciła Szymborska wiele wierszy, ale nigdy wcześniej nie rozmawiała z Eklezjastą. Kiedy spytałyśmy ją później, czy to właśnie niedoszły wiersz o rozmowie z Eklezjastą zużyła na przemówienie, kiwnęła głową, że tak.

Swój wykład (sekretarz Akademii Sture Allén mówił, że to najdłuższy wiersz, jaki w życiu czytał) uzupełniła, zgodnie z zapowiedzią, trzema wierszami – „Psalm", „Jacyś ludzie" i „Wersja wydarzeń" – które czytała po polsku, a po szwedzku czytał je jej tłumacz Anders Bodegård.

> Jeżeli pozwolono nam wybierać,
> zastanawialiśmy się chyba długo.
>
> Proponowane ciała były niewygodne
> i niszczyły się brzydko.
> (...)
> Godziliśmy się na śmierć,
> ale nie w każdej postaci.
>
> Pociągała nas miłość,
> dobrze, ale miłość
> dotrzymująca obietnic.
> (...)
> Każdy chciał mieć ojczyznę bez sąsiadów
> i przeżyć życie
> w przerwie między wojnami.
>
> Nikt z nas nie chciał brać władzy
> ani jej podlegać,
> nikt nie chciał być ofiarą
> własnych i cudzych złudzeń,
> nie było ochotników
> do tłumów, pochodów
> a już tym bardziej do ginących plemion
> – bez czego jednak dzieje
> nie mogłyby się w żaden sposób toczyć
> przez przewidziane wieki.
> („Wersja wydarzeń", *Koniec i początek*, 1993)

8 grudnia. Lunch w ambasadzie polskiej. Spotkanie z poetą Tomasem Tranströmerem, który zresztą piętnaście lat później też dostał Nagrodę Nobla.

9 grudnia Szymborska miała w planie: rano podpisywanie książek, później lunch z przedstawicielami szwedzkiego i międzynarodowego życia kulturalnego, potem przyjęcie wydane przez Fundację Nobla dla wszystkich dziesięciorga laureatów Nobla 1996 i jeszcze wieczorem – spotkanie autorskie.

„Jej twarz, dłonie, ją całą rzucano co parę godzin w światła wszystkich telewizorów świata – pisała Bogusława Latawiec. – Jak to długo potrwa, zastanawiałam się, patrząc przy śniadaniu na jej ściągniętą twarz, gdy na sekundę uwierzyła, że nikt na nią nie patrzy. – Już zupełnie nie śpię, nawet na proszkach – poskarżyła mi się cicho niczym zmęczone dziecko i zaciągnęła się łapczywie, mrużąc oczy, trzecim w ciągu tych paru chwil papierosem. (…)

Na dzień przed wręczeniem Nobla mozolnie stawiane dekoracje zaczęły się chwiać, zza kwietnych bukietów w szafirowych kulach, limuzyn, błysków fleszy, zza jupiterów wyjrzała zmęczona twarz Wisławy. Tego nie przewidziano. Nowo wybrana róża powinna emanować z siebie szczere szczęście.

– Dopiero teraz zrozumiałam mit o Orfeuszu, którego rozszarpały zakochane w jego grze bachantki – powiedziała, przesuwając dłonią po twarzy, jakby miała nadzieję, że zdejmie z niej tę matową, gęstą maskę. – Okazuje się, że to wcale nie jest metafora. (…) Muszę przez kilka godzin na nikogo nie patrzeć, do nikogo nie mówić, nikogo nie słuchać, inaczej wszystko jutro zawalę"[17].

Szymborska zrezygnowała z zaplanowanych na 9 grudnia zajęć. Nie pojechała na rozdawanie autografów w największej sztokholmskiej księgarni, do której przybyły tłumy mieszkańców. Większość przyjęła ze zrozumieniem jej nieobecność, ale nie brakowało rozgoryczonych. Korespondent „Gazety Wyborczej" usłyszał, jak jakaś kobieta żaliła się: „Można chyba oczekiwać, że laureat Nobla przyjdzie i będzie podpisywać. Jaki to przykład dla dzieci!", a pracownik księgarni powiedział mu: „Nigdy dotąd nie zdarzyło się nam, żeby laureat Nobla nie przyszedł. W zeszłym roku Seamus Heaney podpisywał swoje książki, chociaż miał wysoką gorączkę"[18].

Nie poszła również na lunch. Pojawiła się na kilkadziesiąt sekund na przyjęciu wydanym na jej cześć w Wielkiej Sali Akademii i pozowała do wspólnej fotografii. Nie poszła też na wieczór czytania wierszy.

„Lekarz ją przed chwilą zbadał – relacjonowała Bogusława Latawiec – i powiedział, że to nic groźnego. To tylko »noblowska choroba«, tak ją w Szwecji nazywają. Co roku ktoś na nią zapada. Zalecony jest całkowity spokój".

Następnego dnia Szymborska zeszła na śniadanie już w dużo lepszym humorze. – Dziś król poprosi mnie o rękę, bo mam już posag – powiedziała[19]. I wróciła do kieratu.

Przed południem – próba generalna głównej uroczystości w filharmonii. „Okazja do podglądania laureatów poddanych musztrze zachowania dworskiego".

„Dziesięciu laureatów Nobla, trzy złocone fotele z błękitnym obiciem, 8 tys. goździków w różnych odcieniach żółci i pomarańczu, 1200 lilii, 1000 mieczyków i 200 gerber – już od samego zapachu może zakręcić się w głowie, nawet jeśli na próbie generalnej kwiaty przykryte były jeszcze folią"[20] – opisywał korespondent „Gazety Wyborczej".

Przewodniczący Fundacji Nobla wcielał się w rolę króla, żeby każdy z laureatów mógł przećwiczyć, jak lewą ręką odbierać dyplom, a prawą uścisnąć dłoń monarchy. Potem jeszcze kolejność ukłonów: najpierw królowi, potem Akademii, na koniec publiczności. Jerzy Illg opisywał, jak p.o. króla biegał od jednego laureata do drugiego zabierać mu dyplom i medal, bo był tylko jeden komplet[21] (po południu Szymborska rozbawiła i wzruszyła wszystkich swoim nieregulaminowym pląsem, kłaniając się najpierw publiczności i nie potrafiąc ukryć zmieszania tym *faux pas*). Odbieranie nagród z rąk króla Karola XVI Gustawa rozpoczęło się o szesnastej, a o dziewiętnastej – przyjęcie w salach ratusza.

1250 gości, 650 stołów, 305 kelnerów. Przystawka – homar w galarecie z kremem kalafiorowym i kawiorem oraz bułeczką o nazwie nobel z czterema rodzajami nasionek, główne danie: garnirowana perliczka z kartofelkami z Laponii i gotowanymi jarzynami polanymi sosem cytrynowym. „Potrawy zgodnie uznano za okropne, mimo że nazwy miały wspaniałe. Dziwił również brak koniaku do kawy – pisał korespondent »Gazety« – a do tego był spektakl w stylu pseudoorientalnym"[22].

Na bankiecie Szymborska siedziała na honorowym miejscu, po prawej stronie Karola XVI Gustawa. Powiedziała potem szwedzkiej telewizji, że wszystko było dla niej niezwykłe i nigdy wcześniej nie siedziała u boku żadnego króla.

Szymborskiej, od lat namiętnej palaczce unikającej oficjalnych uroczystości, na których nie można było zapalić, udało się wyciągnąć z przyjęcia na papierosa samego króla (na jednym ze zdjęć noblowskich widać, z jaką rozkoszą poetka puszcza w górę kółeczka z dymu, ale na zdjęcie nałożono embargo, bo był na nim również król, który nie powinien gorszyć poddanych). Przeciwnicy palenia tytoniu protestowali również przeciwko umieszczeniu w szwedzkich bibliotekach publicznych plakatu autorstwa Joanny Helander przedstawiającego Szymborską palącą papierosa.

Edward Balcerzan, też obecny w Sztokholmie, opowiadał nam, jak poetka spytała go kiedyś: „Rzucił pan palenie? Ach, to znaczy, nie chce pan umrzeć?".

Kiedyś pisała: „Na morzu kawy popłynęła *Komedia ludzka*. Na jeziorku herbaty *Klub Pickwicka*. W zawiesinie dymu tytoniowego rodziły się *Pan Tadeusz*, *Jądro ciemności*, *Czarodziejska góra*..."[23]. Powtórzyła to z całą mocą w filmie dokumentalnym Larsa Helandera. „Kiedy spadła na mnie Nagroda Nobla, uświadomiłam sobie, że dzieła moich znakomitych poprzedników, jak Tomasza Manna czy Hessego, też powstawały w kłębach dymu. Wątpię, czy antynikotynowa guma do żucia zrobi literaturze równie dobrze".

Teraz Szymborskiej pozostały już tylko: spotkanie na wydziale slawistyki uniwersytetu w Sztokholmie oraz bankiet na zamku królewskim wydany przez parę szwedzkich monarchów na cześć laureatów Nagrody Nobla (11 grudnia), wizyta w Fundacji Nobla oraz wyjazd do Göteborga na spotkanie na uniwersytecie (12 grudnia), odwiedziny na uniwersytecie w Uppsali (13 grudnia), spotkanie w Sztokholmie z miejscową Polonią w gmachu Akademii Szwedzkiej, a później podpisywanie książek (14 grudnia).

W SZTOKHOLMIE NA PAPIEROSIE Z KRÓLEM

Na spotkaniu z Polonią laudację wygłaszał Leonard Neuger. Noblistka mu przerwała: „Leonie, ja nie jestem taka całkiem dramatyczna. Sam Miłosz napisał, że w moim świecie daje się żyć"[24].

Na jednym z rozlicznych wokółnoblowskich bankietów przypadło jej miejsce koło innego laureata, nagrodzonego za osiągnięcia na polu fizjologii, medycyny i immunologii, profesora Rolfa Zinkernagla. Wyznała mu, że wolałaby dostać Nobla z dziedziny, w jakiej on pracuje. „Jeśli pani tak mówi, odpowiedział, to już ma pani u mnie posadę. – No dobrze, zapytałam, ale co będę robić? – Na początku będzie pani myła u mnie w laboratorium szkła"[25].

Gości zaproszonych przez siebie do Sztokholmu na uroczystości noblowskie Szymborska namawiała, aby koniecznie obejrzeli zamieniony w muzeum statek Wazów, który znała z poprzedniej wizyty. Miał być chlubą siedemnastowiecznej szwedzkiej floty wojennej, ale nie dopłynął do Polski, zatonął w czterdzieści minut po wypłynięciu w swój pierwszy rejs. Bogusława Latawiec zanotowała jej słowa: „Jeśli między narodami był kiedyś konflikt wojenny, a pozostał po nim tylko muzealny eksponat, to jest bardzo piękne"[26].

Kilka lat później, gdy po szwedzku wyszedł kolejny, duży wybór wierszy Szymborskiej w tłumaczeniach Bodegårda, poetka wraz z Michałem Rusinkiem pojechali na wieczór autorski do Sztokholmu. – Przewodniczka zabrała nas do restauracji w domu, gdzie na górze urzęduje Komitet Noblowski – opowiadał nam Rusinek. – Powiedziała kelnerowi, bo nie mieliśmy rezerwacji, że ta pani ma Nobla. „Z którego roku?" – spytał kelner. „Z 1996 roku" – odpowiedziała. „A z czego?" „Z literatury". „No to stolik pod oknem, proszę".

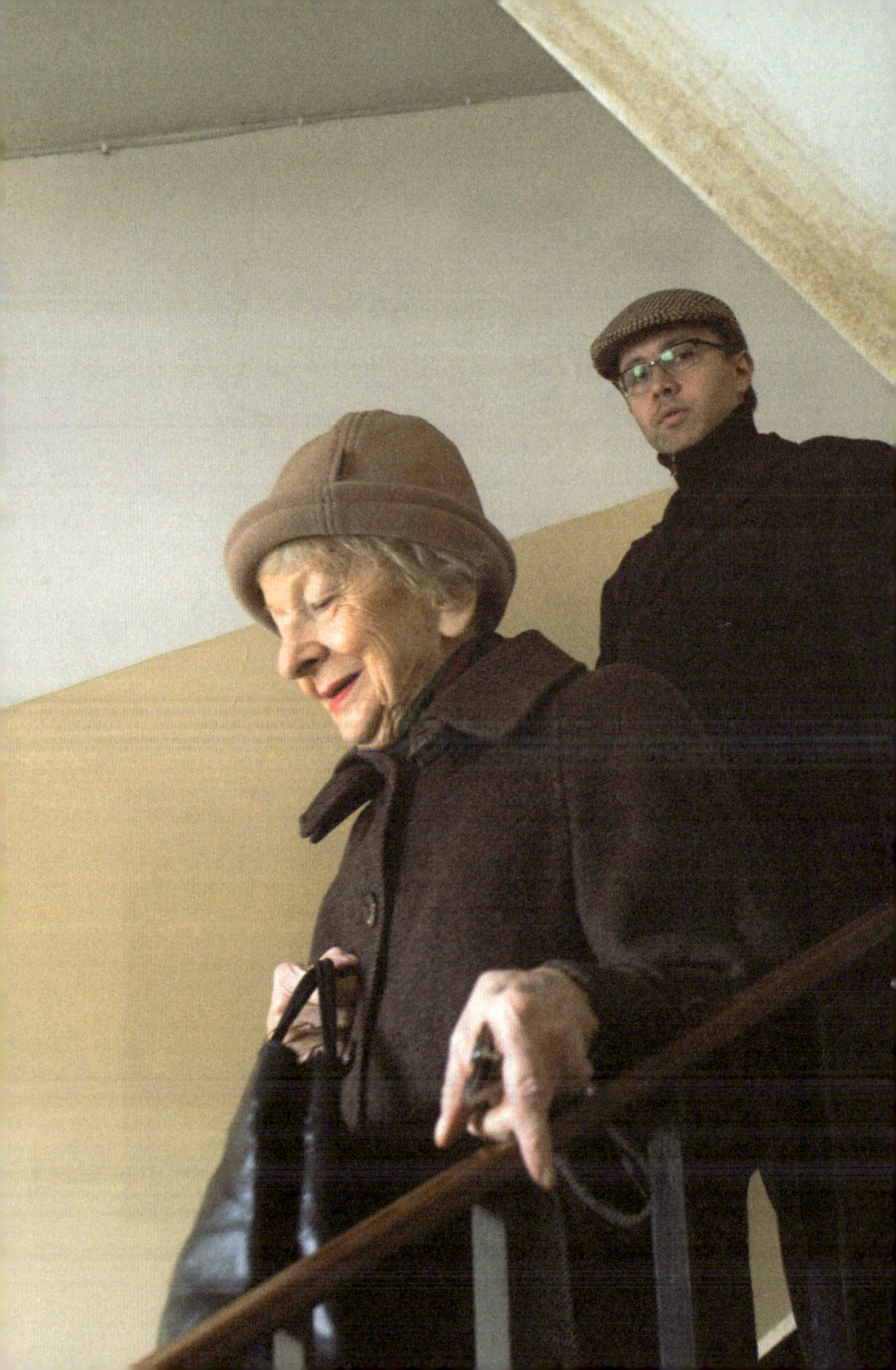

ROZDZIAŁ 20

Pierwsza Poetka i jej Pierwszy Sekretarz

Telefon w jej mieszkaniu dzwonił niemal bez przerwy, a poetka wpadała w coraz to większy popłoch. Bała się podnieść słuchawkę, przerażała ją myśl, że miałaby prowadzić rozmowy z tymi wszystkimi, przeważnie obcymi ludźmi, którzy dzwonili z całego świata, by w różnych językach gratulować jej Nobla, proponować wieczór autorski, uświetnienie jakiejś imprezy lub wyjazd za granicę, prosić o wywiad, autograf lub zgodę na tłumaczenie wierszy.

O posiadaniu sekretarza myślała już wcześniej, od dawna męczyło ją bowiem załatwianie spraw urzędowych, prowadzenie korespondencji, bieganie na pocztę, regulowanie rachunków. Ale teraz sprawa stała się paląca. Teresa Walas poleciła jej swego studenta. Szymborska na dzień dobry z rozpaczą wskazała mu niemilknący telefon.

Michał Rusinek pochylił się nad aparatem, stwierdził, że nie można go wyłączyć, bo gniazdko jest za szafą, a szafa przymocowana do ściany, poprosił o nożyczki i przeciął kabel. Telefon zamilkł, poetka wpadła w zachwyt, a on pobiegł do sklepu kupić automatyczną sekretarkę, zainstalował ją i nagrał na niej nieco odstręczający komunikat, który zniechęcał do kontaktów z noblistką przez całe lata. Przez pewien czas brzmiał on: „Tu numer taki a taki. Proszę zostawić krótką informację albo skonsultować się z lekarzem lub farmaceutą" – wywoływał jednak takie zaniepokojenie wśród przyjaciół i znajomych noblistki, że został złagodzony.

Teresa Walas opowiadała nam, że od początku było dla niej jasne, iż sekretarzem Wisławy musi zostać młody mężczyzna, bo to „stworzy między nim a jego pracodawczynią naturalny dystans. – Młody mężczyzna, do tego lojalny, inteligentny, z poczuciem humoru, dobrze wychowany z językami. Uznałam, że świetnie się będzie do tego nadawał Rusinek, który akurat wtedy obronił u mnie pracę „*Deconstructio antiquitatis. O relacjach tekstualnych w »Dii gentium« Macieja Kazimierza Sarbiewskiego*". Sprawę przesądziła próba ogniowa z telefonem.

Rusinek jednak skromnie podkreślał, że został sekretarzem tak, jak to zwykle w Polsce bywa, to znaczy przez protekcję. Kandydatów było wszak kilku, a co to za sztuka przeciąć kabel. Niestety niemal od razu po przyjęciu do pracy wyjechał w od dawna planowaną podróż ze świeżo poślubioną małżonką.

– Ukryłam to przed Wisławą, bo gdyby wiedziała, że nie będzie go właściwie przez czas największej burzy i naporu, wpadłaby w panikę – opowiadała nam Teresa Walas. – Utrzymywałam ją w przekonaniu, że wyjechał na krótko, lada moment będzie z powrotem, i harowałam za niego. Życie pokazało, że miałam rację, trzymając dla niego tę posadę. Wisława często powtarzała: „Jeśli tak naprawdę coś ci zawdzięczam, to Michałka". Znałam ją i wiedziałam, że nie będzie chciała mieć instytucji, to jest sekretariatu, biura, urzędników, co więcej, że potrzebowała człowieka, który przyda jej się również, jak minie ta cała wokółnoblowska wrzawa. Michał tę potrzebę zaspokajał. W ich stosunku do siebie nie było żadnego fałszywego kolegowania się; Wisława miała łatwość przechodzenia na ty, ale z Michałem byli na „pan" i „pani". Łączyło ich podobne poczucie humoru.

Tak więc kiedy Rusinek zapowiadał przez domofon, że przyjechał autobusem pełnym Japończyków, którzy proszą, by zeszła sfotografować się z nimi na podwórku, poetka nie barykadowała się w mieszkaniu, bo wiedziała, że to żart. Ale innych zdarzało mu się nabierać. Urszula Kozioł, kiedy miała otrzymać jakąś ważną nagrodę, zaprosiła Szymborską, która zatrzymała się u niej, a Rusinek w hotelu. Nazajutrz opowiedział, że gdy wrócił tam wieczorem, w pokoju zastał, nie wiedzieć czemu, nieznaną panienkę z pejczem. – Jak nazywa się ten hotel? – spytała przerażona Kozioł. – Afrodyta – odpowiedział bez mrugnięcia okiem. Szymborska od początku wiedziała, że zmyśla, ale Kozioł sumitowała się, że to nie ona załatwiała hotel, bo zna jeden „tani i przyzwoity".

Czasem jednak nawet Szymborską udawało mu się nabrać. Kiedyś nagrał się jej na sekretarkę głosem Władysława Bartoszewskiego. Miał frajdę, gdy zadzwoniła spytać – choć było to w prima aprilis – czy wie, jak zlokalizować Bartoszewskiego, który nie podał, gdzie się zatrzymał w Krakowie, a ma do niej jakąś ważną sprawę.

Rusinek wrócił z podróży wprost na pierwszy ponoblowski wieczór autorski swojej pracodawczyni w Starym Teatrze i od razu napisał na jej cześć limeryk: „Kiedy Nobla dostała poetka z Krakowa, / Wiersze czytać poczęła Polaków połowa, / Tylko lud z okolic Płocka / Sądził, że Nobla dostała Wisłocka. / Ot, typowa freudowa czynność omyłkowa".

– To był sekretarz od pierwszego wejrzenia? – spytałyśmy Szymborską kilka lat później.

– O, tak. On był Tereski uczniem, co znaczy, że miała okazję poznać go z najgorszej strony. A skoro go zaproponowała, widać wiedziała, co robi. Bez pana Michała ja bym sobie po Noblu absolutnie nie poradziła. Wiem, że miał kilka innych propozycji pracy. Ja mu się w porę przypatrzyłam, a po trzech miesiącach zadzwoniłam do jego mamy z wyrazami uznania, że tak dobrze wychowała syna.

Rusinek natomiast lubił opowiadać dowcip, który – jak twierdził – zasłyszał, a nie wymyślił. Otóż złowił rybak złotą rybkę, a ta w zamian za uwolnienie obiecała mu spełnić każde jego życzenie. No więc zażyczył sobie kobitki miłej, skromnej, pracowitej i zamożnej. Wraca do domu, a tam Szymborska.

W roku ponoblowskim, między październikiem 1996 a październikiem 1997 roku, Szymborska udzieliła kilkunastu wywiadów, czyli więcej niż przez całe swoje życie, dała sobie zrobić trochę zdjęć, wystąpiła w dwóch filmach dokumentalnych (dla szwedzkiej i niemieckiej telewizji), złożyła dziesiątki autografów, odpowiedziała na propozycje z Chile, Chin, Korei, Egiptu w sprawie wyboru tłumacza, załatwiła formalności z przekazaniem donacji na rzecz dzieci dotkniętych białaczką, odbyła kilka spotkań z Jackiem Kuroniem w sprawie przekazania części swojej nagrody na cele charytatywne, oddała Uniwersytetowi Jagiellońskiemu złoty medal noblowski (dostała w Sztokholmie również jego dokładną kopię, tak dokładną, że przed samym wyjściem na Uniwersytet nie mogła się zdecydować, który ma zabrać, a który zostawić). Postanowiła też, że zmieni mieszkanie. Obejrzała kilka, w końcu wybrała trochę większe, w nowszym bloku, już nie na czwartym piętrze bez windy, i zaczęła się przeprowadzka.

– Ja uwielbiałam jej mieszkanie na Chocimskiej – opowiadała Elżbieta Zechenter. – Ale Wisława mówiła mi, że wyprowadza się bez żalu, bo tam przeżyła wiadomość o śmierci najbliższych, Adama, Kornela, Nawoi.

„Krążę w tę i z powrotem moim cinquecento, bo pani Wisława chciałaby przenosić rzeczy tak po odrobince, po dwa wazoniki, po cztery miseczki, globus na jeden raz, bo przecież duży. I tak przez cały tydzień" – mailował Rusinek do Joanny Szczęsnej (8 listopada 1997).

Również książki przeprowadził osobiście, swoim samochodem i przy pomocy szwagra.

– Pan Michał ułożył mi książki – opowiadała Szymborska, której biblioteka była stosunkowo nieduża. – Wie świetnie, gdzie co stoi, i od razu potrafi wszystko znaleźć. A przejrzysty układ biblioteki nie jest wcale sprawą prostą. Rozmawiałam o tym z Henrykiem Markiewiczem, który ma olbrzymi księgozbiór. Zgodziliśmy się, że są takie, które nie należą do żadnej kategorii i nie wiadomo, gdzie je postawić, i takie, które należą do kilku kategorii i nie wiadomo, gdzie je postawić.

Rusinek: – Zapytałem, gdzie ma stać książka René Girarda *Kozioł ofiarny*, a pani Wisława: „Koło Urszuli Kozioł".

Mimo że do urządzania mieszkania wynajęty został architekt wnętrz, Szymborskiej udało się wymóc na nim, żeby wszystko było proste i zwyczajne („powiedziałam, że absolutnie nie chcę mieszkać w żadnej scenografii czy dekoracjach"). I mimo jego protestów zażyczyła sobie kilku twardych zydelków (jak mówiła Ewa Lipska, meble u Wisławy nie zachęcały do „posiadów").

Wśród kuriozalnych propozycji, jakie otrzymała po Noblu, na czoło wysforowało się niewątpliwie zaproszenie Zdzisława Podkańskiego, ówczesnego ministra kultury z Polskiego Stronnictwa Ludowego, by stawiła się w Sejmie i przedstawiła posłom „próbkę swej twórczości". Ale niewiele w tyle pozostało zaproszenie do Wieliczki z okazji Święta Soli, gdzie miałaby wziąć udział w dyskusji panelowej, a jak nie, to chociaż przeczytać jakiś wiersz z tomiku *Sól*. Albo propozycje Edyty Górniak i zespołu Budka Suflera, by napisała dla nich teksty piosenek, czy też prośba grupy kajakarzy, by pomogła im w otwarciu klubu.

Wydawcy albumów krajoznawczych regularnie zwracali się z pytaniem, czy poetka nie ma jakiegoś wiersza o tym czy innym mieście, a jak się okazywało, że nie ma, pytali, czy nie mogłaby napisać. Wreszcie jakaś pani z Urzędu Miasta Krakowa, który właśnie wydał walkę pornografii, zadzwoniła do Rusinka, mówiąc, że wie, iż pani Szymborska zabierała w tej sprawie głos. Czy chcieli zacytować: „Nie ma rozpusty gorszej niż myślenie. / Pleni się ta swawola jak wiatropylny chwast"? – Raczej nie

PAMIĄTKOWE RUPIECIE

Michał Rusinek, sekretarz, i Krystyna Krynicka, która wraz z Ryszardem Krynickim prowadzi Wydawnictwo a5. Ukazywały się tam wiersze Wisławy Szymborskiej.

wiedzieli, co chcieli zacytować – mówił Rusinek. – Zaproponowałem, by zajrzeć do „Głosu w sprawie pornografii", sprawdzić, o czym jest, ale usłyszałem, że nie mają tego wiersza pod ręką.

W pewnym momencie w Sędziszowie Małopolskim jednej z ulic nadano imię Wisławy Szymborskiej. Trzeba było tłumaczyć, że zdaniem poetki nie należy stawiać człowiekowi pomników za życia. Sprawa delikatna, bo intencje były jak najlepsze. Szymborska była też, jak mówił Rusinek, jedną z ofiar reformy oświaty, w wyniku której powstały nowe szkoły – gimnazja – i wiele z nich postanowiło przyjąć jej imię. Spłynęła nawet prośba, by zechciała zostać matką chrzestną sztandaru pewnej szkoły (kiedyś Rusinek pofolgował sobie i napisał list od serca, taki, jaki naprawdę chciałby wysyłać w odpowiedzi na różne propozycje, zakończony dystychem: „Lepiej ostrą mieć czerwonkę / niż Szymborską za patronkę").

– Należy uważać na uczucia zapraszających z małych miejscowości – tłumaczyła Szymborska. – Mówię „nie", a tam sobie mogą pomyśleć, że gdyby byli z dużego miasta, to może bym nie odmówiła. A tymczasem ja nie jeżdżę ani do wielkich miast, takich jak Nowy Jork, ani nawet do bardzo starych miast, takich jak Stambuł, gdzie mnie też zapraszali.

– Faktycznie przyszło zaproszenie od tureckiego wydawcy, który zapewnił przelot *business class* i ekskluzywny hotel. Odpisując, użyłem grzecznościowej formułki, ale zamiast napisać, że przez następne trzy miesiące pani Wisława będzie zajęta, napisałem, że gotowa jest przyjechać na trzy miesiące (nie: *She will not be able to come to Istambul for the next three months*, ale: *She will be able to come for the next three months*). Odpowiedzieli uprzejmie, że bardzo się cieszą, ale czy mogliby w tej sytuacji wynająć trochę skromniejszy hotel. Potem musiałem za karę otwierać słoiki – opowiadał Rusinek. – Zawsze jak coś źle zrobię, muszę pootwierać trochę słoików, bo pani Wisława nie najlepiej sobie radzi z patentem typu *twist-off*.

Poetka zwierzyła nam się, że jej sekretarz wymyślił świetną formułę odmownej odpowiedzi, której niestety nie mogła używać, bo skąd mieć gwarancję, że druga osoba ma poczucie humoru: „Z przyjemnością skorzystam z propozycji, jak tylko będę młodsza". Problem, jak grzecznie odmawiać, musiał ją jednak często nurtować. Recenzując w *Lekturach nadobowiązkowych* książkę *Einstein w cytatach*, wspominała, jak to nadsyłano Einsteinowi stosy prac naukowych z prośbą o ocenę i poparcie. „Gdyby chciał to wszystko czytać, na nic innego nie miałby już czasu. Wreszcie czara cierpliwości się przelała i podyktował sekretarce: »Co się tyczy nadesłanych przez Pana publikacji, profesor Einstein usilnie prosi, aby przez jakiś czas uważał go Pan za zmarłego«"[1].

– Różnych spraw ciągle jest mnóstwo, trzeba się ustosunkowywać do tysiąca kwestii, pomyśleć, jak coś sformułować, grzecznie i zręcznie odmówić, żeby nikogo nie urazić. Ja niestety ciągle komuś przychodzę do głowy w sprawach, w których nie mam nic do powiedzenia. Kiedyś otrzymałam propozycję uczestniczenia w akcji sprzątania Polski. Chodziło o likwidację zaśmiecenia miast oraz wsi. Idea słuszna i szlachetna, tylko co ja mogę zrobić?

PAMIĄTKOWE RUPIECIE

Kartka do Joanny Szczęsnej z grudnia 1999 roku.

– Mieliśmy pomysł, żeby odpisać: „Miotłę mam, ale używam jej tylko w celach komunikacyjnych" – dodał Rusinek. – Pani Wisława wymyśla też zakończenia listów, na przykład: „Całuję po nóżkach ustami mego sekretarza".
– Michał jest tylko wykonawcą czy też szarą eminencją? – pytałyśmy.
– Niektórych rzeczy za mnie nie zrobi, ale są sprawy, w których sam decyduje i odpowiada bez konsultacji. Chodzi głównie o nadawanie tytułów honorowych, wstępowanie do różnych komitetów, przecinanie wstęg *etc*. Na te wszystkie propozycje, że mogłabym zagaić, uświetnić, podpisać, odpowiada pan Michał. On zresztą ma wyczucie, o co nie musi mnie pytać.

Rusinek: – W żadnym wypadku nie można powiedzieć, że ja o czymś decyduję. To, czym nie zawracam głowy pani Wisławie, to sprawy, co do których od dawna mamy uzgodnione, że odpowiadam „nie". Wiem też, jakie sprawy mam załatwiać „na żółwia", czyli brać na przeczekanie. Ale przy różnych zaproszeniach wypada mi pytać, choćby *pro forma*…

– Gdybym miała przyjmować wszystkie propozycje, byłabym ciągle w drodze, cztery dni w Boliwii, pięć w Japonii, tydzień w Australii… Panie Michale, a czy ktoś mnie zapraszał do Australii?

– Jeszcze nie.

Generalnie to przez Michała Rusinka poetka kontaktowała się ze światem (co oczywiście nie dotyczyło przyjaciół). To on pełnił funkcję bramkarza, który musi zatrzymywać różne propozycje. – No bo inaczej – tłumaczył nam – pani Wisława musiałaby osobiście zmagać się z jakimś tajemniczym pisarzem, mówiącym ze wschodnim akcentem i przedstawiającym się jako Jezus Chrystus („Pan nie wie, kim ja jestem!"). Często byłem między młotem a kowadłem: tu ktoś płakał, że mu potwornie zależy, a pani Wisława się opierała. Wiedziałem, że wspaniale byłoby, gdyby tu i ówdzie pojawiła się dla szeroko rozumianej „sprawy", ale jak miałem tłumaczyć, że ona tak naprawdę nie nadaje się do użytku publicznego. Myślę, że wiele osób miało mi za złe sam fakt, że jestem. Przedtem mieli taki dobry kontakt, a teraz jest ktoś, kto reglamentuje, ogranicza. Ale trudno, uważałem, że moja rola polega też na tym, żeby być złym policjantem, żeby pani Wisława mogła być ta dobra. Ja mówiłem pierwsze „nie", a pani Wisława potem: „No nie, jednak w tym przypadku, może wyjątkowo"…

Do Szymborskiej zwracano się o podpis pod apelem, petycją, protestem, z prośbą o wsparcie. Rusinek mówi, że nie dokonywał żadnej selekcji. Podpisała kilkadziesiąt listów. Usuwając znaki rozpoznawcze, przedstawiłyśmy je politologowi Aleksandrowi Smolarowi, prosząc o profil polityczny ich autora. Odpisał: „Poglądy bardzo liberalne, nie w sensie ekonomicznym czy politycznym – na te tematy nie widzę wypowiedzi – tylko moralnie i kulturowo liberałka. Wierna (dekadę temu) nieboszczce Unii Wolności i III RP. Nie lubi radykalizmu ani religijnego, ani politycznego. Ale unika zdecydowanych deklaracji. Powiedziałbym, dość typowa przedstawicielka »unijnej inteligencji«. Jak na przedstawicielkę tej formacji przystało, wypowiada się w sprawach zagranicznych, gdy chodzi o problemy praw człowieka. Myślę, że nigdy nie była inicjatorką, ale podpisywała się pod listami szlachetnymi czy przedstawianymi jej przez ludzi, do których miała zaufanie".

To prawda, ale wybierała starannie, co podpisuje. Czasem jednak ulegała namowom.

Joanna Szczęsna: – Byłam świadkiem rozmowy, jaką przeprowadził z nią doktor Marek Edelman, gdy chciał uzyskać jej podpis w sprawie poparcia swojego znajomego z dawnej Unii Wolności na posła. To znaczy byłam po tej samej stronie słuchawki co on i słyszałam tylko jego płomienne przemówienie, z którego wynikało, że w ręku Szymborskiej znalazł się los polskiej demokracji. Zrozumiałam, że Szymborska się opiera, kiedy nagle Edelman zawołał: „A ten pani ukochany Tomasz Mann to zwykły pięknoduch, który wziął Nobla, wyjechał do Szwajcarii i zostawił Niemcy w łapach Hitlera. Pani nie może nas zostawić". Kiedy oddał mi słuchawkę, usłyszałam najpierw chwilę milczenia, a potem głos Szymborskiej: „No cóż, doktorowi Edelmanowi się nie odmawia. Proszę mnie podpisać pod tym, co pan doktor uzna za potrzebne".

Podpisując, kierowała się tym samym, czym powodowała się w życiu – wiernością wobec przyjaciół, niechęcią do politycznych nagonek, no i swoimi głębokimi przekonaniami. – W sprawie aborcji nie miałam wątpliwości, że trzeba zabrać głos – mówiła nam. – Aborcja jest rozwiązaniem złym, ale bez porównania gorszym jest porzucanie niemowląt na śmietnikach, grzebanie ich w lesie czy upychanie w beczce. I tak podpisała trzy listy w sprawie aborcji.

Równie stanowcze miała stanowisko wobec lustracji. Nigdy by nie zajrzała do własnej teczki z IPN-u, nawet gdyby jej przynieśli ją do domu: – Nie, po prostu nie. Niech sobie ludzie powymierają, a potem niech zabiorą się do tego historycy, po jakimś czasie. Nawet najgorsi mordercy, terroryści czy gwałciciele nie są wystawiani na widok publiczny, a ich tożsamość określana jest oględnie imieniem i tylko pierwszą literą nazwiska. Tymczasem osoby lustrowane nie mogą liczyć na taki luksus. Od czasu do czasu telewizja pokazuje fragment jakiegoś IPN-owskiego korytarza zapchanego gorliwą działalnością ubeków – teczkami, pudłami, pakunkami. Wyobrażam sobie, że wraz z wyjęciem czegokolwiek z tych półek wzbijają się kłęby kurzu i tym kurzem społeczeństwo zmuszane jest oddychać. Jak długo jeszcze i po co? Za groźnych uważam tych ludzi, którzy odczuwają szczególną przyjemność w oskarżaniu i osądzaniu innych. Błyski w oczach, tryumfalne uśmieszki, zacieranie rąk podobno zawsze czystych... W którejś starohinduskiej księdze figuruje takie zdanie, a właściwie fragment zdania: „i żeby sędzia nie zaznał radości w sądzeniu". Tak, sędziowie, zarówno ci zawodowi, jak i samozwańczy, powinni być smutni. W tym stanie ducha trochę łatwiej o sprawiedliwość.

Oficjalnym adresem biura noblistki był lokal Stowarzyszenia Pisarzy Polskich przy Kanoniczej, ale tak naprawdę jej biurem był komputer, komórka i faks Rusinka. Codziennie o dziesiątej rano telefonowali do siebie, omawiali, co się dzieje, jakie sprawy są do załatwienia. Spotykali się zazwyczaj dwa razy w tygodniu na – jak to nazywała Szymborska – szuraniu papierami.

– Moja praca ewoluowała ze względu na rozwój techniki – opowiadał nam Rusinek. – Piętnaście lat temu spędzałem mnóstwo czasu na poczcie, kupowałem rolki do faksu. Dla pani Wisławy faks był zupełnie obcym zwierzęciem. Bawiło ją, że listy wychodzą z tej maszyny jeden za drugim, w postaci iście średniowiecznych zwojów.

Szymborska mówiła, że jej sekretarz ciągle namawia ją na jakieś nowoczesne urządzenia, które mają usprawnić jej życie, ale ona się broni. W końcu jednak uległa i zdecydowała się na używanie komórki, lecz długo sprawiało jej to kłopoty. Kiedy zadzwoniła z niej po raz pierwszy do Rusinka, była zdziwiona, gdy odezwał się od razu: „Dzień dobry, pani Wisławo". „Skąd pan wie, że to ja?" – spytała. Odpowiedział, że przecież widzi. Przestraszyła się: „Ojojoj, a ja jestem nieubrana".

Choć starała się jak mogła zniechęcać do kontaktów, telefony dzwoniły i dzwoniły, a strumień listów, depesz, faksów płynął i płynął. Pewien praktyczny Niemiec przysłał w kopercie mnóstwo pustych kartek z prośbą o złożenie autografów. „Ciekawa jestem, za ile moich autografów można by dostać jeden podpis Andrzeja Gołoty" — zastanawiała się w przytomności Rusinka. Niedługo potem, w marcu 1997 roku, znaleźli się obok siebie – ona i polski czempion wagi ciężkiej Gołota – na jednej stronie w magazynie popkulturowym „Machina", oboje nagrodzeni Machineramii za „dokonania, które w znaczący sposób owładnęły umysłami Polaków".

W listach tytułowano ją: „Profesor Wisławą Szymborską", „Prezesem Związku Literatów Polskich", „Królową Polskiej Poezji", „Matką Polką". Michał Rusinek musiał zrezygnować z ambitnego pomysłu, że odpowie w jej imieniu na każdy list. Przynosił korespondencję już z grubsza poselekcjonowaną (żeby jakoś ułatwić sobie orientację w tej lawinie, porządkował listy wedle kategorii: 1. gratulacje; 2. gratulacje i propozycje; 3. propozycje wydawnicze; 4. *varia*; 5. wariaci). No i omawiali, co komu odpisać.

Na większość listów odpowiadali wedle pewnej sztancy. Ale czasem trzeba było jednak chwilkę pomyśleć. Marszałkowi Sejmu Markowi Borowskiemu, który przysłał gratulacje z okazji urodzin, Szymborska odpisała, że jest za jawnością życia publicznego z wyjątkiem daty urodzenia w przypadku kobiet.

– To, co wykonujemy z panem Michałem, to okropnie ciężka praca – mówiła Szymborska. – Zawsze mówimy sobie na pożegnanie: „No, to znów odwaliliśmy kawał dobrej, nikomu niepotrzebnej roboty".

Przez pierwsze trzy lata po Noblu nie napisała ani jednego wiersza. Kiedy wreszcie dała Rusinkowi do przepisania „Bal" i „Trochę o duszy", był tak podekscytowany, że zaczął czytać przy niej. Usłyszał: „Panie Michale, niech pan nie czyta przy mnie. A jak pan przeczyta później, proszę nic o tym nie mówić. Jeśli pan pochwali, to nie będę wierzyła, a jeśli pan skrytykuje, będzie mi przykro". Gdy kiedyś jednak powiedział, że go coś zachwyciło, został upomniany: „Jest umowa i musi pan jej się trzymać".

– A ta umowa?

– Była prosta: mam nic nie mówić o jej poważnych wierszach. Jedyne, na co sobie pozwalałem, to nieśmiałe sugestie, żeby gdzieniegdzie wstawić przecinki. Zazwyczaj na moje sugestie się zgadzała. W nowych tomikach wierszy mniej więcej połowa przecinków jest moja. Tak że planuję kiedyś wydać „Przecinki wybrane" jako mój wkład w literaturę polską.

Niestety, w czasie gdy Szymborska nie pisała wierszy, ktoś zrobił to za nią i po kraju oraz zagranicy zaczęło krążyć wierszydło „Jak ja się czuję", traktujące o starości i o tym, jak znosić ją z godnością, nie zważając na dolegliwości („Powiadają starość okresem jest złotym / kiedy spać się kładę, zawsze myślę o tym..."). Pierwszy raz utworek pojawił się w jakiejś gazetce kombatantów AK. Poetka zamieściła na łamach „Gazety Wyborczej" rozpaczliwe dementi: „Boli mnie, że trafiają się czytelnicy, którzy przyjmują to wierszydło z dobrą wiarą. Przecież tak głupawo i nieudolnie chyba nie piszę?". I odwołując się do cytatu: „astma, serce mi dokucza i mówię z zadyszką", stwierdzała: „A i realia się nie zgadzają, bo tak schorowana jeszcze na razie nie jestem"[2].

Wiersz fałszywka odznaczał się jednak zdumiewającą żywotnością. Wiemy o tłumaczeniu na francuski, z którego ktoś przełożył go na hebrajski, próbowałyśmy w ostatniej chwili wstrzymać druk. A i tak w paryskich „Zeszytach Historycznych" wiekowy profesor fizyki, znany popularyzator nauki, na pytanie przeprowadzającego wywiad, jak się czuje, zacytował ten utwór w przekonaniu, że cytuje Szymborską.

– Ciągle dowiadywaliśmy się – mówił Rusinek – że wisi w jakiejś przychodni lub szpitalu na oddziale geriatrycznym. Cała ta sprawa tak martwiła panią Wisławę, że nie wspominałem jej nawet, gdy ktoś prosił o zgodę na przekład na portugalski lub japoński.

Jeszcze jesienią 2011 roku Krystyna Krynicka widziała go w pokojach kuracjuszy w sanatorium w Busku. Bezskutecznie próbowała przekonać kierownictwo, że to fałszywka.

Gdy pojawił się kolejny noblista, Szymborska odetchnęła z ulgą. Gustaw Herling-Grudziński, oburzony, że najpoważniejsza literacka nagroda przypadła w udziale komuś jego zdaniem tak niepoważnemu jak Dario Fo, lewicowy antykościelny prowokator, odgrywający swoje farsy na ulicach włoskich miast, zwrócił się do Wisławy Szymborskiej i Czesława Miłosza, aby na znak protestu zrzekli się nagrody. Ale poetka wyborem Daria Fo nie czuła się w najmniejszym stopniu urażona. Stwierdziła, że co prawda nigdy go nie czytała, ale zgodnie z obyczajem napisała list z gratulacjami do nowego laureata i uprzedziła go, że ma przed sobą ciężki rok. Powtarzała później, że zazdrości mu krótkiego nazwiska, bo jej zdarza się dostać skurczu ręki podczas składania autografów, a Fo może w ciągu paru minut podpisać tyle książek, ile ona w ciągu godziny.

Choć poetka skarżyła się na ponoblowskie obowiązki (długo jeszcze dostawała dziesiątki książek, tomików i grubych maszynopisów z prośbą o przeczytanie i listowną recenzję i jakiś jeden procent z tego czytała), Nagroda Nobla niewiele tak naprawdę zmieniła w jej obyczajach. Czytała wiersze przyjaciół, a poza tym, tak jak dawniej – rzeczy nieoczywiste, takie jak choćby *Drogi i bezdroża ewolucji mięczaków*, z których dowiedziała się, że mięczak „w przerażającym, a jednocześnie zachwycającym serialu zwanym ewolucją bierze udział od pięciuset milionów lat", że prześliczna Wenus Botticellego stoi na muszli przegrzebka, a malarz nic nie przesadził, bo zdarzają się nawet jeszcze większe egzemplarze[3].

Ślady tych lektur można odnaleźć w *Lekturach nadobowiązkowych*, wznowiła je w jakiś czas po Noblu i publikowała w „Gazecie Wyborczej" do 2002 roku.

Jan Cywiński, redaktor „Gazety Wyborczej": „To było w 1999, może w 2000 roku. Jak co miesiąc czekaliśmy w redakcji »Gazety Świątecznej« na felieton Wisławy Szymborskiej z cyklu *Lektury nadobowiązkowe*. Miałem się o niego upomnieć u jej sekretarza Michała Rusinka. Szef działu, który mi to zlecił, powiedział kategorycznie: – Dzwoń tylko do Rusinka, masz tu numer telefonu. Broń Boże do niej. Jej nie można zawracać głowy. Dzwonię. Po drugiej stronie ktoś podnosi słuchawkę i słyszę głos Szymborskiej: – Halo? Skoro tylko do Rusinka, to do Rusinka. Przedstawiam się: – Dzień dobry, mówi taki a taki z »Gazety«, chciałbym rozmawiać z Michałem Rusinkiem. Na co głos w słuchawce: – To ja. (Pauza) Czym mogę służyć? Ja: – Prosiłbym o przekazanie pani Szymborskiej, że czekamy na felieton. Głos: – Oczywiście przekażę pani Szymborskiej. Dwa dni później felieton dotarł do »Gazety«"[4].

Rusinek mówił nam, że po beletrystykę raczej nie sięgała, jeśli miała ochotę na prozę, wracała do książek Manna albo Prousta. Z pism przeglądała regularnie „Odrę", „Kwartalnik Artystyczny", „Literaturę na Świecie", „Zeszyty Literackie", „National Geographic", „Politykę", a w czwartki, piątki i soboty – „Gazetę Wyborczą". Poza tym oglądała telewizję. Lubiła Discovery i Reality TV, na kanale Mezzo oglądała opery. Zaznaczała sobie w całotygodniowym programie telewizyjnym, co chce obejrzeć, na przykład jakieś stare kryminały na podstawie powieści Agaty Christie czy o Sherlocku Holmesie.

Gdy spytałyśmy, czy przywiązała się do jakiegoś serialu, jak kiedyś do *Niewolnicy Isaury*, Rusinek odpowiedział, że jemu ta deklarowana dość intensywnie miłość wydaje się rodzajem żartu, mistyfikacji, podobnie jak głoszone powszechnie uwielbienie dla Gołoty, które było przecież aluzją do wiersza.

~ Nie dzwoń, jeśli nie masz osiemnastu lat ~

Kartka do Wiktora Woroszylskiego z 11 marca 1995 roku.

Muzo, nie być bokserem, to jest nie być wcale.
Ryczącej publiczności poskąpiłaś nam.
Dwanaście osób jest na sali,
już czas, żebyśmy zaczynali.
Połowa przyszła, bo deszcz pada,
reszta to krewni. Muzo.
(„Wieczór autorski", *Sól*, 1962)

Częstotliwość jej wieczorów autorskich i spotkań z czytelnikami nie uległa zmianie, zwiększyła się tylko liczba odrzucanych propozycji. Przeciętna wynosiła mniej więcej jedno spotkanie na rok. Nie potrafiła odmówić swoim wydawcom (tomiki wierszy publikowała na przemian w Wydawnictwie a5 i Znaku), więc brała udział w promocji swoich książek (nie tylko kolejnych tomików, wyborów wierszy i antologii, ale również *Lektur nadobowiązkowych* i *Poczty literackiej*, a nawet pamiętników dziadka, zatytułowanych *Burzliwe fortuny obroty*).

„Kiedy w krakowskim muzeum Manggha bywały jakieś rzadkie spotkania, podczas których czytała wiersze – opowiadał Rusinek – przyjeżdżaliśmy zwykle w ostatniej chwili, mijając tłumy ludzi sunących w tym samym kierunku. Na ten widok mówiła: »O, chyba gdzieś jest mecz«. I to nie było kokieteryjne, naprawdę nie wierzyła, że może przyciągać tłumy. Była zresztą krótkowidzem, więc czasem nie do końca zdawała sobie sprawę z liczby zgromadzonej publiczności"[5].

– Czasem przyjmowała jakieś zaproszenie, bo miała ochotę spotkać przyjaciół i znajomych – mówił nam. – Ale skarżyła się potem, że każde spotkanie kończy się podpisywaniem książek, a jak już podpisała ostatni egzemplarz, prawie zawsze okazywało się, że przyjaciele dawno poszli do domu. Poza wieczorami autorskimi pokazywała się publicznie tam gdzie zawsze: na nienagłośnionych spotkaniach autorskich różnych swoich kolegów pisarzy w Stowarzyszeniu Pisarzy Polskich. Stanowczo wolała uczestniczyć w spotkaniach nie sobie poświęconych.

W ponoblowskim roku wzięła udział w kilku krakowskich imprezach (zwykle na prośbę osób zaprzyjaźnionych), na przykład w wieczorze limerykowym z okazji wydania *Liber limericorum*, zbioru utworów napisanych przez krakowską tajną Lożę Limeryczną (do której zresztą sama należała). To właśnie na spotkaniu Loży Limerycznej, kilka miesięcy przed Noblem, Michał Rusinek poznał Wisławę Szymborską. „Pamiętam, że gdy przyszła, a ja wtedy byłem świeżo po ślubie, to pomyślałem, że z nią też mógłbym się ożenić. I trochę tak wyszło"[6] – opowiadał Rusinek.

Przyszła też na parapetówkę Ewy Lipskiej, która po powrocie z Wiednia zmieniła mieszkanie, ale to nowe też nie pomieściłoby wszystkich przyjaciół, więc Wydawnictwo Literackie udostępniło na przyjęcie Salę Mehofferowską w swej siedzibie. Pojawiła się na wieczorze pisma „NaGłos", z którym związana była od początku jego istnienia. No i uczestniczyła w krakowskiej promocji pierwszego wydania naszej książki. – Występuję tu w roli tworzywa – mówiła. – A ponieważ książka ukazała się już parę miesięcy temu, to może nawet jako surowiec wtórny.

Nasze pierwsze kontakty z Rusinkiem związane były właśnie z pracą nad pierwszym wydaniem tej książki. Szymborska obiecała przeczytać ją, uzupełnić, a też autoryzować swoje wypowiedzi. Wydawca wisiał nam na karku, więc wysyłałyśmy książkę po kawałku pocztą kurierską. Rusinek odbierał przesyłkę, dostarczał szefowej, potem odbierał i odsyłał nam z jej uwagami. Kiedyś dla ułatwienia wysłałyśmy jakiś rozdział mailem. Odpisał: „Przesyłka dotarła – stop – pogubiła w attachmencie polskie znaczki – stop – wstawiałem je replacem i ręcznie – stop – psiakrew – stop. Wasz bardzo diakrytyczny M.R.".

Od marca 1997 roku, kiedy to jedna z nas, Joanna, zaczęła z nim korespondować, wymienili grubo ponad tysiąc listów. Od czasu do czasu pojawiała się w nich „Szefowa". Dzięki temu miałyśmy relację z podróży po kraju i zagranicy, byłyśmy też na bieżąco co do różnych detali z życia i twórczości Szymborskiej.

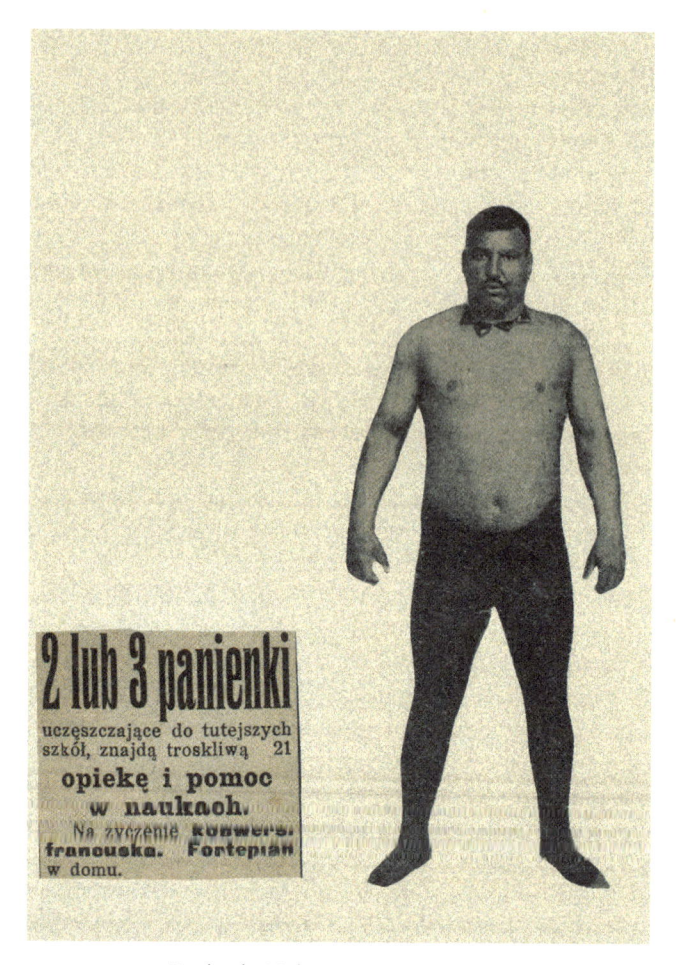

Kartka do Małgorzaty Musierowicz.

„Szefowa prosiła – mailował – by Wam przekazać, że spełniło się marzenie jej życia i była w Neandertalu, gdzie zrobiła sobie zdjęcie pod drogowskazem. Powiedziała, że to mogłoby być nieźle na koniec Waszej książki" (30 kwietnia 1997).

„Podarowaliśmy z Basią pani Wisławie pod choinkę sztuczną rękę, wygląda jak żywa (no, lekko nieżywa, bo ucięta). Ucieszyła się i zaczęła wymyślać zastosowania. Okazało się, że to przedmiot niezbędny w gospodarstwie. Miło dawać praktyczne prezenty" (23 grudnia 1997).

„Oto limeryk, który dziś specjalnie dla Was ułożyła pani Wisława: Kiedy poetka W. Szymborska / Płynęła do Magnitogorska, / To na jej widok wszystkie ryby / W wodzie skręcały się jak gdyby / Dopadła je choroba morska" (30 listopada 1998).

A tu raport z misji specjalnej do Pcimia i Lubomierza: „Dzwoni Szefowa i mówi: »Panie Michale, jedziemy do Pcimia«. Okazuje się, że jest tam sklep z akcesoriami ogrodowymi, gdzie widziała kelnera naturalnej wielkości, z gipsu, który spodobał się państwu Czyżom, jej sąsiadom z Lubomierza. No więc mamy go kupić i – to nie koniec – wstawić im potajemnie do ogródka. Niestety, kelner uległ był wypadkowi i ma obtłuczone rączki. A szkoda, bo śliczny: morda usłużnego kryminalisty, na górze łysy, z tyłu tłustawe włoski, obcisły i przykrótki fraczek, w rączkach tacka i szmatka. Ostatni egzemplarz, wytwórca zaprzestał produkcji, bo nie idą (500 zł). Na szczęście wzrok Szefowej padł na owieczkę naturalnej wielkości, wzrokiem smutnym patrzącą przed siebie (114 zł). Nabyliśmy, zawieźliśmy do Lubomierza. Szefowa w każdej chwili gotowa zanurkować pod fotel, ja w czarnych okularach. Przelazłem przez płot, wstawiłem. Później doniesiono, że owieczka zrobiła na gospodarzach piorunujące wrażenie" (17 sierpnia 2000).

„Moja Szefowa wymyśliła nowy gatunek limeryku, tak zwany cmentarny. Miast do miejscowości układa się go do nazwisk znalezionych na nagrobkach: Tutaj spoczywa Szymon Przywsza / a tuż przy Przywszy żona bywsza / Jak widać z porównania dat, / te zgony dzieli kilka lat / – nieboszczka była dłużej żywsza" (2 września 2001).

„Pani Wisława w Lubomierzu; dopisuje nowe wersje do »lepszy rydz niż nic«: »lepszy mąż wariat niż proletariat«, »lepiej się udławić kością, niż mieć gacha z niemożnością«" (13 lipca 2002).

„Nie sądzę, by pani Wisława gdziekolwiek Was pozywała. Co najwyżej wyśle swego sekretarza, by pisał na murach: »Lepiej pociąć się nożykiem, niż zadawać się z Michnikiem«" – tak uspokajał nas Rusinek w odpowiedzi na list z prośbą, by Szymborska podpisała wstecznie zgodę na użycie swego wiersza w radiowej reklamie „Gazety Wyborczej", o co zapomniał poprosić na czas dział promocji (14 maja 2003).

„Dziś w Zakopanem powstał całkiem nowy limeryk, wcale nie tatrzański: Pewien patolog z Karkonoszy / Jest przeciwnikiem biustonoszy / Dlatego zaczajony w bramie, / Zrywa je z pasją każdej damie / – no chyba że go ktoś wypłoszy" (7 października 2003).

„Joasiu, pani Wisława kazała Ci to przesłać. Kazała, to przesyłam: W Metzu notzą na platzu / Motz ladacznitz na Katzu / Te, by do pratzy się zmótz / – jak twierdzi Kazimierz Kutz – / Nutzą: »Śmiej się pajatzu«" (18 września 2004).

„Wracam właśnie od mojej Szefowej, która dość długo mi nie otwierała, choć byliśmy umówieni. W końcu otworzyła i mówi: »Przepraszam, nie słyszałam, jak pan dzwonił, bo oglądam film niemy«" (14 listopada 2005).

„Powiedziałem pani Wisławie, że wiem, co ją łączy z Michaelem Jacksonem. A mianowicie dowiedziałem się, że on też lubił gorące skrzydełka z Kentucky Fried Chicken. A ona na to: »Widzi pan, o każdym da się powiedzieć coś dobrego«" (26 sierpnia 2009).

– Nie chciałbym na określenie moich relacji z Szefową używać określenia „przyjaźń", wolę „zaprzyjaźnienie" – mówił nam Rusinek. –Myślę, że pani Wisława miała do mnie rosnące zaufanie, wiedziała, że ją ochronię, że w nic nie wrobię. Było parę takich sytuacji, kiedy ona się zgodziła gdzieś pojechać z przyjaźni, prywatnie, a na miejscu okazywało się, że są wobec niej różne wcale nie prywatne oczekiwania, gdzieś ma się pokazać, coś uświetnić. Ją to naprawdę dużo kosztowało. Później przez

PAMIĄTKOWE RUPIECIE

tydzień się izolowała, musiała po prostu wrócić do siebie. Obcując z Wisławą Szymborską, cały czas mam do czynienia na przemian a to z poezją, a to z purnonsensownym żartem. Kiedyś przychodzę i widzę, że właśnie skończyła odkurzać. Pytam, czy zdjąć buty, czy też mogę przefrunąć do pokoju, żeby nie nabrudzić. A ona na to: „Fruwanie niech pan sobie zostawi na wieczność".

Spytałyśmy Rusinka, jakie dostał najdziwniejsze polecenie służbowe.

– Pani Wisława wysłała mnie po buty z miarką w postaci drewienka i wskazówką, że mają być wygodne.

– A coś bardziej merytorycznego?

– Proszę pamiętać, że nie byłem sekretarzem literackim, nie szperałem po bibliotekach, nie zbierałem materiałów, może to zresztą bardziej potrzebne byłoby prozaikowi. Zaledwie parę razy zrobiłem coś naprawdę merytorycznego, na przykład sprawdziłem jakieś greckie słówko potrzebne do wiersza. Kiedyś pani Wisława zadzwoniła, by spytać, ile biegów ma samochód. Byłem trochę zdziwiony, póki nie przeczytałem wiersza „Nieczytanie" i jego dwóch ostatnich wersów: „A my na piątym biegu / i – odpukać zdrowi".

Dla Szymborskiej było ważne, żeby on nie poprzestał na byciu jej sekretarzem:

– Każdy chciałby pana Michała na sekretarza – mówiła, podkreślając z dumą, że pracując u niej, jednocześnie obronił doktorat i opublikował go jako książkę *Między retoryką a retorycznością*, a to znaczy, że nie zajęła mu swoimi sprawami zbyt wiele czasu.

Nie mogąc z powodu ponoblowskiego zamieszania pisać wierszy, z tym większą ochotą rzuciła się w nurt twórczości niepoważnej. Jej – i zgromadzonego wokół niej grona przyjaciół – literackie zabawy przez całe lata odbywały się kameralnie, w domowym zaciszu, teraz jednak zostały wydobyte na jaw i nabrały rozmachu. Prawdę mówiąc, same się do tego przyczyniłyśmy, rozpowszechniając je na łamach „Magazynu Gazety Wyborczej".

I tak w czasie jednego z naszych spotkań Wisława Szymborska z jakiejś teczki wyciągnęła pożółkłe karteczki z rozkoszną zabawą w trawestowanie pewnego reklamowego sloganu z epoki wczesnego Gomułki: „Oszczędzając pracę żony / Jedz gotowe makarony":

– Zabawę tę można ciągnąć bez końca – powiedziała. I odczytała nam kilkanaście dystychów, w których, jak wyjaśniła, chodzi nie tyle o reklamę, ile o zaapelowanie do drzemiących w nas pokładów altruizmu.

Oszczędzając trud kochanki / Pij herbatę z brudnej szklanki.
Miast okradać krowę z mleka / Dój bliskiego ci człowieka.
Przedłuż szczurom żywot krótki, / Powyjadaj z kątów trutki.
Nie męcz aptek i lekarza, / Sam znajdź drogę do cmentarza.

Kiedyś w „Gazecie Wyborczej" wspomniałyśmy zabawę polegającą na tym, że czterowiersz dziewiętnastowiecznego poety Rajmunda Suchodolskiego: „Kto powiedział, że Moskale / Są to bracia nas Lechitów, / Temu pierwszy w łeb wypalę / Przed

PIERWSZA POETKA I JEJ PIERWSZY SEKRETARZ

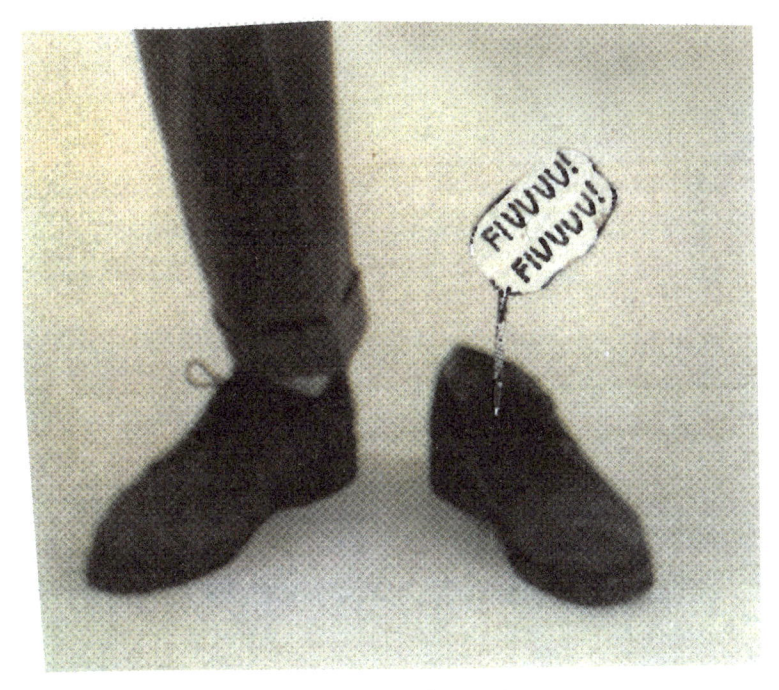

Kartka do Urszuli Kozioł.

kościołem Karmelitów", trawestowało się, zmieniając nacje, kościoły i sposoby znęcania się nad delikwentem. Bawiono się tak w krakowskich „czworakach literackich" na Krupniczej na przełomie lat czterdziestych i pięćdziesiątych, ale nic się z tego czasu nie zachowało.

– Niestety – mówiła nam Szymborska, uczestniczka zabaw sprzed lat – myśmy tego nie zapisywali, jakby życie miało trwać wiecznie i jakbyśmy mieli nie wiadomo ile czasu. A teraz nikt już tego nie pamięta. Szkoda, że wtedy nikomu nie śnił się jeszcze magnetofon.

Wkrótce po opublikowaniu naszego artykułu przysłała nam „Rymowaną rozprawę o wyższości Sarmatów nad inszymi nacjami tudzież o słusznej karze na zatwardziałych, którzy tego poglądu nie podzielają" z dopiskiem: „Napisane specjalnie dla Ani Bikont i Joasi Szczęsnej, ale do użytku prywatnego, bo życie mi jeszcze miłe" (udało nam się jednak namówić ją na publikację, a i sama wyrecytowała kilka jej zwrotek na jubileuszu Wydawnictwa Znak).

Kto powiedział, że Japońce
rozmawiają przy herbacie,
temu utnę wszystkie końce
w szczebrzeszyńskiej kolegiacie.

PAMIĄTKOWE RUPIECIE

Kto powiedział, że Chińczyki
też są dziećmi ewolucji,
tego zniosą do kliniki
spod przybytku świętej Łucji.

Kto chce wmawiać nam, że Włosi
to narodek pracowity,
ten się sam o krwotok prosi
pod kaplicą świętej Zyty.

Pod ostatnią (siedemnastą) zwrotką „Rozprawy" napisała: „Koniec, ale tylko z braku dobrze rymujących się określeń, bo nie jestem Barańczakiem...". Wezwany w ten sposób do tablicy Stanisław Barańczak, któremu tekst przefaksowałyśmy, stanął na wysokości zadania, przysyłając kilkanaście dalszych zwrotek: „Kto sepleni: »Hej, Chińcyku, / Jak skutecznie muchy tępis!« – / Tego dźgaj, mój Scyzoryku, /Przed kościołem T. à Kempis!".

Publikacja tego wierszowanego pojedynku zapoczątkowała prawdziwą manię – do redakcji „Gazety Wyborczej" dzień w dzień nadchodziły faksem, mailem, pocztą dziesiątki moskalików (bo taka wdzięczna nazwa dla trawestacji Suchodolskiego pojawiła się w korespondencji z Rusinkiem). To samo zresztą zdarzyło się

Kartka do Michała Rusinka.

i wcześniej, gdy pisałyśmy w „Magazynie" o krakowskiej pasji do limerykowania. Joanna Szczęsna, ta z naszej dwójki, która ma duszę kolekcjonera, opowiedziała kiedyś Szymborskiej, że musiała kupić sobie specjalny mebel z szufladami na korespondencję od rozemocjonowanych zabawami literackimi czytelników.

– O, widzę, że pani też docenia szufladę – ucieszyła się poetka. – Dla mnie to jeden z najważniejszych wynalazków ludzkości. Pomnik by trzeba wystawić anonimowemu wynalazcy szuflady. Ja mam teraz w domu pięćdziesiąt sześć szuflad. Można sprawdzić [rzeczywiście było ich pięćdziesiąt sześć]. Proszę napisać, że ja się domagam pomników dla wynalazcy szuflady. Przynajmniej nikt ich nie będzie obalał ani wymieniał im po zmianie ustroju głowy.

Po chwili dodała, że drugi pomnik wystawiłaby facetowi, który wymyślił strzyżenie pudla „na lwa".

Przez pierwsze lata po Noblu pisywała żartobliwe wierszyki poniekąd „zamiast". Ale i potem, gdy już wróciła do pisania wierszy, nie zrezygnowała z tej przyjemności. Gdy przy okazji rozmowy o tomiku *Chwila* spytałyśmy, czy powstało ostatnio coś nowego w tej dziedzinie, Szymborska zajrzała do jakiejś szuflady i wyciągnęła plik kartek.

– O tak. Na przykład cykl alkoholowy oparty na przekształcaniu przysłowia „od wódki rozum krótki", na przykład: „Od samogonu – utrata pionu", „Od whisky – iloraz niski", „Od absyntu – zanik talyntu"... Studiowała karteczkę i mówiła dalej: – Muszę tu trochę powyrzucać, uskromnić. Mam znajomego, który ma poczucie humoru, choć śmieje się rzadko. Ja mu to czytam, a jak się nie zaśmieje, skreślam. Taki mam papierek lakmusowy. Tak że te różne wierszyki muszą jeszcze przejść próbę śmiechu.

Te najwyraźniej przeszły próbę, a przedrukowano je ku przestrodze w wydanej w 2009 roku książce *Uzależnienia. Geneza, terapia, powrót do zdrowia* (znajdowałyśmy je też w prasie kobiecej, jako ilustrację artykułów o wyjątkowej szkodliwości alkoholu dla organizmu kobiet).

Od palinki wstrętne uczynki.
Od maraskino spadaj rodzino.
Od śliwowicy torsje w piwnicy.
Od drinka czarna godzinka.
Od sherry nogi cztery.

– O, a tu na przykład jest zabawa, dla której inspiracją była wizyta z przyjaciółmi w restauracji poza Krakowem – opowiadała nam dalej. – Zaglądam do karty i co widzę? Przy flakach ktoś dopisał drżącą ręką „okropne". Postanowiłam włączyć się w to ostrzeżenie konsumentów, a do tego najlepiej nadaje się krótki wierszyk, łatwo wpadający w ucho.

Lepiej złamać obie nogi, / niż miejscowe jeść pierogi.
Lepiej w głowę dostać drągiem, / niż się tutaj raczyć pstrągiem.
Lepszy jasyr, panie dzieju, / niż z gablotki śledź w oleju.

Limeryki, moskaliki, lepieje, odwódki, altruitki, podsłuchańce zdecydowała się Szymborska opublikować w książeczce *Rymowanki dla dużych dzieci*. Na jej promocję Rusinek przygotował odczycik pod tytułem „Dwupak". Udowadniał tam na przykładzie twórczości Szymborskiej, że „opozycja powagi i niepowagi jest z gruntu fałszywa", i zaapelował, by jej poważne i niepoważne wiersze czytać równolegle (wydawnictwu proponując, by sprzedawało je w tak zwanym dwupaku), a wtedy odsłoni się wewnętrzna spójność jej poezji. Na koniec oświadczył: „Lepiej żuć zwęglone grzanki, / niż znać tylko *Rymowanki*, i zarazem: Lepiej szybko zjeść cyjanek, / niż wciąż nie znać *Rymowanek*".

– Pani Wisława pozwalała mi krytykować swoją twórczość niepoważną – mówił Rusinek. – Na przykład irytowało mnie, że ostatni wers w jej limeryku jest – niezgodnie z zasadami gatunku – krótszy od pozostałych, i powiedziałem o tym. A ona na to, że tak chce.

Sekretarz wiernie sekundował poetce w jej zabawach literackich (to on zresztą wymyślił nazwy gatunkowe lepieje i odwódki), zdarzało się nawet, że pisywali na spółkę limeryki.

I tak, kiedy Szymborska zaprosiła na kolację Clare Cavanagh, tłumaczącą wraz ze Stanisławem Barańczakiem jej poezję na angielski, akurat za oceanem rozgrywał się medialny spektakl z prezydentem Clintonem i Monicą Lewinsky w rolach głównych. Temat wprost wymarzony na limeryk, który powstał na oczach zachwyconej tłumaczki. Oprócz Rusinka do jego powstania przyczynili się też obecni tam goście, profesor Marta Wyka i profesor Julian Kornhauser.

Pewna Monika z Waszyngtonu
nie przestrzegała zasad bon tonu.
Dlatego w pokoju owalnym
działała w kierunku oralnym,
z towarzyszeniem patefonu.

Szymborska twórczość swego sekretarza nie tylko popierała, ale i propagowała. Kiedyś na swoim wieczorze autorskim przeczytała trzy własne limeryki i jeden Rusinka: „Pewien Greczyn na Peloponezie / jeśli pił już, to pił ile wlezie. / Aojdowie z antycznej Hellady / ułożyli o nim dwie ballady / (tak rozbieżne, jak bywa przy zezie)".

Jednak najbardziej spektakularnym wyczynem Rusinka w dziedzinie rymotwórstwa było brawurowe zdobycie głównej nagrody (zachodniego samochodu) w konkursie British Petroleum. Trzeba było skończyć zdanie zaczynające się od słów: „Moim nowym samochodem...". Rusinek: „Moim nowym samochodem, / Gdy równamy się z Zachodem, / Żądam by było (w to lato) / Auto godne członka NATO. / Polak, będąc w Europie, / Żyć chce na wysokiej stopie, / I ta stopa, bądźmy szczerzy, / Polakowi się należy. / A na razie cierpi męki, / Bo znów wsiada do syrenki... / Na te męki panaceum / Ma brytyjskie Petroleum, / Gdy nam ono da po aucie, / Zapomnimy zdradę w Jałcie".

Gdyby przeliczyć, ile zarobił za jeden wers, mogłoby się okazać, że jego twórczość jest bardziej opłacalna finansowo niż laureatki Nagrody Nobla. On jednak twierdzi, że rację ma Woody Allen – jedynym gatunkiem literackim, którego uprawianie naprawdę się opłaca, są listy z żądaniem okupu.

Najróżniejsze zabawy literackie – te stare, istniejące od lat, i te nowe, przeważnie wymyślane przez Wisławę Szymborską – stały się żelaznym punktem programu kolejnych organizowanych przez naczelnego redaktora Znaku Jerzego Illga rewii kabaretowych, promocji, wieczorów autorskich, jubileuszy *etc*. Innym ośrodkiem zabaw literackich stała się w Krakowie Nowa Prowincja, kawiarnia na ulicy Brackiej, w której Maryna Turnau organizuje wesołe spotkania poetyckie, a trzy wydane przez nią w bibliofilskim nakładzie książeczki to dziś białe kruki.

O ile Szymborska często korzystała z byle pretekstu, by odmówić uczestnictwa w jakiejś poważnej imprezie, o tyle od zabaw literackich raczej nie stroniła. Na wieczorze zaduszkowym w Nowej Prowincji wysłuchała, zaśmiewając się, własnego epitafium autorstwa Grzegorza Turnaua: „Tu leży WS. / Pogrzebik bez łez / Jak podało radio Zet, / Na grobie jest tylko pet. / Według Wyborczej Gazety – / Dwa pety". A żeby dać odpór atakom na Leszka Balcerowicza, wzięła udział w spotkaniu, też w Nowej Prowincji, *Apologia Balcerovíciana*, gdzie gościem honorowym był Balcerowicz. Była jedną z autorek dystychów do „Balcerofobii stosowanej": „Niegdyś w sypialni łoże, dziś – prycza. / Czyja to wina? Balcerowicza"; „Jeśli przecieka dach ci na ganku, / wina po stronie Prezesa Banku"; „Czemuż zniknęły Pewexy? Bony? / To wina Leszka (i jego żony)".

„My, filolodzy związani z krakowską kawiarnią Nowa Prowincja, chcieliśmy jakoś uczcić, za przeproszeniem, osiemdziesiąte urodziny pani Wisławy – opowiadał Michał Rusinek dziennikarzowi sportowemu »Gazety Wyborczej« Radosławowi Leniarskiemu. – Ona obchodzi je, ale z daleka, więc to nie mogło być nic uroczystego. Wymyśliliśmy mistyfikację, polegającą na tym, że odnaleźliśmy książkę Andrzeja Gołoty. Trochę to się zbiegło z serią jego klęsk mniej lub bardziej spektakularnych. Poeta Bronisław Maj rozpowiadał po Krakowie o znalezisku, dzięki któremu wiadomo było, dlaczego pan Gołota przegrywa te walki. Otóż dlatego, że jest subtelnym lirykiem, a nie pięściarzem bezdusznym. Kilka osób udało się Majowi nawet nabrać. Napisaliśmy ten tomik *Sobie a guzom* – no już trudno, wydaliśmy go w niewielkim nakładzie, zorganizowaliśmy promocję. Wojciech Malajkat czytał, Maj wygłaszał wstęp, ja przedstawiałem rys filologiczno-historyczny. Tyle że zmieniliśmy nazwisko – autor był przez dwa »l«. Skonsultowaliśmy się bowiem z prawnikiem na wszelki wypadek. No bo z prawnego punktu widzenia niby pięściarz nie może nam nic zrobić, ale przywalić może zawsze".

Te dwadzieścia parę wierszy pomieszczonych w tomie *Sobie a guzom* (stylizacja na serię Biblioteka Narodowa) to arcydzieła pastiszu i parodii. Poetka, która usłyszała je po raz pierwszy dopiero w Nowej Prowincji, na przemian uśmiechała się, chichotała, śmiała w głos, łapała za głowę…

Najbardziej rozbawił ją wiersz Bronisława Maja z cyklu „W lubomirskim chruśniaku":

„Oddam skakankę, dresy, ojczyznę / Za te minuty, / Gdym zdzierał z ciebie ciepłą bieliznę, / Beret i buty!
(...) Oddam ci życie, bokserskiej sławy / Blaski i nędze – / Wszystko ci oddam, droga Wisławo... / Oprócz pieniędzy".

Joanna Szczęsna: – Latem 2009 roku redakcja wysłała mnie do Lubomierza, gdzie jak co roku Wisława Szymborska spędzała część wakacji. Jej tomik *Tutaj* dostał właśnie nominację do nagrody Nike i „Gazeta Wyborcza" liczyła, że uda mi się uzyskać od poetki wywiad. „Myślę, że każdy człowiek ma jakiś limit zaszczytów i nagród – tłumaczyła mi swoją odmowę – i ja już całkowicie ten limit wyczerpałam. Przykro mi, że znalazłam się w dwudziestce kandydatów do Nike, zajmując miejsce komuś, komu by się ono bardziej należało. Mam nadzieję, że jurorzy podzielą mój pogląd i nie przejdę do następnego etapu".

Zamiast rozmowy musiałam więc opisać wizytę.

Do Lubomierza przyjechałam razem z Michałem Rusinkiem, a zaprzyjaźnieni sąsiedzi – Elżbieta Turnau i jej siostra Maria (zwana Cinią) z mężem Wiesławem Czyżem – wydali na naszą cześć obiad. Starannie przygotowane menu dawało przedsmak zabaw, jakim poetka oddawała się w Lubomierzu. Nazwy potraw były tak wyrafinowane, że o większości nawet nie słyszałam. Na szczęście wykreślono je z karty, zadowolić się więc przyszło swojską grochówką na boczku oraz pieczenią wołową z kładzionymi kluskami i buraczkami (skądinąd pysznymi). Na deser – prócz ciasta i własnoręcznie zebranych poziomek – Szymborska wzięła na widelec jedną z sióstr i opowiedziała, jak to zakochał się w niej bezzębny parkingowy z pobliskiego miasteczka. Ta, rumieniąc się, wyciągnęła z szuflady kopertkę opisaną „Listy od Parkingowego" i zaczęła czytać (zajrzałam jej przez ramię i rozpoznałam charakter pisma Szymborskiej). Kiedy się zaśmiałam, poetka przywołała mnie surowo do porządku: „Miłość bez wzajemności to prawdziwa tragedia".

Później pokazała mi zeszyt zatytułowany „Lista obecności", do którego wpisywali się przybywający do Lubomierza goście. Było tam kilka wpisów Szymborskiej:

„Pewna dziennikarka podała przez radio wiadomość, którą najwidoczniej uznała za sensację: W.S. spędza lato na wsi, z dala od ludzi. Wynika z tego oczywisty wniosek, że osoby, z którymi w Lubomierzu przebywam, ludźmi nie są. Kim są w takim razie? A oto te osoby: Wiesław Czyż, mistrz mieszania alkoholu z alkoholem; Cinia Czyżowa, jego żona zwana »fizyczny«; jej siostra Elżbieta Turnau zwana »umysłowy«; Grzegorz Turnau, który żyje sobie śpiewająco; jego żona Ultramaryna, w kąpieli Akwamaryna; ich córka Antosia, dziewczę płci żeńskiej; Jerzy Illg, podobny do Zeusa, ale po grecku gadać z nami nie chce; jego żona Joanna, istota świętej cierpliwości; Clare Cavanagh, tłumaczka z polskiego na amerykański; Bronisław Maj, zdolny do wszystkiego; Bogusia, jego żona, też nad wyraz cierpliwa; Krystyna i Ryszard Kryniccy, mieszkający kątem u swoich kotów; Michał Rusinek, I sekretarz (...). Z całą powagą oświadczam, że było mi z tymi osobami bardzo dobrze i teraz z przykrością myślę o powrocie do Krakowa, czyli do ludzi. W.S.".

Wyglądało, że świetnie tam się bawiła, ale Rusinek uświadomił nam później, że w ostatnich latach to właśnie w Lubomierzu (i może jeszcze w Zakopanem) powstawało najwięcej jej wierszy. W 2011 roku spędziła tam letnie wakacje, a jesienią – jak zwykle – pojechała do Zakopanego.

Kiedy zachorowała w listopadzie 2011 roku, Michał Rusinek był jedną z niewielu osób, którym pozwoliła odwiedzać się w szpitalu i później, kiedy wróciła do domu. Jego też uczyniła wykonawcą swego testamentu, w którym zleciła, by został członkiem zarządu i prezesem powołanej na mocy tego testamentu Fundacji.

Na pogrzebie Zbigniewa Herberta.
Warszawskie Powązki, 1 sierpnia 1998 roku.

ROZDZIAŁ 21

Dwoje noblistów w jednym Krakowie

Jadąc 1 sierpnia 1998 roku do Warszawy na pogrzeb Zbigniewa Herberta wynajętą taksówką, Szymborska i Miłosz zatrzymali się na chwilę w jakimś podkieleckim lasku. Szymborska zachwycała się sosnami, że takie powykręcane, wczepione kurczowo w ziemię, a Miłosz na to: „Sosna to nie jest drzewo. Dąb to jest drzewo. Albo buk".

– Podróż w obie strony trwała jakieś dziesięć godzin – opowiadał nam Michał Rusinek, który zapamiętał tę scenę. – Szymborska przez cały czas usiłowała mówić o rzeczach lekkich i zabawnych, a Miłosz przeciwnie, zadawał jej tematy typu „stosunki polsko-białoruskie" lub „Białoruś jako polska Irlandia". Potem opowiedział, że wszedł kiedyś do księgarni dla prawdziwych Polaków, nabył kilka książek, przeczytał i zrozumiał: „Wisławo, nie ma dla nas żadnego ratunku".

Pierwszy raz poetka spotkała Czesława Miłosza 31 stycznia 1945 roku na inaugurującym życie literackie w świeżo wyzwolonym Krakowie poranku poetyckim. – Największe wrażenie zrobił na mnie Miłosz – opowiadała nam. – Poeci przeważnie czytali z okropną dykcją, mylili się, dukali, a że wszystko odbywało się bez mikrofonów, mało co było słychać. A tu nagle wychodzi on, ma wygląd gniewnego cherubina, głos świetnie postawiony. Pamiętam, że pomyślałam: to wielki poeta. Oczywiście nie ośmieliłam się podejść.

To pierwsze spotkanie z Miłoszem i jego poezją Szymborska opisała w felietonie *Onieśmielenie*: „Nazwiska występujących nie mówiły mi nic. Byłam jako tako oczytana w prozie, moja znajomość poezji równała się zeru. Ale patrzyłam i słuchałam. Nie wszystkim się to czytanie udawało, jedni recytowali z nieznośnym patosem, innym załamywały się głosy i kartki drżały w rękach. W pewnym momencie zapowiedziano kogoś o nazwisku Miłosz. Czytał swoje wiersze bez tremy i bez deklamatorskiej przesady. Tak jakby tylko głośno myślał i nas do tego myślenia zapraszał. »No tak – powiedziałam sobie – to prawdziwa poezja i prawdziwy poeta«. Byłam z pewnością niesprawiedliwa. Poetów zasługujących na wyjątkową uwagę było tam jeszcze dwóch-trzech. Ale wyjątkowość ma szczeble. Przeczucie mi mówiło, że do Miłosza trzeba będzie nieźle zadzierać głowę"[1].

Miłosz tamten poranek oczywiście pamiętał. – Moje myśli były bardzo odległe od pytania, jakie wtedy zrobiłem wrażenie – odpowiedział nam zapytany, czy miał świadomość, że się tak wyróżniał. – Wszyscy byliśmy jakimiś dziwnymi stworami wyłażącymi z nor, ubranymi w dziwaczne stroje.

Przez Kraków Miłosz ledwo przemknął, już w listopadzie 1945 roku wyjechał na placówkę do Nowego Jorku. Szymborskiej jednak jeszcze jedno spotkanie zdążyło wbić się w pamięć. A to dlatego, że naraziło jej podziw na ciężką próbę. No i odbyło się w prawdziwej restauracji, gdzie znalazła się po raz pierwszy w życiu. Rozejrzała się po sali i co zobaczyła?

– Przy sąsiednim stoliku, w towarzystwie, siedział Miłosz. Kelner przyniósł mu schaboszczaka z kapustą i on wcinał z apetytem. Pamiętam, że ten widok: uduchowiony poeta, cherubin, z kotletem wieprzowym w ustach, głęboko mnie przeraził. Wiedziałam, że i poeci czasem muszą jeść, ale żeby dania tak pospolite? Nie od razu się z tym pogodziłam. Wkrótce zaczęłam być pilną czytelniczką poezji, a kiedy przeczytałam *Ocalenie* i jego wiersze w prasie, moje onieśmielenie jeszcze urosło.

Miłosz spytany, kiedy dowiedział się o istnieniu Szymborskiej, twierdził, że wiosną 1945 roku na Krupniczej: – Pokazywano mi jedną z poetek należących do Koła Młodych jako najzdolniejszą i to chyba była ona.

Ale czy to możliwe? Szymborska była już po debiucie w „Dzienniku Polskim", ale jeszcze wtedy niczym się nie wyróżniała z rzeszy powojennych debiutantów.

O poezji Miłosza Szymborska nigdy nie ośmieliła się pisać ani mówić publicznie. O samym poecie napisała raz tylko w cytowanym już tu felietonie: „O poezji Miłosza w *Lekturach nadobowiązkowych*? Jest ona przecież dla wszystkich ludzi przyzwyczajonych czasami myśleć lekturą obowiązkową, a przynajmniej taką być powinna. Nie o niej więc będę tu mówić. Mam dużo gorszy pomysł: będę pisać o sobie, a ściślej, o swoim wobec tej twórczości i autora onieśmieleniu".

I tak jesienią 1957 roku nie miała odwagi zagadnąć go, kiedy przypadkiem natknęła się na niego w paryskiej kawiarni: „Przechodził między stolikami, prawdopodobnie z kimś umówiony. Nadarzała się okazja, by podejść i powiedzieć – co może chętnie by wtedy usłyszał – że jego zakazane książki są jednak w kraju czytane, przepisywane z pojedynczych, przemycanych przez granicę egzemplarzy. I że ci, co bardzo chcą, dostęp do nich prędzej czy później znajdują"[2]. Sama była już wtedy autorką trzech tomików, w tym odwilżowego *Wołania do Yeti*.

Nie zdobyła się też na to, kiedy w czerwcu 1981 roku Miłosz, już jako laureat Nagrody Nobla, przyjechał do Polski, odwiedził Kraków i miał spotkanie z kolegami pisarzami w ZLP: „Na Krupniczej, gdzieśmy tłumnie na niego czekali, pojawił się, prawie niewidoczny w kłębie fotografów z fleszami i mikrofonami. Kiedy się stamtąd wreszcie, znękany, wyszamotał, otoczyli go z kolei łowcy autografów. Zabrakło mi odwagi, żeby zawracać mu głowę w tej ciżbie, przedstawić się i bodaj poprosić o podpis"[3].

Gdzie indziej dodała, że współczuła mu, bo wyglądał tak, jakby zderzył się z gniazdem szerszeni.

Osobiście poznali się, kiedy Miłosz przyjechał do Polski w 1989 roku odebrać doktorat *honoris causa* na Uniwersytecie Jagiellońskim. Udzielając wtedy wywiadu pismu „NaGłos", oświadczył: „W tej chwili polska literatura jest literaturą światową". I jednym tchem wymienił nazwiska Białoszewskiego, Herberta, Różewicza, Wata, Zagajewskiego i Szymborskiej.

Poetka od razu wpisała Miłosza na listę osób, do których wysyłała swoje kolaże wyklejanki. Jaki Miłosz miał stosunek do jej wyklejankowego szaleństwa, czy to go bawiło, śmieszyło, wzruszało, irytowało – nie wiadomo, nie chciał nam tego komentować. W odpowiedzi na pytanie o ich wzajemne kontakty, napisał: „Od kilku lat wysyłam Wisławie drobne *curiosa*, na przykład owady z plastiku, fotografie zwierzątek, ale nie wiem, czy służą jej do kolaży"[4].

Jej wiersze Miłosz dostrzegł dość późno, nie pamiętał, który tomik zwrócił jego uwagę, ale pierwszy udokumentowany ślad jego zainteresowania pochodzi z roku 1965. Wtedy to w antologii *Postwar Polish Poetry*, którą redagował, ukazał się w jego tłumaczeniu jej wiersz:

Jestem za blisko, żeby mu się śnić.
Nie fruwam nad nim, nie uciekam mu
pod korzeniami drzew. Jestem za blisko (...).
Już nigdy po raz drugi nie umrę tak lekko,
tak bardzo poza ciałem, tak bezwiednie,
jak niegdyś w jego śnie.
(***, *Sól*, 1962)

Z Jackiem Woźniakowskim, współzałożycielem Wydawnictwa Znak.
Kraków, w Dworku Łowczego, siedzibie wydawnictwa, na promocji antologii
Czesława Miłosza *Wypisy z ksiąg użytecznych*.

Ten niepokojący, metafizyczny erotyk omawiał wcześniej ze studentami na seminarium przekładowym, które prowadził na uniwersytecie w Berkeley.

– Nie mogłem Szymborskiej w tej antologii pominąć – mówił nam – bo już znałem kilka jej tomików i jej pozycję w poezji polskiej. A jednak dziwna to antologia, świadcząca o seksizmie jej redaktora. Są w niej tylko dwie kobiety: Szymborska z wierszem „Jestem za blisko..." i Urszula Kozioł z „Larum". Tomiki z Polski docierały do mnie z opóźnieniami, więc to miałbym na usprawiedliwienie.

I dodał, że jego poglądy na hierarchię w poezji ulegały ewolucji. W trzecim wydaniu antologii z 1983 roku jest już osiem wierszy Szymborskiej. – Po prostu zmieniała się moja perspektywa – ciągnął – i pozbywałem się wstrętnych nawyków samczych. Nie wiem, czy Nagroda Nobla wiele tu zmieniła, ponieważ jak widać uznawałem rangę Szymborskiej już wcześniej.

Wiadomo, że na różnych amerykańskich wieczorach poezji czytywał jej wiersze po angielsku – „ich intelektualna błyskotliwość kryjąca poważną treść jest przez młodą przeważnie publiczność rozumiana i oklaskiwana". Parę lat przed jej Noblem, na spotkaniu w Berkeley, słuchaczom najbardziej spodobał się wiersz „Pochwała siostry". Kiedy usłyszeli: „Moja siostra nie pisze wierszy / I chyba już nie zacznie pisać wierszy", śmiali się tak zaraźliwie, że i on zaczął się śmiać. „Zacząłem podejrzewać, że przynajmniej połowa obecnych ma na sumieniu pisanie wierszy, dlatego ich tak to śmieszy"[5] – wspominał w „Tygodniku Powszechnym".

– Mój stosunek do poezji Szymborskiej widać też poprzez udział jej wierszy w antologii *Wypisy z ksiąg użytecznych* – mówił nam Miłosz, który z polskich poetów umieścił tam jeszcze: Józefa Czechowicza, Ryszarda Krynickiego, Zbigniewa Macheja, Bronisława Maja, Tadeusza Różewicza, Annę Świrszczyńską, Aleksandra Wata i Adama Zagajewskiego.

Kiedy w 1993 roku Miłosz dostał honorowe obywatelstwo miasta Krakowa i zaczął spędzać tam letnie miesiące, zaczął też bywać u Szymborskiej na kolacyjkach czy loteryjkach. Czasem fanty przynosił (na przykład miniaturową komódkę z szufladkami), czasem wygrywał (na przykład kropidło).

Gdy Szymborska dostała Nobla, Miłosz wciąż jednak mieszkał jeszcze w Berkeley w Kalifornii (ale krakowianie i tak chcą wierzyć, że Akademia Szwedzka, jak najbardziej słusznie zresztą, nagrodziła Noblem dwoje krakowskich poetów). To stamtąd zadzwonił do Astorii, by jej pogratulować.

Szymborska pamiętała, że to Miłosz był jedną z pierwszych osób, które w październiku 1996 roku gratulowały jej Nobla. – Śmiał się bardzo – opowiadała. – I mówił, że współczuje, bo zna to brzemię, które teraz będę dźwigała.

– Miłosz – mówił nam Illg – czuł się kimś w rodzaju patrona, gospodarza polskiej poezji i wiele zrobił dla jej upowszechniania w Stanach. Tak to zresztą sam ujął we wstępie do *Wypisów*: „Zawsze miałem poczucie czynnego udziału w gospodarstwie polskiej poezji". Dlatego z Nobla dla Szymborskiej był po gospodarsku dumny.

Ta duma przebija z artykułu, jaki opublikował po Noblu Szymborskiej w „Tygodniku Powszechnym". Zatytułował go radośnie *A nie mówiłem?*:

DWOJE NOBLISTÓW W JEDNYM KRAKOWIE

„Mówiłem, że polska poezja jest mocna i że wyróżnia się pewnymi cechami na tle literatury światowej. Te cechy można odnaleźć w dziele kilku najwybitniejszych polskich poetów, również Wisławy Szymborskiej. Jej Nagroda Nobla jest tyleż jej triumfem osobistym, co utwierdzeniem miejsca »polskiej szkoły« (...). Dla mnie Szymborska jest przede wszystkim poetką świadomości"[6].

Na pytanie o drogę do Nagrody Nobla jej i Czesława Miłosza Wisława Szymborska odpowiedziała: „Droga Miłosza była niesłychanie trudna, a moja całkiem nieoczekiwana"[7].

Miłosz z Kalifornii namawiał Szymborską, by zgodziła się wraz z nim objąć w Polsce patronat nad 1997 rokiem jako „rokiem poezji", inicjatywą w ramach programu „Kraków 2000". Początkowo Szymborska stawiała warunek – jak dowiedziałyśmy się od Jacka Woźniakowskiego – że chce mieć notarialnie poświadczone, iż nic nie będzie musiała organizować ani nikogo reprezentować. Na inauguracyjnym przyjęciu w Willi Decjusza w styczniu 1997 roku zastrzegła, że będzie to patronat przede wszystkim duchowy. „Wybrano dwie osoby urodzone pod znakiem Raka. Nigdy nie słyszałam, by jakikolwiek Rak był wybitnym organizatorem" – tłumaczyła. Andrzej Wajda porównał jej wystąpienie do innego, wygłoszonego przez Jacka Malczewskiego do studentów krakowskiej Akademii Sztuk Pięknych, a zakończonego zdaniem: „Być może to przemówienie będzie jedyną działalnością pedagogiczną, jaką w tej szkole podejmę".

Po raz pierwszy dwoje noblistów wystąpiło publicznie 9 maja 1997 roku w Złotej Sali Zamku Królewskiego w Warszawie. Byłyśmy tam: sztywna atmosfera pałacowej pompy, tłum fotoreporterów, chór śpiewający po łacinie. „Szymborska umierała ze wstydu, a Miłosz godnościowo się puszył – opisywał Tomasz Jastrun. – Potem laureaci nie mogli się zdecydować, kto ma usiąść po której stronie zabytkowego stolika. Z niemożności podjęcia tej decyzji powstał »wiersz« nie w stylu Miłosza, nie w tonie Szymborskiej, ale w stylu Białoszewskiego: To ja tu, a ty tam, nie ja tam, a ty tu"[8].

W rzeczywistości szło o to, że akustyka była zła i ledwo co było słychać. Miłosz został posadzony tak, że pytania trafiały do tego ucha, na które gorzej słyszał, i Szymborska próbowała jakoś temu zaradzić. Ratowali też sytuację prowadzący rozmowę Teresa Walas i Marek Zaleski, którzy dbali, by Miłosz czuł się komfortowo, i powtarzali specjalnie dla niego niektóre kwestie, a też próbowali odczarować oficjalność tego spotkania.

„Myślę, że poeci przede wszystkim istnieją w tradycji i w języku – mówił Miłosz. – Josif Brodski powiedział, że pisze nie dla naszych następców, ale dla naszych poprzedników, aby im sprawić przyjemność. Polscy poeci piszą więc, by sprawić przyjemność Krasickiemu, Trembeckiemu czy Mickiewiczowi".

– Ja piszę jeszcze dla Kochanowskiego – dodała Szymborska. – On stworzył nową frazę w polskiej poezji, szorstką, a jednocześnie płynącą"[9].

Kiedy przyszło do czytania wierszy, zaproponowała, żeby zachować proporcje między wielkim dorobkiem Miłosza a jej – skromnym ilościowo. Ten jednak stanowczo odmówił przeczytania choćby jednego wiersza więcej niż ona.

PAMIĄTKOWE RUPIECIE

Na spotkaniu w Zamku Królewskim. Warszawa, 9 maja 1997 roku.

DWOJE NOBLISTÓW W JEDNYM KRAKOWIE

– Z Wisławy i Czesława Miłosza w sposób naturalny powstała para, a tę relację podjął i stworzył Miłosz, bo ona sama by się nie odważyła – tłumaczyła nam Teresa Walas. – Wisława podkreślała całym swoim zachowaniem, że był to związek uczuciowy asymetryczny: on wielki wieszcz, ona skromna poetka, i że te asymetryczne wielkości zostały w jakiejś mierze sztucznie zrównane za pomocą Nobla. Mówiła do pana Czesława: „Wieszczu" – żartem, bo żartem, ale ona swój stosunek do Miłosza tak właśnie określała. W zabawnych, wierszowanych dystychach o krakowskich kolegach pisarzach poświęciła mu taki dwuwiersz: „Tu Czesław Miłosz – chmurna twarz. / Klęknij i odmów »Ojcze nasz«".

Jerzy Illg twierdził, że Miłosz, gdy to usłyszał, wcale nie wyglądał na rozbawionego.

To mogłoby być, znając Szymborską, ich pierwsze i ostatnie wspólne publiczne wystąpienie, ale dwójka noblistów, poetów, mieszkających w tym samym mieście – chcąc nie chcąc – musiała przychodzić do głowy organizatorom różnych imprez, a też autorom listów, protestów i apeli. Nie tylko w Polsce.

Brytyjski minister do spraw Europy na stacji kolejki metra Westminster odsłonił 4 maja 2004 roku plakat z wierszem Czesława Miłosza „Ale książki" w angielskim tłumaczeniu „And yet the books". Miłosza zmieniła po czterech tygodniach Wisława Szymborska. Jej wiersz „Dwie małpy Bruegla" w angielskim tłumaczeniu powieszono jednak nie na stacji, ale w wagonach metra, w ramach inicjatywy „Poems on the Underground", której celem było popularyzowanie poezji w Wielkiej Brytanii.

To prawda, że Szymborska faktycznie w różne rzeczy angażowała się wyłącznie ze względu na Miłosza, któremu – jak sama przyznawała – nie potrafiła odmówić. Na jego prośbę czytała swoje wiersze w synagodze Tempel w czasie Spotkań Poetów Wschodu i Zachodu zorganizowanych w październiku 1997 roku w ramach „Krakowa 2000".

– Gdy w kawiarni Noworolskiego podpisywała swoje tomiki, razem z Miłoszem i Zagajewskim, ustawiła się kolejka licząca blisko dwa tysiące osób – opowiadał Rusinek. – Wynajęci przez organizatorów ochroniarze, z ogolonymi głowami i słuchawkami w uszach, w pewnym momencie, kiedy Szymborska miała już dość, bardzo profesjonalnie wyrwali ją z tłumu żądnych autografów miłośników poezji, odprowadzili do taksówki, po czym sami podsunęli jej tomiki do podpisu.

W Dworku Łowczego, siedzibie Wydawnictwa Znak, 15 czerwca 1994 wzięła udział w promocji antologii poetyckiej Czesława Miłosza *Wypisy z ksiąg użytecznych*, czytając wiersz „Pochwała złego o sobie mniemania", który Miłosz dał w swej antologii w dziale *O przyrodzie*.

Myszołów nie ma sobie nic do zarzucenia.
Skrupuły obce są czarnej panterze.
Nie wątpią o słuszności czynów swych piranie.
Grzechotnik aprobuje siebie bez zastrzeżeń.
(„Pochwała złego o sobie mniemania", *Wielka liczba*, 1976)

W tym dziale umieścił też wiersz „Widziane z góry" ze swoim komentarzem: „wiersz Wisławy Szymborskiej ironicznie odnosi się do naszej obojętności na ginące koło nas drobne stworzenia, tę całą naszą asystę w ziemskim bytowaniu. (...) Przyjęliśmy pewną konwencję podziału na nas, ludzi, i całą resztę, po to żeby chronić się za tą konwencją jak za tarczą"[10].

Na polnej drodze leży martwy żuk.
Trzy pary nóżek złożył na brzuchu starannie.
Zamiast bezładu śmierci – schludność i porządek.
Groza tego widoku jest umiarkowana,
zakres ściśle lokalny od perzu do mięty.
Smutek się nie udziela.
Niebo jest błękitne.

Dla naszego spokoju, śmiercią jakby płytszą
nie umierają, ale zdychają zwierzęta
("Widziane z góry", *Wielka liczba*, 1976)

– Po tym spotkaniu podeszłam do Szymborskiej – wspominała Krystyna Zachwatowicz-Wajda, scenografka. – Powiedziałam jej: „Nasz pies niedawno nas opuścił". A ona na to: „Jak to dobrze, że pani tak mówi. To po polsku zwierzęta zdychają, w innych językach umierają, jak ludzie". Ona zupełnie wyjątkowo rozumiała zwierzęta. Jej wiersz o kocie w pustym mieszkaniu chwyta mnie za gardło za każdym razem, kiedy go czytam. My mamy wiele kotów, a Szymborska, o ile wiem, nigdy nie miała żadnego, a wszystko o nich wiedziała. Kot nie wita się radośnie jak pies, kiedy się wraca z podróży. Kot jest obrażony i głęboko dotknięty, że się go opuściło.

To na tym spotkaniu w Dworku Łowczego – Elżbieta Zechenter świadkiem – wypili bruderszaft.

– Miłosz lubił rozmawiać o sprawach serio, o polityce, poezji, a Wisława nie tylko nie mówiła o swej twórczości, ale chyba też krępowała ją sytuacja, gdy się w jej obecności o jej wierszach rozprawiało – opowiadała Teresa Walas. – Pamiętam pewną kolację u państwa Błońskich: przerwa przed wetami, a tu Miłosz wyjmuje zeszycik w czarnej ceratowej okładce, czyta z niego wiersz i czeka na komentarz gości. Nie wyobrażałam sobie Wisławy w takiej sytuacji. Z nią, jak doszło na narrację w *Klubie Pickwicka*, to już była rozmowa intymna. Choć pamiętam, jak kiedyś w pociągu do Wiednia wygłosiła śliczny kawałek o prozie narracyjnej. Tak żałuję, że tego nie notowałam, ale z drugiej strony, niby jak notować taką przyjacielską rozmowę?

Kiedyś na kolacji u Szymborskiej, na której byli obecni Czesław Miłosz i jego żona Carol, rozmowa zeszła na wiersz wydrukowany właśnie w „Zeszytach Literackich" o małej dziewczynce, która ściąga ze stołu obrus, odkrywając przy tej sposobności prawa grawitacji.

Miłosz oświadczył, że wiersz ten porusza różne zasadnicze problemy, z którymi zmagał się już filozof Lew Szestow, a też Fiodor Dostojewski. Poetka usiłowała się upierać, że to po prostu opowieść o dziewczynce, która odkrywa prawo ciążenia, ale Miłosz tylko machnął ręką (same widziałyśmy) i nieprzekonany tezy swe rozwijał potem w tekście *Szymborska i Wielki Inkwizytor* opublikowanym w „Dekadzie Literackiej" z okazji okrągłej rocznicy urodzin poetki. Dowodził tam, że za eksperymentem bohaterki wiersza kryją się fundamentalne pytania dotyczące rządzących naszym życiem konieczności i ograniczeń boskiej woli i że wiersz bynajmniej nie jest tak niewinny, jak to by się mogło wydawać na pierwszy rzut oka: „Pod niewinnym wierszem kryje się przepaść, w którą można zapuszczać się niemal bez końca, jakiś ciemny labirynt, który, chcąc nie chcąc, zwiedzamy w ciągu naszego życia"[11].

W *Wypisach z ksiąg użytecznych*, odwołując się do poezji Szymborskiej, pisał: „Rzekłbym, że co różni poezję drugiej połowy naszego stulecia od jej poprzedniczki z czasów na przykład Leśmiana, to jej upodobanie do filozoficznego eseju". Ale Szymborska trzymała się tego, co mówiła Krystynie Nastulance jeszcze w latach siedemdziesiątych: „Nie uprawiam wielkiej filozofii, tylko skromną poezję".

Ryszard Krynicki też uważał, że oboje byli uwrażliwieni na kwestie metafizyczne, filozoficzne: – Tyle tylko że Miłosz przekazywał to wprost, a Wisława udawała, że wcale nie o to jej chodzi.

Jerzy Illg, który nazywał Miłosza „Tropicielem Istotności", mówił, że łaknął on wyłącznie poważnych rozmów, a rozmowy lekkie i płoche go nużyły: – To, że nas w Krakowie pochłania organizowanie jakiejś niepoważnej imprezy, happeningowej promocji czy rewii kabaretowej, budziło jego zdziwienie, to było dla niego niezrozumiałe próżnowanie. On był człowiekiem bardzo serio i lubił drążyć tematy ostateczne. A Wisława rzeczy najpoważniejsze mówiła jakby mimochodem, żartem.

W pisanie limeryków, moskalików, odwódek *etc.*, w co lubi się bawić towarzystwo krakowskie, wciągnąć się nie dał. Choć próbowano. Ślad tego istnieje w książeczce *Liber Limericorum*, złożonej z limeryków pisanych przez przyjaciół Teresy Walas i jej dedykowanych. Jest tam wiele utworków Szymborskiej, Miłosz ułożył jeden, ale nie zgodził się go opublikować. „Limeryk Miłosza występuje w przyrodzie wyłącznie w wersji ustnej – czytamy tam. – Nie chcemy zaburzyć tego stanu i wikłać tego jedynego w swym rodzaju od czasów prehomeryckich niepisanego arcydzieła w pułapki ontologiczne, jakie niesie pismo".

– Żartobliwe wierszyki autorstwa Szymborskiej są dla mnie często przedmiotem zazdrości – uprzejmie wyjaśnił nam Miłosz. – Ja po prostu takich pisać nie umiem, co nie oznacza chyba braku poczucia humoru.

I dodał, że zabawowy aspekt ich stosunków podtrzymywany był zawsze przez Szymborską.

Dla Miłosza było oczywiste, że poezja ma obowiązek zbawiać ludzi. Pisał w wierszu „Przedmowa" z tomu *Ocalenie* wydanego w 1945 roku:

Czym jest poezja, która nie ocala
Narodów ani ludzi?
Wspólnictwem urzędowych kłamstw,
Piosenką pijaków, którym za chwilę ktoś poderżnie gardła,
Czytanką z panieńskiego pokoju.

DWOJE NOBLISTÓW W JEDNYM KRAKOWIE

Spotkanie z okazji wydania „NaGłosu" dedykowanego Czesławowi Miłoszowi.
Kraków, Pałac Pugetów, 21 października 1992 roku.

Ona zaś, zapytana kiedyś, czy poeta może naprawić świat, odpowiedziała, że nie wie i niech inni wypowiadają się na ten temat: „Pisze się dla poszczególnych ludzi. Pisze się dla czytelnika, który jest jeszcze tak łaskawy, że znajdzie czas, ochotę i trochę ciszy, żeby przeczytać wiersz. To zawsze jest pojedynczy adresat. Czy to w sumie naprawia świat? Nie wiem"[12].

Innym razem oznajmiła: „Nie wierzę, aby poezja mogła zmienić świat. Oczywiście należy robić wszystko, aby ten cel osiągnąć, ale kosmos rządzi się prawami niemającymi nic wspólnego z twórczością poetów. Prawdziwi twórcy zła, które istnieje i będzie nadal istnieć na ziemi, nie czytają poezji"[13].

„Czy masz choćby jakąś małą nadzieję, że nawet jak ten nasz materialny świat diabli wezmą, to literatura przechowa coś z jego wartości, sensu?" – pytali ją Anna Rudnicka i Tadeusz Nyczek.

„Trzeba się starać. Mam poczucie, że jakąś tylko drobniuteńką cząsteczkę tego świata ocalam. No, ale są inni. I każdy niech taką cząstkę ocali"[14].

– Byłem raz u Miłosza w towarzystwie pani Wisławy – opowiadał Rusinek. – Przyniósł zeszycik, gdzie miał zapisane nowe wiersze, przeczytał kilka i pytał, co ona o nich myśli. Miłosz miał ciągle potrzebę partnerskiego komentarza do tego, co pisze.

Ich sekretarze – Agnieszka Kosińska i Michał Rusinek – byli w stałym kontakcie. Nieraz się zdarzyło, że ktoś sobie wymyślił na przykład film o polskich noblistach, więc dzwonił do Rusinka i mówił, że ma już zgodę Miłosza, a do Kosińskiej, że już ma zgodę Szymborskiej.

– Jeśli chodzi o wystąpienia publiczne – mówił Miłosz – to moja sekretarka zwraca się do sekretarza Szymborskiej, jak Wisława zamierza postąpić. Zwykle jednak wiemy z góry, jak które postąpi.

Pojawiali się czasem publicznie albo rzucali swój głos na szalę w jakiejś sprawie: podatku VAT na książki, wojny w Czeczenii czy marszu poparcia dla gejów i lesbijek w Krakowie.

– Dla Miłosza to było oczywiste, że jest wielkim poetą i tak ma być traktowany, ona, przeciwnie, uciekała od tego, ale jeżeli chodzi o ciekawość świata, mieli podobne umysły. Zresztą wcale nie byli tak różni, jak mogłoby się na pierwszy rzut oka wydawać. W końcu oboje byli poetami urodzonymi pod znakiem Raka – mówił nam Ryszard Krynicki, sam urodzony pod tym znakiem. – Tak się dziwnie składa, że poetyckie sympatie i antypatie układają się nierzadko według znaków. Miłosz bardzo wysoko cenił Mirona Białoszewskiego, napisał piękny tekst po jego śmierci, Szymborska przy wielu okazjach przypomina o nim. A Białoszewski był Rakiem.

Szymborska lubiła mówić wspólnym głosem z Miłoszem. – Był jedną z nielicznych osób – opowiadał nam Michał Rusinek – które mogły wywierać na Szymborską skuteczny nacisk. To, co mówił, było dla niej ważnym argumentem, choć nie przesądzającym. W którychś wyborach prezydenckich Miłosz, jak wielu intelektualistów krakowskich, wsparł kandydaturę Andrzeja Olechowskiego. Szymborska konsekwentnie popierała Unię Wolności.

Chciała wykręcić się od wyjazdu do Wilna na debatę „Przyszłość przeszłości", ale kiedy usłyszała w słuchawce: „Wisławo, chcę ci pokazać moje Wilno", zgodziła się od razu.

– Litwini chcieli zorganizować zjazd trzech noblistów: Güntera Grassa, Szymborskiej i mnie – mówił Miłosz. – Mnie przypadła rola zmuszenia Wisławy do wzięcia w tym udziału. Mieszkaliśmy w tym samym hotelu i rzeczywiście pokazałem jej dom przy Zaułku Literackim, w którym kiedyś mieszkałem.

Wisława Szymborska opowiadała nam: – To było spotkanie noblistów w dziedzinie współistnienia narodów, mówił o tym Grass i Miłosz, a także Venclova. Ja akurat nie mam takich doświadczeń jak oni, więc przeczytałam wiersz „Nienawiść". A potem w jakimś teatrze eksperymentalnym obejrzałam widowisko z moich wierszy. Aktorzy wyszli na scenę w łachach, gumiakach, z plecakami – niby uchodźcy, i śpiewali mój wiersz „Jacyś ludzie" po litewsku. Okropność.

Jacyś ludzie w ucieczce przed jakimiś ludźmi.
W jakimś kraju pod słońcem
i niektórymi chmurami.

Zostawiają za sobą jakieś swojskie wszystko,
obsiane pola, jakieś kury, psy,
lusterka, w których właśnie przegląda się ogień.

DWOJE NOBLISTÓW W JEDNYM KRAKOWIE

Trójka noblistów w Wilnie: Czesław Miłosz, Wisława Szymborska, Günter Grass.
Wilno, październik 2000 roku.

Mają na plecach dzbanki i tobołki,
im bardziej puste, tym z dnia na dzień cięższe.

Odbywa się po cichu czyjeś ustawanie,
a w zgiełku czyjeś komuś chleba wydzieranie
i czyjeś martwym dzieckiem potrząsanie.
(…)
Przydałaby się jakaś niewidzialność,
jakaś bura kamienność,
a jeszcze lepiej niebyłość
na pewien krótki czas albo i długi.

Coś jeszcze się wydarzy, tylko gdzie i co.
Ktoś wyjdzie im naprzeciw, tylko kiedy, kto,
w ilu postaciach i w jakich zamiarach.
Jeśli będzie miał wybór,
może nie zechce być wrogiem
i pozostawi ich przy jakimś życiu.
(„Jacyś ludzie", *Chwila*, 2002)

Jerzy Illg opisał to przedstawienie w Teatrze na Pohalunce: „Aktorka wykonywała monodram po litewsku. Wisława była wściekła i syczała do nas: »Moje wiersze nie są do śpiewania, nie są do tańczenia, nie są do robienia monodramów, są do słuchania i myślenia«. Po czym zakłopotała się: »Będę musiała pójść do garderoby i podziękować«. Zapytałem potem: »I co powiedziałaś?« – »Nigdy nie byłam w stanie sobie wyobrazić, że można z moich wierszy zrobić coś podobnego«"[15].

– Szymborska z Miłoszem poszli raz sami na spacer – opowiadał nam Rusinek – i nikt nie miał śmiałości, żeby się do nich dołączyć. Nawet Adam Bujak, który robił tam zdjęcia.

Miłosz dużo opowiadał o magicznych miejscach dzieciństwa i młodości. Kiedy ktoś wspomniał, że z Wilna do Werek płynęły dwa razy dziennie statki, on pamiętał ich nazwy – „Kurier" i „Śmigły". Szymborska była obdarzona całkowicie innym typem pamięci, nie epickim, linearnym, ale skupionym na detalu.

– Czy to była przyjaźń czy znajomość? – zastanawiała się Ewa Lipska. – Przyjaźń to nie jest właściwe słowo dla ich relacji. Ale znajomość też nie, bo to z kolei zbyt chłodne określenie. Miłosz, od kiedy dostał Nobla, był jak pomnik, który mówi i do którego przychodzą pielgrzymki, a Wisława nie była posągiem.

– Nie wiem, czy oni nazwaliby to, co ich łączy, przyjaźnią, ale na pewno był to miły dar losu, który im się przydarzył – mówiła Teresa Walas.

– Co do naszych osobistych stosunków – opowiadał nam Miłosz – to są one przyjazne, ale nasze prywatne rozmowy prawie nigdy nie dotykają spraw światopoglądowych. Oboje zachowujemy pod tym względem dyskrecję. Od czasu do czasu rozmawiamy o jakości jakichś utworów poetyckich, ale dość rzadko.

Miłosz, pytany o przyjaźnie poetyckie, mówił Irenie Grudzińskiej Gross, że najbardziej potrzebne są młodym poetom i że on takiej przyjaźni zaznał w młodości w Wilnie: „Jak poeta robi się starszy, trochę mniej takich związków przyjacielskich potrzebuje, drogi się bardzo rozchodzą. Młodzi są bardzo do siebie podobni, bo idą jednym stadem. Ale później te dziki się rozdzielają i każdy ma swoje królestwo"[16].

Sama Szymborska wpadła niemal w panikę, gdy zapytałyśmy ją, czy czuje się zaprzyjaźniona z Miłoszem.

– Nie, nie, nie mogę tak powiedzieć – odpowiedziała spłoszona, jakby w obawie, że ktoś mógł ją podejrzewać, iż chciałaby się przechwalać zażyłością ze sławnym człowiekiem. – Ale na ogół się lubimy. To znaczy, mam nadzieję, że on mnie lubi.

Kilkanaście lat znajomości z Miłoszem Szymborska podsumowała tak: „[przez te lata] dużo się zmieniło, ale pod pewnym względem nie zmieniło się nic. Zyskałam wprawdzie wiele sposobności, żeby z nim rozmawiać, spotykać go w gronie wspólnych przyjaciół, nawet występować z nim na różnych imprezach i męczyć się pospołu na oficjalnych fetach – a jednak stale, aż do dziś nie znalazłam pomysłu, jak obcować z tak Wielkim Poetą. Moje wobec niego onieśmielenie pozostało tak silne jak dawniej. Chociaż czasami żartujemy sobie i trącamy się kieliszkami z dobrze schłodzoną wódeczką. I chociaż nawet kiedyś w restauracji zdarzyło nam się zamówić to samo – kotlet schabowy z kapustą"[17].

Co prawda oboje twierdzili zgodnie, że właściwie nie rozmawiają o poezji, ale czasem coś do ich rozmów przeciekało. Kiedyś Miłosz zwierzył się Szymborskiej, że zawsze zaczyna pisać wiersz od początku, od pierwszej linijki, a potem „jakoś już idzie". Ona odwzajemniła mu się wyznaniem, że czasem przychodzi jej do głowy ostatnia linijka i potem „z trudem wspina się do początku wiersza".

Teresa Walas: „Byłyśmy z wizytą u Miłosza, a właśnie został wydrukowany »Traktat teologiczny«. On: – Wisławo, ty mi powiedz, co ty naprawdę myślisz o moim »Traktacie«. Wisława nie nawykła do takich sytuacji, ona sama nigdy nie zadawała takich pytań, w końcu odetchnęła głęboko i powiedziała: »Wiesz, Czesławie, tak naprawdę sądzę, że ta ostatnia część, poświęcona Matce Boskiej, powinna być w środku. Ten koniec psuje efekt tego wielkiego traktatu«. Miłosz cofnął się w fotelu, pomyślał i po chwili powiedział: »Nie«. Wyszłyśmy, drzwi się zamknęły. Wisława do mnie: »Guziki! Jakie guziki u Matki Boskiej?«. W »Traktacie«, w ostatniej części, głos poety mówi o wizji dzieci, którym ukazuje się Matka Boska z niematerialnej materii, tylko można było rozróżnić guziki jej sukni. Wisława: »Przecież Matka Boska nie mogła mieć żadnych guzików!«. Nie wiem, czy znała się na teologii, ale historię guzików miała opanowaną"[18].

Michał Rusinek: – Zażartowałem kiedyś głupawo, że Miłosz ma lepiej, bo jemu daimonion szepcze te wiersze do ucha, więc on nie musi się starać. Nie roześmiała się, wiadomo, głupi żart, tylko powiedziała, że ma dziwne sny, śnią jej się głosy, śnią jej się słowa.

Gdy Miłosz przychodził z wizytą do Szymborskiej, ta zwykle podawała zrazy zawijane z polędwicy z kaszą gryczaną (normalnie raczej nie miała ambicji w kuchni, ale w tym przypadku, jak mówiła, „wspina się jako gospodyni na palce"). Tradycja ta zrodziła się, gdy Miłosz przyjeżdżał do Krakowa gościnnie z Kalifornii, i to miał być polski akcent.

„Ostatni raz, kiedy się widzieliśmy – opowiadała Szymborska Piotrowi Najsztubowi – jeszcze siedział, jeszcze był ubrany. Potem, kiedy już tylko leżał, tak drzemał bez jakiegoś głębszego kontaktu, nie chciałam go widzieć, bo myślę, że i on nie chciał, żeby ludzie na takiego Miłosza patrzyli, bez jakiegoś głębszego kontaktu, więc ostatni raz widziałam go jeszcze w dobrej formie i takim go pamiętam, a wtedy nie było mowy o pożegnaniu"[19].

W tym samym wywiadzie na pytanie, jak zareagowała na ten cały szum wokół pochówku Miłosza, odpowiedziała: „Bardzo byliśmy wstrząśnięci tym, że coś takiego mogło z ludzi wypłynąć, ożywił się wirus, bo te wszystkie antysemityzmy, nacjonalizmy, klerykalizmy typu staropolskiego to naprawdę jest wirus, on siedzi, śpi w ludziach".

Pomna gorszących scen, jakie rozgrywały się po śmierci Miłosza, wydała jasne dyspozycje: jej pogrzeb ma być świecki, ciało skremowane i złożone w grobowcu rodzinnym – obok rodziców – na cmentarzu Rakowickim.

Jej ostatnie publiczne wystąpienie związane było z Miłoszem. Jerzy Illg namówił ją, by wzięła udział w drugim Festiwalu Literackim imienia Czesława Miłosza („Jemu nie możesz odmówić"). Nie potrafiła odmówić nawet po jego śmierci.

I tak 14 maja 2011 roku przeczytała w kościele Bożego Ciała dwa, wtedy jeszcze niepublikowane wiersze – „Lustro" i „Dłoń".

Na uroczystości wręczania Orderu Orła Białego.
Kraków, styczeń 2011 roku.

ROZDZIAŁ 22

O śmierci bez przesady i niedokończonych wierszach

Przez piętnaście lat, jakie minęły od Nagrody Nobla, Wisława Szymborska wydała trzy tomiki wierszy – *Chwila*, *Dwukropek* oraz *Tutaj* – i zdążyła uznać za skończone trzynaście kolejnych wierszy, które złożyły się na wydane pośmiertnie *Wystarczy*. Razem siedemdziesiąt dwa wiersze, sześć rocznie, czyli mniej więcej tyle, ile wynosiła jej średnia, może nawet trochę więcej (uwzględniając to, że od 1996 do 1999 roku nie napisała żadnego).

Odnajdujemy w nich te same tematy, motywy, wątki, pytania, wątpliwości, wokół których krążyła myślą od ponad pół wieku. Była wśród nich i śmierć, traktowana zresztą bez należytej powagi, pisała o niej ze zwykłą sobie powściągliwością i nie zawsze po imieniu.

> Zamiast powrotu wspomnień
> w czasie umierania
> zamawiam sobie powrót
> pogubionych rzeczy.
>
> Oknami drzwiami parasole,
> walizki, rękawiczki, płaszcz,
> żebym mogła powiedzieć:
> Na co mi to wszystko.
> (…)
> Znajdzie się też balonik
> porwany przez wiatr,
> żebym mogła powiedzieć:
> Tutaj nie ma dzieci.
> („Martwa natura z balonikiem", *Wołanie do Yeti*, 1957)

Pod jej z pozoru pogodnymi wierszami zwykle kipiała rozpacz, tematy mroczne natomiast lubiła brać w nawias ironii, retorycznej figury, stylizacji. Tak właśnie czuła: „jeśli radość, to z domieszką trwogi, / jeśli rozpacz, to nigdy bez cichej nadziei". Kres własnego życia ujęła przed laty w żartobliwym epitafium, gatunku, za którego pomocą oswajano śmierć od stuleci.

> Tu leży staroświecka jak przecinek
> autorka paru wierszy. Wieczny odpoczynek

raczyła dać jej ziemia, pomimo że trup
nie należał do żadnej z literackich grup.
Ale też nic lepszego nie ma na mogile
oprócz tej rymowanki, łopianu i sowy.
(„Nagrobek", *Sól*, 1962)

W wielu wierszach przyglądała się śmierci z najróżniejszych stron, odmieniając na różne sposoby ulubioną frazę z Horacego: „*Non omnis moriar* – przedwczesne strapienie"; „Zginę w skrzydłach, przeżyję w praktycznych pazurkach. / *Non omnis moriar* z miłości"; „Po jednej stronie gardło, śmiech po drugiej, / Lekki, szybko milknący. / Tu ciężkie serce, tam *non omnis moriar*".

Nie ma właściwie tomiku, w którym nie wracałaby do tego tematu, jak nie na jawie, to chociaż we śnie.

Cieszy mnie, że przed śmiercią
zawsze potrafię się zbudzić.
(„Pochwała snów", *Wszelki wypadek*, 1972)

Sny moje – nawet one nie są, jak należałoby, ludne.
Więcej w nich samotności niż tłumów i wrzawy.
Wpadnie czasem na chwilę ktoś dawno umarły.
Klamką porusza pojedyncza ręka.
(„Wielka liczba", *Wielka liczba*, 1976)

W recenzji *Ludzi na moście* Julian Kornhauser pisał: „Głównym tematem nowego tomu Szymborskiej jest śmierć"[1]. I wyliczał wiersz za wierszem, najpierw te odwołujące się do niej w sposób jawny, jak „Krótkie życie naszych przodków", „Pogrzeb", „Konszachty z umarłymi" i przede wszystkim „O śmierci bez przesady" (Gdy Fayard zaproponował, aby *De la mort sans exagérer* było tytułem całego dużego zbioru jej wierszy – Francuzi zaczęli wydawać Szymborską dopiero po Noblu – początkowo poetka zaoponowała, bo nie chciała śmierci w tytule, w końcu uległa argumentom, że tytuł świetnie oddaje istotę jej poezji, w której wszystko jest bez przesady właśnie):

Nie zna się na żartach,
na gwiazdach, na mostach,
na tkactwie, na górnictwie, na uprawie roli,
na budowie okrętów i pieczeniu ciasta.
(…)
Nie umie nawet tego,
co bezpośrednio łączy się z jej fachem:
ani grobu wykopać,
ani trumny sklecić,
ani sprzątnąć po sobie.

Zajęta zabijaniem,
robi to niezdarnie,
bez systemu i wprawy.
Jakby na każdym z nas uczyła się dopiero.
(...)
Kto twierdzi, że jest wszechmocna,
sam jest żywym dowodem,
że wszechmocna nie jest.

Nie ma takiego życia,
które by choć przez chwilę
nie było nieśmiertelne.

Śmierć
zawsze o tę chwilę przybywa spóźniona.

Na próżno szarpie klamką
niewidzialnych drzwi.
Kto ile zdążył,
tego mu cofnąć nie może.
(„O śmierci bez przesady", *Ludzie na moście*, 1986)

Kornhauser dalej wyliczał te wiersze, gdzie śmierć pojawia się w tle, jako epizod, namysł nad przemijaniem, odwrotna strona chęci życia i przeżycia, nienazwany strach, biologiczna i historyczna oczywistość, by skonstatować, że z dwudziestu dwu wierszy w *Ludziach na moście* jeden tylko o śmierci nie traktuje, jest za to „żartobliwą polemiką z potocznym wyobrażeniem roli poety", od którego oczekuje się magii, patosu i profetycznych umiejętności. Poetka jednak przyszłości, ani w wierszu, ani w życiu, znać nie chciała.

Niech serce jego ma zdolność wytrwania,
a rozum czuwa i sięga daleko.

Ale nie tak daleko,
żeby widzieć przyszłość.
Tego daru
oszczędźcie mu, niebieskie moce.
(„Rozpoczęta opowieść", *Ludzie na moście*, 1986)

Kiedy Szymborska opowiadała nam o swojej rodzinie, przywołała postać stryjecznego dziadka Maurycego Rottermunda, u którego, na plebanii w Szaflarach, spędzała w dzieciństwie wakacje: – Latem 1931 roku dziadek dowiedział się, że ma raka. Napisał mu to jego przyjaciel z seminarium, z którym obiecali sobie w młodości, że jeden drugiego poinformuje o prawdziwym stanie zdrowia, tak aby chory mógł dobrze przygotować się na spotkanie ze śmiercią. Kiedy dziadek Maurycy przeczytał prawdę, załamał się i zaraz potem umarł.

Chciała inaczej i deklarowała to w wierszu.

> Wolę rozmawiać z lekarzami o czymś innym.
> (...)
> Wolę odpukać.
> Wolę nie pytać, jak długo jeszcze i kiedy.
> („Możliwości", *Ludzie na moście*, 1986)

Od *Ludzi na moście* śmierć rozgościła się na dobre w poezji Szymborskiej.

> Ilu tych, których znałam
> (jeśli naprawdę ich znałam)
> mężczyzn, kobiet
> (jeśli ten podział pozostaje w mocy)
> przestąpiło ten próg
> (jeżeli to próg)
> przebiegło przez ten most
> (jeżeli nazwać to mostem) –
> (...)
> znalazło się na drugim brzegu
> (jeśli znalazło się
> a drugi brzeg istnieje) –
>
> Nie dana mi jest pewność
> ich dalszego losu
> („Rachunek elegijny", *Koniec i początek*, 1993)

Koniec i początek to tomik, w którym paroma wierszami żegnała się z Kornelem Filipowiczem („Kot w pustym mieszkaniu", „Pożegnanie widoku"). Dyskretnie nienazwany pojawiać się będzie również we wszystkich kolejnych tomach, aż po ostatni.

> Wszystko na pozór się zgadza.
> Kształt głowy, rysy twarzy, wzrost, sylwetka.
> Jednak nie jest podobny.
> Może nie w takiej pozie?
> W innym kolorycie?
> Może bardziej z profilu,
> jakby się za czymś oglądał?
> Gdyby coś trzymał w rękach?

O ŚMIERCI BEZ PRZESADY I NIEDOKOŃCZONYCH WIERSZACH

> Książkę własną? Cudzą?
> Mapę? Lornetkę? Kołowrotek wędki?
> I niechby co innego miał na sobie?
> Wrześniowy mundur? Obozowy pasiak?
> („Portret z pamięci", *Tutaj*, 2009)

Trudno wyobrazić sobie Wisławę Szymborską w roli rozpaczającej wdowy, to nie był jej *genre* (kiedy dostała w prezencie starą pieczątkę z napisem „Wdowa-sierota", z lubością stemplowała nią tomiki wierszy z dedykacjami dla przyjaciół). Filipowicz był jej bratnią duszą. O jego opowiadaniach mówiła: „Nie lubił w swojej prozie wyć do księżyca i rozdzierać szat. Wolał pięć razy się zastanowić, zanim napisał coś na temat własnych uczuć. (...) Był człowiekiem silnym i powściągliwym. Po przeżyciach okupacji i obozu zaczęli znikać z jego pola widzenia ludzie, którym się udało, powiodło, a w ich miejsce pojawili się ludzie, którym się nie powiodło, którzy nie sprostali zadaniom, jakie stawiało życie. W jego opowiadaniach pojawia się starość, choroba i śmierć"[2].

Przygotowała do druku i opatrzyła przedmową dwa tomy jego opowiadań w swoim wyborze, *Rzadki motyl* („Fabuła gra tu rolę znikomą. Pisarz zresztą z biegiem lat coraz chętniej odchodził od »klasycznych« fabuł na rzecz bezpośredniego wyznawania swoich uczuć, przemyśleń i duchowych przygód") oraz *Cienie* („Tematem są Żydzi – których autor osobiście znał, z którymi łączyła go długoletnia przyjaźń albo bodaj jedna chwila wydobyta z samego dna własnych lub cudzych wspomnień. Wszyscy oni przebywają od dawna w Krainie Cieni, do której wstęp ma już tylko literatura").

Odwiedzała Cieszyn, rodzinne miasto Filipowicza (była tam między innymi w dziewięćdziesiątą rocznicę jego urodzin na uroczystości odsłonięcia tablicy pamiątkowej ku jego czci, a jeszcze rok przed śmiercią pojechała tam na przegląd filmowy, bo pokazywano filmy zrobione na podstawie jego opowiadań).

W kolejne rocznice śmierci Włodka i Filipowicza urządzała zawsze spotkania przyjaciół, na których ich wspominano. To tam narodziła się idea książek o nich, im dedykowanych. Do *Godziny dla Adama. Wspomnienia, wiersze, przekłady* napisała serdeczne wspomnienie i zrobiła wybory jego wierszy. Uczestniczyła też w przygotowaniu tomu *Byliśmy u Kornela. Rzecz o Kornelu Filipowiczu*, dokonała wyboru fragmentów jego dziennika oraz wierszy, zrobiła podpisy do większości fotografii. Ta książka ukazała się na dwudziestą rocznicę śmierci Filipowicza.

Kiedy w 1997 roku poprosiłyśmy ją o wypożyczenie zdjęć rodzinnych, okazało się, że nie są podpisane, teraz, gdy przeglądałyśmy pudła i koperty z fotografiami, zobaczyłyśmy, że większość, zwłaszcza te, które pochodziły ze zbiorów rodziców, została podpisana jej starannym, czytelnym pismem.

Michał Rusinek opowiadał, że gdy ją poznał, właściwie nie miała już rodziny (siostra Nawoja zmarła w kilka miesięcy po Noblu) i zawsze sama spędzała święta: „Taki był jej wybór. Sama, ale nie samotna". Szymborska nie obchodziła imienin ani urodzin, nie dzwoniła do przyjaciół z życzeniami. „Ona urodziny i imieniny swoje i bliskich obchodzi – jak mawiała – z daleka. Myślę, że tak mają ludzie, którzy nie potrzebują cykliczności"[3].

Pisała w wierszu: „Wolę rocznice nieokrągłe, / do obchodzenia na co dzień".

To Rusinek stał się trochę jej rodziną zastępczą, ale to nie było umocowanie w żadnej gotowej roli. – Czasem ktoś mówił: „Ach, to jak pańska matka". No nie, w ogóle nie, albo jak babcia, rocznikowo to już chyba bardziej, ale nigdy bym naszej relacji w ten sposób nie określił. Kiedyś ktoś napisał: „Chciałabym mieć taką babcię jak pani", na co ona odpisała: „Chyba jednak byś nie chciała".

Dziewięć lat minęło od ostatniego tomiku, sześć od Nobla, kiedy w 2002 roku ukazała się *Chwila*, a w niej parę olśniewających wierszy, w których krytyka literacka ujrzała podobieństwo do kilku późnych wierszy Adama Mickiewicza, nie wiadomo, czy ukończonych, nie wiadomo, czy przeznaczonych do publikacji, o których przyjęło się mówić „Liryki lozańskie", choć była i bardziej stosowna nazwa „Dumania w Lozannie", ale jakoś się przyjąć nie chciała. Na szczęście wiadomo, że Szymborska uważała je, zwłaszcza „Gdy tu mój trup", za arcydzieła.

Teraz w wierszu „Chmury" odniosła się wprost do innego utworu z cyklu – „Nad wodą wielką i czystą" – do jego wersów końcowych: „Skałom trzeba stać i grozić, / Obłokom deszcze przewozić, / Błyskawicom grzmieć i ginąć; / Mnie płynąć, płynąć i płynąć!...".

> Z opisywaniem chmur
> musiałabym się bardzo spieszyć –
> już po ułamku chwili
> przestają być te, zaczynają być inne
> (...)
> Niech sobie ludzie będą, jeśli chcą,
> a potem po kolei każde z nich umiera,
> im, chmurom nic do tego
> wszystkiego
> bardzo dziwnego.
>
> Nad całym Twoim życiem
> i moim, jeszcze nie całym,
> paradują w przepychu, jak paradowały.
>
> Nie mają obowiązku razem z nami ginąć
> nie muszą być widziane, żeby płynąć.
> („Chmury", *Chwila*, 2002)

O chmurach opowiadała: „Chmury to tak cudowna sprawa, tak wspaniałe zjawisko, że powinno się o nich pisać. To przecież wieczny happening na niebie, przedstawienie absolutne; coś, co jest niewyczerpane w kształtach, pomysłach, wynalazek przyrody wstrząsający"[4]. Napomykała o nich już wcześniej („ile to chmur nad nami

O ŚMIERCI BEZ PRZESADY I NIEDOKOŃCZONYCH WIERSZACH

bezkarnie przepływa"), teraz uczyniła je milczącym i obojętnym świadkiem ludzkiego życia.

O pokrewieństwie innego wiersza z cyklem lozańskim przeczytałyśmy u Michała Głowińskiego, który pod powierzchnią idyllicznego obrazka z wakacji dostrzegł nadciągający dramat.

> Gawędziliśmy sobie,
> zamilkliśmy nagle.
> Na taras weszła dziewczyna,
> ach, piękna,
> zanadto piękna
> jak na nasz spokojny tutaj pobyt.
> (…)
> Ja pomyślałam: zadzwonię do ciebie,
> jeszcze na razie – powiem – nie przyjeżdżaj,
> zapowiadają właśnie kilkudniowe deszcze.
>
> Tylko Agnieszka, wdowa,
> powitała piękną uśmiechem.
> („Ze wspomnień", *Chwila*, 2002)

W błyskotliwej analizie tego pozornie prościutkiego wierszyka Głowiński udowadniał, że Piękna, która tak nagle przerywa wakacyjną sielankę, to Śmierć[5].

Między *Chwilą* a *Dwukropkiem* Wisława Szymborska sporządziła testament. Od momentu, kiedy dostała Nobla, wiedziała, że ją to czeka, że musi zadysponować, co stanie się z jej pieniędzmi, których – mimo że przez cały czas dyskretnie wspierała różne akcje i dofinansowywała różne inicjatywy kulturalne – jakoś nie chciało ubywać. Nie zmieniła przecież po Noblu trybu życia, pozostała osobą skromną, nieceniącą luksusu.

– Myślę, że ta suma z nagrody była dla niej astronomiczna i nigdy nie myślała, że ona jest dla niej. Raczej chciała, aby dzięki niej stało się coś dobrego – mówił Rusinek.

Wyjazd w 2004 roku do Izraela, gdzie trwała akurat druga intifada, stał się dobrym pretekstem, żeby udać się do notariusza.

– Mimo że testament nie był ulubionym gatunkiem literackim pani Wisławy, znalazłem ich całkiem sporo – mówił nam Rusinek. – Co najmniej trzy, z różnych okresów, ładne literacko, tyle że nieważne, bo pisane na maszynie, a nie ręcznie.

Przepraszała go, że co prawda głupio się czuje, rozmawiając z nim na takie tematy, ale nie ma wyjścia, tak trzeba. „To ważne, wie pan, ja się czuję poznanianką". Przygotowała więc z prawnikiem testament, a także statut fundacji. Jako osoba, która od zawsze nie cierpiała żadnych urzędowych spraw, martwiła się, ile też załatwiania będzie miał jej sekretarz po jej śmierci.

PAMIĄTKOWE RUPIECIE

Kartka do Aleksandra Ziemnego z 16 grudnia 1970 roku.

– Gdy zachorowała – opowiadał nam dalej Rusinek – zażyczyła sobie jeszcze notariusza do szpitala i poczyniła jakieś drobne zmiany. A też chciała dopisać, żeby po jej śmierci przyjaciele zorganizowali loteryjkę fantową i aby to los rozstrzygnął, co kto dostanie po niej na pamiątkę. No, ale okazało się, że prawo spadkowe nie przewiduje instytucji loteryjki, więc do testamentu nie udało się tego dopisać.

O kolejnym tomiku *Dwukropek* Małgorzata Baranowska pisała: „W całej książce to bliżej, to dalej krąży śmierć, cudza, nasza, nigdy nie nazwana"[6]. A Tadeusz Nyczek zauważył, że bohaterem wielu wierszy w tym tomiku jest czas. „Szymborska mówi o śmierci delikatnie, jakby obchodząc ją z daleka, nie wyzywając na bezpośredni pojedynek, wie przecież, że nie ma z nią szans. Woli skupić się na konkretnych, żywych chwilach, bo tylko one dają gwarancje, że pani Ś. tu nie zajrzy"[7].

O ŚMIERCI BEZ PRZESADY I NIEDOKOŃCZONYCH WIERSZACH

Jeśli chodzi o wiersze, do śmierci była przygotowana. Było w czym wybierać.

Poranek spodziewany jest chłodny i mglisty.
Od zachodu
zaczną przemieszczać się deszczowe chmury.
Widoczność będzie słaba.
Szosy śliskie.
(...)
Kolejny dzień
zapowiada się słonecznie,
choć tym, co ciągle żyją
przyda się jeszcze parasol.
(„Nazajutrz – bez nas", *Dwukropek*, 2005)

Dwukropek od następnego tomiku *Tutaj* dzielą trzy lata i dziewiętnaście wierszy. „Zbyt wielkiego odkrycia poetyckiego swym dziełem Szymborska dokonała, aby się domagać od niej odkryć kolejnych. Przeciwnie, a nawet więcej, każdy następny wariant, linijka, strofa, a nawet każdy przypis do tego odkrycia zasługują na wnikliwą uwagę – recenzował Jerzy Pilch. – Gdy zjawisko zwane życiem traci swą oczywistość, gdy stół, krzesło, filiżanka, nie mówiąc o takich otchłaniach, jak smutek czy czułość, stają się nagle fenomenami potwornie dziwacznymi, gdy najprostsze rzeczy wpadają z potoczności w przeraźliwość – ludzie wariują. Jak taka aberracja złapie kogoś utalentowanego w układaniu słów, kogoś, kto strach i bezład w karby sztuki literackiej da radę ująć – może powstać wiarygodny protokół egzystencji na powierzchni planety"[8].

Od otwierającego tom tytułowego „Tutaj", faktycznie protokołującego naszą egzystencję na Ziemi („tutaj na Ziemi jest sporo wszystkiego. / Tutaj wytwarza się krzesła i smutki"), po kończącą tom „Metafizykę" („Było, minęło. / Było, więc minęło. / W nieodwracalnej zawsze kolejności, / Bo taka jest reguła tej przegranej gry") Szymborska żegna się z nami i – jak by powiedzieli psychoanalitycy – „zamyka figury". Oto ich – niepełny – spis:

– rzut oka na praktyki natury („może zmęczona bezustanną pracą / powtarza swoje dawniejsze pomysły / i nakłada nam twarze / kiedyś już noszone") i zadziwi nad jej najdziwniejszymi wytworami („żałosne cmentarzysko / wiecznych odpoczywań / czyli / zachwycające, wyłonione z morza, / lazurowego morza białe skały");

– jak zawsze sen („nieupierzeni potrafimy fruwać, / w czarnych tunelach świecimy sobie oczami, / rozmawiamy ze swadą w nieznanym języku / i to nie z byle kim, bo z umarłymi");

– spotkanie z samą sobą z przeszłości („tak bardzo się różnimy");

– pokazanie raz jeszcze pospolitości terroryzmu („całymi dniami myślą / jak zabić, żeby zabić");

– jak zwykle spojrzenie na coś oczywistego, jak rozwód, z nieoczekiwanej perspektywy („Dla mebli schody, łomot, wóz i przewóz. / Dla ścian jasne kwadraty po zdjętych obrazach. / Dla sąsiadów z parteru temat, przerwa w nudzie");

– współistnienie z nienazwaną po imieniu starością („Jestem złą publicznością dla swojej pamięci. / Chce, żebym bezustannie słuchała jej głosu").

Udało jej się niemal do końca żyć we własnym rytmie, pracować, spotykać się z przyjaciółmi, palić papierosy, pić wódeczkę. No i pisać wiersze.

„Literatura nie ma monopolu na budzenie zdziwień – mówiła w wywiadzie, po opublikowaniu tomiku *Tutaj*. – Przecież zwykłe powszechne życie bezustannie stwarza do nich okazję. W nauce i technice ciągle coś nowego i zdumiewającego się dzieje. Tyle tego jest, że nie nadążamy. Każdemu kolejnemu odkryciu dziwimy się coraz krócej, nie doceniając, jak należy, jego niezwykłości. Wydaje mi się, że kiedyś balon braci Montgolfierów budził dużo większą i dłużej wspominaną sensację niż lądowanie ludzi na Księżycu. O ile jednak nasze zdziwienia trwają krótko, o tyle nasze przerażenia są długotrwałe"[9].

> Ona zawsze szukała jakichś pocieszeń.
> Każdemu kiedyś ktoś bliski umiera,
> między być albo nie być
> zmuszony wybrać to drugie.
> (...)
> Takie jest prawo i lewo natury.
> (...)
> I tylko czasem
> drobna uprzejmość z jej strony –
> naszych bliskich umarłych wrzuca nam do snu.
> („Każdemu kiedyś", *Wystarczy*, 2012)

– Wisława, Nawoja, to było wychowanie wielkich dam – opowiadali nam Elżbieta i Jan Pindlowie. – Wisława dobrych kilka lat wcześniej już wiedziała, że ma tętniaka aorty, ale nie chciała się operować, wolała, żeby pękł, bo, tak mówiła, to jest szybki, łatwy koniec. Chciała sobie wyreżyserować własną śmierć, żeby była bez cierpień i szybka.

W październiku 2011 roku, jak zawsze, Wisława Szymborska pojechała do Zakopanego. Kiedy odwiedzili ją tam Krystyna i Ryszard Kryniccy oraz Anders Bodegård, wybrali się na obiad do knajpy do Kir, przy wejściu do Doliny Kościeliskiej. A tam rozpoznał ją właściciel, wyszedł, by się przywitać, powiedział, że ten teren jego dziadek kupił od jej ojca.

Do Zakopanego przyjechali jeszcze Pindlowie, żeby przywieźć Szymborską z powrotem do Krakowa (często służyli jej jako kierowcy, a od śmierci Nawoi trochę przejęli jej rolę i przynajmniej raz w miesiącu gotowali dla niej domowe jedzenie i przywozili w słoikach, zajmowali się też mieszkaniem podczas jej nieobecności i napełniali lodówkę jedzeniem, gdy miała wrócić). Po drodze odwiedzili grób stryjecznego dziadka Maurycego Rottermunda.

24 listopada 2011 roku Polskie Radio podało: „Wisława Szymborska dwa dni temu przeszła operację w jednym z krakowskich szpitali i pod opieką lekarzy wraca

do zdrowia. Nie wiadomo, czym dokładnie zajmowali się krakowscy lekarze ani w którym szpitalu pisarka dochodzi do zdrowia. Asystent noblistki Michał Rusinek odmówił podania bliższych szczegółów, bo – jak zaznaczył – prosiła o to sama pacjentka. Rusinek powiedział jedynie, że zabieg przebiegł bez zakłóceń, a stan zdrowia Szymborskiej poprawia się".

Nie chciała rozmawiać o swojej chorobie. Mówił nam Rusinek: – Mobilizowało ją, że ze szpitala ma wyjść do domu, że zrobimy jakieś porządki. Bałem się, że będzie może chciała wyrzucić na przykład jakieś młodzieńcze rysunki czy wiersze, ale nie. „Ach chodzi o parę rzeczy z przeszłości, listy" – odpowiedziała. Ostatecznie nie zdążyła tego zrobić.

Ostatnią podróż odbyła we wrześniu 2011 roku, do Wrocławia. Zaprosił ją na kolację Bogdan Zdrojewski, trwał wtedy Europejski Kongres Kultury. Michał Rusinek zawiózł ją samochodem. Szymborska najpierw odwiedziła Urszulę Kozioł i poszły razem na grób jej męża Feliksa Przybylaka. Po kolacji, na której byli jeszcze Krystyna Zachwatowicz, Andrzej Wajda, Zygmunt Bauman oraz żurek i dobre wino, wrócili do Krakowa po północy.

Ostatni obejrzany film to *O północy w Paryżu* Woody'ego Allena (w towarzystwie Teresy Walas).

Ostatnie nowe zapiski w jej notesiku z rodnikami wierszy pojawiły się jesienią 2011 roku. Zdanie do wiersza o neandertalczyku brzmiało: „Kiedy umiera / wierzy już w zaświaty". I jeszcze: „Łatwo pisać o śmierci. O życiu trudniej. Życie ma więcej szczegółów. Nic ogólnego nie ciekawi". „Już-już miałem się rozpłakać – wspominał Michał Rusinek – gdy wypadła z notesu mała karteczka napisana jej ręką, prawdopodobnie zasłyszała to u jakiegoś komentatora sportowego: »to jeden z tych piłkarzy, któremu piłka nie przeszkadza w grze«[10].

Ostatni podpis złożyła w listopadzie 2011 roku, wraz z między innymi Mariem Vargasem Llosą, Yoko Ono, Stingiem, Jimmym Carterem, Lechem Wałęsą, pod apelem o zmianę światowej polityki narkotykowej: „Czas na depenalizację, leczenie i profilaktykę".

Ostatnim tekścikiem, jaki napisała, była notka na skrzydełku książki *Osobliwy gość* Edwarda Goreya, tomu makabresek przełożonych przez Michała Rusinka: „Bywają ludzie nałogowo ponurzy. Dzięki Goreyowi trafiają na odwyk" (wcześniej oczywiście przeczytała tłumaczenie swego sekretarza i zaproponowała kilka poprawek).

Ostatni żartobliwy czterowiersz, jaki ułożyła, odnosił się do jej stanu po operacji. Wręczyła taki oto rękopis Rusinkowi: „Holendrzy to mądra nacja / bo wiedzą, co trzeba robić / kiedy ustaje naturalna oddychacja".

Ostatni wiersz przesłała do „Gazety Wyborczej" (przyszedł w styczniu 2012 roku):

W najlepszym razie
będziesz, mój wierszu, uważnie czytany,
komentowany i zapamiętany.

PAMIĄTKOWE RUPIECIE

W gorszym przypadku
tylko przeczytany.

Trzecia możliwość –
wprawdzie napisany,
ale po chwili wrzucony do kosza.

Masz jeszcze czwarte wyjście do wykorzystania –
znikniesz nienapisany,
z zadowoleniem mrucząc coś do siebie.
(„Do własnego wiersza", *Wystarczy*, 2012)

Zmarła 1 lutego 2012 roku, w domu, we śnie.
W dzień pogrzebu, 9 lutego, w samo południe, zamiast hejnału trębacz zagrał melodię do jej najbardziej znanego wiersza, bo spopularyzowanego przez Łucję Prus, Maanam i Korę, a przechodzący przez Rynek mieszkańcy zadzierali głowy ku dzwonnicy kościoła Mariackiego, skąd dobiegały dźwięki „Nic dwa razy".

Nic dwa razy się nie zdarza
i nie zdarzy. Z tej przyczyny
zrodziliśmy się bez wprawy
i pomrzemy bez rutyny.
(„Nic dwa razy", *Wołanie do Yeti*, 1957)

„Zastanawiam się, co by pani powiedziała na to wszystko – mówił nad urną z prochami poetki w czasie jej świeckiego pogrzebu na cmentarzu Rakowickim Michał Rusinek. – Pewnie podejrzewałaby pani, że ci wszyscy ludzie są tu przypadkowo, że tylko coś ich zatrzymało w drodze na mecz".
Z głośników popłynęła piosenka *Black Coffee* Elli Fitzgerald, o której Szymborska już od bardzo dawna chciała napisać wiersz, a udało jej się dopiero w ostatnim tomiku.

Modliła się do Boga,
modliła gorąco,
żeby z niej zrobił
białą szczęśliwą dziewczynę.
(„Ella w niebie", *Tutaj*, 2009)

– Cudowna, bezkonkurencyjna Ella – mówiła nam. – Gdyby rzeczywiście znalazła się w niebie, przypuszczam, że chóry anielskie usiłowałyby ją stamtąd wygryźć.
Wspomniała o niej w filmie Larsa Helandera: „Głos z Bożej łaski. Ona śpiewała tak, jakby tylko oddychała. Ona przy każdym tekście, czy był smutny, czy wesoły, czy dramatyczny bardzo, stała obok i nie dawała tak zwanej całej duszy. Ja to ogromnie wysoko cenię. Nie chcę się porównywać do tej wielkiej śpiewaczki, ale mnie się

wydaje, że ja też tak staję troszeczkę zawsze z boku. Każdą sprawę, nawet bardzo dramatyczną, staram się tak lekko odsunąć i spojrzeć na nią. I ona miała to samo w śpiewie. Może ja od niej się czegoś nauczyłam".

„Niedługo przed śmiercią mówiła pani, że miała długie, dobre, ciekawe życie i szczęście do ludzi, do przyjaciół – mówił dalej Rusinek, a nad nami wszystkimi stojącymi na cmentarzu prószył śnieg. – Była pani za to wdzięczna losowi i pogodzona z tym, co miało się stać. Ciekawe, co pani teraz robi. Zakładała pani, że w wersji pesymistycznej będzie pani siedzieć gdzieś przy stoliczku i pisać dedykacje. A w wersji optymistycznej? No cóż, w niebie jest podobno pani ulubiona Ella Fitzgerald, więc pewnie słucha jej pani teraz, paląc papierosa i pijąc kawę. Ale równocześnie – na szczęście dla nas – wciąż może być pani z nami. Zostawiła nam pani sporo do czytania i sporo do myślenia".

Przypisy

ROZDZIAŁ 1
Portret wewnętrzny, portret zewnętrzny

[1] Transmitowany na żywo przez radiową Trójkę wieczór autorski Wisławy Szymborskiej, 27 października 2010.
[2] Wisława Szymborska, ***, w: *Godzina dla Adama. Wspomnienia, wiersze, przekłady*, Kraków 2000.
[3] Aleksander Ziemny, *Poezja i rynek*, „Ty i Ja", listopad 1970.
[4] *Będę się bronić*, z Wisławą Szymborską rozmawiała Gabriela Łęcka, „Polityka", 12 października 1996.
[5] Rozmowa z Wisławą Szymborską, 1997. Cytaty z rozmów z Wisławą Szymborską w większości pochodzą z rozmów, które prowadziłyśmy w lutym–maju 1997.
[6] Z rozmowy z prof. Edwardem Balcerzanem, 1997.
[7] Edward Balcerzan, *Laudatio*, w: *Wokół Szymborskiej*, red. Barbara Judkowiak, Elżbieta Nowicka, Barbara Sienkiewicz, Poznań 1996.
[8] Anna Bikont, Joanna Szczęsna, *Pamiątkowe rupiecie, przyjaciele i sny*, „Gazeta Wyborcza", 18–19 stycznia 1997.
[9] *Poetka wątpliwości*, rozmawiał José Comas, „El País", 20 listopada 2004, cyt. za: „Forum", 3–9 stycznia 2005.
[10] Adam Zagajewski, *Cudownie upierzona ręka*, „Gazeta Wyborcza", 2 lutego 2012.
[11] Wisława Szymborska, *Lektury nadobowiązkowe*, Kraków 1973 (o: Charles Chaplin, *Moja autobiografia*, tłum. Bronisław Zieliński, Warszawa 1967).
[12] Wisława Szymborska, *Lektury nadobowiązkowe. Część druga*, Kraków 1981 (o: Marie-Jeanne Roland, *Pamiętniki*, tłum. Irena Wachlowska, Warszawa 1976).
[13] Tamże (o: Katia Mann, *Moje nie napisane wspomnienia*, tłum. Emilia Bielicka, Warszawa 1976).

ROZDZIAŁ 2
O ojcu i matce oraz bliższych i dalszych przodkach

[1] List Wincentego Szymborskiego do Zygmunta Celichowskiego z 27 marca 1917, Biblioteka Kórnicka, BK 03599.
[2] Tamże.
[3] Relacja K. Dobrzańskiego (ps. Henryka Sienkiewicza), „Słowo", 9 maja 1889, za: Irena Homola, *Od wsi do uzdrowiska*, w: *Zakopane. 400 lat dziejów*, red. Renata Dutkowa, Kraków 1991, t. 1.

PAMIĄTKOWE RUPIECIE

[4] Z listu hrabiego Zamoyskiego do Stanisława Tomkiewicza z 13 stycznia 1900, Biblioteka PAN w Krakowie, sygn. 1998, rękopis, cyt. za: Andrzej Chojnowski, „Stosunek Wł. Zamoyskiego do innowierców", referat na sesji „Władysław hr. Zamoyski", Zakopane, 10 listopada 2003.

[5] Tę część pamiętnika dziadka Antoniego przyrzekła Szymborska jeszcze dwa lata przed Noblem węgierskiemu wydawcy. Na początku 1997 roku okazało się, że tylko tego tekstu brakuje do zamknięcia książki, i poetka w ponoblowskim zamieszaniu musiała szukać jeszcze dziadkowego pamiętnika. „Nie wiedziałam, że Węgrzy mają taką dobrą pamięć" – wzdychała, gdy jej sekretarz Michał Rusinek po raz kolejny przypominał o obietnicy.

[6] Antoni Szymborski, *Wspomnienia z 1863*, „Życie Literackie" 1963, nr 5.

[7] Wisława Szymborska, *Lektury nadobowiązkowe*, Kraków 1992 (o: *Kapitan i dwie panny. Krakowskie pamiętniki z XIX wieku*, red. Irena Homola, Bolesław Łopuszański, Kraków 1980).

[8] *Z Wisławą Szymborską o „Pamiętniku" jej dziadka rozmawia Jerzy Illg*, w: Antoni Szymborski, *Burzliwe fortuny obroty. Pamiętnik 1831–1881*, Kraków 2002.

[9] Wisława Szymborska, *Lektury nadobowiązkowe*, „Odra", październik 1984, nr 10 (o: Rudolf Drössler, *Wenus epoki lodowej*, tłum. Bolesław Baranowski, Tadeusz Baranowski, Warszawa 1983).

ROZDZIAŁ 3
O trzech pokoleniach Szymborskich, miłości do Zakopanego i dziedziczeniu talentu

[1] Stefan Żeromski, cyt. za: Józef Buszko, Andrzej Pilch, *Narodziny miasta Zakopane w latach 1918–1939*, w: *Zakopane. 400 lat dziejów*, red. Renata Dutkowa, Kraków 1991, t. 1.

[2] List Wincentego Szymborskiego do hrabiego Zamoyskiego z 9 czerwca 1921, Biblioteka Kórnicka, BK 07707.

[3] Tamże.

[4] Antoni Szymborski, *Burzliwe fortuny obroty. Pamiętnik 1831–1881*, Kraków 2002.

[5] List Wincentego Szymborskiego do Zygmunta Celichowskiego z 30 stycznia 1920, Biblioteka Kórnicka, BK 03599.

[6] Listy Wincentego Szymborskiego do hrabiego Zamoyskiego z 21 lipca, 11 sierpnia i 24 sierpnia 1922, Biblioteka Kórnicka, BK 07707.

[7] Wisława Szymborska przyjechała do Kórnika w czerwcu 1969 roku na zorganizowany przez zatrudnionego wtedy w Bibliotece Kórnickiej poetę Ryszarda Krynickiego wieczór autorski na zamku. Miała też spotkanie z uczniami kórnickiego liceum. Zdzisława Noskowiak, polonistka, i jej mąż Jerzy, matematyk, byli bardzo przejęci. Wydawało im się, że na zamku publiczność była za mało aktywna, dlatego od rana przygotowywali uczniów i wymyślali z nimi pytania. Szymborska na zakończenie wpisywała się do pamiętników, zeszytów, notesów, bo uczniowie nie mieli tomików jej wierszy. Kórnickie Towarzystwo Kulturalne, w którym działał Jerzy Noskowiak, zapraszało ją później kilkakrotnie na doroczne Święto Magnolii, poetka przyjechała w maju 1980 roku. Noskowiakowie zrobili wcześniej kserokopie jej tomiku, tak żeby mogła składać autografy na odbitkach swoich wierszy.

[8] List Wincentego Szymborskiego do Antoniego Paczyńskiego, dyrektora Zarządu Lasów w Poznaniu, z 4 lipca 1923, Biblioteka Kórnicka, dział rękopisów.

PRZYPISY

⁹ Wypowiedź Wisławy Szymborskiej na Czwartku Literackim w Poznaniu, 10 października 1992, cyt. za: Bogusława Latawiec, *Jestem i patrzę*, „Głos Wielkopolski", 22 października 1992.

¹⁰ Przemówienie Wisławy Szymborskiej podczas odbierania doktoratu *honoris causa* UAM w Poznaniu, w: *Wokół Szymborskiej*, red. Barbara Judkowiak, Elżbieta Nowicka, Barbara Sienkiewicz, Poznań 1996.

¹¹ Zob. Leonard Neuger, *Wysławianie Szymborskiej. Na marginesie przekładów na język szwedzki Andersa Bodegårda*, „Teksty Drugie" 1991, nr 4.

¹² Antoni Szymborski, *Burzliwe fortuny obroty*, dz. cyt.

¹³ List Jana Kosińskiego do autorek z 30 stycznia 1997.

¹⁴ *Głęboko rozczarowałam mojego ojca*, z Wisławą Szymborską rozmawiali Jolanta Flach, Marek Grocholski, „Tygodnik Podhalański" 1996, nr 41.

Wbrew temu, co pamiętała Szymborska, Franciszek Kosiński nie był jej ojcem chrzestnym (nie był też ojcem chrzestnym Nawoi). W metryce chrztu, który odbył się 2 września 1923 roku w Bninie w kościele pod wezwaniem św. Wojciecha, zapisano, że rodzicami chrzestnymi byli Julia Zaleska z Kórnika i Franciszek Zieliński z Radzewic.

ROZDZIAŁ 4
O dzieciństwie, krasnoludkach i romansach grozy

¹ Zob. Mirosława Kruczkiewicz, *Tu mieszkała noblistka*, „Nowości", 17 maja 1997.

² Rozmowa z Janem Pindlem, 2012, który dowiedział się tego od siostry Wisławy Szymborskiej Nawoi, z którą był zaprzyjaźniony.

³ Zob. *Trudno jest wspinać się do wiersza*, z Wisławą Szymborską rozmawiała Joanna Szczęsna, „Gazeta Wyborcza", 31 sierpnia–1 września 2002.

⁴ Zob. Wisława Szymborska, *Dwie bajeczki*, „Dekada Literacka" 1992, nr 45.

⁵ Odpowiedź anonimowego redaktora w *Poczcie literackiej*, „Życie Literackie" 1964, nr 25.

⁶ Wisława Szymborska, *Lektury nadobowiązkowe. Część druga*, Kraków 1981 (o: Everhard Johannes Slijper, *Olbrzymy i karły w świecie zwierząt*, tłum. Stefania Jarząbek, Mieczysław Kowalski, Warszawa 1975).

⁷ Zob. Katarzyna Zimmerer, *Czy to bajka, czy nie bajka...*, „Salwator i Świat", koniec zimy 1995, nr 15.

⁸ Wisława Szymborska, *Lektury nadobowiązkowe*, Kraków 1973 (o: Nadieja Drucka, *Cud dziej z Nantes*, Warszawa 1967).

⁹ Wisława Szymborska, *Lektury nadobowiązkowe*, Kraków 1996 (o: Maria S. Sołtyńska, *Dzieciństwo zwierząt*, Warszawa 1978).

¹⁰ Aleksander Ziemny, *Poezja i rynek*, „Ty i Ja", listopad 1970.

¹¹ *Lekcja zdziwienia światem*, wywiad telewizyjny przeprowadzony przez Teresę Walas, TVP, Program I, *Pegaz*, 2 października 1996, cyt. za: *Radość czytania Szymborskiej. Wybór tekstów krytycznych*, red. Stanisław Balbus, Dorota Wojda, Kraków 1996.

¹² Wisława Szymborska, *Lektury nadobowiązkowe*, Kraków 1992 (o: Irena Landau, *Polak statystyczny*, Warszawa 1969).

¹³ Wisława Szymborska, *Lektury nadobowiązkowe*, Kraków 1996 (o: Roman Brandstaetter, *Ja jestem Żyd z „Wesela"*, Poznań 1981).

PAMIĄTKOWE RUPIECIE

[14] Wisława Szymborska. *Lektury nadobowiązkowe. Część druga*, dz. cyt. (o: Ann Radcliffe, *Italczyk albo Konfesjonał Czarnych Pokutników*, tłum. Maria Przymanowska, Kraków 1977).
[15] Wisława Szymborska, *Lektury nadobowiązkowe*, Kraków 1973 (o: Czesław Jędraszko, *Łacina na co dzień*, Warszawa 1970).
[16] Zob. Edward Balcerzan, *W szkole świata*, „Teksty Drugie" 1991, nr 4.
[17] Julian Przyboś, *Poezja Szymborskiej*, „Nowe Książki" 1968, nr 5.

ROZDZIAŁ 5
O okupacyjnym Krakowie i pierwszych wierszach

[1] W wywiadzie dla „Tygodnika Literackiego" (1991, nr 17) Wisława Szymborska mówiła Adamowi Michajłowowi: „Tak naprawdę to chciałabym być karykaturzystą. Oczywiście dobrym, czyli kimś w rodzaju Stopki czy Sichulskiego. (…) Jeżeli komuś udaje się najbardziej oszczędną kreską uchwycić podobieństwo, a jednocześnie trochę pokpić – to budziło moją żywą zazdrość. Chciałabym cały świat obrysować – gdybym tylko umiała".
[2] Witold Zechenter, *Upływa szybko życie*, Kraków 1975.
[3] Artur Sandauer, *Na przykład Szymborska*, „Miesięcznik Literacki", kwiecień 1968, nr 4.
[4] List Tadeusza Kwiatkowskiego do autorek z grudnia 1996.

ROZDZIAŁ 6
O powojennym debiucie i wierszowanej publicystyce

[1] Dodatek współredagował Tadeusz Jęczalik.
[2] Adam Włodek, *Debiut z przygodami*, w: tenże, *Nasz łup wojenny*, Kraków 1970.
[3] Wisława Szymborska, *Kochany „Dzienniku Polski"*, „Dziennik Polski" 1955, nr 20.
[4] *Będę się bronić*, z Wisławą Szymborską rozmawiała Gabriela Łęcka, „Polityka", 12 października 1996.
[5] Wisława Szymborska, rec. z: Molier, *Chory z urojenia*, Teatr im. Juliusza Słowackiego, „Świetlica Krakowska" 1947, nr 7, cyt. za: Anna Zarzycka, *Rewolucja Szymborskiej. 1945–1957. O wczesnej twórczości poetki na tle epoki*, Poznań 2010.
[6] Zob. Ankieta ZLP oddziału w Krakowie z 25 sierpnia 1950, teczka Wisławy Szymborskiej, archiwum biblioteki ZLP w Warszawie.
[7] „Niedziela w szkole", „Dziennik Literacki", 17–23 października 1948; dyskusja redakcyjna *Jakiej poezji dziś potrzeba*, „Dziennik Literacki", 28 listopada–4 października 1948.
[8] Wisława Szymborska, *Kochany „Dzienniku Polski"*, dz. cyt.
[9] Zob. Ankieta ZLP oddziału w Krakowie z 25 sierpnia 1950, teczka Wisławy Szymborskiej, archiwum biblioteki ZLP w Warszawie.

W roku 1970 Adam Włodek zebrał rozproszone i niepublikowane wiersze Wisławy Szymborskiej z tych lat i ułożył z nich tomik, który przepisał w dwóch egzemplarzach, jeden podarował autorce.

[10] Arthur Koestler, *Oeuvres autobiographiques*, Paris 1994.

PRZYPISY

[11] I tak różne wątki z cytowanego wcześniej wiersza „Sen" znaleźć można we wcześniejszych jej wierszach – w „Janku Muzykancie" („Będę się modlić o Twój powrót / do wszystkich bogów świata"), „Zaduszkach" („Winietą jodły i astrów / ogarnę brzydki twój grób"), „Zwycięstwie" („To szum muszli tęskniącej za morzem") czy najpełniej w „Powrocie żalu" („Nie rozpoznam już tego lasu. / Nie znajdę znaku na niebie. / Niebo i las ściegami salw na śmierć zaszyto. / Ziemio niczyja: twoja i moja. / Obłoku, co przemijasz. / Myśli ostatnia, której nie znam. / Salwo nie usłyszana").

[12] Adam Włodek, *Debiut z przygodami*, dz. cyt.

[13] Jacek Łukasiewicz, *Wiersz wewnątrz gazety*, w: Edward Balcerzan i in., *Szymborska. Szkice*, Warszawa 1996.

[14] W czasach, gdy „Tygodnik Powszechny" był we władzy uzurpatorów, pojawiła się tam recenzja jej tomiku *Pytania zadawane sobie*: „nie jest rewelacją, ale ważne, że odrzuca obojętną postawę sceptyka i określa się ideologicznie". Na dowód cytowano fragment jej wiersza: „Partia. Należeć do niej, / Z nią działać, z nią marzyć", Zdzisław Jastrzębski, *O Szymborskiej i nowej poetyce*, „Tygodnik Powszechny", 4 września 1955.

[15] Anna Zarzycka skrupulatnie podliczała przedruki socrealistycznych wierszy Szymborskiej. „Gawęda" miała ich blisko pięćdziesiąt, nie licząc antologii i podręczników, zob. Anna Zarzycka, *Rewolucja Szymborskiej*, dz. cyt.

[16] Ludwik Flaszen, *Poezja agitacji osobistej*, „Życie Literackie", 29 marca 1953.

[17] Jan Błoński, *Sól doświadczenia*, „Życie Literackie" 1962, nr 560.

[18] Artur Sandauer, *Na przykład Szymborska*, „Miesięcznik Literacki" 1968, nr 4.

[19] „Wstąpiłam do Partii – właściwie z pustymi rękami – pisała tam. – Kilkanaście drukowanych wierszy, bardzo czasem zawiłych w formie, oto wszystko. Żadnego z tych utworów nie włączyłam do wydanego później zbiorku pt. *Dlatego żyjemy* – tak bardzo odcinały się od późniejszych wierszy, nie tyle treścią, ile sposobem wyrażania tej treści. Po prostu powstały bez ściśle określonego adresu społecznego. A przecież bez tego ściśle określonego adresu, bez serdecznego zespolenia się z kręgiem odbiorców, o których i dla których się pisze – nie ma mowy o jakimkolwiek rozwoju literackim. Pełne zrozumienie tej prawdy zawdzięczam Partii", „Gazeta Krakowska" 1954, nr 59.

ROZDZIAŁ 7
Małżeństwo w literackiej kamienicy na Krupniczej

[1] Joanna Ronikier, *Pokój na Krupniczej*, „Tygodnik Powszechny", 15 października 2006.

[2] Tadeusz Różewicz, *Nowa szkoła filozoficzna*, cyt. za: Joanna Ronikier, *Pokój na Krupniczej*, dz. cyt.

[3] Tadeusz Kwiatkowski, *Niedyskretny urok pamięci*, Kraków 1982.

[4] Zob. Stefan Kisielewski, *Abecadło Kisiela*, Warszawa 1997.

[5] Błaga Dimitrowa, *Tajemnice Wisławy*, „Gazeta Wyborcza", 5–6 sierpnia 2000.

[6] Wisława Szymborska, ***, w: *Godzina dla Adama. Wspomnienia, wiersze, przekłady*, Kraków 2000. W liście Adama Włodka z października 1951 do Henryka Frista jest dopisek Wisławy Szymborskiej: „Nagrodą za szybkie odpisanie będzie imponujący zbiór najnowszych limeryków naszego sąsiada, który Ci ślicznie przepiszemy. Pospiesz się, warto!". Tamże.

PAMIĄTKOWE RUPIECIE

[7] Andrzej Klominek, *O Adamie*, w: *Godzina dla Adama*, dz. cyt.
[8] Słomczyński wtedy nie skończył limeryku, ale miejsce urodzenia poetki uwiecznił pół wieku później zaprzyjaźniony z nią slawista i dyplomata Jacek Baluch: „W nędznej szopie narodzona, w Kórniku, / nieprzywykła żyć na świeczniku. / Niegdyś Pigoń z Komborni w świat, / dziś Szymborska podąża w ślad / za wieszczami, co tkwią na pomniku".
[9] Maciej Słomczyński, *Limeryk – moja miłość plugawa*, „Studium. Pismo Literacko-Artystyczne", jesień 1995, nr 1.
[10] Tamże.
[11] „Dekada Literacka", 1 kwietnia 1994, nr 10.
[12] Marta Wyka, *Dom literacki jako* imago mundi. *Wokół krakowskiego epizodu Czesława Miłosza*, „Dekada Literacka" 2011, nr 1.
[13] Czesław Miłosz, „Dziecię Europy", w: tenże, *Wiersze wszystkie*, Kraków 2011.
[14] Wisława Szymborska, ***, w: *Godzina dla Adama*, dz. cyt.
[15] Andrzej Klominek, *O Adamie*, w: *Godzina dla Adama*, dz. cyt.
[16] Anna Zarzycka, *Rewolucja Szymborskiej. 1945–1957. O wczesnej twórczości poetki na tle epoki*, Poznań 2010.
[17] Zob. Ankieta ZLP oddziału w Krakowie z 25 sierpnia 1950, teczka Wisławy Szymborskiej, archiwum biblioteki ZLP w Warszawie.
[18] Cyt. za: Wojciech Czuchnowski, *Blizna. Proces Kurii krakowskiej 1953*, Kraków 2003.
[19] Tamże.
[20] Maciej Słomczyński, *Watykan – Waszyngton – Kuria*, „Życie Literackie", 1 lutego 1953, nr 5.
[21] Zob. Dorota Stec-Fus, *Zasłużony współpracownik. Maciej Słomczyński, pisarz i agent UB, w świetle dokumentów IPN*, „Dziennik Polski", 13 kwietnia 2007.
[22] *Maciej Słomczyński*, film z cyklu *Errata do biografii*, scenariusz i reżyseria Andrzej Grajewski, TVP Program 1, 2007.
[23] Teczka „Słomczyński Maciej", IPN Kr 009/2318 t. 1.
[24] Zob. Małgorzata Słomczyńska-Pierzchalska, *Nie mogłem być inny. Zagadka Macieja Słomczyńskiego*, Kraków 2003.
[25] Maciej Słomczyński, *Cassiopeia*, w: tenże, *Krajobraz ze skorpionem*, Kraków 2002.
[26] Karl Dedecius, *Europejczyk z Łodzi. Wspomnienia*, Kraków 2008.
[27] Jacek Baluch, *Anegdota o Adamie*, w: *Godzina dla Adama*, dz. cyt.
[28] Wisława Szymborska, ***, w: *Godzina dla Adama*, dz. cyt.
[29] Zob. Jerzy Krasicki, *Pamięć i gest*, w: *Godzina dla Adama*, dz. cyt.
[30] *Poczta literacka*, „Życie Literackie" 1963, nr 11.
[31] Adam Zagajewski, *Dwa miasta*, „Zeszyty Literackie" i „Oficyna Literacka", Paryż – Kraków 1991.

ROZDZIAŁ 8

Odwilż, czyli „czas własną głowę w ręce brać"

[1] *Cenię wątpliwość*, tekst przemówienia wygłoszonego podczas uroczystości wręczenia Nagrody Goethego we Frankfurcie, „Dekada Literacka" 1991, nr 30.
[2] *Przepustowość owiec*, z Wisławą Szymborską rozmawia Wojciech Ligęza, „Teksty Drugie" 1991, nr 4.

PRZYPISY

[3] Adam Michajłów, *Ja wierzyłam. Rozmowa z Wisławą Szymborską*, „Tygodnik Literacki", 28 kwietnia 1991.
[4] Zob. Wisława Szymborska, *1 Maja*, „Życie Literackie", 1 maja 1955.
[5] Stanisław Balbus, *Szkic do portretu*, „Dekada Literacka", 31 października 1996, nr 10.
[6] Wizytę tę opisał w swoim dzienniku Jan Józef Szczepański pod datą 12 stycznia 1958: „Dwa dni temu byłem z tutejszymi krakowiakami w Maisons-Laffitte. Gadanie o kraju - tamci, Giedroyc i jego towarzystwo pełni koncepcji, denerwują się, że Polska przegrywa wielką szansę, wysilają się, żeby temu zaradzić. My możemy tylko rozkładać ręce. Wyszliśmy zgnębieni i na pociechę poszliśmy obejrzeć *strip-tease*". Jan Józef Szczepański, *Dziennik*, t. 2, Kraków 2011.
[7] List Jerzego Giedroycia do Joanny Szczęsnej z 2 grudnia 1996.
[8] Zob. Anna Bikont, Joanna Szczęsna, *Lawina i kamienie*, Warszawa 2006.
[9] Konrad Rokicki, *Literaci. Relacje między literatami a władzami PRL w latach 1956-1970*, Warszawa 2001.
[10] Archiwum Akt Nowych, Warszawa, AAN 237/XVIII-260. Notatka o aktualnej sytuacji politycznej w POP OW ZLP z 13 lutego 1967. Dalekopisy z Komitetu Wojewódzkiego w Krakowie z 7 i 8 lutego 1967.
[11] Leszek A. Moczulski, *Prezenty Adama*, w: *Godzina dla Adama. Wspomnienia, wiersze, przekłady*, Kraków 2000.
[12] Wisława Szymborska, ***, w: *Godzina dla Adama*, dz. cyt.
[13] Tamże.
[14] Adam Zagajewski, *Cudownie upierzona ręka*, „Gazeta Wyborcza", 2 lutego 2012.

ROZDZIAŁ 9
Piętnaście lat w „Życiu Literackim"

[1] Zob. List Wisławy Szymborskiej do Juliana Przybosia z 24 marca 1963, Muzeum Literatury im. Mickiewicza, Warszawa.
[2] Wisława Szymborska, *Lektury nadobowiązkowe*, Kraków 1973 (o: Anna Bardecka, Irena Turnau, *Życie codzienne w Warszawie okresu Oświecenia*, Warszawa 1969).
[3] Wisława Szymborska, *Lektury nadobowiązkowe*, dz. cyt. (o kalendarzu ściennym na rok 1973 Książki i Wiedzy, Warszawa 1972).
[4] Kartka Wisławy Szymborskiej do Jerzego Zagórskiego z 25 października 1971, Muzeum Literatury im. Adama Mickiewicza, Warszawa.
[5] Jerzy Pilch, *Oddzielić ziarno od Maciąga*, „Polityka", 25 listopada 2000.
[6] Cytaty opisujące wieczór promocyjny z: RFK [Ryszard Kozik], *Niełatwy żywot debiutanta*, „Gazeta Wyborcza", dodatek w Krakowie, 11 grudnia 2000.
[7] Stanisław Barańczak, *U źródeł machejkizmu*, w: tenże, *Książki najgorsze i parę innych ekscesów krytycznoliterackich*, Poznań 1990. Barańczak pisał: „Odczytywanie staroegipskich papirusów, egzegeza Talmudu i Kabały, wgłębianie się w dzieła Kanta i Heideggera – wszystko to jest niczym wobec trudu, z jakim przedzieramy się przez felietony Władysława Machejka".

PAMIĄTKOWE RUPIECIE

ROZDZIAŁ 10
W szufladzie, w PRL-u, na kuli ziemskiej

[1] Wisława Szymborska. *Lektury nadobowiązkowe. Część druga*, Kraków 1981 (o: Aleksandra Olędzka-Frybesowa, *Z Paryża – w przeszłość. Wędrówki po Europie*, Kraków 1973).
[2] Aleksander Ziemny, *Poezja i rynek*, „Ty i Ja", listopad 1970.
[3] *Ucieczka od wampira*, z Wisławą Szymborską rozmawiała Anna Rudnicka, „Gazeta Wyborcza", 10 marca 1993.
[4] Wisława Szymborska, *Lektury nadobowiązkowe. Część druga*, dz. cyt. (o: Tadeusz Marek, *Schubert*, Kraków 1974).
[5] Wisława Szymborska. *Lektury nadobowiązkowe*, Kraków 1992 (o: Rafał Marszałek, *Filmowa pop-historia*, Kraków – Wrocław 1984).
[6] Zob. *Powrót do źródeł. Rozmowa z Wisławą Szymborską*, „Polityka", 3 lutego 1973, w: Krystyna Nastulanka, *Sami o sobie*, Warszawa 1975.
[7] Wisława Szymborska, *Lektury nadobowiązkowe*, Kraków 1973 (o: Andrzej Kołodyński, *Film grozy*, Warszawa 1970).
[8] Wisława Szymborska, *Nowe lektury nadobowiązkowe 1997–2002*, Kraków 2002 (o: Tadeusz Nyczek, *Alfabet teatru dla analfabetów i zaawansowanych*, Warszawa 2002).
[9] Wisława Szymborska, *Teatr 38 i koniec świata*. „Życie Literackie", 19 listopada 1957, nr 47.
[10] Wisława Szymborska, *Wypracowanie na temat morza*, w: Zbigniew Jankowski, *Morze u poetów*, Gdańsk 1977.

ROZDZIAŁ 11
Lektury nadobowiązkowe, czyli dać nurka w mezozoik

[1] *Lekcja zdziwienia światem*, wywiad telewizyjny przeprowadzony przez Teresę Walas, TVP, Program I, *Pegaz*, 2 października 1996, cyt. za: *Radość czytania Szymborskiej. Wybór tekstów krytycznych*, red. Stanisław Balbus, Dorota Wojda, Kraków 1996.
[2] Teresa Walas, *Poetka jako czytelniczka*, „Dekada Literacka", 15 lipca 1993 (przedruk w: *Radość czytania Szymborskiej*, dz. cyt.).
[3] Tamże.
[4] Wisława Szymborska, *Lektury nadobowiązkowe*, Kraków 1992, *Wstęp*.
[5] Wisława Szymborska, *Lektury nadobowiązkowe*, Kraków 1973 (o: Adam Kersten, *Warszawa kazimierzowska 1648–1668*, Warszawa 1971).
[6] *Poczta literacka*, „Życie Literackie" 1964, nr 35.
[7] *Powrót do źródeł. Rozmowa z Wisławą Szymborską*, „Polityka", 3 lutego 1973, cyt. za: Krystyna Nastulanka, *Sami o sobie*, Warszawa 1975.
[8] Wisława Szymborska, *Lektury nadobowiązkowe*, Kraków 1973 (o: Wanda Krzemińska, *Idee i bohaterowie. Lektury młodego czytelnika. Zarys problemowy*, Wrocław 1969).
[9] Zob. Janusz Maruszewski, *W sprawie pewnej lektury nadobowiązkowej*, i odpowiedź Wisławy Szymborskiej *Rękawiczki do pary*, „Życie Literackie", 14 grudnia 1969.

PRZYPISY

[10] *Ucieczka od wampira*, z Wisławą Szymborską rozmawiała Anna Rudnicka, „Gazeta Wyborcza", 10 marca 1993.

[11] W tym: Wandy Klominkowej o adopcji; dziennik Aleksandra Ziemnego; Tadeusza Chrzanowskiego *Portret staropolski*; Andrzeja Klominka wspomnienie o „Przekroju"; monografię Jerzego Ficowskiego o Witoldzie Wojtkiewiczu; Wacława Twardzika *O uważniejszym aniżeli dotychmiast tekstu staropolskiego czytaniu i jakie z niego pożytki płyną rozprawa śliczna i podziwienia godna*; Tadeusza Nyczka *Alfabet teatru dla analfabetów i zaawansowanych*.

[12] Wisława Szymborska, *Nowe lektury nadobowiązkowe 1997–2002*, Kraków 2002 (o: Mudrooroo, *Mitologia Aborygenów*, tłum. Mirosław Nowakowski, Poznań 1997).

[13] Wisława Szymborska, *Lektury nadobowiązkowe*, Kraków 1996 (o: Tomasz Mann, *Dzienniki*, tłum. Irena Naganowska, Egon Naganowski, Poznań 1995).

[14] Tamże (o: Barbara Wachowicz, *Marie jego życia*, Kraków 1972).

[15] Zob. Jerzy Pilch, *Co czyta Wisława Szymborska*, „Echo Krakowa", 16 grudnia 1981.

[16] Wisława Szymborska, *Lektury nadobowiązkowe. Część druga*, Kraków 1981 (o: Daniela i Stanisław Tałałajowie, *Dziwy świata roślin*, Warszawa 1974).

[17] Zob. Jerzy Kwiatkowski, *Felieton obowiązkowy*, „Pismo" 1983, nr 4.

[18] Wisława Szymborska, *Lektury nadobowiązkowe*, Kraków 1973 (o: Ludwik Zajdler, *Atlantyda*, Warszawa 1968).

[19] Tamże (o: Stanisława Wysocka, *Teatr przyszłości*, Warszawa 1973).

[20] *Trudno jest wspinać się do wiersza*, z Wisławą Szymborską rozmawiała Joanna Szczęsna, „Gazeta Wyborcza", 31 sierpnia–1 września 2002.

[21] Wisława Szymborska, *Z tekstów odrzuconych*, „Pismo" 1981, nr 5/6.

[22] Wisława Szymborska, *Lektury nadobowiązkowe*, Kraków 1973 (o: T.M. Plautus, *Żołnierz samochwał*, tłum. Gustaw Przychocki, Wrocław 1969).

[23] Zob. Wisława Szymborska, *Lektury nadobowiązkowe. Część druga*, dz. cyt. (o: Maciej Gutowski, *Komizm w polskiej sztuce gotyckiej*, Warszawa 1973).

[24] Wisława Szymborska, *Lektury nadobowiązkowe*, Kraków 1996 (o: Dennis Kirkland, Hilary Bonner, *Benny*, tłum. Barbara Cendrowska-Werner, Warszawa 1992).

[25] Wisława Szymborska, *Lektury nadobowiązkowe. Część druga*, dz. cyt. (o: *Księga nonsensu*, Warszawa 1975).

[26] Tamże (o: Germaine de Staël, *Dziesięć lat wygnania*, tłum. Elżbieta Wassongowa, Warszawa 1971).

[27] Tamże (o: Herman Kesten, *Casanova*, tłum. Gabriela Mycielska, Kraków 1975).

[28] Wisława Szymborska, *Lektury nadobowiązkowe*, Kraków 1992 (o: *Nikt się nie rodzi kobietą*, red. i tłum. Teresa Hołówka, Warszawa 1982).

[29] Wisława Szymborska, *Lektury nadobowiązkowe. Część druga*, dz. cyt. (o: Stanisław Zakrzewski, *Jak stać się silnym i sprawnym*, Warszawa 1976).

[30] *Poczta literacka*, „Życie Literackie" 1965, nr 18.

[31] *Ucieczka od wampira*, dz. cyt.

PAMIĄTKOWE RUPIECIE

ROZDZIAŁ 12
Poetka w podróży, czyli w mieście Samokov tylko deszcz

1 Błaga Dimitrowa, *Tajemnice Wisławy*, „Gazeta Wyborcza", 5–6 sierpnia 2000.
2 „Stał do nas tyłem, nieruchomy, barczysty, o bezwładnie opuszczonych rękach. Po dwóch, trzech minutach odwrócił się i brutalnym gestem rozmazał łzy na twarzy" – tak zapamiętał tę scenę Stanisław Grochowiak, cyt za: Mariusz Urbanek, *Broniewski. Miłość, wódka, polityka*, Warszawa 2011.
3 Film Katarzyny Kolendy-Zaleskiej *Chwilami życie bywa znośne*.
4 List Hieronima Grali do autorek z grudnia 1996.
5 Zob. Wisława Szymborska, *Lektury nadobowiązkowe. Część druga*, Kraków 1981 (o: Mieczysław Knobloch, *Złotnictwo*, Warszawa 1977).
6 Wisława Szymborska, *Lektury nadobowiązkowe*, „Życie Literackie" 1967, nr 26 (o: Antonio Machado, *Serce i kamień. Wybór poezji*, tłum. Artur Międzyrzecki, Warszawa 1967).
7 Zob. *Szymborska – gips. Łaskawy los obtłukł ją trochę, zwłaszcza nos*, opr. Anna Rudnicka, „Gazeta w Krakowie", dodatek do „Gazety Wyborczej", 2 lipca 1993 (przedruk 4 października 1996).
8 *Poczta literacka*, „Życie Literackie" 1966, nr 36.
9 List Karla Dedeciusa do Anny Bikont z 24 kwietnia 1997.
10 Wisława Szymborska, *Lektury nadobowiązkowe*, Kraków 1973 (o: Jürgen Thorwald, *Stulecie detektywów. Drogi i przygody kryminalistyki*, tłum. W. Kragen, K. Bunsch, Kraków 1971).
11 Wisława Szymborska, *Nowe lektury nadobowiązkowe 1997–2002*, Kraków 2002 (o: Michele Slung, *Wśród kanibali – wyprawy kobiet niezwykłych*, tłum. Ewa Adamska, Warszawa 2001).
12 Wisława Szymborska, *Lektury nadobowiązkowe*, Kraków 1996 (o: Marceli Kosman, *Królowa Bona*, Warszawa 1971).
13 Wisława Szymborska, *Lektury nadobowiązkowe*, Kraków 1973 (o: *Bajka ludowa w dawnej Polsce*, red. Helena Kapełuś, Warszawa 1968).
14 *Moje życie z Szymborską*, z Michałem Rusinkiem rozmawia Jacek Nizinkiewicz, „Przegląd", 16 stycznia 2011, nr 2.
15 *Jestem do siebie podobna*, rozmawiała Katarzyna Janowska, „Polityka", 22–29 grudnia 2001.
16 Jerzy Illg, *Mój znak. O noblistach, kabaretach, przyjaźniach, książkach, kobietach*, Kraków 2009.
17 *W Polsce jest sporo trochę-wariatów, a mnie się to zawsze podobało*, z Pietrem Marchesanim rozmawiała Małgorzata I. Niemczyńska, „Gazeta Wyborcza", 19 czerwca 2010.
18 Zob. Mariusz Szczygieł, *Láska nebeská*, Warszawa 2012.

ROZDZIAŁ 13
Wyjście z katedry, czyli jak wspinać się do początku wiersza

1 Wisława Szymborska, *Lektury nadobowiązkowe*, Kraków 1992 (o: Julia Zabłocka, *Historia Bliskiego Wschodu w starożytności*, Wrocław 1982).
2 Wisława Szymborska, *Poezje wybrane, Wstęp*, Ludowa Spółdzielnia Wydawnicza, Warszawa 1997.
3 Tamże.

PRZYPISY

[4] *Poetka dla „Rzeczpospolitej"*, zanotowała Elżbieta Sawicka, „Rzeczpospolita", 23 listopada 2005.
[5] Błaga Dimitrowa, *Tajemnice Wisławy*, „Gazeta Wyborcza", 5–6 sierpnia 2000.
[6] *Jedynaczka „Współczesności" Wisława Szymborska*, rozmawiał Tadeusz Wantuła, „Głos Ludu", 20 marca 1975.
[7] *Szymborska – gips. Łaskawy los obtłukł ją trochę, zwłaszcza nos*, opr. Anna Rudnicka, „Gazeta w Krakowie", dodatek do „Gazety Wyborczej", 2 lipca 1993 (przedruk 4 października 1996).
[8] List Marii Kaloty-Szymańskiej do Anny Bikont z 14 lutego 1997.
[9] *Powrót do źródeł. Rozmowa z Wisławą Szymborską*, „Polityka", 3 lutego 1973, w: Krystyna Nastulanka, *Sami o sobie*, Warszawa 1975.
[10] Urszula Kozioł, *Przekład podobieństwa*, „Poezja", kwiecień 1968, nr 4.
[11] Jan Gondowicz, *Oswajanie poezją*, „Kultura", 15 kwietnia 1973, nr 15.
[12] *Jestem po stronie ludzi*, z Wisławą Szymborską rozmawiali Anna Rudnicka i Tadeusz Nyczek, „Gazeta Wyborcza", 7 października 1996.
[13] Zbigniew Herbert, *Bogowie z zeszytów szkolnych*, „Rzeczpospolita", 19–20 lipca 1997.
[14] Zob. *Broniewski – Gałczyński – Tuwim*, fragmenty dyskusji na temat recepcji poezji w szkole i wśród szerokiego grona czytelników, rozmawiali: Włodzimierz Maciąg, Zofia Łukaczowa, Józef Maśliński, „Życie Literackie" 1964, nr 2.
[15] Wisława Szymborska, *Lektury nadobowiązkowe*, Kraków 1996 (o: *Spotkania z Czechowiczem*, red. Seweryn Pollak, Lublin 1971).
[16] Artur Międzyrzecki, *Wiersze 1946–1996*, wybór i słowo wstępne Wisława Szymborska, Kraków 2006.
[17] *Powrót do źródeł*, dz. cyt.
[18] *Rozmowa z Wisławą Szymborską*, rozmawiała Barbara Mróz, „Poglądy", 15 lipca 1963.
[19] Tomasz Fiałkowski, *Stan oblężenia*, „Tygodnik Powszechny", 13 października 1996.
[20] Na zajęciach Studium Literacko-Artystycznego w Instytucie Filologii Polskiej Uniwersytetu Jagiellońskiego, 17 marca 1995.
[21] List Wisławy Szymborskiej do Wiktora Woroszylskiego z 11 marca 1995.
[22] List Grzegorza Nurka do autorek ze stycznia 1997.
[23] List Wisławy Szymborskiej do Ryszarda Matuszewskiego z 5 listopada 1971.
[24] List Wisławy Szymborskiej do Ryszarda Matuszewskiego z 26 października 1974.
[25] Kartka Wisławy Szymborskiej do Ziemowita Fedeckiego (data niewyraźna), Muzeum Literatury Im. Adama Mickiewicza, Warszawa.
[26] Wisława Szymborska, *Lektury nadobowiązkowe*, „Odra", marzec 1985, nr 3 (o: Janusz Sowiński, *Sztuka typograficzna Młodej Polski*, Wrocław 1982).
[27] List Wisławy Szymborskiej do Edwarda Balcerzana z 31 maja 1994.
[28] Jerzy Pilch, recenzja tomiku *Miłość szczęśliwa i inne wiersze*, „Dziennik", 17 lutego 2008.
[29] *Przepustowość owiec*, z Wisławą Szymborską rozmawia Wojciech Ligęza, „Teksty Drugie" 1991, nr 4.
[30] *Lekcja zdziwienia światem*, wywiad telewizyjny przeprowadzony przez Teresę Walas, TVP, Program I, *Pegaz*, 2 października 1996, cyt. za: *Radość czytania Szymborskiej. Wybór tekstów krytycznych*, red. Stanisław Balbus, Dorota Wojda, Kraków 1996.
[31] *Trudno jest wspinać się do wiersza*, z Wisławą Szymborską rozmawiała Joanna Szczęsna, „Gazeta Wyborcza", 31 sierpnia–1 września 2002.

PAMIĄTKOWE RUPIECIE

[32] Redaktorka „Zeszytów Literackich" Barbara Toruńczyk napisała potem do Rusinka list, obiecując, że „jeśli kiedykolwiek którekolwiek z jego dzieci coś zniszczy, a Szymborska napisze o tym wiersz i wiersz ten dostaną do publikacji »Zeszyty«, to ona pokryje wszelkie straty".
[33] *Trudno jest wspinać się do wiersza*, dz. cyt.
[34] Tamże.
[35] Jarosław Mikołajewski, *Co jest pod tą prostotą*, „Gazeta Wyborcza", 4–5 lutego 2012.

ROZDZIAŁ 14
Z Kornelem Filipowiczem na rybach, grzybach i w życiu

[1] Wypowiedź Wisławy Szymborskiej na konferencji „Życie i twórczość Kornela Filipowicza", 27–29 października 1998, cyt. za: *Kornel Filipowicz. Szkice do portretu* (referaty z sesji naukowej w Krakowskiej Akademii Pedagogicznej).
[2] Zob. Adam Włodek, *Nasz łup wojenny*, Kraków 1970.
[3] Zob. Kazimierz Wyka, *Pogranicze powieści*, Warszawa 1974.
[4] Karl Dedecius, *Europejczyk z Łodzi. Wspomnienia*, Kraków 2008.
[5] Urszula Kozioł, *Kornel w złotej koronie*, w: *Byliśmy u Kornela. Rzecz o Kornelu Filipowiczu*, red. Krzysztof Lisowski, Kraków 2010.
[6] List Stanisława Różewicza do autorek ze stycznia 1997.
[7] Wisława Szymborska, *Lektury nadobowiązkowe. Część druga*, Kraków 1981 (o: Iwona Jacyna, *Ziemia w asfalcie*, Warszawa 1975).
[8] Wieczór promocyjny w Wydawnictwie Literackim w Krakowie, 21 stycznia 2011.
[9] List Jana Pawła Gawlika do Joanny Szczęsnej z 15 września 1997. Zob. też: Jan Paweł Gawlik, *Żart i historia*, w: *Byliśmy u Kornela*, dz. cyt.
[10] Zbigniew Mentzel, *Ja, ryba odrębna*, „Tygodnik Powszechny", październik 1997.
[11] List z 25 czerwca 1977, *Listy Kornela Filipowicza do Karla Dedeciusa*, w: *Byliśmy u Kornela*, dz. cyt.
[12] Wisława Szymborska, *Lektury nadobowiązkowe*, Kraków 1996 (o: Hanna i Wojciech Mieszkowscy, *Naprawy i przeróbki w moim mieszkaniu*, Warszawa 1971).
[13] „Dekada Literacka" 1996, nr 3. Przedruk „NaGłos", październik 1996, nr 24 (49).
[14] Wisława Szymborska, *Nowe lektury nadobowiązkowe 1997–2002*, Kraków 2002 (o: Jerzy Turbasa, *ABC męskiej elegancji*, Kraków 2001).
[15] Urszula Kozioł, *Wisełka*, „Odra", listopad 1996.
[16] Zob. Teczka personalna „Szymborska Wisława", IPN Kr 010/11977.
[17] Zob. Teczka personalna „Filipowicz Kornel", IPN Kr 00100/60/Diazo.
[18] Jan Pieszczachowicz, *Najmądrzej jest po prostu żyć*, „Gazeta Wyborcza", 27–28 lutego 1999.
[19] Teresa Walas, „Dekada Literacka" 1996, nr 3,
[20] Urszula Kozioł, *Kornel w złotej koronie*, dz. cyt.
[21] Za: *Opozycja małopolska w dokumentach 1976–1980*, red. Adam Roliński, Kraków 2003.
[22] Jerzy Pilch mówił o tym również w filmie Katarzyny Kolendy-Zaleskiej *Chwilami życie bywa znośne*.

PRZYPISY

ROZDZIAŁ 15
Pamiątkowe rupiecie, przyjaciele i sny

[1] Wisława Szymborska, *Lektury nadobowiązkowe*, Kraków 1992 (o: Jan Sokołowski, *Ptaki Polski*, Warszawa 1979).
[2] Wisława Szymborska, *Lektury nadobowiązkowe. Część druga*, Kraków 1981 (O: Peter Teichmann, *Gdy zachoruje pies*, tłum. Władysław Kermen, Warszawa 1974).
[3] *Chciałabym być kotem Krysi Krynickiej*, z Wisławą Szymborską rozmawiał Tadeusz Nyczek, „Przekrój", 22 stycznia 2009.
[4] *Poetka wątpliwości*, rozmawiał José Comas, „El País", 20 listopada 2004, cyt. za: „Forum", 3–9 stycznia 2005.
[5] Wisława Szymborska, *Zawsze miałam serce do kiczu*, „Przekrój", 11 kwietnia 1993.
[6] Zob. „Informator Cieszyńskiego Klubu Hobbystów" 1974, nr 8, cyt. za: „Głos Ziemi Cieszyńskiej", 1 listopada 1996.
[7] Zob. Anna Kamińska, *Guzik pan nam przysłał*, „Wysokie Obcasy", „Gazeta Wyborcza", 16 stycznia 2010.
[8] Wisława Szymborska, *Nowe lektury nadobowiązkowe 1997–2002*, Kraków 2002 (o: Zbigniew Kostrzewa, *Guzik w literaturze*, Łowicz 2000).
[9] Wisława Szymborska, *Zawsze miałam serce do kiczu*, dz. cyt.
[10] Tamże.
[11] Małgorzata Baranowska, *Tak lekko było nic o tym nie wiedzieć... Szymborska i świat*, Wrocław 1996.
[12] Wisława Szymborska, *Lektury nadobowiązkowe*, Kraków 1996 (o: James Putnam, *Mumie*, tłum. Bożena Mierzejewska, Warszawa 1995).
[13] Wisława Szymborska, *Zawsze miałam serce do kiczu*, dz. cyt.
[14] Wisława Szymborska, *Lektury nadobowiązkowe. Część druga*, dz. cyt. (o: Janusz Dunin, *Papierowy bandyta. Książka kramarska i brukowa w Polsce*, Łódź 1974).
[15] *Poczta literacka*, „Życie Literackie" 1963, nr 7.
[16] Pocztówka Wisławy Szymborskiej do Ziemowita Fedeckiego z 22 lutego 1974.
[17] Wisława Szymborska, *Lektury nadobowiązkowe*, „Życie Literackie", 18 lutego 1968 (o: Wawrzyniec Żuławski, *Sygnały ze skalnych ścian. Tragedie tatrzańskie. Wędrówki alpejskie. Skalne lato*, Warszawa 1967).
[18] *Szymborska – gips. Łaskawy los obtłukł ją trochę, zwłaszcza nos*, opr. Anna Rudnicka, „Gazeta w Krakowie", dodatek do „Gazety Wyborczej", 2 lipca 1993 (przedruk 4 października 1996).
[19] Zob. Wisława Szymborska, *A co z Teatrem Rapsodycznym?* „Przegląd Kulturalny", 13–19 grudnia 1956.
[20] *Lekcja zdziwienia światem*, wywiad telewizyjny przeprowadzony przez Teresę Walas, TVP, Program I, *Pegaz*, 2 października 1996, cyt. za: *Radość czytania Szymborskiej. Wybór tekstów krytycznych*, red. Stanisław Balbus, Dorota Wojda, Kraków 1996.
[21] Kartka Wisławy Szymborskiej do Ewy Lipskiej z 11 marca 1971.
[22] Wisława Szymborska, *Lektury nadobowiązkowe*, Kraków 1996 (o: Carl Gustav Jung, *O istocie snów*, tłum. Robert Reszke, Warszawa 1993).

PAMIĄTKOWE RUPIECIE

[23] Wisława Szymborska, *Lektury nadobowiązkowe*, Kraków 1992 (o albumie *Jan Vermeer van Delft*, Warszawa 1970).
[24] Andrzej Osęka, *Mistrzostwo poranka*, „Gazeta Wyborcza", 3 lipca 2002.
[25] Wypowiedź Wisławy Szymborskiej na konferencji „Życie i twórczość Kornela Filipowicza", 27-29 października 1998, cyt. za: *Kornel Filipowicz. Szkice do portretu* (referaty z sesji naukowej w Krakowskiej Akademii Pedagogicznej).

ROZDZIAŁ 16
Lata osiemdziesiąte i dyskretna pochwała konspiracji

[1] W.S, felieton *Z tekstów odrzuconych*, „Pismo" 1981, nr 1.
[2] W.S. felieton *Z tekstów odrzuconych*, „Pismo" 1981, nr 4.
[3] Tamże.
[4] Kartka Wisławy Szymborskiej do Ziemowita Fedeckiego, niedatowana, Muzeum Literatury im. Adama Mickiewicza, Warszawa.
[5] Wypowiedź Urszuli Kozioł na wieczorze wspomnień przyjaciół Wisławy Szymborskiej w MOCAK-u, Kraków, 9 lutego 2012.
[6] Włodzimierz Maciąg, *Był Postacią*, w: *Byliśmy u Kornela. Rzecz o Kornelu Filipowiczu*, red. Krzysztof Lisowski, Kraków 2010.
[7] Wisława Szymborska, *Nie mogę przyjąć*, „Tygodnik Powszechny", 5 lipca 1987.
[8] Wisława Szymborska, ***, w: *Godzina dla Adama. Wspomnienia, wiersze, przekłady*, Kraków 2000.
[9] Jerzy Pilch, *Powrót Kornela Filipowicza*, „Dziennik", 28 sierpnia 2007.
[10] Jerzy Pilch, *Cały Kornel*, w: *Byliśmy u Kornelu*, dz. cyt.
[11] Zob. Bogusława Latawiec, *Jestem i patrzę*, „Głos Wielkopolski", 22 października 1992.
[12] *Niektórzy lubią poezje – Wisława Szymborska*, film dokumentalny, Niemcy, 1996, reż. Andrzej Koszyk.

ROZDZIAŁ 17
O tłumaczach i tłumaczeniach, czyli co wiersz, to problem

[1] Karl Dedecius, *Europejczyk z Łodzi. Wspomnienia*, Kraków 2008.
[2] List Karla Dedeciusa do Anny Bikont z 24 kwietnia 1997.
[3] *Cenię wątpliwość*, tekst przemówienia wygłoszonego podczas uroczystości wręczenia Nagrody Goethego we Frankfurcie, „Dekada Literacka" 1991, nr 30.
[4] Karl Dedecius, *Poetycka wyspa myśli. Laudacja ku czci Wisławy Szymborskiej wygłoszona we frankfurckim kościele św. Pawła*, „Tygodnik Powszechny", 15 września 1991.
[5] Zob. *Wypijmy za zdrowie Pi*, „Magazyn Miłośników Matematyki" 2004, nr 2.
[6] List Karola Sabatha przekazany za naszym pośrednictwem Wisławie Szymborskiej, z 13 maja 1997. Autor listu pisał: „Jestem pełen podziwu dla nader cennych podtekstów przyrodniczych w wielu pani wierszach. Nie jestem wielkim entuzjastą poezji, ale pani utwory naprawdę wywarły na mnie wielkie wrażenie".

PRZYPISY

7 List Antolija Najmana do autorek ze stycznia 1997.
8 Zob. Michał Rusinek, *Szymborska w Izraelu*, „Odra" 2005, nr 2.
9 List Stanisława Barańczaka do Joanny Szczęsnej z 31 marca 1997.
10 Michał Kleofas Ogiński, *Romanse*, wersję polską utworów oprac. Wisława Szymborska, Kraków 1962.
11 Wisława Szymborska, *Lektury nadobowiązkowe*, Kraków 1992 (o: Horacy, *Do Leukonoe. Dwadzieścia dwie ody*, tłum. Adam Ważyk, Warszawa 1973).
12 Icyk Manger, „Anakreonta pieśń wiosenna", tłum. Wisława Szymborska, w: *Antologia poezji żydowskiej*, red. Salomon Łastik, Warszawa 1983.
13 Stanisław Balbus, *Słowo wstępne. Tak mało wierszy, tak wiele poezji*, w: *Radość czytania Szymborskiej*, red. tenże, Dorota Wojda, Kraków 1996.
14 Wypowiedź Andersa Bodegårda na wieczorze wspomnień przyjaciół Wisławy Szymborskiej w MOCAK-u, Kraków, 9 lutego 2012.
15 Cyt. za: Piotr Cegielski, *Anders Bodegård, Mozart przekładu*, „Szwecja", dodatek do „Gazety Wyborczej", 12 maja 1997.
16 Magda Heydel, *Przekraczanie granic. Szymborska i Miłosz jako poeci amerykańscy*, „Tygodnik Powszechny", 25 lutego 2001.
17 Stanisław Barańczak, *Amerykanizacja Wisławy, albo o tym, jak wraz z pewną młodą Kalifornijką tłumaczyłem „Głos w sprawie pornografii"*, w: *Radość czytania Szymborskiej*, dz. cyt.
18 *W Polsce jest sporo trochę-wariatów, a mnie się to zawsze podobało*, z Pietrem Marchesanim rozmawiała Małgorzata I. Niemczyńska, „Gazeta Wyborcza", 19 czerwca 2010.

ROZDZIAŁ 18
Ostatnie chwile przed Noblem

1 Kartka Wisławy Szymborskiej do Ireny Szymańskiej z 27 lipca 1991.
2 *Cenię wątpliwość*, tekst przemówienia wygłoszonego podczas uroczystości wręczenia Nagrody Goethego we Frankfurcie, „Dekada Literacka" 1991, nr 30.
3 Wisława Szymborska, *Lektury nadobowiązkowe*, Kraków 1996 (o: Jan Gondowicz, *Zoologia fantastyczna – uzupełniona*, Warszawa 1995).
4 Wisława Szymborska, *Lektury nadobowiązkowe*, Kraków 1973 (o: Maurycy Beniowski, *Pamiętniki. Fragment konfederacki*, Warszawa 1967).
5 Bogusława Latawiec, *Jestem i patrzę*, „Głos Wielkopolski", 22 października 1992.
6 *Zjedzą nas mikrofony*, rozmawiał Ryszard F. Kozik, „Gazeta w Krakowie", dodatek do „Gazety Wyborczej", 30 listopada 1993.
7 Wisława Szymborska, *Lektury nadobowiązkowe*, Kraków 1973 (o: *Haendel*, oprac. Władysław Dulęba, teksty Zofia Sokołowska, Kraków 1972).
8 Wypowiedź Jerzego Pilcha dla „Gazety Wyborczej", 2 lutego 2012.
9 *Jestem po stronie ludzi*, rozmawiali Anna Rudnicka i Tadeusz Nyczek, „Gazeta Wyborcza", 7 października 1996.
10 Przemówienie Wisławy Szymborskiej podczas odbierania doktoratu *honoris causa* UAM w Poznaniu, w: *Wokół Szymborskiej*, red. Barbara Judkowiak, Elżbieta Nowicka, Barbara Sienkiewicz, Poznań 1996.

[11] Autorem czterowiersza jest Witold Turdza, u którego Wacław Twardzik go zamówił.
[12] Wisława Szymborska, *Lektury nadobowiązkowe*, „Odra", 11 listopada 1986 (o: Michel Montaigne, *Próby*, tłum. Tadeusz Żeleński-Boy, Warszawa 1985).
[13] Katarzyna Kolenda-Zaleska, *Podróże z Panią Wisławą*, „Gazeta Wyborcza", 4 lutego 2012.

ROZDZIAŁ 19
W Sztokholmie na papierosie z królem

[1] Tomasz Jastrun, *W szponach Nobla*, „Twój Styl" 1997, nr 12.
[2] Mirosław Koźmin, Marek Sołtysik, *Wolałabym mieć sobowtóra*, „Super Express", 5–6 października 1996.
[3] Zob. Tomasz Fiałkowski, *Stan oblężenia*, „Tygodnik Powszechny", 13 października 1996.
[4] Andrzej Klominek, *O Adamie*, w: *Godzina dla Adama. Wspomnienia, wiersze, przekłady*, Kraków 2000.
[5] Aleksander Ziemny, *Poezja i rynek*, „Ty i Ja", listopad 1970.
[6] Piotr Cegielski, *Jutro literacki Nobel '96*, „Gazeta Wyborcza", 2 października 1996.
[7] Stanisław Barańczak, *Wstęp. „Muzyka tego, co się dzieje"*, w: Seamus Heaney, *44 wiersze*, Kraków 1995.
[8] Bogusława Latawiec, *Kogo róża pocałuje*, „Odra" 1998, nr 4.
[9] Wieczór z okazji promocji wydanej w Wydawnictwie a5 antologii wierszy Wisławy Szymborskiej *Widok z ziarnkiem piasku* i zbioru kilkudziesięciu tekstów krytycznych o jej poezji *Radość czytania Szymborskiej* wydanego przez Znak.
[10] Zob. Jacek Trznadel, w cyklu „Wśród książek": Wisława Szymborska, *„Dlatego żyjemy"*, „Twórczość", marzec 1953; Wisława Szymborska, *„Pytania zadawane sobie"*, „Twórczość", grudzień 1954.
[11] Oświadczenie z 15 czerwca 1992.
[12] Andrew Nagorski, *A life „Upside-Down"*, „Newsweek", 10 lutego 1997.
[13] Bogusława Latawiec, *Kogo róża pocałuje*, dz. cyt.
[14] Zob. Marzena Bomanowska, *Szymborska w kobaltowej etoli*, „Gazeta w Łodzi", dodatek do „Gazety Wyborczej", 3 grudnia 1996; Zofia Kraszewska, *Ubierałam Wisławę Szymborską*, rozmowa z Anną Skórską, projektantką mody, „Angora", 15 grudnia 1996.
[15] Piotr Cegielski, *Szymborska w Sztokholmie*, „Gazeta Wyborcza", 7 grudnia 1996; Elżbieta Sawicka, *Nie umiem pisać przemówień*, „Rzeczpospolita", 7–8 grudnia 1996; Ewa Johnson, *Wisława Szymborska już w Sztokholmie*, „Życie", 4–8 października 1996.
[16] Bogusława Latawiec, *Kogo róża pocałuje*, dz. cyt.
[17] Tamże.
[18] Piotr Cegielski, *Wisława Szymborska wśród Szwedów*, „Gazeta Wyborcza", 12 grudnia 1996.
[19] Zob. Bogusława Latawiec, *Kogo róża pocałuje*, dz. cyt.
[20] Piotr Cegielski, *Noblowska próba*, „Gazeta Wyborcza", 11 grudnia 1996.
[21] Zob. Jerzy Illg, *Sztokholm wzięty*, „Tygodnik Powszechny", 22–29 grudnia 1996.
[22] Piotr Cegielski, *Wisława Szymborska wśród Szwedów*, dz. cyt.

PRZYPISY

[23] Wisława Szymborska, *Lektury nadobowiązkowe*, Kraków 1996 (o: Władysław Kopaliński, *Opowieści o rzeczach powszednich*, Warszawa 1994).
[24] Leonard Neuger, *Znaki odroczenia*, „Tygodnik Powszechny", 12 lutego 2012.
[25] *Jestem osobą kameralną*, z Wisławą Szymborska rozmawiają Marcin Baran i Albrecht Lempp, „Przekrój", 29 października 2000.
[26] Bogusława Latawiec, *Zmęczona tryumfem*, „Głos Wielkopolski", 10 grudnia 1996.

ROZDZIAŁ 20
Pierwsza Poetka i jej Pierwszy Sekretarz

[1] Wisława Szymborska, *Nowe lektury nadobowiązkowe 1997–2002*, Kraków 2002 (o: *Einstein w cytatach*, red. Alice Calaprice, tłum. Marek Krośniak, Warszawa 1997).
[2] List Wisławy Szymborskiej, „Gazeta Wyborcza", 31 stycznia–1 lutego 1998.
  Po tym sprostowaniu ujawnił się prawdziwy autor i w liście do „Gazety Wyborczej" wyjaśnił, że to literacka prowokacja, że chodziło mu o „ośmieszenie bezkrytycznych krytyków i czytelników, dla których jedynym kryterium oceny utworów jest magia nazwiska".
[3] Zob. Wisława Szymborska, *Nowe lektury nadobowiązkowe 1997–2002*, dz. cyt. (o: Andrzej Falniowski, *Drogi i bezdroża ewolucji mięczaków*, Kraków 2001).
[4] Jan Cywiński, *Sama sobie sekretarzem*, „Gazeta Wyborcza", 2 kwietnia 2012.
[5] *Poeta jest, bo są wiersze*, z Michałem Rusinkiem rozmawia Małgorzata Niemczyńska, „Gazeta Wyborcza", 3 lutego 2012.
[6] *Moje życie z Szymborską*, z Michałem Rusinkiem rozmawia Jacek Nizinkiewicz, „Przegląd", 16 stycznia 2011, nr 2.

ROZDZIAŁ 21
Dwoje noblistów w jednym Krakowie

[1] Wisława Szymborska, *Onieśmielenie*, „Gazeta Wyborcza", 30 czerwca–1 lipca 2001. Przedruk w: Wisława Szymborska, *Nowe lektury nadobowiązkowe 1997–2002*, Kraków 2002.
[2] Tamże.
[3] Tamże.
[4] List Czesława Miłosza do autorek ze stycznia 1997.
[5] Czesław Miłosz, *A nie mówiłem?*, „Tygodnik Powszechny" 1996, nr 41.
[6] Tamże.
[7] *Lekcja zdziwienia światem*, wywiad telewizyjny przeprowadzony przez Teresę Walas, TVP, Program I, Pegaz, 2 października 1996, cyt. za: *Radość czytania Szymborskiej. Wybór tekstów krytycznych*, red. Stanisław Balbus, Dorota Wojda, Kraków 1996.
[8] Tomasz Jastrun, *W szponach Nobla*, „Twój Styl" 1997, nr 12.
[9] Marcin Piasecki, *Królewskie spotkanie*, „Gazeta Wyborcza", 10–11 maja 1997.
[10] Czesław Miłosz, *Wypisy z ksiąg użytecznych*, Kraków 1994.
[11] Czesław Miłosz, *Szymborska i Wielki Inkwizytor*, „Dekada Literacka" 2003, nr 5–6.

[12] *Trochę ciszy dla poezji*, z Wisławą Szymborską rozmawiał Dariusz Wieromiejczyk, „Życie", 5–6 października 1996.
[13] *Poetka wątpliwości*, rozmawiał José Comas, „El País", 20 listopada 2004, cyt. za: „Forum", 3–9 stycznia 2005.
[14] *Jestem po stronie ludzi*, rozmawiali Anna Rudnicka i Tadeusz Nyczek, „Gazeta Wyborcza", 7 października 1996.
[15] Jerzy Illg, *Mój znak. O noblistach, kabaretach, przyjaźniach, książkach, kobietach*, Kraków 2010.
[16] *Czy poeci mogą się lubić*, Irena Grudzińska rozmawia z Czesławem Miłoszem, „Gazeta Wyborcza", 5 września 1998.
[17] Wisława Szymborska, *Onieśmielenie*, dz. cyt.
[18] Teresa Walas na wieczorze wspomnień przyjaciół Wisławy Szymborskiej w MOCAK-u, Kraków, 9 lutego 2012.
[19] *Święto literatury*, z Wisławą Szymborską rozmawiał Piotr Najsztub, „Przekrój", 5 września 2004.

ROZDZIAŁ 22
O śmierci bez przesady i niedokończonych wierszach

[1] Julian Kornhauser, *Notatki w czasie lektury* Ludzi na moście Wisławy Szymborskiej, „Odra", marzec 1989, nr 3.
[2] Wypowiedź Wisławy Szymborskiej na konferencji „Życie i twórczość Kornela Filipowicza", 27–29 października 1998, cyt. za: *Kornel Filipowicz. Szkice do portretu*, Kraków 2000.
[3] *Moje życie z Szymborską*, z Michałem Rusinkiem rozmawia Jacek Nizinkiewicz, „Przegląd", 16 stycznia 2011, nr 2.
[4] *Będę się bronić*, z Wisławą Szymborską rozmawiała Gabriela Łęcka, „Polityka", 12 października 1996.
[5] Zob. Michał Głowiński, *Obrazek z wakacji i wielkie znaczenie. O poezji Wisławy Szymborskiej*, w: tenże, *Monolog wewnętrzny Telimeny i inne szkice*, Warszawa 2007.
[6] Małgorzata Baranowska, *Tajemnica i istota dwukropka*, „Gazeta Wyborcza", 28 września 2006.
[7] Tadeusz Nyczek, *Instrukcja obsługi bycia sobie raz*, „Przekrój", 24 listopada 2005.
[8] Jerzy Pilch, *O nowym tomiku Szymborskiej*, „Dziennik", 6 lutego 2009.
[9] *Samochody płoszą się dziś na widok konia*, z Wisławą Szymborską rozmawiała Joanna Szczęsna, „Gazeta Wyborcza", 27 stycznia 2009.
[10] Michał Rusinek na wieczorze wspomnień przyjaciół Wisławy Szymborskiej w MOCAK-u, Kraków, 9 lutego 2012.

Kalendarium

1923 **2 lipca** W Kórniku pod Poznaniem Annie Marii z domu Rottermund i Wincentemu Szymborskiemu, zarządcy dóbr hr. Zamoyskiego, rodzi się córka.

2 września Córka państwa Szymborskich otrzymuje na chrzcie imiona Maria Wisława Anna.

1924 Po przejściu na emeryturę Wincenty Szymborski z żoną i córkami, starszą Marią Nawoją i młodszą Marią Wisławą, przenosi się do Torunia.

1929 Rodzina osiedla się na stałe w Krakowie na ulicy Radziwiłłowskiej, w kamienicy kupionej przez Wincentego Szymborskiego.

1930 Wisława, zwana Ichną, idzie do I klasy w Szkole Powszechnej im. Józefy Joteyko na ulicy Podwale.

1935 Rozpoczyna naukę w Gimnazjum Sióstr Urszulanek na ulicy Starowiślnej.

1936 W wieku 66 lat umiera Wincenty Szymborski.

1941 Wiosną Wisława robi maturę na tajnych kompletach.

1942 **28 lutego** Tą datą opatrzony jest pierwszy zachowany wiersz Wisławy Szymborskiej zatytułowany „Topielec. Poemat epiczny w II pieśniach".

1943 Wisława Szymborska zatrudnia się jako urzędniczka na kolei, aby uniknąć wywózki na roboty do Niemiec.

1944 Niektóre z wierszy napisanych w tym roku Wisława Szymborska uzna po wojnie za godne druku.

1945 **14 marca** Debiutuje na łamach „Walki" – dodatku do „Dziennika Polskiego" – wierszem „Szukam słowa", który redakcja, uznając go za zbyt przegadany, skróciła o połowę.

Jesień Rozpoczyna studia na Uniwersytecie Jagiellońskim, najpierw na polonistyce, potem na socjologii. Żadnego z tych kierunków nie ukończy.

PAMIĄTKOWE RUPIECIE

1947–1948 Pracuje jako sekretarz redakcji dwutygodnika oświatowego „Świetlica Krakowska", robi ilustracje do książek.

1948 **Kwiecień** Wychodzi za mąż za Adama Włodka, poetę, tłumacza, krytyka literackiego, i przenosi się z domu rodzinnego do Domu Literatów na ulicy Krupniczej 22, gdzie po wojnie zgrupowano pisarzy.

1950 Wstępuje do Polskiej Zjednoczonej Partii Robotniczej.

1952 Ukazuje się tomik *Dlatego żyjemy* (Czytelnik; nakład 1140 egzemplarzy), na podstawie którego Wisława Szymborska zostaje przyjęta do Związku Literatów Polskich. Do późniejszych zbiorów poetka nie włączy żadnego wiersza z tej książki.

Wiersz z tego tomiku „Gdy nad kołyską Ludowej Konstytucji do wspomnień sięga stara robotnica" zostaje nagrodzony w konkursie ministra kultury i sztuki, ZLP i SDP.

1953 **Styczeń** Zostaje kierownikiem działu poezji w tygodniku „Życie Literackie".

Luty Podpisuje rezolucję członków ZLP potępiającą księży („zdrajców Ojczyzny"), skazanych za szpiegostwo w sfingowanym procesie Kurii krakowskiej.

Marzec Po śmierci Józefa Stalina w specjalnym numerze „Życia Literackiego" ukazuje się wiersz Szymborskiej „Ten dzień", za który po latach będzie zaciekle atakowana w wolnej Polsce. „Napisałam go ze szczerego serca, tego się nie da dziś zrozumieć" – powie, wspominając ten czas.

1954 Rozwodzi się z Adamem Włodkiem, z którym pozostanie w przyjaźni aż do jego śmierci.

Wiosna W ramach wymiany kulturalnej po raz pierwszy w życiu wyjeżdża za granicę – do Bułgarii. W czasie dwutygodniowego pobytu jej przewodnikiem jest Błaga Dimitrowa, tłumaczka, w latach 90. wiceprezydent Bułgarii.

Ukazuje się tomik *Pytania zadawane sobie* (Wydawnictwo Literackie) w nakładzie 1175 egzemplarzy.

Ukazuje się II wydanie tomiku *Dlatego żyjemy* (Czytelnik; nakład 2101 egzemplarzy).

Dostaje za oba wydane tomiki Nagrodę Literacką Miasta Krakowa.

1955 Za tomik *Pytania zadawane sobie* otrzymuje wyróżnienie przy Nagrodzie Państwowej.

Jesień W ramach wymiany kulturalnej wyjeżdża na Słowację na spotkanie z tamtejszymi pisarzami.

Dostaje Złoty Krzyż Zasługi za „osiągnięcia w dziedzinie literatury i sztuki".

KALENDARIUM

1957 **Jesień** Wyjeżdża po raz pierwszy na Zachód – na stypendium do Paryża.

Ukazuje się tomik *Wołanie do Yeti* (Wydawnictwo Literackie) w nakładzie 1135 egzemplarzy.

1958 **10 stycznia** Decyduje się na odważny gest i wraz z Janem Józefem Szczepańskim oraz Sławomirem Mrożkiem odwiedza w podparyskim Maisons-Laffitte Jerzego Giedroycia, redaktora paryskiej „Kultury".

1960 Zaczyna prowadzić w „Życiu Literackim" (wspólnie z Włodzimierzem Maciągiem) rubrykę *Poczta literacka*, w której odpowiada na nadsyłane do redakcji listy z rękopisami młodych aspirujących do roli pisarza.

Wyjeżdża z delegacją pisarzy polskich do Moskwy, Leningradu i Suchumi w Gruzji.

W wieku 71 lat umiera Anna Maria Szymborska.

1962 Ukazuje się tomik *Sól* (Państwowy Instytut Wydawniczy) w nakładzie 1750 egzemplarzy.

1963 **14–17 sierpnia** Uczestniczy w spotkaniach pisarzy polskich i duńskich na Uniwersytecie Ludowym w Krogerup pod Kopenhagą.

Jesień Opuszcza literacki kołchoz na Krupniczej 22 i przenosi się do kawalerki na piątym piętrze wieżowca na rogu ulic 18 Stycznia (dziś Królewskiej) i Nowowiejskiej, którą ze względu na rozmiary nazywała „szufladą".

Listopad Wyjeżdża z grupą pisarzy do Jugosławii. Zwiedza Dalmację, jedzie do Macedonii i odwiedza niedawno zniszczone przez trzęsienie ziemi Skopie.

Dostaje Nagrodę Ministra Kultury i Sztuki II stopnia za tomik *Sól*.

1964 Wraz z kilkuset innymi członkami Związku Literatów Polskich podpisuje kontrlist przeciwko sygnatariuszom tak zwanego Listu trzydziestu czterech, protestującym przeciw cenzurze i ograniczaniu wolności słowa. Już nigdy więcej nie stanie po tej samej stronie co władza.

Ukazują się *Wiersze wybrane* (Państwowy Instytut Wydawniczy) w nakładzie 4290 egzemplarzy.

1965 Na Międzynarodowym Festiwalu Piosenki w Sopocie Łucja Prus wykonuje piosenkę „Nic dwa razy się nie zdarza" do słów Wisławy Szymborskiej (poetka po raz pierwszy wyraziła zgodę na wykonanie piosenki do jej wiersza, a nawet na zmianę w drugim wersie. I tak zamiast: „Nic dwa razy się nie zdarza / i nie zdarzy. Z tej przyczyny", Łucja Prus śpiewa: „Nic dwa razy się nie zdarza / i zapewne z tej przyczyny").

1966 Wisława Szymborska odsyła legitymację partyjną w geście solidarności z wyrzuconym z PZPR Leszkiem Kołakowskim i traci stanowisko kierownika działu poezji oraz etat w „Życiu Literackim".

1967 **11 czerwca** W „Życiu Literackim" ukazuje się pierwszy felieton z cyklu *Lektury nadobowiązkowe*, który będzie pisać – z krótszymi i dłuższymi przerwami i z różną częstotliwością – do roku 2002. Omawia w nich (w jednym akapicie objętości stroniczki) książki, dziś powiedzielibyśmy, spoza „głównego nurtu", zwykle pomijane przez recenzentów.

Jesień Pobyt w Paryżu i na południu Francji oraz w Hiszpanii.

Ukazuje się tomik *Sto pociech* (Państwowy Instytut Wydawniczy) w nakładzie 3225 egzemplarzy.

Wychodzi zbiór *Poezje wybrane* (Ludowa Spółdzielnia Wydawnicza, seria Biblioteka Poetów XX Wieku) w nakładzie 10 320 egzemplarzy w wyborze i z przedmową autorki.

1968 **Lato i jesień** Z powodu zagrożenia chorobą płuc Wisława Szymborska spędza kilka miesięcy w sanatorium przeciwgruźliczym.

1969 W albumach, do których przez całe życie wklejał fotografie Kornel Filipowicz, zdjęcia Szymborskiej zaczynają się pojawiać w roku 1969. Byli związani z sobą aż do śmierci Filipowicza w roku 1990.

12 czerwca Po raz pierwszy od wyjazdu w 1924 roku Wisława Szymborska odwiedza rodzinny Kórnik na zaproszenie Ryszarda Krynickiego, ówczesnego pracownika tamtejszej Biblioteki.

1970 Wyjeżdża do Belgii na Biennale Poezji w Knokke koło Ostendy.

Ukazują się *Poezje* (Państwowy Instytut Wydawniczy, seria: Biblioteka Poetów) w nakładzie 5260 egzemplarzy, z przedmową Jerzego Kwiatkowskiego.

Ukazuje się wybór poezji (Czytelnik, seria Poeci Polscy) w nakładzie 15 290 egzemplarzy.

1972 Ukazuje się tomik *Wszelki wypadek* (Czytelnik) w nakładzie 8280 egzemplarzy.

Wisława Szymborska wyjeżdża wraz z Kornelem Filipowiczem na Targi Książki do Frankfurtu nad Menem.

1973 **Kwiecień** Wyjeżdża wraz z Kornelem Filipowiczem na wieczory autorskie do Niemiec i Holandii.

KALENDARIUM

16 maja Ta data – „Dnia 16 maja 1973 roku" – to tytuł wiersza z tomiku *Koniec i początek*: „Jedna z tych wielu dat, / które nie mówią mi już nic. / Dokąd w tym dniu chodziłam, / co robiłam – nie wiem".

Ukazuje się pierwsze książkowe wydanie *Lektur nadobowiązkowych*, wielokrotnie w następnych latach wznawianych i uzupełnianych o nowe felietony.

Ukazuje się *Wybór wierszy* (Państwowy Instytut Wydawniczy, seria: Biblioteka Literatury XXX-lecia) w nakładzie 20 290 egzemplarzy.

1974 Wisława Szymborska dostaje Krzyż Kawalerski Orderu Odrodzenia Polski.

1975 Wisława Szymborska podpisuje memoriał do Sejmu PRL – tak zwany List pięćdziesięciu dziewięciu – w sprawie zmian w konstytucji. Intelektualiści protestują w nim przeciwko wpisaniu do konstytucji sojuszu ze Związkiem Radzieckim i kierowniczej roli PZPR.

Ukazuje się II wydanie *Wszelkiego wypadku* (Czytelnik) w nakładzie 10 265 egzemplarzy.

1976 W ramach represji za podpisanie Listu pięćdziesięciu dziewięciu SB zawiadamia biuro paszportowe, że należy „zastrzec wszelkie wyjazdy figuranta [Wisławy Szymborskiej] do krajów kapitalistycznych. Dotyczy to zarówno wyjazdów prywatnych jak i służbowych".

Ukazuje się tomik *Wielka liczba* (Czytelnik) w nakładzie 10 280 egzemplarzy.

Ukazuje się bibliofilski wybór poezji Szymborskiej – *Tarsjusz i inne wiersze* (Krajowa Agencja Wydawnicza) w nakładzie 860 numerowanych egzemplarzy. Tomik zawiera utwory, w których pojawiają się zwierzęta (dziobak, goryl, koliber, mątwa, modliszka, niedźwiedź, ośmiornica, stonoga, tarsjusz, zebra, żuk).

1977 Ukazuje się II wydanie tomiku *Wielka liczba* (Czytelnik) w nakładzie 10 290 egzemplarzy.

Ukazuje się II wydanie *Poezji* (Państwowy Instytut Wydawniczy, seria Biblioteka Poetów) w nakładzie 10 290 egzemplarzy.

1978 Szymborska podpisuje deklarację założycielską Towarzystwa Kursów Naukowych, instytucji związanej z Komitetem Obrony Robotników, prowadzącej niezależne wykłady z historii, literatury, ekonomii.

1979 Ukazuje się II wydanie *Wyboru wierszy* (Państwowy Instytut Wydawniczy, seria Biblioteka Literatury XXX-lecia) w nakładzie 30 315 egzemplarzy.

1980 Nie zapisuje się do NSZZ Solidarność („nie mam żadnych uczuć zbiorowych" – powie później).

PAMIĄTKOWE RUPIECIE

Listopad Podpisuje list do Rady Państwa z apelem o złagodzenie wyroków w sprawie braci Kowalczyków skazanych na wieloletnie więzienie za wysadzenie auli w WSP w Opolu.

1981 Nawiązuje współpracę z nowym krakowskim miesięcznikiem literackim „Pismo", w którym zastępcą redaktora naczelnego jest Kornel Filipowicz.

Grudzień Po ogłoszeniu stanu wojennego zrywa współpracę z „Życiem Literackim" i jej nazwisko definitywnie znika ze stopki.

1982 Jesień Przenosi się do dwupokojowego mieszkania w bloku na ulicy Chocimskiej (czwarte piętro bez windy).

1983 Wierszem „Schyłek wieku" rozpoczyna współpracę z „Tygodnikiem Powszechnym".

4 grudnia W siedzibie krakowskiego Klubu Inteligencji Katolickiej poetka dyskretną pochwałą konspiracji – wierszem „Głos w sprawie pornografii" – otwiera pierwszy numer niezależnego od cenzury mówionego pisma „NaGłos", z którym będzie odtąd współpracować. Poświęcone Wisławie Szymborskiej specjalne numery drukowanego „NaGłosu" ukażą się w roku 1993 (nr 12) i 1996 (nr 24).

Ukazuje się II wydanie *Poezji wybranych* w wyborze autorki (Ludowa Spółdzielnia Wydawnicza) w nakładzie 10 330 egzemplarzy.

1985 Maj W paryskiej „Kulturze" i podziemnej „Arce" Szymborska publikuje pod pseudonimem Stańczykówna wiersz „Dialektyka i sztuka", którego nigdy później nie włączy do żadnego zbioru swoich wierszy.

1986 27 stycznia Umiera Adam Włodek, były mąż i jeden z najbliższych przyjaciół Wisławy Szymborskiej.
Po dziesięcioletniej przerwie ukazuje się nowy tomik wierszy *Ludzie na moście* (Czytelnik) w nakładzie 20 320 egzemplarzy. Uhonorowany zostanie Nagrodą Kulturalną podziemnej Solidarności oraz nagrodą miesięcznika „Odra" (ministerialną nagrodę Funduszu Literackiego poetka odrzuca).

1987 Ukazuje się III wydanie *Poezji* (Państwowy Instytut Wydawniczy, seria Biblioteka Poetów) w nakładzie 50 200 egzemplarzy.

1988 Wisława Szymborska jest wśród członków założycieli Stowarzyszenia Pisarzy Polskich, skupiającego twórców związanych z opozycją.

Zostaje przyjęta w poczet członków Pen Clubu.

Ukazuje się II wydanie *Ludzi na moście* (Czytelnik) w nakładzie 20 000 egzemplarzy.

KALENDARIUM

1989 Ukazują się *Poezje. Poems* (Wydawnictwo Literackie), edycja polsko-angielska.

1990 **28 lutego** Umiera Kornel Filipowicz.

Wisława Szymborska otrzymuje przyznaną przez jury Nagrody Kościelskich Nagrodę im. Zygmunta Kallenbacha (zmarłego prezesa Fundacji Kościelskich) za tom *Ludzie na moście* uznany za najwybitniejszą książkę dziesięciolecia.

1991 **28 sierpnia** W kościele św. Pawła we Frankfurcie nad Menem odbywa się uroczystość wręczenia Wisławie Szymborskiej prestiżowej Nagrody Goethego, której laureatami byli wcześniej między innymi Zygmunt Freud, Karl Jaspers, Hermann Hesse, Tomasz Mann.

Wisława Szymborska wyjeżdża do Pragi na spotkania autorskie zorganizowane przez tamtejszy Instytut Polski i ambasadę. Jazda samochodem na trasie Kraków – Bratysława – Praga wraz z konsulem (i poetą) Zbigniewem Machejem zyskała miano „mitycznej podróży limerycznej", oboje bowiem przez całą drogę układali limeryki.

1992 **10 września** Przyjeżdża do Poznania na wieczór autorski w ramach Czwartków Literackich w pałacu Działyńskich. Odwiedza rodzinny Kórnik.

21 października Bierze udział w dedykowanym Czesławowi Miłoszowi wieczorze autorskim „NaGłosu" w pałacu Pugetów w Krakowie.

1993 **Maj** Wyjeżdża do Sztokholmu na wieczór autorski w królewskim Teatrze Dramatycznym.

27 października Uczestniczy w Poznaniu w wieczorze autorskim „NaGłosu" dedykowanym Stanisławowi Barańczakowi.

Wyjeżdża do Londynu na spotkanie autorskie zorganizowane przez Instytut Polski.

Wydaje tomik *Koniec i początek* (Wydawnictwo a5), a w nim wiersz tren napisany po śmierci Filipowicza „Kot w pustym mieszkaniu".

1995 **Maj** Odbiera w Poznaniu doktorat *honoris causa* Uniwersytetu im. Adama Mickiewicza. Profesor Edward Balcerzan w swojej laudacji mówi: „Poezja Wisławy Szymborskiej to poezja wielkich pytań. Krytycy odnajdują w niej inspiracje filozoficzne, przy czym jest to filozofia bez ograniczeń i zawężeń, niedająca się sprowadzić do egzegezy języka, niepomniejszona do wymiarów gry definicyjnej, szeroko otwarta na metafizykę, podejmującą spór o istnienie świata".

Wisława Szymborska zostaje członkiem Polskiej Akademii Umiejętności (w poprzednim roku przepadła w głosowaniu, gdy wyciągnięto jej „stalinowską przeszłość").

PAMIĄTKOWE RUPIECIE

Otrzymuje austriacką Nagrodę Herdera. Laudację wygłasza profesor uniwersytetu w Getyndze Reinhard Lauer, który mówi: „Jej poezja trzyma w napięciu, nie można się jej naczytać do syta. A podczas czytania umysł się odświeża i rozjaśnia, nie sposób nie odkryć, że *ésprit polonais* jest rodzaju żeńskiego".

1996 **Styczeń** Ukazuje się zbiór opowiadań Kornela Filipowicza *Rzadki motyl* w wyborze i z przedmową Wisławy Szymborskiej.

30 września Wisława Szymborska dostaje nagrodę Pen Clubu za całokształt twórczości poetyckiej.

Ukazuje się autorski wybór wierszy *Widok z ziarnkiem piasku* (Wydawnictwo a5).

3 października Akademia Szwedzka honoruje Wisławę Szymborską literacką Nagrodą Nobla. W uzasadnieniu czytamy: „Jej poezja z ironiczną precyzją odsłania prawa biologii i działania historii we fragmentach ludzkiej rzeczywistości".

10 listopada Poetka bierze udział w spotkaniu autorskim na Dużej Scenie Starego Teatru w Krakowie, które jest promocją wyboru jej wierszy *Widok z ziarnkiem piasku* oraz wydanego przez Znak zbioru najważniejszych tekstów krytycznych o jej poezji *Radość czytania Szymborskiej*.

6 grudnia Wisława Szymborska jedzie na tydzień do Sztokholmu na uroczystości związane z wręczaniem Nagród Nobla (10 grudnia). W swoim noblowskim wykładzie mówi: „Wysoko sobie cenię dwa małe słowa. »nie wiem«. Małe, ale mocno uskrzydlone".

1997 **Kwiecień** Odwiedza w Darmstadt swego tłumacza na niemiecki Karla Dedeciusa. Wyjeżdżają do Frankfurtu i Berlina na spotkania z czytelnikami.

9 maja Bierze udział – wraz z Czesławem Miłoszem – w Warszawskich Dniach Literatury. Spotkanie dwójki noblistów z publicznością odbywa się na Zamku Królewskim.

18 czerwca Umiera siostra Szymborskiej Nawoja.

4–6 października Wraz z Czesławem Miłoszem Szymborska patronuje krakowskiemu Spotkaniu Poetów Wschodu i Zachodu.

5 października Jest gospodynią wieczoru poezji w synagodze Tempel, gdzie – wraz z poetami z różnych stron świata – czyta swoje wiersze. Między wierszami improwizuje na trąbce Tomasz Stańko, który odtąd będzie zapraszany przez poetkę, by grał na jej wieczorach autorskich.

6 października W Teatrze im. Słowackiego na pożegnalnym wieczorze spotkań Szymborska czyta swoje limeryki.

KALENDARIUM

Listopad Przeprowadza się do trzypokojowego mieszkania w nowoczesnym bloku na ulicy Piastowskiej.

1998 **31 stycznia** Wysyła do „Gazety Wyborczej" oświadczenie, że krążący po Polsce przypisywany jej wiersz „Jak ja się czuję" nie jest jej autorstwa.

11 marca Na specjalnej sesji Rady Miasta zostaje uhonorowana tytułem honorowego obywatela Krakowa „za zasługi w rozwijaniu piękna języka polskiego oraz rozsławienie kultury polskiej i miasta Krakowa".

27–29 października Bierze udział w konferencji „Życie i twórczość Kornela Filipowicza" w Wyższej Szkole Pedagogicznej w Krakowie.

1999 **22 października** Uczestniczy w Centrum Kultury Żydowskiej w promocji książki Joanny Helander *Gdyby ta Polka była w Szwecji* – albumu będącego fotograficznym zapisem jej wizyty w Szwecji na uroczystościach wręczania Nagrody Nobla.

2000 **Maj** Ukazują się *Wiersze wybrane* (Wydawnictwo a5) w wyborze i układzie autorki. Kolejne, uzupełniane wydania będą się ukazywały w następnych latach.
Wraz z Joanną i Jerzym Illgami oraz Marią Makuch Wisława Szymborska wyjeżdża na tydzień zwiedzać Wenecję.

Październik Wychodzi drukiem pamiętnik dziadka Wisławy Antoniego Szymborskiego – *Burzliwe fortuny obroty* (Znak) – który jako nastolatek brał udział w Powstaniu Wielkopolskim, potem zdobywał szlify oficerskie pod komendą generała Bema na Węgrzech, wreszcie dowodził oddziałem w Powstaniu Styczniowym. W międzyczasie włóczył się po całej Europie, a nawet był poszukiwaczem złota w Kalifornii.

3 października Wisława Szymborska uczestniczy w spotkaniu noblistów w Wilnie. Czesław Miłosz i Günter Grass (a także Tomas Venclova) biorą tam udział w debacie na temat stosunków narodowościowych w Europie Środkowej i Wschodniej, Szymborska czyta wiersz „Nienawiść".

17 października Wraz z Czesławem Miłoszem, a także ministrami spraw zagranicznych Władysławem Bartoszewskim i Joschką Fischerem, Wisława Szymborska otwiera polski rok na Międzynarodowych Targach Książki we Frankfurcie.

27 października Bierze udział w spotkaniu w krakowskiej PWST, gdzie promowana jest książka jej dziadka Antoniego („nie miałam go okazji poznać, bo urodziłam się czterdzieści lat po jego śmierci").

Listopad Ukazuje się *Poczta literacka, czyli jak zostać (lub nie zostać) pisarzem* (Wydawnictwo Literackie) – przygotowany przez Teresę Walas wybór co śmieszniejszych odpowiedzi z rubryki, którą Szymborska prowadziła w „Życiu Literackim" przez blisko dziesięć lat.

PAMIĄTKOWE RUPIECIE

10–13 listopada Wisława Szymborska wraz z Czesławem Miłoszem patronuje Drugim Spotkaniom Poetów „Poezja między piosenką a modlitwą".

10 listopada Uczestniczy w wieczorze poezji w kościele św. Katarzyny i czyta swoje wiersze.

10 grudnia Bierze udział w wieczorze promocyjnym *Poczty literackiej*, który odbywa się w Sali Mehofferowskiej Wydawnictwa Literackiego.

Z inicjatywy Wisławy Szymborskiej ukazuje się *Godzina dla Adama* (Wydawnictwo Literackie), książka wspomnień o Adamie Włodku. Wisława Szymborska – oprócz napisania wspomnienia – zrobiła dla tej publikacji wybór jego wierszy.

2001 Wisława Szymborska przyjmuje godność członka honorowego Amerykańskiej Akademii Sztuki i Literatury. „Zazwyczaj staram się unikać wszelkich godności, honorów, tytułów, ponieważ wprawiają mnie one w zakłopotanie – mówiła w czasie uroczystości wręczenia dyplomu w konsulacie amerykańskim w Krakowie. – Ale w tym przypadku próżność zwyciężyła".

2002 **Sierpień** Ukazuje się tomik *Chwila* (Znak), pierwszy po Noblu.

14 września Wisława Szymborska przyjeżdża do Warszawy na promocję *Chwili* w radiowym Studiu im. Agnieszki Osieckiej.

Wrzesień Wychodzi kolejny (szósty już) tom felietonów *Nowe lektury nadobowiązkowe* (Wydawnictwo Literackie).

18 września W Sali Mehofferowskiej Wydawnictwa Literackiego odbywa się wieczór promocyjny felietonów Szymborskiej, na którym zaproszeni krytycy recenzują felietony poetki.

24 października Wisława Szymborska bierze udział w wieczorze autorskim w krakowskiej PWST i czyta wiersze z *Chwili*.

2003 **Maj** Wyjeżdża do Sztokholmu na promocję nowego wyboru swoich wierszy w przekładach Andersa Bodegårda.
Otrzymuje nominację do nagrody Nike za tomik *Chwila*, który znajdzie się w finałowej „siódemce".
Ukazuje się zbiór żartobliwych wierszyków noblistki *Rymowanki dla dużych dzieci* (Wydawnictwo a5), z gatunkami klasycznymi, takimi jak limeryk czy epitafium, ale też utworzonymi przez samą Szymborską (moskaliki, lepieje, odwódki, altruitki, podsłuchańce).

9 czerwca Wieczór poetycki Wisławy Szymborskiej w Muzeum Sztuki i Techniki Japońskiej Manggha w Krakowie w związku z ukazaniem się *Rymowanek dla dużych dzieci* oraz *Wyboru wierszy* (Wydawnictwo a5).

KALENDARIUM

27 października Wisława Szymborska jedzie do Cieszyna na uroczystości odsłonięcia tablicy dla uczczenia pamięci Kornela Filipowicza w związku z 90. rocznicą jego urodzin.

7 listopada Wyjeżdża do Włoch na zorganizowany przez Jarosława Mikołajewskiego, dyrektora Instytutu Polskiego w Rzymie, wieczór autorski.

Ukazuje się bibliofilskie wydanie tomiku: Wisława Szymborska, *Wiersze*, Elka Hołoweńko-Matuszewska, *Zielniki* (Wydawnictwo Bosz).

2004 **9–16 grudnia** Zaproszona na obchody 700-lecia gminy żydowskiej w Krakowie Wisława Szymborska spędza tydzień w Izraelu.

2005 **Maj** Wyjazd do Turynu i Genui na spotkania autorskie.

14 września W ramach spotkań „Zawsze Poezja" Jerzy Illg prowadzi w synagodze Tempel wieczór poetycki, w którym biorą udział Yusef Komunyakaa, Edward Hirsch, Ryszard Krynicki. Wisława Szymborska czyta swoje najnowsze wiersze, które wejdą do tomiku *Dwukropek*. Oprawę muzyczną wieczoru tworzy Janusz Muniak Quartet.

Październik Wisława Szymborska zostaje uhonorowana Złotym Medalem „Zasłużony Kulturze Gloria Artis".

Listopad Ukazuje się tomik wierszy *Dwukropek* (Wydawnictwo a5).

17 grudnia W Muzeum Sztuki i Techniki Japońskiej Manggha w Krakowie odbywa się wieczór autorski Wisławy Szymborskiej jednocześnie z promocją książki Tadeusza Nyczka *Tyle naraz świata. 27 × Szymborska* (Wydawnictwo a5).

2006 **Maj** *Dwukropek* otrzymuje nominację do nagrody Nike.

Wrzesień *Dwukropek* wygrywa nagrodę Nike w plebiscycie czytelników „Gazety Wyborczej".

2007 **Maj** Wisława Szymborska wyjeżdża do Włoch na spotkania autorskie. Zwiedza Sienę i Pizę w Toskanii oraz Rzym.

Ukazuje się zbiór opowiadań Kornela Filipowicza o tematyce żydowskiej w wyborze i z przedmową Wisławy Szymborskiej.
Wychodzi edycja polsko-niemiecka wyboru *Sto wierszy – sto pociech* (Wydawnictwo Literackie).

2008 Ukazuje się tematyczny wybór poezji *Miłość szczęśliwa i inne wiersze* (Wydawnictwo a5).

14 lutego W walentynki w Muzeum Sztuki i Techniki Japońskiej Manggha w Krakowie odbywa się wieczór poezji miłosnej, na którym Wisława Szymborska czyta swoje wiersze.

Kwiecień Na zaproszenie Instytutu Polskiego w Rzymie Wisława Szymborska wyjeżdża na Sycylię na wieczory autorskie w Palermo i Katanii.

Lipiec Odwiedza miejscowość Limerick w Irlandii oraz jedzie do Amsterdamu i Hagi, gdzie ogląda w tamtejszych muzeach obrazy ukochanego Vermeera, a wszystko to nagrywa Katarzyna Kolenda-Zaleska do dokumentalnego filmu o noblistce.

Listopad Ukazuje się biograficzno-albumowa publikacja *Wisławy Szymborskiej dary przyjaźni i dowcipu. Teksty i wyklejanki poetki z kolekcji Ryszarda Matuszewskiego* (Oficyna Wydawnicza AURIGA), nakład 4000 egzemplarzy.

2009 **Styczeń** Ukazuje się tomik *Tutaj* (Znak).

27 stycznia W budynku Opery Krakowskiej odbywa się wieczór autorski z okazji wydania tomiku *Tutaj*. Poetce towarzyszy na trąbce Tomasz Stańko.

Marzec/kwiecień W Bolonii i Udine odbywają się wieczory autorskie poetki.

23 października Wieczór poetycki Wisławy Szymborskiej, Seamusa Heaneya i Tomasa Venclovy inauguruje pierwszą edycję Festiwalu Literackiego im. Czesława Miłosza.

2010 **Maj** Wisława Szymborska wyjeżdża do Pragi na Targi Książki.

4 maja Wyjeżdża do Cieszyna na przegląd filmów „Kino na Granicy", by uczestniczyć w projekcji filmów zrobionych na podstawie adaptacji opowiadań Kornela Filipowicza.

Tomik *Tutaj* zostaje nominowany do literackiej nagrody Nike. Poetka apeluje do jury, aby nie brali jej pod uwagę.

Wrzesień Ukazuje się w Wydawnictwie Agora czteropłytowy album z nagraniami Wisławy Szymborskiej czytającej swoje wiersze (41 utworów), a także z piosenkami, które do jej wierszy śpiewa dziewięciu wykonawców, oraz z filmem Katarzyny Kolendy-Zaleskiej *Chwilami życie bywa znośne – przewrotny portret Wisławy Szymborskiej*.

27 października Odbywa się transmitowany na żywo wieczór autorski Wisławy Szymborskiej w radiowym Studiu im. Agnieszki Osieckiej w ramach programu *Klub Trójki*.

Z inicjatywy Wisławy Szymborskiej wychodzi książka *Byliśmy u Kornela. Rzecz o Kornelu Filipowiczu* (Wydawnictwo Literackie), a w niej jej wiersz „Portret z pamięci".

KALENDARIUM

2011 **Styczeń** Wisława Szymborska zostaje uhonorowana najwyższym odznaczeniem państwowym – Orderem Orła Białego.

14 maja Ostatni publiczny występ Wisławy Szymborskiej: w czasie drugiej edycji Festiwalu Literackiego im. Czesława Miłosza czyta w kościele Bożego Ciała wiersze wraz z Julią Hartwig, Larsem Gustafssonem i Aśokiem Wadźpejim.

Wrzesień Ukazuje się tematyczny wybór wierszy Wisławy Szymborskiej *Milczenie roślin* z fotografiami Joanny Gromek-Illg (Znak).

2012 **1 lutego** Wisława Szymborska umiera we śnie w swoim mieszkaniu.

Kwiecień Ukazuje się tomik wierszy *Wystarczy* (Wydawnictwo a5).

Oprac. Joanna Szczęsna

Bibliografia

BIBLIOGRAFIA PODMIOTOWA

Układ bibliografii w obrębie poszczególnych lat:
I. Książki
II. Wiersze i proza
III. Tłumaczenia
IV. Recenzje
V. Wypowiedzi na temat własnej twórczości, wywiady, dyskusje
VI. Inne

Skróty tytułów książek Wisławy Szymborskiej:

NZ   – „niewydany zbiór"
DŻ   – *Dlatego żyjemy*
PZS – *Pytania zadawane sobie*
WdY – *Wołanie do Yeti*
S   – *Sól*
SP   – *Sto pociech*
WW – *Wszelki wypadek*
WL – *Wielka liczba*
LnM – *Ludzie na moście*
KiP – *Koniec i początek*
Ch   – *Chwila*
RDD – *Rymowanki dla dużych dzieci*
Dw – *Dwukropek*
T   – *Tutaj*
W   – *Wystarczy*

1945

II.
Szukam słowa, „Walka" nr 3 („Dziennik Polski" nr 39), s. 3 (NZ)
Krucjata dzieci, „Walka" nr 5 („Dziennik Polski" nr 53), s. 3 [w 1946 r. opubl. pt. *Dzieci warszawskie (1944)*, „Świetlica Krakowska" nr 19, s. 295] (NZ)

BIBLIOGRAFIA PODMIOTOWA

*** (Świat umieliśmy kiedyś na wyrywki...), „Dziennik Polski" nr 72, s. 3 [w 1946 r. opubl. pt. Wiedza o świecie, „Świetlica Krakowska" nr 16, s. 243] (NZ)
O coś więcej, „Walka" nr 10 („Dziennik Polski" nr 85), s. 5 (NZ)
Pokój (Wiersz napisany w przeddzień ogłoszenia kapitulacji Niemiec), „Dziennik Polski" nr 104, s. 5 (NZ)
Janko Muzykant. Pamięci poległego, „Inaczej" (Jednodniówka literacko-społeczna, Kraków), wrzesień, s. 8 [w 1946 r. część opubl. pt. Fragment poematu, „Świetlica Krakowska" nr 19, s. 295] (NZ)

1946
II.
Z „Autobiografii Dnia", „Odrodzenie" nr 5, s. 4 (NZ)
Fragment poematu, „Świetlica Krakowska" nr 19, s. 295 [fragm. utworu Janko Muzykant z 1945 r.] (NZ)
Linia życia, „Świetlica Krakowska" nr 19, s. 295 (NZ)
Zaduszki, „Świetlica Krakowska" nr 19, s. 295 (NZ)

1947
II.
Miejsce na pomnik, „Pokolenie" nr 1, s. 3 (NZ)
Ulica Polna, „Pokolenie" nr 1, s. 3 (NZ)
Pamięć o styczniu 1945, „Głos Pracy" nr 80, s. 9 (NZ)

IV.
Teatr Miejski im. J. Słowackiego: Dom otwarty M. Bałuckiego, „Świetlica Krakowska" nr 4, s. 58
Stary Teatr: Promieniści K. Grzybowskiej, „Świetlica Krakowska" nr 5, s. 74
Teatr Miejski im. J. Słowackiego: Chory z urojenia Moliera, „Świetlica Krakowska" nr 7, s. 107–108
Stary Teatr: Ich czworo G. Zapolskiej, „Świetlica Krakowska" nr 8, s. 126

1948
II.
Pamięć o wrześniu 1939, „Dziennik Literacki" nr 2, s. 7 (NZ)
Pocałunek nieznanego żołnierza, „Dziennik Literacki" nr 2, s. 7 (NZ)
Skarga grzebienia, „Świetlica Krakowska" nr 4
Skarga gruszek na wierzbie, „Świetlica Krakowska" nr 4
Skarga fryzjera, „Świetlica Krakowska" nr 4
Transport Żydów 1943, „Dziennik Literacki" nr 17, s. 2 (NZ)
Zwycięstwo, „Dziennik Literacki" nr 24, s. 3 (NZ)
Niedziela w szkole, „Dziennik Literacki" nr 42, s. 1 (NZ)

IV.
Powieść w powieści – V. Řezáč, Krawędź – „Dziennik Literacki" nr 35, s. 5
Odmienne spojrzenie na obóz – T. Borowski, Pożegnanie z Marią – „Dziennik Literacki" nr 37, s. 5

V.
[*O rozumieniu i odczuwaniu wierszy. List czytelników do poetki i jej odpowiedź*] Próba obrony wiersza, „Dziennik Literacki" nr 46, s. 2 [dot. wiersza *Niedziela w szkole*]
[polemika:] *Początek szerszej dyskusji*, „Dziennik Literacki" nr 48, s. 7

VI.
A. Włodek, *Mruczek w butach*. Ilustr. W. Szymborska. Kraków: Horyzont

[rubryka „Czytamy czasopisma"]:
Walka nie zakończona, „Dziennik Literacki" nr 30, s. 4-5
Ludzie pióra w obliczu nowych spraw, „Dziennik Literacki" nr 31, s. 7
Wokoło nagrody „Odrodzenia", „Dziennik Literacki" nr 32, s. 7
Z trudnego frontu upowszechniania, „Dziennik Literacki" nr 33, s. 6
Trzy lata „Odry", „Dziennik Literacki" nr 34, s. 7
O Kongresie, „Dziennik Literacki" nr 37, s. 4-5
Obowiązki literatury niemieckiej, „Dziennik Literacki" nr 38, s. 5
Po Kongresie Intelektualistów, „Dziennik Literacki" nr 40, s. 5
Dobre pismo dla młodzieży, „Dziennik Literacki" nr 41, s. 7
Formalizm bez maski, „Dziennik Literacki" nr 43, s. 2
Oblicze młodego pokolenia, „Dziennik Literacki" nr 45, s. 7
Kultura w drodze do socjalizmu, „Dziennik Literacki" nr 47, s. 2
Czego uczy wymiana kulturalna polsko-radziecka, „Dziennik Literacki" nr 48, s. 4
Kongres Satyryków, „Dziennik Literacki" nr 49, s. 6
Geografia kulturalna, „Dziennik Literacki" nr 50, s. 3
Rozprawa o metodzie, „Dziennik Literacki" nr 51, s. 7
Zawsze z prostym człowiekiem, „Dziennik Literacki" nr 52, s. 7

1949

II.
Szycie sztandaru. Z poematu „Wędrówki", „Echo Tygodnia" nr 2, s. 2 (NZ)

III.
Pablo Neruda, *Pieśń do Bolivara* (z wersji fr.), „Dziennik Literacki" nr 19, s. 1
Alexandru Toma, *Pieśń rąk*, „Echo Tygodnia" nr 7, s. 5
Roger Garaudy, *Rewolucja filozofii*, „Echo Tygodnia" nr 8, s. 1
Mao-Tse-Tung, *Śnieg*, „Echo Tygodnia" nr 8, s. 1
Paul Eluard, *Niech ten, który mówi z daleka, zrozumie odpowiedź z bliska*, „Echo Tygodnia" nr 12, s. 5
Paul Eluard, *Z wierszy pisanych w Grecji: Prośba wdów i matek; Góra Grammos*, „Echo Tygodnia" nr 14, s. 2
Yves Farge, *Widziałem zbrodnię*, „Echo Tygodnia" nr 14, s. 2 [I cz. reportażu], „Echo Tygodnia" nr 15, s. 2 [II cz. reportażu]
Pablo Neruda, *Valparaiso (Fragment poematu pt. „Uchodźca")*, „Echo Tygodnia" nr 14, s. 4
Paul Eluard, *Twarda wola trwania (fragment)*, „Echo Tygodnia" nr 15, s. 2

Louis Aragon, *Pieśń do kolorowych zmarłych*, „Echo Tygodnia" 1 X, nr 26, s. 3
Pablo Neruda, *Zbieg (Fragmenty)*, „Twórczość" nr 11, s. 31–41

VI.
Sztuka, na jaką czekamy, „Dziennik Literacki" nr 4, s. 7

[rubryka „Czytamy czasopisma"]:
Ostatnie dzieło Mickiewicza, „Dziennik Literacki" nr 1, s. 5
Źródła i cele nowej kultury, „Dziennik Literacki" nr 4, s. 2
Miejsce człowieka w nowej literaturze, „Dziennik Literacki" nr 8, s. 9
„Rozum jest z nami", „Dziennik Literacki" nr 9, s. 11
Ślepy zaułek, „Dziennik Literacki" nr 10, s. 6
O wolności nauki, „Dziennik Literacki" nr 12, s. 2
„Tylko prawda jest wolą"; Plon tygodnia przyjaźni; Pierwsza jesień, „Dziennik Literacki" nr 13, s. 6
Nowy krok naprzód; Literatura od nowa, „Dziennik Literacki" nr 15, s. 5
Wspólny język walczących o pokój, „Dziennik Literacki" nr 17, s. 5
Bomba atomowa nie jest argumentem, „Dziennik Literacki" nr 20, s. 6
Do kultury i dobrobytu; Walka Byrona, „Dziennik Literacki" nr 21, s. 5
Pośmiertne zwycięstwo, „Dziennik Literacki" nr 23, s. 7

[teksty przeglądowo-publicystyczne w rubryce „Tak i Nie" w „Dzienniku Literackim"]
nr 7, s. 2; nr 8, s. 2; nr 9, s. 2; nr 15, s. 2

[rubryka „Co piszą inni?"]
Nauka z tragicznych doświadczeń, „Echo Tygodnia" nr 18, s. 5
Ostatni sprzymierzeniec, „Echo Tygodnia" nr 19, s. 4
O prawdziwe nowatorstwo, „Echo Tygodnia" nr 21, s. 3
Goethe – dzisiaj, „Echo Tygodnia" nr 22, s. 2
Muzyka – dla wszystkich, „Echo Tygodnia" nr 25, s. 5
Sprawy niemieckie, „Echo Tygodnia" nr 29, s. 2
Obrady i wnioski, „Echo Tygodnia" nr 35, s. 5

1950
II.
Robotnik nasz mówi o imperialistach, „Dziennik Literacki" nr 26/27, s. 8 (DŻ)
Na powitanie budowy socjalistycznego miasta, „Gazeta Krakowska" nr 177, s. 1 [w 1952 r. opubl. pt. *Nowa Huta*, „Dziennik Polski" nr 308, s. 3] (DŻ)
Tarcza, „Echo Tygodnia" nr 27, s. 2 (DŻ)
Młodzieży budującej Nową Hutę, „Dziennik Literacki" nr 30, s. 2 [w 1951 r. opubl. pt. *Nowa Huta*, „Od A do Z" nr 3, s. 3] (DŻ)
Z elementarza, „Dziennik Literacki" nr 44, s. 5 (DŻ)
Trzeba, „Dziennik Literacki" nr 52/53, s. 5 (DŻ)

III.
Paul Eluard, *XII Kongres*, „Przekrój" nr 264, s. 5
Nazim Hikmet, *Listy z więzienia*, „Odrodzenie" nr 1, s. 8; „Echo Tygodnia" nr 31, s. 3; „Kultura i Życie" nr 51, s. 2
Erich Weinert, *Trzy kołysanki*, „Dziennik Literacki" nr 37, s. 2
Stephan Hermlin, *Stalin* [fragm.], „Gazeta Krakowska" nr 170, s. 3

1951
II.
Amu-Daria, „Od A do Z" nr 1, s. 1 (DŻ)
Pieśń o zbrodniarzu wojennym, „Życie Literackie" nr 1, s. 10 (DŻ)
Rówieśnice, „Życie Literackie" nr 6, s. 2 (DŻ)
Żołnierz radziecki w dniach wyzwolenia do dzieci polskich mówił tak, „Życie Literackie" nr 13, s. 3 (DŻ)
Dlatego żyjemy, „Życie Literackie" nr 19, s. 9 (DŻ)
Do matki amerykańskiej, „Życie Literackie" nr 19, s. 9 (DŻ)
Osobiste, „Życie Literackie" nr 19, s. 9 (DŻ)
Z Korei, „Nowa Kultura" nr 48, s. 4 (DŻ)
Wzrastanie, „Echo Tygodnia" nr 49, s. 2 (DŻ)

III.
Paul Wiens, *Młody jest świat. Kantata na Światowy Zlot Młodych Bojowników o Pokój w Berlinie* [fragm.], „Życie Literackie" 5 VIII, nr 14, s. 9
Charles Dobrzyński, *W ogrodach Miczurina (Fragmenty poematu pt. „Laboratorium Nadziei")*, „Więś" 2 XII, nr 48, s. 3

V.
[rozmowa: B. Płatowicz] *Rozmowy z pisarzami*, „Echo Krakowskie" nr 103, s. 4

VI.
[reportaż ze Słomnik] *Kolor spraw ważnych*, „Życie Literackie" nr 7, s. 8–9

[rubryka „Przegląd prasy" w „Życiu Literackim"]:
nr 1, s. 14; nr 2, s. 14; nr 3, s. 14; nr 4, s. 14; nr 5, s. 14; nr 6, s. 13; nr 8, s. 15; nr 9, s. 16; nr 10, s. 16; nr 12, s. 16; nr 13, s. 16; nr 14, s. 16; nr 15, s. 16; nr 17, s. 15; nr 18, s. 16; nr 19, s. 16; nr 22, s. 16

1952
I.
Dlatego żyjemy. Warszawa: Czytelnik

II.
Lenin, „Nowa Kultura" nr 3, s. 1 (DŻ)
Czterej (w rocznicę śmierci czterech Proletariatczyków, straconych na stokach cytadeli 28 stycznia 1886 r.), „Echo Tygodnia" nr 4, s. 1 (DŻ)

Gdy nad kołyską Ludowej Konstytucji do wspomnień sięga stara robotnica, „Życie Literackie" nr 4, s. 9 (DŻ)
Miłość Marii i Piotra Curie, „Nowa Kultura" nr 7, s. 2 (DŻ)
Ten dzień nadejdzie, „Nowa Kultura" nr 18, s. 2 (PZS)
W banalnych rymach, „Życie Literackie" nr 20, s. 5 (DŻ)
Zwierzęta cyrkowe, „Życie Literackie" nr 20, s. 5 (DŻ)
Do twórcy, „Życie Literackie" nr 20, s. 5 (DŻ)
Gawęda o miłości ziemi ojczystej, „Dziennik Polski" nr 254, s. 1; „Życie Literackie" nr 22, s. 1 (PZS)
Wyspa syren, „Życie Literackie" nr 24, s. 3 (PZS)

1953

II.
Pytania zadawane – sobie, „Nowa Kultura" nr 9, s. 2 [później drukowany pt. *Pytania zadawane sobie*] (PZS)
Ten dzień, „Życie Literackie" nr 11, s. 5 (PZS)
List Edwarda Dembowskiego do ojca, „Życie Literackie" nr 26, s. 4 (PZS)
Klucz, „Nowa Kultura" nr 37, s. 2 (PZS)
Sceptyk, „Nowa Kultura" 13 IX, nr 37, s. 2
Malowidło w Pałacu Zimowym, „Życie Literackie" nr 45, s. 3 (PZS)

III.
Nikoła Wapcarow, *Pieśń miłosna*, „Nowa Kultura" nr 28, s. 4
Paul Eluard, *Wśród towarzyszy*, „Echo Tygodnia" nr 42, s. 1
Paul Eluard, *Wszystko powiedzieć (Fragmenty poematu)*, „Nowa Kultura" nr 49, s. 2
Paul Wiens, *Podniósł się wielki wiatr...*, „Pokolenie" nr 50, s. 6

VI.
W tej samej sprawie..., „Życie Literackie" nr 16, s. 1
Czego nie widać w szklanej kuli, „Życie Literackie" nr 52, s. 1

1954

I.
Dlatego żyjemy. Wyd. 2. Warszawa: Czytelnik
Pytania zadawane sobie. Kraków: Wyd. Literackie

II.
Wstępującemu do Partii, „Życie Literackie" nr 10, s. 1 (PZS)
Rozgniewana muza, „Życie Literackie" nr 19, s. 1 (PZS)
Zakochani, „Życie Literackie" nr 19, s. 1 (PZS)
Ucieczka, „Nowa Kultura" nr 25, s. 5 (PZS)
Do zakochanej nieszczęśliwie, „Nowa Kultura" nr 25, s. 5 (PZS)

III.

Louis Aragon, *Wiersze*. Pod red. J. Zagórskiego. Przedm. Z. Bieńkowski. Warszawa: Czytelnik: *Wigilijne róże*, s. 74–75, *Pieśń o kolorowych zmarłych*, s. 92–94

Nikoła Wapcarow, *Wiersze wybrane*. Wybór i oprac., z oryginału bułg. J. Lau. Wstęp J. Lau. Warszawa: Książka i Wiedza: *Pieśń miłosna*, s. 15, *Matka*, s. 48–52

Wiersze górnicze. Antologia. Wybór i oprac. A. Włodek. Wstęp Z. Hierowski. Kraków: Wyd. Literackie: Pablo Neruda, *Recabarren (Fragment poematu „Pieśń powszechna")*, s. 215–220

V.

Pełne zrozumienie prawdy zawdzięczam Partii, „Gazeta Krakowska" nr 59, s. 3

VI.

Narody pamiętają, „Życie Literackie" nr 35, s. 1

1955

II.

Piosenki z Bonn, „Życie Literackie" nr 6, s. 2
Minuta ciszy po Ludwice Wawrzyńskiej, „Nowa Kultura" nr 18, s. 3 (WdY)
Nic dwa razy..., „Twórczość" nr 7, s. 47 (WdY)
Jawność, „Twórczość" nr 7, s. 46 (WdY)

III.

Robert Desnos, *Głos*, „Życie Literackie" nr 16, s. 5

IV.

[o własnym debiucie z okazji 10-lecia „Dziennika Polskiego"] *Kochany „Dzienniku Polski"!*, „Dziennik Polski" nr 20, s. 10
Mówią krakowscy pisarze: Wisława Szymborska, „Od A do Z" nr 17, s. 5

VI.

1-maja, „Życie Literackie" nr 18, s. 1
Sprawy graniczne, „Życie Literackie" nr 28, s. 1
[Dyskusja o wystawie „nowoczesnych"] *Malarstwo nie zadomowione*, „Życie Literackie" nr 51, s. 6
Drużyna śpiewa. Śpiewnik harcerski. W oprac. I. Garzteckiej i W. Szymborskiej. Kraków: PWM

1956

II.

Ze wspomnień: Noc, „Życie Literackie" nr 1, s. 1 (WdY)
Srebrna kula, „Życie Literackie" nr 1, s. 1
Hania, „Życie Literackie" nr 1, s. 1 (WdY)
Spotkanie, „Życie Literackie" nr 1, s. 1 (WdY)
Spowiedź królowej (na motywie starej angielskiej ballady), „Szpilki" nr 2, s. 7

BIBLIOGRAFIA PODMIOTOWA

Rehabilitacja, „Przegląd Kulturalny" nr 16, s. 1 (WdY)
Buffo, „Nowa Kultura" nr 39, s. 1 (WdY)
Upamiętnienie, „Nowa Kultura" nr 39, s. 1 (WdY)
Martwa natura z balonikiem, „Nowa Kultura" nr 39, s. 1 (WdY)
Jeszcze, „Życie Literackie" nr 51, s. 1 (WdY)
Na powitanie odrzutowców, „Życie Literackie" nr 51, s. 1 (WdY)
Przyjaciołom, „Życie Literackie" nr 51, s. 1 (WdY)

III.
[Johann Wolfgang Goethe] *Pieśni. Na głos z fortepianem*. Oprac. O. Łada, wstęp i oprac. Z. Lissa. Kraków: PWM (Wielcy Poeci w Pieśni Polskiej i Obcej)

IV.
Michał Anioł na drugim planie – K. Schulz, *Kamień i cierpienie*. Tłum. M. Ernhardtowa. Warszawa: PIW – „Życie Literackie" nr 15, s. 7
Pieśni Papuszy. Oprac. J. Ficowski. Wrocław: Ossolineum – „Życie Literackie" nr 19, s. 10
Wieczory wesołe – *Wieczory z Jarosławem Haszkiem*. Tłum. H. Gruszczyńska-Dubowa i S. Dębski. Warszawa: Czytelnik – „Życie Literackie" nr 23, s. 10
Bajki wtórne – J. Lemański, *Wybór bajek*. Oprac. A. Frybesowa, Warszawa: PIW – „Życie Literackie" nr 25, s. 9
Fraszki nowe – J. Sztaudynger, *Piórka nowe*. Warszawa: Czytelnik – „Życie Literackie" nr 33, s. 10
Cinq poètes polonais. Adaptés par Ch. Dobrzynski, P. Gamarra, F. Kérel, R. Lacôte, P. Seghers. Préface de Ch. Vildrac. Paris: Pierre Seghers – „Życie Literackie" nr 39, s. 11
(sz) *Kraków pastelem* – K. Estreicher, *Nie od razu Kraków zbudowano*. Warszawa: PIW – „Życie Literackie" nr 37, s. 10
(sz) *Wierszem o Śląsku. Antologia*. Wybór i oprac. A. Widera. Stalinogród: Wyd. „Śląsk" – „Życie Literackie" nr 41, s. 11

VI.
A co z Teatrem Rapsodycznym?, „Przegląd Kulturalny" nr 50, s. 11

1957

I.
Wołanie do Yeti. Wiersze. Kraków: Wyd. Literackie

II.
Drobne ogłoszenia, „Nowa Kultura" nr 5, s. 1 (WdY)
Obmyślam świat, „Przegląd Kulturalny" nr 13, s. 1 (WdY)
Z nieodbytej wyprawy w Himalaje, „Przegląd Kulturalny" nr 13, s. 1 (WdY)
Atlantyda, „Przegląd Kulturalny" nr 17, s. 5 (WdY)
Do swojego gospodarstwa mówi poetka, „Zebra" 16 V, nr 5, s. 3
Dwie małpy Brueghla, „Życie Literackie" nr 24, s. 1 [później druk. pt. *Dwie małpy Bruegla*] (WdY)

Próba, „Życie Literackie" nr 24, s. 1 (WdY)
Opis czwartej nad ranem, „Życie Literackie" nr 24, s. 1 [później druk. pt. *Czwarta nad ranem*] (WdY)
Sen nocy letniej, „Kurier Polski" nr 6, s. 5 (WdY)

III.

Jacques Prévert, *Jak sportretować ptaka (do Elzy Henriquez)*; *Paryż w nocy*, „Zebra" nr 11, s. 10
Alfred de Musset, *Poezje*. Red. Z. Bieńkowski. Warszawa: PIW (Biblioteka Poetów): *Wenecja* (s. 24-26), *Do Pepity* (s. 30-31), *W niepogodę* (s. 92), *Piosenka* (s. 100)

IV.

Gruba i do czytania – R. Graves, *Ja, Klaudiusz*. Tłum. S. Essmanowski. Przyp. i oprac. L. Joachimowicz. Warszawa: PIW – „Życie Literackie" nr 22, s. 10
Teatr 38 i koniec świata, „Życie Literackie" nr 47, s. 10
(ws) S. Mrożek, *Polska w obrazach*. Kraków: Wyd. Artystyczno-Graficzne – „Życie Literackie" nr 48, s. 12

1958

II.

Bez tytułu, „Nowa Kultura" nr 16, s. 1 (S)
Cień, „Nowa Kultura" nr 16, s. 1 (S)
Lekcja, „Nowa Kultura" nr 16, s. 1 (S)
Muzeum, „Nowa Kultura" nr 16, s. 1 (S) [w 1961 r. opubl. pt. *W muzeum*, „Dziennik Polski" nr 31, s. 7]
Sen, „Nowa Kultura" nr 16, s. 1 (S)
Krytyka poezji, „Życie Literackie" nr 34, s. 12
Wieczór autorski, „Życie Literackie" nr 34, s. 12 (S)
Nagrobek, „Życie Literackie" nr 34, s. 12 (S)

III.

Desanka Maksimović, *Co robią ptaki*, „Nowa Kultura" nr 48, s. 12
Desanka Maksimović, *Krwawa bajka*, „Płomyk" nr 7, s. 200

IV.

[żart primaaprilisowy] (gws) *Trzynasta kula* – M. Jastrun, *Trzynasta kula*. Iskry; (ar.) *Poeta dojrzały* – M. Białoszewski, *Tęsknota*. Wyd. Literackie; (sbc.) *Od Hemingwaya do Gołubiewa* – M. Hłasko, *Odzyskane domostwo*. PAX; (mb.) *Interesująca zapowiedź* – W. Machejek, *Białodembscy*. T. 1. Czytelnik; *Śliczna książka* – W. Gombrowicz, *On i ona*. PIW – „Życie Literackie" nr 13, s. 10
(ws) *Patrzą na nas. O „Kamenie"* – „Życie Literackie" nr 26, s. 9
(wu.) *Pół wieku temu* – J. Waydel Dmochowska, *Dawna Warszawa*. Warszawa: PIW – „Życie Literackie" nr 44, s. 10

BIBLIOGRAFIA PODMIOTOWA

1959

II.

Clochard, „Życie Literackie" nr 24, s. 1 [w tomie *Sól* pt. *Kloszard*] (S)
Złote gody, „Życie Literackie" nr 24, s. 1 (S)
W rzece Heraklita, „Twórczość" nr 4, s. 5 (S)
Reszta, „Twórczość" nr 4, s. 5–6 (S)
Przy winie, „Twórczość" nr 4, s. 6 (S)
Małpa, „Twórczość" nr 4, s. 7 (S)

III.

Charles Baudelaire, *Albatros*, „Wiatraki" nr 5, s. 2

IV.

Róże dla Safony, „Życie Literackie" nr 12, s. 10
Z różnych lat – J.M. Rytard, *Na skalnej grani – Wniebowstąpienie*. Warszawa: PIW – „Życie Literackie" nr 46, s. 10

1960

II.

Kobiety Rubensa, „Nowa Kultura" nr 4, s. 1 (S)
Konkurs piękności męskiej, „Nowa Kultura" nr 4, s. 1 (S)
Niespodziane spotkanie, „Nowa Kultura" nr 4, s. 1 (S)
Chwila w Troi, „Przegląd Kulturalny" nr 8, s. 6 (S)
Woda, „Życie Literackie" nr 25, s. 3 (S)

III.

Vesna Parun, *Ballada oszukanych kwiatów*, „Życie Literackie" nr 43, s. 6
Jean Cocteau, *Niestety, pora wierszem dać wyraz...*, „Życie Literackie" nr 44, s. 1
Liryka jugosłowiańska. Wybór, przygot. T. Mladenović, N. Simić, D. Szega. Pod red. Z. Stoberskiego. Wstępem op. J. Iwaszkiewicz. Warszawa: Iskry: Mira Aleczković, *Niedotykalność słów*, s. 7–8; Desanka Maksimović, *Krwawa bajka*, s. 140–141 [błędnie wydrukowano: Slobodan Marković]; Vesna Parun, *Ballada oszukanych kwiatów*, s. 185–187

IV.

(j) D. Defoe, *Dziennik roku zarazy* – „Życie Literackie" nr 3, s. 10
(j) [S. Rabinowicz], *Zaczarowany krawiec*, „Życie Literackie" nr 11, s. 10
Teatr Rapsodyczny: *List do ludożerców* – utw. poetów współcz. w ukł. i reż. T. Malaka – *Klej i nożyczki*, „Życie Literackie" nr 13, s. 9
(W.S.) *Werter – merem* – E. Fromentin, *Dominik*. Tłum. H. Olędzka. Warszawa: PIW, 1959 – „Życie Literackie" nr 19, s. 10
(j) M. Haddad, *Ostatni obraz*. Tłum. H. Szumańska-Grossowa. Warszawa: PIW – „Życie Literackie" nr 28, s. 10
(j) P. Cazin, *Człowiek, który różne rzeczy widział*. Tłum. J. Ewert, J. Szwykowski. Warszawa: PAX – „Życie Literackie" nr 41, s. 10

VI.
Jubileusz Mihaila Sadoveanu, „Życie Literackie" nr 47, s. 11
[relacja] (sz) *Spotkanie opolskie*, „Życie Literackie" nr 50, s. 2

1961

II.
Elegia podróżna, „Twórczość" nr 1, s. 59–60 (S)
Na wieży Babel, „Twórczość" nr 1, s. 60–61 (S)
*** (Jestem za blisko...), „Twórczość" nr 1, s. 61 (S)
Rozmowa z kamieniem, „Nowa Kultura" nr 6, s. 5 (S)
Wiersz ku czci, „Życie Literackie" nr 6, s. 3 (S)
Ballada, „Wiatraki" nr 7, s. 1 (S)
Słówka, „Życie Literackie" nr 34, s. 1 (S)
Przypowieść, „Życie Literackie" nr 34, s. 1 (S)
Prolog komedii, „Życie Literackie" nr 34, s. 1 (S)
Koloratura, „Życie Literackie" nr 52, s. 3 (S)

III.
Théodore Agrippa d'Aubigné, *Les Tragiques (Fragmenty)*, „Twórczość" nr 5, s. 5–7 [*Jeżeli komu nie w smak...*, s. 5, *O Sarmaci bez króla...*, s. 5–6, *Ze straszną wieścią...*, s. 6–7]

VI.
Teatr Lalek Groteska: M. Leaf, *Byczek Fernando*, adapt. W. Szymborska, W. Jarema

1962

I.
Sól, Warszawa: PIW

II.
Notatka [I (*W pierwszej gablocie...*)], „Nowa Kultura" nr 5, s. 1 (S)
Wizerunek, „Nowa Kultura" nr 5, s. 1 (S)
Obóz głodowy pod Jasłem, „Nowa Kultura" nr 5, s. 1 (S)
Radość pisania, „Życie Literackie" nr 29, s. 1 (SP)
Streszczenie, „Wiatraki" nr 4, s. 1 (S)

III.
M.K. Ogiński, *Romanse. Na głos z fortepianem*. Oprac. W. Poźniak, wersję pol. tekstów oprac. W. Szymborska. Kraków: PWM
Joachim du Bellay, *Do Venus*, „Twórczość" nr 1, s. 77, *Pocałunki*, „Twórczość" nr 1, s. 78

V.
[wywiad: J. Walawski] *Bliżej współczesności* [wypowiedź na temat twórczości młodych], „Dziennik Polski" nr 66, s. 6
[wywiad: B. Zagórska] „Echo Krakowa" nr 113, s. 3

BIBLIOGRAFIA PODMIOTOWA

1963

II.
Pieta, „Nowa Kultura" nr 6, s. 3 (SP)
Przylot, „Nowa Kultura" nr 6, s. 3 (SP)
Relacja ze szpitala, „Nowa Kultura" nr 6, s. 3 (SP)
Spis ludności, „Życie Literackie" nr 24, s. 1 (SP)
Ścięcie, „Życie Literackie" nr 44, s. 1 (SP)
Do serca w niedzielę, „Życie Literackie" nr 44, s. 1 (SP)
Tomasz Mann, „Życie Literackie" nr 44, s. 1 (SP)

III.
Gaspara Stampa, *Al partir vostro s'e con voi partita*, „Współczesność" nr 7, s. 1; *Poi che m'hai resa, amor, la libertade*; *Amor m'ha fatto tal qu'io vivo in foco*, „Współczesność" nr 7, s. 6

V.
[wypowiedź w ankiecie „Mój wiersz"] „Poglądy" nr 9, s. 13
[wywiad: B. Mróz] „Poglądy" nr 13, s. 12

VI.
[sprostowanie noty biogr.] „Poglądy" 13, s. 12

1964

I.
Wiersze wybrane. Warszawa: PIW

II.
Pejzaż, „Twórczość" nr 5, s. 23–24 (SP)
Sto pociech, „Twórczość" nr 5, s. 24–25 (SP)
Album, „Twórczość" nr 5, s. 25 (SP)
Przytułek, „Poglądy" nr 16, s. 11 [późn. druk pt. *W przytułku*] (WW)

III.
Mira Alećkovic, *Kasztan na chodniku*, Program Teatru Narodowego, Warszawa

V.
Broniewski – Gałczyński – Tuwim [dyskusja], „Życie Literackie" nr 2, s. 1, 9

1965

II.
Tarsjusz, „Współczesność" nr 1, s. 1 (SP) [sprostowanie tekstu: nr 2, s. 11]
Mozaika bizantyjska, „Współczesność" nr 1, s. 1 (SP)
Żywy, „Poezja" nr 1, s. 34–35 (SP)
Pamięć nareszcie, „Poezja" nr 1, s. 35 (SP)
Fetysz płodności z paleolitu, „Życie Literackie" nr 33, s. 1 (SP)

Akrobata, „Życie Literackie" nr 33, s. 1 (SP)
Film, lata sześćdziesiąte, „Życie Literackie" nr 33, s. 1 (SP) [później druk. pt. *Film – lata sześćdziesiąte*]

1966
II.
Pisane w hotelu, „Życie Literackie" nr 6, s. 3 (SP)
Monolog do Kasandry, „Twórczość" nr 8, s. 5–6 (SP)
Dworzec, „Twórczość" nr 8, s. 6–7 (SP)
Urodzony, „Twórczość" nr 8, s. 7–10 (SP)

III.
Błaga Dymitrowa [sic!], *Objęcie*, „Życie Literackie" nr 26, s. 3
Antologia poezji francuskiej. [Oprac.] J. Lisowski. T. 1: *Od Sekwencji o św. Eulalii do Agrippy d'Aubigné*. Warszawa: Czytelnik: Pontus de Tyard, *Sonet*, s. 375; Joachim du Bellay, *Do Wenus*, s. 389; *Inny pocałunek*, s. 391–393; Remy Belleau, *Z bukietem w Środę Popielcową*, s. 485; Olivier de Magny, *Pokoju szukam*, s. 495; Etienne Jodelle, *W iluż to wierszach*, s. 525–527; Guillaume Salluste du Bartas, *Siedem dni, czyli Stworzenie świata* (*Świat najpierwszy, najstarszy...*), s. 565–567; Théodore Agrippa d'Aubigné, *Poema tragiczne* (*O Francjo utrapiona...*), s. 599–601, (*Nie możnych tego świata...*), s. 601–603, (*Jeżeli komu nie w smak...*), s. 603–605, (*O Sarmaci bez króla...*), s. 605–607, (*Ze straszną wieścią...*), s. 607–609

1967
I.
Sto pociech wiersze. Warszawa, PIW
Poezje wybrane. Wybór i wstęp Autorki. Warszawa: LSW (Bibl. Poetów XX Wieku)

II.
Śmiech, „Poezja" nr 3, s. 3–4 (SP)
Ruch, „Poezja" nr 3, s. 4 (SP)
Jaskinia, „Poezja" nr 3, s. 5 (SP)
Spadająca z nieba, „Współczesność" nr 15, s. 3 (WW)
Niewinność, „Współczesność" nr 15, s. 3 (SP)
Pewność, „Współczesność" nr 15, s. 3 (WW)
Jaka będzie? (piosenka z filmu *Kochankowie z Marony* [1966]) „Zwierciadło" nr 7, s. 16
Autotomia (Pamięci H. Poświatowskiej), „Życie Literackie" nr 52, s. 3 (WW)
Pomyłka, „Życie Literackie" nr 52, s. 3 (WW)
Wszelki wypadek, „Życie Literackie" nr 52, s. 3 (WW)

IV.
R. Gary, *Korzenie nieba*. Tłum. K. Byczewska. Warszawa: PIW – „Życie Literackie" nr 24, s. 3
P. Boulle, *Opowieści o miłosierdziu*. Tłum. H. Komorowska. Warszawa: Książka i Wiedza – „Życie Literackie" nr 24, s. 3

M. Konopnicka, *Poezje*. Wyd. 2. Oprac. A. Brodzka. Warszawa: Czytelnik – „Życie Literackie" nr 24, s. 3

A. Machado, *Serce i kamień. Wybór poezji*. Tłum. i wstęp A. Międzyrzecki. Warszawa: PIW – „Życie Literackie" nr 26, s. 6

B. Okudżawa, *Wiersze i piosenki*. Wstęp i red. I. Szenfeld. Warszawa: Iskry – „Życie Literackie" nr 26, s. 6

T.R. Henry, *Paradoksy natury*. Tłum. J.A. Chmurzyński. Warszawa: Wiedza Powszechna – „Życie Literackie" nr 26, s. 6

A. Kamieńska, *Perły i kamienie. Wybór serbsko-chorwackiej poezji ludowej*. Warszawa: PIW, 1966 – „Życie Literackie" nr 28, s. 11

F. Szalapin, *Wspomnienia z mojego życia*. Tłum. L. Rakowska. Kraków: PWM – „Życie Literackie" nr 28, s. 11

A. Wozniesieński, *Antyświaty*. Wyb. A. Stern. Warszawa: PIW – „Życie Literackie" nr 28, s. 11

L. Kassák, *Koń umiera...* Wyb. G. Kerényi. Tłum. M. Jachimowicz, W. Wirpsza i G. Kerényi. Warszawa: PIW – „Życie Literackie" nr 30, s. 6

Aświagosza, *Wybrane pieśni epiczne*. Tłum. A. Gawroński. Uzup. E. Słuszkiewicz. Wrocław: Ossolineum – „Życie Literackie" nr 30, s. 6

B. Malinowski, *Argonauci zachodniego Pacyfiku*. Tłum. B. Olszewska-Dyoniziak, S. Szynkiewicz. Warszawa: PWN – „Życie Literackie" nr 30, s. 6

R. Graves, *Mity greckie*. Tłum. H. Krzeczkowski. Wstęp A. Krawczuk. Warszawa: PIW – „Życie Literackie" nr 33, s. 6

O. Budrewicz, *Sagi warszawskie czyli Sensacyjne i powszednie, romantyczne i prozaiczne dzieje dziesięciu wielkich rodów warszawskich*. Warszawa: Czytelnik – „Życie Literackie" nr 33, s. 6

P. Jeannin, *Kupcy w XVI wieku*. Tłum. E. Bąkowska. Warszawa: Czytelnik – „Życie Literackie" nr 33, s. 6

Horacy, *Wybór poezji*. Wyd. 2 zm. Oprac. J. Krókowski. Wrocław: Ossolineum (BN II 25) – „Życie Literackie" nr 35, s. 5

Nguyen Du, *Klejnot z nefrytu*. Tłum. R. Kołoniecki. Warszawa: PAX – „Życie Literackie" nr 35, s. 5

A. Lernet-Holenia, *Mona Liza. Opowiadania*. Tłum. E. Werfel. Warszawa: PIW – „Życie Literackie" nr 35, s. 5

Węgierski simplicissimus. Tłum. I.J. Reychmanowa. Przedm. i przypisy J. Reychman. Kraków: Wyd. Literackie – „Życie Literackie" nr 42, s. 10

Życie innych ludzi. Opowiadania angielskie. Wybór i wstęp H. Krzeczkowski. Warszawa: PIW – „Życie Literackie" nr 42, s. 10

I. Bełza, *Michał Kleofas Ogiński*. Tłum. S. Prus-Więckowski. Kraków: PWM – „Życie Literackie" nr 42, s. 10

R. Pytlík, *Jaroslav Hašek*. Tłum. i uzup. E. Madany. Warszawa: Wiedza Powszechna – „Życie Literackie" nr 44, s. 12

G. Stein, *Autobiografia Alicji B. Toklas*. Tłum. i przedm. M. Michałowska. Warszawa: Czytelnik (NIKE) – „Życie Literackie" nr 44, s. 12–13

H. Selye, *Od marzenia do odkrycia naukowego*. Tłum. L. Zembrzucki, W. Serzyski. Warszawa: PZWL – „Życie Literackie" nr 44, s. 13

A. Koni, *Ze wspomnień prawnika*. Tłum. Z. Braude, A. Galis. Warszawa: Czytelnik – „Życie Literackie" nr 46, s. 3

Winnice słońca. Wiersze młodych poetów bułgarskich. Wybór i oprac. J. Lau. Warszawa: Iskry – „Życie Literackie" nr 46, s. 3

N. Drucka, *Czarodziej z Nantes*. Wyd. 2. Warszawa: Nasza Księgarnia – „Życie Literackie" nr 46, s. 3

K. Kawafis, *Wybór wierszy*. Wybór, tłum. i oprac. Z. Kubiak. Warszawa: PIW – „Życie Literackie" nr 48, s. 10

Cyganeria warszawska. Wstęp, wypisy i oprac. S. Kawyn. Wrocław: Ossolineum (Biblioteka Narodowa) – „Życie Literackie" nr 48, s. 10, 12

A. z Tańskich Tarczewska, *Historia mego życia*. Oprac. i wstęp I. Kaniowska-Lewańska. Wrocław: Ossolineum – „Życie Literackie" nr 48, s. 12

E. Morris, *Posiew Hiroszimy*. Tłum. M. Leśniewska, Kraków: Wyd. Literackie – „Życie Literackie" nr 50, s. 12

F. Dürrenmatt, *Grek szuka Greczynki. Komedia prozą*. Tłum. R. Karst. Warszawa: PIW – „Życie Literackie" nr 50, s. 12

1968
IV.

B. Dziemidok, *O komizmie*. Warszawa: Książka i Wiedza, 1967 – „Życie Literackie" nr 2, s. 12

J. Skwara, *Orson Welles*. Warszawa: WAiF – „Życie Literackie" nr 2, s. 12

W. Żuławski, *Sygnały ze skalnych ścian. Tragedie tatrzańskie. Wędrówki alpejskie. Skalne lato*. Warszawa: Nasza Księgarnia, 1967 – „Życie Literackie" nr 2, s. 12

J. Rytel, *Jan Kochanowski*. Warszawa: Wiedza Powszechna – „Życie Literackie" nr 5, s. 8

Dawid z Sasunu. Epos staroarmeński. Tłum. I. Sikirycki. Warszawa: Nasza Księgarnia, 1967 – „Życie Literackie" nr 5, s. 8

Eurypides, *Tragedie*. Tłum. i oprac. J. Łanowski. Warszawa: PIW, 1967 – „Życie Literackie" nr 7, s. 14

Przy kawie i nargilach. Bajki Tunisu. Tłum. i oprac. A. Miodońska-Susułowa. Warszawa: PIW, 1967 – „Życie Literackie" nr 7, s. 14

C. Fayein, *Al Hakima*. Tłum. J. Matuszewska. Warszawa: Iskry, 1967 – „Życie Literackie" nr 7, s. 14

M. Cury, *Krzesło w szczerym polu*. Tłum. J. Pański. Warszawa: Czytelnik, 1967 – „Życie Literackie" nr 10, s. 15

W. Chanczew, *Ballada o człowieku. Liryki*. Wybrała J. Brzostowska. Warszawa: PIW, 1968 [właśc. 1967] – „Życie Literackie" nr 10, s. 15

E. Bradford, *Wędrówki z Homerem*. Tłum. E. Werfel, J.S. Sito. Warszawa: Iskry, 1967 – „Życie Literackie" nr 10, s. 15

O. Kolberg, *Dzieła wszystkie*. Wrocław: PTL, Kraków: PWM. T. 60 – „Życie Literackie" nr 13, s. 11

Gilgamesz. Tłum. i oprac. R. Stiller. Warszawa: PIW, 1967 – „Życie Literackie" nr 13, s. 11

P. Miller, *Żona dla pretendenta. Rzecz o Marii Klementynie Sobieskiej*. Tłum. A. Przedpełska-Trzeciakowska. Warszawa: Czytelnik – „Życie Literackie" nr 13, s. 11

M. Beniowski, *Pamiętniki. Fragment konfederacki*. Oprac. L. Kukulski, S. Makowski. Warszawa: PIW, 1967 – „Życie Literackie" nr 17, s. 7

BIBLIOGRAFIA PODMIOTOWA

S. Sandler, *Indiańska przygoda Henryka Sienkiewicza*. Warszawa: PIW, 1967 – „Życie Literackie" nr 17, s. 7

I. Oswald, *Sen*. Tłum. B. Kamiński. Warszawa: PWN – „Życie Literackie" nr 17, s. 7

L. Pawłowski, *Dochotoro znaczy lekarz*. Warszawa: Czytelnik – „Życie Literackie" nr 19, s. 11

F.M. Esfandiary, *Żebrak*. Tłum. R. Grzybowska. Warszawa: Czytelnik – „Życie Literackie" nr 19, s. 11

Rafa trzech szkieletów. Wyb. J. Ros. Warszawa: Iskry – „Życie Literackie" nr 19, s. 11

Z. Tołstojowa, *Pamiętniki*. Wybór i tłum. M. Leśniewska. Przedm. i przypisy W. Jakubowski Kraków: Wyd. Literackie – „Życie Literackie" nr 23, s. 15

Ch. Chaplin, *Moja autobiografia*. Tłum. B. Zieliński. Warszawa: Czytelnik, 1967 – „Życie Literackie" nr 23, s. 15

Bajka ludowa w dawnej Polsce. Wyb. i oprac. H. Kapełuś. Sł. wst. J. Krzyżanowski. Warszawa: PIW – „Życie Literackie" nr 23, s. 15

Petroniusz, *Satyryki*. Tłum. i oprac. M. Brożek. Wrocław: Ossolineum (BN II 154) – „Życie Literackie" nr 27, s. 16

M. de Cervantes Saavedra, *Intermedia*. Tłum. i posł. Z. Szleyen. Kraków: Wyd. Literackie – „Życie Literackie" nr 27, s. 16

J. Pudełek, *Warszawski balet romantyczny – 1802–1866*. Kraków: PWM – „Życie Literackie" nr 29, s. 13

L. Zajdler, *Atlantyda*. Wyd. 2, uzup. Warszawa: Wiedza Powszechna – „Życie Literackie" nr 29, s. 13

Ewokacje. Wyb., tłum. i oprac. J. Niemojowski. Warszawa: PIW – „Życie Literackie" nr 32, s. 14

S. Szenic, *Maria Kalergis*. Wyd. 3, uzup. Warszawa: PIW – „Życie Literackie" nr 32, s. 14

VI.

Wiersze wybrane czyta autorka. Muza N 0355, 45 o/m. Współczesna poezja polska. Cykl II. Z fot. i not. biogr. na kopercie. [*Chwila w Troi, Upamiętnienie, Buffo, Do serca w niedzielę, Kobiety Rubensa, Tarsjusz, Przylot*]

1969

II.

Szkielet jaszczura, „Życie Literackie" nr 14, s. 1 (WW)

Zdumienie, „Życie Literackie" nr 14, s. 1 (WW)

Urodziny, „Życie Literackie" nr 14, s. 1 (WW)

IV.

Mały słownik pisarzy świata. Warszawa: Wiedza Powszechna, 1968 – „Życie Literackie" nr 17, s. 11

Arcydzieła francuskiego średniowiecza. Wyb. M. Żurowski. Wstęp i przyp. Z. Czerny. Tłum. T. Boy-Żeleński, A. Tatarkiewicz. Warszawa: PIW, 1968 – „Życie Literackie" nr 17, s. 11

Saga o Njalu. Tłum. A. Załuska-Strömberg. Wstęp i kom. M. Adamus. Poznań: Wyd. Poznańskie, 1968 – „Życie Literackie" nr 20, s. 11

H.M. Enzensberger, *Poezje*. Wyb. i wstęp J. Prokop. Tłum. J. Prokop, J.B. Ożóg. Warszawa: PIW – „Życie Literackie" nr 20, s. 11

M. Konopnicka, *Publicystyka literacka i społeczna*. Warszawa: Czytelnik, 1968 – „Życie Literackie" nr 22, s. 10

E. Gołębiowski, *Zygmunt August. Żywot ostatniego z Jagiellonów*. Wyd. 2. Warszawa: Czytelnik, 1968 – „Życie Literackie" nr 22, s. 10

J. Powroźniak, *Paganini*. Kraków: PWM, 1968 – „Życie Literackie" nr 24, s. 11

L. Pijanowski, *Podróże w krainie gier*. Warszawa: Iskry – „Życie Literackie" nr 24, s. 11

J. Ros, *Heroje północy*. Warszawa: Iskry – „Życie Literackie" nr 26, s. 11

E.J. Pokorny, *Urania – dziewiąta muza*. Warszawa: Nasza Księgarnia – „Życie Literackie" nr 26, s. 11

H.Ch. Andersen, *Baśnie*. Tłum. K. Beylin, J. Iwaszkiewicz. Wyd. 5 [no proszę! – W.S.]. Warszawa: PIW – „Życie Literackie" nr 29, s. 12

Safona, *Pieśni*. Tłum. J. Brzostowska. Wyd. 2. Warszawa: PIW – „Życie Literackie" nr 29, s. 12

Y. Bonnefoy, *Ten sam ciągle głos*. Tłum. A. Międzyrzecki. Warszawa: PIW, 1968 – „Życie Literackie" nr 31, s. 10

M. Pallottino, *Etruskowie*. Tłum. J. Maliszewska-Kowalska. Warszawa: PWN, 1968 – „Życie Literackie" nr 31, s. 10

Prokopiusz z Cezarei, *Historia sekretna*. Tłum., wstęp i przyp. A. Konarek. Warszawa: PIW – „Życie Literackie" nr 33, s. 10

T. Wendt, *Śladami Noego*. Tłum. T. Berken. Warszawa: Wiedza Powszechna – „Życie Literackie" nr 33, s. 10

A. Krawczuk, *Wojna trojańska*. Warszawa: PIW – „Życie Literackie" nr 41, s. 12

J. Bieniarzówna, *Mieszczaństwo krakowskie XVII wieku*. Kraków: Wyd. Literackie – „Życie Literackie" nr 43, s. 11

V.B. Dröscher, *Instynkt czy doświadczenie*. Tłum. K. Kowalska. Warszawa: Wiedza Powszechna (Omega) – „Życie Literackie" nr 43, s. 11

W. Krzemińska, *Idee i bohaterowie. Lektury młodego czytelnika. Zarys problemowy*. Wrocław: Ossolineum – „Życie Literackie" nr 45, s. 11

I. Landau, *Poluk stulystyczny*. Warszawa: Iskry – „Życie Literackie" nr 45, s. 11

A. Bardecka, I. Turnau, *Życie codzienne w Warszawie okresu Oświecenia*. Warszawa: PIW – „Życie Literackie" nr 47, s. 11

M. Kasprowiczowa, *W naszym górskim domu*. Posł. R. Loth. Warszawa: PIW – „Życie Literackie" nr 47, s. 11

E. Marczewski, J. Łanowski, *O zdegradowaniu kontemplacji. Wokół wiersza Cypriana Norwida „Plato i Archita"*. Wrocław: Ossolineum – „Życie Literackie" nr 49, s. 11

E. Panas, *Prywatne życie Władysława Jagiełły*. Olsztyn: Pojezierze – „Życie Literackie" nr 49, s. 11

J.M. Szancer, *Curriculum vitae*. Warszawa: Czytelnik – „Życie Literackie" nr 51/52, s. 21

A. Jahn, *Grenlandia*. Warszawa: Wiedza Powszechna – „Życie Literackie" nr 51/52, s. 21

VI.
[odpowiedź na list J. Maruszewskiego dot. felietonu W. Szymborskiej nt. książki *Idee i bohaterowie* („Życie Literackie" nr 45)] *Rękawiczki do pary*, „Życie Literackie" nr 50, s. 14

1970
I.
Poezje. Przedm. J. Kwiatkowski. Warszawa: PIW (Biblioteka Poetów)
[Wybór poezji]. Warszawa: Czytelnik

BIBLIOGRAFIA PODMIOTOWA

II.

Pod jedną gwiazdką, „Twórczość" nr 1, s. 5–6 (WW)
Pogoń, „Twórczość" nr 1, s. 5–6 (WW)
Fotografia tłumu, „Twórczość" nr 1, s. 6–7 (WW)
Odkrycie, „Życie Literackie" nr 27, s. 1 (WW)
Przemówienie w biurze znalezionych rzeczy, „Poezja" nr 10, s. 3 (WW)
Znieruchomienie, „Poezja" nr 10, s. 3 (WW)
Spacer wskrzeszonego, „Poezja" nr 10, s. 4 (WW)
Powrót żalu, [w:] A. Włodek, *Debiut z przygodami*, [w:] tenże, *Nasz łup wojenny. Pamiętnikarski aneks do dziejów literackiego startu wojennego pokolenia pisarzy krakowskich*. Kraków: Wyd. Literackie, s. 154
Erotyk żartobliwy [fragm.], [w:] A. Włodek, *Nasz łup wojenny*, dz. cyt., s. 157

III.

Antologia poezji francuskiej. [Oprac.] J. Lisowski. T. 2: *Od Malherbe'a do Chéniera*. Warszawa: Czytelnik: Théophile de Viau, *Przymówka panu de Vertamont*, s. 215, 217, *Elegia*, s. 217, 219, 221, *Stance*, s. 227, 229, *Przyśniła mi się Filis*, s. 233, 235, *Oda*, s. 233, *Wdzięk twój, Izis*, s. 235, 237, *Gdyby mnie lew jął gonić*, s. 237, 239, *Smutne tu pędzę życie*, s. 241, *Osobliwszy krój figury*, s. 241, 243, *Ta pani z Troi*, s. 243, *Śmieszą mnie*, s. 243, *Pan Jakub wie*, s. 245, *Zwrotka*, s. 245

Charles Baudelaire, *Poezje wybrane*. Wyboru dokonał i wstępem op. M. Piechal. Warszawa: LSW: *Albatros*, s. 30, *Wzlot*, s. 31–32

IV.

Sabałowe bajki. Wyb. T. Brzozowska. Wstęp J. Krzyżanowski. Warszawa: PIW, 1969 – „Życie Literackie" nr 2, s. 11

T.M. Plautus, *Żołnierz samochwał*. Tłum. G. Przychocki. Oprac. W. Strzelecki. Wyd. 3. Wrocław: Ossolineum, 1969 (Biblioteka Narodowa) – „Życie Literackie" nr 2, s. 11

A. Ostrowski, *Garibaldi*. Warszawa: PIW, 1969 – „Życie Literackie" nr 4, s. 11

K.I. Gałczyński, J. Tuwim, *Listy*. Warszawa: PIW, 1969 – „Życie Literackie" nr 4, s. 11

Saga o Gunnlaugu Wężowym Języku. Tłum. A. Załuska-Strömberg. Wrocław: Ossolineum, 1968 (Biblioteka Narodowa) – „Życie Literackie" nr 6, s. 11

J. Makowski, *Świat sonetów krymskich Adama Mickiewicza*. Warszawa: Czytelnik, 1969 – „Życie Literackie" nr 6, s. 11

M. Holub, *Model człowieka*. Wyb. M. Grześczak. Tłum. J. Pleśniarowicz. Warszawa: PIW, 1969 – „Życie Literackie" nr 8, s. 11

S. Hoppe, *Słownik języka łowieckiego*. Wyd. 2, poszerz. i popr. Warszawa: PWN – „Życie Literackie" nr 8, s. 11

Poeci i morze. Antologia poezji o morzu. Wybór, oprac. i wstęp L. Prorok. Gdańsk: Wyd. Morskie, 1969 – „Życie Literackie" nr 10, s. 11

I. Słońska, *Psychologiczne problemy ilustracji dla dzieci*. Warszawa: PWN, 1969 – „Życie Literackie" nr 10, s. 11

M. Iłowiecki, *Nasz wiek XX*. Warszawa: Wiedza Powszechna, 1969 – „Życie Literackie" nr 12, s. 11

L.L. Rossolimo, *Bajkał*. Tłum. K. Kowalska. Warszawa: PWN, 1969 – „Życie Literackie" nr 12, s. 11

J. Kański, *Przewodnik operowy*. Wyd. 2. Kraków: PWM, 1968 – „Życie Literackie" nr 14, s. 11

I. Duncan, *Moje życie*. Tłum. K. Bunsch. Kraków: PWM, 1969 – „Życie Literackie" nr 14, s. 11

F. Ponge, *Utwory wybrane*. Wyb., tłum. i wstęp J. Trznadel. Warszawa: PIW, 1969 – „Życie Literackie" nr 16, s. 11

H.W. Haussing, *Historia kultury bizantyjskiej*. Tłum. T. Zabłudowski. Warszawa: PIW, 1969 – „Życie Literackie" nr 16, s. 11

A. Kersten, *Na tropach Napierskiego*. Warszawa: PIW – „Życie Literackie" nr 18, s. 11

A. Moszyński, *Dziennik podróży do Francji i Włoch (1784–1786)*. Wyb. i tłum. B. Zboińska-Daszyńska. Kraków: Wyd. Literackie – „Życie Literackie" nr 18, s. 11

Cztery wieki poezji o Warszawie. Wybór i oprac. J.W. Gomulicki. Warszawa: PIW, 1969 – „Życie Literackie" nr 20, s. 11

K. Michałowski, *Nie tylko piramidy...* Wyd. 2, popr. i uzup. Warszawa: Wiedza Powszechna, 1969 – „Życie Literackie" nr 20, s. 11

W.H. Prescott, *Podbój Peru*. Tłum. F. Bartkowiak. Wstęp M. Frankowska. Warszawa: PIW, 1969 – „Życie Literackie" nr 22, s. 11

W. Jaroniewski, *Gady jadowite*. Warszawa: PZWS, 1969 – „Życie Literackie" nr 22, s. 11

S. Kałużyński, *Imperium mongolskie*. Warszawa: Wiedza Powszechna – „Życie Literackie" nr 24, s. 11

H. i M. Mancini, *Pamiętniki*. Tłum. M. Stabrowska. Wstęp B. Geremek. Warszawa: Czytelnik, 1969 – „Życie Literackie" nr 24, s. 11

G. Blond, *Tajemnicze lemingi*. Tłum. J. Karczmarewicz-Fedorowska. Warszawa, Nasza Księgarnia, 1969 – „Życie Literackie" nr 26, s. 11

M. Riemschneider, *Od Olimpii do Niniwy w epoce Homera*. Tłum. M. Przebinda. Warszawa: PIW, 1969 – „Życie Literackie" nr 26, s. 11

O. Klima, J. Rypka, V. Kubickova, J. Becka, J. Marek, I. Hrbek, *Historia literatury perskiej i tadżyckiej*. Tłum. D. Majewska, D. Reychmanowa. Warszawa, PWN – „Życie Literackie" nr 28, s. 11

B. Kuźnicka, M. Dziak, *Zioła lecznicze. Historia, zbiór i stosowanie*. Warszawa: PZWL – „Życie Literackie" nr 28, s. 11

Pieśń o Cydzie. Tłum. A.L. Czerny. Kraków: Wyd. Literackie – „Życie Literackie" nr 32, s. 11

G. Kubler, *Kształt czasu. Uwagi o historii rzeczy*. Tłum. J. Hołówka – „Życie Literackie" nr 32, s. 11

Jan Vermeer van Delft. Oprac. K. Mittelstädt. Tłum. A.M. Linke. Warszawa: Arkady – „Życie Literackie" nr 34, s. 11

A. Rosset, *Starożytne drogi i mosty*. Warszawa: Wyd. Komunikacji i Łączności – „Życie Literackie" nr 34, s. 11

L.S. i C. de Camp, *Duchy, gwiazdy i czary*. Tłum. W. Niepokólczycki. Posł. J. Prokopiuk. Warszawa: PWN – „Życie Literackie" nr 42, s. 11

T.S. Eliot, *Wiersze o kotach*. Tłum. A. Nowicki. Warszawa: Nasza Księgarnia – „Życie Literackie" nr 42, s. 11

W. Emmerich, M. Garbuny, M. Gottlieb, *Siedem stanów materii*. Warszawa: PWN – „Życie Literackie" nr 44, s. 11

M. Sorescu, *Punkt widzenia*. Wyb. i tłum. I. Harasimowicz. Warszawa: PIW – „Życie Literackie" nr 44, s. 11

K. Kolumb, *Pisma*. Tłum., przyp. i przedm. A.L. Czerny. Warszawa: PIW – „Życie Literackie" nr 46, s. 11

J. Niklewski, *Kilka milionów lat historii lasów*. Warszawa: Wyd. Geologiczne – „Życie Literackie" nr 46, s. 11

S. Starowolski, *Setnik pisarzów polskich*. Tłum. J. Starnawski. Kraków: Wyd. Literackie – „Życie Literackie" nr 48, s. 11

T. Maryańska, *O gadach bez sensacji*. Warszawa: Wyd. Geologiczne – „Życie Literackie" nr 48, s. 11

A. Tennyson, *Poezje wybrane*. Wyb., tłum. i wstępem opatrzył Z. Kubiak. Warszawa: PIW (Biblioteka Poetów) – „Życie Literackie" nr 50, s. 11

A. Helman, *Akira Kurosawa*. Warszawa: WAiF – „Życie Literackie" nr 50, s. 11

Ksenofont z Efezu, *Opowieści efeskie*. Tłum. i oprac. L. Rychlewska. Wrocław: Ossolineum (Biblioteka Narodowa) – „Życie Literackie" nr 52, s. 14

K. Pollak, *Uczniowie Hipokratesa*. Tłum. T. Dobrzański. Warszawa: Wiedza Powszechna – „Życie Literackie" nr 52, s. 14

V.
[wywiad: J. Kwieciński] „Głos Robotniczy" nr 116, s. 3
[wywiad: A. Ziemny] „Ty i Ja" nr 11, s. 2–5

1971
II.
Klasyk, „Odra" nr 4, s. 33 (WW)
Listy umarłych, „Odra" nr 4, s. 33 (WW)
Miłość szczęśliwa, „Odra" nr 4, s. 34 (WW)
*** (*Nicość przenicowała się...*), „Współczesność" nr 23, s. 1 (WW)
Powroty, „Współczesność" nr 23, s. 1 (WW)
Wrażenia z teatru, „Współczesność" nr 23, s. 1 (WW)
Prospekt, „Współczesność" nr 26, s. 1 (WW)

IV.
C. Jędraszko, *Łacina na co dzień*. Wyd. 2. Warszawa: Nasza Księgarnia, 1970 – „Życie Literackie" nr 2, s. 11

K. Michałowski, *Jak Grecy tworzyli sztukę*. Warszawa: Wiedza Powszechna, 1970 – „Życie Literackie" nr 2, s. 11

G. Maxwell, *Wydry pana Gavina*. Tłum. M. Boduszyńska-Borowikowa. Warszawa: Iskry, 1970 – „Życie Literackie" nr 4, s. 11

A. Kołodyńska, *Film grozy*. Warszawa: WAiF, 1970 – „Życie Literackie" nr 4, s. 11

M. Kurecka, *Diabelne tarapaty*. Poznań: Wyd. Poznańskie, 1970 – „Życie Literackie" nr 6, s. 19

G. Balandier, *Życie codzienne w państwie Kongo XVI–XVII w*. Tłum. E. Bąkowska. Warszawa: PIW, 1970 – „Życie Literackie" nr 6, s. 19

T. Zieliński, *Po co Homer? Świat antyczny a my*. Kraków: Wyd. Literackie, 1970 – „Życie Literackie" nr 8, s. 14

Dawna nowela włoska. Tłum. J. Gałuszka, E. Boyé, L. Staff. Warszawa: PIW, 1969 – „Życie Literackie" nr 8, s. 14

M. Lepecki, *Pan Jakobus Sobieski*. Warszawa: Czytelnik, 1970 – „Życie Literackie" nr 10, s. 11

Ognista kula. Legendy, baśnie i bajki eskimoskie. Oprac. J. Machowski. Warszawa: PIW, 1970 – „Życie Literackie" nr 10, s. 11

Stara poezja armeńska. Oprac. A. Mandalian. Warszawa: PIW, 1970 – „Życie Literackie" nr 12, s. 11

A. Trepiński, *Romans Kraszewskiego z wiedenką*. Warszawa: PIW, 1970 – „Życie Literackie" nr 12, s. 11

Antologia poezji nowogreckiej. Oprac. Z. Kubiak. Warszawa: PIW, 1970 – „Życie Literackie" nr 14, s. 11

A. Taborski, *Terrarium*. Warszawa: PWRiL, 1970 – „Życie Literackie" nr 2, s. 11

E. Szyller, Z. Gruszczyński, W. Piechal, *Historyczny rozwój form odzieży*. Warszawa: Państw. Wyd. Szkolnictwa Zawodowego, 1970 – „Życie Literackie" nr 16, s. 11

K. Dąbrowski, *Z przeszłości Kalisza*. Warszawa: Książka i Wiedza, 1970 – „Życie Literackie" nr 16, s. 11

S. Butler, *Hudibras*. Tłum. S. Kryński. Wstęp J. Strzetelski. Wrocław: Ossolineum, 1970 (Biblioteka Narodowa) – „Życie Literackie" nr 18, s. 11

M. de Caylus, *Wspomnienia*. Tłum. W. Bieńkowska. Wstęp i przyp. Z. Libiszowska. Warszawa: Czytelnik – „Życie Literackie" nr 18, s. 11

S. Prokofiew, *Autobiografia*. Tłum. J. Ilnicka. Kraków: PWM – „Życie Literackie" nr 20, s. 11

Zapomniani piewcy sportu. Antologia. Wybór i oprac. W. Lipoński. Warszawa: Wyd. „Sport i Turystyka", 1970 – „Życie Literackie" nr 20, s. 11

Reymont w Ameryce. Listy do Wojciecha Morawskiego. Oprac. L. Orłowski. Warszawa: PIW, 1970 – „Życie Literackie" nr 22, s. 11

D. Rinczen, *Łunujskie muski łuneczne*. Tłum. i wstęp A. Latusek. Warszawa: PIW – „Życie Literackie" nr 22, s. 11

G.Ch. Lichtenberg, *Aforyzmy*. Wyb. i tłum. M. Dobrosielski. Warszawa: PIW – „Życie Literackie" nr 25, s. 11

J. Okoń, *Dramat i teatr szkolny. Sceny jezuickie XVII wieku*. Wrocław: PAN, 1970 – „Życie Literackie" nr 25, s. 11

Ch. Baudelaire, *Sztuka romantyczna. Dzienniki poufne*. Tłum., wstępem pt. *Grymas Baudelaire'a* i przyp. opatrzył A. Kijowski. Warszawa: Czytelnik, 1971 [właśc. 1970] – „Życie Literackie" nr 27, s. 11

S. Pieniążek, *Gdy zakwitną jabłonie*. Warszawa: Wiedza Powszechna – „Życie Literackie" nr 27, s. 11

Opowieść o Czhun-hiang najwierniejszej z wiernych. Tłum., wstęp i przyp. H. Ogarek-Czoj. Wrocław: Ossolineum – „Życie Literackie" nr 29, s. 11

A.L. Godlewski, *Czar dalekiej Nuku Hiva*. Wrocław: Ossolineum – „Życie Literackie" nr 29, s. 11

S. Płaskowicka-Rymkiewicz, M. Borzęcka, M. Łabęcka-Koecher, *Historia literatury tureckiej*. Wrocław: Ossolineum, 1970 – „Życie Literackie" nr 31, s. 11

J.M. Corredor, *Rozmowy z Pablo Casalsem*. Tłum. J. Popiel. Kraków: PWM – „Życie Literackie" nr 31, s. 11

BIBLIOGRAFIA PODMIOTOWA

A. Kersten, *Warszawa kazimierzowska 1648-1668*. Warszawa: PIW – „Życie Literackie" nr 34, s. 11
Przedstawiamy humor francuski. Wyb. i oprac. A. Mostowicz. Warszawa: Iskry – „Życie Literackie" nr 34, s. 11
A. Dostojewska, *Mój biedny Fiedia. Dziennik*. Tłum. oraz wstępem i koment. op. R. Przybylski. Warszawa: PIW – „Życie Literackie" nr 36, s. 11
I. Gumowska, *Od ananasa do ziemniaka. Mały leksykon produktów spożywczych*. Warszawa: Wyd. Związkowe CRZZ – „Życie Literackie" nr 36, s. 11
Na podwórku i gdzie indziej. Księga zabaw. Warszawa: Wyd. Harcerskie „Horyzonty" – „Życie Literackie" nr 43, s. 11
G. Blond, *Wielcy żeglarze*. Tłum. J. Karczmarewicz-Fedorowska. Warszawa: Nasza Księgarnia – „Życie Literackie" nr 43, s. 11
H. Klengel, *Historia i kultura starożytnej Syrii*. Tłum. F. Przebinda. Wstęp R. Ranoszek. Warszawa: PIW – „Życie Literackie" nr 45, s. 13
J. Kolbuszewski, *Obraz Tatr w literaturze polskiej XIX wieku. 1805-1889. Funkcje artystyczne motywu przyrody*. Kraków: Wyd. Literackie – „Życie Literackie" nr 45, s. 13
M. Kosman, *Królowa Bona*. Warszawa: Książka i Wiedza – „Życie Literackie" nr 47, s. 11
K.A. Dobrowolski, *Jak pływają zwierzęta*. Warszawa: PZWS – „Życie Literackie" nr 47, s. 11
G. Jahoda, *Psychologia przesądu*. Tłum. J. Jedlicki. Przedm. K. Szaniawski. Warszawa: PIW – „Życie Literackie" nr 49, s. 15
Polski romans sentymentalny. Oprac. i wstęp [doskonały! – W.S.] A. Witkowska. Wrocław: Ossolineum (Biblioteka Narodowa) – „Życie Literackie" nr 49, s. 15
J. Metge, *Maorysi z Nowej Zelandii*. Tłum. M. Przymanowska, wstęp A. Posern-Zieliński. Warszawa: PIW – „Życie Literackie" nr 51, s. 11
S. Szenic, *Królewskie kariery warszawianek*. Wyd. 2. Warszawa: Iskry – „Życie Literackie" nr 51, s. 11

V.
[wywiad: D. Sochacka] „Kobieta i Życie" nr 10, s. 5

1972

I.
Wszelki wypadek. Warszawa: Czytelnik

II.
Głosy, „Życie Literackie" nr 1, s. 3 (WW)
Pochwała snów, „Życie Literackie" nr 1, s. 3 (WW)
Wywiad z dzieckiem, „Życie Literackie" nr 1, s. 3 (WW)
Wielka liczba [*Wielka liczba ludzi...*], „Student" nr 20, s. 3
Psalm, „Literatura" nr 31, s. 5 (WL)
Widziane z góry, „Literatura" nr 31, s. 5 (WL)

III.
Antologia poezji czeskiej i słowackiej XX wieku. Wyboru dokonał i wstępem opatrzył A. Włodek. Katowice: Wyd. Śląsk (Biblioteka Pisarzy Czeskich i Słowackich): Otokar

Březina, *Przyroda*, s. 20, *Pieśń o słońcu, ziemi, wodach i tajemnicy ognia*, s. 21–23, *Ręce*, s. 24–26.

IV.

Album poezji miłosnej. [Oprac.] W. Woroszylski. Wyd. 2. Warszawa 1970; *Drugi album poezji miłosnej*. Wyb. i oprac. W. Woroszylski. Warszawa: Iskry – „Życie Literackie" nr 2, s. 11, 13

H. Wendt, *Przed potopem*. Tłum. i posł. A. Jerzmańska. Warszawa: Wiedza Powszechna, 1971 – „Życie Literackie" nr 4, s. 11

J. Thorwald, *Stulecie detektywów. Drogi i przygody kryminalistyki*. Tłum. W. Kragen, K. Bunsch. Kraków, Wyd. Literackie, 1971 – „Życie Literackie" nr 4, s. 11

Listy miłosne dawnych Polaków. Wybór, wstęp i koment. M. Misiorny. Oprac. tekstu A. Łęgowska-Grybosiowa. Kraków 1971 – „Życie Literackie" nr 6, s. 15

Z. Bukowski, K. Dąbrowski, *Świt kultury europejskiej*. Warszawa: LSW – „Życie Literackie" nr 6, s. 15

K. Baschwitz, *Czarownice. Dzieje procesów o czary*. Tłum. T. Zabłudowski. Posł. B. Baranowski. Warszawa: PWN, 1971 – „Życie Literackie" nr 8, s. 11

H. i W. Mieszkowscy, *Naprawy i przeróbki w moim mieszkaniu*. Warszawa: Watra, 1971 – „Życie Literackie" nr 8, s. 11

E. Fromm, *O sztuce miłości*. Tłum. A. Bogdański. Wstęp M. Czerwiński – „Życie Literackie" nr 11, s. 11

S. Strawiński, *O ptakach, ludziach i miastach*. Warszawa: Wiedza Powszechna – „Życie Literackie" nr 11, s. 11

Arystoteles, *Krótkie rozprawy psychologiczno-biologiczne*. Tłum. P. Siwek. Warszawa: PWN – „Życie Literackie" nr 13, s. 13

L. Frédéric, *Życie codzienne w Japonii w epoce samurajów*. Tłum. E. Bąkowska. Warszawa: PIW – „Życie Literackie" nr 13, s. 13

A. Krokiewicz, *Zarys filozofii greckiej. Od Talesa do Platona*. Warszawa: PAX – „Życie Literackie" nr 15, s. 11

Spotkania z Czechowiczem. Wstęp, wyb. i oprac. S. Pollak. Lublin: Wyd. Lubelskie, 1971 – „Życie Literackie" nr 15, s. 11

A. Kowalska, *Mochnacki i Lelewel. Współtwórcy życia umysłowego Warszawy i kraju. 1825–1830*. Warszawa: PIW, 1971 – „Życie Literackie" nr 17, s. 14

A. Dziak, B. Kamiński, *Wypadki w domu*. Warszawa: PZWL – „Życie Literackie" nr 17, s. 14

A. Halicka, *Wczoraj*. Tłum. W. Błońska. Kraków: Wyd. Literackie – „Życie Literackie" nr 19, s. 13

R. Étienne, *Życie codzienne w Pompejach*. Tłum. T. Kotula. Warszawa: PIW, 1971 – „Życie Literackie" nr 13, s. 13

B. Wachowicz, *Marie jego życia*. Kraków: Wyd. Literackie – „Życie Literackie" nr 22, s. 11

Marcjalis, *Epigramy*. Wyb., tłum. i wstęp S. Kołodziejczyk. Warszawa: Czytelnik – „Życie Literackie" nr 22, s. 11

J. Laforgue, *Poezje*. Wybór, oprac. i słowo wstępne B. Ostromęcki. Warszawa: PIW – „Życie Literackie" nr 24, s. 10

Mały słownik pisarzy świata. Wyd. 2, popr. i rozszerz. Warszawa: Wiedza Powszechna – „Życie Literackie" nr 24, s. 10

M.J. Künstler, *Pismo chińskie*. Warszawa: PWN – „Życie Literackie" nr 28, s. 11
G. Tembrock, *Głosy zwierząt. Wprowadzenie do bioakustyki*. Tłum. H. Jakubczyk, M. Kaczmarek, D. Wasylik. Warszawa: PWN – „Życie Literackie" nr 28, s. 11
P. Valéry, *Estetyka słowa*. Tłum. D. Eska i A. Frybesowa. Wyb. A. Frybesowa. Wstęp M. Żurowski. Warszawa: PIW, 1971 – „Życie Literackie" nr 31, s. 13
A. Barnicki, J. Mantel-Niećko, *Historia Etiopii*. Wrocław: Ossolineum – „Życie Literackie" nr 31, s. 13
O. Signorelli, *Eleonora Duse*. Tłum. B. Sieroszewska. Warszawa: Czytelnik – „Życie Literackie" nr 33, s. 11
D.M. Lang, *Dawna Gruzja*. Tłum. W. Hensel. Warszawa: PIW – „Życie Literackie" nr 33, s. 11
S. Chmielewski, M. Drozdowski, J. Fogel, *Dzieje Śremu*. Poznań: PWN – „Życie Literackie" nr 35, s. 11
M. Schmidt, *Meteorologia dla każdego*. Warszawa: Wyd. Komunikacji i Łączności – „Życie Literackie" nr 35, s. 11
K.W. Wójcicki, *Klechdy, starożytne podania i powieści ludu polskiego i Rusi*. Wyb. i oprac. R. Wojciechowski. Wstęp J. Krzyżanowski. Warszawa: PIW – „Życie Literackie" nr 42, s. 13
D. Diringer, *Alfabet czyli klucz do dziejów ludzkości*. Tłum. W. Hensel. Warszawa: PIW – „Życie Literackie" nr 42, s. 13
Poufne wieści z oświeconej Warszawy. Gazetki pisane z roku 1782. Oprac. i wstęp R. Kaleta. Wrocław: Ossolineum – „Życie Literackie" nr 44, s. 11
L. Wairy Constant, *Pamiętniki kamerdynera cesarza Napoleona I*. Tłum. T. Ewert. Warszawa: Czytelnik – „Życie Literackie" nr 44, s. 11
I. Dobrzycka, *Karol Dickens*. Warszawa: Wiedza Powszechna – „Życie Literackie" nr 47, s. 11
M. Karczewska-Zaleska, *Geografia osadnictwa*. Wyd. 2, popr. Warszawa: PWN – „Życie Literackie" nr 47, s. 11
J. Olkiewicz, *Najjaśniejsza Rzeczpospolita*. Warszawa: Książka i Wiedza – „Życie Literackie" nr 49, s. 15
Mały atlas motyli. Warszawa: PWRiL – „Życie Literackie" nr 49, s. 15
Z. Gloger, *Encyklopedia staropolska ilustrowana*. Wstęp J. Krzyżanowski. Wyd. 2. T. 1-4. Warszawa: Wiedza Powszechna – „Życie Literackie" nr 51, s. 11
Ch. Schwabe, *Leczenie muzyką chorych z nerwicami i zaburzeniami czynnościowymi*. Tłum. M. Murkowa. Warszawa: PZWL – „Życie Literackie" nr 51, s. 11

V.
[wypowiedź nt. lektury wakacyjnej w ankiecie „Książka pod sosną"] „Kultura" nr 39, s. 4
[o własnej twórcz.] *Jak to pisał Norwid?*, [w:] *Debiuty poetyckie 1944-1960. Wiersz, autointerpretacje, opinie krytyczne*. Wybór i oprac. J. Kajtoch, J. Skórnicki. Warszawa: Iskry, s. 237

1973

I.
Lektury nadobowiązkowe. Kraków: Wyd. Literackie
Wybór wierszy. Warszawa: PIW (Biblioteka Literatury XXX-lecia)

II.

Miniatura średniowieczna, „Życie Literackie" nr 24, s. 3 (WL)
Pochwała siostry, „Życie Literackie" nr 24, s. 3 (WL)
Stary śpiewak, „Życie Literackie" nr 24, s. 3 (WL)
Żona Lota, „Twórczość" nr 9, s. 5–6 (WL)
Pokój samobójcy, „Twórczość" nr 9, s. 6 (WL)
Liczba Pi, „Twórczość" nr 9, s. 6–7 (WL)
Utopia, „Literatura" nr 51/52, s. 2 (WL)

IV.

Haendel. Oprac. W. Dulęba. Kraków: PWM, 1972 – „Życie Literackie" nr 1, s. 11
Kalendarz ścienny na rok 1973. Warszawa: Książka i Wiedza, 1972 – „Życie Literackie" nr 1, s. 11
Z. Kuchowicz, *Wizerunki niepospolitych niewiast staropolskich XVI–XVIII wieku*. Łódź: Wyd. Łódzkie, 1972 – „Życie Literackie" nr 7, s. 11
S. Sosnowski, *Wademekum turysty pieszego*. Warszawa: Wyd. „Sport i Turystyka", 1972 – „Życie Literackie" nr 7, s. 11
Miałem kiedyś przyjaciół. Wspomnienia o Kazimierzu Tetmajerze. Oprac. K. Jabłońska. Kraków: Wyd. Literackie, 1972 – „Życie Literackie" nr 10, s. 9
B. Sułkowski, *Powieść i czytelnicy. Społeczne warunkowanie zjawisk odbioru*. Warszawa 1972 – „Życie Literackie" nr 10, s. 9
B. Geremek, *Życie codzienne w Paryżu Villona*. Warszawa 1972 – „Życie Literackie" nr 12, s. 11
J. Garztecki, *Mistrz zapomniany*. Kraków: Wyd. Literackie – „Życie Literackie" nr 16, s. 11
A. Kołodyński, *Filmy fantastyczno-naukowe. Mały leksykon filmowy*. Warszawa: WAiF – „Życie Literackie" nr 16, s. 11
W. Leopold, *O literaturze czarnej Afryki*. Warszawa: PIW – „Życie Literackie" nr 18, s. 15
T. Jurasz, *Zamki i ich tajemnice*. Warszawa: Iskry, 1972 – „Życie Literackie" nr 18, s. 15
Korespondencja Fryderyka Chopina z rodziną. Oprac. K. Kobylańska – „Życie Literackie" nr 21, s. 11
M. Gutowski, *Komizm w polskiej sztuce gotyckiej*. Warszawa: PWN – „Życie Literackie" nr 21, s. 11
Horacy, *Do Leukonoe. Dwadzieścia dwie ody*. Tłum. A. Ważyk. Warszawa: Czytelnik – „Życie Literackie" nr 23, s. 11
A. Wadimow, *Sztuki magiczne*. Tłum. W. Parecka. Wyd. 2. Warszawa: IW CRZZ – „Życie Literackie" nr 23, s. 11
Kuan-Czung, *Dzieje Trzech Królestw*. Wybór, wstęp, oprac. T. Żbikowski. Tłum. N. Billi. – „Życie Literackie" nr 25, s. 12
Karnawał dziadowski. Pieśni wędrownych śpiewaków. XIX – XX wiek. Wybór i oprac. S. Nerkowski. [Warszawa]: LSW – „Życie Literackie" nr 25, s. 12
A. Brillat-Savarin, *Fizjologia smaku albo medytacja o gastronomii doskonałej*. Wybór i oprac. W. Zawadzki. Tłum. i wstęp J. Guze. Warszawa: PIW – „Życie Literackie" nr 27, s. 13
R. Blomberg, *Bufo Blombergi. Wędrówki i przygody*. [Rep.] Wybór i tłum. Z. Łanowski. Warszawa: Iskry – „Życie Literackie" nr 27, s. 13
S. Jarociński, *Debussy – kronika życia, dzieła, epoki*. Kraków: PWM – „Życie Literackie" nr 31, s. 11

Margrabina von Bayreuth, *Pamiętniki*. Tłum. I. Wachlowska. Wstęp i przyp. Z. Libiszowska. Warszawa: Czytelnik – „Życie Literackie" nr 31, s. 11

Warszawscy „Pustelnicy" i „Bywalscy". Felietoniści i kronikarze. Wybór i oprac. J.J. Lipski. T. 1-2. Warszawa: PIW – „Życie Literackie" nr 33, s. 11

C. Jędraszko, *Łacina na co dzień*. Wyd. 3. Warszawa: Nasza Księgarnia – „Życie Literackie" nr 33, s. 11

S. Wysocka, *Teatr przyszłości*. Oprac. i wstęp Z. Wilski. Warszawa: WAiF – „Życie Literackie" nr 35, s. 11

J. Gotzman, B. Jabłoński, *Gniazda naszych ptaków*. Warszawa: PZWS, 1972 – „Życie Literackie" nr 35, s. 11

G. de Staël, *Dziesięć lat wygnania*. Tłum. E. Wassongowa. Wstęp i przyp. B. Grochulska. Warszawa: Czytelnik – „Życie Literackie" nr 41, s. 17

Mały słownik zoologiczny. Ryby. Warszawa: Wiedza Powszechna – „Życie Literackie" nr 41, s. 17

L. Szczerbicka-Ślęk, *W kręgu Klio i Kalliope. Staropolska epika historyczna*. Wrocław: Ossolineum (PAN. IBL. Studia Staropolskie 36) – „Życie Literackie" nr 45, s. 15

K. Frankowski, *Moje wędrówki po obczyźnie. Paryż.* Oprac. i wstęp J. Odrowąż-Pieniążek. Red. W. Zawadzki. Cz. 1-2. Warszawa: PIW – „Życie Literackie" nr 45, s. 15

M.L. Bibesco, *Na balu z Proustem*. Tłum. E. Fiszer. Warszawa: Czytelnik – „Życie Literackie" nr 47, s. 15

B. Gigli, *Pamiętniki*. [Tłum.] H. Wiśniowska. Kraków: PWM – „Życie Literackie" nr 47, s. 15

W. Śliwowska, R. Śliwowski, *Aleksander Hercen*. Warszawa: PIW – „Życie Literackie" nr 49, s. 15

K. Boczkowski, *Płeć człowieka*. Warszawa: PZWL – „Życie Literackie" nr 49, s. 15

M. Wallis, *Dzieje zwierciadła*. Wyd. 2, uzup. Warszawa: WAiF – „Życie Literackie" nr 51/52, s. 17

F. Sławski, S. Radewa, *Kieszonkowy słownik bułgarsko-polski i polsko-bułgarski*. Warszawa: Wiedza Powszechna – „Życie Literackie" nr 51/52, s. 17

V.

[wywiad: M. Koznanecki] *Obmyślam świat*, „Nurt" nr 2, s. 46-47
[wywiad: K. Nastulanka] „Polityka" nr 5, s. 8; „Polnische Wochenschau" nr 9, s. 4, 8
[wywiad: V. Arsenijević] „Borba" 8 IX
[wywiad: K. Starosielskaja] „Inostrannaja Litieratura" nr 11, s. 260-262

1971

II.

Cebula, „Szpilki" nr 21, s. 13 (WL)
Sen starego żółwia, „Szpilki" nr 25, s. 10 (WL)
Jabłonka, „Odra" nr 9, s. 90 (WL)
Pochwała złego o sobie mniemania, „Odra" nr 9, s. 90 (WL)
Życie na poczekaniu, „Odra" nr 9, s. 91 (WL)

IV.

L. Wolanowski, *Upał i gorączka*. Warszawa: Iskry, 1973 – „Życie Literackie" nr 3, s. 11
L.B. Grzeniewski, *Warszawa Aleksandra Gierymskiego*. Warszawa: PIW, 1973 – „Życie Literackie" nr 3, s. 11

Antologia literatury powszechnej. [Oprac.] L. Eustachiewicz. Warszawa 1973 – „Życie Literackie" nr 5, s. 15

A. Trojan, *Sztuka Czarnej Afryki.* Warszawa: Wiedza Powszechna, 1973 – „Życie Literackie" nr 7, s. 11

B.A. Jankowski, *Nauka języka obcego – spojrzenie psychologa.* – „Życie Literackie" nr 7, s. 11

A. Sajkowski, *Włoskie przygody Polaków. Wiek XVI–XVIII.* Warszawa: PIW, 1973 – „Życie Literackie" nr 9, s. 11

Platon, *Alkibiades I i inne dialogi oraz Definicje.* Tłum. L. Regner. Warszawa: PWN, 1973 – „Życie Literackie" nr 9, s. 11

L. Gumilow, *Śladami cywilizacji wielkiego stepu.* Tłum. S. Michalski. Warszawa: PIW, 1973 – „Życie Literackie" nr 12, s. 11

A. Olędzka-Frybesowa, *Z Paryża – w przeszłość. Wędrówki po Europie.* Kraków: Wyd. Literackie, 1973 – „Życie Literackie" nr 12, s. 11

H. Semenowicz, *Poetycka twórczość dziecka.* Warszawa 1973 – „Życie Literackie" nr 14, s. 13

F. Nietzsche, *Aforyzmy.* [Oprac.] S. Lichański. Warszawa: PIW, 1973 – „Życie Literackie" nr 14, s. 13

Teokryt, *Sielanki.* Tłum., oprac. i wstęp A. Sandauer. Wyd. 3. Warszawa: PIW, 1973 – „Życie Literackie" nr 16, s. 11

D. Will, *Jak mieszkać wygodniej.* Warszawa: Watra – „Życie Literackie" nr 16, s. 11

S. Beylin, *Nowiny i nowinki filmowe 1896–1939.* Warszawa: WAiF, 1973 – „Życie Literackie" nr 20, s. 11

A. Stern, *Dom Apollinaire'a.* Kraków: Wyd. Literackie, 1973 – „Życie Literackie" nr 20, s. 11

J. Protasowicz, *Inventores rerum, albo Krótkie opisanie, kto co wynalazł i do używania ludziom podał.* Wrocław: Ossolineum, 1973 – „Życie Literackie" nr 24, s. 15

K.L. von Pollnitz, *Ogień pałającej miłości w śmiertelnym zagrzebiony popiele* – „Życie Literackie" nr 24, s. 13.

Kufer Kasyldy czyli Wspomnienia z lat dziewczęcych. Wybór z pamiętników XVIII–XIX w. Oprac. D. Stępniewska, B. Walczyna. Warszawa: Nasza Księgarnia – „Życie Literackie" nr 26, s. 11

D. i S. Tałałajowie, *Dziwy świata roślin.* Warszawa: PWRiL – „Życie Literackie" nr 26, s. 11

K. Zwolińska, W. Malicki, *Mały słownik terminów plastycznych.* Warszawa: Wiedza Powszechna – „Życie Literackie" nr 29, s. 17

M. Musur, W. Fijałkowski, *Gimnastyka dla kobiet w czasie ciąży i połogu.* Warszawa: PZWL – „Życie Literackie" nr 29, s. 17

J.L. Weston, *Legenda o Graalu. Od starożytnego obrzędu do romansu średniowiecznego.* Tłum. A.H. Borgucka. Przedm. W. Chwalewik. Warszawa: PIW – „Życie Literackie" nr 37, s. 17

Sensacje z dawnych lat. Wyszukał i skomentował R. Kaleta. Wrocław: Ossolineum – „Życie Literackie" nr 37, s. 17

F. Rose, *Pierwotni mieszkańcy Australii.* Tłum. G. Mycielska. Warszawa: PIW, 1973 – „Życie Literackie" nr 39, s. 11

J.A. Chrościcki, *Pompa funebris. Z dziejów kultury staropolskiej.* Warszawa: PWN – „Życie Literackie" nr 39, s. 11

T. Marek, *Schubert.* Wyd. 4. Kraków: PWM – „Życie Literackie" nr 43, s. 11

K.D. Kadłubiec, *Gawędziarz cieszyński Józef Jeżowicz*. Ostrawa: Profil, 1973 – „Życie Literackie" nr 43, s. 11

H. Takeuchi, S. Uyeda, H. Kanamori, *Wędrówka kontynentów*. Tłum. J. Miller. Warszawa: PWN – „Życie Literackie" nr 45, s. 11

L. Armstrong, *Moje życie w Nowym Orleanie*. Tłum. S. Zondek. Kraków: PWM – „Życie Literackie" nr 45, s. 11

M. Iłowiecki, *Nowy niezbyt wspaniały świat*. Warszawa: Wiedza Powszechna – „Życie Literackie" nr 47, s. 11

M. Michalska, *Hatha Joga dla wszystkich*. Wyd. 2. Warszawa: PZWL – „Życie Literackie" nr 47, s. 11

K. Birket-Smith, *Ścieżki kultury*. Tłum. K. Evert-Vaedtke i T. Evert. Oprac. i przedm. Z. Sokolewicz. Warszawa: Wiedza Powszechna – „Życie Literackie" nr 49, s. 16

H. Michałowska, *Salony artystyczno-literackie w Warszawie. 1832–1860*. Warszawa: PWN – „Życie Literackie" nr 49, s. 16

J. Sheridan Le Fanu, *Carmilla*. Tłum. M. Kozłowski. Kraków: Wyd. Literackie – „Życie Literackie" nr 51/52, s. 19

J. Pini-Suchodolska, *Maria Deryng*. Warszawa: PIW – „Życie Literackie" nr 51/52, s. 19

1975

I.
Wszelki wypadek. Wyd. 2. Warszawa: Czytelnik

II.
Ostrzeżenie, „Życie Literackie" nr 13, s. 1 (WL)

Wiele zawdzięczam, „Życie Literackie" nr 13, s. 1 [później publik. z drobnymi zmianami pt. *Podziękowanie*] (WL)

Nad Styksem, „Literatura" nr 41, s. 3 (WL)

Recenzja z nienapisanego wiersza, „Literatura" nr 41, s. 3 (WL)

Wielka liczba [Cztery miliardy ludzi...], „Literatura" nr 41, s. 3 (WL)

III.
Błaga Dimitrowa, *Kobieta w drodze*, „Panorama Bułgarska" nr 3, s. 13

IV.
M. Kromer, *Historyja prawdziwa o przygodzie żałosnej książęcia finlandzkiego Jana i królewny polskiej Katarzyny*. Oprac. J. Małłek. Olsztyn: Pojezierze, 1974 – „Życie Literackie" nr 4, s. 11

E. Hyams, *Rośliny w służbie człowieka*. Tłum. J. Suska. Warszawa: PWN, 1974 – „Życie Literackie" nr 4, s. 11

B. Grun, *Dzieje operetki*. Tłum. M. Kurecka. Rozdz. *Coda alla polacca* napisał L. Kydryński. Kraków: PWM, 1974 – „Życie Literackie" nr 6, s. 11

E. Biocca, *Yanoáma. Opowieść kobiety porwanej przez Indian*. Tłum. B. Sieroszewska. Warszawa: PIW, 1974 – „Życie Literackie" nr 6, s. 11

J. Lewański, *Polskie przekłady Jana Baptysty Marina*. Wrocław: Ossolineum, 1974 (Studia Staropolskie 39) – „Życie Literackie" nr 8, s. 11

J. Feliks, *Ptaki pokojowe*. Tłum. B. Bzowska-Zych. Warszawa: PWRiL, 1974 – „Życie Literackie" nr 8, s. 11

K. Wolska, E. Spirydowicz, *Listy, podania, pisma urzędowe*. Warszawa: LSW, 1974 – „Życie Literackie" nr 10, s. 11

W. Kotański, *Sztuka Japonii*. Warszawa: WAiF, 1974 – „Życie Literackie" nr 10, s. 11

F. Halas, *Wybór poezji*. Oprac. J. Baluch. Kraków: Ossolineum (BN II 179) – „Życie Literackie" nr 15, s. 11

E.J. Slijper, *Olbrzymy i karły w świecie zwierząt*. Tłum. S. Jarząbek, M. Kowalski. Warszawa: Wiedza Powszechna – „Życie Literackie" nr 15, s. 11

K. Maleczyńska, *Dzieje starego papieru*. Wrocław: Ossolineum, 1974 – „Życie Literackie" nr 17, s. 11

J. Dunin, *Papierowy bandyta. Książka kramarska i brukowa w Polsce*. Łódź: Wyd. Łódzkie, 1974 – „Życie Literackie" nr 17, s. 11

Księga nonsensu. Rozsądne i nierozsądne wierszyki wymyślone po angielsku przez Edwarda Leara i innych, napisane po polsku przez A. Marianowicza i A. Nowickiego. Wyd. 2, zm. Warszawa: WAiF – „Życie Literackie" nr 20, s. 11

A. Jarzębski, *Gościniec abo krótkie opisanie Warszawy*. Oprac. i wst. W. Tomkiewicz. Warszawa: PWN, 1974 – „Życie Literackie" nr 20, s. 11

J. Ługowski, *Jasia Ługowskiego podróże do szkół w cudzych krajach 1639–1643*. Oprac. i wstęp K. Muszyńska. Warszawa: PIW, 1974 – „Życie Literackie" nr 22, s. 11

A. Suworin, *Dziennik*. Tłum., przedm., not. i przyp. J. Pański. Warszawa: Czytelnik – „Życie Literackie" nr 22, s. 11

S. Broniewoldi, *Igraszki z czasem*. Wyd. 2, poszerz. Kraków. Wyd. Literackie, 1974 – „Życie Literackie" nr 26, s. 11

L. Večeřa, *Mały atlas róż*. Tłum. A. Ostrowski. Warszawa: PWRiL, 1974 – „Życie Literackie" nr 25, s. 11

V. Haas, *Słowiki w aksamitach i jedwabiach. Z życia wielkich primadonn*. Tłum. J. Kydryński. Kraków: PWM – „Życie Literackie" nr 27, s. 11

A. Klubówna, *Zawisza Czarny w historii i legendzie*. Warszawa: LSW, 1974 – „Życie Literackie" nr 29, s. 19

P. Teichmann, *Gdy zachoruje pies*. Tłum. W. Kermen. Warszawa: PWRiL, 1974 – „Życie Literackie" nr 29, s. 19

H. Fajkowska, K. Wolfowa, *Warzywa mało znane*. Wyd. 2. Warszawa: PWRiL, 1971 [tak, tak – W.S.] – „Życie Literackie" nr 31, s. 11

Katalog XXII Wystawy Psów Rasowych. Związek Kynologiczny. Oddz. w Krakowie – „Życie Literackie" nr 31, s. 11

A. Świderkówna, *Hellenika. Wizerunek epoki od Aleksandra do Augusta*. Warszawa: PIW, 1974 – „Życie Literackie" nr 33, s. 11

Usama ibn Munkidh, *Kitab al I'tibar. Księga pouczających przykładów, dzieło Usama ibn Munkidh tj. Muajjada ad-Daula abu Muzaffara Usamy ibn Murszida ibn Ali ibn Mukallada ibn Nasra ibn Munkidha al-Kinani asz-Szajzari*. Tłum., wstęp i przyp. J. Bielawski. Wrocław: Ossolineum – „Życie Literackie" nr 33, s. 11

H. Kesten, *Casanova*. Wyd. 2. Tłum. G. Mycielska. Kraków: Wyd. Literackie – „Życie Literackie" nr 44, s. 11.

A. Centkiewiczowa, C. Centkiewicz, *Nie prowadziła ich Gwiazda Polarna*. Warszawa: Iskry, 1974 [wł. 1975] – „Życie Literackie" nr 44, s. 11

W. Natanson, *Z różą czerwoną przez Paryż*. Wyd. 2. Kraków: Wyd. Literackie – „Życie Literackie" nr 46, s. 11

J.B. Dziekoński, *Sędziwoj*. Szkic o życiu i twórczości napisał, tekst oprac. i przyp. opatrzył A. Gromadzki. Warszawa: PIW, 1974 – „Życie Literackie" nr 46, s. 11

V.

[rozmowa: T. Wantuła] *Jedynaczka „Współczesności" Wisława Szymborska*, „Głos Ludu" 20.03.1975

[wywiad] *Powrót do źródeł. Rozmowa z Wisławą Szymborską*, [w:] K. Nastulanka, *Sami o sobie. Rozmowy z pisarzami i uczonymi*. Warszawa: Czytelnik, s. 298–308

[wypowiedź w ankiecie red. nt. własnej twórcz.] „Polnische Wochenschau" nr 9, s. 12

1976

I.

Wielka liczba. Warszawa: Czytelnik
Tarsjusz i inne wiersze. Warszawa: Czytelnik

II.

Portret kobiecy, „Literatura" nr 2, s. 11 (WL)
Pustelnia, „Literatura" nr 2, s. 11 (WL)
Eksperyment, „Literatura" nr 2, s. 11 (WL)
Uśmiechy, „Wieści" nr 46, s. 5 (WL)

IV.

J. Hera, *Z dziejów pantomimy czyli pałac zaczarowany*. Przedm. Z. Raszewski. Warszawa: PIW, 1975 – „Życie Literackie" nr 1, s. 6

W.H. Hill, A.F. Hill, A.E. Hill, *Antonio Stradivari. Życie i dzieło (1644–1737)*. Tłum. H. Dunin-Niwińska, M. Dziedzic. Przedm. i przyp. W. Kamiński. Kraków: PWM, 1975 – „Życie Literackie" nr 1, s. 6

K. Lorenz, *Opowiadania o zwierzętach*. Tłum. W. Kragen. Kraków: Wyd. Literackie, 1975 – „Życie Literackie" nr 5, s. 13

J. Toeplitz-Mrozowska, *Słoneczne życie*. Wyd. 2. Kraków: Wyd. Literackie, 1975 – „Życie Literackie" nr 5, s. 13

Apulejusz, *Apologia czyli w obronie własnej księgi o magii*. Tłum. i oprac. J. Sękowski. Warszawa: PIW, 1975 – „Życie Literackie" nr 7, s. 15

W. Löschburg, *Kradzież Mony Lisy*. Tłum. E. Seredyńska. Warszawa: WAiF, 1975 – „Życie Literackie" nr 11, s. 15

V. Graaf, *Homo futurus. Analiza współczesnej science fiction*. Tłum. Z. Fonferka. Warszawa: PIW, 1975 – „Życie Literackie" nr 11, s. 15

G. Langner, *Pamiętnik dorożkarza warszawskiego*. Przedm. i przyp. W. Zawadzki. Warszawa: PIW, 1975 – „Życie Literackie" nr 15, s. 15

E. Burakowska, *Wszystko o delfinach*. Warszawa: Wyd. RSW „Prasa – Książka – Ruch", 1975 – „Życie Literackie" nr 15, s. 15

By czas nie zaćmił i niepamięć. Wybór kronik średniowiecznych. Oprac. A. Jelicz. Warszawa: PIW, 1975 – „Życie Literackie" nr 17, s. 13

J. Verne, *Wokół księżyca*. Tłum. L. Duninowska. Warszawa: Nasza Księgarnia, 1975 – „Życie Literackie" nr 17, s. 13

Z. Wyszyński, *Filmowy Kraków 1896–1971*. Kraków: Wyd. Literackie, 1975 – „Życie Literackie" nr 23, s. 15

I. Jacyna, *Ziemia w asfalcie*. Warszawa: LSW, 1975 – „Życie Literackie" nr 23, s. 15

M.J. Roland, *Pamiętniki*. Tłum. I. Wachlowska. Wstęp S. Meller. Warszawa: Czytelnik – „Życie Literackie" nr 29, s. 13

Polskie zagadki ludowe. Antologia. Wyb. i oprac. S. Folfasiński. Przedm. J. Krzyżanowski. Warszawa: LSW, 1975 – „Życie Literackie" nr 29, s. 13

Abencerraje i piękna Haryfa. Tłum. F. Śmieja. Kraków: Wyd. Literackie, 1975 – „Życie Literackie" nr 32, s. 13

S. Zakrzewski, *Jak stać się silnym i sprawnym*. Wyd. 4. Warszawa: Sport i Turystyka – „Życie Literackie" nr 32, s. 13

R. Bugaj, *Nauki tajemne w Polsce w dobie odrodzenia*. Wrocław: Ossolineum – „Życie Literackie" nr 34, s. 13

„Blok-Notes" Muzeum Literatury im. Adama Mickiewicza – „Życie Literackie" nr 34, s. 13

K. Mann, *Moje nie napisane wspomnienia*. Do druku przygot. E. Plessen i M. Mann. Tłum. E. Bielicka. Warszawa: Czytelnik – „Życie Literackie" nr 44, s. 11

M. Rożek, *Uroczystości w barokowym Krakowie*. Kraków: Wyd. Literackie – „Życie Literackie" nr 44, s. 11

M. Szypowska, *Jan Matejko wszystkim znany*. Warszawa: PIW – „Życie Literackie" nr 46, s. 11

J. Wojeński, *Tapetowanie mieszkań*. Warszawa: Watra – „Życie Literackie" nr 46, s. 11

J. i Z. Wdowińscy, *Toporem bobra*. Warszawa: WRiL, 1975 – „Życie Literackie" nr 48, s. 12

S. Lasić, *Poetyka powieści kryminalnej. Próba analizy strukturalnej*. Tłum. M. Petryńska. Warszawa: PIW – „Życie Literackie" nr 48, s. 12

VI.

[wyjaśnienie ws. nakładu tomu *Tarsjusz...*] „Życie Literackie" nr 46, s. 13

1977

I.

Poezje. Przedm. J. Kwiatkowski. Wyd. 2. Warszawa: PIW
Wielka liczba. Wyd. 2. Warszawa: Czytelnik

II.

Pierwsza fotografia, „Twórczość" nr 8, s. 5 (LnM) [wyd. później pt. *Pierwsza fotografia Hitlera*]
Nadmiar, „Twórczość" nr 8, s. 6 (LnM)
Konszachty z umarłymi, „Twórczość" nr 8, s. 7 (LnM)

BIBLIOGRAFIA PODMIOTOWA

IV.

J. Liebert, *Pisma zebrane*. T. 1–2. Warszawa 1976 – „Życie Literackie" nr 13, s. 15

A. Radcliffe, *Italczyk albo Konfesjonał Czarnych Pokutników*. Tłum. M. Przymanowska. Posłowie Z. Sinko. Kraków: Wyd. Literackie – „Życie Literackie" nr 13, s. 15

M. Brożek, *Historia literatury łacińskiej w starożytności*. Wrocław 1976 – „Życie Literackie" nr 19, s. 11

Monitor 1765–1785 – „Życie Literackie" nr 19, s. 11

Mądrzejszy Mazur niż diabeł. Zbiór przysłów i wyrażeń przysłowiowych polskich z terenu Warmii i Mazur. Oprac. T. Oracki. Olsztyn: Pojezierze – „Życie Literackie" nr 28, s. 13

A. Cohen, *Książka o mojej matce*. Tłum. A. Sochowa. Kraków: Wyd. Literackie – „Życie Literackie" nr 28, s. 13

A.D. Inglot, *Tajemniczy świat wirusów*. Warszawa: KAW, 1976 – „Życie Literackie" nr 32, s. 11

C. Albaret, *Pan Proust*. Wspomnienia spisał G. Belmont. Tłum. E. Szczepańska-Węgrzecka. Warszawa: Czytelnik, 1976 – „Życie Literackie" nr 32, s. 11

J. Stankiewicz, *Dzieje tabakiery*. Kraków: Wyd. Literackie, 1976 – „Życie Literackie" nr 37, s. 11

duc de Lauzun, *Pamiętniki*. Tłum. S. Meller. Warszawa: PIW, 1976 – „Życie Literackie" nr 37, s. 11

Pedagogika. Podręcznik akademicki. Wyd. 4. Warszawa: PWN, 1976 – „Życie Literackie" nr 37, s. 11

J. Szczublewski, *Żywot Modrzejewskiej*. Wyd. 2. Warszawa: PIW – „Życie Literackie" nr 46, s. 11

W.A. Serczyk, *Iwan Groźny*. Wrocław: Ossolineum – „Życie Literackie" nr 46, s. 11

1978

IV.

R. Helsing, *Plotki z pięciolinii – Anegdoty o muzykach*. Kraków: PWM, 1977 – „Życie Literackie" nr 5, s. 11

E.M. Szczęsna, *Kuchnie Dalekiego Wschodu*, Wyd. „Watra", 1977 – „Życie Literackie" nr 5, s. 11

P. Claudel, *Dziennik, 1904–1955*. Tłum. z franc., wyb. i słowo wstępne Julian Rogoziński. Warszawa: PAX, 1977 – „Życie Literackie" nr 11, s. 12

H. Górska i E. Lipiński, *Z dziejów karykatury polskiej*. Warszawa: Wiedza Powszechna, 1977 – „Życie Literackie" nr 11, s. 12

Mozart. Oprac. W. Dulęba. Tekst Z. Sokołowska. Kraków: PWM, 1977 – „Życie Literackie" nr 16, s. 11

R. Kiersnowski, *Życie codzienne na Śląsku w wiekach średnich*. Warszawa: PIW, 1977 – „Życie Literackie" nr 16, s. 11

Aforyzmy chińskie. Wybór, tłum. i wstęp M. Künstler. Warszawa: PIW, 1977 – „Życie Literackie" nr 22, s. 16

M. Poprzędzka, *Akademizm*. Warszawa: WAiF, 1977 – „Życie Literackie" nr 22, s. 16

Eposy Czarnej Afryki. Wyb., wstęp i przypisy W. Leopold, Z. Stolarek. Tłum. E. Fiszer. Warszawa: LSW, 1977 – „Życie Literackie" nr 30, s. 17

J. Jelinek, *Wielki atlas prahistorii człowieka*. Tłum. E. i J. Kaźmierczakowie. Warszawa: PWRiL, 1977 – „Życie Literackie" nr 30, s. 17

B. David, K.H. Deutschmann, M. Freitag, A. Hofmann, J. Kamp, H. Linke, M. Lobat, E. Miessner, *Bukieciarstwo*. Tłum. A. i M. Wyrwińscy. Warszawa: PWRiL – „Życie Literackie" nr 37, s. 15

A. Świderkówna, *Siedem Kleopatr*. Warszawa: Wiedza Powszechna – „Życie Literackie" nr 37, s. 15

Kraków w fotografii Henryka Hermanowicza. Wstęp i oprac. A. Banach. Wyd. 4, poszerz. Kraków: Wyd. Literackie – „Życie Literackie" nr 48, s. 15

R. Przybylski, *Ogrody romantyków*. Kraków: Wyd. Literackie – „Życie Literackie" nr 48, s. 15

1979

I.

Wybór wierszy. Wyd. 2, uzup. Warszawa: PIW (Kolekcja Polskiej Literatury Współczesnej)

II.

Trema, „Życie Literackie" nr 5, s. 1 (LnM)
Widok z ziarnkiem piasku, „Twórczość" nr 8, s. 5 (LnM)
Dzieci epoki, „Twórczość" nr 8, s. 6 (LnM)
Pisanie życiorysu, „Twórczość" nr 8, s. 6–7 (LnM)

IV.

Z. Kuchowicz, *Barbara Radziwiłłówna*. Wyd. 2, popr. Łódź: Wyd. Łódzkie, 1978 – „Życie Literackie" nr 2, s. 11

Z. Wędrowska, *100 minut dla urody*. Wyd. 4. Warszawa: Wyd. „Sport i Turystyka" – „Życie Literackie" nr 2, s. 11

Antologia Palatyńska. Wyb., tłum. i oprac. Z. Kubiak, Warszawa 1978 – „Życie Literackie" nr 10, s. 13

M.S. Sołtyńska, *Dzieciństwo zwierząt*. Warszawa: KAW, 1978 – „Życie Literackie" nr 10, s. 13

J.W. Goethe, *Powinowactwa z wyboru*. Tłum. W. Markowska. Posł. T. Mann, tłum. J. Błoński. Wyd. 2. Warszawa: PIW, 1978 – „Życie Literackie" nr 24, s. 15

A. Ziemny, *Coraz krótsze lata*. Warszawa: Czytelnik, 1978 – „Życie Literackie" nr 24, s. 15

„Blok-Notes" Muzeum Literatury im. Adama Mickiewicza, 1978 – „Życie Literackie" nr 31, s. 17

S. Pepys, *Dziennik*. Tłum. M. Dąbrowska. T. 1–2. Wyd. 4. Warszawa: PIW, 1978 – „Życie Literackie" nr 31, s. 17

Pamiętniki synowca Stanisława Augusta. Tłum., wstęp i przyp. J. Łojek. Warszawa: PAX – „Życie Literackie" nr 39, s. 15

Sceptyk pełen wiary. Wspomnienia o Stefanie Otwinowskim. Oprac. i noty biogr. W. Maciąg. Kraków: Wyd. Literackie – „Życie Literackie" nr 39, s. 15

H. d'Urfé, *Astrea*. Wstęp K. Choiński. Tłum. M. Gawryś, W. Gilewski, B. Grzegorzewska, E. Sadowska, J. Arnold. Warszawa: Czytelnik, 1978 – „Życie Literackie" nr 47, s. 13

M. Pavlović, *Mit i poezja*. Tłum. J. Salamon i D. Cirlić-Straszyńska. Kraków: Wyd. Literackie – „Życie Literackie" nr 47, s. 13

V.

[wywiad: J. Woś] „Prometej" nr 11, s. 6

1980

II.

Odzież, „Polityka" nr 14, s. 1 (LnM)
Tortury, „Polityka" nr 14, s. 1 (LnM)
W biały dzień, „Polityka" nr 14, s. 1 (LnM)

IV.

T. Borowski, *Pamiętnik mojego życia* – „Życie Literackie" nr 3, s. 13
S. Jachowicz, *Wiersze*. Warszawa: WAiF, 1979 – „Życie Literackie" nr 3, s. 13
L. Falandysz, *Wiktymologia*. Warszawa: Wiedza Powszechna, 1979 (Omega) – „Życie Literackie" nr 13, s. 12
J. Sokołowski, *Ptaki Polski*. Warszawa: WSiP, 1979 – „Życie Literackie" nr 13, s. 12
P.M. Kendall, *Ryszard III*. Tłum. K. Jurasz-Dombska. Warszawa: PIW – „Życie Literackie" nr 21, s. 10
L. Kuchtówna, *Irena Solska*. Warszawa: PIW – „Życie Literackie" nr 21, s. 10
K. Horney, *Nerwica a rozwój człowieka*. Tłum. Z. Doroszowa. Przedm. Z. Wieczorek. Warszawa: PIW – „Życie Literackie" nr 28, s. 10
M. Nowicka, *Antyczna książka ilustrowana*. Wrocław: Ossolineum, 1979 – „Życie Literackie" nr 28, s. 10
M. Grant, *Gladiatorzy*. Tłum. T. Rybowski. Wstęp A. Ładomirski. Wrocław: Ossolineum – „Życie Literackie" nr 43, s. 6
R. König, *Potęga i urok mody*. Tłum. J. Szymańska. Posł. K. Żygulski. Warszawa: WAiF, 1979 – „Życie Literackie" nr 43, s. 6
J. i D. Sourdei, *Cywilizacja islamu*. Tłum. Skuratowicz, W. Dębski. Przedm. R. Bloch. Warszawa: PIW – „Życie Literackie" nr 50, s. 12
Kapitan i dwie panny. Krakowskie pamiętniki z XIX wieku. Przygot. do druku I. Homola i B. Łopuszański. Kraków: Wyd. Literackie – „Życie Literackie" nr 50, s. 12

1981

I.

Lektury nadobowiązkowe. Część 2. Kraków: Wyd. Literackie

II

Dom wielkiego człowieka, „Pismo" nr 2, s. 3–4 (LnM)
Krótkie życie naszych przodków, „Pismo" nr 2, s. 4 (LnM)
Jarmark cudów, „Pismo" nr 2, s. 5 (LnM)

IV.

W. Hansen, *Pawi tron*. Tłum. J. Schwakopf. Warszawa: PIW, 1980 – „Życie Literackie" nr 13, s. 12
A. Solmi, *Tragiczne wody*. Tłum. H. Kralowa. Warszawa: PIW, 1980 – „Życie Literackie" nr 13, s. 12
R.M. Rilke i L.A. Salome, *Listy*. Tłum. i wstęp W. Markowska. Wybór, słowo wiążące i przyp. A. Milska. Warszawa: Czytelnik, 1980 – „Życie Literackie" nr 26, s. 11

R. Brandstaetter, *Ja jestem Żyd z „Wesela"*. Poznań: Wyd. Poznańskie – „Życie Literackie" nr 26, s. 11

R. Fitzsimons, *Edmund Kean. Ogień z niebios*. Tłum. I. Tarłowska. Warszawa: PIW – „Życie Literackie" nr 36, s. 15

S. Grzybowski, *Henryk Walezy*. Wrocław: Ossolineum, 1980 – „Życie Literackie" nr 36, s. 15

G. Stein, *Autobiografia każdego z nas*. Tłum. M. Michałowska. Warszawa: Czytelnik, 1980 – „Życie Literackie" nr 41, s. 13

A. Garbicz, J. Klinowski, *Kino, wehikuł magiczny. Przewodnik osiągnięć filmu fabularnego. Podróż pierwsza 1913–1949*. Kraków: Wyd. Literackie – „Życie Literackie" nr 41, s. 13

VI.

[nawiązanie do art.: J.P. Gawlik, *Co się stało w Starym Teatrze?*, „Polityka" 1980, nr 49] „Polityka" nr 4, s. 8

[felietony] *Z tekstów odrzuconych*, „Pismo" nr 1, s. 182–183; nr 4, s. 143–144; nr 5/6, s. 192; nr 7, s. 143

O kotkach i różnych innych subtelnościach, „Pismo" nr 2, s. 138.

1982

III.

Rémy Belleau, *Z bukietem w środę popielcową danym*, „Zwierciadło" nr 24, s. 10

Théodore Agrippa d'Aubigné, *Tragiki* [fragm.]: *Noc św. Bartłomieja, Książę przebrany, Do dworaków poczciwych*, „Twórczość" nr 7, s. 5–9

1983

I.

Poezje wybrane (II). Wyboru dokonała Autorka. Warszawa: LSW (Biblioteka Poetów)

II.

Schyłek wieku, „Tygodnik Powszechny" nr 38, s. 5 (LnM)

III.

Agrippa d'Aubigné, *Hymn wybranych; Ekstaza; Szatan*, „Tygodnik Powszechny" nr 10, s. 3

Agrippa d'Aubigné, *Pałac sprawiedliwości* [fragm.], „Odra" nr 6, s. 22–24

Antologia poezji żydowskiej. Wybór oraz noty i przyp. S. Łastik. Red. i słowo wstępne A. Słucki. Warszawa: PIW: I. Manger, *Czeladnik krawiecki Note Manger śpiewa (Z Kołomyi do Stopczetu)*, s. 288–289, *Cyniczna idylla* (z cyklu „1943"), s. 294–295, *Casanova*, s. 295–296

IV.

J. Héritier, *Katarzyna Medycejska*. Tłum. M. Skibniewska. Warszawa: PIW, 1981 – „Pismo" nr 1/2, s. 90–91

P. Majewski, *Chiromancja i horoskopy*. Warszawa: KAW, 1982 – „Pismo" nr 1/2, s. 91

Poetyka okresu renesansu. Antologia. Wybór, wstęp i oprac. E. Sarnowska-Temeriusz. Wrocław: Ossolineum, 1982 – „Pismo" nr 3, s. 94–95

C.G. Jung, *Nowoczesny mit*. Tłum. i przedm. J. Prokopiuk. Kraków: Wyd. Literackie, 1982 – „Pismo" nr 3, s. 95

J. Zabłocka, *Historia Bliskiego Wschodu w starożytności*. Wrocław: Ossolineum, 1982 – „Pismo" nr 4, s. 93–94

A. Trepka, *Król tasmańskich stepów i inne opowieści ze świata zwierząt i ludzi*. Katowice: Wyd. „Śląsk", 1982 – „Pismo" nr 5/6, s. 90

A. Słonimski, *Gwałt na Melpomenie*. Warszawa: WAiF, 1982 – „Pismo" nr 5/6, s. 91

1984

II.

Do Arki, „Tygodnik Powszechny" nr 9, s. 5 (LnM)
Rozpoczęta opowieść, „Tygodnik Powszechny" nr 10, s. 8 (LnM)
O śmierci bez przesady, „Twórczość" nr 3, s. 5–6 (LnM)
Głos w sprawie pornografii, „Twórczość" nr 3, s. 6–7 (LnM)
Pogrzeb [(„tak nagle...")], „Twórczość" nr 3, s. 7–8 (LnM)
Ludzie na moście, „Tygodnik Powszechny" nr 51, s. 5 (LnM)

IV.

B. Jacobi, *Tajemnice świątyń i pałaców*. Tłum. L. Gradstein – „Odra" nr 7/8, s. 103

O. Wołczek, *Człowiek i tamci z Kosmosu* – „Odra" nr 7/8, s. 103–104

R. Drössler, *Wenus epoki lodowej*. Tłum. B. i T. Baranowscy. Warszawa: WAiF, 1983 – „Odra" 10, s. 105

M. Stieblin-Kamienski, *Ze świata sag*. Tłum. J. Litwiniuk. Posł. R. Stiller. Warszawa: PWN, 1982 – „Odra" nr 10, s. 106

1985

II.

Możliwości, „Odra" nr 4, s. 36 (LnM)
(Stańczykówna) *Dialektyka i sztuka*, „Kultura" (Paryż) nr 5, s. 74–76

IV.

Nikt się nie rodzi kobietą. Teksty 16 autorek. Wyb., tłum. i wstęp T. Hołówka. Posł. A. Jasińska. Warszawa: Czytelnik, 1982 – „Odra" nr 1, s. 103–104

L. Winniczuk, *Ludzie, zwyczaje, obyczaje starożytnej Grecji i Rzymu*. Warszawa: PWN – „Odra" nr 1, s. 104

J. Sowiński, *Sztuka typograficzna Młodej Polski*. Wrocław: Ossolineum, 1982 – „Odra" nr 3, s. 103

Ch. Jencks, *Le Corbusier – tragizm współczesnej architektury*. Tłum. M. Biegańska. Warszawa: WAiF, 1982 – „Odra" nr 3, s. 104

G.L. Playfair i S. Hill, *Cykle Nieba*. Tłum. G. i Z. Fąfarowie. Przedm. A.K. Wróblewski. Warszawa: PIW, 1984 – „Odra" nr 6, s. 106

R. Paulson, *William Hogarth*. Skróciła [a szkoda, że to zrobiła – W.S.] A. Wilde. Tłum. H. Andrzejewska, Z. Piotrowska. Warszawa: PIW, 1984 – „Odra" nr 6, s. 106–107

s. M. Borkowska, *Dekret w niebieskim ferowany parlamencie*. Kraków: Wyd. Znak, 1984 – „Odra" nr 7/8, s. 104

R. Marszałek, *Filmowa pop-historia*. Kraków: Wyd. Literackie, 1984 – „Odra" nr 7/8, s. 104–105

Saint-Simon, *Pamiętniki*. Tłum. A. i M. Bocheńscy. Wstęp A. Bocheński. Warszawa: PIW, 1984 – „Odra" nr 10, s. 103

P. Gaxotte, *Ludwik XIV*. Tłum. B. Janicka. Warszawa: PIW, 1984 – „Odra" nr 10, s. 103–104

Świat roślin, skał i minerałów. Oprac. zespół. Tłum. E. Siatkowska, A. Kaszala. Red. K. Kujawska. Warszawa: PWRiL, 1984 – „Odra" nr 12, s. 101

H. Hoffmann, *Sztuczne złoto*. Tłum. G. Gostwicka. Warszawa: Wiedza Powszechna – „Odra" nr 12, s. 101–102

VI.
List do K.I. Gałczyńskiego [z 1953 r.] „Kraków" nr 1, s. 20 [ogł. z komentarzem K. Gałczyńska]

1986

I.
Ludzie na moście. Warszawa: Czytelnik

II.
Wersja wydarzeń, „Twórczość" nr 2, s. 5–7 (KiP)

IV.
M. de Montaigne, *Próby*. Tłum. T. Żeleński (Boy). Warszawa 1985 – „Odra" nr 3, s. 101

1987

I.
Poezje. Przedm. J. Kwiatkowski. Wyd. 3. Warszawa. Alfa

II.
Rachunek elegijny, „Odra" nr 6, s. 2 (KiP)
Jawa, „Odra" nr 6, s. 3 (KiP)

V.
[dyskusja:] *Poczucie nieobecności*, „bruLion" nr 7/8, s. 63–69

VI.
Nie mogę przyjąć, „Tygodnik Powszechny" nr 27, s. 3

1988

I.
Ludzie na moście. Wyd. 2. Warszawa: Czytelnik

II.
Rzeczywistość wymaga, „Twórczość" nr 11, s. 5–6 (KiP)
Niebo, „Twórczość" nr 11, s. 6–7 (KiP)

BIBLIOGRAFIA PODMIOTOWA

1989

III.

Antologia poezji rumuńskiej. Część I. Wybór i układ D. Bieńkowska. Redakcja poetycka J. Rogoziński. Część II. Wybór, układ i redakcja poetycka I. Harasimowicz. Warszawa: PIW: Vasile Voiculescu, *Alfa – Omega*, s. 252; Ileana Mălăncioiu, *Chciałabym...*, s. 528

1990

II.

Nic darowane, „NaGłos" nr 1, s. 11–12 (KiP)
Przerwana opowieść, „Dekada Literacka" nr 3, s. 8

1991

II.

Pożegnanie widoku, „Odra" nr 6, s. 2–3 (KiP)
Kot w pustym mieszkaniu, „Odra" nr 6, s. 3–4 (KiP)
Seans, „Odra" nr 6, s. 4–5 (KiP)

V.

[rozmowa: A. Michajłów] *Ja wierzyłam*, „Tygodnik Literacki" nr 17, s. 3
Cenię wątpliwości. Przemówienie wygłoszone podczas uroczystości wręczania Nagrody Goethego, „Dekada Literacka" nr 30, s. 1; sprost. W. Szymborskiej: „Dekada Literacka" nr 32, s. 2
[wypowiedź:] *O Mrożku mówią*, „NaGłos" nr 3, s. 217
[rozmowa: W. Ligęza] *Przepustowość owiec*, „Teksty Drugie" nr 4, s. 151–154

1992

I.

Lektury nadobowiązkowe. Kraków: Wyd. Literackie
Wieczór autorski. Wybór, wstęp W. Ligęza. Warszawa: Anagram

II.

Koniec i początek, „Tygodnik Powszechny" nr 1, s. 1 (KiP)
Nienawiść, „Gazeta Wyborcza" nr 132, s. 1 (KiP)
Może to wszystko, „Dekada Literacka" nr 6, s. 1 (KiP)
Dnia 16 maja 1973 roku, „Twórczość" nr 6, s. 3–4 (KiP)

V.

[wypowiedź:] *Kronika towarzyska*, „NaGłos" nr 7, s. 198
[wypowiedź nt. *Książki dzieciństwa*:] *Dwie bajeczki*, „Dekada Literacka" nr 9, s. 1

1993

I.

Koniec i początek. Poznań: Wyd. a5

II.
Niektórzy lubią poezję, „Dekada Literacka" 1992/1993, nr 24/1, s. 3 (KiP)
Komedyjki, „Res Publica Nowa" nr 1, s. 4 (KiP)
Miłość od pierwszego wejrzenia, „Odra" nr 1, s. 2 (KiP)
Trzy słowa najdziwniejsze, „NaGłos" nr 12, s. 5 (Ch)
W. Szymborska i Z. Machej, *Limeryki skomponowane w czasie podróży z Krakowa do Pragi i z powrotem*, „NaGłos" nr 12, s. 26–28 (RDD)
Galeria pisarzy krakowskich, „Dekada Literacka" nr 7, s. 12 (RDD)

V.
[rozmowa: A. Rudnicka] *Ucieczka od wampira*, „Gazeta Wyborcza" nr 58, s. 8
Zawsze miałam serce do kiczu, „Przekrój" nr 15
[rozmowa: R. Kozik] *Zjedzą nas mikrofony*, „Gazeta Wyborcza" nr 273, s. 4
Nie mieszkamy w buduarze, „Ex Libris" nr spec., s. 1

1994

I.
Wiersze. Zduńska Wola: Fast [wydanie bez porozumienia z Autorką]

II.
Chmury, „NaGłos" nr 17, s. 4–5 (Ch)
Jacyś ludzie, „Tygodnik Powszechny" nr 34, s. 1 (Ch)
Z limeryków chińskich. Z limeryków chińsko-podhalańskich. Z limeryków (przepraszam za określenie) lozańskich, „Dekada Literacka" nr 10, s. 12 (RDD)

IV.
Co jest tajemnicą – Th. De Jean, *Księga tajemnic*. Trzy tomy tłumaczone przez cztery osoby. Łódź: Pandora, 1993 – „Gazeta Wyborcza" nr 21, dod. „Książki" nr 1, s. 12
Wandalski los – J. Strzelczyk, *Wandalowie i ich afrykańskie państwo*. Warszawa: PIW, 1992 – „Gazeta Wyborcza" nr 45, dod. „Książki" nr 2, s. 16
Co się śni? – C.G. Jung, *O istocie snów*. Tłum. R. Reszke. Warszawa: KR, 1993 – „Gazeta Wyborcza" nr 69, dod. „Książki" nr 3, s. 16
Listy w trumnach – J. Ficowski, *W sierocińcu świata. Rzecz o Witoldzie Wojtkiewiczu*. Warszawa: Ryton [nie poskąpiło reprodukcji – W.S.], 1993 – „Gazeta Wyborcza" nr 92, dod. „Książki" nr 4, s. 12
Za późno, czyli kiedy? – K. Čapek, *Inwazja jaszczurów*. Tłum. [J. Bułakowska]. Warszawa: Wyd. Siedmioróg, 1992 – „Gazeta Wyborcza" nr 114, dod. „Książki" nr 5, s. 16
Dziura w czele – J.S. Bystroń, *Nazwiska polskie*. Wznowienie oparte na wyd. z 1936 r. Warszawa: Książka i Wiedza, 1993 – „Gazeta Wyborcza" nr 137, dod. „Książki" nr 6, s. 16
Wysoki Sądzie – H. i A. Gucwińscy, *Zwierzęta nocne*. Wrocław: Wyd. Dolnośląskie, 1993 – „Gazeta Wyborcza" nr 161, dod. „Książki" nr 7, s. 12
Rzymskie chaszcze – M. Grant, *Mity rzymskie*. Wyd. 2. Warszawa: PIW, 1993 – „Gazeta Wyborcza" nr 190, dod. „Książki" nr 8, s. 12
Czarne łzy – Lady Perfect, *Sztuka życia, czyli encyklopedia dobrych manier*. Warszawa: Elew, 1993 – „Gazeta Wyborcza" nr 208, dod. „Książki" nr 9, s. 16

BIBLIOGRAFIA PODMIOTOWA

Samozałganie – R. Gervaso, *Cagliostro*. Tłum. A. Wasilewska. Warszawa: PIW, 1992 – „Gazeta Wyborcza" nr 232, dod. „Książki" nr 10, s. 12

Grafologia w natarciu – A. Luke, *Sztuka pisania, czyli Ty i Twój charakter*. Tłum. K. Uściński. Wrocław: Wyd. Luna, 1993 – „Gazeta Wyborcza" nr 266, dod. „Książki" nr 11, s. 16

Pytanie bez odpowiedzi – W. Kopaliński, *Opowieści o rzeczach powszednich*. Warszawa: Wiedza Powszechna – „Gazeta Wyborcza" nr 290, dod. „Książki" nr 12, s. 12

VI.
Tajemnica pustej dorożki, „Dekada Literacka" nr 18/19

1995

II.
Limeryki, „Studium" nr 1, s. 9
Milczenie roślin, „Arkusz" nr 5, s. 1 (Ch)

IV.
Śmierć nie zna się na żartach – D. Kirkland i H. Bonner, *Benny*. Tłum. B. Cendrowska-Werner. Warszawa: Wyd. Reporter, 1992 – „Gazeta Wyborcza" nr 9, dod. „Książki" nr 1, s. 12

Ładnie, pięknie, ale – J.M. Sallmann, *Czarownice, oblubienice szatana*. Tłum. M. i A. Pawłowscy. Wrocław: Wyd. Dolnośląskie, 1994 – „Gazeta Wyborcza" nr 33, dod. „Książki" nr 2, s. 12

51 procent – La Rochefoucauld, *Maksymy i rozważania moralne*. Tłum. T. Boy-Żeleński. Białystok: Oficyna Wydawnicza Regnum, 1994 – „Gazeta Wyborcza" nr 63, dod. „Książki" nr 3, s. 12

Jechałam z pięknościami – J. Benzoni, *W łożnicach królów*. Tłum. J. Pałęcka. Warszawa: Iskry, 1994 – „Gazeta Wyborcza" nr 87, dod. „Książki" nr 4, s. 12

Każdy lubi być autorem – J.A. Ostrowski, *Słownik artystów starożytności*. Katowice: Książnica, 1994 – „Gazeta Wyborcza" nr 113, dod. „Książki" nr 5, s. 13

O mumiach i o sobie – J. Putnam (tekst), P. Hayman (fotografie), *Mumie*. Tłum. B. Mierzejewska. Warszawa: Arkady – „Gazeta Wyborcza" nr 137, dod. „Książki" nr 6, s. 12

Sto lat! – P. Robertson, *Guinnessa księga filmu*. Tłum. M. Tyszowiecka. Warszawa: PWN, 1994 – „Gazeta Wyborcza" nr 160, dod. „Książki" nr 7, s. 12

Wióry – C. Sifakis, *Encyklopedia zamachów*. Warszawa – Kraków: Real Press, 1994 – „Gazeta Wyborcza" nr 189, dod. „Książki" nr 8, s. 11

Monstrum – J. Gondowicz, *Zoologia fantastyczna – uzupełniona*. Układ systematyczny A. Pisarek. Warszawa: Wyd. Małe – „Gazeta Wyborcza" nr 213, dod. „Książki" nr 9, s. 19

Gwizdek na sznurku – A. Klominek, *Życie w Przekroju*. Warszawa: Most – „Gazeta Wyborcza" nr 237, dod. „Książki" nr 10, s. 15

Krzyżowcy płci obojej – R. Pernoud, *Kobieta w czasach wypraw krzyżowych*. Tłum. I. Badowska. Gdańsk: Wyd. Marabut – „Gazeta Wyborcza" nr 265, dod. „Książki" nr 11, s. 15

Zm. w zm. – A. Czarnecka i J. Podracki, *Skróty i skrótowce – Słownik*. Warszawa: Wyd. Oświata – „Gazeta Wyborcza" nr 283, dod. „Książki" nr 12, s. 19

V.

Magnificencjo, Wysoki Senacie, Drodzy Goście, Kochani Przyjaciele... (Przemówienie wygłoszone podczas uroczystości nadania jej tytułu doktora *honoris causa* UAM w maju 1995 r.), „Poznańskie Studia Polonistyczne". Seria Literacka II (XXII): *Wokół Szymborskiej*, Poznań: WiS, s. 29–33
Dla osób, które lubią się zamyślać, „Arkusz" nr 6, s. 1–2

VI.

K. Filipowicz, *Rzadki motyl*. Wyb. W. Szymborska. Kraków: Wyd. Literackie

1996

I.

Widok z ziarnkiem piasku. 102 wiersze. Poznań: Wyd. a5
Lektury nadobowiązkowe. Kraków: Wyd. Literackie
Życie na poczekaniu. Lekcja literatury z Jerzym Kwiatkowskim i Marianem Stalą. Kraków: Wyd. Literackie

II.

Negatyw, „Rzeczpospolita" nr 233, s. 13 (Ch)
Męskie gospodarstwo, „Dekada Literacka" nr 3, s. 6 (RDD)

IV.

Ella – S. Nicholson, *Ella Fitzgerald*. Tłum. A. Schmidt. Warszawa: Amber, 1995 – „Gazeta Wyborcza" nr 14, dod. „Książki" nr 1, s. 11
Na przykład krowa – D. Carnegie, *Jak przestać się martwić i zacząć żyć*. Tłum. P. Cichawa. Warszawa: Studio „Emka", 1995 – „Gazeta Wyborcza" nr 38, dod. „Książki" nr 2, s. 11
Gratka – T. Mann, *Dzienniki*. Tłum. I. i E. Naganowscy. T. 1–3. Poznań: Rebis, 1995 – „Gazeta Wyborcza" nr 56, dod. „Książki" nr 3, s. 15
Willem Kolff – J. Thorwald, *Pacjenci*. Tłum. M. Oziembłowski. Kraków: Wyd. Literackie, 1994 – „Gazeta Wyborcza" nr 85, dod. „Książki" nr 4, s. 11
Hammurabi i co potem – *Kodeks Hammurabiego*. Wstęp, oprac., tłum. [wszystko b. ciekawe – W.S.] M. Stępień. Warszawa: Alfa – „Gazeta Wyborcza" nr 112, dod. „Książki" nr 5, s. 12
Disneyland – D.E. Portner, *Jaskinie*. Tłum. M. Zybura. Wrocław: Wyd. Atlas, 1995 – „Gazeta Wyborcza" nr 135, dod. „Książki" nr 6, s. 11
Uściski dla ludności – K. Keating, *Mała księga uścisków*. Rys. M. Noland. Tłum. D. Rossowski. Łódź: Ravi, 1995 – „Gazeta Wyborcza" nr 165, dod. „Książki" nr 7, s. 11
Mecenasi – T. Chrzanowski, *Portret staropolski*. Warszawa: Wyd. Interpress [które, jak słyszę, autorowi nie zapłaciło, egzemplarzy autorskich nie przysłało i na listy nie odpowiada – W.S.], 1995 – „Gazeta Wyborcza" nr 189, dod. „Książki" nr 8, s. 11
Prawda i zmyślenie – Porfiriusz, Jamblich, Anonim, *Żywoty Pitagorasa*. Tłum., wstęp i przyp. J. Gajda-Krynicka. Wrocław: Epsilon, 1993 – „Gazeta Wyborcza" nr 219, dod. „Książki" nr 9, s. 11

Książka zastępcza – Książka zastępcza. Nakład wielomilionowy, 1996 – „Gazeta Wyborcza" nr 232, s. 2

Nogi królewicza, nie mówiąc o innych członkach – G. Vigarello, *Czystość i brud.* Tłum. z franc. [miejscami zakalcowate – W.S.]. Warszawa: Wyd. W.A.B. – „Gazeta Wyborcza" nr 242, dod. „Książki" nr 10, s. 1

V.

[rozmowa: T. Walas] *Lekcja zdziwienia światem*, TVP 1, „Pegaz" 2.10.1996
[oświadczenie: *Szymborska prosi o spokój*] (Jak wszyscy moi znakomici poprzednicy...) „Gazeta Wyborcza" nr 234, s. 2
[rozmowa: D. Wieromiejczyk] *Trochę ciszy dla poezji*, „Życie" 5–6.10.1996
[rozmowa: A. Rudnicka, T. Nyczek], *Jestem po stronie ludzi*, „Gazeta Wyborcza" nr 234, s. 11
[wypowiedź o Nagrodzie Nobla] (Co ja myślę o tej nagrodzie?...), „Tygodnik Powszechny" nr 41
[rozmowa: M. Ziemianin] *Właśnie pisałam wiersz*, „Dziennik Bałtycki" 11.10.1996
[wypowiedzi z konferencji prasowej; spisała A. Zadziorko] *Ten wiersz dokończę później...*, „Tygodnik Podhalański" nr 41, s. 18
[rozmowa: J. Flach, M. Grocholski] *Głęboko rozczarowałam mojego ojca*, „Tygodnik Podhalański" nr 41, s. 19
[przemówienie:] *Poeta i świat*, „Rzeczpospolita" nr 286, s. 25; „Tygodnik Powszechny" nr 50, dod. s. I
[rozmowa: G. Łęcka] *Będę się bronić*, „Polityka" nr 41, s. 16–17

VI.

Posłowie, [w:] J. Bédier, *Dzieje Tristana i Izoldy.* Tłum. T. Żeleński (Boy). *Lekcja literatury z Wisławą Szymborską.* Kraków: Wyd. Literackie, s. 140–144

Wisława Szymborska czyta swoje wiersze. Polskie Radio Kraków

1997

II.

Tereska Walas z miasta Kraków..., [w:] *Liber Limericorum to jest Wielka Xięga Limeryków i Innych Utworów Ku Czci Jej Wysokości Królowej Loży Teresy Walas jako też przy Innych Okazjach Sposobnych przez Limerycaną Lożę Jej Admiratorów Ułożonych.* Oprac. E[wa] M[rowczyk], M[agda] H[eydel], M[ichał] R[usinek]. Ilustracje W.S. Kraków: Universitas, s. 21

Na Grodzkiej, numer ileś tam..., [w:] *Liber Limericorum*, dz. cyt., s. 33

Pisząc limeryk o Teresie..., [w:] *Liber Limericorum*, dz. cyt., s. 44

Pan Fryderyk, kuracjusz z Majorki..., [w:] *Liber Limericorum*, dz. cyt., s. 103 [i errata z emendacją]

Limerrata: *Raz Mozarta bawiącego w Pradze...*, [w:] *Liber Limericorum*, dz. cyt., s. 104

IV.

Szalone kalafiory – S. Dali, *Dziennik geniusza.* Tłum. J. Kortas. Gdańsk: L&L, 1996 – „Gazeta Wyborcza" nr 82, dod. „Książki" nr 4, s. 11

Broda – J.E. Morby, *Dynastie świata.* Tłum. M. Rusinek. Oprac. J. Kozak. Kraków: Wyd. Znak, 1996 – „Gazeta Wyborcza" nr 110, dod. „Książki" nr 5, s. 16

Szkoda, bo ładne – L. Lorenzo, *Kamienie szlachetne – zdobią i leczą.* Tłum. D. Łyżnik. Warszawa: Oficyna Wyd. „Spar" – „Gazeta Wyborcza" nr 127, dod. „Książki" nr 6, s. 8
Komediant – M.M. Szczawiński, *Zezowate szczęście.* Warszawa: Towarzystwo Zachęty Kultury, 1996 – „Gazeta Wyborcza" nr 163, dod. „Książki" nr 7, s. 11
Ci inni – A. Witkowska, *Cześć i skandale. O emigracyjnym doświadczeniu Polaków.* Gdańsk: słowo/obraz terytoria – „Gazeta Wyborcza" nr 187, dod. „Książki" nr 8, s. 9
Łzy Flauberta – J. Barry, *George Sand.* Tłum. I. Szymańska. Warszawa: PIW, 1996 – „Gazeta Wyborcza" nr 210, dod. „Książki" nr 9, s. 15
Duszyczki – J. Goodall, *Przez dziurkę od klucza.* Tłum. J. Prószyński. Warszawa: Prószyński i S-ka – „Gazeta Wyborcza" nr 240, dod. „Książki" nr 10, s. 11
Futurologia z wnioskiem – A. Berry, *Następne 500 lat.* Tłum. G. Gasparska. Warszawa: Amber – „Gazeta Wyborcza" nr 268, dod. „Książki" nr 11, s. 11
Cesarz w nie używanej zbroi – J. Dauxois, *Cesarz alchemików – Rudolf II Habsburg.* Tłum. R. Niziołek. Kraków: Wyd. Literackie – „Gazeta Wyborcza" nr 280, dod. „Książki" nr 12, s. 18

V.
[wywiad: A. Nagorski] *A Life »Upside-Down«*, „Newsweek" 10.02.1997

VI.
[wypowiedzi w:] A. Bikont, J. Szczęsna, *Pamiątkowe rupiecie, przyjaciele i sny Wysławy Szymborskiej.* Warszawa: Prószyński i S-ka [dwa wydania]
Kilka słów, [w:] B. Maj, *Kronika wydarzeń artystycznych, kulturalnych, towarzyskich i innych.* Kraków: Wyd. Literackie

1998

II.
Limeryki, [w:] A. Bikont, J. Szczęsna, *Limeryki czyli O plugawości i promienistych szczytach nonsensu.* Warszawa: Prószyński i S-ka

IV.
Cmentarzysko – Wypracowania – Wzory. Oprac. D. Stopka. Kraków: Greg, 1997 – „Gazeta Wyborcza" nr 16, dod. „Książki" nr 1, s. 8
Godzina z Einsteinem – Einstein w cytatach. Zebr. A. Calaprice. Tłum. M. Krośniak. Warszawa: Prószyński i S-ka, 1997 – „Gazeta Wyborcza" nr 32, s. 10
Stary nieznajomy – Flawiusz Filostratos, *Żywot Apoloniusza z Tiany.* Tłum. I. Kania. Przedm. M. Dzielska. Kraków: Oficyna Literacka, 1997 – „Gazeta Wyborcza" nr 56, s. 22
OK? – Sztuka pisania. Tłum. J. Mach. Łódź: Galaktyka, 1997 – „Gazeta Wyborcza" nr 80, s. 12
Tango – M. Farrow, *Wszystko, co minęło.* Tłum. A. Śmietana. Kraków: Wyd. Znak, 1997 – „Gazeta Wyborcza" nr 102, s. 3
Byli – J. Shreeve, *Zagadka neandertalczyka.* Tłum. K. Sabath. Warszawa: Prószyński i S-ka – „Gazeta Wyborcza" nr 126, s. 13
Temat na lato – Wielka Księga Anegdot. Wyb. A. i R. Pettynowie. Bielsko-Biała: Kleks, 1997 – „Gazeta Wyborcza" nr 149, s. 17

Daty okrągłe – G. Duby, *Rok Tysięczny*. Tłum. M. Malewicz. Warszawa: Oficyna Wydawnicza „Volumen", 1997 – „Gazeta Wyborcza" nr 173, s. 9

Co by było gdyby – Mudrooroo, *Mitologia Aborygenów*. Tłum. M. Nowakowski. Posł. W.A.F. Żukowski. Poznań: Dom Wydawniczy „Rebis", 1997 – „Gazeta Wyborcza" nr 196, s. 23

Kocia muzyka – F. Lebrun, *Jak dawniej leczono – lekarze, święci i czarodzieje XVII i XVIII wieku*. Tłum. Z. Podgórska-Klawe. Warszawa: Oficyna Wydawnicza „Volumen", 1997 – „Gazeta Wyborcza" nr 220, s. 12

Tajemnica doc. Twardzika – W. Twardzik, *O uważniejszym aniżeli dotychmiast tekstu staropolskiego czytaniu i jakie z niego pożytki płyną rozprawa śliczna i podziwienia godna*. Kraków: Instytut Języka Polskiego PAN, 1997 – „Gazeta Wyborcza" nr 244, s. 21

Kobiety Klimta – *Gustaw Klimt – życie i twórczość*. Tłum. A. Kozak. Oprac. S. Partsch. Warszawa: Arkady, 1997 – „Gazeta Wyborcza" nr 279, s. 10

Złowieszcza komórka – Th. Aronson, *Cesarze niemieccy 1871–1918*. Tłum. M. Czarnecka. Kraków: Wyd. Literackie – „Gazeta Wyborcza" nr 301, s. 11

VI.

[list w sprawie tekstu *Jak ja się czuję*] *To nie ja napisałam*, „Gazeta Wyborcza" nr 26, s. 2

[po śmierci Z. Herberta] „Tygodnik Powszechny" nr 32, s. 8 [sprost.: „Gazeta Wyborcza" nr 177, s. 2]

1999

IV.

W szponach relaksu – *Relaks – 101 praktycznych porad*. Tłum. z ang. Warszawa: Książka i Wiedza, 1998 – „Gazeta Wyborcza" nr 19, s. 17

Słówko o golasach – M. Toussaint-Samat, *Historia stroju*. Tłum. K. Szeżyńska-Maćkowiak. Warszawa: W.A.B., 1998 – „Gazeta Wyborcza" nr 43, s. 10

Orzech i pozłotka – M. Lewis, *Prywatne życie trzech tenorów*. Tłum. B. Stokłosa. Warszawa: Świat Książki – „Gazeta Wyborcza" nr 67, s. 18

Galicja i Lodomeria – M. Czuma i L. Mazan, *Austriackie gadanie, czyli Encyklopedia Galicyjska*. Kraków: Ofic. Wyd. Anabasis, 1998 – „Gazeta Wyborcza" nr 90, s. 18

Faraonka – J. Tyldesley, *Hatszepsut kobieta faraon*. Tłum. E. Witecka. Warszawa: Alfa – „Gazeta Wyborcza" nr 112, s. 19

Wszystko w rękach konia – M. Bańko i M. Krajewska, *Słownik wyrazów wątpliwych* [właśc.: *kłopotliwych*]. Wyd. 2. Warszawa: PWN, 1998 – „Gazeta Wyborcza" nr 135, s. 20

Dużo Piastów – *Piastowie*. Praca zbiorowa. Kraków: Wyd. Literackie – „Gazeta Wyborcza" nr 159, s. 20

Koniec świata w liczbie mnogiej – A. Trepka, *Gady*. Racibórz: Wyd. R.A.F. Scriba – „Gazeta Wyborcza" nr 195, s. 17

Przy sposobności – R. Klein, *Papierosy są boskie*. Tłum. J. Spólny. Warszawa: Czytelnik, 1998 – „Gazeta Wyborcza" nr 183, s. 11

Temat bez pikanterii – L. Adler, *Życie codzienne w domach publicznych*. Tłum. R. Wilgosiewicz-Skutecka. Poznań: Moderski i S-ka – „Gazeta Wyborcza" nr 231, s. 22

Jedzą ale nie wiedzą – S. Osorio-Mrożek, *Meksyk od kuchni. Książka Niekucharska*. Tłum. M. Raczkiewicz. Kraków: Universitas – „Gazeta Wyborcza" nr 260, s. 23

Spóźnione pożegnanie – M. Mastroianni, *Pamiętam. Tak, pamiętam*. Tłum. M. Gronczewska. Warszawa: Prószyński i S-ka – „Gazeta Wyborcza" nr 300, s. 11

VI.

[O *Chirurgicznej precyzji* S. Barańczaka] *List otwarty do Czytelników, poety Barańczaka i jego żony Ani*, „Zeszyty Literackie" nr 1, s. 163

2000

I.

Poczta literacka czyli jak zostać (lub nie zostać) pisarzem. Wybór i układ tekstów Teresa Walas. Kraków: Wyd. Literackie

Wiersze wybrane. Wybór i układ Autorki. Kraków: Wyd. a5

II.

Trochę o duszy, „Odra" nr 1, s. 2–3 (Ch)
Bal, „Odra" nr 1, s. 3 (Ch)
Pierwsza miłość, „Kwartalnik Artystyczny" nr 4, s. 4–5 (Ch)
Bagaż powrotny, „Kwartalnik Artystyczny" nr 4, s. 5–6 (Ch)
Limeryk [Językoznawcy z Włocławka...], „PAL. Przegląd Artystyczno-Literacki" nr 6, s. 18

III.

Antologia poezji francuskiej. [Oprac.] J. Lisowski. T. 3: *Od Chateaubrianda do Germaina Nouveau*. Warszawa: Czytelnik. Alfred de Musset, *Wenecja*, s. 323, *Do Pepity*, s. 327

IV.

Tajemnice regionów – A. Kroh, *Sklep potrzeb kulturalnych*. Warszawa: Prószyński i S-ka, 1999 – „Gazeta Wyborcza" nr 18, s. 11

Dużo pytań – H.R. Lottman, *Juliusz Verne*. Tłum. J. Giszczak. Warszawa: PIW, 1999 – „Gazeta Wyborcza" nr 48, s. 10

Fortepiany i nosorożce – V. Green, *Szaleństwo królów*. Tłum. T. Lem. Kraków: Wyd. Literackie – „Gazeta Wyborcza" nr 72, s. 10

Wspinaczka – A.D. Aczel, *Wielkie twierdzenie Fermata*. Tłum. P. Strzelecki. Warszawa: Prószyński i S-ka, 1998 – „Gazeta Wyborcza" nr 96, s. 10

Odmrówczyć – J.C. Cooper, *Zwierzęta symboliczne i mistyczne*. Tłum. A. i L. Rysiowie. Poznań: Rebis, 1998 – „Gazeta Wyborcza" nr 123, s. 23

Koronkowe chusteczki – G. Stachówna, *Sto melodramatów*. Kraków: Rabid – „Gazeta Wyborcza" nr 146, s. 13

Dymki – J. Szyłak, *Komiks*. Kraków: Wyd. Znak – „Gazeta Wyborcza" nr 176, s. 20

10 minut samotności – S. Mann, *Jak w pracy ukrywać to, co czujemy, i udawać to, co czuć powinniśmy*. Tłum. H. Wrzosek. Warszawa: Amber, 1999 – „Gazeta Wyborcza" nr 217, s. 18

Mały niegrzeczny chłopiec – D. Spoto, *Alfred Hitchcock*. Tłum. J.S. Zaus. Warszawa: Alfa – „Gazeta Wyborcza" nr 235, s. 14

Piękna i kapuś – M. Plisiecka, *Ja, Maja Plisiecka*. Tłum. E. Rojewska-Olejarczuk i H. Broniatowska. Warszawa: Prószyński i Ska, 1999 – „Gazeta Wyborcza" nr 275, s. 25

Gwiazdy na milenium – P. Gajdziński, *Imperium plotki*. Warszawa: Prószyński i S-ka – „Gazeta Wyborcza" nr 303, s. 20

V.

[rozmowa: M. Baran i A. Lempp] *Jestem osobą kameralną*, „Przekrój" nr 44, s. 16–19
Burzliwe fortuny obroty, rozm. przepr. J. Illg, „Rzeczpospolita" nr 247, s. D1
[rozm. z T. Walas] *Rozmowa o „Poczcie literackiej"*, [w:] *Poczta literacka czyli jak zostać (lub nie zostać) pisarzem*. Wybór i układ tekstów T. Walas. Kraków: Wyd. Literackie, s. 5–11
[rozmowa: Z. Machej] *Kornel Filipowicz i Cieszyn*, [w:] *Kornel Filipowicz. Opowiadania cieszyńskie*. Wyb. i red. Z. Machej. Cieszyn: Cieszyński Ośrodek Kultury „Dom Narodowy", s. 251–255

VI.

*** (*Trudno mi pisać o Bliskich...*), [w:] *Godzina dla Adama. Wspomnienia, wiersze, przekłady*. Wybór wierszy W. Szymborska. Wybór przekł. z jęz. czeskiego J. Baluch. Wybór pozostałych przekładów I. Kania. Kraków: Wyd. Literackie, s. 48–54
[wypowiedzi w dyskusji] *Rozmowy o Kornelu Filipowiczu*, [w:] *Kornel Filipowicz. Szkice do portretu*. Red. nauk. S. Burkot, J.S. Ossowski, J. Rozmus. Kraków: Wyd. Literackie, s. 358–359, 361, 366, 368–369

2001

II.

Chwila, „Dekada Literacka" nr 5/6, s. 7 (Ch)
Mała dziewczynka ściąga obrus, „Zeszyty Literackie" nr 3, s. 19–20 (Ch)
Platon czyli dlaczego, „Odra" nr 12, s. 2 (Ch)
W parku, „Tygodnik Powszechny" nr 42, s. 9 (Ch)
[limeryk] (*Twierdzą mieszkańcy wioski Jurgów...*), „Tygodnik Powszechny" nr 34, s. 12
Notatka [II (*Życie – jedyny sposób...*)], „Tygodnik Powszechny" nr 42, s. 9 (Ch)
Fotografia z 11 września, „Arkusz" nr 12, s. 1 (Ch)

IV.

Nareszcie – E. Gibbon, *Upadek cesarstwa rzymskiego na Zachodzie*. Tłum. I. Szymańska. Przyp. tłum. M. Szymański. Warszawa: PIW, 2000 – „Gazeta Wyborcza" nr 35, s. 12
Głupie klocki – A. Langley, *100 największych tyranów*. Tłum. M. Maciołek. Poznań: Podsiedlik-Raniowski i S-ka, 1996 – „Gazeta Wyborcza" nr 59, s. 25
Guziki – Z. Kostrzewa, *Guzik w literaturze*. Łowicz: Muzeum Guzików, 2000 – „Gazeta Wyborcza" nr 89, s. 20
Pochwała pytań – J. Diamond, *Strzelby, zarazki, maszyny – losy ludzkich społeczeństw*. Tłum. M. Konarzewski. Warszawa: Prószyński i S-ka, 2000 – „Gazeta Wyborcza" nr 134, s. 12
Wszędzie Polacy – J. Zieliński, *Nasza Szwajcaria – przewodnik śladami Polaków*. Warszawa: Oficyna Wydawnicza „Rytm", 1999 – „Gazeta Wyborcza" nr 187, s. 19
Nieboszczyk na tekturze – A. Falniowski, *Drogi i bezdroża ewolucji mięczaków*. Kraków: Polska Akademia Umiejętności, „Gazeta Wyborcza" nr 222, s. 13

Pani Zofia – B. Winklowa, *Boyowie – Zofia i Tadeusz Żeleńscy*. Kraków: Wyd. Literackie – „Gazeta Wyborcza" nr 257, s. 11

Wędrowniczki – M. Slung, *Wśród kanibali – wyprawy kobiet niezwykłych*. Tłum. E. Adamska. Warszawa: National Geographic, „Gazeta Wyborcza" nr 300, dod. „Gazeta Wigilijna", s. 12

V.

[rozmowa: K. Janowska] *Jestem do siebie podobna*, „Polityka" nr 51/52, s. 61–63
[wypowiedź] *Powrót Juliana Przybosia*, „Arkusz" nr 4, s. 12

VI.

Onieśmielenie [90. urodziny Czesława Miłosza], „Gazeta Wyborcza" nr 151, s. 9

2002

I.

Chwila. Kraków: Wyd. Znak
Nowe lektury nadobowiązkowe 1997–2002. Kraków: Wyd. Literackie

II.

Ze wspomnień, „Kwartalnik Artystyczny" nr 2, s. 33 (Ch)
Wczesna godzina, „Tygodnik Powszechny" nr 30, s. 9 (Ch)
Kałuża, „Twórczość" nr 7/8, s. 3 (Ch)
Spis, „Twórczość" nr 7/8, s. 3–4 (Ch)
Wszystko, „Twórczość" nr 7/8, s. 5 (Ch)
Słuchawka, „Gazeta Wyborcza" nr 195, dod. „Książki w Dużym Formacie" nr 19, s. 17 (Ch)

IV.

Laurka dla Przybory – J. Przybora, *Piosenki prawie wszystkie*. Warszawa: Muza, 2001 – „Gazeta Wyborcza" nr 28, s. 8
Mężczyźni w ubraniach – J. Turbasa, *ABC męskiej elegancji*. Kraków: AA, 2001 – „Gazeta Wyborcza" nr 58, s. 23
Kominek – J.M. Rymkiewicz, D. Siwicka, A. Witkowska, M. Zielińska, *Mickiewicz – Encyklopedia*. Warszawa: Horyzont, 2001 – „Gazeta Wyborcza" nr 121, s. 18
Nuda i cuda – T. Nyczek, *Alfabet teatru dla analfabetów i zaawansowanych*. Warszawa: Wyd. Ezop – „Gazeta Wyborcza" nr 138, s. 17

V.

[rozmowa: J. Gromek-Illg] *Szukajcie jedenastego wiersza*, „Przekrój" nr 33, s. 32–33
[rozmowa: J. Szczęsna] *Chwila poezji*, „Gazeta Wyborcza" nr 200, s. 3
[rozmowa: J. Szczęsna] *Trudno jest wspinać się do wiersza*, „Gazeta Wyborcza" nr 203, s. 7–8

2003

I.

Rymowanki dla dużych dzieci. Kraków: Wyd. a5
W. Szymborska, *Wiersze*; E. Hołoweńko-Matuszewska, *Zielniki*. Olszanica: Bosz

BIBLIOGRAFIA PODMIOTOWA

II.
Uprzejmość niewidomych, „Tygodnik Powszechny" nr 25, s. 9 (Dw)
Moralitet leśny, „Odra" nr 11, s. 2–3 (Dw)
Nazajutrz – bez nas, „Odra" nr 11, s. 3 (Dw)

VI.
[słowo wstępne] *Skoro mamy pismo „Przekładaniec"...*, „Przekładaniec" nr 1 (10), s. 9
[po śmierci J.J. Szczepańskiego] „Gazeta Wyborcza" nr 44, s. 17
[wypowiedź nt. M. Rusinka; rozm.: A. Bikont, J. Szczęsna] *Pierwsza poetka i jej pierwszy sekretarz*, „Gazeta Wyborcza" nr 261, dod. „Wysokie Obcasy" s. 8
[wypowiedzi w:] A. Bikont, J. Szczęsna, *Pamiątkowe rupiecie, przyjaciele i sny Wisławy Szymborskiej*. Wyd. 3, zm. i uzup. Warszawa: Prószyński i S-ka

2004

I.
Wiersze wybrane. Wybór i układ Autorki. Wyd. nowe, rozszerz. Kraków: Wyd. a5

II.
Zamiast felietonu, „Gazeta Wyborcza" nr 20, s. 12
Zmiana wizerunku, „Kwartalnik Artystyczny" nr 1, s. 5
ABC, „Kwartalnik Artystyczny" nr 1, s. 5, 7 (Dw)
Wypadek drogowy, „Kwartalnik Artystyczny" nr 1, s. 7 (Dw)
Wywiad z Atropos, „Zeszyty Literackie" nr 2, s. 5–6 (Dw)
Monolog psa zaplątanego w dzieje, „Twórczość" nr 5, s. 3–4 (Dw)
Zdarzenie, „Gazeta Wyborcza" nr 208, s. 18 (Dw)
Właściwie każdy wiersz, „Odra" nr 10, s. 2–3 (Dw)

V.
[rozmowa:] *L'indispensabile naturalezza*, „Adelphiana" 3
[rozmowa: P. Najsztub] *Święto literatury*, „Przekrój" nr 36, s. 12–13
[rozmowa: J. Comas] *Los verdaderos autores del mal que existe y seguirá existiendo en el mundo no leen poesía*, „El País" 20.11.2004.

VI.
[z okazji 70. urodzin J. Kuronia] „Gazeta Wyborcza" nr 53, s. 1
[po śmierci J. Kuronia] „Gazeta Wyborcza" nr 141, s. 8
[po śmierci C. Miłosza:] „Gazeta Wyborcza" nr 191, s. 2; „Kwartalnik Artystyczny" nr 3, s. 163

2005

I.
Dwukropek. Kraków: Wyd. a5

II.
Okropny sen poety, „Tygodnik Powszechny" nr 16, s. 23 (Dw)
Pociecha, „Odra" nr 7/8, s. 27 (Dw)

Stary profesor, „Kwartalnik Artystyczny" nr 3, s. 3-4 (Dw)
Nieobecność, „Tygodnik Powszechny" nr 45, s. 8 (Dw)
Grecki posąg, „Tygodnik Powszechny" nr 45, s. 8 (Dw)
Nieuwaga, „Twórczość" nr 11, s. 3 (Dw)

V.
[rozmowa: J. Comas] [Pol.] „Forum" 3-9.01.2005

VI.
Kryminał o kryminałach, „Gazeta Wyborcza" Kraków, nr 266, s. 2

2006
I.
Zmysł udziału. Wybór wierszy. Kraków: Wyd. Literackie

VI.
*** (*Nie mam daru pisania o poezji...*), [w:] A. Międzyrzecki, *Wiersze 1946-1996*. Wyb. i słowo wstępne W. Szymborska. Kraków: Wyd. a5, s. 5
[wypowiedź] *Twórcy o Różewiczu*, „Poezja Dzisiaj" nr 54/55 (2006/2007), s. 13-19

2007
I.
Miłość szczęśliwa i inne wiersze. [Wyb. R. Krynicki]. Kraków: Wyd. a5
Wiersze wybrane. Wybór i układ Autorki. Wyd. nowe, rozszerz. Kraków: Wyd. a5

II
[limeryk] (*Pewien patolog z Karkonoszy...*), [w:] *Smocze Jajo. Limeryki o Krakowie*. Wybór limeryków: B. Maj, M. Rusinek, G. Turnau, M. Parlicki, A. Wrzesińska. Red. A. Wrzesińska. Kraków: Fundacja dla Uniwersytetu Jagiellońskiego, s. 11
Zamachowcy, „Tygodnik Powszechny" nr 36, s. 16 (T)
Identyfikacja, „Tygodnik Powszechny" nr 36, s. 16 (T)
Gdyby, „Gazeta Wyborcza" nr 277, s. 1

V.
[rozmowa: A. Bikont, J. Szczęsna] *Oddychając kurzem. Szymborska o IV RP*, „Gazeta Wyborcza" nr 105, dod. „Duży Format" nr 16, s. 14

2008
II.
Ella w niebie, „Newsweek Polska" nr 52, s. 136 (T)

VI.
Dwie bajeczki. Pierwsze lektury, „Tygodnik Powszechny" nr 22, s. 21

BIBLIOGRAFIA PODMIOTOWA

2009

I.
Tutaj. Kraków: Wyd. Znak

II.
Trudne życie z pamięcią, „Gazeta Wyborcza" nr 22, s. 1 (T)

V.
[rozmowa: T. Nyczek] *Chciałabym być kotem Krysi Krynickiej*, „Przekrój" 22.01.2009
[rozmowa: J. Szczęsna] *Samochody płoszą się dziś na widok konia*, „Gazeta Wyborcza" nr 22, s. 2
[film: scen. i reż. K. Kolenda-Zaleska] *Chwilami życie bywa znośne – przewrotny portret Wisławy Szymborskiej* [limeryki, wypowiedzi na różne tematy]

2010

I.
Wiersze wybrane. Wybór i układ Autorki. Wyd. nowe, uzup. Kraków: Wyd. a5

II.
Na lotnisku, „Kwartalnik Artystyczny" nr 4, s. 3 (W)
Łańcuchy, „Kwartalnik Artystyczny" nr 4, s. 4 (W)
Są tacy, którzy, „Kwartalnik Artystyczny" nr 4, s. 4 (W)
Ktoś, kogo obserwuję od pewnego czasu, „Odra" nr 12, s. 23–24 (W)

V.
[rozmowa: J. Szczęsna] *Wyczerpałam limit nagród*, „Gazeta Wyborcza" 3.08.2010

VI.
[wypowiedź] *Eclictor – wynalazek, który nie ucieszyłby Gutenberga*, „Dziennik Gazeta Prawna" nr 15, dod. „Magazyn", s. M10–M11
[wypowiedź w:] *Byliśmy u Kornela*. Red. K. Lisowski. Kraków: Wyd. Literackie, 2010
Wisława Szymborska [dokument dźwiękowy]. Warszawa: Agora

2011

I.
Milczenie roślin. Wyb. wierszy i fot. J. Gromek-Illg. Kraków: Wyd. Znak emotikon

II.
Lustro, „Odra" nr 9, s. 7 (W)
Dłoń, „Odra" nr 9, s. 7 (W)
Przymus, „Znak" nr 12

2012

I.
Wystarczy. Kraków: Wyd. a5 (W)

II.
Do własnego wiersza, „Gazeta Wyborcza" nr 27, s. 3 (W)
Wzajemność, „Odra" nr 1 (W)
Mapa, „Tygodnik Powszechny" nr 7, s. 52

Przy sporządzaniu bibliografii korzystano z *Bibliografii Zawartości Czasopism, Polskiej Bibliografii Literackiej*, książki Anny Zarzyckiej *Rewolucja Szymborskiej 1945–1957. O wczesnej twórczości poetki na tle epoki*, Poznań 2010. Wydatną pomoc okazali Michał Rusinek, Józef Kozak i inni.

Obcojęzyczne wydania książkowe

albański
As fund as fillim [Ani koniec, ani początek]. [Tłum.] Mazllum Saneja. Pejë: Dukagjini, 1997
Poezi të zgjedhura [Wybór wierszy]. [Tłum.] Qevqep Kambo. Tiranë: Toena, 1997

angielski
Sounds, Feelings, Thoughts. Seventy Poems. [Tłum.] Magnus J. Krynski i Robert A. Maguire. Princeton: Princeton Univ. Press, 1981
Poems. Poezje. [Wybrali, tłum. i posł. opatrzyli] Magnus J. Krynski, Robert A. Maguire. Kraków: Wyd. Literackie, 1989
People on a Bridge. Poems. [Wstęp i tłum.] Adam Czerniawski. London, Boston: Forest Books, 1990, 1996
View with a Grain of Sand. Selected Poems [Widok z ziarnkiem piasku]. [Tłum.] Stanisław Barańczak, Clare Cavanagh. New York, San Diego, London: Harcourt Brace & Co., 1995; London: Faber and Faber, 1996
Nothing Twice. Selected Poems. Stanisław Barańczak i Clare Cavanagh. Kraków: Wyd. Literackie, 1997 [wyd. 5: 2006]
Poems New and Collected 1957–1997. [Tłum.] Stanisław Barańczak i Clare Cavanagh. New York: Harcourt Brace, 1998; 2000
Nic darowane. Kejn szum masoneh. Nothing's a gift. Nichts ist geschenkt. Meum lo nitan bematahan. [Tłum.] ang. Stanisław Barańczak, niem. Karl Dedecius, jid. Mosze Chaim Porajer, hebr. Rafi Weichert. [Wybór tekstów] Mosze Chaim Porajer. Warszawa: Fundacja Shalom, 1999
Miracle Fair. Selected Poems of Wisława Szymborska. [Tłum.] Joanna Trzeciak. New York, London: W.W. Norton & Company, 2001
Nonrequired Reading. Prose Pieces. [Tłum.] Clare Cavanagh. New York: Harcourt Brace, 2002
Chwila. Moment. [Tłum.] Clare Cavanagh, Stanisław Barańczak. Kraków: Wyd. Znak, 2003
Monologue of a Dog. New Poems. [Tłum.] Clare Cavanagh, Stanisław Barańczak. Orlando: Harcourt, 2006

BIBLIOGRAFIA PODMIOTOWA

Here [Tutaj]. [Tłum.] Clare Cavanagh i Stanisław Barańczak. Orlando: Harcourt, 2011; Kraków: Wyd. Znak, 2012

arabski
Al-šā'iru wa l-cālamu. Aščāru muhtāratu. [Tłum.] Hātif al-Ǧanābī. Dimašqu: Dār al-Madā li-l-Thaqafati wa al-Našri, 1997
Al-nihāya wa al-badāya wa al-qasāid 'uhrā. [Tłum.] Hātif al-Ǧanābī. Dimašqu: Dār al-Madā li-l-Thaqafati wa l-Našri, 2002

białoruski
Swiet, warty wiartannia. Liryka. [Tłum. i koment.] Nina Macjasz. [Przedm.] Uładzimir Kalesnik. Minsk: Mastackaja Litaratura, 1991
Chwila. [Tłum.] Nina Macjasz, Mińsk: Biełaruski Knihazbor, 2005 [wyd. dwujęzyczne]
Dwukropje. Wierszy. [Tłum.] Nina Macjasz. Minsk: Pro Chrysto, 2010

bośniacki
Život na licu mjesta. [Wyb. i tłum.] Marina Trumić, Slavko Šantić. Sarajevo: Lica, 1997; Sarajevo: Društvo Pisaca Bosne i Hercegovine, 1997

bułgarski
Obmisljam sweta. [Tłum.] Błaga Dimitrova, Sofija: Narodna Kultura, 1989; Swobodno Poeticzesko Obsztestwo, 1998
Kraj i naczało. [Tłum.] Iskra Angełowa. [Przedm.] Swetła Złatarska. Sofija: Literaturen Westnik, 1997
Mig. [Tłum.] Iskra Angełowa. Sofija: Uniw. Izd. „Sw. Kliment Ochridski", 2008
Izbor poezija. [Tłum.] Petre Nakowicki. Sofija: Mikena, 2009

chiński
Huhuan xueren [Wołanie do Yeti; wybór wierszy i esejów]. [Tłum.] Lin Hongliang. Guilin: Lijiang Chubanshe, 2000
Shiren yu shijie. Shi wenxuan [Wybrane wiersze]. [Tłum.] Zhang Zhenghui. Pekin: Zhongyang Bianyi Chubanshe, 2003

chorwacki
Ljudi na mostu. [Tłum.] Petar Vujičić. Osijek: Revija – Izdavački centar Radničkog sveučilišta „Božidar Maslarić", 1989
Radost pisanja. [Wyb., tłum. i posł.] Zdravko Malić. Zagreb: Nova Stvarnost, 1997

czeski
Sůl. [Tłum.] Vlasta Dvořáčková. Praha: Mladá Fronta, 1965
V Hérakleitově řece. [Tłum.] Vlasta Dvořáčková. Praha: Odeon, 1985
Konec a počatek. Výbor z poezie. [Tłum., wyb., posł.] Vlasta Dvořáčková. Praha: Mladá Fronta, 1993; 1997
Okamžik. Dvojtečka. Tady [Chwila, Dwukropek, Tutaj]. [Tłum.] Vlasta Dvořáčková. Příbram: Pistorius & Olšanská, 2009

duński
Lots hustru og andre kvinder. Digte [Tłum.] Janina Katz, Inger Christensen. [København]: Brøndum, 1981; 1982
En kat i en tom lejlighed. [Tłum.] Janina Katz, Uffe Harder. Aarhus: Husets Forlag, 1996
Et liv ind i mellem. [Tłum.] Janina Katz, Jacques Blum. [København] 1998

estoński
Oma aja lapsed. [Tłum.] Hendrik Lindepuu. Laiuse: Hendrik Lindepuu Kirjastus, 2008

fiński
Ihmisiä sillalla. Runoja vuosilta 1957–1996. [Tłum.] Jussi Rosti. Porvoo, Helsinki, Juva: WSOY, 1998; 2006
Saman tähden alla. [Tłum.] Liisa Helistö. Helsinki 1999
Sata Szymborskaa. [Tłum.] Martti Puukko, Jarkko Laine. Helsinki: Like, 2003; 2005
Hetki. [Tłum.] Martti Puukko. Helsinki: Like, 2004
Jotkut pitävät runoudesta. [Tłum.] Liisa Helistö. [Helsinki: Novalisa], 2008

francuski
Dans le fleuve d'Héraclite. [Tłum.] Christophe Jezewski, Isabelle Macor-Filarska. [Współpr.] Dominique Autrand, Constantin Jelenski, Allan Kosko, Lucienne Rey, Kasia Skansberg. [Beuvry]: Maison de la Poèsie Nord, 1995
De la mort sans exagérer [O śmierci bez przesady]. [Tłum.] Piotr Kaminski, Paris: Fayard, 1996; [Posł.] Marian Stala. Kraków: Wyd. Literackie, 1997
Je ne sais quelles gens. Précédé du Discours prononcé devant l'Académie Nobel. [Tłum.] Piotr Kaminski. [Paris]: Fayard, 1997

galicyjski (galego)
versos escollidos. [Tłum.] Lucía Caeiro. Santiago de Compostela: Edicións Positivas, 2011

grecki
Telos ke archī. Kathe endechomeno. [Tłum.] Nikos Chadzinikolau. Athīna: Kourir, 1997
Mia poiītikī diadromī. [Tłum.] Vasilīs Karavitīs. Athīna: Sokolī, 2003

gruziński
Lek'sebi [Wybór wierszy]. [Red.] Zwiad Ratiani. Tbilisi: Merani, 1999
Zogiertebs uqvart poezia [Niektórzy lubią poezję]. [Tłum.] Micheil Kwliwidze, Giwi Ałchaziszwili, Nateła Gawaszeli. Związek Kulturalno-Oświatowy Polaków w Gruzji „Polonia". Tbilisi: Merani, 2003

hebrajski
[Atlantyda] [Tłum.] Rafi Weichert. Achszaw, 1993
Sôp we-hathalā(h). Mibhār šîrîm [Koniec i początek]. [Wyb. i tłum.] Rapî Wêykert. Tēl-'Ābîb: Gewānîm, [5]756 [1996]

BIBLIOGRAFIA PODMIOTOWA

Šilhê ha-mē'ā(h). Mibhār šîrîm [Schyłek wieku. Wybór wierszy]. [Tłum.] Rapî Wêykert. [Tēl-'Ābîb]: Sidrat Qešeb le-Šîrā(h), [5]758 [1998]
Nic darowane. Kejn szum masoneh. Nothing's a gift. Nichts ist geschenkt. Meum lo nitan bematahan. [Tłum.] ang. Stanisław Barańczak, niem. Karl Dedecius, jid. Mosze Chaim Porajer, hebr. Rafi Weichert. [Wyb. tekstów] Mosze Chaim Porajer. Warszawa: Fundacja Shalom, 1999
Qriy'at ršŵt [Lektury nadobowiązkowe]. [Tłum.] Rapiy Wayykert. Tel-'Abiyb: Hargŵl, 2005
Nekudotayim [Dwukropek]. [Tłum.] Rafi Weichert. Tel-'Abiyb: Keshev, 2009
[Chwila] [Tłum.] David Weinfeld. Jerozolima: Carmel Publ. House, 2011

hindi
Koī śīrṣak nahīṃ. Może być bez tytułu. [Tłum.] Aśok Wadźpeji, Renata Czekalska. Nayī Dillī: Vāṇī Prakāśān, 2004

hiszpański (kastylijski)
El gran número, Fin y principio y otros poemas. [Red.] Maria Filipowicz-Rudek, Juan Carlos Vidal. [Wstęp] Małgorzata Baranowska. [Tłum.] Abel A. Murcia Serrano, Carlos Marrodán Casas, David Carrión Sánchez, Elżbieta Bortkiewicz, Gerardo Beltrán, Katarzyna Moloniewicz, Maria Filipowicz-Rudek, María Paula Malinowski Rubio, Xaverio Ballester. Madrid: Hiperión, 1997; 1998
Demasiado cerca. [Tłum.] Maria Mizerska. Mexico 1997
Paisaje con grano de arena. [Tłum.] Jerzy Sławomirski i Ana María Moix. [Przedm.] Jerzy Sławomirski. Barcelona: Editorial Lumen, 1997; 2005
Poesía no completa. [Tłum.] Gerardo Beltrán, Abel A. Murcia Soriano. [Wstęp] Elena Poniatowska. México: Fondo de Cultura Económica, 2002; 2008
Instante [Chwila]. [Wstęp] Mercedes Monmany. [Tłum.] Gerardo Beltrán, Abel A. Murcia Soriano. Montblanc (Tarragona): Igitur, [2004]
Fin y principio. [Il.] Rolando Estevez. [Matanzas, Cuba]: Ed. Vigía, [2004?]
Dos puntos [Dwukropek]. [Przedm.] Ricardo Cano Gaviria. [Tłum.] Gerardo Beltrán, Abel A. Murcia Soriano. Tarragona: Igitur, 2007; 2011 [wyd. dwujęzyczne]
Poemas escogidos. [Tłum.] Angel Zuazo Lopez. Bogota: Ediciones Union, 2008; Hawana: Ediciones Union, 2008
Lecturas no obligatorias. Prosas. [Wstęp i tłum.] Manel Bellmunt Serrano. Barcelona: Ediciones Alfabia, 2009
Poesía. México: Taller Abierto, 2009
Aquí [Tutaj]. [Tłum.] Gerardo Beltrán, Abel A. Murcia Soriano. Madrid: Bartleby Editores, 2010 [wyd. dwujęzyczne]
Amor feliz y otros poemas [Miłość szczęśliwa i inne wiersze]. [Tłum.] Gerardo Beltrán, Abel A. Murcia. Caracas: Bid & co. Editor, 2010
Más lecturas no obligatorias. [Tłum.] Manel Bellmunt Serrano. Barcelona: Ediciones Alfabia, 2012

islandzki
Útópía. [Tłum.] Þóra Jónsdóttir. Reykjavík: Fjölvi, 1996
Endir og upphaf. [Tłum.] Geirlaugur Magnússon. Reykjavík: Bjartur, 1999

PAMIĄTKOWE RUPIECIE

japoński
Owari-to hajimari [Koniec i początek]. [Tłum.] Numano Mitsuyoshi. Tōkyō: Michitani, 1997
Hashi-no ue-no hitotachi [Wybór wierszy]. [Tłum.] Yukio Kudō. Tōkyō: Shochi Yamada, 1997
[Widok z ziarnkiem piasku i wybór lektur]. [Tłum.] Michi Tsukada, 2000

jidysz
Nic darowane. Kejn szum masoneh. Nothing's a gift. Nichts ist geschenkt. Meum lo nitan bematahan. [Tłum.] ang. Stanisław Barańczak, niem. Karl Dedecius, jid. Mosze Chaim Porajer, hebr. Rafi Weichert. [Wyb. tekstów] Mosze Chaim Porajer. Warszawa: Fundacja Shalom, 1999

kataloński
Vista amb un gra de sorra [Widok z ziarnkiem piasku]. [Tłum.] Josep M. de Sagarra. Barcelona: Columna, 1997

koreański
Morae algaengi-ga innūn p'unggyŏng. [Tłum.] Yi Haegyŏng. Seul: Munhakdongne, 1997
[Koniec i początek. Poezje wybrane]. [Tłum.] Estera Czoj. Seoul: Moonji Publishing, 2007; 2009

litewski
Poezijos rinktinė [Poezje wybrane]. [Wyb.] Algis Kalėda. [Tłum.] Sigitas Geda, Judita Vaičiūnaitė, Tomas Venclova, Algis Kalėda, Kornelijus Platelis. Vilnius: Baltos lankos, 1998
Neprivalomi skaitiniai [Lektury nadobowiązkowe]. [Tłum.] Laura Liubinavičiūtė. Vilnius: Pasviręs pasaulis, 2006 (Kaunas: Aušra)

łotewski
Apsveiksim skudras. Zejoļi. [Tłum. i wstęp] Uldis Bērziņš. Rīga: Liesma, 1979
Dzeja. [Tłum.] Uldis Bērziņš. Rīga: Jumava, 1998

macedoński
Kraj i poczetok. [Tłum.] Petre Nakowski. Skopje: Detska Radost, 1994; 1996

niderlandzki
Gedichten. Poolse en Nederlandse tekst. [Tłum.] Pim van Sambeek. Leiden: De Lantaarn, 1983; 1996
De vreugde van het schrijven. [Tłum.] Jo Govaerts. Leuven: Van Halewyck, 1997
Verrukking en wanhoop. [Tłum.] Jeannine Vereecken. Ghent: Poëziecentrum, 1997
Uitzicht met zandkorrel. [Tłum.] Gerard Rasch. Amsterdam: Meulenhoff, 1997; 1998
Onverplichte lectuur. [Tłum.] Gerard Rasch. Amsterdam: Meulenhoff, 1998
Elk geval. [Tłum.] Gerard Rasch. Terhorst: Ser J.L. Prop., 1999
Einde en begin. Gedichte 1957–1997. [Tłum.] Gerard Rasch, Amsterdam: Meulenhoff, 1999; 2003; 2007
Het moment. Gedichten [Chwila]. [Tłum.] Gerard Rasch. Amsterdam: Meulenhoff, 2003; 2006

BIBLIOGRAFIA PODMIOTOWA

Dubbele punt. Gedichten [Dwukropek]. [Tłum.] Karol Lesman. Breda: De Geus, 2007
Hier. Gedichten [Tutaj]. [Tłum.] Karol Lesman. Breda: De Geus, 2009

niemiecki
Salz. Gedichte. [Tłum. i wyd.] Karl Dedecius. Frankfurt am Main: Suhrkamp Verlag, 1973; 1997
Vokabeln. [Tłum. i wstęp] Jutta Janke. Berlin: Volk und Welt, 1979
Deshalb leben wir. Gedichte. [Tłum. i oprac.] Karl Dedecius. Frankfurt am Main: Suhrkamp Verlag, 1980; 1991
Hundert Freuden. Gedichte. [Wyd. i tłum.] Karl Dedecius. [Przedm.] Elisabeth Borchers. [Posł.] Jerzy Kwiatkowski. Frankfurt am Main: Suhrkamp Verlag, 1986; 1991; 1996
Auf Wiedersehen, bis Morgen. Gedichte. [Tłum.] Karl Dedecius. Frankfurt am Main: Suhrkamp Verlag, 1995, 1998
Auf Wiedersehen, bis Morgen. Nobelpreis 1996 Polen. [Tłum.] Ursula Kiermeier. Lachen am Zürichsee: Coron-Verlag, 1997
Die Gedichte. [Tłum.] Karl Dedecius. Frankfurt am Main: Suhrkamp Verlag, 1997
Hundert Gedichte – hundert Freuden. [Wyb., tłum. i posł.] Karl Dedecius. Kraków: Wyd. Literackie, 1997 [*Sto wierszy – sto pociech*. Tekst równol. niem., pol.]
Nic darowane. Kejn szum masoneh. Nothing's a gift. Nichts ist geschenkt. Meum lo nitan bematahan. [Tłum.] ang. Stanisław Barańczak, niem. Karl Dedecius, jid. Mosze Chaim Porajer, hebr. Rafi Weichert. [Wyb. tekstów] Mosze Chaim Porajer. Warszawa: Fundacja Shalom, 1999
Liebesgedichte. [Wyb. i tłum.] Karl Dedecius. Frankfurt am Main: Insel Verlag, 2005
Der Augenblick. Chwila. [Wyd. i tłum.] Karl Dedecius. Frankfurt am Main: Suhrkamp Verlag, 2005
Glückliche Liebe und andere Gedichte. [Tłum.] Renate Schmidgall. Frankfurt am Main: Suhrkamp Verlag, 2012

norweski
Utsikt med et sandkorn. [Tłum.] Ole Michael Seiberg. Oslo: Solum Forlag, 1996

perski
Âdamhâ ru-ye pol [Ludzie na moście]. [Tłum.] Mârek Esmuženski [Marek Smurzyński], Šahrâm Šeydâii, Čukâ Čelâd. Tehrân: Našr e Markaz, 1377 [1998]
'Aks az jāzdah-e septāmbr. Gozide-je aš'ār-e [Fotografia z 11 września]. [Tłum.] Iwonā Nowiskā [Ivonna Nowicka], 'Alirezā Doulatšāhi. Tehrān: Bāl, [2003]

portugalski
Paisagem com grão de areia. [Tłum.] Júlio Sousa Gomes. Lisboa: Relógio d'Água, 1998
Instante. [Tłum.] Elżbieta Milewska, Sérgio das Neves. Lisboa: Relógio d'Água, 2006
Poemas. [Tłum.] Regina Przybycien. São Paulo: Companhia das Letras, 2011

rosyjski
Ženskij portriet. [Tłum.] Anatolij Niechaj. Gatczina: Siewiero-Zapadnyj Pieczatnyj Dwor, 2000
Sol. Stichotworienija. [Tłum.] Swiatosław Swiackij. Sankt Pietierburg: Logos, 2005

Żyzń s buchty-barachty. Izbrannoje. [Tłum. i posł.] Wiera Winogorowa. Sankt Pietierburg: VVM, 2007 [*Życie na poczekaniu. Wiersze wybrane*. Tekst równol. pol., ros.]

Izbrannoje [Wybór wierszy]. [Tłum., wyb. i posł.] Asar Eppel. Moskwa: Tiekst, 2007

rumuński

Bucuria scrierii. Poeme. [Tłum. i wstęp] Nicolae Mareş. Cluj: Dacia, 1977

Sub o singură stea. Versuri. [Tłum.] Passionaria Stoicescu, Constantin Geambaşu. [Wyb. i wstęp] Constantin Geambaşu. [Bucureşti]: Editura Universal Dalsi, 1999

În râul lui Heraclit. [Tłum.] Passionaria Stoicescu, Constantin Geambaşu. [Wyb. i wstęp] Constantin Geambaşu. Bucureşti: Editura Paideia, 2003

Clipa. Chwila. [Tłum.] Constantin Geambaşu. Bucureşti: Editura Paideia, 2003 [wyd. dwujęzyczne]

Poezii alese. [Wyb., tłum.] Nicolae Mareş. Bucureşti, Chişinău: Prut International, 2006

serbsko-chorwacki, serbski

Svaki slučaj. [Tłum. i posł.] Petar Vujičić. Belgrad: Narodna Knjiga, 1983

Ljudi na mostu. [Tłum.] Petar Vujičić. Osijek: Revija – Izdavački centar Radničkog sveučilišta „Božidar Maslarić", 1989

Naivna pitanja. [Wyb. i tłum.] Slađana Janković, Petar Bunjak. [Posł.] Petar Bunjak. Beograd: ABC Glas, 1996

Kraj i početak. Pesme [Koniec i początek]. [Tłum.] Biserka Rajčić. Vršac: Književna Opština Vršac, 1996

Izabrane pesme. [Wyb.] Biserka Rajčić. [Tłum.] Petar Vujičić, Biserka Rajčić. Beograd: Radio B92, 1997

Trenutak. Pesme [Chwila]. [Tłum.] Biserka Rajčić. Vršac: Književna Opština Vršac, 2002

Neobavezna lektira. [Wyb. i tłum.] Biserka Rajčić. Beograd: Prosveta, 2006

Dve tačke. [Tłum.] Biserka Rajčić. Vršac: Književna Opština Vršac, 2006

Ovde. [Tłum.] Biserka Rajčić. Vršac: Književna Opština Vršac, 2009

słowacki

Volanie na Yetiho. [Tłum.] Vojtech Mihálik. Bratislava: Slovenský Spisovateľ, 1966

49 básní. [Wyb., tłum., posł.] Vlastimil Kovalčík. Bratislava: Q 111, 1999

Chvíľa. [Tłum.] Vlastimil Kovalčík. Banská Bystrica: Drewo a srd, 2003

Neprítomnosť. [Tłum.] Silvia Galajda. Prešov: Slniečkovo, 2008

słoweński

Semenj čudežev. [Wyb. i tłum.] Rozka Štefan, Jana Unuk. Radovljica: Didakta, 1997

Trenutek. [Tłum.] Niko Jež. Ljubljana: Društvo Apokalipsa, 2005

szwedzki

Aldrig två gånger. Valda dikter. [Wyb. i tłum.] Per-Arne Bodin och Roger Fjellström. Luleå: Ordström, 1980; Nordingrå: OrdStröm, 1996

Nära ögat. [Tłum.] Anders Bodegård. Stockholm: FIB:s Lyrikklubb, 1996

BIBLIOGRAFIA PODMIOTOWA

Utopia. [Wyb. i tłum.] Anders Bodegård. [Przedm.] Lars Kleberg. Stockholm: FIB:s Lyrikklubb, 1989; 1996
Bredvidläsning [Lektury nadobowiązkowe]. [Tłum.] Anders Bodegård. Stockholm: Fib:s Lyrikklubb, 1997
Dikter 1945-2002. [Tłum.] Anders Bodegård. Stockholm: Fib:s Lyrikklubb, 2003
Ett kolon [Dwukropek]. [Tłum.] Anders Bodegård. Lund: Ellerströms, 2008
Här [Tutaj]. [Tłum.] Anders Bodegård. Lund: Ellerströms, 2009
Litterär post, eller hur man blir (eller inte blir) författare. [Tłum.] Elżbieta Jasińska-Brunnberg. Lund: Art Factory, 2010

turecki
Başlıksız Olabilir. [Tłum.] Ayşen Agnieszka Lytko, Neşe Taluy Yüce. Istanbul: Iyi Seyler, 1998

ukraiński
Pid odnijeju zirkoju. Pod jedną gwiazdką. [Tłum. i oprac.] Natalja Sydiaczenko, Stanisław Szewczenko. [Wstęp] Waldemar Smaszcz. Lwiw: Kameniar, 1997 [Tekst równoległy pol. i ukr.]
Wybrani poeziji ta eseji. Wybrane wiersze i eseje. [Tłum.] Jaryna Senczyszyn. Lwiw: Litopis, 2001
Wersija podij. Wersja wydarzeń. Wybór, tłum., posłowie i komentarz Andrij Saweneć. Europejskie Kolegium Polskich i Ukraińskich Uniwersytetów. Lublin: Wyd. UMCS, 2005
Może to wszystko. Może, ce wse. Wybór, wstęp i tłum. Andrij Saweneć. Olszanica: Bosz, 2011

węgierski
Csodák vására. [Wybór i posł.] Gábor Csordás. [Tłum.] Gábor Cyprian Csajka. Budapest: Europa Könyvkiadó, 1988
Kilátás porszemmel. [Wyb.] Gábor Csordás. [Tłum.] Gábor Cyprian Csajka [i in.]. Pécs: Jelenkor, 1997

wietnamski
Thő. [Wyb. i tłum.] Tạ Minh Châu. Hà Nội: Nhŕ xuất bản Hội Nhŕ Văn, 1997

włoski
La fiera dei miracoli. [Tłum.] Pietro Marchesani. Milano: Libri Scheiwiller, 1993; 1994
Gente sul ponte. Poesie [Ludzie na moście]. [Tłum.] Pietro Marchesani. Milano: Libri Scheiwiller, 1996; 1997; 2009
Ogni caso [Wszelki wypadek]. [Tłum.] Pietro Marchesani. Milano: Libri Scheiwiller, 1996; 2007; 2009
La fine e l'inizio. Poesie [Początek i koniec]. [Tłum.] Pietro Marchesani. Milano: Libri Scheiwiller, 1997; 2009
Trittico. [Il.] Anna Kalczyńska. [Tłum.] Pietro Marchesani. Milano: Libri Scheiwiller, 1997 [druk bibliofilski]
Vista con granello di sabbia. Poesie 1957-1993 [Widok z ziarnkiem piasku]. [Tłum.] Pietro Marchesani. Milano: Adelphi Edizioni, 1998; 2004; 2008

PAMIĄTKOWE RUPIECIE

Nulla è in regalo [Nic darowane]. [Wyb., tłum. i posł.] Pietro Marchesani. Kraków: Wyd. Literackie, 1998

25 poesie. [Tłum.] Pietro Marchesani. Milano: Mondadori, 1998

Posta letteraria. Ossia come diventare (o non diventare) scrittore. [Tłum.] Pietro Marchesani. Milano: Libri Scheiwiller, 2002

Taccuino d'amore. Poesie. [Tłum.] Pietro Marchesani. Milano: Libri Scheiwiller, 2002

Uno spasso [Sto pociech]. [Tłum.] Pietro Marchesani. Milano: Libri Scheiwiller, 2003; 2009

Discorso all'Ufficio oggetti smarriti. Poesie 1945–2004. [Tłum.] Pietro Marchesani. Milano: Adelphi Edizioni, 2004

Attimo [Chwila]. [Tłum.] Pietro Marchesani. Fermo: Associazione Culturale „La Luna", 2003; Milano: Libri Scheiwiller, 2004

Sale [Sól]. [Tłum.] Pietro Marchesani. Milano: Libri Scheiwiller, 2005; 2009

Appello allo Yeti [Wołanie do Yeti]. [Tłum.] Pietro Marchesani. Milano: Libri Scheiwiller, 1996; 2005; 2007; 2009

Letture facoltative [Lektury nadobowiązkowe]. [Tłum.] Valentina Parisi. Milano: Adelphi Edizioni, 2006

Due punti [Dwukropek]. [Tłum.] Pietro Marchesani. Milano: Adelphi Edizioni, 2006

Grande numero [Wielka liczba] [Tłum.] Pietro Marchesani. Milano: Libri Scheiwiller, 2006; 2009

OK? Nuove letture facoltative. [Tłum.] Laura Rescio. Milano: Libri Scheiwiller, 2006

Opere. [Red.] Pietro Marchesani. *Poesie 1945–2005, Posta letteraria e Il poeta e il mondo* [tłum.] Pietro Marchesani, *Letture facoltative* [tłum.] Luca Bernardini e Valentina Parisi, *L'indispensabile naturalezza* [tłum.] Federica K. Clementi. *Come una farfalla. Biografia di Wisława Szymborska* [rozmowa:] Laura Rescio. Milano: Adelphi Edizioni, 2008

La gioia di scrivere. Tutte le poesie (1945–2009). [Radość pisania, zbiór poezji]. [Tłum.] Pietro Marchesani. Milano: Adelphi Edizioni, 2009

Due punti. Qui [Dwukropek. Tutaj]. [Tłum.] Pietro Marchesani. Milano: Libri Scheiwiller, 2010

Korzystano z katalogów Biblioteki Narodowej, Biblioteki Jagiellońskiej, Biblioteki Kongresu i innych. Wielce pomocna była *Bibliografia przekładów Wisławy Szymborskiej*, „Przekładaniec" 1/2003 pod red. Magdy Heydel, s. 204–208. Podziękowania zechcą przyjąć Panie: Agnieszka Rasińska-Bóbr i Katarzyna Humeniuk z Instytutu Książki oraz Maria Jaworska, Ayelet Shafir i Nguyen Thai Linh i Pan Józef Kozak.

Oprac. Artur Czesak

BIBLIOGRAFIA PRZEDMIOTOWA

(obejmuje pozycje wykorzystane przy pisaniu książki)

I. Opracowania krytyczno-literackie i recenzje

Balbus Stanisław, *Szkic do portretu*, „Dekada Literacka", 31 października 1996
Balbus Stanisław, *Świat ze wszystkich stron świata. O Wisławie Szymborskiej*, Kraków: Wyd. Literackie, 1996
Baranowska Małgorzata, *Tak lekko było nic o tym nie wiedzieć. Szymborska i świat*, Wrocław: Wyd. Dolnośląskie, 1996
Głowiński Michał, *Obrazek z wakacji i wielkie znaczenie. O poezji Wisławy Szymborskiej*, w: tenże, *Monolog wewnętrzny Telimeny i inne szkice*, Warszawa: PIW, 2007
Ligęza Wojciech, *Wisławy Szymborskiej świat w stanie korekty*, Kraków: Wyd. Literackie, 2001
Miłosz Czesław, *Wypisy z ksiąg użytecznych*, Kraków: Wyd. Znak, 1994
Nyczek Tadeusz, *Tyle naraz świata. 27 x Szymborska*, Kraków: Wyd. a5, 2005
Sandauer Artur, *Na przykład Szymborska*, w: tenże, *Liryka i logika*, Warszawa: PIW, 1971 (pierwodruk „Miesięcznik Literacki", kwiecień 1968)
Stala Marian, *Radość czytania Szymborskiej*, w: tenże, *Chwile pewności*, Kraków: Wyd. Znak, 1991
Weschler Lawrence, *Everything That Rises. A Book of Convergences*, San Francisco: McSweeney's, 2006
Zarzycka Anna, *Rewolucja Szymborskiej 1945-1957. O wczesnej twórczości poetki na tle epoki*, Poznań: Wyd. Poznańskie, 2010
Radość czytania Szymborskiej. Wybór tekstów krytycznych, red. Stanisław Balbus, Dorota Wojda, Kraków: Wyd. Znak, 1996
Szymborska. Szkice, red. Edward Balcerzan i in., Warszawa: Wyd. Open, 1996
Wokół Szymborskiej, red. Barbara Judkowiak, Elżbieta Nowicka, Barbara Sienkiewicz, „Poznańskie Studia Polonistyczne", Poznań: WiS, 1996

Balcerzan Edward, *W szkole świata*, „Teksty Drugie" 1991, nr 4
Balcerzan Edward, *„Wszystko" i inne wiersze*, „Gazeta Wyborcza", 27-28 listopada 2010
Baranowska Małgorzata, *Tajemnica i istota dwukropka*, „Gazeta Wyborcza", 28 września 2006
Baranowska Małgorzata, *Zachwyt i rozpacz*, „Tygodnik Powszechny", 13 października 1996
Barańczak Stanisław, *Nie ma pytań pilniejszych od pytań naiwnych*, „Gazeta Wyborcza", 12-13 października 1996
Błoński Jan, *Sól doświadczenia*, „Życie Literackie" 1962, nr 560
Bodegård Anders, *Zawrót głowy*, „Dekada Literacka", 31 października 1996

PAMIĄTKOWE RUPIECIE

Dedecius Karl, *Poetycka wyspa myśli. Laudacja ku czci Wisławy Szymborskiej wygłoszona we frankfurckim kościele św. Pawła*, „Tygodnik Powszechny", 15 września 1991

Flaszen Ludwik, *Poezja agitacji osobistej*, „Życie Literackie", 29 marca 1953

Gondowicz Jan, *Oswajanie poezją*, „Kultura", 15 kwietnia 1973, nr 15

Heydel Magda, *Przekra czanie granic. Szymborska i Miłosz jako poeci amerykańscy*, „Tygodnik Powszechny", 25 lutego 2001

Kornhauser Julian, *Notatki w czasie lektury „Ludzi na moście" Wisławy Szymborskiej*, „Odra", marzec 1989, nr 3

Kozioł Urszula, *Przekład podobieństwa*, „Poezja", kwiecień 1968, nr 4

Kwiatkowski Jerzy, *Felieton obowiązkowy*, „Pismo" 1983, nr 4

Mentzel Zbigniew, *„Ja, ryba odrębna"*, „Tygodnik Powszechny", październik 1997

Mikołajewski Jarosław, *Co jest pod tą prostotą*, „Gazeta Wyborcza", 4–5 lutego 2012

Mikołajewski Jarosław, *Pytania z dwukropkiem*, „Gazeta Wyborcza", 28 listopada 2005

Miłosz Czesław, *A nie mówiłem*, „Tygodnik Powszechny", 13 października 1996

Miłosz Czesław, *Poezja jako świadomość*, „Teksty Drugie" 1991, nr 4

Miłosz Czesław, *Szymborska i Wielki Inkwizytor*, „Dekada Literacka", maj–czerwiec 2003

Natanson Wojciech, *Pytania i odpowiedzi*, „Nowa Kultura", 20 marca 1995, nr 12

Neuger Leonard, *Wysławianie Szymborskiej. Na marginesie przekładów na język szwedzki Andersa Bodegårda*, „Teksty Drugie" 1991, nr 4

Neuger Leonard, *Znaki odroczenia*, „Tygodnik Powszechny", 12 lutego 2012

Nyczek Tadeusz, *Instrukcja obsługi bycia sobie raz*, „Przekrój", 24 listopada 2005

Nyczek Tadeusz, *Zaledwie arcydzieło*, „Gazeta Wyborcza", 15 maja 1995

Osęka Andrzej, *Mistrzostwo poranka*, „Gazeta Wyborcza", 3 lipca 2002

Pieszczachowicz Jan, *Najmądrzej jest po prostu żyć*, „Gazeta Wyborcza", 27–28 lutego 1999

Pilch Jerzy, *Co czyta Wisława Szymborska*, „Echo Krakowa", 16 grudnia 1981

Pilch Jerzy, *Miłość według Szymborskiej*, „Dziennik", 29 listopada 2007

Pilch Jerzy, *Oddzielić ziarno od Maciąga*, „Polityka", 25 listopada 2000, nr 48

Pilch Jerzy, *O nowym tomiku Szymborskiej*, „Dziennik", 6 lutego 2009

Pilch Jerzy, recenzja tomiku *Miłość szczęśliwa*, „Dziennik", 17 lutego 2008

Pilch Jerzy, wypowiedź dla „Gazety Wyborczej", 2 lutego 2012

Przyboś Jan, *Poezja Szymborskiej*, „Nowe Książki", maj 1968, nr 5

Stala Marian, *Pan Newton i mała dziewczynka*, „Tygodnik Powszechny", 8 września 2002

Stala Marian, *Wolę możliwość*, „Tygodnik Powszechny", 13 października 1996

Śliwiński Piotr, *Szymborska krzepi*, „Gazeta Wyborcza", 27 stycznia 2009

Walczak Grzegorz, *Dwa wiersze*, „Poglądy", 14 kwietnia 1981, nr 7

II. Wspomnienia, reportaż i inne

Dedecius Karl, *Europejczyk z Łodzi. Wspomnienia*, Kraków: Wyd. Literackie, 2008

Illg Jerzy, *Mój znak. O noblistach, kabaretach, przyjaźniach, książkach, kobietach*, Kraków: Wyd. Znak, 2009

Kisielewski Stefan, *Abecadło Kisiela*, Warszawa: Iskry, 1997

BIBLIOGRAFIA PRZEDMIOTOWA

Koestler Arthur, *Oeuvres autobiographiques*, Paris: Edition Robert Laffont, 1994
Kwiatkowski Tadeusz, *Niedyskretny urok pamięci*, Kraków: Wyd. Literackie, 1982
Kwiatkowski Tadeusz, *Panopticum*, Kraków: Wyd. Literackie 1995
Matuszewski Ryszard, *Wisławy Szymborskiej dary przyjaźni i dowcipu*, Warszawa: Auriga, 2008
Mrożek Sławomir, *Baltazar. Autobiografia*, Warszawa: Noir sur Blanc, 2006
Słomczyńska-Pierzchalska Małgorzata, *Nie mogłem być inny. Zagadka Macieja Słomczyńskiego*, Kraków: Wyd. Literackie, 2003
Urbanek Mariusz, *Broniewski. Miłość, wódka, polityka*, Warszawa: Iskry, 2011
Włodek Adam, *Debiut z przygodami*, w: tenże, *Nasz łup wojenny*, Kraków: Wyd. Literackie 1970
Zagajewski Adam, *Dwa miasta*, „Zeszyty Literackie" i „Oficyna Literacka", Paryż – Kraków 1991
Zechenter Witold, *Upływa szybko życie*, Kraków: Wyd. Literackie, 1975
Byliśmy u Kornela. Rzecz o Kornelu Filipowiczu, red. Krzysztof Lisowski, Kraków: Wyd. Literackie, 2010
Godzina dla Adama. Wspomnienia, wiersze, przekłady, Kraków: Wyd. Literackie, 2000

Cegielski Piotr, *Anders Bodegård, Mozart przekładu*, „Szwecja", dodatek do „Gazety Wyborczej", 12 maja 1997
Cegielski Piotr, artykuły w „Gazecie Wyborczej": *Dziesięć pracowitych dni Wisławy Szymborskiej w Szwecji*, 5 grudnia 1996; *Poetka i świat*, 9 grudnia 1996; *Wisława Szymborska odbierze dziś Nagrodę Nobla*, 10 grudnia 1996; *Noblowska próba*, 11 grudnia 1996; *Poetka i król*, 11 grudnia 1996; *Szwecja pożegnała polską noblistkę*, 16 grudnia 1996
Cieśliński Zbigniew, *Wiście to się należało*, „Express Poznański", 4 października 1996
Dimitrowa Błaga, *Tajemnice Wisławy*, „Gazeta Wyborcza", 5–6 sierpnia 2000
Fiałkowski Tomasz, *Stan oblężenia*, „Tygodnik Powszechny", 13 października 1996
Gajdzińska Iwona, *Mozart poezji z Kórnika*, „Głos Wielkopolski", 5–6 października 1996
Illg Jerzy, *Sztokholm wzięty*, „Tygodnik Powszechny", 22–29 grudnia 1996
Illg Jerzy, *Z Szymborską w Sztokholmie*, „Tygodnik Powszechny", 15 grudnia 1996
Jastrun Tomasz, *W szponach Nobla*, „Twój Styl" 1997, nr 12
Jaworski Dariusz, *Jak hrabia i górale perłę Tatr ocalili*, „Tygodnik Powszechny", 22 września 2002
(jen) *Ciężkie dni laureatki*, „Kurier Poranny", 7 grudnia 1996
Johnson Ewa, *Wisława Szymborska już w Sztokholmie*, „Życie", 4–8 października 1996
Kolenda-Zaleska Katarzyna, *Podróże z Panią Wisławą*, „Gazeta Wyborcza", 4 lutego 2012
Kozioł Urszula, *Wisełka*, „Odra", listopad 1996
Koźmin Mirosław, Marek Sołtysik, *Wolałabym mieć sobowtóra* (z konferencji prasowej 3 października 1996 w Astorii), „Super Express", 5–6 października 1996
Kruczkiewicz Mirosław, *Tu mieszkała noblistka*, „Nowości", 17 maja 1997
Kuryło Grażyna, *Trzepak na Krupniczej*, „Gazeta Wyborcza", 17 października 1997
Latawiec Bogusława, *Jestem i patrzę*, „Głos Wielkopolski", 22 października 1992
Latawiec Bogusława, *Kogo róża pocałuje*, „Odra", kwiecień 1998
Latawiec Bogusława, *Zmęczona tryumfem*, „Głos Wielkopolski", 10 grudnia 1996

Łęcka Gabriela, *Listy nadobowiązkowe*, „Polityka", 28 marca 1998
Michałowska Danuta, *Moje spotkanie z kinem (ankieta)*, „Więź", sierpień 1995
Niemczyńska Małgorzata, *Poeta jest, bo są wiersze*, rozmowa z Michałem Rusinkiem, „Gazeta Wyborcza", 3 lutego 2012
Nizinkiewicz Jacek, *Moje życie z Szymborską*, rozmowa z Michałem Rusinkiem, „Przegląd", 16 stycznia 2011, nr 2
Piasecki Marcin, *Królewskie spotkanie*, „Gazeta Wyborcza" 10–11 maja 1997
RFK [Ryszard Kozik], *Niełatwy żywot debiutanta*, „Gazeta Wyborcza" Kraków, 11 grudnia 2000
Ronikier Joanna, *Pokój na Krupniczej*, „Tygodnik Powszechny", 15 października 2006
Rudnicka Anna (oprac.), *Szymborska – gips. Łaskawy los obtłukł ją trochę, zwłaszcza nos*, „Gazeta w Krakowie", dodatek do „Gazety Wyborczej", 2 lipca 1993 (przedruk 4 października 1996)
Rusinek Michał, *Szymborska w Izraelu*, „Odra" 2005, nr 2
Sawicka Elżbieta, *Ciepło i zimno*, „Rzeczpospolita", 22 grudnia 1996
Sawicka Elżbieta, *Noblowski tydzień w Szwecji*, „Rzeczpospolita", 22 grudnia 1996
Słucki Arnold, *Wisława Szymborska. Poetka myśli i miłości*, „Zwierciadło", 15 maja 1966
Sochacka Danuta, *Róża od „Kobiety"*, „Kobieta i Życie", 7 marca 1971
Szczęsna Joanna, *Altruitki, lepieje i odwódki*, „Gazeta Wyborcza", 15 maja 2003
Szczęsna Joanna, *Liryki i limeryki*, „Gazeta Wyborcza", 19 listopada 1996
Szczęsna Joanna, *Loża w podziemiach*, „Gazeta Wyborcza", 19 stycznia 1998
Szczęsna Joanna, *Poetka wyczerpała limit nagród*, „Gazeta Wyborcza", 3 sierpnia 2010
Szulpiakow Gleb, *Poezja w Krakowie. W gościnie u Szymborskiej i Miłosza*, przedruk z „Niezawisimaja Gazieta", „Forum" 1997, nr 44
Woroszylski Wiktor, *Szymborska*, „Gazeta Wyborcza", 27 sierpnia 1991
Wyka Marta, *Dom literacki jako imago mundi. Wokół krakowskiego epizodu Czesława Miłosza*, „Dekada Literacka" 2011, nr 1
Zagajewski Adam, *Cudownie upierzona ręka*, „Gazeta Wyborcza", 2 lutego 2012
Ziemianin Adam, *Gdy się obudzi, proszę powiedzieć, że dostałam Nagrodę Nobla*, „Echo Krakowa", 11 października 1996
Ziemny Aleksander, *Poezja i rynek*, „Ty i Ja", listopad 1970

III. Opracowania historyczne

Buszko Józef, Andrzej Pilch, *Narodziny miasta Zakopane w latach 1918–1939*, w: *Zakopane. 400 lat dziejów*, red. Renata Dutkowa, Kraków: KAW, 1991, t. 1
Czuchnowski Wojciech, *Blizna. Proces Kurii krakowskiej 1953*, Kraków: Wyd. Znak, 2003
Homola Irena, *Od wsi do uzdrowiska*, w: *Zakopane. 400 lat dziejów*, dz. cyt.
Rokicki Konrad, *Literaci. Relacje między literatami a władzami PRL w latach 1956–1970*, Warszawa: IPN, 2011
Opozycja małopolska w dokumentach 1976–1980, red. Adam Roliński, Kraków: Fundacja Centrum Dokumentacji Czynu Niepodległościowego, 2003

BIBLIOGRAFIA PRZEDMIOTOWA

Filmy:
Lars Helander – film dokumentalny dla szwedzkiej TV, 1996
Katarzyna Kolenda-Zaleska, *Chwilami życie bywa znośne – przewrotny portret Wisławy Szymborskiej*, 2009
Andrzej Koszyk, *Niektórzy lubią poezje – Wisława Szymborska*, Niemcy, 1996
Antoni Krauze, *Radość pisania*, 2005

Archiwum Akt Nowych, Warszawa:
AAN 237/XVIII-260

Biblioteka Kórnicka, Kórnik:
Korespondencja Wincentego Szymborskiego, w tym:
z Władysławem Zamoyskim, Rękopisy BK 07707
z Zygmuntem Celichnowskim, Rękopisy BK 03599

Biblioteka ZLP, Warszawa:
Teczka Wisławy Szymborskiej

Instytut Pamięci Narodowej:
Teczka personalna „Filipowicz Kornel" Kr 00100/60/Diazo
Teczka personalna „Szymborska Wisława" Kr 010/11977

Muzeum Literatury im. Adama Mickiewicza:
Korespondencja Wisławy Szymborskiej z Janem Brzękowskim, Ziemowitem Fedeckim, Jerzym Zagórskim

Oprac. Anna Bikont

Podziękowania

Do powstania tej książki przyczyniło się wiele osób, znajomych i przyjaciół Wisławy Szymborskiej, z którymi rozmawiałyśmy i którzy udostępniali nam fotografie i pocztówki-kolaże z ich zbiorów. Przechowujemy ich wszystkich we wdzięcznej pamięci.

Stanisław Balbus, Edward Balcerzan, Jacek Baluch, Małgorzata Baranowska, Stanisław Barańczak, Jacek Bocheński, Anders Bodegård, Tamara Fizek-Borkowicz, Wiktor Borisow, Tadeusz Chrzanowski, Michał Cichy, Barbara Czałczyńska, Karl Dedecius, Vlasta Dvořáčkova, Błaga Dimitrowa, Asar Eppel, Ziemowit Fedecki, Jerzy Ficowski, Maria i Aleksander Filipowiczowie, Maria Fizek, Jan Paweł Gawlik, Jerzy Giedroyc, Anna Godzicka, Zygmunt Greń, Irena Grudzińska-Gross, Julia Hartwig, Joanna Gromek-Illg i Jerzy Illg, Joanna Helander, Lars Helander, Tomasz Jastrun, Hanna Jedlicka, Maria Kalota-Szymańska, Piotr Kamiński, Ryszard Kapuściński, Janina Katz, Wanda Klominkowa, Leszek Kołakowski, Teresa Korczak i Jerzy Korczak, Jan Kosiński, Andrzej Koszyk, Aniela Kott, Urszula Kozioł, Hanna Krall, Kazimierz Krawiarz, Krystyna i Ryszard Kryniccy, Tadeusz Kwiatkowski, Bogusława Latawiec, Stanisław Lem, Ewa Lipska, Jerzy Lisowski, Krzysztof Lisowski, Włodzimierz Maciąg, Bronisław Maj, Tomasz Majeran, Henryk Markiewicz, Gabriela Matuszek, Ryszard Matuszewski, Izabella Michalska, Danuta Michałowska, Adam Michnik, Artur Międzyrzecki, Teresa Miętta-Mikołajewicz, Czesław Miłosz, Krystyna i Leszek A. Moczulscy, Małgorzata Musierowicz, Anatolij Najman, Leon Neuger, Zdzisława Noskowiak i Jerzy Noskowiak, Danuta Nowakowska-Kowal, Grzegorz Nurek, Tadeusz Nyczek, Anna Otrębska, Antoni Pawlak, Jan Pieszczachowicz, Jerzy Pilch, Elżbieta i Jan Pindlowie, Anna Polony, Irena Ptak, Michał Radgowski, Biserka Rajčić, Joanna Ronikier, Andrzej Rottermund, Tadeusz Rottermund, Stanisław Różewicz, Anna Rudnicka, Michał Rusinek, Michał Rymsza, Joanna Salamon, Lech Siuda, Maciej Słomczyński, Magdalena Smoczyńska, Marian Stala, Robert Stiller, Jerzy Surdykowski, Jan Józef Szczepański, Małgorzata Szerchowa, Irena Szymańska, Witold Turdza, Grzegorz Turnau, Jerzy Turowicz, Wacław Twardzik, Andrzej Wajda, Teresa Walas, Rafi Weichert, Dawid Weinfeld, Janina Woroszylska, Jacek Woźniakowski, Marta Wyka, Krystyna Zachwatowicz, Adam Zagajewski, Elżbieta Zagórska, Krystyna Zaleska, Elżbieta Zechenter, Aleksander Ziemny, Katarzyna Zimmerer.

Dziękujemy naszej redaktorce Joannie Gromek-Illg – bez jej pomocy i zaangażowania tak szybkie wydanie książki byłoby niemożliwe, a także za kompetentną pomoc Annie Szulczyńskiej, Irenie Jagosze i Arturowi Czesakowi.

Dziękujemy też Annie Dodziuk i Piotrowi Bikontowi, którzy redagowali pierwszą wersję tej książki.

I jeszcze raz szczególne podziękowania dla Michała Rusinka za całokształt.

Indeks osób

(nie obejmuje *Bibliografii* i *Podziękowań*)

Achmatowa Anna 273
Adamska Ewa 378
Aleksander Wielki, król Macedonii 60
Aleksandrowicz Julian 119
Allen Woody 14, 178, 179, 219, 241, 335, 365
Andersen Hans Christian 45
Andrzejewski Jerzy 89
Anonim, tzw. Gall 252
Apollinaire Guillaume 24, 99
Apoloniusz z Pergi 49
Archimedes 49
d'Aubigné Théodore Agrippa 255
Awerczenko Arkadij 116

Baczyński Krzysztof Kamil 300
Balbus Stanisław 110, 120, 147, 188, 278, 371, 375, 376, 379, 381, 383, 385
Balcerowicz Leszek 335
Balcerzan Edward 6, 31, 59, 123, 194, 238, 260, 288, 290, 293, 308, 312, 369, 372, 373, 379, 393
Baluch Jacek 103, 127, 173, 289, 374
Baran Marcin 385
Baranowska Małgorzata 231, 233, 362, 381, 386
Baranowski Bolesław 370
Baranowski Tadeusz 370
Barańczak Anna 117, 283
Barańczak Stanisław 7, 117, 130, 275, 276, 280, 281, 283, 289, 290, 301, 332, 334, 375, 383, 384, 393
Barclay de Tolly Michaił 166
Bardecka Anna 375
Barnaś Kazimierz 125
Bartelski Lesław 167
Bartoszewski Władysław 175, 316, 395
Baudelaire Charles 277

Bauman Zygmunt 365
Béjart Maurice 167
Belina-Prażmowski Władysław 48
Bem Józef 23, 395
Beniowski Maurycy 287, 383
Beria Ławrientij 38
Białoszewski Miron 119, 189, 273, 340, 343, 350
Bielicka Emilia 369
Biernacki Andrzej 287
Bikont Anna 148, 213, 331, 369, 375, 378, 379, 382
Bishop Elizabeth 191, 192
Błachut Władysław 125
Błok Aleksandr 119
Błońska Teresa 347
Błoński Jan 86, 100, 134, 347, 373
Bocheński Jacek 78, 114, 130, 137
Bodegård Anders 38, 175, 276-280, 310, 313, 364, 383, 396
Bomanowska Marzena 384
Bonner Hillary 377
Borisow Wiktor 162, 165, 166
Borowski Marek 324
Bosch Hieronymus 27
Botticelli Sandro 325
Brandstaetter Roman 54, 371
Brandys Kazimierz 89, 114
Brandys Marian 114
Breughel (Bruegel) Pieter (Starszy) 60, 109, 346
Breza Tadeusz 72
Brodski Josif 195, 273, 343
Broniewska Wanda 165, 166
Broniewski Władysław 86, 159, 162, 163, 165, 188, 196, 273
Brzękowski Jan 161
Brzozowska Antonina 89

465

Brzozowski Stanisław 89
Büchner Georg 269
Bujak Adam 352
Bułhakow Michaił 104
Bunsch Karol 378
Buñuel Luis 14
Buszko Józef 370

Cacoyannis Michael 140
Cagliostro Alessandro 140
Calaprice Alice 385
Camus Albert 126
Carter Jimmy 365
Casanova Giacomo 155
Cavanagh Clare 275, 280, 334, 336
Cegielski Piotr 301, 383, 384
Celichowski Witold 65
Celichowski Zygmunt 19, 36, 65, 369, 370
Cendrowska-Werner Barbara 377
Chaplin Charles (Charlie) 13, 107, 140, 369
Chlebnikow Wielimir 119
Chojnowski Andrzej 370
Chopin Fryderyk 13
Christie Agatha 325
Chruszczow Nikita 208
Chrzanowski Tadeusz 212, 256, 261, 265, 306 308, 377
Cichy Michał 157
Ciećkiewicz Marian 56
Ciećkiewiczówna Anna (późn. Godzicka) 56, 59
Clinton Bill 334
Comas José 369, 381, 386
Conrad Jessie 14
Cooper Gary 49
Corneille Pierre 12
Cwietajewa Marina 120
Cywian Leonid 275
Cywiński Jan 325, 385
Czałczyńska Barbara 137, 230, 236, 242, 249, 291
Czapski Józef 110
Czechow Antoni 129, 151, 207
Czechowicz Józef 189, 342
Czuchnowski Wojciech 100, 374

Czycz Stanisław 119
Czyż Maria (Cinia) 336
Czyż Wiesław 329, 336

David Gerard 255
Dedecius Karl 103, 169, 174, 207, 214, 268, 269, 270, 273, 280, 374, 378, 380, 382, 394
Dembowski Edward 83, 85
Dickens Karol (Charles) 7, 59
Dietrich Marlene 49
Dimitrowa Błaga 91, 159, 160, 184, 271, 373, 378, 379, 388
Długosz Jan 140, 252
Dmowski Roman 21
Dostojewska Anna 14
Dostojewski Fiodor 58, 59, 347
Drewnowski Tadeusz 78
Drössler Rudolf 31, 370
Drozdowski Bohdan 119
Drucka Nadzieja 371
Dulęba Władysław 383
Dunin Janusz 381
Dutkowa Renata 369, 370
Dvořáčková Vlasta 272
Dybciak Krzysztof 305
Dygat Stanisław 72
Dyńska-Ptak Irena 56, 60
Dziechciaruk-Maj Bogna 336

Eckermann Johann Peter 183
Eco Umberto 179
Edelman Marek 321, 322
Einstein Albert 219, 319
Eliot Thomas Stearns 157
Eppel Asar 273
Euklides 49

Faber Wincenty 119
Falniowski Andrzej 385
Farrow Mia 14
Fedecki Ziemowit 162, 193, 237, 243, 255, 379, 381, 382
Fellini Federico 7, 140, 288
Ferdynand I, cesarz 30
Feynman Richard P. 147

INDEKS OSÓB

Fiałkowski Tomasz 379, 384
Ficowski Jerzy 240, 377
Filipowicz Aleksander 205, 228
Filipowicz Kornel 169, 170, 205-210, 212-214, 216, 218-224, 228, 230-232, 235, 236, 248, 249, 251, 253, 256, 258, 264, 265, 267, 277, 288, 317, 358, 359, 380, 382, 386, 390, 392-395, 397, 398
Fischer Joschka 395
Fitzgerald Ella 7, 366, 367
Fizek Maria 256
Fizek-Borkowicz Tamara 209
Flach Jolanta 371
Flaszen Ludwik 85, 91, 130, 373
Flynn Errol 49
Fo Dario 325
France Anatol 58, 229
Franciszek Józef I, cesarz 234
Freud Zygmunt 269, 393
Frist Henryk 94, 373
Frycz Modrzewski Andrzej 252
Fydrych Waldemar („Major") 261

Gall Anonim zob. Anonim
Galos Stanisław 222
Gałczyńska Kira 89
Gałczyński Konstanty Ildefons 89-91, 105, 119, 188, 273
Garbo Greta 49
Gawlik Jan Paweł 141, 160, 161, 212, 218, 242, 380
Gervas Robert 140
Giedroyc Jerzy 110, 161, 178, 258, 261, 375, 389
Gierek Edward 136, 223, 224
Girard René 317
Gisges Jan Maria 219
Głowiński Michał 361, 386
Godzicka Anna zob. Ciećkiewiczówna Anna
Goethe Johann Wolfgang 183, 184, 235
Goldfinger Jakub 18
Gołota Andrzej 323, 325, 335
Gołubiew Antoni 223
Gomułka Władysław 113, 136, 330
Gondowicz Jan 187, 379, 383
Goodall Jane 178

Gorey Edward 365
Gorki Maksim 275
Górniak Edyta 317
Górska-Wendorf Krystyna 65
Górski Artur 91
Grajewski Andrzej 374
Grala Hieronim 166, 378
Grass Günter 350, 351, 395
Greń Zygmunt 121, 125, 130
Grocholski Marek 371
Grochowiak Stanisław 159, 162, 166, 378
Gromek-Illg Joanna 175, 176, 195, 336, 395, 399
Grudzińska-Gross Irena 352, 386
Gustafsson Lars 399

Halas František 157, 189
Halpern Eugeniusz 96
Harasymowicz Jerzy 119
Hartwig Julia 399
Harvey Lilian 49
Havel Václav 178
Heaney Seamus 235, 301, 306, 311, 384, 398
Heidegger Martin 375
Helander Joanna 312, 395
Helander Lars 52, 61, 65, 292, 312, 366
Heraklit z Efezu 112, 213
Herbert Zbigniew 72, 111, 119, 133, 161, 188, 305, 338-340, 379
Herbert-Ulam Danuta 111
Herdegen Leszek 94, 95, 125
Herling-Grudziński Gustaw 324
Hesse Hermann 269, 312, 393
Heydel Magda 383
Hill Benny 151
Hirsch Edward 397
Hitchcock Alfred 140
Hitler Adolf 237, 240, 322
Hoffmann E.T.A. 45
Hohenlohe Öhringen Christian 20
Hołoweńko-Matuszewska Elżbieta 397
Hołówka Teresa 377
Homer 129
Homola Irena 369, 370

467

Horacy (Quintus Horatius Flaccus) 157, 276, 356, 383
Huizinga Johan 235

Illg Jerzy 24, 25, 170, 175, 176, 304, 305, 312, 335, 336, 342, 346, 348, 352, 353, 370, 378, 384, 386, 395, 397
Illg Joanna zob. Gromek-Illg Joanna
Iredyński Ireneusz 119
Iwaszkiewicz Jarosław 119, 121

„Jacek", kontakt operacyjny SB 220
Jackson Michael 329
Jacyna Iwona 380
Janicki Władysław 212, 213, 218
Jankowski Zbigniew 376
Janowska Katarzyna 378
Jarema Józef 205
Jarema Maria 205-207, 209
Jarema Władysław 205
Jarząbek Stefania 371
Jaspers Karl 154, 269, 393
Jastrun Mieczysław 72, 78, 119, 384
Jastrun Tomasz 385, 345
Jastrzębski Zdzisław 373
Jedlicka Hanna (Piekarska) 89
Jelcyn Borys 289
Jenner Edward 77
Jewtuszenko Jewgienij 162
Jęczalik Tadeusz 372
Jędraszko Czesław 372
Johnson Ewa 384
Joyce James 101, 233
Józefa, m., nauczycielka 66
Judkowiak Barbara 369, 371, 383
Juliusz Cezar (Caius Iulius Caesar) 175
Jung Carl Gustav 243, 381

Kadłubek Wincenty zob. Wincenty Kadłubek
Kalota-Szymańska Maria 40, 41, 43, 187, 379
Kałka Witold (późn. Rowicki) 68
Kamieńska Anna 219
Kamińska Anna 381
Kamiński Piotr 273, 274
Kant Immanuel 375

Kantor Tadeusz 205
Kapełuś Helena 378
Kapuściński Ryszard 148
Kardynał zob. Sapieha Adam Stefan
Karol XVI Gustaw, król Szwecji 312
Karpowicz Tymoteusz 167
Kasprowicz Jan 22
Kato Starszy (Marcus Portius Cato) 126
Katz Janina 274
Kawafis Konstandinos 189
Keller Maria Jadwiga 148
Kermen Władysław 381
Kern Ludwik Jerzy 129
Kersten Adam 147, 376
Kesten Herman 377
Kępiński Antoni 128
Kijowski Andrzej 219
Kirkland Dennis 377
Kisielewski Stefan 91, 101, 102, 373
Klominek Andrzej 94, 99, 100, 301, 374, 377, 384
Klominkowa Wanda 95, 134, 141, 237, 377
Klonowic Sebastian Fabian 252
Knobloch Mieczysław 378
Kochanowski Jan 124, 252, 267, 343
Kochowski Wespazjan 252
Koestler Arthur 79, 372
Kolenda-Zaleska Katarzyna 172, 175, 177, 178, 241, 295, 296, 378, 380, 384, 398
Kołakowski Leszek 113, 114, 145, 390
Kołodyński Andrzej 376
Komunyakaa Yusef 397
Koniew Iwan 72, 108, 162
Koniewa Maja 162
Konopnicka Maria 45
Konstanty Pawłowicz Romanow, wielki książę 30
Konstantyna, s., nauczycielka 59
Konwicki Tadeusz 114
Kopaliński Władysław 385
Koprowski Jan 219
Kora (Olga Jackowska) 366
Korczak Jerzy 91, 96, 236
Korczak Teresa 91
Kornhauser Julian 253, 290, 334, 356, 357, 386

INDEKS OSÓB

Kosińska Agnieszka 349, 350
Kosiński Franciszek 21, 22, 40, 41, 371
Kosiński Jan 40, 371
Kosman Marceli 378
Kostrzewa Zbigniew 381
Koszyk Andrzej 7, 382
Kościuszko Tadeusz 163
Kott Aniela 91
Kowalczyk Jerzy 392
Kowalczyk Ryszard 392
Kowalski Mieczysław 371
Kozik Ryszard F. 375, 383
Kozioł Urszula 5, 71, 167, 168, 186, 187, 207, 219, 223, 232, 233, 255, 261, 266, 291, 316, 317, 331, 342, 365, 379, 380, 382
Kozłowski Medard 21, 22
Koźmin Mirosław 384
Koźniewski Kazimierz 219
Krall Hanna 169
Kragen Wanda 378
Krasicki Ignacy 343
Krasicki Jerzy 374
Krasiński Zygmunt 196
Kraszewska Zofia 384
Kraszewski Józef Ignacy 172
Kraśko Wincenty 114
Krauze Krystyna 176
Krawiarz Kazimierz 38
Kromer Marcin 252
Krośniak Marek 385
Kruczkiewicz Mirosława 371
Krynicka Krystyna 194, 195, 229, 318, 324, 336, 364
Krynicki Ryszard 194, 195, 229, 289, 290, 308, 318, 336, 342, 348, 350, 364, 370, 390, 397
Krzemińska Wanda 376
Krzyworzeka-Witkowska Janina 65
Kurdziel Bronisław 253
Kurek Jalu 90
Kuroń Jacek 8, 178, 219, 252, 304, 317
Kurosawa Akira 140
Kutuzow Michaił 166
Kutz Kazimierz 329
Kuznowicz Mieczysław 53

Kwiatkowski Jerzy 149, 251, 253, 258, 377, 390
Kwiatkowski Tadeusz 68, 90, 98, 102, 372, 373

Laforgue Jules 157
Landau Irena 52, 371
Latawiec Bogusława 31, 236, 238, 260, 266, 287, 288, 290, 304, 306, 308, 311, 313, 371, 382-385
Lauer Reinhard 394
Lec Stanisław Jerzy 72
Lelito Józef 100
Lem Stanisław 112, 130, 219, 292
Lempp Albrecht 385
Leniarski Radosław 335
Lenin Włodzimierz 40, 41, 80, 235
Leśmian Bolesław 189, 273, 348
Lewinsky Monica 334
Ligęza Wojciech 107, 374, 379
Lipska Ewa 114, 115, 133, 145, 170, 171, 186, 208, 209, 212-214, 217, 235, 239, 241, 242, 249, 251, 256, 265, 292, 308, 317, 327, 352, 381
Lipski Jan Józef 178, 265
Lisowski Jerzy 255, 277
Lisowski Krzysztof 380, 382
Lloyd Harold 140
Lubomirski Kazimierz 17

Łastik Salomon 383
Łęcka Gabriela 369, 372, 386
Łomnicki Tadeusz 141
Łopuszański Bolesław 370
Łucja, św. 332
Łukaczowa Zofia 379
Łukasiewicz Jacek 80, 373

Machado Antonio 167, 378
Machej Zbigniew 173, 174, 342, 393
Machejek Władysław 79, 130, 142, 145, 252, 375
Maciąg Włodzimierz 8, 121, 123, 128, 137, 145, 156, 173, 212, 258, 287, 379, 382, 389
Macierewicz Antoni 286, 287
Maj Bogna zob. Dziechciaruk-Maj Bogna

Maj Bronisław 103, 151, 191, 205, 235, 257, 258, 265, 290, 304, 306, 335, 336, 342
Majakowski Włodzimierz 78, 86, 91, 99
Makuch Maria 175, 395
Malajkat Wojciech 335
Malczewski Jacek 343
Malewska Hanna 223, 264
Malko Sasza 282
Mandelsztam Osip 104
Manger Icyk 277, 383
Mann Katia 14, 369
Mann Tomasz 7, 14, 59, 122, 129, 148, 151, 163, 269, 312, 321, 325, 377, 393
Mao Zedong (Mao Tse-tung) 97, 98
Marais Jean 167
Marchesani Pietro 175, 179, 282, 378, 383
Marek Tadeusz 376
Markiewicz Henryk 79, 129, 317
Marshall George Catlett 116
Marszałek Rafał 376
Maruszewski Janusz 376
Marysia, niania 133
Maśliński Józef 120, 379
Matuszewski Ryszard 113, 154, 192, 193, 237, 238, 244, 252, 254, 379
Mentzel Zbigniew 213, 380
Mianowska Aleksandra 59
Michajłów Adam 107, 372, 375
Michałowska Danuta 50, 51, 56, 242
Michnik Adam 85, 259, 286, 287, 329
Mickiewicz Adam 189, 196, 343, 360
Miecugow Bruno 156
Mierzejewska Bożena 381
Mieszkowska Hanna 380
Mieszkowski Wojciech 380
Międzyrzecki Artur 13, 166, 189, 294, 378, 379
Miętta-Mikołajewicz Teresa (Renia) 65, 69
Mikołajewski Jarosław 177, 201, 380, 397
Mikołajska Halina 219
Milošević Slobodan 273
Miłosz Carol zob. Thigpen-Miłosz Carol
Miłosz Czesław 72, 98, 99, 120, 178, 235, 251, 278, 300, 313, 325, 339-343, 346-353, 374, 385, 386, 393-396

Moczulska Krystyna 230
Moczulski Leszek Aleksander 115, 119, 375
Modrzewski Frycz zob. Frycz Modrzewski Andrzej
Moix Ana María 282
Molier (Molière) 77, 372
Montaigne Michel de 7, 122, 147, 183, 295, 384
Montgomery Lucy Maud 55
Morsztyn Jan Andrzej 252
Morsztyn Zbigniew 252
Mortkowicz-Olczakowa Hanna 90
Mortkowiczowa Janina 90
Mozart Wolfgang Amadeusz 289
Mrożek Sławomir 92, 94-96, 100, 101, 110, 129, 162, 389
Mróz Barbara 379
Mudrooroo 377
Munch Edvard 234
Muniak Janusz 397
Musierowicz Małgorzata 155, 235, 289, 290, 328
Musset Alfred de 277
Mycielska Gabriela 377

Naganowska Irena 377
Naganowski Egon 377
Nagorski Andrew 306, 384
Najman Anatolij 273, 383
Najsztub Piotr 353, 386
Napoleon I Bonaparte, cesarz Francuzów 7, 231
Nastulanka Krystyna 187, 190, 348, 376, 379
Neuger Leonard 38, 313, 371, 385
Newerly Igor 114
Newton Izaak 200, 308
Niemczyńska Małgorzata I. 378, 383, 385
Nizinkiewicz Jacek 378, 385, 386
Norwid Cyprian Kamil 196, 273
Noskowiak Jerzy 37, 370
Noskowiak Zdzisława 370
Nowak Tadeusz 110, 217
Nowakowa Zofia 217
Nowakowska Danuta 50
Nowakowski Mirosław 377
Nowicka Elżbieta 369, 371, 383

INDEKS OSÓB

Nurek Grzegorz 192, 379
Nyczek Tadeusz 86, 141, 145, 149, 157, 210, 229, 251, 253, 288, 292, 349, 362, 376, 377, 379, 381, 383, 386, 397

Ogiński Michał Kleofas 276, 383
Olechowski Andrzej 350
Olędzka-Frybesowa Aleksandra 133, 376
Olszewski Jan 286, 287
Ono Yoko 365
Osęka Andrzej 245, 382
Otwinowski Stefan 120, 125

Paczyński Antoni 370
Papp Stefan 133, 256
Pasek Jan Chryzostom 252
Pasternak Borys 104, 119
Pavlović Miodrag 157
Pawlak Antoni 157
Peck Gregory 205
Peiper Tadeusz 59, 89
Pepys Samuel 7, 122
Petrarca Francesco 126
Piasecki Marcin 385
Picasso Pablo 79
Pieczka Franciszek 209
Pieszczachowicz Jan 213, 222, 224, 252-254, 380
Piętak Stanisław 72
Pigoń Stanisław 374
Pilch Andrzej 370
Pilch Jerzy 128, 148, 149, 184, 194, 207, 224, 240, 265, 291, 363, 375, 377, 379, 380, 382, 383, 386
Piłsudski Józef 205
Pindel Elżbieta 215, 291, 299, 364
Pindel Jan 215, 291, 364, 371
Pitagoras 49
Platon 129, 232
Plaut (Titus Maccius Plautus) 151, 377
Plenkiewicz Julia z d. Rottermund 71
Plenkiewicz Roman 71
Podkański Zdzisław 317
Polewka Adam 79, 91
Pollak Seweryn 379
Polony Anna 229

Poświatowska Halina 119, 120, 201
Potoccy 65
Potocka Krystyna 56
Potocki Wacław 252
Power Tyrone 49
Promiński Marian 85
Proust Marcel 325
Prus Łucja 366, 389
Przerwa-Tetmajer Kazimierz 22
Przybora Jeremi 201
Przyboś Julian 59, 61, 72, 78, 113, 119, 121, 161, 166, 187, 372, 375
Przybylak Feliks 365
Przychocki Gustaw 377
Przymanowska Maria 372
Psarska Natalia z d. Białoskórska 26, 35
Psarski Erazm 24
Putnam James 381
Putrament Jerzy 162, 219

Radcliffe Ann 55, 372
Radgowski Michał 40
Radziejewska Maria 148
Rajčić Biserka 154, 236, 272
Rajk László 109
Rej Mikołaj 252
Rembrandt 163, 255
Reszke Robert 381
Rey Fernando 14
Rilke Rainer Maria 189, 224
Rogoziński Julian 235
Rokicki Konrad 375
Roland Marie-Jeanne 13, 369
Roliński Adam 380
Ronikier Joanna 89, 90, 373
Rostworowski Marek 230
Rottermund Andrzej 30
Rottermund Anna Maria zob. Szymborska Anna Maria
Rottermund Antoni 30
Rottermund Edward 30
Rottermund Jan, dziadek Wisławy Szymborskiej 25, 28
Rottermund Jan, syn Tadeusza, kuzyn Wisławy Szymborskiej 26

Rottermund Jan, właściciel Kleczy Górnej 30
Rottermund Janina 30
Rottermund Jerzy 26
Rottermund Józef 30
Rottermund Józef Antoni 30
Rottermund Józefina 25
Rottermund Julian 25
Rottermund Karolina z d. Kubas, babcia Wisławy Szymborskiej 25, 27, 28
Rottermund Maurycy 18, 25, 28, 357, 358, 364
Rottermund Tadeusz, syn Jana, kuzyna Wisławy Szymborskiej 26, 27
Rottermund Tadeusz, wuj Wisławy Szymborskiej 26
Rottermundowie, rodzina 25, 27, 28, 30
Różański Józef 287
Różewicz Stanisław 205, 209, 380
Różewicz Tadeusz 72, 78, 90, 113, 119, 127, 205, 340, 342, 373
Rudnicka Anna 292, 349, 376–379, 381, 383, 386
Rudnicki Adolf 285
Rusinek Barbara 199, 328
Rusinek Michał 169, 174-180, 197-199, 201, 234, 241, 245, 291, 304, 307, 313, 315-325, 327, 329, 330, 332, 334, 336, 337, 339, 346, 349, 350, 352, 353, 359-362, 365-367, 370, 378, 380, 383, 385, 386
Rusinek Natalia 199, 200
Rustaweli Szota 166
Rydz-Śmigły Edward 59, 230
Rymkiewicz Jarosław Marek 113
Rymsza Michał 40

Sabath Karol 271, 382
Safona 157
Salamon Joanna 120
Sandauer Artur 68, 86, 119, 205, 372, 373
Sapieha Adam Stefan 59, 101
Sarbiewski Maciej Kazimierz 315
Saskia van Uylenburgh 290
Sawicka Elżbieta 183, 379, 384
Schiller Friedrich 235
Schiller Leon 141
Schubert Franz 140

Schweitzer Albert 269
Sęp Szarzyński Mikołaj 252
Sichulski Kazimierz 372
Sieczka Józef 34
Sienkiewicz Barbara 369, 371, 383
Sienkiewicz Henryk 18, 129, 148, 148, 369
Sienkiewiczowa Maria z d. Babska 148
Sienkiewiczowa Maria z d. Romanowska 148
Sienkiewiczowa Maria z d. Szetkiewicz 148
Singer Józefa (Pepa, właśc. Perel) 54
Siuda Lech 209, 256
Siuda Maria zob. Fizek Maria
Skarga Piotr 252
Skłodowska-Curie Maria 308
Skoneczny Stanisław 91
Skórska Anna 384
Slijper Everhard Johannes 371
Slung Michele 378
Sławoj-Składkowski Felicjan 91
Sławomirski Jerzy 282
Słomczyńska-Pierzchalska Małgorzata 102, 374
Słomczyński Maciej 85, 95-97, 100-102, 374
Słowacki Juliusz 189, 196
Słucki Arnold 277
Śmieszyńska Magdalena 261
Smolar Aleksander 321
Smorawiński Mieczysław 48
Sokołowska Zofia 383
Sokołowski Jan 381
Sołtyńska Maria S. 371
Sołtysik Marek 384
Sommer Piotr 290, 308
Sowiński Janusz 379
Spinoza Baruch 296
Staël Germaine de 151, 377
Staff Leopold 273
Stala Marian 257, 259, 291
Stalin Józef 78, 81, 82, 85, 86, 91, 102, 242, 305, 388
Stanisławscy 51
Stanisławska Małgorzata zob. Szerchowa Małgorzata
Stanisławski Jan 49, 67
Stańko Tomasz 394, 398

INDEKS OSÓB

Stec-Fus Dorota 374
Stefan Batory, król Polski 50
Stern Anatol 156
Stern Jonasz 205
Sternowa Alicja 156
Stiller Robert 277
Sting 365
Stopka Andrzej 372
Stryjkowski Julian 114
Sture Allén 310
Suchodolski Rajmund 330, 332
Surdykowski Jerzy 252, 258
Surówka Karolina (pani Lola) 103, 105
Swietłow Michaił 162
Swift Jonathan 7, 45
Swinarski Artur Marya 91
Szaniawski Jerzy 89, 91
Szarzyński Sęp zob. Sęp Szarzyński Mikołaj
Szczepańska Irena 55
Szczepański Jan Józef 79, 110, 162, 178, 219, 223, 253, 265, 301, 375, 389
Szczęsna Joanna 32, 148, 213, 228, 317, 320, 327, 331, 333, 336, 369, 371, 375, 377, 379, 380, 383, 386, 399
Szczygieł Mariusz 378
Szekspir (Shakespeare) William 51, 101, 113, 147, 235
Szerchowa Małgorzata z d. Stanisławska 49-51, 56, 67
Szestow Lew 347
Szymańska Irena 154, 237, 244, 252, 254, 383
Szymborscy 33, 51, 67, 370
Szymborska Anna Maria z d. Rottermund, matka Wisławy Szymborskiej 17-19, 25, 28, 36, 38, 39, 43, 44, 59, 61, 387, 389
Szymborska Nawoja (Maria Nawoja) 32, 35, 36, 40, 42, 46, 48, 50, 53, 59, 67, 214, 215, 218, 235, 291, 299, 317, 359, 364, 371, 387, 394
Szymborska Stanisława z d. Psarska 18, 24, 27
Szymborska Wisława (Maria Wisława Anna) *passim*
Szymborski Antoni, dziadek Wisławy Szymborskiej 23-25, 35, 38, 370, 371, 395

Szymborski Antoni, pradziadek Wisławy Szymborskiej 23
Szymborski Wincenty, ojciec Wisławy Szymborskiej 17-24, 26, 33, 35, 36, 38, 39, 43, 44, 56, 59, 369, 370, 387
Szymborski, piłkarz 137
Szymonowic Szymon 252

Świderska Alina 90
Świrszczyńska Anna 342

Tabucchi Antonio 179
Tales z Miletu 49
Tałałaj Daniela 377
Tałałaj Stanisław 377
Teichmann Peter 381
Teodozja, s., nauczycielka 59
Tetmajer Kazimierz zob. Przerwa-Tetmajer Kazimierz 22
Thigpen-Miłosz Carol 347
Thorwald Jürgen 378
Tischner Józef 277
Tołstojowa Zofia 14
Tomasz à Kempis 332
Tomkiewicz Stanisław 370
Torończyk Barbara 380
Traczewska Maria 59
Tranströmer Tomas 311
Trembecki Stanisław 343
Trznadel Jacek 305, 384
Turbasa Jerzy 380
Turdza Witold 384
Turnau Antonina 336
Turnau Elżbieta 336
Turnau Grzegorz 275, 335, 336
Turnau Irena 375
Turnau Maria (Maryna) 335, 336
Turowicz Jerzy 178, 259, 261
Tuwim Julian 80, 188, 197, 273
Twain Mark 7, 122
Twardowski Samuel ze Skrzypny 252
Twardzik Wacław 256, 293, 377, 384

Unrug Jadwiga 89
Urbanek Mariusz 378

Valéry Paul 157
Vargas Llosa Mario 365
Venclova Tomas 350, 395, 398
Vermeer van Delft Jan 7, 172, 178, 202, 243-245, 398
Verne Juliusz 45, 48
Vujičić Petar 236, 272

Wachlowska Irena 369
Wachowicz Barbara 148, 377
Wadźpeji Aśok 399
Wajda Andrzej 240, 343, 365
Walas Teresa 12, 128, 145, 146, 170-172, 222, 234, 236, 265, 278, 297, 304, 307, 315, 343, 346-348, 352, 353, 365, 371, 376, 379-381, 385, 386, 395
Wałęsa Lech 205, 365
Wantuła Tadeusz 379
Wapcarow Nikoła 160
Wapcarowa Elena 160
Wasilewski Andrzej 219
Wassongowa Elżbieta 377
Wat Aleksander 340, 342
Wawrzyńska Ludwika 184
Wazowie 313
Ważyk Adam 72, 75, 90, 236, 276, 303
Weichert Rafi 274
Weinfeld Dawid 274
Welles Orson 140
Weschler Lawrence 178, 245
Wieluńska Iza (późn. Michalska) 56
Wieromiejczyk Dariusz 386
Wincenty Kadłubek, bł. 252
Witkiewicz Stanisław Ignacy (Witkacy) 89, 90
Władzio zob. Janicki Władysław
Włodek Adam 72, 75-78, 80, 81, 88, 89, 92, 94-96, 99-104, 112, 114-116, 206, 218, 249, 264, 272, 301, 317, 359, 372, 373, 380, 388, 392, 396
Wojciechowska Zofia 53

Wojda Dorota 371, 376, 379, 381, 383, 385
Wojtkiewicz Witold 377
Woroszylski Wiktor 114, 157, 190, 191, 379
Woźniakowski Jacek 223, 304, 341, 343
Wyka Kazimierz 207, 380
Wyka Marta 98, 99, 129, 168, 251, 253, 334, 374
Wysocka Stanisława 150
Wyspiański Stanisław 54, 59, 90, 167, 212

Zabłocka Julia 378
Zachwatowicz-Wajda Krystyna 347, 365
Zagajewski Adam 13, 104, 116, 119, 219, 223, 340, 342, 346, 369, 374, 375
Zagórska Maria (Maryna) 104
Zagórski Jerzy 72, 104, 119, 128, 142, 166, 375
Zagórski Włodzimierz 142
Zajdler Ludwik 377
Zakrzewski Stanisław 377
Zaleska Julia 19, 371
Zaleski Marek 343
Zamkow Lidia 95
Zamoyscy 37
Zamoyska Jadwiga z d. Działyńska 19
Zamoyski Władysław 17, 18, 20-23, 33, 35, 39, 40, 65, 370, 387
Zarzycka Anna 99, 372-374
Zechenter Elżbieta 184, 317, 347
Zechenter Witold 67, 72, 75, 76, 184, 372
Zieliński Bronisław 369
Zieliński Franciszek 371
Ziemny Aleksander 51, 105, 133, 301, 362, 369, 371, 376, 377, 384
Zimmerer Katarzyna 45, 371
Zinkernagel Rolf 313
Zyta, św. 332

Żeleński (Boy) Tadeusz 384
Żeromski Stefan 33, 34, 370
Żuławski Wawrzyniec 242, 381

Źródła ilustracji zamieszczonych w książce

Archiwa:
Archiwum Fundacji Wisławy Szymborskiej – fot. s. 2, 9, 10, 11 (góra po lewej, dół), 12, 16, 19, 26, 27, 28–29, 32, 39, 41, 42, 46–47, 48, 50, 53, 55, 56, 63, 67, 69, 70, 73, 74, 76, 84, 87, 88, 92, 93, 94, 95, 96, 97, 106, 111, 112, 114, 146, 152, 153, 160, 161, 166, 168, 171, 182, 185, 215, 216, 217, 225, 232, 233, 249, 253, 294
Muzeum Tatrzańskie im. Dra Tytusa Chałubińskiego w Zakopanem – fot. s. 20, 21, 34, 36
Biblioteka Kórnicka Polska Akademia Nauk – fot. s. 22
Narodowe Archiwum Cyfrowe – fot. s. 49, 61, 64
Polska Agencja Prasowa – fot. s. 118
Archiwum Muzeum Literatury im. Adama Mickiewicza w Warszawie – fot. s. 158, 164–165
Archiwum Urszuli Kozioł – fot. s. 167
Archiwum Michała Rusinka – fot. s. 176 (dół), 177 (góra), 323
Archiwum Aleksandra Filipowicza – fot. s. 204, 221
Instytut Polski w Pradze – fot. s. 272

Autorzy fotografii:
Adam Golec/Agencja Gazeta © – fot. s. 4, 297, 354, 367
Daniel Zawadzki – fot. s. 11 (góra po prawej)
Joanna Helander – fot. s. 15, 226, 250, 262, 263, 267, 276, 279, 284, 298, 302–303, 318
Łukasz Cynalewski/Agencja Gazeta © – fot. s. 37
Andrzej Żak – fot. s. 132, 135, 136, 143
Henryk Hermanowicz – fot. s. 138, 139, 144
Maria Makuch – fot. s. 176 (góra)
Michał Rusinek – fot. s. 177 (dół), 181, 199
Jacek Bednarczyk/PAP © – fot. s. 203
Ewa Lipska – fot. s. 210
Andrzej Stawiarski – fot. s. 257, 341, 349
© Wojciech Druszcz/Reporter/East News – fot. s. 268, 344–345
© AP Photo/Eric Roxfelt/East News – fot. s. 309
© AP Photo/Sören Andersson/East News – fot. s. 313
Tomek Sikora – fot. s. 314, 337
P. Grzybowski/SE/East News © – fot. s. 338
Jerzy Illg – fot. s. 351

PAMIĄTKOWE RUPIECIE

Kadry z filmów:
Film Henryka Urbanka *Pani Lola*, Wytwórnia Filmów Oświatowych w Łodzi – s. 105
Polska Kronika Filmowa, Filmoteka Narodowa, Archiwum Filmowe 1 Chełmska – s. 122, 125, 131

Reprodukowane okładki:
Fragment okładki książki Antoniego Szymborskiego *Burzliwe fortuny obroty. Mój pamiętnik (1831–1881)*, Znak, Kraków 2000, autorstwa Agnieszki Bartkowicz – s. 25
Okładka tomu Wisławy Szymborskiej *Dlatego żyjemy*, Czytelnik, Warszawa 1952 (tom ze zbiorów archiwum Fundacji Wisławy Szymborskiej) – s. 81
Okładka tomu Wisławy Szymborskiej *Pytania zadawane sobie*, Wydawnictwo Literackie, Kraków 1954, autorstwa Adama Młodzianowskiego (tom ze zbiorów archiwum Fundacji Wisławy Szymborskiej) – s. 83

Adresaci wyklejanek autorstwa Wisławy Szymborskiej:
Bogusława Latawiec i Edward Balcerzan – s. 31, 238 (góra), 260
Anna i Stanisław Barańczakowie – s. 117, 283
Irena Szymańska i Ryszard Matuszewski (własność Mikołaja Szymańskiego) – s. 154, 238 (dół), 244, 254
Małgorzata Musierowicz – s. 155, 290, 328
Wiktor Woroszylski (własność Natalii Woroszylskiej) – s. 190, 191, 326
Ewa Lipska – s. 239, 241, 292
Ziemowit Fedecki (własność Muzeum Literatury im. Adama Mickiewicza w Warszawie) – s. 243
Michał Rusinek – s. 307, 332
Joanna Szczęsna – s. 320
Urszula Kozioł – s. 331
Aleksander Ziemny (własność Muzeum Literatury im. Adama Mickiewicza w Warszawie) – s. 362

Wydawca dołożył wszelkich starań, by skontaktować się z właścicielami praw autorskich do ilustracji zamieszczonych w niniejszej książce przed oddaniem jej do druku. Ewentualnych pominiętych dysponentów praw wydawca prosi o kontakt.

Spis treści

ROZDZIAŁ 1
Portret wewnętrzny, portret zewnętrzny 5

ROZDZIAŁ 2
O ojcu i matce oraz bliższych i dalszych przodkach 17

ROZDZIAŁ 3
O trzech pokoleniach Szymborskich, miłości do Zakopanego i dziedziczeniu talentu 33

ROZDZIAŁ 4
O dzieciństwie, krasnoludkach i romansach grozy 43

ROZDZIAŁ 5
O okupacyjnym Krakowie i pierwszych wierszach 65

ROZDZIAŁ 6
O powojennym debiucie i wierszowanej publicystyce 75

ROZDZIAŁ 7
Małżeństwo w literackiej kamienicy na Krupniczej 89

ROZDZIAŁ 8
Odwilż, czyli „czas własną głowę w ręce brać" 107

ROZDZIAŁ 9
Piętnaście lat w „Życiu Literackim" 119

ROZDZIAŁ 10
W szufladzie, w PRL-u, na kuli ziemskiej 133

ROZDZIAŁ 11
Lektury nadobowiązkowe, czyli dać nurka w mezozoik 145

ROZDZIAŁ 12
Poetka w podróży, czyli w mieście Samokov tylko deszcz 159

SPIS TREŚCI

ROZDZIAŁ 13
Wyjście z katedry, czyli jak wspinać się do początku wiersza 183

ROZDZIAŁ 14
Z Kornelem Filipowiczem na rybach, grzybach i w życiu 205

ROZDZIAŁ 15
Pamiątkowe rupiecie, przyjaciele i sny 227

ROZDZIAŁ 16
Lata osiemdziesiąte i dyskretna pochwała konspiracji 251

ROZDZIAŁ 17
O tłumaczach i tłumaczeniach, czyli co wiersz, to problem 269

ROZDZIAŁ 18
Ostatnie chwile przed Noblem 285

ROZDZIAŁ 19
W Sztokholmie na papierosie z królem 299

ROZDZIAŁ 20
Pierwsza Poetka i jej Pierwszy Sekretarz 315

ROZDZIAŁ 21
Dwoje noblistów w jednym Krakowie 339

ROZDZIAŁ 22
O śmierci bez przesady i niedokończonych wierszach 355

Przypisy 369
Kalendarium 387
Bibliografia 400
Podziękowania 464
Indeks osób 465
Źródła ilustracji zamieszczonych w książce 475

Opracowanie graficzne i łamanie
Witold Siemaszkiewicz

Fotografia na obwolucie
z archiwum Fundacji Wisławy Szymborskiej

Fotografia na okładce
Michał Rusinek

Wybór fotografii
Anna Bikont i Joanna Szczęsna
Joanna Gromek-Illg

Kalendarium
Joanna Szczęsna

Bibliografia
Artur Czesak
Anna Bikont

Wydawnictwo Znak dziękuje Instytutowi Książki za pomoc w sporządzeniu bibliografii.

Redakcja
Joanna Gromek-Illg
Jerzy Illg

Adiustacja
Urszula Horecka

Korekta
Małgorzata Biernacka
Barbara Gąsiorowska
Katarzyna Onderka

Indeks
Artur Czesak

Opieka redakcyjna
Anna Szulczyńska

Redakcja techniczna
Irena Jagocha

Copyright © by Anna Bikont & Joanna Szczęsna, 2012

ISBN 978-83-240-1931-1

znak

Książki z dobrej strony: www.znak.com.pl
Społeczny Instytut Wydawniczy Znak, 30-105 Kraków, ul. Kościuszki 37
Dział sprzedaży: tel. (12) 61 99 569, e-mail: czytelnicy@znak.com.pl
Wydanie I, 2012
Druk: Drukarnia Skleniarz, Kraków

12108/60321